마하반야바라밀다경 9

摩訶般若波羅蜜多經 9

마하반야바라밀다경 9

摩訶般若波羅蜜多經 9

三藏法師 玄奘 漢譯 | 釋 普雲 國譯

혜안

역자의 말

보운

하안거를 마치고 9일이 지나갔으나 지금까지의 어느 시절보다도 뜨거운 여름을 선물하였던 습하고 무더운 열기는 여전히 맹렬한 위세를 펼치고 있고, 역경하고 있는 주석처도 역시 초기불교의 시대와 비슷한 기후의 방향으로 전개되고 있다. 이러한 날씨는 한동안 잊어왔던 세존께서 제정하셨던 계율의 여러 건도를 다시 살펴보게 되고, 하안거를 마치면 당연하게 수지(受持)하였던 유행(遊行)을 논리적으로 추론하게 된다. 그 시대와는 다르게 우리나라의 환경에서는 지금과 같은 날씨라면 다른 관점에서 허락하셨던 후안거(後安居)를 정진하는 것도 역시 합리적이라는 생각으로 잠시 위안을 삼는다.

수행자라는 행보를 삼장에 의지하여 관찰하고 나아가면서 더욱 간절하고 세심하게 느껴지는 공덕에 대한 관점은 내가 스스로가 지닌 능력이 뛰어난 것이 아니고, 불·보살님들과 나한님들의 무량한 가피(加被)라는 사유가 증가하는 때이다. 본래 세웠던 2024년의 『마하반야바라밀다경』(대품반야경) 번역의 목표였던 200권을 훨씬 앞질러 이르렀고, 10개월이 지나기 이전에 이미 300권의 번역을 마쳤으니, 이것은 한 사문의 개인적인 능력이 발휘된 것은 아닌 듯하다. 역시 다시 한 번의 안거를 마쳤다는 현실은 1년의 법랍이 추가로 쌓였다는 일이고, 또한 그것에 따른 수행자가 기세간(器世間)에서 책임이 증가하였다는 점이다. 한 해·한 해가 지나갈수록 불·보살님들과 나한님들의 가피를 더욱 크게 인지(認知)하게 되고, 승가의 한 사문으로 사부대중들께 받은 은혜에 더욱 감사하게 되며, 수행자로서 도중(徒衆)에 귀속되어 깨달음을 위하여 나아가면서 문중(門

衆)의 은혜가 크다는 사실에 더욱 감사하게 된다.

이러한 도중의 중심에는 친교사인 은사스님의 큰 역할이 있으므로 인연의 끈으로 맺어진 인간관계의 연속성을 많이 생각하게 된다. 승가는 세존의 가르침을 쫓아서 친교사(親敎師)로 맺어진 인연의 오바타야와 의지사(依止師)로 맺어진 인연의 아차리야의 두 스승이 역할을 감당하고 있더라도, 한국불교의 현실에서는 친교사의 역할이 더욱 큰 부분을 차지하고 있다. 이러한 현실은 친교사에게 더욱 많은 부담을 증가시키고, 의지사의 역할을 많이 축소시키고 있는데, 이러한 변화는 빠르게 변화하는 일상이 펼쳐지는 현대사회가 기세간의 역동성이 자연스럽게 진행되는 과정이므로 친교사의 역할은 더욱 증대할 것이다.

수행력이 적었던 소덕(小德)의 시절에 들었던 비유적인 말에 "상좌가 한 명이 늘어난다면 은사는 태산과 같은 업장이 늘어난다."라는 말이 있었고, 이것에 대하여 '그러할 수도 있겠다.'라고 대체로 긍정하였던 생각이 있었으나, 요즈음은 은사스님에 대하여 은혜가 더욱 크게 사유하게 된다. 각자 전생에 지었던 서로가 다른 업을 지녔던 인격체가 하나의 목적을 추구하고 있는데, 수행하는 과정에서 어찌 갈등과 불화가 없지 않겠는가! 이러한 현실적인 어려움이 동서고금을 막론하고 어찌 발생하지 않았겠으며, 또한 화합을 통한 수행력의 증장을 위한 노력이 어찌 없지 않았겠는가?

이러한 현실을 마주하고서 스스로가 '은사스님이 나에게 실천하였던 은사의 역할을 감당할 수 있을까?', '나는 상좌에게 은사스님과 같이 존중을 받을 수 있을까?', '나는 은사스님과 같이 다정다감(多情多感)한 인간미를 상좌에게 전달할 수 있을까?'라고 생각을 이어가는 때에 은사스님과의 인연에서 발생하였던 여러 상념들이 연속하여 생멸(生滅)한다. 그렇지만 현실에 돌아온다면 세존께서 제정하셨던 율장을 쫓아서 승가는 유행을 떠나야 하고, 새로운 수행을 마주할 시간이고, 초기불교의 시대에 은사와 상좌가 서로의 수행을 추구하였던 사례를 살펴본다면 하안거를 마치고서 전법을 떠나야 하였던 유행이었다. 비구승가가 유행하였던 다양한 모습들을 율장에서 살펴본다면, 음식과 처소 등에서 많은 고통을 받았고, 도중에 목숨을 잃거나 많은 신체적인 핍박을 받았던 큰 위험이 따랐던 구도의 길이었다. 더구나 화상이 아니었던 비구들은 시간과 장소를 따라서 새로운 아차리야를 구해야 하였고 의지처를 삼아서 전법과 수행을 병행하였으므로 상좌는 친교사의 역할에 대하여 다른 관점에서 생각하였을 시간이었고, 고행의 길에서 얻었던 또 하나의 수행력의 한 조각이었으리라.

그렇지만 요즈음의 세태는 빠르고 합리적인 결과물의 도출을 강조하고 있으므로 인간미를 일으키는 애틋한 감정들도 많이 줄어들고 있다. 그렇지만 삼천대천세계에서 유일하게 여래가 출현하시는 곳이 인간세계가 아니었던가? 인간으로서 인성(人性)을 구족(具足)하지 못하였는데, 교학적으로 뛰어났거나, 또는 수행의 다른 방편에서 뛰어났던 승가의 구성원들이 존재할지라도, 과연 사문으로서 바른 수행의 길로 나아갈 수 있겠는가? 시대와 기세간의 환경이 어떻게 변하였더라도 수행자는 인간으로서 기본적 자질을 갖추고서 세간의 유정들을 교화해야 한다. 더 나아가서는 승가의 한 사문으로서 승가의 위상과 권위를 무너트리는 악업을 행하는 사문들은 스스로의 행위를 지금이라도 멈추어야 한다. 이와 같다면 내일은 화합의 꽃이 피어나고 더 나아가서 수승한 승가가 세간에 밝게 펼쳐지리라.

지금에도 이어지고 있는 『마하반야바라밀다경』(대품반야경)의 역경 불사에는 많은 신심과 원력이 담겨있으므로, 번역과 출판을 위하여 동참하신 사부대중들은 현세에서 스스로가 소원에서 무한한 이익을 얻고, 세간에서 생겨나는 삼재팔난의 장애를 벗어나기를 발원드리며, 이미 생(生)의 인연을 마치신 영가들께서는 아미타불의 극락정토에 왕생하시기를 발원드린다. 현재까지의 역경과 출판을 위하여 항상 후원과 격려를 보내주시는 다정다감하시고 인간미로써 상좌들을 이끌어주시는 은사이신 세영 스님께 깊이 감사를 드리고, 또한 많은 시간에 보시와 후원을 해주시는 죽림불교문화연구원의 사부대중들께 감사드리면서, 이 불사에

동참하신 분들께 불·보살들의 가호(加護)가 항상 가득하기를 발원하면서 감사의 글을 마친다.

불기 2568년(2024) 8월 후분(後分)의 장야(長夜)에
서봉산 자락의 죽림불교문화연구원에서
사문 보운이 삼가 적다

출판에 도움을 주신 분들

귀 일丘 도 선丘 지 은尼 채수학 정송이 강 운
이수영 이녹재 길주현 변영경 최창희 김진우
전현우 최현숙 고금숙 신유담
김순희靈駕 김진억靈駕 이순이靈駕 김승화靈駕 모 씨靈駕
우태술靈駕 정산헌靈駕 김 씨靈駕 김주성靈駕 강경애靈駕

차 례

일러두기

1. 이 책의 저본(底本)은 고려대장경(高麗大藏經) 1권부터 결집된 『대반야바라밀다경(大般若波羅蜜多經)』이다.

2. 원문은 600권으로 구성되어 있으나 이 책에서는 각 권수를 표시하되 30권을 한 권의 책으로 편집하여 번역하였다.

3. 번역의 정밀함을 기하기 위해 여러 시대와 왕조에서 각각 결집된 여러 한역대장경을 대조하고 비교하며 번역하였다.

4. 원문은 현장 삼장의 번역을 충실하게 따랐으나, 반복되는 용어를 생략하였던 용어에서는 번역자가 생략 이전의 본래의 용어로 통일하여 번역하였다.

5. 원문에 나오는 '필추(苾芻)', '필추니(苾芻尼)' 등의 용어는 음사(音寫)이므로 현재에 사용하는 '비구(比丘)', '비구니(比丘尼)'라고 번역하였다.

6. 원문에서의 이전의 번역과는 다른 용어가 사용되고 있으므로 원문을 존중하여 저본의 용어로 번역하였다.

   예) 보시·지계·인욕·정진·선정·지혜바라밀다 → 보시(布施)·정계(淨戒)·안인(安忍)·정진(精進)·정려(靜慮)·반야바라밀다(般若波羅蜜多), 축생 → 방생(傍生), 아귀→ 귀계(鬼界)

7. 원문에서 사용되고 있으나, 현재의 용어와 많이 다른 경우는 현재 용어로 번역하였고, 생략되거나, 어휘가 변화된 용어도 현재의 용어를 사용하여 번역하였다.

   예) 루(漏) → 번뇌, 악취(惡趣) → 악한 세계, 여래(如來)·응(應)·정등각(正等覺) → 여래·응공·정등각, 수량(壽量) → 수명, 성판(成辦) → 성취

8. 원문에서 사용한 용어 중에 현재와 음가(音價)가 다르게 변형된 사례가 많이 발견된다. 원문의 뜻을 최대한 살려 번역하였으나 현저하게 의미가 달라진 용어의 경우 현재 사용하는 용어로 바꾸어 번역하였다.

   예) 우파색가(鄔波索迦)→ 우바색가, 나유다(那庾多)→ 나유타(那庾多)

9. 앞에서와 같이 동일한 문장이 계속하여 반복되는 경우에는 원문에서 내지(乃至)라는 용어가 사용되고 있는데, 현재의 의미로 해석하여 '…… 나아가 ……' 또는 '나아가'의 형태로 바꾸어 번역하였다.

해제(解題)

1. 성립과 한역

이 경전의 범명(梵名)은 Mahāprajñāpāramitā Sūtra이다. 모두 600권으로 결집되었고, 여러 반야부의 경전들을 집대성하고 있다. 선행연구에서 대략 AD.1~200년경에 성립되었다고 연구되고 있으며, 인도의 쿠샨 왕조 시대에 남인도에서 널리 사용되었다고 추정되고, 뒤에 북인도에서 대중화되었으며, 산스크리트어로 많은 부분이 남아있다.

본 번역의 저본은 고려대장경에 수록된 『대반야바라밀다경(大般若波羅蜜多經)』으로 당(唐)의 현장(玄奘)이 방주(方州)의 옥화궁사(玉華宮寺)에서 659년 또는 660년에 번역을 시작하여 663년에 번역한 경전이고, 당시까지 번역된 경전과 현장이 새롭게 번역한 경전들을 모두 함께 수록하고 있다.

중국에서 반야경의 유통은 동한(東漢)의 지루가참(支婁迦讖)이 역출(譯出)한 『도행반야경(道行般若經)』 10권을 번역하였던 것이 확인할 수 있는 최초의 사례이다. 이후에 삼국시대의 오(吳)나라 지겸(支謙)은 『대명도무극경(大明度無極經)』 6권으로 중역(重譯)하여 완성하였으며, 축법호(竺法護)는 『광찬반야바라밀경(光贊般若波羅蜜經)』 10권을 번역하였고, 조위(曹魏)의 사문 주사행(朱士行)이 감로(甘露) 5년(260)에 우전국(于闐國)에서 이만송대품반야범본(二萬頌大品般若梵本)을 구하여 무라차(無羅叉)와 함께 『방광반야바라밀경(放光般若波羅蜜經)』 20권으로 번역하였으며, 요진(姚秦)의 구마라집(鳩摩羅什)은 홍시(弘始) 6년(404)에 대품이만송(大品二萬頌)의 『마하반야바라밀경(摩訶般若波羅蜜經)』을 중역하였고, 홍시(弘始) 10년(408)에 『마하반야바라밀경(摩訶般若波羅蜜經)』과 『금강반야경(金剛般若經)』 등을 역출(譯出)하였으며, 북위(北魏) 영평(永平) 2년(509)에 보리유지(菩提流支)는 『금강반야경(金剛般若經)』 1권을 역출하였다.

용수보살이 주석한 대지도론에서는 "또 삼장(三藏)에는 올바른 30만의 게송(偈)이 있고, 아울러 960만의 설(言)이 있으나, 마하연은 너무 많아서 무량하고 무한하다. 이와 같아서 「반야바라밀품(般若波羅密品)」에는 2만2천의 게송이 있고, 「대반야품(大般若品)」에는 10만의 게송이 있다."라고 전하고 있고, 세친(世親)이 저술하고 보리유지가 번역한 『금강선론(金剛仙論)』에서는 "8부(八部)의 반야가 있는데, 분별한다면 『대반야경초(大般若經初)』는 10만의 게송이고, 『대품반야경(大品般若經)』은 2만 5천의 게송이며, 『대반야경제삼회(大般若經第三會)』는 1만 8천의 게송이고, 『소품반야경(小品般若經)』은 8천의 게송이며, 『대반야경제오회(大般若經第五會)』는 4천의 게송이고, 『승천왕반야경(勝天王般若經)』은 2천 5백의 게송이며, 『문수반야경(文殊般若經)』은 6백의 게송이고, 『금강경(金剛經)』은 3백의 게송이다."라고 주석하고 있다.

본 경전의 다른 명칭으로는 『대반야경(大般若經)』, 『대품반야경(大品般若經)』, 또는 6백부반야(六百部般若)라고 불린다. 6백권의 390품이고 약 4백6십만의 한자로 결집되어 있으므로 현재 전하는 경장과 율장 및 논장의 가운데에서 가장 방대한 분량이다.

반야경의 한역본을 살펴보면 중복되는 명칭이 경전을 제외하더라도 여러 소경(小經)의 형태로 번역되었던 것을 살펴볼 수 있다. 그 사례를 살펴보면 『방광반야경(放光般若經)』(20卷), 『광찬경(光贊經)』(10卷), 『마하반야바라밀경(摩訶般若波羅蜜經)』(27卷), 『도행반야경(道行般若經)』(10卷), 『대명도경(大明度經)』(6卷), 『마하반야초경(摩訶般若鈔經)』(5卷), 『소품반야바라밀경(小品般若波羅蜜經)』(10卷), 『불설불모출생삼법장반야바라밀다경(佛說佛母出生三法藏般若波羅蜜多經)』(25卷), 『불설불모보덕장반야바라밀경(佛說佛母寶德藏般若波羅蜜經)』(3卷), 『성팔천송반야바라밀다일백팔명진실원의다라니경(聖八千頌般若波羅蜜多一百八名眞實圓義陀羅尼經)』, 『승천왕반야바라밀경(勝天王般若波羅蜜經)』(7卷), 『문수사리소설마하반야바라밀경(文殊師利所說摩訶般若波羅蜜經)』(2卷), 『문수사리소설반야바라밀경(文殊師利所說般若波羅蜜經)』, 『불설유수보살무상청정분위경(佛說濡首菩薩無上淸淨分衛經)』(2卷), 『금강반야바라밀경(金剛般若波羅密經)』, 『금강능단반야바라밀경(金剛能斷般若波羅蜜經)』, 『불설능단금강반야바라밀다경(佛說能斷金剛般若波羅蜜多經)』, 『실상반야바라밀경(實相般若波羅蜜經)』, 『금강정유가이취반야경(金剛頂瑜伽理趣般若經)』, 『불설변조반야바라밀경(佛說遍照般若波羅蜜經)』, 『대락금강불공진실삼마야경(大樂金剛不空眞實三麼耶經)』, 『불설최상근본대락금강불공삼매대교왕경(佛說最上根本大樂金剛不空三昧大敎王經)』(7卷), 『불설인왕반야바라밀경(佛說仁王般若波羅蜜經)』(2卷), 『인왕호국반야바라밀다경(仁王護國般若波羅蜜多經)』(2卷), 『불설요의반야바라밀다경(佛說了義般若波羅蜜多經)』, 『불설오십송성반야바라밀경(佛說五十頌聖般若波羅蜜經)』, 『불설제석반야바라밀다심경(佛說帝釋般若波羅蜜多心經)』, 『마하반야바라밀대명주경(摩訶般若波羅蜜大明呪經)』, 『반야바라밀다심경(般若波羅蜜多心經)』, 『보편지장반야바라밀다심경(普遍智藏般若波羅蜜多心經)』, 『당범번대자음반야바라밀다심경(唐梵飜對字音般若波羅蜜多心經)』, 『불설성불모반야바라밀다경(佛說聖佛母般若波羅蜜多經)』, 『불설성불모소자반야바라밀다경(佛說聖佛母小字般若波羅蜜多經)』, 『불설관상불모반야바라밀다보살경(佛說觀想佛母般若波羅蜜多菩薩經)』, 『불설개각자성반야바라밀다경(佛說開覺自性般若波羅蜜多經)』(4卷), 『대승이취육바라밀다경(大乘理趣六波羅蜜多經)』(10卷) 등의 독립된 경전으로 다양하게 번역되었다.

2. 설처(說處)와 결집(結集)

마하반야바라밀다경의 결집은 4처(處) 16회(會)로 구성되어 있는데, 제1회에서 제6회까지와 제15회는 왕사성의 영취산에서, 제7회에서 제9회까지와 제11회에서 제14회까지는 사위성의 기원정사에서, 제10회는 타화자재천 왕궁에서, 제16회는 왕사성의 죽림정사에서 이루어졌으며, 표로 구성한다면 아래와 같다.

九部般若	四處	『大般若經』의 卷數	특기사항(別稱)
上品般若	鷲峰山	初會79品(1~400卷)	十萬頌般若
中品般若		第二會85品(401~478卷)	二萬五千頌般若, 大品般若經
		第三會31品(479~537卷)	一萬八千頌般若
下品般若		第四會29品(538~555卷)	八千頌般若, 小品般若經
		第五會24品(556~565卷)	四千頌般若
天王般若		第六會17品(566~573卷)	勝天王般若經
文殊般若	給孤獨園	第七會(574~575卷, 曼殊室利分)	七百頌般若, 文殊說般若經
那伽室利般若		第八會(576卷, 那伽室利分)	濡首菩薩經
金剛般若		第九會(577卷, 能斷金剛分)	三百頌般若, 金剛經
理趣般若	他化自在天	第十會(578卷, 般若理趣分)	理趣百五十頌, 理趣般若經
六分般若	給孤獨園	第十一會(579卷~583卷, 布施波羅蜜多分)	五波羅蜜多經
		第十二會(584卷~588卷, 戒波羅蜜多分)	
		第十三會(589卷, 安忍波羅蜜多分)	
		第十四會(590卷, 精進波羅蜜多分)	
	鷲峰山	第十五會(591~592卷, 靜慮波羅蜜多分)	
	竹林精舍	第十六會(593~600卷, 般若波羅蜜多分)	善勇猛般若經

제1회는 범어로는 Śatasāhasrikāprajñāpāramitāsūtra이고, 제1권~제400권의 10만송으로 결집되고 있으며, 79품으로 이루어져 있고, 전체의

3분의 2에 해당하는 분량이다. 현장에 의해 처음으로 번역되었으므로 이역본이 없다.

제2회는 범어로는 Pañcaviṁśatisāhasrikāprajñāpāramitā sūtra이고, 제401권~제478권의 2만5천송(大品般若)으로 결집되고 있으며, 85품으로 이루어져 있고, 제1회와 비교하여 「상제보살품(常啼菩薩品)」과 「법용보살품(法涌菩薩品)」의 두 품이 생략되어 있다. 이역본으로 『방광반야바라밀경(放光般若波羅蜜經)』, 『마하반야바라밀경(摩訶般若波羅蜜經)』, 『광찬경(光讚經)』 등이 있다.

제3회는 범어로는 Aṣṭādaśasāhasrikāprajñāpāramitā sūtra이고, 제479권~제537권의 1만8천송으로 결집되고 있으며, 31품으로 이루어져 있고, 제2회와 같이 「상제보살품」과 「법용보살품」이 생략되어 있다.

제4회는 범어로 Aṣṭasāhasrikāsūtra이고, 제538권~제555권의 8천송(小品般若)으로 결집되고 있으며, 29품으로 이루어져 있다.

제5회는 범어로 Aṣṭasāhasrikāprajñāpāramitā sūtra이고, 제556권~제565권의 8천송(小品般若)으로 결집되고 있으며, 24품으로 이루어져 있다. 반야경은 큰 위력이 있어서 그 자체가 신비한 주문이라고 설하면서 수지하고 독송하는 것을 강조하였다. 이역본으로는 『마하반야초경(摩訶般若鈔經)』, 『도행반야경(道行般若經)』, 『대명도경(大明度經)』, 『마하반야바라밀경(小品般若經)』, 시호 역의 『불모출생삼장반야바라밀다경』, 법현 역의 『불모보덕반야바라밀다경』, 시호 역의 『성팔천송반야바라밀다일백팔명진실원의다라니경』 등이 있다.

제6회는 범어로 Devarājapravaraprajñāpāramitā sūtra이고, 제566권~제573권으로 결집되고 있으며, 17품으로 이루어져 있다. 이역본으로 『승천왕반야바라밀경(勝天王般若波羅蜜經)』이 있다.

제7회는 범어로는 Saptaśatikāprajñāpāramitā sūtra이고, 제574~제575권으로 결집되고 있으며, 7백송이다. 만수실리분(曼殊室利分)이라고도 부르는데, 만수실리는 문수사리를 가리킨다. 이역본으로 『문수사리소설마하반야바라밀경(文殊師利所說摩訶般若波羅蜜經)』, 『문수사리소설반야바라밀경(文殊師利所說般若波羅蜜經)』이 있다.

제8회는 범어로는 Nāgaśrīparipṛcchā sūtra이고, 제576권으로 결집되고 있으며, 5백송이다. 이역본으로 『불설유수보살무상청정분위경(佛說濡首菩薩無上淸淨分衛經)』이 있다.

제9회는 범어로 Vajracchedikāprajñāpāramitā sūtra이고, 제577권으로 결집되고 있으며, 능단금강분(能斷金剛分)이라 한다. 이역본으로 구마라집·보리유지·진제가 각각 번역한 『금강반야바라밀경』과 현장이 번역한 『능단금강반야바라밀다경』, 의정(義淨)이 번역한 『불설능단금강반야바라밀다경』이 있다.

제10회는 1백50송이며, 범어로는 Adhyardhaśatikāprajñāpāramitā sūtra이고, 제578권으로 결집되고 있으며, 1백50송이고, 반야이취분(般若理趣分)이라고 부른다. 이역본으로 『실상반야바라밀경(實相般若波羅蜜經)』, 『금강정유가이취반야경(金剛頂瑜伽理趣般若經)』, 『변조반야바라밀경(遍照般若波羅蜜經)』, 『최상근본금강불공삼매대교왕경(最上根本金剛不空三昧大敎王經)』 등이 있다.

제11회부터 제15회까지는 범어로는 Pañcapāramitānirdeśa이고 1천8백송이다. 제16회는 범어로 Suvikrāntavikramiparipṛcchāprajñāpāramitā sūtra이고, 2천1백송이다. 구체적으로 살펴보면, 제11회는 제579권~제583권의 보시바라밀다분이고, 제12회는 제584권~제588권의 정계바라밀다분이며, 제13회는 제589권의 안인바라밀다분이고, 제14회는 제590권의 정진바라밀다분이며, 제15회는 제591권~제592권의 정려바라밀다분이고, 제16회는 제593권~제600권의 반야바라밀다분으로 결집되어 있다.

3. 각 품(品)의 권수와 구성

『마하반야바라밀다경』의 결집은 4처(處) 16회(會)로 구성되어 있으나,

설법(說法)에 따른 분량에서 매우 많은 차이를 보여주고 있다. 이러한 차이는 각 법문의 내용과 대상에 따른 차이를 반영하고 있는데, 표를 통하여 600권에 수록된 각각의 품(品)과 분(分)을 살펴보면 다음과 같다.

법회(法會)	구분(區分)	설법의 분류	수록권수(收錄卷數)	특기사항
初會	緣起品	第1-1~2	1~2권	서문 수록
	學觀品	第2-1~2	3~4권	
	相應品	第3-1~4	4~7권	
	轉生品	第4-1~3	7~9권	
	贊勝德品	第5	10권	
	現舌相品	第6	10권	
	教誡教授品	第7-1~26	11~36권	
	勸學品	第8	36권	
	無住品	第9-1~2	36~37권	
	般若行相品	第10-1~4	38~41권	
	譬喩品	第11-1~4	42~45권	
	菩薩品	第12-1~2	45~46권	
	摩訶薩品	第13-1~3	47~49권	
	大乘鎧品	第14-1~3	49~51권	
	辨大乘品	第15-1~6	51~56권	
	贊大乘品	第16-1~6	56~61권	
	隨順品	第17	61권	
	無所得品	第18-1~10	61~70권	
	觀行品	第19-1~5	70~74권	
	無生品	第20-1~2	74~75권	
	淨道品	第21-1~2	75~76권	
	天帝品	第22-1~5	77~81권	
	諸天子品	第23-1~2	81~82권	
	受教品	第24-1~3	82~83권	
	散花品	第25	84권	
	學般若品	第26-1~5	85~89권	
	求般若品	第27-1~10	89~98권	
	嘆衆德品	第28-1~2	98~99권	
	攝受品	第29-1~5	99~103권	
	校量功德品	第30-1~66	103~169권	
	隨喜迴向品	第31-1~5	169~172권	
	贊般若品	第32-1~10	172~181권	
	謗般若品	第33	181권	

	難信解品	第34-1~103	182~284권	
	贊淸淨品	第35-1~3	285~287권	
	着不着相品	第36-1~6	287~292권	
	說般若相品	第37-1~5	292~296권	
	波羅蜜多品	第38-1~2	296~297권	
	難聞功德品	第39-1~6	297~304권	
	魔事品	第40-1~2	304~305권	
	佛母品	第41-1~4	305~308권	
	不思議等品	第42-1~3	308~310권	
	辦事品	第43-1~2	310~311권	
	衆喩品	第44-1~3	311~313권	
	眞善友品	第45-1~4	313~316권	
	趣智品	第46-1~3	316~318권	
	眞如品	第47-1~7	318~324권	
	菩薩住品	第48-1~2	324~325권	
	不退轉品	第49-1~3	326~328권	
	巧方便品	第50-1~3	328~330권	
	願行品	第51-1~2	330~331권	
	殑伽天品	第52	331권	
	善學品	第53-1~5	331~335권	
	斷分別品	第54-1~2	335~336권	
	巧便學品	第55-1~5	337~341권	
	願喩品	第56-1~2	341~342권	
	堅等贊品	第57-1~5	342~346권	
	囑累品	第58-1~2	346~347권	
	無盡品	第59-1~2	347~348권	
	相引攝品	第60-1~2	349~350권	
	多問不二品	第61-1~13	350~363권	
	實說品	第62-1~3	363~365권	
	巧便行品	第63-1~2	365~366권	
	遍學道品	第64-1~7	366~372권	
	三漸次品	第65-1~2	372~373권	
	無相無得品	第66-1~6	373~378권	
	無雜法義品	第67-1~2	378~379권	
	諸功德相品	第68-1~5	379~383권	
	諸法平等品	第69-1~4	383~386권	
	不可動品	第70-1~5	386~390권	
	成熟有情品	第71-1~4	390~393권	
	嚴淨佛土品	第72-1~2	393~394권	
	淨土方便品	第73-1~2	394~395권	

	無性自性品	第74-1~2	395~396권	
	勝義瑜伽品	第75-1~2	396~397권	
	無動法性品	第76	397권	
	常啼菩薩品	第77-1~2	398~399권	
	法湧菩薩品	第78-1~2	399~400권	
	結勸品	第79	400권	
第二會	緣起品	第1	401권	서문 수록
	歡喜品	第2	402권	
	觀照品	第3-1~4	402~405권	
	無等等品	第4	405권	
	舌根相品	第5	405권	
	善現品	第6-1~3	406~408권	
	入離生品	第7	408권	
	勝軍品	第8-1~2	408~409권	
	行相品	第9-1~2	409~410권	
	幻喩品	第10	410권	
	譬喩品	第11	411권	
	斷諸見品	第12	411권	
	六到彼岸品	第13-1~2	411~412권	
	乘大乘品	第14	412권	
	無縛解品	第15	413권	
	三摩地品	第16-1~2	413~414권	
	念住等品	第17-1~2	414~415권	
	修治地品	第18-1~2	415~416권	
	出住品	第19-1~2	416~417권	
	超勝品	第20-1~2	417~418권	
	無所有品	第21-1~3	418~420권	
	隨順品	第22	420권	
	無邊際品	第23-1~4	420~423권	
	遠離品	第24-1~2	423~424권	
	帝釋品	第25-1~2	425~426권	
	信受品	第26	426권	
	散花品	第27-1~2	426~427권	
	授記品	第28	427권	
	攝受品	第29-1~2	427~428권	
	窣堵波品	第30	428권	
	福生品	第31	429권	
	功德品	第32	429권	
	外道品	第33	429권	
	天來品	第34-1~2	429~430권	

	設利羅品	第35	430권	
	經文品	第36-1~2	431~432권	
	隨喜迴向品	第37-1~2	432~433권	
	大師品	第38	434권	
	地獄品	第39-1~2	434~435권	
	淸淨品	第40	436권	
	無摽幟品	第41-1~2	436~437권	
	不可得品	第42	437권	
	東北方品	第43-1~3	438~440권	
	魔事品	第44	440권	
	不和合品	第45-1~2	440~441권	
	佛母品	第46-1~2	441~442권	
	示相品	第47-1~2	442~443권	
	成辦品	第48	444권	
	船等喩品	第49-1~2	444~445권	
	初業品	第50-1~2	445~446권	
	調伏貪等品	第51	446권	
	眞如品	第52-1~3	446~448권	
	不退轉品	第53	448권	
	轉不退轉品	第54	449권	
	甚深義品	第55-1~2	449~450권	
	夢行品	第56	451권	
	願行品	第57	451권	
	殑伽天品	第58	451권	
	習近品	第59	452권	
	增上慢品	第60-1~3	452~454권	
	同學品	第61-1~2	454~455권	
	同性品	第62-1~2	455~456권	
	無分別品	第63	456권	
	堅非堅品	第64-1~2	456~457권	
	實語品	第65-1~2	457~458권	
	無盡品	第66	458권	
	相攝品	第67	459권	
	巧便品	第68-1~4	459~463권	
	樹喩品	第69	463권	
	菩薩行品	第70	464권	
	親近品	第71	464권	
	遍學品	第72-1~2	464~465권	
	漸次品	第73-1~2	465~466권	
	無相品	第74-1~2	466~467권	

	無雜品	第75-1~2	467~468권	
	衆德相品	第76-1~4	468~471권	
	善達品	第77-1~3	471~473권	
	實際品	第78-1~2	473~474권	
	無闕品	第79-1~2	474~475권	
	道土品	第80	476권	
	正定品	第81	477권	
	佛法品	第82	477권	
	無事品	第83	478권	
	實說品	第84	478권	
	空性品	第85	478권	
第三會	緣起品	第1	479권	서문 수록
	舍利子品	第2-1~4	479~482권	
	善現品	第3-1~17	482~498권	
	天帝品	第4-1~3	498~500권	
	現窣堵波品	第5-1~3	500~502권	
	稱揚功德品	第6-1~2	502~503권	
	佛設利羅品	第7	503권	
	福聚品	第8-1~2	503~504권	
	隨喜迴向品	第9-1~2	504~505권	
	地獄品	第10-1~2	505~506권	
	嘆淨品	第11-1~2	506~507권	
	贊德品	第12	507권	
	陀羅尼品	第13-1~2	508~509권	
	魔事品	第14	509권	
	現世間品	第15	510권	
	不思議等品	第16	511권	
	譬喩品	第17	511권	
	善友品	第18	512권	
	眞如品	第19-1~2	513~514권	
	不退相品	第20-1~2	514~515권	
	空相品	第21-1~3	515~517권	
	殑伽天品	第22	517권	
	巧便品	第23-1~4	517~520권	
	學時品	第24	520권	
	見不動品	第25-1~2	521~522권	
	方便善巧品	第26-1~4	523~526권	
	慧到彼岸品	第27	527권	
	妙相品	第28-1~5	528~532권	
	施等品	第29-1~4	532~535권	

	佛國品	第30-1~2	535~536권	
	宣化品	第31-1~2	536~537권	
第四會	妙行品	第1-1~2	538~539권	서문 수록
	帝釋品	第2	539권	
	供養窣堵波品	第3-1~3	539~541권	
	稱揚功德品	第4	541권	
	福門品	第5-1~2	541~542권	
	隨喜迴向品	第6-1~2	543~544권	
	地獄品	第7	544권	
	清淨品	第8	545권	
	讚歎品	第9	545권	
	總持品	第10-1~2	545~546권	
	魔事品	第11-1~2	546~547권	
	現世間品	第12	547권	
	不思議等品	第13	547권	
	譬喩品	第14	548권	
	天贊品	第15	548권	
	眞如品	第16-1~2	548~549권	
	不退相品	第17	549권	
	空相品	第18-1~2	549~550권	
	深功德品	第19	550권	
	殑伽天品	第20	550권	
	覺魔事品	第21-1~2	551권	
	善友品	第22-1~2	551~552권	
	天主品	第23	552권	
	無雜無異品	第24	552권	
	迅速品	第25-1~2	552~553권	
	幻喩品	第26	553권	
	堅固品	第27-1~2	553~554권	
	散花品	第28	554권	
	隨順品	第29	555권	
第五會	善現品	第1	556권	서문 수록
	天帝品	第2	556권	
	窣堵波品	第3	557권	
	神呪品	第4	557권	
	設利羅品	第5	558권	
	經典品	第6	558권	
	迴向品	第7	558권	
	地獄品	第8	559권	
	淸淨品	第9	559권	

	不思議品	第10-1~2	559~560권	
	魔事品	第11	560권	
	眞如品	第12	560권	
	甚深相品	第13	560~561권	
	船等喩品	第14	561권	
	如來品	第15-1~2	561~562권	
	不退品	第16	562권	
	貪行品	第17-1~2	562~563권	
	姉妹品	第18	563권	
	夢行品	第19	563권	
	勝意樂品	第20	564권	
	修學品	第21	564권	
	根栽品	第22-1~2	564~565권	
	付囑品	第23	565권	
	見不動佛品	第24	565권	
第六會	緣起品	第1	566권	서문 수록
	通達品	第2	566권	
	顯相品	第3	567권	
	法界品	第4-1~2	567~568권	
	念住品	第5	568권	
	法性品	第6	569권	
	平等品	第7	570권	
	現相品	第8	570권	
	無所得品	第9	571권	
	證勸品	第10	571권	
	顯德品	第11	572권	
	現化品	第12	572권	
	陀羅尼品	第13	572권	
	勸誡品	第14-1~2	572~573권	
	二行品	第15	573권	
	讚歎品	第16	573권	
	付囑品	第17	573권	
第七會	曼殊室利分	第1~2	574~575권	서문 수록
第八會	那伽室利分	第1	576권	서문 수록
第九會	能斷金剛分	第1	577권	서문 수록
第十會	般若理趣分	第1	578권	서문 수록
第十一會	施波羅蜜多分	第1~5	579~583권	서문 수록
第十二會	淨戒波羅蜜多分	第1~5	584~588권	서문 수록
第十三會	忍波羅蜜多分	第1	589권	서문 수록
第十四會	精進波羅蜜多分	第1	590권	서문 수록

第十五會	靜慮波羅蜜多分	第1~2	591~592권	서문 수록
第十六會	般若波羅蜜多分	第1~8	593~600권	서문 수록

따라서 마하반야바라밀다경은 설법의 내용을 따라서 각각 다른 결집의 형태를 보여주고 있으며, 매우 방대하였던 까닭으로 반야계통의 경전인 『소품반야경』, 『금강반야경』, 『반야심경』 등에 비교하여 많이 연구되지 않고 있다. 그러나 『고려대장경』의 처음에 『마하반야바라밀다경』을 배치하고 있는 것은 한국불교에서는 『마하반야바라밀다경』의 사상적인 위치가 매우 중요하였다고 추정할 수 있다.

초분
初分

마하반야바라밀다경 제241권

34. 난신해품(難信解品)(60)

"선현이여. 일체의 삼마지문이 청정한 까닭으로 이계가 청정하고, 이계가 청정한 까닭으로 일체지지가 청정하니라. 왜 그러한가? 만약 일체의 삼마지문이 청정하거나, 만약 이계가 청정하거나, 만약 일체지지가 청정하다면, 무이이고 둘로 나눌 수 없으며 분별이 없고 단절도 없는 까닭이니라. 일체의 삼마지문이 청정한 까닭으로 성계·이식계, 나아가 이촉·이촉을 인연으로 생겨난 여러 수가 청정하고, 성계, 나아가 이촉을 인연으로 생겨난 여러 수가 청정한 까닭으로 일체지지가 청정하니라. 왜 그러한가? 만약 일체의 삼마지문이 청정하거나, 만약 성계, 나아가 이촉을 인연으로 생겨난 여러 수가 청정하거나, 만약 일체지지가 청정하다면, 무이이고 둘로 나눌 수 없으며 분별이 없고 단절도 없는 까닭이니라.

선현이여. 일체의 삼마지문이 청정한 까닭으로 비계가 청정하고, 비계가 청정한 까닭으로 일체지지가 청정하니라. 왜 그러한가? 만약 일체의 삼마지문이 청정하거나, 만약 비계가 청정하거나, 만약 일체지지가 청정하다면, 무이이고 둘로 나눌 수 없으며 분별이 없고 단절도 없는 까닭이니라. 일체의 삼마지문이 청정한 까닭으로 향계·비식계, 나아가 비촉·비촉을 인연으로 생겨난 여러 수가 청정하고, 향계, 나아가 비촉을 인연으로 생겨난 여러 수가 청정한 까닭으로 일체지지가 청정하니라. 왜 그러한가? 만약 일체의 삼마지문이 청정하거나, 만약 향계, 나아가 비촉을 인연으로 생겨난 여러 수가 청정하거나, 만약 일체지지가 청정하다면, 무이이고

둘로 나눌 수 없으며 분별이 없고 단절도 없는 까닭이니라.

선현이여. 일체의 삼마지문이 청정한 까닭으로 설계가 청정하고, 설계가 청정한 까닭으로 일체지지가 청정하니라. 왜 그러한가? 만약 일체의 삼마지문이 청정하거나, 만약 설계가 청정하거나, 만약 일체지지가 청정하다면, 무이이고 둘로 나눌 수 없으며 분별이 없고 단절도 없는 까닭이니라. 일체의 삼마지문이 청정한 까닭으로 미계·설식계, 나아가 설촉·설촉을 인연으로 생겨난 여러 수가 청정하고, 미계, 나아가 설촉을 인연으로 생겨난 여러 수가 청정한 까닭으로 일체지지가 청정하니라. 왜 그러한가? 일체의 삼마지문이 청정하거나, 만약 미계, 나아가 설촉을 인연으로 생겨난 여러 수가 청정하거나, 만약 일체지지가 청정하다면, 무이이고 둘로 나눌 수 없으며 분별이 없고 단절도 없는 까닭이니라.

선현이여. 일체의 삼마지문이 청정한 까닭으로 신계가 청정하고, 신계가 청정한 까닭으로 일체지지가 청정하니라. 왜 그러한가? 만약 일체의 삼마지문이 청정하거나, 만약 신계가 청정하거나, 만약 일체지지가 청정하다면, 무이이고 둘로 나눌 수 없으며 분별이 없고 단절도 없는 까닭이니라. 일체의 삼마지문이 청정한 까닭으로 촉계·신식계, 나아가 신촉·신촉을 인연으로 생겨난 여러 수가 청정하고, 촉계, 나아가 신촉을 인연으로 생겨난 여러 수가 청정한 까닭으로 일체지지가 청정하니라. 왜 그러한가? 만약 일체의 삼마지문이 청정하거나, 만약 촉계, 나아가 신촉을 인연으로 생겨난 여러 수가 청정하거나, 만약 일체지지가 청정하다면, 무이이고 둘로 나눌 수 없으며 분별이 없고 단절도 없는 까닭이니라.

선현이여. 일체의 삼마지문이 청정한 까닭으로 의계가 청정하고, 의계가 청정한 까닭으로 일체지지가 청정하니라. 왜 그러한가? 만약 일체의 삼마지문이 청정하거나, 만약 의계가 청정하거나, 만약 일체지지가 청정하다면, 무이이고 둘로 나눌 수 없으며 분별이 없고 단절도 없는 까닭이니라. 일체의 삼마지문이 청정한 까닭으로 법계·의식계, 나아가 의촉·의촉을 인연으로 생겨난 여러 수가 청정하고, 법계, 나아가 의촉을 인연으로 생겨난 여러 수가 청정한 까닭으로 일체지지가 청정하니라. 왜 그러한가?

만약 일체의 삼마지문이 청정하거나, 만약 법계, 나아가 의촉을 인연으로 생겨난 여러 수가 청정하거나, 만약 일체지지가 청정하다면, 무이이고 둘로 나눌 수 없으며 분별이 없고 단절도 없는 까닭이니라.

선현이여. 일체의 삼마지문이 청정한 까닭으로 지계가 청정하고, 지계가 청정한 까닭으로 일체지지가 청정하니라. 왜 그러한가? 만약 일체의 삼마지문이 청정하거나, 만약 지계가 청정하거나, 만약 일체지지가 청정하다면, 무이이고 둘로 나눌 수 없으며 분별이 없고 단절도 없는 까닭이니라. 일체의 삼마지문이 청정한 까닭으로 수·화·풍·공·식계가 청정하고, 수·화·풍·공·식계가 청정한 까닭으로 일체지지가 청정하니라. 왜 그러한가? 만약 일체의 삼마지문이 청정하거나, 만약 수·화·풍·공·식계가 청정하거나, 만약 일체지지가 청정하다면, 무이이고 둘로 나눌 수 없으며 분별이 없고 단절도 없는 까닭이니라.

선현이여. 일체의 삼마지문이 청정한 까닭으로 무명이 청정하고, 무명이 청정한 까닭으로 일체지지가 청정하니라. 왜 그러한가? 만약 일체의 삼마지문이 청정하거나, 만약 무명이 청정하거나, 만약 일체지지가 청정하다면, 무이이고 둘로 나눌 수 없으며 분별이 없고 단절도 없는 까닭이니라. 일체의 삼마지문이 청정한 까닭으로 행·식·명색·육처·촉·수·애·취·유·생·노사의 수탄고우뇌가 청정하고, 행, 나아가 노사의 수탄고우뇌가 청정한 까닭으로 일체지지가 청정하니라. 왜 그러한가? 만약 일체의 삼마지문이 청정하거나, 만약 행, 나아가 노사의 수탄고우뇌가 청정하거나, 만약 일체지지가 청정하다면, 무이이고 둘로 나눌 수 없으며 분별이 없고 단절도 없는 까닭이니라.

선현이여. 일체의 삼마지문이 청정한 까닭으로 보시바라밀다가 청정하고, 보시바라밀다가 청정한 까닭으로 일체지지가 청정하니라. 왜 그러한가? 만약 일체의 삼마지문이 청정하거나, 만약 보시바라밀다가 청정하거나, 만약 일체지지가 청정하다면, 무이이고 둘로 나눌 수 없으며 분별이 없고 단절도 없는 까닭이니라. 일체의 삼마지문이 청정한 까닭으로 정계·안인·정진·정려·반야바라밀다가 청정하고, 정계, 나아가 반야바라밀다가 청정한 까닭으로 일체지지가 청정하니라. 왜 그러한가? 만약 일체의 삼마지문이 청정하거나, 만약 정계, 나아가 반야바라밀다가 청정하거나, 만약 일체지지가 청정하다면, 무이이고 둘로 나눌 수 없으며 분별이 없고 단절도 없는 까닭이니라.

선현이여. 일체의 삼마지문이 청정한 까닭으로 내공이 청정하고, 내공이 청정한 까닭으로 일체지지가 청정하니라. 왜 그러한가? 만약 일체의 삼마지문이 청정하거나, 만약 내공이 청정하거나, 만약 일체지지가 청정하다면, 무이이고 둘로 나눌 수 없으며 분별이 없고 단절도 없는 까닭이니라. 일체의 삼마지문이 청정한 까닭으로 외공·내외공·공공·대공·승의공·유위공·무위공·필경공·무제공·산공·무변이공·본성공·자상공·공상공·일체법공·불가득공·무성공·자성공·무성자성공이 청정하고, 외공, 나아가 무성자성공이 청정한 까닭으로 일체지지가 청정하니라. 왜 그러한가? 만약 일체의 삼마지문이 청정하거나, 만약 외공, 나아가 무성자성공이 청정하거나, 만약 일체지지가 청정하다면, 무이이고 둘로 나눌 수 없으며 분별이 없고 단절도 없는 까닭이니라.

선현이여. 일체의 삼마지문이 청정한 까닭으로 진여가 청정하고, 진여가 청정한 까닭으로 일체지지가 청정하니라. 왜 그러한가? 만약 일체의 삼마지문이 청정하거나, 만약 진여가 청정하거나, 만약 일체지지가 청정하다면, 무이이고 둘로 나눌 수 없으며 분별이 없고 단절도 없는 까닭이니라. 일체의 삼마지문이 청정한 까닭으로 법계·법성·불허망성·불변이성·평등성·이생성·법정·법주·실제·허공계·부사의계가 청정하고 법계, 나아가 부사의계가 청정한 까닭으로 일체지지가 청정하니라. 왜 그러한가? 만약 일체의 삼마지문이 청정하거나, 만약 법계, 나아가 부사의계가 청정하거나, 만약 일체지지가 청정하다면, 무이이고 둘로 나눌 수 없으며 분별이 없고 단절도 없는 까닭이니라.

선현이여. 일체의 삼마지문이 청정한 까닭으로 고성제가 청정하고, 고성제가 청정한 까닭으로 일체지지가 청정하니라. 왜 그러한가? 만약 일체의 삼마지문이 청정하거나, 만약 고성제가 청정하거나, 만약 일체지지가 청정하다면, 무이이고 둘로 나눌 수 없으며 분별이 없고 단절도 없는 까닭이니라. 일체의 삼마지문이 청정한 까닭으로 집·멸·도성제가 청정하고, 집·멸·도성제가 청정한 까닭으로 일체지지가 청정하니라. 왜 그러한가? 만약 일체의 삼마지문이 청정하거나, 만약 집·멸·도성제가 청정하거나, 만약 일체지지가 청정하다면, 무이이고 둘로 나눌 수 없으며 분별이 없고 단절도 없는 까닭이니라.

선현이여. 일체의 삼마지문이 청정한 까닭으로 4정려가 청정하고, 4정려가 청정한 까닭으로 일체지지가 청정하니라. 왜 그러한가? 만약 일체의 삼마지문이 청정하거나, 만약 4정려가 청정하거나, 만약 일체지지가 청정하다면, 무이이고 둘로 나눌 수 없으며 분별이 없고 단절도 없는 까닭이니라. 일체의 삼마지문이 청정한 까닭으로 4무량·4무색정이 청정하고, 4무량·4무색정이 청정한 까닭으로 일체지지가 청정하니라. 왜 그러한가? 만약 일체의 삼마지문이 청정하거나, 만약 4무량·4무색정이 청정하거나, 만약 일체지지가 청정하다면, 무이이고 둘로 나눌 수 없으며 분별이 없고 단절도 없는 까닭이니라.

선현이여. 일체의 삼마지문이 청정한 까닭으로 8해탈이 청정하고, 8해탈이 청정한 까닭으로 일체지지가 청정하니라. 왜 그러한가? 만약 일체의 삼마지문이 청정하거나, 만약 8해탈이 청정하거나, 만약 일체지지가 청정하다면, 무이이고 둘로 나눌 수 없으며 분별이 없고 단절도 없는 까닭이니라. 일체의 삼마지문이 청정한 까닭으로 8승처·9차제정·10변처가 청정하고, 8승처·9차제정·10변처가 청정한 까닭으로 일체지지가 청정하니라. 왜 그러한가? 만약 일체의 삼마지문이 청정하거나, 만약 8승처·9차제정·10변처가 청정하거나, 만약 일체지지가 청정하다면, 무이이고 둘로 나눌 수 없으며 분별이 없고 단절도 없는 까닭이니라.

선현이여. 일체의 삼마지문이 청정한 까닭으로 4념주가 청정하고, 4념주가 청정한 까닭으로 일체지지가 청정하니라. 왜 그러한가? 만약 일체의 삼마지문이 청정하거나, 만약 4념주가 청정하거나, 만약 일체지지가 청정하다면, 무이이고 둘로 나눌 수 없으며 분별이 없고 단절도 없는 까닭이니라. 일체의 삼마지문이 청정한 까닭으로 4정단·4신족·5근·5력·7등각지·8성도지가 청정하고, 4정단, 나아가 8성도지가 청정한 까닭으로 일체지지가 청정하니라. 왜 그러한가? 만약 일체의 삼마지문이 청정하거나, 만약 4정단, 나아가 8성도지가 청정하거나, 만약 일체지지가 청정하다면, 무이이고 둘로 나눌 수 없으며 분별이 없고 단절도 없는 까닭이니라.

선현이여. 일체의 삼마지문이 청정한 까닭으로 공해탈문이 청정하고, 공해탈문이 청정한 까닭으로 일체지지가 청정하니라. 왜 그러한가? 만약 일체의 삼마지문이 청정하거나, 만약 공해탈문이 청정하거나, 만약 일체지지가 청정하다면, 무이이고 둘로 나눌 수 없으며 분별이 없고 단절도 없는 까닭이니라. 일체의 삼마지문이 청정한 까닭으로 무상·무원해탈문이 청정하고, 무상·무원해탈문이 청정한 까닭으로 일체지지가 청정하니라. 왜 그러한가? 만약 일체의 삼마지문이 청정하거나, 만약 무상·무원해탈문이 청정하거나, 만약 일체지지가 청정하다면, 무이이고 둘로 나눌 수 없으며 분별이 없고 단절도 없는 까닭이니라.

선현이여. 일체의 삼마지문이 청정한 까닭으로 보살의 10지가 청정하고, 보살의 10지가 청정한 까닭으로 일체지지가 청정하니라. 왜 그러한가? 만약 일체의 삼마지문이 청정하거나, 만약 보살의 10지가 청정하거나, 만약 일체지지가 청정하다면, 무이이고 둘로 나눌 수 없으며 분별이 없고 단절도 없는 까닭이니라.

선현이여. 일체의 삼마지문이 청정한 까닭으로 5안이 청정하고, 5안이 청정한 까닭으로 일체지지가 청정하니라. 왜 그러한가? 만약 일체의 삼마지문이 청정하거나, 만약 5안이 청정하거나, 만약 일체지지가 청정하다면, 무이이고 둘로 나눌 수 없으며 분별이 없고 단절도 없는 까닭이니라. 일체의 삼마지문이 청정한 까닭으로 6신통이 청정하고, 6신통이 청정한 까닭으로 일체지지가 청정하니라. 왜 그러한가? 만약 일체의 삼마지문이 청정하거나, 만약 6신통이 청정하거나, 만약 일체지지가 청정하다면, 무이이고 둘로 나눌 수 없으며 분별이 없고 단절도 없는 까닭이니라.

선현이여. 일체의 삼마지문이 청정한 까닭으로 여래의 10력이 청정하고, 여래의 10력이 청정한 까닭으로 일체지지가 청정하니라. 왜 그러한가? 만약 일체의 삼마지문이 청정하거나, 만약 여래의 10력이 청정하거나, 만약 일체지지가 청정하다면, 무이이고 둘로 나눌 수 없으며 분별이 없고 단절도 없는 까닭이니라. 일체의 삼마지문이 청정한 까닭으로 4무소외·4무애해·대자·대비·대희·대사·18불불공법이 청정하고, 4무소외, 나아가 18불불공법이 청정한 까닭으로 일체지지가 청정하니라. 왜 그러한가? 만약 일체의 삼마지문이 청정하거나, 만약 4무소외, 나아가 18불불공법이 청정하거나, 만약 일체지지가 청정하다면, 무이이고 둘로 나눌 수 없으며 분별이 없고 단절도 없는 까닭이니라.

선현이여. 일체의 삼마지문이 청정한 까닭으로 무망실법이 청정하고, 무망실법이 청정한 까닭으로 일체지지가 청정하니라. 왜 그러한가? 만약 일체의 삼마지문이 청정하거나, 만약 무망실법이 청정하거나, 만약 일체지지가 청정하다면, 무이이고 둘로 나눌 수 없으며 분별이 없고 단절도 없는 까닭이니라. 선현이여. 일체의 삼마지문이 청정한 까닭으로 항주사성이 청정하고, 항주사성이 청정한 까닭으로 일체지지가 청정하니라. 왜 그러한가? 만약 일체의 삼마지문이 청정하거나, 만약 항주사성이 청정하거나, 만약 일체지지가 청정하다면, 무이이고 둘로 나눌 수 없으며 분별이 없고 단절도 없는 까닭이니라.

선현이여. 일체의 삼마지문이 청정한 까닭으로 일체지가 청정하고, 일체지가 청정한 까닭으로 일체지지가 청정하니라. 왜 그러한가? 만약 일체의 삼마지문이 청정하거나, 만약 일체지가 청정하거나, 만약 일체지지가 청정하다면, 무이이고 둘로 나눌 수 없으며 분별이 없고 단절도 없는 까닭이니라. 일체의 삼마지문이 청정한 까닭으로 도상지·일체상지가 청정하고, 도상지·일체상지가 청정한 까닭으로 일체지지가 청정하니라. 왜 그러한가? 만약 일체의 심마지문이 청정하거나, 만약 도상지·일체상지가 청정하거나, 만약 일체지지가 청정하다면, 무이이고 둘로 나눌 수 없으며 분별이 없고 단절도 없는 까닭이니라.

선현이여. 일체의 삼마지문이 청정한 까닭으로 일체의 다라니문이 청정하고, 일체의 다라니문이 청정한 까닭으로 일체지지가 청정하니라. 왜 그러한가? 만약 일체의 삼마지문이 청정하거나, 만약 일체의 다라니문이 청정하거나, 만약 일체지지가 청정하다면, 무이이고 둘로 나눌 수 없으며 분별이 없고 단절도 없는 까닭이니라.

선현이여. 일체의 삼마지문이 청정한 까닭으로 예류과가 청정하고, 예류과가 청정한 까닭으로 일체지지가 청정하니라. 왜 그러한가? 만약 일체의 삼마지문이 청정하거나, 만약 예류과가 청정하거나, 만약 일체지지가 청정하다면, 무이이고 둘로 나눌 수 없으며 분별이 없고 단절도 없는 까닭이니라. 일체의 삼마지문이 청정한 까닭으로 일래·불환·아라한과가 청정하고, 일래·불환·아라한과가 청정한 까닭으로 일체지지가 청정하니라. 왜 그러한가? 만약 일체의 삼마지문이 청정하거나, 만약 일래·불환·아라한과가 청정하거나, 만약 일체지지가 청정하다면, 무이이고 둘로 나눌 수 없으며 분별이 없고 단절도 없는 까닭이니라.

선현이여. 일체의 삼마지문이 청정한 까닭으로 독각의 보리가 청정하고, 독각의 보리가 청정한 까닭으로 일체지지가 청정하니라. 왜 그러한가? 만약 일체의 삼마지문이 청정하거나, 만약 독각의 보리가 청정하거나, 만약 일체지지가 청정하다면, 무이이고 둘로 나눌 수 없으며 분별이 없고 단절도 없는 까닭이니라.

선현이여. 일체의 삼마지문이 청정한 까닭으로 일체의 보살마하살의 행이 청정하고, 일체의 보살마하살의 행이 청정한 까닭으로 일체지지가 청정하니라. 왜 그러한가? 만약 일체의 삼마지문이 청정하거나, 만약 일체의 보살마하살의 행이 청정하거나, 만약 일체지지가 청정하다면, 무이이고 둘로 나눌 수 없으며 분별이 없고 단절도 없는 까닭이니라.

선현이여. 일체의 삼마지문이 청정한 까닭으로 제불의 무상정등보리가 청정하고, 제불의 무상정등보리가 청정한 까닭으로 일체지지가 청정하니라. 왜 그러한가? 만약 일체의 삼마지문이 청정하거나, 만약 제불의 무상정등보리가 청정하거나, 만약 일체지지가 청정하다면, 무이이고 둘로 나눌 수 없으며 분별이 없고 단절도 없는 까닭이니라.”

"다시 다음으로 선현이여. 예류과(預流果)가 청정(淸淨)한 까닭으로 색이 청정하고, 색(色)이 청정한 까닭으로 일체지지가 청정하니라. 왜 그러한가? 만약 예류과가 청정하거나, 만약 색이 청정하거나, 만약 일체지지가 청정하다면, 무이(無二)이고 둘로 나눌 수 없으며(無二分) 분별이 없고(無別) 단절도 없는(無斷) 까닭이니라. 예류과가 청정한 까닭으로 수(受)·상(想)·행(行)·식(識)이 청정하고, 수·상·행·식이 청정한 까닭으로 일체지지가 청정하니라. 왜 그러한가? 만약 예류과가 청정하거나, 만약 수·상·행·식이 청정하거나, 만약 일체지지가 청정하다면, 무이이고 둘로 나눌 수 없으며 분별이 없고 단절도 없는 까닭이니라.

선현이여. 예류과가 청정한 까닭으로 안처(眼處)가 청정하고, 안처가 청정한 까닭으로 일체지지가 청정하니라. 왜 그러한가? 만약 예류과가 청정하거나, 만약 안처가 청정하거나, 만약 일체지지가 청정하다면, 무이이고 둘로 나눌 수 없으며 분별이 없고 단절도 없는 까닭이니라. 예류과가 청정한 까닭으로 이(耳)·비(鼻)·설(舌)·신(身)·의처(意處)가 청정하고, 이·비·설·신·의처가 청정한 까닭으로 일체지지가 청정하니라. 왜 그러한가? 만약 예류과가 청정하거나, 만약 이·비·설·신·의처가 청정하거나, 만약 일체지지가 청정하다면, 무이이고 둘로 나눌 수 없으며 분별이 없고 단절도 없는 까닭이니라.

선현이여. 예류과가 청정한 까닭으로 색처(色處)가 청정하고, 색처가 청정한 까닭으로 일체지지가 청정하니라. 왜 그러한가? 만약 예류과가 청정하거나, 만약 색처가 청정하거나, 만약 일체지지가 청정하다면, 무이이고 둘로 나눌 수 없으며 분별이 없고 단절도 없는 까닭이니라. 예류과가 청정한 까닭으로 성(聲)·향(香)·미(味)·촉(觸)·법처(法處)가 청정하고, 성·향·미·촉·법처가 청정한 까닭으로 일체지지가 청정하니라. 왜 그러한가? 만약 예류과가 청정하거나, 만약 성·향·미·촉·법처가 청정하거나, 만약 일체지지가 청정하다면, 무이이고 둘로 나눌 수 없으며 분별이 없고 단절도 없는 까닭이니라.

선현이여. 예류과가 청정한 까닭으로 안계(眼界)가 청정하고, 안계가 청정한 까닭으로 일체지지가 청정하니라. 왜 그러한가? 만약 예류과가 청정하거나, 만약 안계가 청정하거나, 만약 일체지지가 청정하다면, 무이이고 둘로 나눌 수 없으며 분별이 없고 단절도 없는 까닭이니라. 예류과가 청정한 까닭으로 색계(色界)·안식계(眼識界), …… 나아가 …… 안촉(眼觸)·안촉을 인연으로 생겨나는 여러 수(受)가 청정하고, 색계, 나아가 안촉을 인연으로 생겨난 여러 수가 청정한 까닭으로 일체지지가 청정하니라. 왜 그러한가? 만약 예류과가 청정하거나, 만약 색계, 나아가 안촉을 인연으로 생겨난 여러 수가 청정하거나, 만약 일체지지가 청정하다면, 무이이고 둘로 나눌 수 없으며 분별이 없고 단절도 없는 까닭이니라.

선현이여. 예류과가 청정한 까닭으로 이계(耳界)가 청정하고, 이계가 청정한 까닭으로 일체지지가 청정하니라. 왜 그러한가? 만약 예류과가 청정하거나, 만약 이계가 청정하거나, 만약 일체지지가 청정하다면, 무이이고 둘로 나눌 수 없으며 분별이 없고 단절도 없는 까닭이니라. 예류과가 청정한 까닭으로 성계(聲界)·이식계(耳識界), …… 나아가 …… 이촉(耳觸)·이촉을 인연으로 생겨난 여러 수가 청정하고, 성계, 나아가 이촉을 인연으로 생겨난 여러 수가 청정한 까닭으로 일체지지가 청정하니라. 왜 그러한가? 만약 예류과가 청정하거나, 만약 성계, 나아가 이촉을 인연으로 생겨난 여러 수가 청정하거나, 만약 일체지지가 청정하다면, 무이이고 둘로 나눌 수 없으며 분별이 없고 단절도 없는 까닭이니라.

선현이여. 예류과가 청정한 까닭으로 비계(鼻界)가 청정하고, 비계가 청정한 까닭으로 일체지지가 청정하니라. 왜 그러한가? 만약 예류과가 청정하거나, 만약 비계가 청정하거나, 만약 일체지지가 청정하다면, 무이이고 둘로 나눌 수 없으며 분별이 없고 단절도 없는 까닭이니라. 예류과가 청정한 까닭으로 향계(香界)·비식계(鼻識界), …… 나아가 …… 비촉(鼻觸)·비촉을 인연으로 생겨난 여러 수가 청정하고, 향계, 나아가 비촉을 인연으로 생겨난 여러 수가 청정한 까닭으로 일체지지가 청정하니라. 왜 그러한가? 만약 예류과가 청정하거나, 만약 향계, 나아가 비촉을 인연으로 생겨난 여러 수가 청정하거나, 만약 일체지지가 청정하다면, 무이이고

둘로 나눌 수 없으며 분별이 없고 단절도 없는 까닭이니라.

선현이여. 예류과가 청정한 까닭으로 설계(舌界)가 청정하고, 설계가 청정한 까닭으로 일체지지가 청정하니라. 왜 그러한가? 만약 예류과가 청정하거나, 만약 설계가 청정하거나, 만약 일체지지가 청정하다면, 무이이고 둘로 나눌 수 없으며 분별이 없고 단절도 없는 까닭이니라. 예류과가 청정한 까닭으로 미계(味界)·설식계(舌識界), …… 나아가 …… 설촉(舌觸)·설촉을 인연으로 생겨난 여러 수가 청정하고, 미계, 나아가 설촉을 인연으로 생겨난 여러 수가 청정한 까닭으로 일체지지가 청정하니라. 왜 그러한가? 만약 예류과가 청정하거나, 만약 미계, 나아가 설촉을 인연으로 생겨난 여러 수가 청정하거나, 만약 일체지지가 청정하다면, 무이이고 둘로 나눌 수 없으며 분별이 없고 단절도 없는 까닭이니라.

선현이여. 예류과가 청정한 까닭으로 신계(身界)가 청정하고, 신계가 청정한 까닭으로 일체지지가 청정하니라. 왜 그러한가? 만약 예류과가 청정하거나, 만약 신계가 청정하거나, 만약 일체지지가 청정하다면, 무이이고 둘로 나눌 수 없으며 분별이 없고 단절도 없는 까닭이니라. 예류과가 청정한 까닭으로 촉계(觸界)·신식계(身識界), …… 나아가 …… 신촉(身觸)·신촉을 인연으로 생겨난 여러 수가 청정하고, 촉계, 나아가 신촉을 인연으로 생겨난 여러 수가 청정한 까닭으로 일체지지가 청정하니라. 왜 그러한가? 만약 예류과가 청정하거나, 만약 촉계, 나아가 신촉을 인연으로 생겨난 여러 수가 청정하거나, 만약 일체지지가 청정하다면, 무이이고 둘로 나눌 수 없으며 분별이 없고 단절도 없는 까닭이니라.

선현이여. 예류과가 청정한 까닭으로 의계(意界)가 청정하고, 의계가 청정한 까닭으로 일체지지가 청정하니라. 왜 그러한가? 만약 예류과가 청정하거나, 만약 의계가 청정하거나, 만약 일체지지가 청정하다면, 무이이고 둘로 나눌 수 없으며 분별이 없고 단절도 없는 까닭이니라. 예류과가 청정한 까닭으로 법계(法界)·의식계(意識界), …… 나아가 …… 의촉(意觸)·의촉을 인연으로 생겨난 여러 수가 청정하고, 법계, 나아가 의촉을 인연으로 생겨난 여러 수가 청정한 까닭으로 일체지지가 청정하니라. 왜 그러한가? 만약 예류과가 청정하거나, 만약 법계, 나아가 의촉을 인연으로 생겨난 여러 수가 청정하거나, 만약 일체지지가 청정하다면, 무이이고 둘로 나눌 수 없으며 분별이 없고 단절도 없는 까닭이니라.

선현이여. 예류과가 청정한 까닭으로 지계(地界)가 청정하고, 지계가 청정한 까닭으로 일체지지가 청정하니라. 왜 그러한가? 만약 예류과가 청정하거나, 만약 지계가 청정하거나, 만약 일체지지가 청정하다면, 무이이고 둘로 나눌 수 없으며 분별이 없고 단절도 없는 까닭이니라. 예류과가 청정한 까닭으로 수(水)·화(火)·풍(風)·공(空)·식계(識界)가 청정하고, 수·화·풍·공·식계가 청정한 까닭으로 일체지지가 청정하니라. 왜 그러한가? 만약 예류과가 청정하거나, 만약 수·화·풍·공·식계가 청정하거나, 만약 일체지지가 청정하다면, 무이이고 둘로 나눌 수 없으며 분별이 없고 단절도 없는 까닭이니라.

선현이여. 예류과가 청정한 까닭으로 무명(無明)이 청정하고, 무명이 청정한 까닭으로 일체지지가 청정하니라. 왜 그러한가? 만약 예류과가 청정하거나, 만약 무명이 청정하거나, 만약 일체지지가 청정하다면, 무이이고 둘로 나눌 수 없으며 분별이 없고 단절도 없는 까닭이니라. 예류과가 청정한 까닭으로 행(行)·식(識)·명색(名色)·육처(六處)·촉(觸)·수(受)·애(愛)·취(取)·유(有)·생(生)·노사(老死)의 수탄고우뇌(愁歎苦憂惱)가 청정하고, 행, 나아가 노사의 수탄고우뇌가 청정한 까닭으로 일체지지가 청정하니라. 왜 그러한가? 만약 예류과가 청정하거나, 만약 행, 나아가 노사의 수탄고우뇌가 청정하거나, 만약 일체지지가 청정하다면, 무이이고 둘로 나눌 수 없으며 분별이 없고 단절도 없는 까닭이니라.

선현이여. 예류과가 청정한 까닭으로 보시바라밀다(布施波羅蜜多)가 청정하고, 보시바라밀다가 청정한 까닭으로 일체지지가 청정하니라. 왜 그러한가? 만약 예류과가 청정하거나, 만약 보시바라밀다가 청정하거나, 만약 일체지지가 청정하다면, 무이이고 둘로 나눌 수 없으며 분별이 없고 단절도 없는 까닭이니라. 예류과가 청정한 까닭으로 정계(淨戒)·안인(安忍)·정진(精進)·정려(靜慮)·반야바라밀다(般若波羅蜜多)가 청정하고, 정계, 나아가 반야바라밀다가 청정한 까닭으로 일체지지가 청정하니라. 왜 그러한가? 만약 예류과가 청정하거나, 만약 정계, 나아가 반야바라밀다가 청정하거나, 만약 일체지지가 청정하다면, 무이이고 둘로 나눌 수 없으며 분별이 없고 단절도 없는 까닭이니라.

선현이여. 예류과가 청정한 까닭으로 내공(內空)이 청정하고, 내공이 청정한 까닭으로 일체지지가 청정하니라. 왜 그러한가? 만약 예류과가 청정하거나, 만약 내공이 청정하거나, 만약 일체지지가 청정하다면, 무이이고 둘로 나눌 수 없으며 분별이 없고 단절도 없는 까닭이니라. 예류과가 청정한 까닭으로 외공(外空)·내외공(內外空)·공공(空空)·대공(大空)·승의공(勝義空)·유위공(有爲空)·무위공(無爲空)·필경공(畢竟空)·무제공(無際空)·산공(散空)·무변이공(無變異空)·본성공(本性空)·자상공(自相空)·공상공(共相空)·일체법공(一切法空)·불가득공(不可得空)·무성공(無性空)·자성공(自性空)·무성자성공(無性自性空)이 청정하고, 외공, 나아가 무성자성공이 청정한 까닭으로 일체지지가 청정하니라. 왜 그러한가? 만약 예류과가 청정하거나, 만약 외공, 나아가 무성자성공이 청정하거나, 만약 일체지지가 청정하다면, 무이이고 둘로 나눌 수 없으며 분별이 없고 단절도 없는 까닭이니라.

선현이여. 예류과가 청정한 까닭으로 진여(眞如)가 청정하고, 진여가 청정한 까닭으로 일체지지가 청정하니라. 왜 그러한가? 만약 예류과가 청정하거나, 만약 진여가 청정하거나, 만약 일체지지가 청정하다면, 무이이고 둘로 나눌 수 없으며 분별이 없고 단절도 없는 까닭이니라. 예류과가 청정한 까닭으로 법계(法界)·법성(法性)·불허망성(不虛妄性)·불변이성(不變異性)·평등성(平等性)·이생성(離生性)·법정(法定)·법주(法住)·실제(實際)·허공계(虛空界)·부사의계(不思議界)가 청정하고 법계, 나아가 부사의계가 청정한 까닭으로 일체지지가 청정하니라. 왜 그러한가? 만약 예류과가 청정하거나, 만약 법계, 나아가 부사의계가 청정하거나, 만약 일체지지가 청정하다면, 무이이고 둘로 나눌 수 없으며 분별이 없고 단절도 없는 까닭이니라.

선현이여. 예류과가 청정한 까닭으로 고성제(苦聖諦)가 청정하고, 고성제가 청정한 까닭으로 일체지지가 청정하니라. 왜 그러한가? 만약 예류과가 청정하거나, 만약 고성제가 청정하거나, 만약 일체지지가 청정하다면, 무이이고 둘로 나눌 수 없으며 분별이 없고 단절도 없는 까닭이니라. 예류과가 청정한 까닭으로 집(集)·멸(滅)·도성제(道聖諦)가 청정하고, 집·멸·도성제가 청정한 까닭으로 일체지지가 청정하니라. 왜 그러한가? 만약 예류과가 청정하거나, 만약 집·멸·도성제가 청정하거나, 만약 일체지지가 청정하다면, 무이이고 둘로 나눌 수 없으며 분별이 없고 단절도 없는 까닭이니라.

선현이여. 예류과가 청정한 까닭으로 4정려(四靜慮)가 청정하고, 4정려가 청정한 까닭으로 일체지지가 청정하니라. 왜 그러한가? 만약 예류과가 청정하거나, 만약 4정려가 청정하거나, 만약 일체지지가 청정하다면, 무이이고 둘로 나눌 수 없으며 분별이 없고 단절도 없는 까닭이니라. 예류과가 청정한 까닭으로 4무량(四無量)·4무색정(四無色定)이 청정하고, 4무량·4무색정이 청정한 까닭으로 일체지지가 청정하니라. 왜 그러한가? 만약 예류과가 청정하거나, 만약 4무량·4무색정이 청정하거나, 만약 일체지지가 청정하다면, 무이이고 둘로 나눌 수 없으며 분별이 없고 단절도 없는 까닭이니라.

선현이여. 예류과가 청정한 까닭으로 8해탈(八解脫)이 청정하고, 8해탈이 청정한 까닭으로 일체지지가 청정하니라. 왜 그러한가? 만약 예류과가 청정하거나, 만약 8해탈이 청정하거나, 만약 일체지지가 청정하다면, 무이이고 둘로 나눌 수 없으며 분별이 없고 단절도 없는 까닭이니라. 예류과가 청정한 까닭으로 8승처(八勝處)·9차제정(九次第定)·10변처(十遍處)가 청정하고, 8승처·9차제정·10변처가 청정한 까닭으로 일체지지가 청정하니라. 왜 그러한가? 만약 예류과가 청정하거나, 만약 8승처·9차제정·10변처가 청정하거나, 만약 일체지지가 청정하다면, 무이이고 둘로 나눌 수 없으며 분별이 없고 단절도 없는 까닭이니라.

선현이여. 예류과가 청정한 까닭으로 4념주(四念住)가 청정하고, 4념주가 청정한 까닭으로 일체지지가 청정하니라. 왜 그러한가? 만약 예류과가 청정하거나, 만약 4념주가 청정하거나, 만약 일체지지가 청정하다면, 무이이고 둘로 나눌 수 없으며 분별이 없고 단절도 없는 까닭이니라. 예류과가 청정한 까닭으로 4정단(四正斷)·4신족(四神足)·5근(五根)·5력(五力)·7등각지(七等覺支)·8성도지(八聖道支)가 청정하고, 4정단, 나아가 8성도지가 청정한 까닭으로 일체지지가 청정하니라. 왜 그러한가? 만약 예류과가 청정하거나, 만약 4정단, 나아가 8성도지가 청정하거나, 만약 일체지지가 청정하다면, 무이이고 둘로 나눌 수 없으며 분별이 없고 단절도 없는 까닭이니라.

선현이여. 예류과가 청정한 까닭으로 공해탈문(空解脫門)이 청정하고, 공해탈문이 청정한 까닭으로 일체지지가 청정하니라. 왜 그러한가? 만약 예류과가 청정하거나, 만약 공해탈문이 청정하거나, 만약 일체지지가 청정하다면, 무이이고 둘로 나눌 수 없으며 분별이 없고 단절도 없는 까닭이니라. 예류과가 청정한 까닭으로 무상(無相)·무원해탈문(無願解脫門)이 청정하고, 무상·무원해탈문이 청정한 까닭으로 일체지지가 청정하니라. 왜 그러한가? 만약 예류과가 청정하거나, 만약 무상·무원해탈문이 청정하거나, 만약 일체지지가 청정하다면, 무이이고 둘로 나눌 수 없으며 분별이 없고 단절도 없는 까닭이니라.

선현이여. 예류과가 청정한 까닭으로 보살(菩薩)의 10지(十地)가 청정하고, 보살의 10지가 청정한 까닭으로 일체지지가 청정하니라. 왜 그러한가? 만약 예류과가 청정하거나, 만약 보살의 10지가 청정하거나, 만약 일체지지가 청정하다면, 무이이고 둘로 나눌 수 없으며 분별이 없고 단절도 없는 까닭이니라.

선현이여. 예류과가 청정한 까닭으로 5안(五眼)이 청정하고, 5안이 청정한 까닭으로 일체지지가 청정하니라. 왜 그러한가? 만약 예류과가 청정하거나, 만약 5안이 청정하거나, 만약 일체지지가 청정하다면, 무이이고 둘로 나눌 수 없으며 분별이 없고 단절도 없는 까닭이니라. 예류과가 청정한 까닭으로 6신통(六神通)이 청정하고, 6신통이 청정한 까닭으로 일체지지가 청정하니라. 왜 그러한가? 만약 예류과가 청정하거나, 만약 6신통이 청정하거나, 만약 일체지지가 청정하다면, 무이이고 둘로 나눌 수 없으며 분별이 없고 단절도 없는 까닭이니라.

선현이여. 예류과가 청정한 까닭으로 여래(佛)의 10력(十力)이 청정하고, 여래의 10력이 청정한 까닭으로 일체지지가 청정하니라. 왜 그러한가? 만약 예류과가 청정하거나, 만약 여래의 10력이 청정하거나, 만약 일체지지가 청정하다면, 무이이고 둘로 나눌 수 없으며 분별이 없고 단절도 없는 까닭이니라. 예류과가 청정한 까닭으로 4무소외(四無所畏)·4무애해(四無礙解)·대자(大慈)·대비(大悲)·대희(大喜)·대사(大捨)·18불불공법(十八佛不共法)이 청정하고, 4무소외, 나아가 18불불공법이 청정한 까닭으로 일체지지가 청정하니라. 왜 그러한가? 만약 예류과가 청정하거나, 만약 4무소외, 나아가 18불불공법이 청정하거나, 만약 일체지지가 청정하다면, 무이이고 둘로 나눌 수 없으며 분별이 없고 단절도 없는 까닭이니라.

선현이여. 예류과가 청정한 까닭으로 무망실법(無忘失法)이 청정하고, 무망실법이 청정한 까닭으로 일체지지가 청정하니라. 왜 그러한가? 만약 예류과가 청정하거나, 만약 무망실법이 청정하거나, 만약 일체지지가 청정하다면, 무이이고 둘로 나눌 수 없으며 분별이 없고 단절도 없는 까닭이니라. 선현이여. 예류과가 청정한 까닭으로 항주사성(恒住捨性)이 청정하고, 항주사성이 청정한 까닭으로 일체지지가 청정하니라. 왜 그러한가? 만약 예류과가 청정하거나, 만약 항주사성이 청정하거나, 만약 일체지지가 청정하다면, 무이이고 둘로 나눌 수 없으며 분별이 없고 단절도 없는 까닭이니라.

선현이여. 예류과가 청정한 까닭으로 일체지(一切智)가 청정하고, 일체지가 청정한 까닭으로 일체지지가 청정하니라. 왜 그러한가? 만약 예류과가 청정하거나, 만약 일체지가 청정하거나, 만약 일체지지가 청정하다면, 무이이고 둘로 나눌 수 없으며 분별이 없고 단절도 없는 까닭이니라. 예류과가 청정한 까닭으로 도상지(道相智)·일체상지(一切相智)가 청정하고, 도상지·일체상지가 청정한 까닭으로 일체지지가 청정하니라. 왜 그러한가? 만약 예류과가 청정하거나, 만약 도상지·일체상지가 청정하거나, 만약 일체지지가 청정하다면, 무이이고 둘로 나눌 수 없으며 분별이 없고 단절도 없는 까닭이니라.

선현이여. 예류과가 청정한 까닭으로 일체(一切)의 다라니문(陀羅尼門)이 청정하고, 일체의 다라니문이 청정한 까닭으로 일체지지가 청정하니라. 왜 그러한가? 만약 예류과가 청정하거나, 만약 일체의 다라니문이 청정하거나, 만약 일체지지가 청정하다면, 무이이고 둘로 나눌 수 없으며 분별이 없고 단절도 없는 까닭이니라. 선현이여. 예류과가 청정한 까닭으로 일체의 삼마지문(三摩地門)이 청정하고, 일체의 삼마지문이 청정한 까닭으로 일체지지가 청정하니라. 왜 그러한가? 만약 예류과가 청정하거나, 만약 일체의 삼마지문이 청정하거나, 만약 일체지지가 청정하다면, 무이이고 둘로 나눌 수 없으며 분별이 없고 단절도 없는 까닭이니라.

선현이여. 예류과가 청정한 까닭으로 일래과(一來果)가 청정하고, 일래과가 청정한 까닭으로 일체지지가 청정하니라. 왜 그러한가? 만약 예류과가 청정하거나, 만약 일래과가 청정하거나, 만약 일체지지가 청정하다면, 무이이고 둘로 나눌 수 없으며 분별이 없고 단절도 없는 까닭이니라. 예류과가 청정한 까닭으로 불환(不還)·아라한과(阿羅漢果)가 청정하고, 불환·아라한과가 청정한 까닭으로 일체지지가 청정하니라. 왜 그러한가? 만약 예류과가 청정하거나, 만약 불환·아라한과가 청정하거나, 만약 일체지지가 청정하다면, 무이이고 둘로 나눌 수 없으며 분별이 없고 단절도 없는 까닭이니라.

선현이여. 예류과가 청정한 까닭으로 독각(獨覺)의 보리(菩提)가 청정하고, 독각의 보리가 청정한 까닭으로 일체지지가 청정하니라. 왜 그러한가? 만약 예류과가 청정하거나, 만약 독각의 보리가 청정하거나, 만약 일체지지가 청정하다면, 무이이고 둘로 나눌 수 없으며 분별이 없고 단절도 없는 까닭이니라.

선현이여. 예류과가 청정한 까닭으로 일체의 보살마하살(菩薩摩訶薩)의 행(行)이 청정하고, 일체의 보살마하살의 행이 청정한 까닭으로 일체지지가 청정하니라. 왜 그러한가? 만약 예류과가 청정하거나, 만약 일체의 보살마하살의 행이 청정하거나, 만약 일체지지가 청정하다면, 무이이고 둘로 나눌 수 없으며 분별이 없고 단절도 없는 까닭이니라.

선현이여. 예류과가 청정한 까닭으로 제불(諸佛)의 무상정등보리(無上正等菩提)가 청정하고, 제불의 무상정등보리가 청정한 까닭으로 일체지지가 청정하니라. 왜 그러한가? 만약 예류과가 청정하거나, 만약 제불의 무상정등보리가 청정하거나, 만약 일체지지가 청정하다면, 무이이고 둘로 나눌 수 없으며 분별이 없고 단절도 없는 까닭이니라."

"다시 다음으로 선현이여. 일래과(一來果)가 청정한 까닭으로 색이 청정하고, 색이 청정한 까닭으로 일체지지가 청정하니라. 왜 그러한가? 만약 일래과가 청정하거나, 만약 색이 청정하거나, 만약 일체지지가 청정하다면, 무이이고 둘로 나눌 수 없으며 분별이 없고 단절도 없는 까닭이니라. 일래과가 청정한 까닭으로 수·상·행·식이 청정하고, 수·상·행·식이 청정한 까닭으로 일체지지가 청정하니라. 왜 그러한가? 만약 일래과가 청정하거나, 만약 수·상·행·식이 청정하거나, 만약 일체지지가 청정하다면, 무이이고 둘로 나눌 수 없으며 분별이 없고 단절도 없는 까닭이니라.

선현이여. 일래과가 청정한 까닭으로 안처가 청정하고, 안처가 청정한 까닭으로 일체지지가 청정하니라. 왜 그러한가? 만약 일래과가 청정하거나, 만약 안처가 청정하거나, 만약 일체지지가 청정하다면, 무이이고 둘로 나눌 수 없으며 분별이 없고 단절도 없는 까닭이니라. 일래과가 청정한 까닭으로 이·비·설·신·의처가 청정하고, 이·비·설·신·의처가 청정한 까닭으로 일체지지가 청정하니라. 왜 그러한가? 만약 일래과가 청정하거나, 만약 이·비·설·신·의처가 청정하거나, 만약 일체지지가 청정하다면, 무이이고 둘로 나눌 수 없으며 분별이 없고 단절도 없는 까닭이니라.

선현이여. 일래과가 청정한 까닭으로 색처가 청정하고, 색처가 청정한 까닭으로 일체지지가 청정하니라. 왜 그러한가? 만약 일래과가 청정하거나, 만약 색처가 청정하거나, 만약 일체지지가 청정하다면, 무이이고 둘로 나눌 수 없으며 분별이 없고 단절도 없는 까닭이니라. 일래과가 청정한 까닭으로 성·향·미·촉·법처가 청정하고, 성·향·미·촉·법처가 청정한 까닭으로 일체지지가 청정하니라. 왜 그러한가? 만약 일래과가 청정하거나, 만약 성·향·미·촉·법처가 청정하거나, 만약 일체지지가 청정하다면, 무이이고 둘로 나눌 수 없으며 분별이 없고 단절도 없는 까닭이니라.

선현이여. 일래과가 청정한 까닭으로 안계가 청정하고, 안계가 청정한 까닭으로 일체지지가 청정하니라. 왜 그러한가? 만약 일래과가 청정하거나, 만약 안계가 청정하거나, 만약 일체지지가 청정하다면, 무이이고 둘로 나눌 수 없으며 분별이 없고 단절도 없는 까닭이니라. 일래과가 청정한 까닭으로 색계·안식계, 나아가 안촉·안촉을 인연으로 생겨난 여러 수가 청정하고, 색계, 나아가 안촉을 인연으로 생겨난 여러 수가 청정한 까닭으로 일체지지가 청정하니라. 왜 그러한가? 만약 일래과가 청정하거나, 만약 색계, 나아가 안촉을 인연으로 생겨난 여러 수가 청정하거나, 만약 일체지지가 청정하다면, 무이이고 둘로 나눌 수 없으며 분별이 없고 단절도 없는 까닭이니라."

마하반야바라밀다경 제242권

34. 난신해품(難信解品)(61)

"선현이여. 일래과가 청정한 까닭으로 이계가 청정하고, 이계가 청정한 까닭으로 일체지지가 청정하니라. 왜 그러한가? 만약 일래과가 청정하거나, 만약 이계가 청정하거나, 만약 일체지지가 청정하다면, 무이이고 둘로 나눌 수 없으며 분별이 없고 단절도 없는 까닭이니라. 일래과가 청정한 까닭으로 성계·이식계, 나아가 이촉·이촉을 인연으로 생겨난 여러 수가 청정하고, 성계, 나아가 이촉을 인연으로 생겨난 여러 수가 청정한 까닭으로 일체지지가 청정하니라. 왜 그러한가? 만약 일래과가 청정하거나, 만약 성계, 나아가 이촉을 인연으로 생겨난 여러 수가 청정하거나, 만약 일체지지가 청정하다면, 무이이고 둘로 나눌 수 없으며 분별이 없고 단절도 없는 까닭이니라.

선현이여. 일래과가 청정한 까닭으로 비계가 청정하고, 비계가 청정한 까닭으로 일체지지가 청정하니라. 왜 그러한가? 만약 일래과가 청정하거나, 만약 비계가 청정하거나, 만약 일체지지가 청정하다면, 무이이고 둘로 나눌 수 없으며 분별이 없고 단절도 없는 까닭이니라. 일래과가 청정한 까닭으로 향계·비식계, 나아가 비촉·비촉을 인연으로 생겨난 여러 수가 청정하고, 향계, 나아가 비촉을 인연으로 생겨난 여러 수가 청정한 까닭으로 일체지지가 청정하니라. 왜 그러한가? 만약 일래과가 청정하거나, 만약 향계, 나아가 비촉을 인연으로 생겨난 여러 수가 청정하거나, 만약 일체지지가 청정하다면, 무이이고 둘로 나눌 수 없으며 분별이

없고 단절도 없는 까닭이니라.

선현이여. 일래과가 청정한 까닭으로 설계가 청정하고, 설계가 청정한 까닭으로 일체지지가 청정하니라. 왜 그러한가? 만약 일래과가 청정하거나, 만약 설계가 청정하거나, 만약 일체지지가 청정하다면, 무이이고 둘로 나눌 수 없으며 분별이 없고 단절도 없는 까닭이니라. 일래과가 청정한 까닭으로 미계·설식계, 나아가 설촉·설촉을 인연으로 생겨난 여러 수가 청정하고, 미계, 나아가 설촉을 인연으로 생겨난 여러 수가 청정한 까닭으로 일체지지가 청정하니라. 왜 그러한가? 만약 일래과가 청정하거나, 만약 미계, 나아가 설촉을 인연으로 생겨난 여러 수가 청정하거나, 만약 일체지지가 청정하다면, 무이이고 둘로 나눌 수 없으며 분별이 없고 단절도 없는 까닭이니라.

선현이여. 일래과가 청정한 까닭으로 신계가 청정하고, 신계가 청정한 까닭으로 일체지지가 청정하니라. 왜 그러한가? 만약 일래과가 청정하거나, 만약 신계가 청정하거나, 만약 일체지지가 청정하다면, 무이이고 둘로 나눌 수 없으며 분별이 없고 단절도 없는 까닭이니라. 일래과가 청정한 까닭으로 촉계·신식계, 나아가 신촉·신촉을 인연으로 생겨난 여러 수가 청정하고, 촉계, 나아가 신촉을 인연으로 생겨난 여러 수가 청정한 까닭으로 일체지지가 청정하니라. 왜 그러한가? 만약 일래과가 청정하거나, 만약 촉계, 나아가 신촉을 인연으로 생겨난 여러 수가 청정하거나, 만약 일체지지가 청정하다면, 무이이고 둘로 나눌 수 없으며 분별이 없고 단절도 없는 까닭이니라.

선현이여. 일래과가 청정한 까닭으로 의계가 청정하고, 의계가 청정한 까닭으로 일체지지가 청정하니라. 왜 그러한가? 만약 일래과가 청정하거나, 만약 의계가 청정하거나, 만약 일체지지가 청정하다면, 무이이고 둘로 나눌 수 없으며 분별이 없고 단절도 없는 까닭이니라. 일래과가 청정한 까닭으로 법계·의식계, 나아가 의촉·의촉을 인연으로 생겨난 여러 수가 청정하고, 법계, 나아가 의촉을 인연으로 생겨난 여러 수가 청정한 까닭으로 일체지지가 청정하니라. 왜 그러한가? 만약 일래과가 청정하거나, 만약 법계, 나아가 의촉을 인연으로 생겨난 여러 수가 청정하거나, 만약 일체지지가 청정하다면, 무이이고 둘로 나눌 수 없으며 분별이 없고 단절도 없는 까닭이니라.

선현이여. 일래과가 청정한 까닭으로 지계가 청정하고, 지계가 청정한 까닭으로 일체지지가 청정하니라. 왜 그러한가? 만약 일래과가 청정하거나, 만약 지계가 청정하거나, 만약 일체지지가 청정하다면, 무이이고 둘로 나눌 수 없으며 분별이 없고 단절도 없는 까닭이니라. 일래과가 청정한 까닭으로 수·화·풍·공·식계가 청정하고, 수·화·풍·공·식계가 청정한 까닭으로 일체지지가 청정하니라. 왜 그러한가? 만약 일래과가 청정하거나, 만약 수·화·풍·공·식계가 청정하거나, 만약 일체지지가 청정하다면, 무이이고 둘로 나눌 수 없으며 분별이 없고 단절도 없는 까닭이니라.

선현이여. 일래과가 청정한 까닭으로 무명이 청정하고, 무명이 청정한 까닭으로 일체지지가 청정하니라. 왜 그러한가? 만약 일래과가 청정하거나, 만약 무명이 청정하거나, 만약 일체지지가 청정하다면, 무이이고 둘로 나눌 수 없으며 분별이 없고 단절도 없는 까닭이니라. 일래과가 청정한 까닭으로 행·식·명색·육처·촉·수·애·취·유·생·노사의 수탄고우뇌가 청정하고, 행, 나아가 노사의 수탄고우뇌가 청정한 까닭으로 일체지지가 청정하니라. 왜 그러한가? 만약 일래과가 청정하거나, 만약 행, 나아가 노사의 수탄고우뇌가 청정하거나, 만약 일체지지가 청정하다면, 무이이고 둘로 나눌 수 없으며 분별이 없고 단절도 없는 까닭이니라.

선현이여. 일래과가 청정한 까닭으로 보시바라밀다가 청정하고, 보시바라밀다가 청정한 까닭으로 일체지지가 청정하니라. 왜 그러한가? 만약 일래과가 청정하거나, 만약 보시바라밀다가 청정하거나, 만약 일체지지가 청정하다면, 무이이고 둘로 나눌 수 없으며 분별이 없고 단절도 없는 까닭이니라. 예류과가 청정한 까닭으로 정계·안인·정진·정려·반야바라밀다가 청정하고, 정계, 나아가 반야바라밀다가 청정한 까닭으로 일체지지가 청정하니라. 왜 그러한가? 만약 일래과가 청정하거나, 만약 정계, 나아가 반야바라밀다가 청정하거나, 만약 일체지지가 청정하다면, 무이이고 둘로 나눌 수 없으며 분별이 없고 단절도 없는 까닭이니라.

선현이여. 일래과가 청정한 까닭으로 내공이 청정하고, 내공이 청정한 까닭으로 일체지지가 청정하니라. 왜 그러한가? 만약 일래과가 청정하거나, 만약 내공이 청정하거나, 만약 일체지지가 청정하다면, 무이이고 둘로 나눌 수 없으며 분별이 없고 단절도 없는 까닭이니라. 일래과가 청정한 까닭으로 외공·내외공·공공·대공·승의공·유위공·무위공·필경공·무제공·산공·무변이공·본성공·자상공·공상공·일체법공·불가득공·무성공·자성공·무성자성공이 청정하고, 외공, 나아가 무성자성공이 청정한 까닭으로 일체지지가 청정하니라. 왜 그러한가? 만약 일래과가 청정하거나, 만약 외공, 나아가 무성자성공이 청정하거나, 만약 일체지지가 청정하다면, 무이이고 둘로 나눌 수 없으며 분별이 없고 단절도 없는 까닭이니라.

선현이여. 일래과가 청정한 까닭으로 진여가 청정하고, 진여가 청정한 까닭으로 일체지지가 청정하니라. 왜 그러한가? 만약 일래과가 청정하거나, 만약 진여가 청정하거나, 만약 일체지지가 청정하다면, 무이이고 둘로 나눌 수 없으며 분별이 없고 단절도 없는 까닭이니라. 일래과가 청정한 까닭으로 법계·법성·불허망성·불변이성·평등성·이생성·법정·법주·실제·허공계·부사의계가 청정하고 법계, 나아가 부사의계가 청정한 까닭으로 일체지지가 청정하니라. 왜 그러한가? 만약 일래과가 청정하거나, 만약 법계, 나아가 부사의계가 청정하거나, 만약 일체지지가 청정하다면, 무이이고 둘로 나눌 수 없으며 분별이 없고 단절도 없는 까닭이니라.

선현이여. 일래과가 청정한 까닭으로 고성제가 청정하고, 고성제가 청정한 까닭으로 일체지지가 청정하니라. 왜 그러한가? 만약 일래과가 청정하거나, 만약 고성제가 청정하거나, 만약 일체지지가 청정하다면, 무이이고 둘로 나눌 수 없으며 분별이 없고 단절도 없는 까닭이니라. 일래과가 청정한 까닭으로 집·멸·도성제가 청정하고, 집·멸·도성제가 청정한 까닭으로 일체지지가 청정하니라. 왜 그러한가? 만약 일래과가 청정하거나, 만약 집·멸·도성제가 청정하거나, 만약 일체지지가 청정하

다면, 무이이고 둘로 나눌 수 없으며 분별이 없고 단절도 없는 까닭이니라.

선현이여. 일래과가 청정한 까닭으로 4정려가 청정하고, 4정려가 청정한 까닭으로 일체지지가 청정하니라. 왜 그러한가? 만약 일래과가 청정하거나, 만약 4정려가 청정하거나, 만약 일체지지가 청정하다면, 무이이고 둘로 나눌 수 없으며 분별이 없고 단절도 없는 까닭이니라. 일래과가 청정한 까닭으로 4무량·4무색정이 청정하고, 4무량·4무색정이 청정한 까닭으로 일체지지가 청정하니라. 왜 그러한가? 만약 일래과가 청정하거나, 만약 4무량·4무색정이 청정하거나, 만약 일체지지가 청정하다면, 무이이고 둘로 나눌 수 없으며 분별이 없고 단절도 없는 까닭이니라.

선현이여. 일래과가 청정한 까닭으로 8해탈이 청정하고, 8해탈이 청정한 까닭으로 일체지지가 청정하니라. 왜 그러한가? 만약 일래과가 청정하거나, 만약 8해탈이 청정하거나, 만약 일체지지가 청정하다면, 무이이고 둘로 나눌 수 없으며 분별이 없고 단절도 없는 까닭이니라. 일래과가 청정한 까닭으로 8승처·9차제정·10변처가 청정하고, 8승처·9차제정·10변처가 청정한 까닭으로 일체지지가 청정하니라. 왜 그러한가? 만약 일래과가 청정하거나, 만약 8승처·9차제정·10변처가 청정하거나, 만약 일체지지가 청정하다면, 무이이고 둘로 나눌 수 없으며 분별이 없고 단절도 없는 까닭이니라.

선현이여. 일래과가 청정한 까닭으로 4념주가 청정하고, 4념주가 청정한 까닭으로 일체지지가 청정하니라. 왜 그러한가? 만약 일래과가 청정하거나, 만약 4념주가 청정하거나, 만약 일체지지가 청정하다면, 무이이고 둘로 나눌 수 없으며 분별이 없고 단절도 없는 까닭이니라. 일래과가 청정한 까닭으로 4정단·4신족·5근·5력·7등각지·8성도지가 청정하고, 4정단, 나아가 8성도지가 청정한 까닭으로 일체지지가 청정하니라. 왜 그러한가? 만약 일래과가 청정하거나, 만약 4정단, 나아가 8성도지가 청정하거나, 만약 일체지지가 청정하다면, 무이이고 둘로 나눌 수 없으며 분별이 없고 단절도 없는 까닭이니라.

선현이여. 일래과가 청정한 까닭으로 공해탈문이 청정하고, 공해탈문이 청정한 까닭으로 일체지지가 청정하니라. 왜 그러한가? 만약 일래과가 청정하거나, 만약 공해탈문이 청정하거나, 만약 일체지지가 청정하다면, 무이이고 둘로 나눌 수 없으며 분별이 없고 단절도 없는 까닭이니라. 일래과가 청정한 까닭으로 무상·무원해탈문이 청정하고, 무상·무원해탈문이 청정한 까닭으로 일체지지가 청정하니라. 왜 그러한가? 만약 일래과가 청정하거나, 만약 무상·무원해탈문이 청정하거나, 만약 일체지지가 청정하다면, 무이이고 둘로 나눌 수 없으며 분별이 없고 단절도 없는 까닭이니라.

선현이여. 일래과가 청정한 까닭으로 보살의 10지가 청정하고, 보살의 10지가 청정한 까닭으로 일체지지가 청정하니라. 왜 그러한가? 만약 일래과가 청정하거나, 만약 보살의 10지가 청정하거나, 만약 일체지지가 청정하다면, 무이이고 둘로 나눌 수 없으며 분별이 없고 단절도 없는 까닭이니라.

선현이여. 일래과가 청정한 까닭으로 5안이 청정하고, 5안이 청정한 까닭으로 일체지지가 청정하니라. 왜 그러한가? 만약 일래과가 청정하거나, 만약 5안이 청정하거나, 만약 일체지지가 청정하다면, 무이이고 둘로 나눌 수 없으며 분별이 없고 단절도 없는 까닭이니라. 일래과가 청정한 까닭으로 6신통이 청정하고, 6신통이 청정한 까닭으로 일체지지가 청정하니라. 왜 그러한가? 만약 일래과가 청정하거나, 만약 6신통이 청정하거나, 만약 일체지지가 청정하다면, 무이이고 둘로 나눌 수 없으며 분별이 없고 단절도 없는 까닭이니라.

선현이여. 일래과가 청정한 까닭으로 여래의 10력이 청정하고, 여래의 10력이 청정한 까닭으로 일체지지가 청정하니라. 왜 그러한가? 만약 일래과가 청정하거나, 만약 여래의 10력이 청정하거나, 만약 일체지지가 청정하다면, 무이이고 둘로 나눌 수 없으며 분별이 없고 단절도 없는 까닭이니라. 일래과가 청정한 까닭으로 4무소외·4무애해·대자·대비·대희·대사·18불불공법이 청정하고, 4무소외, 나아가 18불불공법이 청정한 까닭으로 일체지지가 청정하니라. 왜 그러한가? 만약 일래과가 청정하거나, 만약 4무소외, 나아가 18불불공법이 청정하거나, 만약 일체지지가 청정하다면, 무이이고 둘로 나눌 수 없으며 분별이 없고 단절도 없는 까닭이니라.

선현이여. 일래과가 청정한 까닭으로 무망실법이 청정하고, 무망실법이 청정한 까닭으로 일체지지가 청정하니라. 왜 그러한가? 만약 일래과가 청정하거나, 만약 무망실법이 청정하거나, 만약 일체지지가 청정하다면, 무이이고 둘로 나눌 수 없으며 분별이 없고 단절도 없는 까닭이니라. 선현이여. 일래과가 청정한 까닭으로 항주사성이 청정하고, 항주사성이 청정한 까닭으로 일체지지가 청정하니라. 왜 그러한가? 만약 일래과가 청정하거나, 만약 항주사성이 청정하거나, 만약 일체지지가 청정하다면, 무이이고 둘로 나눌 수 없으며 분별이 없고 단절도 없는 까닭이니라.

선현이여. 일래과가 청정한 까닭으로 일체지가 청정하고, 일체지가 청정한 까닭으로 일체지지가 청정하니라. 왜 그러한가? 만약 일래과가 청정하거나, 만약 일체지가 청정하거나, 만약 일체지지가 청정하다면, 무이이고 둘로 나눌 수 없으며 분별이 없고 단절도 없는 까닭이니라. 일래과가 청정한 까닭으로 도상지·일체상지가 청정하고, 도상지·일체상지가 청정한 까닭으로 일체지지가 청정하니라. 왜 그러한가? 만약 일래과가 청정하거나, 만약 도상지·일체상지가 청정하거나, 만약 일체지지가 청정하다면, 무이이고 둘로 나눌 수 없으며 분별이 없고 단절도 없는 까닭이니라.

선현이여. 일래과가 청정한 까닭으로 일체의 다라니문이 청정하고, 일체의 다라니문이 청정한 까닭으로 일체지지가 청정하니라. 왜 그러한가? 만약 일래과가 청정하거나, 만약 일체의 다라니문이 청정하거나, 만약 일체지지가 청정하다면, 무이이고 둘로 나눌 수 없으며 분별이 없고 단절도 없는 까닭이니라. 선현이여. 일래과가 청정한 까닭으로 일체의 삼마지문이 청정하고, 일체의 삼마지문이 청정한 까닭으로 일체지지가 청정하니라. 왜 그러한가? 만약 일래과가 청정하거나, 만약 일체의 삼마지문이 청정하거나, 만약 일체지지가 청정하다면, 무이이고 둘로 나눌 수 없으며 분별이 없고 단절도 없는 까닭이니라.

선현이여. 일래과가 청정한 까닭으로 예류과가 청정하고, 예류과가 청정한 까닭으로 일체지지가 청정하니라. 왜 그러한가? 만약 일래과가 청정하거나, 만약 예류과가 청정하거나, 만약 일체지지가 청정하다면, 무이이고 둘로 나눌 수 없으며 분별이 없고 단절도 없는 까닭이니라. 일래과가 청정한 까닭으로 불환·아라한과가 청정하고, 불환·아라한과가 청정한 까닭으로 일체지지가 청정하니라. 왜 그러한가? 만약 일래과가 청정하거나, 만약 불환·아라한과가 청정하거나, 만약 일체지지가 청정하다면, 무이이고 둘로 나눌 수 없으며 분별이 없고 단절도 없는 까닭이니라.

선현이여. 일래과가 청정한 까닭으로 독각의 보리가 청정하고, 독각의 보리가 청정한 까닭으로 일체지지가 청정하니라. 왜 그러한가? 만약 일래과가 청정하거나, 만약 독각의 보리가 청정하거나, 만약 일체지지가 청정하다면, 무이이고 둘로 나눌 수 없으며 분별이 없고 단절도 없는 까닭이니라.

선현이여. 일래과가 청정한 까닭으로 일체의 보살마하살의 행이 청정하고, 일체의 보살마하살의 행이 청정한 까닭으로 일체지지가 청정하니라. 왜 그러한가? 만약 일래과가 청정하거나, 만약 일체의 보살마하살의 행이 청정하거나, 만약 일체지지가 청정하다면, 무이이고 둘로 나눌 수 없으며 분별이 없고 단절도 없는 까닭이니라.

선현이여. 일래과가 청정한 까닭으로 제불의 무상정등보리가 청정하고, 제불의 무상정등보리가 청정한 까닭으로 일체지지가 청정하니라. 왜 그러한가? 만약 일래과가 청정하거나, 만약 제불의 무상정등보리가 청정하거나, 만약 일체지지가 청정하다면, 무이이고 둘로 나눌 수 없으며 분별이 없고 단절도 없는 까닭이니라."

"다시 다음으로 선현이여. 불환과(不還果)가 청정한 까닭으로 색이 청정하고, 색이 청정한 까닭으로 일체지지가 청정하니라. 왜 그러한가? 만약 불환과가 청정하거나, 만약 색이 청정하거나, 만약 일체지지가 청정하다면, 무이이고 둘로 나눌 수 없으며 분별이 없고 단절도 없는 까닭이니라. 불환과가 청정한 까닭으로 수·상·행·식이 청정하고, 수·상·행·식이 청정한 까닭으로 일체지지가 청정하니라. 왜 그러한가? 만약 불환과가 청정하거나, 만약 수·상·행·식이 청정하거나, 만약 일체지지가 청정하다면, 무이이고 둘로 나눌 수 없으며 분별이 없고 단절도 없는 까닭이니라.

선현이여. 불환과가 청정한 까닭으로 안처가 청정하고, 안처가 청정한 까닭으로 일체지지가 청정하니라. 왜 그러한가? 만약 불환과가 청정하거나, 만약 안처가 청정하거나, 만약 일체지지가 청정하다면, 무이이고 둘로 나눌 수 없으며 분별이 없고 단절도 없는 까닭이니라. 불환과가 청정한 까닭으로 이·비·설·신·의처가 청정하고, 이·비·설·신·의처가 청정한 까닭으로 일체지지가 청정하니라. 왜 그러한가? 만약 불환과가 청정하거나, 만약 이·비·설·신·의처가 청정하거나, 만약 일체지지가 청정하다면, 무이이고 둘로 나눌 수 없으며 분별이 없고 단절도 없는 까닭이니라.

선현이여. 불환과가 청정한 까닭으로 색처가 청정하고, 색처가 청정한 까닭으로 일체지지가 청정하니라. 왜 그러한가? 만약 불환과가 청정하거나, 만약 색처가 청정하거나, 만약 일체지지가 청정하다면, 무이이고 둘로 나눌 수 없으며 분별이 없고 단절도 없는 까닭이니라. 불환과가 청정한 까닭으로 성·향·미·촉·법처가 청정하고, 성·향·미·촉·법처가 청정한 까닭으로 일체지지가 청정하니라. 왜 그러한가? 만약 불환과가 청정하거나, 만약 성·향·미·촉·법처가 청정하거나, 만약 일체지지가 청정하다면, 무이이고 둘로 나눌 수 없으며 분별이 없고 단절도 없는 까닭이니라.

선현이여. 불환과가 청정한 까닭으로 안계가 청정하고, 안계가 청정한 까닭으로 일체지지가 청정하니라. 왜 그러한가? 만약 불환과가 청정하거나, 만약 안계가 청정하거나, 만약 일체지지가 청정하다면, 무이이고 둘로 나눌 수 없으며 분별이 없고 단절도 없는 까닭이니라. 불환과가 청정한 까닭으로 색계·안식계, 나아가 안촉·안촉을 인연으로 생겨난 여러 수가 청정하고, 색계, 나아가 안촉을 인연으로 생겨난 여러 수가 청정한 까닭으로 일체지지가 청정하니라. 왜 그러한가? 만약 불환과가 청정하거나, 만약 색계, 나아가 안촉을 인연으로 생겨난 여러 수가 청정하거나, 만약 일체지지가 청정하다면, 무이이고 둘로 나눌 수 없으며 분별이 없고 단절도 없는 까닭이니라.

선현이여. 불환과가 청정한 까닭으로 이계가 청정하고, 이계가 청정한 까닭으로 일체지지가 청정하니라. 왜 그러한가? 만약 불환과가 청정하거나, 만약 이계가 청정하거나, 만약 일체지지가 청정하다면, 무이이고 둘로 나눌 수 없으며 분별이 없고 단절도 없는 까닭이니라. 불환과가 청정한 까닭으로 성계·이식계, 나아가 이촉·이촉을 인연으로 생겨난 여러 수가 청정하고, 성계, 나아가 이촉을 인연으로 생겨난 여러 수가 청정한 까닭으로 일체지지가 청정하니라. 왜 그러한가? 만약 불환과가 청정하거나, 만약 성계, 나아가 이촉을 인연으로 생겨난 여러 수가 청정하거나, 만약 일체지지가 청정하다면, 무이이고 둘로 나눌 수 없으며 분별이 없고 단절도 없는 까닭이니라.

선현이여. 불환과가 청정한 까닭으로 비계가 청정하고, 비계가 청정한 까닭으로 일체지지가 청정하니라. 왜 그러한가? 만약 불환과가 청정하거나, 만약 비계가 청정하거나, 만약 일체지지가 청정하다면, 무이이고 둘로 나눌 수 없으며 분별이 없고 단절도 없는 까닭이니라. 불환과가 청정한 까닭으로 향계·비식계, 나아가 비촉·비촉을 인연으로 생겨난 여러 수가 청정하고, 향계, 나아가 비촉을 인연으로 생겨난 여러 수가 청정한 까닭으로 일체지지가 청정하니라. 왜 그러한가? 만약 불환과가 청정하거나, 만약 향계, 나아가 비촉을 인연으로 생겨난 여러 수가 청정하거나, 만약 일체지지가 청정하다면, 무이이고 둘로 나눌 수 없으며 분별이 없고 단절도 없는 까닭이니라.

선현이여. 불환과가 청정한 까닭으로 설계가 청정하고, 설계가 청정한 까닭으로 일체지지가 청정하니라. 왜 그러한가? 만약 불환과가 청정하거나, 만약 설계가 청정하거나, 만약 일체지지가 청정하다면, 무이이고 둘로 나눌 수 없으며 분별이 없고 단절도 없는 까닭이니라. 불환과가 청정한 까닭으로 미계·설식계, 나아가 설촉·설촉을 인연으로 생겨난 여러 수가 청정하고, 미계, 나아가 설촉을 인연으로 생겨난 여러 수가 청정한 까닭으로 일체지지가 청정하니라. 왜 그러한가? 만약 불환과가 청정하거나, 만약 미계, 나아가 설촉을 인연으로 생겨난 여러 수가 청정하거나, 만약 일체지지가 청정하다면, 무이이고 둘로 나눌 수 없으며 분별이 없고 단절도 없는 까닭이니라.

선현이여. 불환과가 청정한 까닭으로 신계가 청정하고, 신계가 청정한 까닭으로 일체지지가 청정하니라. 왜 그러한가? 만약 불환과가 청정하거나, 만약 신계가 청정하거나, 만약 일체지지가 청정하다면, 무이이고 둘로 나눌 수 없으며 분별이 없고 단절도 없는 까닭이니라. 불환과가 청정한 까닭으로 촉계·신식계, 나아가 신촉·신촉을 인연으로 생겨난 여러 수가 청정하고, 촉계, 나아가 신촉을 인연으로 생겨난 여러 수가 청정한 까닭으로 일체지지가 청정하니라. 왜 그러한가? 만약 불환과가 청정하거나, 만약 촉계, 나아가 신촉을 인연으로 생겨난 여러 수가 청정하거나, 만약 일체지지가 청정하다면, 무이이고 둘로 나눌 수 없으며 분별이 없고 단절도 없는 까닭이니라.

선현이여. 불환과가 청정한 까닭으로 의계가 청정하고, 의계가 청정한 까닭으로 일체지지가 청정하니라. 왜 그러한가? 만약 불환과가 청정하거나, 만약 의계가 청정하거나, 만약 일체지지가 청정하다면, 무이이고 둘로 나눌 수 없으며 분별이 없고 단절도 없는 까닭이니라. 불환과가 청정한 까닭으로 법계·의식계, 나아가 의촉·의촉을 인연으로 생겨난 여러 수가 청정하고, 법계, 나아가 의촉을 인연으로 생겨난 여러 수가 청정한 까닭으로 일체지지가 청정하니라. 왜 그러한가? 만약 불환과가 청정하거나, 만약 법계, 나아가 의촉을 인연으로 생겨난 여러 수가 청정하거나, 만약 일체지지가 청정하다면, 무이이고 둘로 나눌 수 없으며 분별이 없고 단절도 없는 까닭이니라.

선현이여. 불환과가 청정한 까닭으로 지계가 청정하고, 지계가 청정한 까닭으로 일체지지가 청정하니라. 왜 그러한가? 만약 불환과가 청정하거나, 만약 지계가 청정하거나, 만약 일체지지가 청정하다면, 무이이고 둘로 나눌 수 없으며 분별이 없고 단절도 없는 까닭이니라. 불환과가 청정한 까닭으로 수·화·풍·공·식계가 청정하고, 수·화·풍·공·식계가 청정한 까닭으로 일체지지가 청정하니라. 왜 그러한가? 만약 불환과가 청정하거나, 만약 수·화·풍·공·식계가 청정하거나, 만약 일체지지가 청정하다면, 무이이고 둘로 나눌 수 없으며 분별이 없고 단절도 없는 까닭이니라.

선현이여. 불환과가 청정한 까닭으로 무명이 청정하고, 무명이 청정한 까닭으로 일체지지가 청정하니라. 왜 그러한가? 만약 불환과가 청정하거나, 만약 무명이 청정하거나, 만약 일체지지가 청정하다면, 무이이고 둘로 나눌 수 없으며 분별이 없고 단절도 없는 까닭이니라. 불환과가 청정한 까닭으로 행·식·명색·육처·촉·수·애·취·유·생·노사의 수탄고우뇌가 청정하고, 행, 나아가 노사의 수탄고우뇌가 청정한 까닭으로 일체지지가 청정하니라. 왜 그러한가? 만약 불환과가 청정하거나, 만약 행, 나아가 노사의 수탄고우뇌가 청정하거나, 만약 일체지지가 청정하다면, 무이이고 둘로 나눌 수 없으며 분별이 없고 단절도 없는 까닭이니라.

선현이여. 불환과가 청정한 까닭으로 보시바라밀다가 청정하고, 보시바라밀다가 청정한 까닭으로 일체지지가 청정하니라. 왜 그러한가? 만약 불환과가 청정하거나, 만약 보시바라밀다가 청정하거나, 만약 일체지지가 청정하다면, 무이이고 둘로 나눌 수 없으며 분별이 없고 단절도 없는 까닭이니라. 불환과가 청정한 까닭으로 정계·안인·정진·정려·반야바라밀다가 청정하고, 정계, 나아가 반야바라밀다가 청정한 까닭으로 일체지지가 청정하니라. 왜 그러한가? 만약 불환과가 청정하거나, 만약 정계, 나아가 반야바라밀다가 청정하거나, 만약 일체지지가 청정하다면, 무이이고 둘로 나눌 수 없으며 분별이 없고 단절도 없는 까닭이니라.

선현이여. 불환과가 청정한 까닭으로 내공이 청정하고, 내공이 청정한 까닭으로 일체지지가 청정하니라. 왜 그러한가? 만약 불환과가 청정하거나, 만약 내공이 청정하거나, 만약 일체지지가 청정하다면, 무이이고 둘로 나눌 수 없으며 분별이 없고 단절도 없는 까닭이니라. 불환과가 청정한 까닭으로 외공·내외공·공공·대공·승의공·유위공·무위공·필경공·무제공·산공·무변이공·본성공·자상공·공상공·일체법공·불가득공·무성공·자성공·무성자성공이 청정하고, 외공, 나아가 무성자성공이 청정한 까닭으로 일체지지가 청정하니라. 왜 그러한가? 만약 불환과가 청정하거나, 만약 외공, 나아가 무성자성공이 청정하거나, 만약 일체지지가 청정하다면, 무이이고 둘로 나눌 수 없으며 분별이 없고 단절도 없는 까닭이니라.

선현이여. 불환과가 청정한 까닭으로 진여가 청정하고, 진여가 청정한 까닭으로 일체지지가 청정하니라. 왜 그러한가? 만약 불환과가 청정하거나, 만약 진여가 청정하거나, 만약 일체지지가 청정하다면, 무이이고 둘로 나눌 수 없으며 분별이 없고 단절도 없는 까닭이니라. 불환과가 청정한 까닭으로 법계·법성·불허망성·불변이성·평등성·이생성·법정·법주·실제·허공계·부사의계가 청정하고 법계, 나아가 부사의계가 청정한 까닭으로 일체지지가 청정하니라. 왜 그러한가? 만약 불환과가 청정하거나, 만약 법계, 나아가 부사의계가 청정하거나, 만약 일체지지가 청정하다면, 무이이고 둘로 나눌 수 없으며 분별이 없고 단절도 없는 까닭이니라.

선현이여. 불환과가 청정한 까닭으로 고성제가 청정하고, 고성제가 청정한 까닭으로 일체지지가 청정하니라. 왜 그러한가? 만약 불환과가 청정하거나, 만약 고성제가 청정하거나, 만약 일체지지가 청정하다면, 무이이고 둘로 나눌 수 없으며 분별이 없고 단절도 없는 까닭이니라. 불환과가 청정한 까닭으로 집·멸·도성제가 청정하고, 집·멸·도성제가 청정한 까닭으로 일체지지가 청정하니라. 왜 그러한가? 만약 불환과가 청정하거나, 만약 집·멸·도성제가 청정하거나, 만약 일체지지가 청정하다면, 무이이고 둘로 나눌 수 없으며 분별이 없고 단절도 없는 까닭이니라.

선현이여. 불환과가 청정한 까닭으로 4정려가 청정하고, 4정려가 청정한 까닭으로 일체지지가 청정하니라. 왜 그러한가? 만약 불환과가 청정하거나, 만약 4정려가 청정하거나, 만약 일체지지가 청정하다면, 무이이고 둘로 나눌 수 없으며 분별이 없고 단절도 없는 까닭이니라. 불환과가 청정한 까닭으로 4무량·4무색정이 청정하고, 4무량·4무색정이 청정한 까닭으로 일체지지가 청정하니라. 왜 그러한가? 만약 불환과가 청정하거나, 만약 4무량·4무색정이 청정하거나, 만약 일체지지가 청정하다면, 무이이고 둘로 나눌 수 없으며 분별이 없고 단절도 없는 까닭이니라.

선현이여. 불환과가 청정한 까닭으로 8해탈이 청정하고, 8해탈이 청정한 까닭으로 일체지지가 청정하니라. 왜 그러한가? 만약 불환과가 청정하거나, 만약 8해탈이 청정하거나, 만약 일체지지가 청정하다면, 무이이고 둘로 나눌 수 없으며 분별이 없고 단절도 없는 까닭이니라. 불환과가 청정한 까닭으로 8승처·9차제정·10변처가 청정하고, 8승처·9차제정·10변처가 청정한 까닭으로 일체지지가 청정하니라. 왜 그러한가? 만약 불환과가 청정하거나, 만약 8승처·9차제정·10변처가 청정하거나, 만약 일체지지가 청정하다면, 무이이고 둘로 나눌 수 없으며 분별이 없고 단절도 없는 까닭이니라.

선현이여. 불환과가 청정한 까닭으로 4념주가 청정하고, 4념주가 청정한 까닭으로 일체지지가 청정하니라. 왜 그러한가? 만약 불환과가 청정하거나, 만약 4념주가 청정하거나, 만약 일체지지가 청정하다면, 무이이고 둘로 나눌 수 없으며 분별이 없고 단절도 없는 까닭이니라. 불환과가 청정한 까닭으로 4정단·4신족·5근·5력·7등각지·8성도지가 청정하고, 4정단, 나아가 8성도지가 청정한 까닭으로 일체지지가 청정하니라. 왜 그러한가? 만약 불환과가 청정하거나, 만약 4정단, 나아가 8성도지가 청정하거나, 만약 일체지지가 청정하다면, 무이이고 둘로 나눌 수 없으며 분별이 없고 단절도 없는 까닭이니라.

선현이여. 불환과가 청정한 까닭으로 공해탈문이 청정하고, 공해탈문이 청정한 까닭으로 일체지지가 청정하니라. 왜 그러한가? 만약 불환과가 청정하거나, 만약 공해탈문이 청정하거나, 만약 일체지지가 청정하다면, 무이이고 둘로 나눌 수 없으며 분별이 없고 단절도 없는 까닭이니라. 불환과가 청정한 까닭으로 무상·무원해탈문이 청정하고, 무상·무원해탈문이 청정한 까닭으로 일체지지가 청정하니라. 왜 그러한가? 만약 불환과가 청정하거나, 만약 무상·무원해탈문이 청정하거나, 만약 일체지지가

청정하다면, 무이이고 둘로 나눌 수 없으며 분별이 없고 단절도 없는 까닭이니라.

선현이여. 불환과가 청정한 까닭으로 보살의 10지가 청정하고, 보살의 10지가 청정한 까닭으로 일체지지가 청정하니라. 왜 그러한가? 만약 불환과가 청정하거나, 만약 보살의 10지가 청정하거나, 만약 일체지지가 청정하다면, 무이이고 둘로 나눌 수 없으며 분별이 없고 단절도 없는 까닭이니라.

선현이여. 불환과가 청정한 까닭으로 5안이 청정하고, 5안이 청정한 까닭으로 일체지지가 청정하니라. 왜 그러한가? 만약 불환과가 청정하거나, 만약 5안이 청정하거나, 만약 일체지지가 청정하다면, 무이이고 둘로 나눌 수 없으며 분별이 없고 단절도 없는 까닭이니라. 불환과가 청정한 까닭으로 6신통이 청정하고, 6신통이 청정한 까닭으로 일체지지가 청정하니라. 왜 그러한가? 만약 불환과가 청정하거나, 만약 6신통이 청정하거나, 만약 일체지지가 청정하다면, 무이이고 둘로 나눌 수 없으며 분별이 없고 단절도 없는 까닭이니라.

선현이여. 불환과가 청정한 까닭으로 여래의 10력이 청정하고, 여래의 10력이 청정한 까닭으로 일체지지가 청정하니라. 왜 그러한가? 만약 불환과가 청정하거나, 만약 여래의 10력이 청정하거나, 만약 일체지지가 청정하다면, 무이이고 둘로 나눌 수 없으며 분별이 없고 단절도 없는 까닭이니라. 불환과가 청정한 까닭으로 4무소외·4무애해·대자·대비·대희·대사·18불불공법이 청정하고, 4무소외, 나아가 18불불공법이 청정한 까닭으로 일체지지가 청정하니라. 왜 그러한가? 만약 불환과가 청정하거나, 만약 4무소외, 나아가 18불불공법이 청정하거나, 만약 일체지지가 청정하다면, 무이이고 둘로 나눌 수 없으며 분별이 없고 단절도 없는 까닭이니라.

선현이여. 불환과가 청정한 까닭으로 무망실법이 청정하고, 무망실법이 청정한 까닭으로 일체지지가 청정하니라. 왜 그러한가? 만약 불환과가 청정하거나, 만약 무망실법이 청정하거나, 만약 일체지지가 청정하다면,

무이이고 둘로 나눌 수 없으며 분별이 없고 단절도 없는 까닭이니라. 선현이여. 불환과가 청정한 까닭으로 항주사성이 청정하고, 항주사성이 청정한 까닭으로 일체지지가 청정하니라. 왜 그러한가? 만약 불환과가 청정하거나, 만약 항주사성이 청정하거나, 만약 일체지지가 청정하다면, 무이이고 둘로 나눌 수 없으며 분별이 없고 단절도 없는 까닭이니라.

선현이여. 불환과가 청정한 까닭으로 일체지가 청정하고, 일체지가 청정한 까닭으로 일체지지가 청정하니라. 왜 그러한가? 만약 불환과가 청정하거나, 만약 일체지가 청정하거나, 만약 일체지지가 청정하다면, 무이이고 둘로 나눌 수 없으며 분별이 없고 단절도 없는 까닭이니라. 불환과가 청정한 까닭으로 도상지·일체상지가 청정하고, 도상지·일체상지가 청정한 까닭으로 일체지지가 청정하니라. 왜 그러한가? 만약 불환과가 청정하거나, 만약 도상지·일체상지가 청정하거나, 만약 일체지지가 청정하다면, 무이이고 둘로 나눌 수 없으며 분별이 없고 단절도 없는 까닭이니라.

선현이여. 불환과가 청정한 까닭으로 일체의 다라니문이 청정하고, 일체의 다라니문이 청정한 까닭으로 일체지지가 청정하니라. 왜 그러한가? 만약 불환과가 청정하거나, 만약 일체의 다라니문이 청정하거나, 만약 일체지지가 청정하다면, 무이이고 둘로 나눌 수 없으며 분별이 없고 단절도 없는 까닭이니라. 선현이여. 불환과가 청정한 까닭으로 일체의 삼마지문이 청정하고, 일체의 삼마지문이 청정한 까닭으로 일체지지가 청정하니라. 왜 그러한가? 만약 불환과가 청정하거나, 만약 일체의 삼마지문이 청정하거나, 만약 일체지지가 청정하다면, 무이이고 둘로 나눌 수 없으며 분별이 없고 단절도 없는 까닭이니라.

선현이여. 불환과가 청정한 까닭으로 예류과가 청정하고, 예류과가 청정한 까닭으로 일체지지가 청정하니라. 왜 그러한가? 만약 불환과가 청정하거나, 만약 예류과가 청정하거나, 만약 일체지지가 청정하다면, 무이이고 둘로 나눌 수 없으며 분별이 없고 단절도 없는 까닭이니라. 불환과가 청정한 까닭으로 일래·아라한과가 청정하고, 일래·아라한과가 청정한 까닭으로 일체지지가 청정하니라. 왜 그러한가? 만약 불환과가 청정하거나, 만약 일래·아라한과가 청정하거나, 만약 일체지지가 청정하다면, 무이이고 둘로 나눌 수 없으며 분별이 없고 단절도 없는 까닭이니라.

선현이여. 불환과가 청정한 까닭으로 독각의 보리가 청정하고, 독각의 보리가 청정한 까닭으로 일체지지가 청정하니라. 왜 그러한가? 만약 불환과가 청정하거나, 만약 독각의 보리가 청정하거나, 만약 일체지지가 청정하다면, 무이이고 둘로 나눌 수 없으며 분별이 없고 단절도 없는 까닭이니라.

선현이여. 불환과가 청정한 까닭으로 일체의 보살마하살의 행이 청정하고, 일체의 보살마하살의 행이 청정한 까닭으로 일체지지가 청정하니라. 왜 그러한가? 만약 불환과가 청정하거나, 만약 일체의 보살마하살의 행이 청정하거나, 만약 일체지지가 청정하다면, 무이이고 둘로 나눌 수 없으며 분별이 없고 단절도 없는 까닭이니라.

선현이여. 불환과가 청정한 까닭으로 제불의 무상정등보리가 청정하고, 제불의 무상정등보리가 청정한 까닭으로 일체지지가 청정하니라. 왜 그러한가? 만약 불환과가 청정하거나, 만약 제불의 무상정등보리가 청정하거나, 만약 일체지지가 청정하다면, 무이이고 둘로 나눌 수 없으며 분별이 없고 단절도 없는 까닭이니라."

"다시 다음으로 선현이여. 아라한과(阿羅漢果)가 청정한 까닭으로 색이 청정하고, 색이 청정한 까닭으로 일체지지가 청정하니라. 왜 그러한가? 만약 아라한과가 청정하거나, 만약 색이 청정하거나, 만약 일체지지가 청정하다면, 무이이고 둘로 나눌 수 없으며 분별이 없고 단절도 없는 까닭이니라. 아라한과가 청정한 까닭으로 수·상·행·식이 청정하고, 수·상·행·식이 청정한 까닭으로 일체지지가 청정하니라. 왜 그러한가? 만약 아라한과가 청정하거나, 만약 수·상·행·식이 청정하거나, 만약 일체지지가 청정하다면, 무이이고 둘로 나눌 수 없으며 분별이 없고 단절도 없는 까닭이니라.

선현이여. 아라한과가 청정한 까닭으로 안처가 청정하고, 안처가 청정한 까닭으로 일체지지가 청정하니라. 왜 그러한가? 만약 아라한과가 청정하거나, 만약 안처가 청정하거나, 만약 일체지지가 청정하다면, 무이이고 둘로 나눌 수 없으며 분별이 없고 단절도 없는 까닭이니라. 아라한과가 청정한 까닭으로 이·비·설·신·의처가 청정하고, 이·비·설·신·의처가 청정한 까닭으로 일체지지가 청정하니라. 왜 그러한가? 만약 아라한과가 청정하거나, 만약 이·비·설·신·의처가 청정하거나, 만약 일체지지가 청정하다면, 무이이고 둘로 나눌 수 없으며 분별이 없고 단절도 없는 까닭이니라.

선현이여. 아라한과가 청정한 까닭으로 색처가 청정하고, 색처가 청정한 까닭으로 일체지지가 청정하니라. 왜 그러한가? 만약 아라한과가 청정하거나, 만약 색처가 청정하거나, 만약 일체지지가 청정하다면, 무이이고 둘로 나눌 수 없으며 분별이 없고 단절도 없는 까닭이니라. 아라한과가 청정한 까닭으로 성·향·미·촉·법처가 청정하고, 성·향·미·촉·법처가 청정한 까닭으로 일체지지가 청정하니라. 왜 그러한가? 만약 아라한과가 청정하거나, 만약 성·향·미·촉·법처가 청정하거나, 만약 일체지지가 청정하다면, 무이이고 둘로 나눌 수 없으며 분별이 없고 단절도 없는 까닭이니라.

선현이여. 아라한과가 청정한 까닭으로 안계가 청정하고, 안계가 청정한 까닭으로 일체지지가 청정하니라. 왜 그러한가? 만약 아라한과가 청정하거나, 만약 안계가 청정하거나, 만약 일체지지가 청정하다면, 무이이고 둘로 나눌 수 없으며 분별이 없고 단절도 없는 까닭이니라. 아라한과가 청정한 까닭으로 색계·안식계, 나아가 안촉·안촉을 인연으로 생겨난 여러 수가 청정하고, 색계, 나아가 안촉을 인연으로 생겨난 여러 수가 청정한 까닭으로 일체지지가 청정하니라. 왜 그러한가? 만약 아라한과가 청정하거나, 만약 색계, 나아가 안촉을 인연으로 생겨난 여러 수가 청정하거나, 만약 일체지지가 청정하다면, 무이이고 둘로 나눌 수 없으며 분별이 없고 단절도 없는 까닭이니라.

선현이여. 아라한과가 청정한 까닭으로 이계가 청정하고, 이계가 청정한 까닭으로 일체지지가 청정하니라. 왜 그러한가? 만약 아라한과가 청정하거나, 만약 이계가 청정하거나, 만약 일체지지가 청정하다면, 무이이고 둘로 나눌 수 없으며 분별이 없고 단절도 없는 까닭이니라. 아라한과가 청정한 까닭으로 성계·이식계, 나아가 이촉·이촉을 인연으로 생겨난 여러 수가 청정하고, 성계, 나아가 이촉을 인연으로 생겨난 여러 수가 청정한 까닭으로 일체지지가 청정하니라. 왜 그러한가? 만약 아라한과가 청정하거나, 만약 성계, 나아가 이촉을 인연으로 생겨난 여러 수가 청정하거나, 만약 일체지지가 청정하다면, 무이이고 둘로 나눌 수 없으며 분별이 없고 단절도 없는 까닭이니라."

마하반야바라밀다경 제243권

34. 난신해품(難信解品)(62)

“선현이여. 아라한과가 청정한 까닭으로 비계가 청정하고, 비계가 청정한 까닭으로 일체지지가 청정하니라. 왜 그러한가? 만약 아라한과가 청정하거나, 만약 비계가 청정하거나, 만약 일체지지가 청정하다면, 무이이고 둘로 나눌 수 없으며 분별이 없고 단절도 없는 까닭이니라. 아라한과가 청정한 까닭으로 향계·비식계, 나아가 비촉·비촉을 인연으로 생겨난 여러 수가 청정하고, 향계, 나아가 비촉을 인연으로 생겨난 여러 수가 청정한 까닭으로 일체지지가 청정하니라. 왜 그러한가? 만약 아라한과가 청정하거나, 만약 향계, 나아가 비촉을 인연으로 생겨난 여러 수가 청정하거나, 만약 일체지지가 청정하다면, 무이이고 둘로 나눌 수 없으며 분별이 없고 단절도 없는 까닭이니라.

선현이여. 아라한과가 청정한 까닭으로 설계가 청정하고, 설계가 청정한 까닭으로 일체지지가 청정하니라. 왜 그러한가? 만약 아라한과가 청정하거나, 만약 설계가 청정하거나, 만약 일체지지가 청정하다면, 무이이고 둘로 나눌 수 없으며 분별이 없고 단절도 없는 까닭이니라. 아라한과가 청정한 까닭으로 미계·설식계, 나아가 설촉·설촉을 인연으로 생겨난 여러 수가 청정하고, 미계, 나아가 설촉을 인연으로 생겨난 여러 수가 청정한 까닭으로 일체지지가 청정하니라. 왜 그러한가? 만약 아라한과가 청정하거나, 만약 미계, 나아가 설촉을 인연으로 생겨난 여러 수가 청정하거나, 만약 일체지지가 청정하다면, 무이이고 둘로 나눌 수 없으며 분별이

없고 단절도 없는 까닭이니라.

선현이여. 아라한과가 청정한 까닭으로 신계가 청정하고, 신계가 청정한 까닭으로 일체지지가 청정하니라. 왜 그러한가? 만약 아라한과가 청정하거나, 만약 신계가 청정하거나, 만약 일체지지가 청정하다면, 무이이고 둘로 나눌 수 없으며 분별이 없고 단절도 없는 까닭이니라. 아라한과가 청정한 까닭으로 촉계·신식계, 나아가 신촉·신촉을 인연으로 생겨난 여러 수가 청정하고, 촉계, 나아가 신촉을 인연으로 생겨난 여러 수가 청정한 까닭으로 일체지지가 청정하니라. 왜 그러한가? 만약 아라한과가 청정하거나, 만약 촉계, 나아가 신촉을 인연으로 생겨난 여러 수가 청정하거나, 만약 일체지지가 청정하다면, 무이이고 둘로 나눌 수 없으며 분별이 없고 단절도 없는 까닭이니라.

선현이여. 아라한과가 청정한 까닭으로 의계가 청정하고, 의계가 청정한 까닭으로 일체지지가 청정하니라. 왜 그러한가? 만약 아라한과가 청정하거나, 만약 의계가 청정하거나, 만약 일체지지가 청정하다면, 무이이고 둘로 나눌 수 없으며 분별이 없고 단절도 없는 까닭이니라. 아라한과가 청정한 까닭으로 법계·의식계, 나아가 의촉·의촉을 인연으로 생겨난 여러 수가 청정하고, 법계, 나아가 의촉을 인연으로 생겨난 여러 수가 청정한 까닭으로 일체지지가 청정하니라. 왜 그러한가? 만약 아라한과가 청정하거나, 만약 법계, 나아가 의촉을 인연으로 생겨난 여러 수가 청정하거나, 만약 일체지지가 청정하다면, 무이이고 둘로 나눌 수 없으며 분별이 없고 단절도 없는 까닭이니라.

선현이여. 아라한과가 청정한 까닭으로 지계가 청정하고, 지계가 청정한 까닭으로 일체지지가 청정하니라. 왜 그러한가? 만약 아라한과가 청정하거나, 만약 지계가 청정하거나, 만약 일체지지가 청정하다면, 무이이고 둘로 나눌 수 없으며 분별이 없고 단절도 없는 까닭이니라. 아라한과가 청정한 까닭으로 수·화·풍·공·식계가 청정하고, 수·화·풍·공·식계가 청정한 까닭으로 일체지지가 청정하니라. 왜 그러한가? 만약 아라한과가 청정하거나, 만약 수·화·풍·공·식계가 청정하거나, 만약 일체지지가 청정하다

면, 무이이고 둘로 나눌 수 없으며 분별이 없고 단절도 없는 까닭이니라.

선현이여. 아라한과가 청정한 까닭으로 무명이 청정하고, 무명이 청정한 까닭으로 일체지지가 청정하니라. 왜 그러한가? 만약 아라한과가 청정하거나, 만약 무명이 청정하거나, 만약 일체지지가 청정하다면, 무이이고 둘로 나눌 수 없으며 분별이 없고 단절도 없는 까닭이니라. 아라한과가 청정한 까닭으로 행·식·명색·육처·촉·수·애·취·유·생·노사의 수탄고우뇌가 청정하고, 행, 나아가 노사의 수탄고우뇌가 청정한 까닭으로 일체지지가 청정하니라. 왜 그러한가? 만약 아라한과가 청정하거나, 만약 행, 나아가 노사의 수탄고우뇌가 청정하거나, 만약 일체지지가 청정하다면, 무이이고 둘로 나눌 수 없으며 분별이 없고 단절도 없는 까닭이니라.

선현이여. 아라한과가 청정한 까닭으로 보시바라밀다가 청정하고, 보시바라밀다가 청정한 까닭으로 일체지지가 청정하니라. 왜 그러한가? 만약 아라한과가 청정하거나, 만약 보시바라밀다가 청정하거나, 만약 일체지지가 청정하다면, 무이이고 둘로 나눌 수 없으며 분별이 없고 단절도 없는 까닭이니라. 아라한과가 청정한 까닭으로 정계·안인·정진·정려·반야바라밀다가 청정하고, 정계, 나아가 반야바라밀다가 청정한 까닭으로 일체지지가 청정하니라. 왜 그러한가? 만약 아라한과가 청정하거나, 만약 정계, 나아가 반야바라밀다가 청정하거나, 만약 일체지지가 청정하다면, 무이이고 둘로 나눌 수 없으며 분별이 없고 단절도 없는 까닭이니라.

선현이여. 아라한과가 청정한 까닭으로 내공이 청정하고, 내공이 청정한 까닭으로 일체지지가 청정하니라. 왜 그러한가? 만약 아라한과가 청정하거나, 만약 내공이 청정하거나, 만약 일체지지가 청정하다면, 무이이고 둘로 나눌 수 없으며 분별이 없고 단절도 없는 까닭이니라. 아라한과가 청정한 까닭으로 외공·내외공·공공·대공·승의공·유위공·무위공·필경공·무제공·산공·무변이공·본성공·자상공·공상공·일체법공·불가득공·무성공·자성공·무성자성공이 청정하고, 외공, 나아가 무성자성공이 청정한 까닭으로 일체지지가 청정하니라. 왜 그러한가? 만약 아라한과가 청정하거나, 만약 외공, 나아가 무성자성공이 청정하거나, 만약 일체지지가 청정하다면, 무이이고 둘로 나눌 수 없으며 분별이 없고 단절도 없는 까닭이니라.

선현이여. 아라한과가 청정한 까닭으로 진여가 청정하고, 진여가 청정한 까닭으로 일체지지가 청정하니라. 왜 그러한가? 만약 아라한과가 청정하거나, 만약 진여가 청정하거나, 만약 일체지지가 청정하다면, 무이이고 둘로 나눌 수 없으며 분별이 없고 단절도 없는 까닭이니라. 아라한과가 청정한 까닭으로 법계·법성·불허망성·불변이성·평등성·이생성·법정·법주·실제·허공계·부사의계가 청정하고 법계, 나아가 부사의계가 청정한 까닭으로 일체지지가 청정하니라. 왜 그러한가? 만약 아라한과가 청정하거나, 만약 법계, 나아가 부사의계가 청정하거나, 만약 일체지지가 청정하다면, 무이이고 둘로 나눌 수 없으며 분별이 없고 단절도 없는 까닭이니라.

선현이여. 아라한과가 청정한 까닭으로 고성제가 청정하고, 고성제가 청정한 까닭으로 일체지지가 청정하니라. 왜 그러한가? 만약 아라한과가 청정하거나, 만약 고성제가 청정하거나, 만약 일체지지가 청정하다면, 무이이고 둘로 나눌 수 없으며 분별이 없고 단절도 없는 까닭이니라. 아라한과가 청정한 까닭으로 집·멸·도성제가 청정하고, 집·멸·도성제가 청정한 까닭으로 일체지지가 청정하니라. 왜 그러한가? 만약 아라한과가 청정하거나, 만약 집·멸·도성제가 청정하거나, 만약 일체지지가 청정하다면, 무이이고 둘로 나눌 수 없으며 분별이 없고 단절도 없는 까닭이니라.

선현이여. 아라한과가 청정한 까닭으로 4정려가 청정하고, 4정려가 청정한 까닭으로 일체지지가 청정하니라. 왜 그러한가? 만약 아라한과가 청정하거나, 만약 4정려가 청정하거나, 만약 일체지지가 청정하다면, 무이이고 둘로 나눌 수 없으며 분별이 없고 단절도 없는 까닭이니라. 아라한과가 청정한 까닭으로 4무량·4무색정이 청정하고, 4무량·4무색정이 청정한 까닭으로 일체지지가 청정하니라. 왜 그러한가? 만약 아라한과가 청정하거나, 만약 4무량·4무색정이 청정하거나, 만약 일체지지가 청정하다면,

무이이고 둘로 나눌 수 없으며 분별이 없고 단절도 없는 까닭이니라.

선현이여. 아라한과가 청정한 까닭으로 8해탈이 청정하고, 8해탈이 청정한 까닭으로 일체지지가 청정하니라. 왜 그러한가? 만약 아라한과가 청정하거나, 만약 8해탈이 청정하거나, 만약 일체지지가 청정하다면, 무이이고 둘로 나눌 수 없으며 분별이 없고 단절도 없는 까닭이니라. 아라한과가 청정한 까닭으로 8승처·9차제정·10변처가 청정하고, 8승처·9차제정·10변처가 청정한 까닭으로 일체지지가 청정하니라. 왜 그러한가? 만약 아라한과가 청정하거나, 만약 8승처·9차제정·10변처가 청정하거나, 만약 일체지지가 청정하다면, 무이이고 둘로 나눌 수 없으며 분별이 없고 단절도 없는 까닭이니라.

선현이여. 아라한과가 청정한 까닭으로 4념주가 청정하고, 4념주가 청정한 까닭으로 일체지지가 청정하니라. 왜 그러한가? 만약 아라한과가 청정하거나, 만약 4념주가 청정하거나, 만약 일체지지가 청정하다면, 무이이고 둘로 나눌 수 없으며 분별이 없고 단절도 없는 까닭이니라. 아라한과가 청정한 까닭으로 4정단·4신족·5근·5력·7등각지·8성도지가 청정하고, 4정단, 나아가 8성도지가 청정한 까닭으로 일체지지가 청정하니라. 왜 그러한가? 만약 아라한과가 청정하거나, 만약 4정단, 나아가 8성도지가 청정하거나, 만약 일체지지가 청정하다면, 무이이고 둘로 나눌 수 없으며 분별이 없고 단절도 없는 까닭이니라.

선현이여. 아라한과가 청정한 까닭으로 공해탈문이 청정하고, 공해탈문이 청정한 까닭으로 일체지지가 청정하니라. 왜 그러한가? 만약 아라한과가 청정하거나, 만약 공해탈문이 청정하거나, 만약 일체지지가 청정하다면, 무이이고 둘로 나눌 수 없으며 분별이 없고 단절도 없는 까닭이니라. 아라한과가 청정한 까닭으로 무상·무원해탈문이 청정하고, 무상·무원해탈문이 청정한 까닭으로 일체지지가 청정하니라. 왜 그러한가? 만약 아라한과가 청정하거나, 만약 무상·무원해탈문이 청정하거나, 만약 일체지지가 청정하다면, 무이이고 둘로 나눌 수 없으며 분별이 없고 단절도 없는 까닭이니라.

선현이여. 아라한과가 청정한 까닭으로 보살의 10지가 청정하고, 보살의 10지가 청정한 까닭으로 일체지지가 청정하니라. 왜 그러한가? 만약 아라한과가 청정하거나, 만약 보살의 10지가 청정하거나, 만약 일체지지가 청정하다면, 무이이고 둘로 나눌 수 없으며 분별이 없고 단절도 없는 까닭이니라.

선현이여. 아라한과가 청정한 까닭으로 5안이 청정하고, 5안이 청정한 까닭으로 일체지지가 청정하니라. 왜 그러한가? 만약 아라한과가 청정하거나, 만약 5안이 청정하거나, 만약 일체지지가 청정하다면, 무이이고 둘로 나눌 수 없으며 분별이 없고 단절도 없는 까닭이니라. 아라한과가 청정한 까닭으로 6신통이 청정하고, 6신통이 청정한 까닭으로 일체지지가 청정하니라. 왜 그러한가? 만약 아라한과가 청정하거나, 만약 6신통이 청정하거나, 만약 일체지지가 청정하다면, 무이이고 둘로 나눌 수 없으며 분별이 없고 단절도 없는 까닭이니라.

선현이여. 아라한과가 청정한 까닭으로 여래의 10력이 청정하고, 여래의 10력이 청정한 까닭으로 일체지지가 청정하니라. 왜 그러한가? 만약 아라한과가 청정하거나, 만약 여래의 10력이 청정하거나, 만약 일체지지가 청정하다면, 무이이고 둘로 나눌 수 없으며 분별이 없고 단절도 없는 까닭이니라. 아라한과가 청정한 까닭으로 4무소외·4무애해·대자·대비·대희·대사·18불불공법이 청정하고, 4무소외, 나아가 18불불공법이 청정한 까닭으로 일체지지가 청정하니라. 왜 그러한가? 만약 아라한과가 청정하거나, 만약 4무소외, 나아가 18불불공법이 청정하거나, 만약 일체지지가 청정하다면, 무이이고 둘로 나눌 수 없으며 분별이 없고 단절도 없는 까닭이니라.

선현이여. 아라한과가 청정한 까닭으로 무망실법이 청정하고, 무망실법이 청정한 까닭으로 일체지지가 청정하니라. 왜 그러한가? 만약 아라한과가 청정하거나, 만약 무망실법이 청정하거나, 만약 일체지지가 청정하다면, 무이이고 둘로 나눌 수 없으며 분별이 없고 단절도 없는 까닭이니라. 선현이여. 아라한과가 청정한 까닭으로 항주사성이 청정하고, 항주사성이 청정한 까닭으로 일체지지가 청정하니라. 왜 그러한가? 만약 아라한과가 청정하거나, 만약 항주사성이 청정하거나, 만약 일체지지가 청정하다면, 무이이고 둘로 나눌 수 없으며 분별이 없고 단절도 없는 까닭이니라.

선현이여. 아라한과가 청정한 까닭으로 일체지가 청정하고, 일체지가 청정한 까닭으로 일체지지가 청정하니라. 왜 그러한가? 만약 아라한과가 청정하거나, 만약 일체지가 청정하거나, 만약 일체지지가 청정하다면, 무이이고 둘로 나눌 수 없으며 분별이 없고 단절도 없는 까닭이니라. 아라한과가 청정한 까닭으로 도상지·일체상지가 청정하고, 도상지·일체상지가 청정한 까닭으로 일체지지가 청정하니라. 왜 그러한가? 만약 아라한과가 청정하거나, 만약 도상지·일체상지가 청정하거나, 만약 일체지지가 청정하다면, 무이이고 둘로 나눌 수 없으며 분별이 없고 단절도 없는 까닭이니라.

선현이여. 아라한과가 청정한 까닭으로 일체의 다라니문이 청정하고, 일체의 다라니문이 청정한 까닭으로 일체지지가 청정하니라. 왜 그러한가? 만약 아라한과가 청정하거나, 만약 일체의 다라니문이 청정하거나, 만약 일체지지가 청정하다면, 무이이고 둘로 나눌 수 없으며 분별이 없고 단절도 없는 까닭이니라. 선현이여. 아라한과가 청정한 까닭으로 일체의 삼마지문이 청정하고, 일체의 삼마지문이 청정한 까닭으로 일체지지가 청정하니라. 왜 그러한가? 만약 아라한과가 청정하거나, 만약 일체의 삼마지문이 청정하거나, 만약 일체지지가 청정하다면, 무이이고 둘로 나눌 수 없으며 분별이 없고 단절도 없는 까닭이니라.

선현이여. 아라한과가 청정한 까닭으로 예류과가 청정하고, 예류과가 청정한 까닭으로 일체지지가 청정하니라. 왜 그러한가? 만약 아라한과가 청정하거나, 만약 예류과가 청정하거나, 만약 일체지지가 청정하다면, 무이이고 둘로 나눌 수 없으며 분별이 없고 단절도 없는 까닭이니라. 아라한과가 청정한 까닭으로 일래·불환과가 청정하고, 일래·불환과가 청정한 까닭으로 일체지지가 청정하니라. 왜 그러한가? 만약 아라한과가 청정하거나, 만약 일래·불환과가 청정하거나, 만약 일체지지가 청정하다

면, 무이이고 둘로 나눌 수 없으며 분별이 없고 단절도 없는 까닭이니라.

선현이여. 아라한과가 청정한 까닭으로 독각의 보리가 청정하고, 독각의 보리가 청정한 까닭으로 일체지지가 청정하니라. 왜 그러한가? 만약 아라한과가 청정하거나, 만약 독각의 보리가 청정하거나, 만약 일체지지가 청정하다면, 무이이고 둘로 나눌 수 없으며 분별이 없고 단절도 없는 까닭이니라.

선현이여. 아라한과가 청정한 까닭으로 일체의 보살마하살의 행이 청정하고, 일체의 보살마하살의 행이 청정한 까닭으로 일체지지가 청정하니라. 왜 그러한가? 만약 아라한과가 청정하거나, 만약 일체의 보살마하살의 행이 청정하거나, 만약 일체지지가 청정하다면, 무이이고 둘로 나눌 수 없으며 분별이 없고 단절도 없는 까닭이니라.

선현이여. 아라한과가 청정한 까닭으로 제불의 무상정등보리가 청정하고, 제불의 무상정등보리가 청정한 까닭으로 일체지지가 청정하니라. 왜 그러한가? 만약 아라한과가 청정하거나, 만약 제불의 무상정등보리가 청정하거나, 만약 일체지지가 청정하다면, 무이이고 둘로 나눌 수 없으며 분별이 없고 단절도 없는 까닭이니라."

"다시 다음으로 선현이여. 독각(獨覺)의 보리(菩提)가 청정한 까닭으로 색이 청정하고, 색이 청정한 까닭으로 일체지지가 청정하니라. 왜 그러한가? 만약 독각의 보리가 청정하거나, 만약 색이 청정하거나, 만약 일체지지가 청정하다면, 무이이고 둘로 나눌 수 없으며 분별이 없고 단절도 없는 까닭이니라. 독각의 보리가 청정한 까닭으로 수·상·행·식이 청정하고, 수·상·행·식이 청정한 까닭으로 일체지지가 청정하니라. 왜 그러한가? 만약 독각의 보리가 청정하거나, 만약 수·상·행·식이 청정하거나, 만약 일체지지가 청정하다면, 무이이고 둘로 나눌 수 없으며 분별이 없고 단절도 없는 까닭이니라.

선현이여. 독각의 보리가 청정한 까닭으로 안처가 청정하고, 안처가 청정한 까닭으로 일체지지가 청정하니라. 왜 그러한가? 만약 독각의 보리가 청정하거나, 만약 안처가 청정하거나, 만약 일체지지가 청정하다면, 무이이고 둘로 나눌 수 없으며 분별이 없고 단절도 없는 까닭이니라. 독각의 보리가 청정한 까닭으로 이·비·설·신·의처가 청정하고, 이·비·설·신·의처가 청정한 까닭으로 일체지지가 청정하니라. 왜 그러한가? 만약 독각의 보리가 청정하거나, 만약 이·비·설·신·의처가 청정하거나, 만약 일체지지가 청정하다면, 무이이고 둘로 나눌 수 없으며 분별이 없고 단절도 없는 까닭이니라.

선현이여. 독각의 보리가 청정한 까닭으로 색처가 청정하고, 색처가 청정한 까닭으로 일체지지가 청정하니라. 왜 그러한가? 만약 독각의 보리가 청정하거나, 만약 색처가 청정하거나, 만약 일체지지가 청정하다면, 무이이고 둘로 나눌 수 없으며 분별이 없고 단절도 없는 까닭이니라. 독각의 보리가 청정한 까닭으로 성·향·미·촉·법처가 청정하고, 성·향·미·촉·법처가 청정한 까닭으로 일체지지가 청정하니라. 왜 그러한가? 만약 독각의 보리가 청정하거나, 만약 성·향·미·촉·법처가 청정하거나, 만약 일체지지가 청정하다면, 무이이고 둘로 나눌 수 없으며 분별이 없고 단절도 없는 까닭이니라.

선현이여. 독각의 보리가 청정한 까닭으로 안계가 청정하고, 안계가 청정한 까닭으로 일체지지가 청정하니라. 왜 그러한가? 만약 독각의 보리가 청정하거나, 만약 안계가 청정하거나, 만약 일체지지가 청정하다면, 무이이고 둘로 나눌 수 없으며 분별이 없고 단절도 없는 까닭이니라. 독각의 보리가 청정한 까닭으로 색계·안식계, 나아가 안촉·안촉을 인연으로 생겨난 여러 수가 청정하고, 색계, 나아가 안촉을 인연으로 생겨난 여러 수가 청정한 까닭으로 일체지지가 청정하니라. 왜 그러한가? 만약 독각의 보리가 청정하거나, 만약 색계, 나아가 안촉을 인연으로 생겨난 여러 수가 청정하거나, 만약 일체지지가 청정하다면, 무이이고 둘로 나눌 수 없으며 분별이 없고 단절도 없는 까닭이니라.

선현이여. 독각의 보리가 청정한 까닭으로 이계가 청정하고, 이계가 청정한 까닭으로 일체지지가 청정하니라. 왜 그러한가? 만약 독각의 보리가 청정하거나, 만약 이계가 청정하거나, 만약 일체지지가 청정하다면, 무이이고 둘로 나눌 수 없으며 분별이 없고 단절도 없는 까닭이니라. 독각의 보리가 청정한 까닭으로 성계·이식계, 나아가 이촉·이촉을 인연으로 생겨난 여러 수가 청정하고, 성계, 나아가 이촉을 인연으로 생겨난 여러 수가 청정한 까닭으로 일체지지가 청정하니라. 왜 그러한가? 만약 독각의 보리가 청정하거나, 만약 성계, 나아가 이촉을 인연으로 생겨난 여러 수가 청정하거나, 만약 일체지지가 청정하다면, 무이이고 둘로 나눌 수 없으며 분별이 없고 단절도 없는 까닭이니라.

선현이여. 독각의 보리가 청정한 까닭으로 비계가 청정하고, 비계가 청정한 까닭으로 일체지지가 청정하니라. 왜 그러한가? 만약 독각의 보리가 청정하거나, 만약 비계가 청정하거나, 만약 일체지지가 청정하다면, 무이이고 둘로 나눌 수 없으며 분별이 없고 단절도 없는 까닭이니라. 독각의 보리가 청정한 까닭으로 향계·비식계, 나아가 비촉·비촉을 인연으로 생겨난 여러 수가 청정하고, 향계, 나아가 비촉을 인연으로 생겨난 여러 수가 청정한 까닭으로 일체지지가 청정하니라. 왜 그러한가? 만약 독각의 보리가 청정하거나, 만약 향계, 나아가 비촉을 인연으로 생겨난 여러 수가 청정하거나, 만약 일체지지가 청정하다면, 무이이고 둘로 나눌 수 없으며 분별이 없고 단절도 없는 까닭이니라.

선현이여. 독각의 보리가 청정한 까닭으로 설계가 청정하고, 설계가 청정한 까닭으로 일체지지가 청정하니라. 왜 그러한가? 만약 독각의 보리가 청정하거나, 만약 설계가 청정하거나, 만약 일체지지가 청정하다면, 무이이고 둘로 나눌 수 없으며 분별이 없고 단절도 없는 까닭이니라. 독각의 보리가 청정한 까닭으로 미계·설식계, 나아가 설촉·설촉을 인연으로 생겨난 여러 수가 청정하고, 미계, 나아가 설촉을 인연으로 생겨난 여러 수가 청정한 까닭으로 일체지지가 청정하니라. 왜 그러한가? 만약 독각의 보리가 청정하거나, 만약 미계, 나아가 설촉을 인연으로 생겨난 여러 수가 청정하거나, 만약 일체지지가 청정하다면, 무이이고 둘로 나눌 수 없으며 분별이 없고 단절도 없는 까닭이니라.

선현이여. 독각의 보리가 청정한 까닭으로 신계가 청정하고, 신계가 청정한 까닭으로 일체지지가 청정하니라. 왜 그러한가? 만약 독각의 보리가 청정하거나, 만약 신계가 청정하거나, 만약 일체지지가 청정하다면, 무이이고 둘로 나눌 수 없으며 분별이 없고 단절도 없는 까닭이니라. 독각의 보리가 청정한 까닭으로 촉계·신식계, 나아가 신촉·신촉을 인연으로 생겨난 여러 수가 청정하고, 촉계, 나아가 신촉을 인연으로 생겨난 여러 수가 청정한 까닭으로 일체지지가 청정하니라. 왜 그러한가? 만약 독각의 보리가 청정하거나, 만약 촉계, 나아가 신촉을 인연으로 생겨난 여러 수가 청정하거나, 만약 일체지지가 청정하다면, 무이이고 둘로 나눌 수 없으며 분별이 없고 단절도 없는 까닭이니라.

선현이여. 독각의 보리가 청정한 까닭으로 의계가 청정하고, 의계가 청정한 까닭으로 일체지지가 청정하니라. 왜 그러한가? 만약 독각의 보리가 청정하거나, 만약 의계가 청정하거나, 만약 일체지지가 청정하다면, 무이이고 둘로 나눌 수 없으며 분별이 없고 단절도 없는 까닭이니라. 독각의 보리가 청정한 까닭으로 법계·의식계, 나아가 의촉·의촉을 인연으로 생겨난 여러 수가 청정하고, 법계, 나아가 의촉을 인연으로 생겨난 여러 수가 청정한 까닭으로 일체지지가 청정하니라. 왜 그러한가? 만약 독각의 보리가 청정하거나, 만약 법계, 나아가 의촉을 인연으로 생겨난 여러 수가 청정하거나, 만약 일체지지가 청정하다면, 무이이고 둘로 나눌 수 없으며 분별이 없고 단절도 없는 까닭이니라.

선현이여. 독각의 보리가 청정한 까닭으로 지계가 청정하고, 지계가 청정한 까닭으로 일체지지가 청정하니라. 왜 그러한가? 만약 독각의 보리가 청정하거나, 만약 지계가 청정하거나, 만약 일체지지가 청정하다면, 무이이고 둘로 나눌 수 없으며 분별이 없고 단절도 없는 까닭이니라. 독각의 보리가 청정한 까닭으로 수·화·풍·공·식계가 청정하고, 수·화·풍·공·식계가 청정한 까닭으로 일체지지가 청정하니라. 왜 그러한가? 만약 독각의 보리가 청정하거나, 만약 수·화·풍·공·식계가 청정하거나, 만약 일체지지가 청정하다면, 무이이고 둘로 나눌 수 없으며 분별이 없고 단절도 없는 까닭이니라.

선현이여. 독각의 보리가 청정한 까닭으로 무명이 청정하고, 무명이 청정한 까닭으로 일체지지가 청정하니라. 왜 그러한가? 만약 독각의 보리가 청정하거나, 만약 무명이 청정하거나, 만약 일체지지가 청정하다면, 무이이고 둘로 나눌 수 없으며 분별이 없고 단절도 없는 까닭이니라. 독각의 보리가 청정한 까닭으로 행·식·명색·육처·촉·수·애·취·유·생·노사의 수탄고우뇌가 청정하고, 행, 나아가 노사의 수탄고우뇌가 청정한 까닭으로 일체지지가 청정하니라. 왜 그러한가? 만약 독각의 보리가 청정하거나, 만약 행, 나아가 노사의 수탄고우뇌가 청정하거나, 만약 일체지지가 청정하다면, 무이이고 둘로 나눌 수 없으며 분별이 없고 단절도 없는 까닭이니라.

선현이여. 독각의 보리가 청정한 까닭으로 보시바라밀다가 청정하고, 보시바라밀다가 청정한 까닭으로 일체지지가 청정하니라. 왜 그러한가? 만약 일래과가 청정하거나, 만약 보시바라밀다가 청정하거나, 만약 독각의 보리가 청정하다면, 무이이고 둘로 나눌 수 없으며 분별이 없고 단절도 없는 까닭이니라. 독각의 보리가 청정한 까닭으로 정계·안인·정진·정려·반야바라밀다가 청정하고, 정계, 나아가 반야바라밀다가 청정한 까닭으로 일체지지가 청정하니라. 왜 그러한가? 만약 독각의 보리가 청정하거나, 만약 정계, 나아가 반야바라밀다가 청정하거나, 만약 일체지지가 청정하다면, 무이이고 둘로 나눌 수 없으며 분별이 없고 단절도 없는 까닭이니라.

선현이여. 독각의 보리가 청정한 까닭으로 내공이 청정하고, 내공이 청정한 까닭으로 일체지지가 청정하니라. 왜 그러한가? 만약 독각의 보리가 청정하거나, 만약 내공이 청정하거나, 만약 일체지지가 청정하다면, 무이이고 둘로 나눌 수 없으며 분별이 없고 단절도 없는 까닭이니라. 독각의 보리가 청정한 까닭으로 외공·내외공·공공·대공·승의공·유위공·무위공·필경공·무제공·산공·무변이공·본성공·자상공·공상공·일체법공·불가득공·무성공·자성공·무성자성공이 청정하고, 외공, 나아가 무성자성공이 청정한 까닭으로 일체지지가 청정하니라. 왜 그러한가? 만약 독각의 보리가 청정하거나, 만약 외공, 나아가 무성자성공이 청정하거나, 만약 일체지지가 청정하다면, 무이이고 둘로 나눌 수 없으며 분별이 없고 단절도 없는 까닭이니라.

선현이여. 독각의 보리가 청정한 까닭으로 진여가 청정하고, 진여가 청정한 까닭으로 일체지지가 청정하니라. 왜 그러한가? 만약 독각의 보리가 청정하거나, 만약 진여가 청정하거나, 만약 일체지지가 청정하다면, 무이이고 둘로 나눌 수 없으며 분별이 없고 단절도 없는 까닭이니라. 독각의 보리가 청정한 까닭으로 법계·법성·불허망성·불변이성·평등성·이생성·법정·법주·실제·허공계·부사의계가 청정하고 법계, 나아가 부사의계가 청정한 까닭으로 일체지지가 청정하니라. 왜 그러한가? 만약 독각의 보리가 청정하거나, 만약 법계, 나아가 부사의계가 청정하거나, 만약 일체지지가 청정하다면, 무이이고 둘로 나눌 수 없으며 분별이 없고 단절도 없는 까닭이니라.

선현이여. 독각의 보리가 청정한 까닭으로 고성제가 청정하고, 고성제가 청정한 까닭으로 일체지지가 청정하니라. 왜 그러한가? 만약 독각의 보리가 청정하거나, 만약 고성제가 청정하거나, 만약 일체지지가 청정하다면, 무이이고 둘로 나눌 수 없으며 분별이 없고 단절도 없는 까닭이니라. 독각의 보리가 청정한 까닭으로 집·멸·도성제가 청정하고, 집·멸·도성제가 청정한 까닭으로 일체지지가 청정하니라. 왜 그러한가? 만약 독각의 보리가 청정하거나, 만약 집·멸·도성제가 청정하거나, 만약 일체지지가 청정하다면, 무이이고 둘로 나눌 수 없으며 분별이 없고 단절도 없는 까닭이니라.

선현이여. 독각의 보리가 청정한 까닭으로 4정려가 청정하고, 4정려가 청정한 까닭으로 일체지지가 청정하니라. 왜 그러한가? 만약 독각의 보리가 청정하거나, 만약 4정려가 청정하거나, 만약 일체지지가 청정하다면, 무이이고 둘로 나눌 수 없으며 분별이 없고 단절도 없는 까닭이니라. 독각의 보리가 청정한 까닭으로 4무량·4무색정이 청정하고, 4무량·4무색정이 청정한 까닭으로 일체지지가 청정하니라. 왜 그러한가? 만약 독각의 보리가 청정하거나, 만약 4무량·4무색정이 청정하거나, 만약 일체지지가 청정하다면, 무이이고 둘로 나눌 수 없으며 분별이 없고 단절도 없는 까닭이니라.

선현이여. 독각의 보리가 청정한 까닭으로 8해탈이 청정하고, 8해탈이 청정한 까닭으로 일체지지가 청정하니라. 왜 그러한가? 만약 독각의 보리가 청정하거나, 만약 8해탈이 청정하거나, 만약 일체지지가 청정하다면, 무이이고 둘로 나눌 수 없으며 분별이 없고 단절도 없는 까닭이니라. 독각의 보리가 청정한 까닭으로 8승처·9차제정·10변처가 청정하고, 8승처·9차제정·10변처가 청정한 까닭으로 일체지지가 청정하니라. 왜 그러한가? 만약 독각의 보리가 청정하거나, 만약 8승처·9차제정·10변처가 청정하거나, 만약 일체지지가 청정하다면, 무이이고 둘로 나눌 수 없으며 분별이 없고 단절도 없는 까닭이니라.

선현이여. 독각의 보리가 청정한 까닭으로 4념주가 청정하고, 4념주가 청정한 까닭으로 일체지지가 청정하니라. 왜 그러한가? 만약 독각의 보리가 청정하거나, 만약 4념주가 청정하거나, 만약 일체지지가 청정하다면, 무이이고 둘로 나눌 수 없으며 분별이 없고 단절도 없는 까닭이니라. 독각의 보리가 청정한 까닭으로 4정단·4신족·5근·5력·7등각지·8성도지가 청정하고, 4정단, 나아가 8성도지가 청정한 까닭으로 일체지지가 청정하니라. 왜 그러한가? 만약 독각의 보리가 청정하거나, 만약 4정단, 나아가 8성도지가 청정하거나, 만약 일체지지가 청정하다면, 무이이고 둘로 나눌 수 없으며 분별이 없고 단절도 없는 까닭이니라.

선현이여. 독각의 보리가 청정한 까닭으로 공해탈문이 청정하고, 공해탈문이 청정한 까닭으로 일체지지가 청정하니라. 왜 그러한가? 만약 독각의 보리가 청정하거나, 만약 공해탈문이 청정하거나, 만약 일체지지가 청정하다면, 무이이고 둘로 나눌 수 없으며 분별이 없고 단절도 없는 까닭이니라. 독각의 보리가 청정한 까닭으로 무상·무원해탈문이 청정하고, 무상·무원해탈문이 청정한 까닭으로 일체지지가 청정하니라. 왜 그러한가? 만약 독각의 보리가 청정하거나, 만약 무상·무원해탈문이 청정하거나, 만약 일체지지가 청정하다면, 무이이고 둘로 나눌 수 없으며 분별이 없고 단절도 없는 까닭이니라.

선현이여. 독각의 보리가 청정한 까닭으로 보살의 10지가 청정하고, 보살의 10지가 청정한 까닭으로 일체지지가 청정하니라. 왜 그러한가? 만약 독각의 보리가 청정하거나, 만약 보살의 10지가 청정하거나, 만약 일체지지가 청정하다면, 무이이고 둘로 나눌 수 없으며 분별이 없고 단절도 없는 까닭이니라.

선현이여. 독각의 보리가 청정한 까닭으로 5안이 청정하고, 5안이 청정한 까닭으로 일체지지가 청정하니라. 왜 그러한가? 만약 독각의 보리가 청정하거나, 만약 5안이 청정하거나, 만약 일체지지가 청정하다면, 무이이고 둘로 나눌 수 없으며 분별이 없고 단절도 없는 까닭이니라. 독각의 보리가 청정한 까닭으로 6신통이 청정하고, 6신통이 청정한 까닭으로 일체지지가 청정하니라. 왜 그러한가? 만약 독각의 보리가 청정하거나, 만약 6신통이 청정하거나, 만약 일체지지가 청정하다면, 무이이고 둘로 나눌 수 없으며 분별이 없고 단절도 없는 까닭이니라.

선현이여. 독각의 보리가 청정한 까닭으로 여래의 10력이 청정하고, 여래의 10력이 청정한 까닭으로 일체지지가 청정하니라. 왜 그러한가? 만약 독각의 보리가 청정하거나, 만약 여래의 10력이 청정하거나, 만약 일체지지가 청정하다면, 무이이고 둘로 나눌 수 없으며 분별이 없고 단절도 없는 까닭이니라. 독각의 보리가 청정한 까닭으로 4무소외·4무애해·대자·대비·대희·대사·18불불공법이 청정하고, 4무소외, 나아가 18불불공법이 청정한 까닭으로 일체지지가 청정하니라. 왜 그러한가? 만약 독각의 보리가 청정하거나, 만약 4무소외, 나아가 18불불공법이 청정하거나, 만약 일체지지가 청정하다면, 무이이고 둘로 나눌 수 없으며 분별이 없고 단절도 없는 까닭이니라.

선현이여. 독각의 보리가 청정한 까닭으로 무망실법이 청정하고, 무망실법이 청정한 까닭으로 일체지지가 청정하니라. 왜 그러한가? 만약 독각의 보리가 청정하거나, 만약 무망실법이 청정하거나, 만약 일체지지가 청정하다면, 무이이고 둘로 나눌 수 없으며 분별이 없고 단절도 없는 까닭이니라. 선현이여. 독각의 보리가 청정한 까닭으로 항주사성이 청정하고, 항주사성이 청정한 까닭으로 일체지지가 청정하니라. 왜 그러한가? 만약 독각의 보리가 청정하거나, 만약 항주사성이 청정하거나, 만약 일체지지가 청정하다면, 무이이고 둘로 나눌 수 없으며 분별이 없고 단절도 없는 까닭이니라.

선현이여. 독각의 보리가 청정한 까닭으로 일체지가 청정하고, 일체지가 청정한 까닭으로 일체지지가 청정하니라. 왜 그러한가? 만약 독각의 보리가 청정하거나, 만약 일체지가 청정하거나, 만약 일체지지가 청정하다면, 무이이고 둘로 나눌 수 없으며 분별이 없고 단절도 없는 까닭이니라. 독각의 보리가 청정한 까닭으로 도상지·일체상지가 청정하고, 도상지·일체상지가 청정한 까닭으로 일체지지가 청정하니라. 왜 그러한가? 만약 독각의 보리가 청정하거나, 만약 도상지·일체상지가 청정하거나, 만약 일체지지가 청정하다면, 무이이고 둘로 나눌 수 없으며 분별이 없고 단절도 없는 까닭이니라.

선현이여. 독각의 보리가 청정한 까닭으로 일체의 다라니문이 청정하고, 일체의 다라니문이 청정한 까닭으로 일체지지가 청정하니라. 왜 그러한가? 만약 독각의 보리가 청정하거나, 만약 일체의 다라니문이 청정하거나, 만약 일체지지가 청정하다면, 무이이고 둘로 나눌 수 없으며 분별이 없고 단절도 없는 까닭이니라. 선현이여. 독각의 보리가 청정한 까닭으로 일체의 삼마지문이 청정하고, 일체의 삼마지문이 청정한 까닭으로 일체지지가 청정하니라. 왜 그러한가? 만약 독각의 보리가 청정하거나, 만약 일체의 삼마지문이 청정하거나, 만약 일체지지가 청정하다면, 무이이고 둘로 나눌 수 없으며 분별이 없고 단절도 없는 까닭이니라.

선현이여. 독각의 보리가 청정한 까닭으로 예류과가 청정하고, 예류과가 청정한 까닭으로 일체지지가 청정하니라. 왜 그러한가? 만약 독각의 보리가 청정하거나, 만약 예류과가 청정하거나, 만약 일체지지가 청정하다면, 무이이고 둘로 나눌 수 없으며 분별이 없고 단절도 없는 까닭이니라.

독각의 보리가 청정한 까닭으로 일래·불환·아라한과가 청정하고, 일래·불환·아라한과가 청정한 까닭으로 일체지지가 청정하니라. 왜 그러한가? 만약 독각의 보리가 청정하거나, 만약 일래·불환·아라한과가 청정하거나, 만약 일체지지가 청정하다면, 무이이고 둘로 나눌 수 없으며 분별이 없고 단절도 없는 까닭이니라.

선현이여. 독각의 보리가 청정한 까닭으로 일체의 보살마하살의 행이 청정하고, 일체의 보살마하살의 행이 청정한 까닭으로 일체지지가 청정하니라. 왜 그러한가? 만약 독각의 보리가 청정하거나, 만약 일체의 보살마하살의 행이 청정하거나, 만약 일체지지가 청정하다면, 무이이고 둘로 나눌 수 없으며 분별이 없고 단절도 없는 까닭이니라.

선현이여. 독각의 보리가 청정한 까닭으로 제불의 무상정등보리가 청정하고, 제불의 무상정등보리가 청정한 까닭으로 일체지지가 청정하니라. 왜 그러한가? 만약 독각의 보리가 청정하거나, 만약 제불의 무상정등보리가 청정하거나, 만약 일체지지가 청정하다면, 무이이고 둘로 나눌 수 없으며 분별이 없고 단절도 없는 까닭이니라."

"다시 다음으로 선현이여. 일체의 보살마하살(菩薩摩訶薩)의 행(行)이 청정한 까닭으로 색이 청정하고, 색이 청정한 까닭으로 일체지지가 청정하니라. 왜 그러한가? 만약 일체의 보살마하살의 행이 청정하거나, 만약 색이 청정하거나, 만약 일체지지가 청정하다면, 무이이고 둘로 나눌 수 없으며 분별이 없고 단절도 없는 까닭이니라. 일체의 보살마하살의 행이 청정한 까닭으로 수·상·행·식이 청정하고, 수·상·행·식이 청정한 까닭으로 일체지지가 청정하니라. 왜 그러한가? 만약 일체의 보살마하살의 행이 청정하거나, 만약 수·상·행·식이 청정하거나, 만약 일체지지가 청정하다면, 무이이고 둘로 나눌 수 없으며 분별이 없고 단절도 없는 까닭이니라.

선현이여. 일체의 보살마하살의 행이 청정한 까닭으로 안처가 청정하고, 안처가 청정한 까닭으로 일체지지가 청정하니라. 왜 그러한가? 만약 일체의 보살마하살의 행이 청정하거나, 만약 안처가 청정하거나, 만약 일체지지가 청정하다면, 무이이고 둘로 나눌 수 없으며 분별이 없고 단절도 없는 까닭이니라. 일체의 보살마하살의 행이 청정한 까닭으로 이·비·설·신·의처가 청정하고, 이·비·설·신·의처가 청정한 까닭으로 일체지지가 청정하니라. 왜 그러한가? 만약 일체의 보살마하살의 행이 청정하거나, 만약 이·비·설·신·의처가 청정하거나, 만약 일체지지가 청정하다면, 무이이고 둘로 나눌 수 없으며 분별이 없고 단절도 없는 까닭이니라.

선현이여. 일체의 보살마하살의 행이 청정한 까닭으로 색처가 청정하고, 색처가 청정한 까닭으로 일체지지가 청정하니라. 왜 그러한가? 만약 일체의 보살마하살의 행이 청정하거나, 만약 색처가 청정하거나, 만약 일체지지가 청정하다면, 무이이고 둘로 나눌 수 없으며 분별이 없고 단절도 없는 까닭이니라. 일체의 보살마하살의 행이 청정한 까닭으로 성·향·미·촉·법처가 청정하고, 성·향·미·촉·법처가 청정한 까닭으로 일체지지가 청정하니라. 왜 그러한가? 만약 일체의 보살마하살의 행이 청정하거나, 만약 성·향·미·촉·법처가 청정하거나, 만약 일체지지가 청정하다면, 무이이고 둘로 나눌 수 없으며 분별이 없고 단절도 없는 까닭이니라.

선현이여. 일체의 보살마하살의 행이 청정한 까닭으로 안계가 청정하고, 안계가 청정한 까닭으로 일체지지가 청정하니라. 왜 그러한가? 만약 일체의 보살마하살의 행이 청정하거나, 만약 안계가 청정하거나, 만약 일체지지가 청정하다면, 무이이고 둘로 나눌 수 없으며 분별이 없고 단절도 없는 까닭이니라. 일체의 보살마하살의 행이 청정한 까닭으로 색계·안식계, 나아가 안촉·안촉을 인연으로 생겨난 여러 수가 청정하고, 색계, 나아가 안촉을 인연으로 생겨난 여러 수가 청정한 까닭으로 일체지지가 청정하니라. 왜 그러한가? 만약 일체의 보살마하살의 행이 청정하거나, 만약 색계, 나아가 안촉을 인연으로 생겨난 여러 수가 청정하거나, 만약 일체지지가 청정하다면, 무이이고 둘로 나눌 수 없으며 분별이 없고 단절도 없는 까닭이니라.

선현이여. 일체의 보살마하살의 행이 청정한 까닭으로 이계가 청정하고, 이계가 청정한 까닭으로 일체지지가 청정하니라. 왜 그러한가? 만약 일체의 보살마하살의 행이 청정하거나, 만약 이계가 청정하거나, 만약 일체지지가 청정하다면, 무이이고 둘로 나눌 수 없으며 분별이 없고 단절도 없는 까닭이니라. 일체의 보살마하살의 행이 청정한 까닭으로 성계·이식계, 나아가 이촉·이촉을 인연으로 생겨난 여러 수가 청정하고, 성계, 나아가 이촉을 인연으로 생겨난 여러 수가 청정한 까닭으로 일체지지가 청정하니라. 왜 그러한가? 만약 일체의 보살마하살의 행이 청정하거나, 만약 성계, 나아가 이촉을 인연으로 생겨난 여러 수가 청정하거나, 만약 일체지지가 청정하다면, 무이이고 둘로 나눌 수 없으며 분별이 없고 단절도 없는 까닭이니라.

선현이여. 일체의 보살마하살의 행이 청정한 까닭으로 비계가 청정하고, 비계가 청정한 까닭으로 일체지지가 청정하니라. 왜 그러한가? 만약 일체의 보살마하살의 행이 청정하거나, 만약 비계가 청정하거나, 만약 일체지지가 청정하다면, 무이이고 둘로 나눌 수 없으며 분별이 없고 단절도 없는 까닭이니라. 일체의 보살마하살의 행이 청정한 까닭으로 향계·비식계, 나아가 비촉·비촉을 인연으로 생겨난 여러 수가 청정하고, 향계, 나아가 비촉을 인연으로 생겨난 여러 수가 청정한 까닭으로 일체지지가 청정하니라. 왜 그러한가? 만약 일체의 보살마하살의 행이 청정하거나, 만약 향계, 나아가 비촉을 인연으로 생겨난 여러 수가 청정하거나, 만약 일체지지가 청정하다면, 무이이고 둘로 나눌 수 없으며 분별이 없고 단절도 없는 까닭이니라.”

마하반야바라밀다경 제244권

34. 난신해품(難信解品)(63)

"선현이여. 일체의 보살마하살의 행이 청정한 까닭으로 설계가 청정하고, 설계가 청정한 까닭으로 일체지지가 청정하니라. 왜 그러한가? 만약 일체의 보살마하살의 행이 청정하거나, 만약 설계가 청정하거나, 만약 일체지지가 청정하다면, 무이이고 둘로 나눌 수 없으며 분별이 없고 단절도 없는 까닭이니라. 일체의 보살마하살의 행이 청정한 까닭으로 미계·설식계, 나아가 설촉·설촉을 인연으로 생겨난 여러 수가 청정하고, 미계, 나아가 설촉을 인연으로 생겨난 여러 수가 청정한 까닭으로 일체지지가 청정하니라. 왜 그러한가? 만약 일체의 보살마하살의 행이 청정하거나, 만약 미계, 나아가 설촉을 인연으로 생겨난 여러 수가 청정하거나, 만약 일체지지가 청정하다면, 무이이고 둘로 나눌 수 없으며 분별이 없고 단절도 없는 까닭이니라.

선현이여. 일체의 보살마하살의 행이 청정한 까닭으로 신계가 청정하고, 신계가 청정한 까닭으로 일체지지가 청정하니라. 왜 그러한가? 만약 일체의 보살마하살의 행이 청정하거나, 만약 신계가 청정하거나, 만약 일체지지가 청정하다면, 무이이고 둘로 나눌 수 없으며 분별이 없고 단절도 없는 까닭이니라. 일체의 보살마하살의 행이 청정한 까닭으로 촉계·신식계, 나아가 신촉·신촉을 인연으로 생겨난 여러 수가 청정하고, 촉계, 나아가 신촉을 인연으로 생겨난 여러 수가 청정한 까닭으로 일체지지가 청정하니라. 왜 그러한가? 만약 일체의 보살마하살의 행이 청정하거나, 만약 촉계, 나아가 신촉을 인연으로 생겨난 여러 수가 청정하거나, 만약 일체지지가 청정하다면, 무이이고 둘로 나눌 수 없으며 분별이 없고 단절도 없는 까닭이니라.

선현이여. 일체의 보살마하살의 행이 청정한 까닭으로 의계가 청정하고, 의계가 청정한 까닭으로 일체지지가 청정하니라. 왜 그러한가? 만약 일체의 보살마하살의 행이 청정하거나, 만약 의계가 청정하거나, 만약 일체지지가 청정하다면, 무이이고 둘로 나눌 수 없으며 분별이 없고 단절도 없는 까닭이니라. 일체의 보살마하살의 행이 청정한 까닭으로 법계·의식계, 나아가 의촉·의촉을 인연으로 생겨난 여러 수가 청정하고, 법계, 나아가 의촉을 인연으로 생겨난 여러 수가 청정한 까닭으로 일체지지가 청정하니라. 왜 그러한가? 만약 일체의 보살마하살의 행이 청정하거나, 만약 법계, 나아가 의촉을 인연으로 생겨난 여러 수가 청정하거나, 만약 일체지지가 청정하다면, 무이이고 둘로 나눌 수 없으며 분별이 없고 단절도 없는 까닭이니라.

선현이여. 일체의 보살마하살의 행이 청정한 까닭으로 지계가 청정하고, 지계가 청정한 까닭으로 일체지지가 청정하니라. 왜 그러한가? 만약 일체의 보살마하살의 행이 청정하거나, 만약 지계가 청정하거나, 만약 일체지지가 청정하다면, 무이이고 둘로 나눌 수 없으며 분별이 없고 단절도 없는 까닭이니라. 일체의 보살마하살의 행이 청정한 까닭으로 수·화·풍·공·식계가 청정하고, 수·화·풍·공·식계가 청정한 까닭으로 일체지지가 청정하니라. 왜 그러한가? 만약 일체의 보살마하살의 행이 청정하거나, 만약 수·화·풍·공·식계가 청정하거나, 만약 일체지지가 청정하다면, 무이이고 둘로 나눌 수 없으며 분별이 없고 단절도 없는 까닭이니라.

선현이여. 일체의 보살마하살의 행이 청정한 까닭으로 무명이 청정하고, 무명이 청정한 까닭으로 일체지지가 청정하니라. 왜 그러한가? 만약 일체의 보살마하살의 행이 청정하거나, 만약 무명이 청정하거나, 만약 일체지지가 청정하다면, 무이이고 둘로 나눌 수 없으며 분별이 없고 단절도 없는 까닭이니라. 일체의 보살마하살의 행이 청정한 까닭으로 행·식·명색·육처·촉·수·애·취·유·생·노사의 수탄고우뇌가 청정하고, 행, 나아가 노사의 수탄고우뇌가 청정한 까닭으로 일체지지가 청정하니라. 왜 그러한가? 만약 일체의 보살마하살의 행이 청정하거나, 만약 행, 나아가 노사의 수탄고우뇌가 청정하거나, 만약 일체지지가 청정하다면, 무이이고 둘로 나눌 수 없으며 분별이 없고 단절도 없는 까닭이니라.

선현이여. 일체의 보살마하살의 행이 청정한 까닭으로 보시바라밀다가 청정하고, 보시바라밀다가 청정한 까닭으로 일체지지가 청정하니라. 왜 그러한가? 만약 일체의 보살마하살의 행이 청정하거나, 만약 보시바라밀다가 청정하거나, 만약 일체지지가 청정하다면, 무이이고 둘로 나눌 수 없으며 분별이 없고 단절도 없는 까닭이니라. 일체의 보살마하살의 행이 청정한 까닭으로 정계·안인·정진·정려·반야바라밀다가 청정하고, 정계, 나아가 반야바라밀다가 청정한 까닭으로 일체지지가 청정하니라. 왜 그러한가? 만약 일체의 보살마하살의 행이 청정하거나, 만약 정계, 나아가 반야바라밀다가 청정하거나, 만약 일체지지가 청정하다면, 무이이고 둘로 나눌 수 없으며 분별이 없고 단절도 없는 까닭이니라.

선현이여. 일체의 보살마하살의 행이 청정한 까닭으로 내공이 청정하고, 내공이 청정한 까닭으로 일체지지가 청정하니라. 왜 그러한가? 만약 일체의 보살마하살의 행이 청정하거나, 만약 내공이 청정하거나, 만약 일체지지가 청정하다면, 무이이고 둘로 나눌 수 없으며 분별이 없고 단절도 없는 까닭이니라. 일체의 보살마하살의 행이 청정한 까닭으로 외공·내외공·공공·대공·승의공·유위공·무위공·필경공·무제공·산공·무변이공·본성공·자상공·공상공·일체법공·불가득공·무성공·자성공·무성자성공이 청정하고, 외공, 나아가 무성자성공이 청정한 까닭으로 일체지지가 청정하니라. 왜 그러한가? 만약 일체의 보살마하살의 행이 청정하거나, 만약 외공, 나아가 무성자성공이 청정하거나, 만약 일체지지가 청정하다면, 무이이고 둘로 나눌 수 없으며 분별이 없고 단절도 없는 까닭이니라.

선현이여. 일체의 보살마하살의 행이 청정한 까닭으로 진여가 청정하고, 진여가 청정한 까닭으로 일체지지가 청정하니라. 왜 그러한가? 만약 일체의 보살마하살의 행이 청정하거나, 만약 진여가 청정하거나, 만약 일체지지가 청정하다면, 무이이고 둘로 나눌 수 없으며 분별이 없고 단절도 없는 까닭이니라. 일체의 보살마하살의 행이 청정한 까닭으로 법계·법성·불허망성·불변이성·평등성·이생성·법정·법주·실제·허공계·부사의계가 청정하고 법계, 나아가 부사의계가 청정한 까닭으로 일체지지가 청정하니라. 왜 그러한가? 만약 일체의 보살마하살의 행이 청정하거나, 만약 법계, 나아가 부사의계가 청정하거나, 만약 일체지지가 청정하다면, 무이이고 둘로 나눌 수 없으며 분별이 없고 단절도 없는 까닭이니라.

선현이여. 일체의 보살마하살의 행이 청정한 까닭으로 고성제가 청정하고, 고성제가 청정한 까닭으로 일체지지가 청정하니라. 왜 그러한가? 만약 일체의 보살마하살의 행이 청정하거나, 만약 고성제가 청정하거나, 만약 일체지지가 청정하다면, 무이이고 둘로 나눌 수 없으며 분별이 없고 단절도 없는 까닭이니라. 일체의 보살마하살의 행이 청정한 까닭으로 집·멸·도성제가 청정하고, 집·멸·도성제가 청정한 까닭으로 일체지지가 청정하니라. 왜 그러한가? 만약 일체의 보살마하살의 행이 청정하거나, 만약 집·멸·도성제가 청정하거나, 만약 일체지지가 청정하다면, 무이이고 둘로 나눌 수 없으며 분별이 없고 단절도 없는 까닭이니라.

선현이여. 일체의 보살마하살의 행이 청정한 까닭으로 4정려가 청정하고, 4정려가 청정한 까닭으로 일체지지가 청정하니라. 왜 그러한가? 만약 일체의 보살마하살의 행이 청정하거나, 만약 4정려가 청정하거나, 만약 일체지지가 청정하다면, 무이이고 둘로 나눌 수 없으며 분별이 없고 단절도 없는 까닭이니라. 일체의 보살마하살의 행이 청정한 까닭으로 4무량·4무색정이 청정하고, 4무량·4무색정이 청정한 까닭으로 일체지지가 청정하니라. 왜 그러한가? 만약 일체의 보살마하살의 행이 청정하거나, 만약 4무량·4무색정이 청정하거나, 만약 일체지지가 청정하다면, 무이이고 둘로 나눌 수 없으며 분별이 없고 단절도 없는 까닭이니라.

선현이여. 일체의 보살마하살의 행이 청정한 까닭으로 8해탈이 청정하고, 8해탈이 청정한 까닭으로 일체지지가 청정하니라. 왜 그러한가? 만약 일체의 보살마하살의 행이 청정하거나, 만약 8해탈이 청정하거나, 만약 일체지지가 청정하다면, 무이이고 둘로 나눌 수 없으며 분별이 없고 단절도 없는 까닭이니라. 일체의 보살마하살의 행이 청정한 까닭으로 8승처·9차제정·10변처가 청정하고, 8승처·9차제정·10변처가 청정한 까닭으로 일체지지가 청정하니라. 왜 그러한가? 만약 일체의 보살마하살의 행이 청정하거나, 만약 8승처·9차제정·10변처가 청정하거나, 만약 일체지지가 청정하다면, 무이이고 둘로 나눌 수 없으며 분별이 없고 단절도 없는 까닭이니라.

선현이여. 일체의 보살마하살의 행이 청정한 까닭으로 4념주가 청정하고, 4념주가 청정한 까닭으로 일체지지가 청정하니라. 왜 그러한가? 만약 일체의 보살마하살의 행이 청정하거나, 만약 4념주가 청정하거나, 만약 일체지지가 청정하다면, 무이이고 둘로 나눌 수 없으며 분별이 없고 단절도 없는 까닭이니라. 일체의 보살마하살의 행이 청정한 까닭으로 4정단·4신족·5근·5력·7등각지·8성도지가 청정하고, 4정단, 나아가 8성도지가 청정한 까닭으로 일체지지가 청정하니라. 왜 그러한가? 만약 일체의 보살마하살의 행이 청정하거나, 만약 4정단, 나아가 8성도지가 청정하거나, 만약 일체지지가 청정하다면, 무이이고 둘로 나눌 수 없으며 분별이 없고 단절도 없는 까닭이니라.

선현이여. 일체의 보살마하살의 행이 청정한 까닭으로 공해탈문이 청정하고, 공해탈문이 청정한 까닭으로 일체지지가 청정하니라. 왜 그러한가? 만약 일체의 보살마하살의 행이 청정하거나, 만약 공해탈문이 청정하거나, 만약 일체지지가 청정하다면, 무이이고 둘로 나눌 수 없으며 분별이 없고 단절도 없는 까닭이니라. 일체의 보살마하살의 행이 청정한 까닭으로 무상·무원해탈문이 청정하고, 무상·무원해탈문이 청정한 까닭으로 일체지지가 청정하니라. 왜 그러한가? 만약 일체의 보살마하살의 행이 청정하거나, 만약 무상·무원해탈문이 청정하거나, 만약 일체지지가 청정하다면, 무이이고 둘로 나눌 수 없으며 분별이 없고 단절도 없는

까닭이니라.

선현이여. 일체의 보살마하살의 행이 청정한 까닭으로 보살의 10지가 청정하고, 보살의 10지가 청정한 까닭으로 일체지지가 청정하니라. 왜 그러한가? 만약 일체의 보살마하살의 행이 청정하거나, 만약 보살의 10지가 청정하거나, 만약 일체지지가 청정하다면, 무이이고 둘로 나눌 수 없으며 분별이 없고 단절도 없는 까닭이니라.

선현이여. 일체의 보살마하살의 행이 청정한 까닭으로 5안이 청정하고, 5안이 청정한 까닭으로 일체지지가 청정하니라. 왜 그러한가? 만약 일체의 보살마하살의 행이 청정하거나, 만약 5안이 청정하거나, 만약 일체지지가 청정하다면, 무이이고 둘로 나눌 수 없으며 분별이 없고 단절도 없는 까닭이니라. 일체의 보살마하살의 행이 청정한 까닭으로 6신통이 청정하고, 6신통이 청정한 까닭으로 일체지지가 청정하니라. 왜 그러한가? 만약 일체의 보살마하살의 행이 청정하거나, 만약 6신통이 청정하거나, 만약 일체지지가 청정하다면, 무이이고 둘로 나눌 수 없으며 분별이 없고 단절도 없는 까닭이니라.

선현이여. 일체의 보살마하살의 행이 청정한 까닭으로 여래의 10력이 청정하고, 여래의 10력이 청정한 까닭으로 일체지지가 청정하니라. 왜 그러한가? 만약 일체의 보살마하살의 행이 청정하거나, 만약 여래의 10력이 청정하거나, 만약 일체지지가 청정하다면, 무이이고 둘로 나눌 수 없으며 분별이 없고 단절도 없는 까닭이니라. 일체의 보살마하살의 행이 청정한 까닭으로 4무소외·4무애해·대자·대비·대희·대사·18불불공법이 청정하고, 4무소외, 나아가 18불불공법이 청정한 까닭으로 일체지지가 청정하니라. 왜 그러한가? 만약 일체의 보살마하살의 행이 청정하거나, 만약 4무소외, 나아가 18불불공법이 청정하거나, 만약 일체지지가 청정하다면, 무이이고 둘로 나눌 수 없으며 분별이 없고 단절도 없는 까닭이니라.

선현이여. 일체의 보살마하살의 행이 청정한 까닭으로 무망실법이 청정하고, 무망실법이 청정한 까닭으로 일체지지가 청정하니라. 왜 그러한가? 만약 일체의 보살마하살의 행이 청정하거나, 만약 무망실법이 청정하거나, 만약 일체지지가 청정하다면, 무이이고 둘로 나눌 수 없으며 분별이 없고 단절도 없는 까닭이니라. 선현이여. 일체의 보살마하살의 행이 청정한 까닭으로 항주사성이 청정하고, 항주사성이 청정한 까닭으로 일체지지가 청정하니라. 왜 그러한가? 만약 일체의 보살마하살의 행이 청정하거나, 만약 항주사성이 청정하거나, 만약 일체지지가 청정하다면, 무이이고 둘로 나눌 수 없으며 분별이 없고 단절도 없는 까닭이니라.

선현이여. 일체의 보살마하살의 행이 청정한 까닭으로 일체지가 청정하고, 일체지가 청정한 까닭으로 일체지지가 청정하니라. 왜 그러한가? 만약 일체의 보살마하살의 행이 청정하거나, 만약 일체지가 청정하거나, 만약 일체지지가 청정하다면, 무이이고 둘로 나눌 수 없으며 분별이 없고 단절도 없는 까닭이니라. 일체의 보살마하살의 행이 청정한 까닭으로 도상지·일체상지가 청정하고, 도상지·일체상지가 청정한 까닭으로 일체지지가 청정하니라. 왜 그러한가? 만약 일체의 보살마하살의 행이 청정하거나, 만약 도상지·일체상지가 청정하거나, 만약 일체지지가 청정하다면, 무이이고 둘로 나눌 수 없으며 분별이 없고 단절도 없는 까닭이니라.

선현이여. 일체의 보살마하살의 행이 청정한 까닭으로 일체의 다라니문이 청정하고, 일체의 다라니문이 청정한 까닭으로 일체지지가 청정하니라. 왜 그러한가? 만약 일체의 보살마하살의 행이 청정하거나, 만약 일체의 다라니문이 청정하거나, 만약 일체지지가 청정하다면, 무이이고 둘로 나눌 수 없으며 분별이 없고 단절도 없는 까닭이니라. 선현이여. 일체의 보살마하살의 행이 청정한 까닭으로 일체의 삼마지문이 청정하고, 일체의 삼마지문이 청정한 까닭으로 일체지지가 청정하니라. 왜 그러한가? 만약 일체의 보살마하살의 행이 청정하거나, 만약 일체의 삼마지문이 청정하거나, 만약 일체지지가 청정하다면, 무이이고 둘로 나눌 수 없으며 분별이 없고 단절도 없는 까닭이니라.

선현이여. 일체의 보살마하살의 행이 청정한 까닭으로 예류과가 청정하고, 예류과가 청정한 까닭으로 일체지지가 청정하니라. 왜 그러한가?

만약 일체의 보살마하살의 행이 청정하거나, 만약 예류과가 청정하거나, 만약 일체지지가 청정하다면, 무이이고 둘로 나눌 수 없으며 분별이 없고 단절도 없는 까닭이니라. 일체의 보살마하살의 행이 청정한 까닭으로 일래·불환·아라한과가 청정하고, 일래·불환·아라한과가 청정한 까닭으로 일체지지가 청정하니라. 왜 그러한가? 만약 일체의 보살마하살의 행이 청정하거나, 만약 일래·불환·아라한과가 청정하거나, 만약 일체지지가 청정하다면, 무이이고 둘로 나눌 수 없으며 분별이 없고 단절도 없는 까닭이니라.

선현이여. 일체의 보살마하살의 행이 청정한 까닭으로 독각의 보리가 청정하고, 독각의 보리가 청정한 까닭으로 일체지지가 청정하니라. 왜 그러한가? 만약 일체의 보살마하살의 행이 청정하거나, 만약 독각의 보리가 청정하거나, 만약 일체지지가 청정하다면, 무이이고 둘로 나눌 수 없으며 분별이 없고 단절도 없는 까닭이니라.

선현이여. 일체의 보살마하살의 행이 청정한 까닭으로 제불의 무상정등보리가 청정하고, 제불의 무상정등보리가 청정한 까닭으로 일체지지가 청정하니라. 왜 그러한가? 만약 일체의 보살마하살의 행이 청정하거나, 만약 제불의 무상정등보리가 청정하거나, 만약 일체지지가 청정하다면, 무이이고 둘로 나눌 수 없으며 분별이 없고 단절도 없는 까닭이니라."

"다시 다음으로 선현이여. 제불(諸佛)의 무상정등보리(無上正等菩提)가 청정한 까닭으로 색이 청정하고, 색이 청정한 까닭으로 일체지지가 청정하니라. 왜 그러한가? 만약 제불의 무상정등보리가 청정하거나, 만약 색이 청정하거나, 만약 일체지지가 청정하다면, 무이이고 둘로 나눌 수 없으며 분별이 없고 단절도 없는 까닭이니라. 제불의 무상정등보리가 청정한 까닭으로 수·상·행·식이 청정하고, 수·상·행·식이 청정한 까닭으로 일체지지가 청정하니라. 왜 그러한가? 만약 제불의 무상정등보리가 청정하거나, 만약 수·상·행·식이 청정하거나, 만약 일체지지가 청정하다면, 무이이고 둘로 나눌 수 없으며 분별이 없고 단절도 없는 까닭이니라.

선현이여. 제불의 무상정등보리가 청정한 까닭으로 안처가 청정하고, 안처가 청정한 까닭으로 일체지지가 청정하니라. 왜 그러한가? 만약 제불의 무상정등보리가 청정하거나, 만약 안처가 청정하거나, 만약 일체지지가 청정하다면, 무이이고 둘로 나눌 수 없으며 분별이 없고 단절도 없는 까닭이니라. 제불의 무상정등보리가 청정한 까닭으로 이·비·설·신·의처가 청정하고, 이·비·설·신·의처가 청정한 까닭으로 일체지지가 청정하니라. 왜 그러한가? 만약 제불의 무상정등보리가 청정하거나, 만약 이·비·설·신·의처가 청정하거나, 만약 일체지지가 청정하다면, 무이이고 둘로 나눌 수 없으며 분별이 없고 단절도 없는 까닭이니라.

선현이여. 제불의 무상정등보리가 청정한 까닭으로 색처가 청정하고, 색처가 청정한 까닭으로 일체지지가 청정하니라. 왜 그러한가? 만약 제불의 무상정등보리가 청정하거나, 만약 색처가 청정하거나, 만약 일체지지가 청정하다면, 무이이고 둘로 나눌 수 없으며 분별이 없고 단절도 없는 까닭이니라. 제불의 무상정등보리가 청정한 까닭으로 성·향·미·촉·법처가 청정하고, 성·향·미·촉·법처가 청정한 까닭으로 일체지지가 청정하니라. 왜 그러한가? 만약 제불의 무상정등보리가 청정하거나, 만약 성·향·미·촉·법처가 청정하거나, 만약 일체지지가 청정하다면, 무이이고 둘로 나눌 수 없으며 분별이 없고 단절도 없는 까닭이니라.

선현이여. 제불의 무상정등보리가 청정한 까닭으로 안계가 청정하고, 안계가 청정한 까닭으로 일체지지가 청정하니라. 왜 그러한가? 만약 제불의 무상정등보리가 청정하거나, 만약 안계가 청정하거나, 만약 일체지지가 청정하다면, 무이이고 둘로 나눌 수 없으며 분별이 없고 단절도 없는 까닭이니라. 제불의 무상정등보리가 청정한 까닭으로 색계·안식계, 나아가 안촉·안촉을 인연으로 생겨난 여러 수가 청정하고, 색계, 나아가 안촉을 인연으로 생겨난 여러 수가 청정한 까닭으로 일체지지가 청정하니라. 왜 그러한가? 만약 제불의 무상정등보리가 청정하거나, 만약 색계, 나아가 안촉을 인연으로 생겨난 여러 수가 청정하거나, 만약 일체지지가 청정하다면, 무이이고 둘로 나눌 수 없으며 분별이 없고 단절도 없는

까닭이니라.

선현이여. 제불의 무상정등보리가 청정한 까닭으로 이계가 청정하고, 이계가 청정한 까닭으로 일체지지가 청정하니라. 왜 그러한가? 만약 제불의 무상정등보리가 청정하거나, 만약 이계가 청정하거나, 만약 일체지지가 청정하다면, 무이이고 둘로 나눌 수 없으며 분별이 없고 단절도 없는 까닭이니라. 제불의 무상정등보리가 청정한 까닭으로 성계·이식계, 나아가 이촉·이촉을 인연으로 생겨난 여러 수가 청정하고, 성계, 나아가 이촉을 인연으로 생겨난 여러 수가 청정한 까닭으로 일체지지가 청정하니라. 왜 그러한가? 만약 제불의 무상정등보리가 청정하거나, 만약 성계, 나아가 이촉을 인연으로 생겨난 여러 수가 청정하거나, 만약 일체지지가 청정하다면, 무이이고 둘로 나눌 수 없으며 분별이 없고 단절도 없는 까닭이니라.

선현이여. 제불의 무상정등보리가 청정한 까닭으로 비계가 청정하고, 비계가 청정한 까닭으로 일체지지가 청정하니라. 왜 그러한가? 만약 제불의 무상정등보리가 청정하거나, 만약 비계가 청정하거나, 만약 일체지지가 청정하다면, 무이이고 둘로 나눌 수 없으며 분별이 없고 단절도 없는 까닭이니라. 제불의 무상정등보리가 청정한 까닭으로 향계·비식계, 나아가 비촉·비촉을 인연으로 생겨난 여러 수가 청정하고, 향계, 나아가 비촉을 인연으로 생겨난 여러 수가 청정한 까닭으로 일체지지가 청정하니라. 왜 그러한가? 만약 제불의 무상정등보리가 청정하거나, 만약 향계, 나아가 비촉을 인연으로 생겨난 여러 수가 청정하거나, 만약 일체지지가 청정하다면, 무이이고 둘로 나눌 수 없으며 분별이 없고 단절도 없는 까닭이니라.

선현이여. 제불의 무상정등보리가 청정한 까닭으로 설계가 청정하고, 설계가 청정한 까닭으로 일체지지가 청정하니라. 왜 그러한가? 만약 제불의 무상정등보리가 청정하거나, 만약 설계가 청정하거나, 만약 일체지지가 청정하다면, 무이이고 둘로 나눌 수 없으며 분별이 없고 단절도 없는 까닭이니라. 제불의 무상정등보리가 청정한 까닭으로 미계·설식계,

나아가 설촉·설촉을 인연으로 생겨난 여러 수가 청정하고, 미계, 나아가 설촉을 인연으로 생겨난 여러 수가 청정한 까닭으로 일체지지가 청정하니라. 왜 그러한가? 만약 제불의 무상정등보리가 청정하거나, 만약 미계, 나아가 설촉을 인연으로 생겨난 여러 수가 청정하거나, 만약 일체지지가 청정하다면, 무이이고 둘로 나눌 수 없으며 분별이 없고 단절도 없는 까닭이니라.

선현이여. 제불의 무상정등보리가 청정한 까닭으로 신계가 청정하고, 신계가 청정한 까닭으로 일체지지가 청정하니라. 왜 그러한가? 만약 제불의 무상정등보리가 청정하거나, 만약 신계가 청정하거나, 만약 일체지지가 청정하다면, 무이이고 둘로 나눌 수 없으며 분별이 없고 단절도 없는 까닭이니라. 제불의 무상정등보리가 청정한 까닭으로 촉계·신식계, 나아가 신촉·신촉을 인연으로 생겨난 여러 수가 청정하고, 촉계, 나아가 신촉을 인연으로 생겨난 여러 수가 청정한 까닭으로 일체지지가 청정하니라. 왜 그러한가? 만약 제불의 무상정등보리가 청정하거나, 만약 촉계, 나아가 신촉을 인연으로 생겨난 여러 수가 청정하거나, 만약 일체지지가 청정하다면, 무이이고 둘로 나눌 수 없으며 분별이 없고 단절도 없는 까닭이니라.

선현이여. 제불의 무상정등보리가 청정한 까닭으로 의계가 청정하고, 의계가 청정한 까닭으로 일체지지가 청정하니라. 왜 그러한가? 만약 제불의 무상정등보리가 청정하거나, 만약 의계가 청정하거나, 만약 일체지지가 청정하다면, 무이이고 둘로 나눌 수 없으며 분별이 없고 단절도 없는 까닭이니라. 제불의 무상정등보리가 청정한 까닭으로 법계·의식계, 나아가 의촉·의촉을 인연으로 생겨난 여러 수가 청정하고, 법계, 나아가 의촉을 인연으로 생겨난 여러 수가 청정한 까닭으로 일체지지가 청정하니라. 왜 그러한가? 만약 제불의 무상정등보리가 청정하거나, 만약 법계, 나아가 의촉을 인연으로 생겨난 여러 수가 청정하거나, 만약 일체지지가 청정하다면, 무이이고 둘로 나눌 수 없으며 분별이 없고 단절도 없는 까닭이니라.

선현이여. 제불의 무상정등보리가 청정한 까닭으로 지계가 청정하고, 지계가 청정한 까닭으로 일체지지가 청정하니라. 왜 그러한가? 만약 제불의 무상정등보리가 청정하거나, 만약 지계가 청정하거나, 만약 일체지지가 청정하다면, 무이이고 둘로 나눌 수 없으며 분별이 없고 단절도 없는 까닭이니라. 제불의 무상정등보리가 청정한 까닭으로 수·화·풍·공·식계가 청정하고, 수·화·풍·공·식계가 청정한 까닭으로 일체지지가 청정하니라. 왜 그러한가? 만약 제불의 무상정등보리가 청정하거나, 만약 수·화·풍·공·식계가 청정하거나, 만약 일체지지가 청정하다면, 무이이고 둘로 나눌 수 없으며 분별이 없고 단절도 없는 까닭이니라.

선현이여. 제불의 무상정등보리가 청정한 까닭으로 무명이 청정하고, 무명이 청정한 까닭으로 일체지지가 청정하니라. 왜 그러한가? 만약 제불의 무상정등보리가 청정하거나, 만약 무명이 청정하거나, 만약 일체지지가 청정하다면, 무이이고 둘로 나눌 수 없으며 분별이 없고 단절도 없는 까닭이니라. 제불의 무상정등보리가 청정한 까닭으로 행·식·명색·육처·촉·수·애·취·유·생·노사의 수탄고우뇌가 청정하고, 행, 나아가 노사의 수탄고우뇌가 청정한 까닭으로 일체지지가 청정하니라. 왜 그러한가? 만약 제불의 무상정등보리가 청정하거나, 만약 행, 나아가 노사의 수탄고우뇌가 청정하거나, 만약 일체지지가 청정하다면, 무이이고 둘로 나눌 수 없으며 분별이 없고 단절도 없는 까닭이니라.

선현이여. 제불의 무상정등보리가 청정한 까닭으로 보시바라밀다가 청정하고, 보시바라밀다가 청정한 까닭으로 일체지지가 청정하니라. 왜 그러한가? 만약 제불의 무상정등보리가 청정하거나, 만약 보시바라밀다가 청정하거나, 만약 일체지지가 청정하다면, 무이이고 둘로 나눌 수 없으며 분별이 없고 단절도 없는 까닭이니라. 제불의 무상정등보리가 청정한 까닭으로 정계·안인·정진·정려·반야바라밀다가 청정하고, 정계, 나아가 반야바라밀다가 청정한 까닭으로 일체지지가 청정하니라. 왜 그러한가? 만약 제불의 무상정등보리가 청정하거나, 만약 정계, 나아가 반야바라밀다가 청정하거나, 만약 일체지지가 청정하다면, 무이이고 둘로 나눌 수 없으며 분별이 없고 단절도 없는 까닭이니라.

선현이여. 제불의 무상정등보리가 청정한 까닭으로 내공이 청정하고, 내공이 청정한 까닭으로 일체지지가 청정하니라. 왜 그러한가? 만약 제불의 무상정등보리가 청정하거나, 만약 내공이 청정하거나, 만약 일체지지가 청정하다면, 무이이고 둘로 나눌 수 없으며 분별이 없고 단절도 없는 까닭이니라. 제불의 무상정등보리가 청정한 까닭으로 외공·내외공·공공·대공·승의공·유위공·무위공·필경공·무제공·산공·무변이공·본성공·자상공·공상공·일체법공·불가득공·무성공·자성공·무성자성공이 청정하고, 외공, 나아가 무성자성공이 청정한 까닭으로 일체지지가 청정하니라. 왜 그러한가? 만약 제불의 무상정등보리가 청정하거나, 만약 외공, 나아가 무성자성공이 청정하거나, 만약 일체지지가 청정하다면, 무이이고 둘로 나눌 수 없으며 분별이 없고 단절도 없는 까닭이니라.

선현이여. 제불의 무상정등보리가 청정한 까닭으로 진여가 청정하고, 진여가 청정한 까닭으로 일체지지가 청정하니라. 왜 그러한가? 만약 제불의 무상정등보리가 청정하거나, 만약 진여가 청정하거나, 만약 일체지지가 청정하다면, 무이이고 둘로 나눌 수 없으며 분별이 없고 단절도 없는 까닭이니라. 제불의 무상정등보리가 청정한 까닭으로 법계·법성·불허망성·불변이성·평등성·이생성·법정·법주·실제·허공계·부사의계가 청정하고 법계, 나아가 부사의계가 청정한 까닭으로 일체지지가 청정하니라. 왜 그러한가? 만약 제불의 무상정등보리가 청정하거나, 만약 법계, 나아가 부사의계가 청정하거나, 만약 일체지지가 청정하다면, 무이이고 둘로 나눌 수 없으며 분별이 없고 단절도 없는 까닭이니라.

선현이여. 제불의 무상정등보리가 청정한 까닭으로 고성제가 청정하고, 고성제가 청정한 까닭으로 일체지지가 청정하니라. 왜 그러한가? 만약 제불의 무상정등보리가 청정하거나, 만약 고성제가 청정하거나, 만약 일체지지가 청정하다면, 무이이고 둘로 나눌 수 없으며 분별이 없고 단절도 없는 까닭이니라. 제불의 무상정등보리가 청정한 까닭으로 집·멸·도성제가 청정하고, 집·멸·도성제가 청정한 까닭으로 일체지지가 청정하니라. 왜 그러한가? 만약 제불의 무상정등보리가 청정하거나, 만약 집·멸·도성제가 청정하거나, 만약 일체지지가 청정하다면, 무이이고 둘로 나눌 수 없으며 분별이 없고 단절도 없는 까닭이니라.

선현이여. 제불의 무상정등보리가 청정한 까닭으로 4정려가 청정하고, 4정려가 청정한 까닭으로 일체지지가 청정하니라. 왜 그러한가? 만약 제불의 무상정등보리가 청정하거나, 만약 4정려가 청정하거나, 만약 일체지지가 청정하다면, 무이이고 둘로 나눌 수 없으며 분별이 없고 단절도 없는 까닭이니라. 제불의 무상정등보리가 청정한 까닭으로 4무량·4무색정이 청정하고, 4무량·4무색정이 청정한 까닭으로 일체지지가 청정하니라. 왜 그러한가? 만약 제불의 무상정등보리가 청정하거나, 만약 4무량·4무색정이 청정하거나, 만약 일체지지가 청정하다면, 무이이고 둘로 나눌 수 없으며 분별이 없고 단절도 없는 까닭이니라.

선현이여. 제불의 무상정등보리가 청정한 까닭으로 8해탈이 청정하고, 8해탈이 청정한 까닭으로 일체지지가 청정하니라. 왜 그러한가? 만약 제불의 무상정등보리가 청정하거나, 만약 8해탈이 청정하거나, 만약 일체지지가 청정하다면, 무이이고 둘로 나눌 수 없으며 분별이 없고 단절도 없는 까닭이니라. 제불의 무상정등보리가 청정한 까닭으로 8승처·9차제정·10변처가 청정하고, 8승처·9차제정·10변처가 청정한 까닭으로 일체지지가 청정하니라. 왜 그러한가? 만약 제불의 무상정등보리가 청정하거나, 만약 8승처·9차제정·10변처가 청정하거나, 만약 일체지지가 청정하다면, 무이이고 둘로 나눌 수 없으며 분별이 없고 단절도 없는 까닭이니라.

선현이여. 제불의 무상정등보리가 청정한 까닭으로 4념주가 청정하고, 4념주가 청정한 까닭으로 일체지지가 청정하니라. 왜 그러한가? 만약 제불의 무상정등보리가 청정하거나, 만약 4념주가 청정하거나, 만약 일체지지가 청정하다면, 무이이고 둘로 나눌 수 없으며 분별이 없고 단절도 없는 까닭이니라. 제불의 무상정등보리가 청정한 까닭으로 4정단·4신족·5근·5력·7등각지·8성도지가 청정하고, 4정단, 나아가 8성도지가 청정한 까닭으로 일체지지가 청정하니라. 왜 그러한가? 만약 제불의 무상정등보리가 청정하거나, 만약 4정단, 나아가 8성도지가 청정하거나, 만약 일체지지가 청정하다면, 무이이고 둘로 나눌 수 없으며 분별이 없고 단절도 없는 까닭이니라.

선현이여. 제불의 무상정등보리가 청정한 까닭으로 공해탈문이 청정하고, 공해탈문이 청정한 까닭으로 일체지지가 청정하니라. 왜 그러한가? 만약 제불의 무상정등보리가 청정하거나, 만약 공해탈문이 청정하거나, 만약 일체지지가 청정하다면, 무이이고 둘로 나눌 수 없으며 분별이 없고 단절도 없는 까닭이니라. 제불의 무상정등보리가 청정한 까닭으로 무상·무원해탈문이 청정하고, 무상·무원해탈문이 청정한 까닭으로 일체지지가 청정하니라. 왜 그러한가? 만약 제불의 무상정등보리가 청정하거나, 만약 무상·무원해탈문이 청정하거나, 만약 일체지지가 청정하다면, 무이이고 둘로 나눌 수 없으며 분별이 없고 단절도 없는 까닭이니라.

선현이여. 제불의 무상정등보리가 청정한 까닭으로 보살의 10지가 청정하고, 보살의 10지가 청정한 까닭으로 일체지지가 청정하니라. 왜 그러한가? 만약 제불의 무상정등보리가 청정하거나, 만약 보살의 10지가 청정하거나, 만약 일체지지가 청정하다면, 무이이고 둘로 나눌 수 없으며 분별이 없고 단절도 없는 까닭이니라.

선현이여. 제불의 무상정등보리가 청정한 까닭으로 5안이 청정하고, 5안이 청정한 까닭으로 일체지지가 청정하니라. 왜 그러한가? 만약 제불의 무상정등보리가 청정하거나, 만약 5안이 청정하거나, 만약 일체지지가 청정하다면, 무이이고 둘로 나눌 수 없으며 분별이 없고 단절도 없는 까닭이니라. 제불의 무상정등보리가 청정한 까닭으로 6신통이 청정하고, 6신통이 청정한 까닭으로 일체지지가 청정하니라. 왜 그러한가? 만약 제불의 무상정등보리가 청정하거나, 만약 6신통이 청정하거나, 만약 일체지지가 청정하다면, 무이이고 둘로 나눌 수 없으며 분별이 없고 단절도 없는 까닭이니라.

선현이여. 제불의 무상정등보리가 청정한 까닭으로 여래의 10력이 청정하고, 여래의 10력이 청정한 까닭으로 일체지지가 청정하니라. 왜 그러한가? 만약 제불의 무상정등보리가 청정하거나, 만약 여래의 10력이 청정하거나, 만약 일체지지가 청정하다면, 무이이고 둘로 나눌 수 없으며 분별이 없고 단절도 없는 까닭이니라. 제불의 무상정등보리가 청정한 까닭으로 4무소외·4무애해·대자·대비·대희·대사·18불불공법이 청정하고, 4무소외, 나아가 18불불공법이 청정한 까닭으로 일체지지가 청정하니라. 왜 그러한가? 만약 제불의 무상정등보리가 청정하거나, 만약 4무소외, 나아가 18불불공법이 청정하거나, 만약 일체지지가 청정하다면, 무이이고 둘로 나눌 수 없으며 분별이 없고 단절도 없는 까닭이니라.

선현이여. 제불의 무상정등보리가 청정한 까닭으로 무망실법이 청정하고, 무망실법이 청정한 까닭으로 일체지지가 청정하니라. 왜 그러한가? 만약 제불의 무상정등보리가 청정하거나, 만약 무망실법이 청정하거나, 만약 일체지지가 청정하다면, 무이이고 둘로 나눌 수 없으며 분별이 없고 단절도 없는 까닭이니라. 선현이여. 제불의 무상정등보리가 청정한 까닭으로 항주사성이 청정하고, 항주사성이 청정한 까닭으로 일체지지가 청정하니라. 왜 그러한가? 만약 제불의 무상정등보리가 청정하거나, 만약 항주사성이 청정하거나, 만약 일체지지가 청정하다면, 무이이고 둘로 나눌 수 없으며 분별이 없고 단절도 없는 까닭이니라.

선현이여. 제불의 무상정등보리가 청정한 까닭으로 일체지가 청정하고, 일체지가 청정한 까닭으로 일체지지가 청정하니라. 왜 그러한가? 만약 제불의 무상정등보리가 청정하거나, 만약 일체지가 청정하거나, 만약 일체지지가 청정하다면, 무이이고 둘로 나눌 수 없으며 분별이 없고 단절도 없는 까닭이니라. 제불의 무상정등보리가 청정한 까닭으로 도상지·일체상지가 청정하고, 도상지·일체상지가 청정한 까닭으로 일체지지가 청정하니라. 왜 그러한가? 만약 제불의 무상정등보리가 청정하거나, 만약 도상지·일체상지가 청정하거나, 만약 일체지지가 청정하다면, 무이이고 둘로 나눌 수 없으며 분별이 없고 단절도 없는 까닭이니라.

선현이여. 제불의 무상정등보리가 청정한 까닭으로 일체의 다라니문이 청정하고, 일체의 다라니문이 청정한 까닭으로 일체지지가 청정하니라.

왜 그러한가? 만약 제불의 무상정등보리가 청정하거나, 만약 일체의 다라니문이 청정하거나, 만약 일체지지가 청정하다면, 무이이고 둘로 나눌 수 없으며 분별이 없고 단절도 없는 까닭이니라. 선현이여. 제불의 무상정등보리가 청정한 까닭으로 일체의 삼마지문이 청정하고, 일체의 삼마지문이 청정한 까닭으로 일체지지가 청정하니라. 왜 그러한가? 만약 제불의 무상정등보리가 청정하거나, 만약 일체의 삼마지문이 청정하거나, 만약 일체지지가 청정하다면, 무이이고 둘로 나눌 수 없으며 분별이 없고 단절도 없는 까닭이니라.

선현이여. 제불의 무상정등보리가 청정한 까닭으로 예류과가 청정하고, 예류과가 청정한 까닭으로 일체지지가 청정하니라. 왜 그러한가? 만약 제불의 무상정등보리가 청정하거나, 만약 예류과가 청정하거나, 만약 일체지지가 청정하다면, 무이이고 둘로 나눌 수 없으며 분별이 없고 단절도 없는 까닭이니라. 제불의 무상정등보리가 청정한 까닭으로 일래·불환·아라한과가 청정하고, 일래·불환·아라한과가 청정한 까닭으로 일체지지가 청정하니라. 왜 그러한가? 만약 제불의 무상정등보리가 청정하거나, 만약 일래·불환·아라한과가 청정하거나, 만약 일체지지가 청정하다면, 무이이고 둘로 나눌 수 없으며 분별이 없고 단절도 없는 까닭이니라.

선현이여. 제불의 무상정등보리가 청정한 까닭으로 독각의 보리가 청정하고, 독각의 보리가 청정한 까닭으로 일체지지가 청정하니라. 왜 그러한가? 만약 제불의 무상정등보리가 청정하거나, 만약 독각의 보리가 청정하거나, 만약 일체지지가 청정하다면, 무이이고 둘로 나눌 수 없으며 분별이 없고 단절도 없는 까닭이니라.

선현이여. 제불의 무상정등보리가 청정한 까닭으로 일체의 보살마하살의 행이 청정하고, 일체의 보살마하살의 행이 청정한 까닭으로 일체지지가 청정하니라. 왜 그러한가? 만약 제불의 무상정등보리가 청정하거나, 만약 일체의 보살마하살의 행이 청정하거나, 만약 일체지지가 청정하다면, 무이이고 둘로 나눌 수 없으며 분별이 없고 단절도 없는 까닭이니라."

“다시 다음으로 선현이여. 일체지지(一切智智)가 청정한 까닭으로 색이 청정하고, 색이 청정한 까닭으로 반야바라밀다(般若波羅密多)가 청정하니라. 왜 그러한가? 만약 일체지지가 청정하거나, 만약 색이 청정하거나, 만약 반야바라밀다가 청정하다면, 무이이고 둘로 나눌 수 없으며 분별이 없고 단절도 없는 까닭이니라. 일체지지가 청정한 까닭으로 수·상·행·식이 청정하고, 수·상·행·식이 청정한 까닭으로 반야바라밀다가 청정하니라. 왜 그러한가? 만약 일체지지가 청정하거나, 만약 수·상·행·식이 청정하거나, 만약 반야바라밀다가 청정하다면, 무이이고 둘로 나눌 수 없으며 분별이 없고 단절도 없는 까닭이니라.

선현이여. 일체지지가 청정한 까닭으로 안처가 청정하고, 안처가 청정한 까닭으로 반야바라밀다가 청정하니라. 왜 그러한가? 만약 일체지지가 청정하거나, 만약 안처가 청정하거나, 만약 반야바라밀다가 청정하다면, 무이이고 둘로 나눌 수 없으며 분별이 없고 단절도 없는 까닭이니라. 일체지지가 청정한 까닭으로 이·비·설·신·의처가 청정하고, 이·비·설·신·의처가 청정한 까닭으로 반야바라밀다가 청정하니라. 왜 그러한가? 만약 일체지지가 청정하거나, 만약 이·비·설·신·의처가 청정하거나, 만약 반야바라밀다가 청정하다면, 무이이고 둘로 나눌 수 없으며 분별이 없고 단절도 없는 까닭이니라.

선현이여. 일체지지가 청정한 까닭으로 색처가 청정하고, 색처가 청정한 까닭으로 반야바라밀다가 청정하니라. 왜 그러한가? 만약 일체지지가 청정하거나, 만약 색처가 청정하거나, 만약 반야바라밀다가 청정하다면, 무이이고 둘로 나눌 수 없으며 분별이 없고 단절도 없는 까닭이니라. 일체지지가 청정한 까닭으로 성·향·미·촉·법처가 청정하고, 성·향·미·촉·법처가 청정한 까닭으로 반야바라밀다가 청정하니라. 왜 그러한가? 만약 일체지지가 청정하거나, 만약 성·향·미·촉·법처가 청정하거나, 만약 반야바라밀다가 청정하다면, 무이이고 둘로 나눌 수 없으며 분별이 없고 단절도 없는 까닭이니라.

선현이여. 일체지지가 청정한 까닭으로 안계가 청정하고, 안계가 청정한 까닭으로 반야바라밀다가 청정하니라. 왜 그러한가? 만약 일체지지가 청정하거나, 만약 안계가 청정하거나, 만약 반야바라밀다가 청정하다면, 무이이고 둘로 나눌 수 없으며 분별이 없고 단절도 없는 까닭이니라. 일체지지가 청정한 까닭으로 색계·안식계, 나아가 안촉·안촉을 인연으로 생겨난 여러 수가 청정하고, 색계, 나아가 안촉을 인연으로 생겨난 여러 수가 청정한 까닭으로 반야바라밀다가 청정하니라. 왜 그러한가? 만약 일체지지가 청정하거나, 만약 색계, 나아가 안촉을 인연으로 생겨난 여러 수가 청정하거나, 만약 반야바라밀다가 청정하다면, 무이이고 둘로 나눌 수 없으며 분별이 없고 단절도 없는 까닭이니라.

선현이여. 일체지지가 청정한 까닭으로 이계가 청정하고, 이계가 청정한 까닭으로 반야바라밀다가 청정하니라. 왜 그러한가? 만약 일체지지가 청정하거나, 만약 이계가 청정하거나, 만약 반야바라밀다가 청정하다면, 무이이고 둘로 나눌 수 없으며 분별이 없고 단절도 없는 까닭이니라. 일체지지가 청정한 까닭으로 성계·이식계, 나아가 이촉·이촉을 인연으로 생겨난 여러 수가 청정하고, 성계, 나아가 이촉을 인연으로 생겨난 여러 수가 청정한 까닭으로 반야바라밀다가 청정하니라. 왜 그러한가? 만약 일체지지가 청정하거나, 만약 성계, 나아가 이촉을 인연으로 생겨난 여러 수가 청정하거나, 만약 반야바라밀다가 청정하다면, 무이이고 둘로 나눌 수 없으며 분별이 없고 단절도 없는 까닭이니라.

선현이여. 일체지지가 청정한 까닭으로 비계가 청정하고, 비계가 청정한 까닭으로 반야바라밀다가 청정하니라. 왜 그러한가? 만약 일체지지가 청정하거나, 만약 비계가 청정하거나, 만약 반야바라밀다가 청정하다면, 무이이고 둘로 나눌 수 없으며 분별이 없고 단절도 없는 까닭이니라. 일체지지가 청정한 까닭으로 향계·비식계, 나아가 비촉·비촉을 인연으로 생겨난 여러 수가 청정하고, 향계, 나아가 비촉을 인연으로 생겨난 여러 수가 청정한 까닭으로 반야바라밀다가 청정하니라. 왜 그러한가? 만약 일체지지가 청정하거나, 만약 향계, 나아가 비촉을 인연으로 생겨난 여러 수가 청정하거나, 만약 반야바라밀다가 청정하다면, 무이이고 둘로 나눌

수 없으며 분별이 없고 단절도 없는 까닭이니라.

선현이여. 일체지지가 청정한 까닭으로 설계가 청정하고, 설계가 청정한 까닭으로 반야바라밀다가 청정하니라. 왜 그러한가? 만약 일체지지가 청정하거나, 만약 설계가 청정하거나, 만약 반야바라밀다가 청정하다면, 무이이고 둘로 나눌 수 없으며 분별이 없고 단절도 없는 까닭이니라. 일체지지가 청정한 까닭으로 미계·설식계, 나아가 설촉·설촉을 인연으로 생겨난 여러 수가 청정하고, 미계, 나아가 설촉을 인연으로 생겨난 여러 수가 청정한 까닭으로 반야바라밀다가 청정하니라. 왜 그러한가? 만약 일체지지가 청정하거나, 만약 미계, 나아가 설촉을 인연으로 생겨난 여러 수가 청정하거나, 만약 반야바라밀다가 청정하다면, 무이이고 둘로 나눌 수 없으며 분별이 없고 단절도 없는 까닭이니라.

선현이여. 일체지지가 청정한 까닭으로 신계가 청정하고, 신계가 청정한 까닭으로 반야바라밀다가 청정하니라. 왜 그러한가? 만약 일체지지가 청정하거나, 만약 신계가 청정하거나, 만약 반야바라밀다가 청정하다면, 무이이고 둘로 나눌 수 없으며 분별이 없고 단절도 없는 까닭이니라. 일체지지가 청정한 까닭으로 촉계·신식계, 나아가 신촉·신촉을 인연으로 생겨난 여러 수가 청정하고, 촉계, 나아가 신촉을 인연으로 생겨난 여러 수가 청정한 까닭으로 반야바라밀다가 청정하니라. 왜 그러한가? 만약 일체지지가 청정하거나, 만약 촉계, 나아가 신촉을 인연으로 생겨난 여러 수가 청정하거나, 만약 반야바라밀다가 청정하다면, 무이이고 둘로 나눌 수 없으며 분별이 없고 단절도 없는 까닭이니라."

마하반야바라밀다경 제245권

34. 난신해품(難信解品)(64)

“선현이여. 일체지지가 청정한 까닭으로 의계가 청정하고, 의계가 청정한 까닭으로 반야바라밀다가 청정하니라. 왜 그러한가? 만약 일체지지가 청정하거나, 만약 의계가 청정하거나, 만약 반야바라밀다가 청정하다면, 무이이고 둘로 나눌 수 없으며 분별이 없고 단절도 없는 까닭이니라. 일체지지가 청정한 까닭으로 법계·의식계, 나아가 의촉·의촉을 인연으로 생겨난 여러 수가 청정하고, 법계, 나아가 의촉을 인연으로 생겨난 여러 수가 청정한 까닭으로 반야바라밀다가 청정하니라. 왜 그러한가? 만약 일체지지가 청정하거나, 만약 법계, 나아가 의촉을 인연으로 생겨난 여러 수가 청정하거나, 만약 반야바라밀다가 청정하다면, 무이이고 둘로 나눌 수 없으며 분별이 없고 단절도 없는 까닭이니라.

선현이여. 일체지지가 청정한 까닭으로 지계가 청정하고, 지계가 청정한 까닭으로 반야바라밀다가 청정하니라. 왜 그러한가? 만약 일체지지가 청정하거나, 만약 지계가 청정하거나, 만약 반야바라밀다가 청정하다면, 무이이고 둘로 나눌 수 없으며 분별이 없고 단절도 없는 까닭이니라. 일체지지가 청정한 까닭으로 수·화·풍·공·식계가 청정하고, 수·화·풍·공·식계가 청정한 까닭으로 반야바라밀다가 청정하니라. 왜 그러한가? 만약 일체지지가 청정하거나, 만약 수·화·풍·공·식계가 청정하거나, 만약 반야바라밀다가 청정하다면, 무이이고 둘로 나눌 수 없으며 분별이 없고 단절도 없는 까닭이니라.

선현이여. 일체지지가 청정한 까닭으로 무명이 청정하고, 무명이 청정한 까닭으로 반야바라밀다가 청정하니라. 왜 그러한가? 만약 일체지지가 청정하거나, 만약 무명이 청정하거나, 만약 반야바라밀다가 청정하다면, 무이이고 둘로 나눌 수 없으며 분별이 없고 단절도 없는 까닭이니라. 일체지지가 청정한 까닭으로 행·식·명색·육처·촉·수·애·취·유·생·노사의 수탄고우뇌가 청정하고, 행, 나아가 노사의 수탄고우뇌가 청정한 까닭으로 반야바라밀다가 청정하니라. 왜 그러한가? 만약 일체지지가 청정하거나, 만약 행, 나아가 노사의 수탄고우뇌가 청정하거나, 만약 반야바라밀다가 청정하다면, 무이이고 둘로 나눌 수 없으며 분별이 없고 단절도 없는 까닭이니라.

선현이여. 일체지지가 청정한 까닭으로 보시바라밀다가 청정하고, 보시바라밀다가 청정한 까닭으로 반야바라밀다가 청정하니라. 왜 그러한가? 만약 일체지지가 청정하거나, 만약 보시바라밀다가 청정하거나, 만약 반야바라밀다가 청정하다면, 무이이고 둘로 나눌 수 없으며 분별이 없고 단절도 없는 까닭이니라. 일체지지가 청정한 까닭으로 정계·안인·정진·정려바라밀다가 청정하고, 정계, 나아가 정려바라밀다가 청정한 까닭으로 반야바라밀다가 청정하니라. 왜 그러한가? 만약 일체지지가 청정하거나, 만약 정계, 나아가 정려바라밀다가 청정하거나, 만약 반야바라밀다가 청정하다면, 무이이고 둘로 나눌 수 없으며 분별이 없고 단절도 없는 까닭이니라.

선현이여. 일체지지가 청정한 까닭으로 내공이 청정하고, 내공이 청정한 까닭으로 반야바라밀다가 청정하니라. 왜 그러한가? 만약 일체지지가 청정하거나, 만약 내공이 청정하거나, 만약 반야바라밀다가 청정하다면, 무이이고 둘로 나눌 수 없으며 분별이 없고 단절도 없는 까닭이니라. 일체지지가 청정한 까닭으로 외공·내외공·공공·대공·승의공·유위공·무위공·필경공·무제공·산공·무변이공·본성공·자상공·공상공·일체법공·불가득공·무성공·자성공·무성자성공이 청정하고, 외공, 나아가 무성자성공이 청정한 까닭으로 반야바라밀다가 청정하니라. 왜 그러한가? 만약 일체지지가 청정하거나, 만약 외공, 나아가 무성자성공이 청정하거나, 만약 반야바라밀다가 청정하다면, 무이이고 둘로 나눌 수 없으며 분별이 없고 단절도 없는 까닭이니라.

선현이여. 일체지지가 청정한 까닭으로 진여가 청정하고, 진여가 청정한 까닭으로 반야바라밀다가 청정하니라. 왜 그러한가? 만약 일체지지가 청정하거나, 만약 진여가 청정하거나, 만약 반야바라밀다가 청정하다면, 무이이고 둘로 나눌 수 없으며 분별이 없고 단절도 없는 까닭이니라. 일체지지가 청정한 까닭으로 법계·법성·불허망성·불변이성·평등성·이생성·법정·법주·실제·허공계·부사의계가 청정하고 법계, 나아가 부사의계가 청정한 까닭으로 반야바라밀다가 청정하니라. 왜 그러한가? 만약 일체지지가 청정하거나, 만약 법계, 나아가 부사의계가 청정하거나, 만약 반야바라밀다가 청정하다면, 무이이고 둘로 나눌 수 없으며 분별이 없고 단절도 없는 까닭이니라.

선현이여. 일체지지가 청정한 까닭으로 고성제가 청정하고, 고성제가 청정한 까닭으로 반야바라밀다가 청정하니라. 왜 그러한가? 만약 일체지지가 청정하거나, 만약 고성제가 청정하거나, 만약 반야바라밀다가 청정하다면, 무이이고 둘로 나눌 수 없으며 분별이 없고 단절도 없는 까닭이니라. 일체지지가 청정한 까닭으로 집·멸·도성제가 청정하고, 집·멸·도성제가 청정한 까닭으로 반야바라밀다가 청정하니라. 왜 그러한가? 만약 일체지지가 청정하거나, 만약 집·멸·도성제가 청정하거나, 만약 반야바라밀다가 청정하다면, 무이이고 둘로 나눌 수 없으며 분별이 없고 단절도 없는 까닭이니라.

선현이여. 일체지지가 청정한 까닭으로 4정려가 청정하고, 4정려가 청정한 까닭으로 반야바라밀다가 청정하니라. 왜 그러한가? 만약 일체지지가 청정하거나, 만약 4정려가 청정하거나, 만약 반야바라밀다가 청정하다면, 무이이고 둘로 나눌 수 없으며 분별이 없고 단절도 없는 까닭이니라. 일체지지가 청정한 까닭으로 4무량·4무색정이 청정하고, 4무량·4무색정이 청정한 까닭으로 반야바라밀다가 청정하니라. 왜 그러한가? 만약 일체지지가 청정하거나, 만약 4무량·4무색정이 청정하거나, 만약 반야바라밀다가 청정하다면, 무이이고 둘로 나눌 수 없으며 분별이 없고 단절도 없는 까닭이니라.

선현이여. 일체지지가 청정한 까닭으로 8해탈이 청정하고, 8해탈이 청정한 까닭으로 반야바라밀다가 청정하니라. 왜 그러한가? 만약 일체지지가 청정하거나, 만약 8해탈이 청정하거나, 만약 반야바라밀다가 청정하다면, 무이이고 둘로 나눌 수 없으며 분별이 없고 단절도 없는 까닭이니라. 일체지지가 청정한 까닭으로 8승처·9차제정·10변처가 청정하고, 8승처·9차제정·10변처가 청정한 까닭으로 반야바라밀다가 청정하니라. 왜 그러한가? 만약 일체지지가 청정하거나, 만약 8승처·9차제정·10변처가 청정하거나, 만약 반야바라밀다가 청정하다면, 무이이고 둘로 나눌 수 없으며 분별이 없고 단절도 없는 까닭이니라.

선현이여. 일체지지가 청정한 까닭으로 4념주가 청정하고, 4념주가 청정한 까닭으로 반야바라밀다가 청정하니라. 왜 그러한가? 만약 일체지지가 청정하거나, 만약 4념주가 청정하거나, 만약 반야바라밀다가 청정하다면, 무이이고 둘로 나눌 수 없으며 분별이 없고 단절도 없는 까닭이니라. 일체지지가 청정한 까닭으로 4정단·4신족·5근·5력·7등각지·8성도지가 청정하고, 4정단, 나아가 8성도지가 청정한 까닭으로 반야바라밀다가 청정하니라. 왜 그러한가? 만약 일체지지가 청정하거나, 만약 4정단, 나아가 8성도지가 청정하거나, 만약 반야바라밀다가 청정하다면, 무이이고 둘로 나눌 수 없으며 분별이 없고 단절도 없는 까닭이니라.

선현이여. 일체지지가 청정한 까닭으로 공해탈문이 청정하고, 공해탈문이 청정한 까닭으로 반야바라밀다가 청정하니라. 왜 그러한가? 만약 일체지지가 청정하거나, 만약 공해탈문이 청정하거나, 만약 반야바라밀다가 청정하다면, 무이이고 둘로 나눌 수 없으며 분별이 없고 단절도 없는 까닭이니라. 일체지지가 청정한 까닭으로 무상·무원해탈문이 청정하고, 무상·무원해탈문이 청정한 까닭으로 반야바라밀다가 청정하니라. 왜 그러한가? 만약 일체지지가 청정하거나, 만약 무상·무원해탈문이 청정하거나, 만약 반야바라밀다가 청정하다면, 무이이고 둘로 나눌 수 없으며 분별이 없고 단절도 없는 까닭이니라.

선현이여. 일체지지가 청정한 까닭으로 보살의 10지가 청정하고, 보살의 10지가 청정한 까닭으로 반야바라밀다가 청정하니라. 왜 그러한가? 만약 일체지지가 청정하거나, 만약 보살의 10지가 청정하거나, 만약 반야바라밀다가 청정하다면, 무이이고 둘로 나눌 수 없으며 분별이 없고 단절도 없는 까닭이니라.

선현이여. 일체지지가 청정한 까닭으로 5안이 청정하고, 5안이 청정한 까닭으로 반야바라밀다가 청정하니라. 왜 그러한가? 만약 일체지지가 청정하거나, 만약 5안이 청정하거나, 만약 반야바라밀다가 청정하다면, 무이이고 둘로 나눌 수 없으며 분별이 없고 단절도 없는 까닭이니라. 일체지지가 청정한 까닭으로 6신통이 청정하고, 6신통이 청정한 까닭으로 반야바라밀다가 청정하니라. 왜 그러한가? 만약 일체지지가 청정하거나, 만약 6신통이 청정하거나, 만약 반야바라밀다가 청정하다면, 무이이고 둘로 나눌 수 없으며 분별이 없고 단절도 없는 까닭이니라.

선현이여. 일체지지가 청정한 까닭으로 여래의 10력이 청정하고, 여래의 10력이 청정한 까닭으로 반야바라밀다가 청정하니라. 왜 그러한가? 만약 일체지지가 청정하거나, 만약 여래의 10력이 청정하거나, 만약 반야바라밀다가 청정하다면, 무이이고 둘로 나눌 수 없으며 분별이 없고 단절도 없는 까닭이니라. 일체지지가 청정한 까닭으로 4무소외·4무애해·대자·대비·대희·대사·18불불공법이 청정하고, 4무소외, 나아가 18불불공법이 청정한 까닭으로 반야바라밀다가 청정하니라. 왜 그러한가? 만약 일체지지가 청정하거나, 만약 4무소외, 나아가 18불불공법이 청정하거나, 만약 반야바라밀다가 청정하다면, 무이이고 둘로 나눌 수 없으며 분별이 없고 단절도 없는 까닭이니라.

선현이여. 일체지지가 청정한 까닭으로 무망실법이 청정하고, 무망실법이 청정한 까닭으로 반야바라밀다가 청정하니라. 왜 그러한가? 만약 일체지지가 청정하거나, 만약 무망실법이 청정하거나, 만약 반야바라밀다가 청정하다면, 무이이고 둘로 나눌 수 없으며 분별이 없고 단절도 없는 까닭이니라. 선현이여. 일체지지가 청정한 까닭으로 항주사성이 청정하고, 항주사성이 청정한 까닭으로 반야바라밀다가 청정하니라. 왜 그러한가? 만약 일체지지가 청정하거나, 만약 항주사성이 청정하거나, 만약 반야바라밀다가 청정하다면, 무이이고 둘로 나눌 수 없으며 분별이 없고 단절도 없는 까닭이니라.

선현이여. 일체지지가 청정한 까닭으로 일체지가 청정하고, 일체지가 청정한 까닭으로 반야바라밀다가 청정하니라. 왜 그러한가? 만약 일체지지가 청정하거나, 만약 일체지가 청정하거나, 만약 반야바라밀다가 청정하다면, 무이이고 둘로 나눌 수 없으며 분별이 없고 단절도 없는 까닭이니라. 일체지지가 청정한 까닭으로 도상지·일체상지가 청정하고, 도상지·일체상지가 청정한 까닭으로 반야바라밀다가 청정하니라. 왜 그러한가? 만약 일체지지가 청정하거나, 만약 도상지·일체상지가 청정하거나, 만약 반야바라밀다가 청정하다면, 무이이고 둘로 나눌 수 없으며 분별이 없고 단절도 없는 까닭이니라.

선현이여. 일체지지가 청정한 까닭으로 일체의 다라니문이 청정하고, 일체의 다라니문이 청정한 까닭으로 반야바라밀다가 청정하니라. 왜 그러한가? 만약 일체지지가 청정하거나, 만약 일체의 다라니문이 청정하거나, 만약 반야바라밀다가 청정하다면, 무이이고 둘로 나눌 수 없으며 분별이 없고 단절도 없는 까닭이니라. 선현이여. 일체지지가 청정한 까닭으로 일체의 삼마지문이 청정하고, 일체의 삼마지문이 청정한 까닭으로 반야바라밀다가 청정하니라. 왜 그러한가? 만약 일체지지가 청정하거나, 만약 일체의 삼마지문이 청정하거나, 만약 반야바라밀다가 청정하다면, 무이이고 둘로 나눌 수 없으며 분별이 없고 단절도 없는 까닭이니라.

선현이여. 일체지지가 청정한 까닭으로 예류과가 청정하고, 예류과가 청정한 까닭으로 반야바라밀다가 청정하니라. 왜 그러한가? 만약 일체지지가 청정하거나, 만약 예류과가 청정하거나, 만약 반야바라밀다가 청정하다면, 무이이고 둘로 나눌 수 없으며 분별이 없고 단절도 없는 까닭이니

라. 일체지지가 청정한 까닭으로 일래·불환·아라한과가 청정하고, 일래·불환·아라한과가 청정한 까닭으로 반야바라밀다가 청정하니라. 왜 그러한가? 만약 일체지지가 청정하거나, 만약 일래·불환·아라한과가 청정하거나, 만약 반야바라밀다가 청정하다면, 무이이고 둘로 나눌 수 없으며 분별이 없고 단절도 없는 까닭이니라.

선현이여. 일체지지가 청정한 까닭으로 독각의 보리가 청정하고, 독각의 보리가 청정한 까닭으로 반야바라밀다가 청정하니라. 왜 그러한가? 만약 일체지지가 청정하거나, 만약 독각의 보리가 청정하거나, 만약 반야바라밀다가 청정하다면, 무이이고 둘로 나눌 수 없으며 분별이 없고 단절도 없는 까닭이니라.

선현이여. 일체지지가 청정한 까닭으로 일체의 보살마하살의 행이 청정하고, 일체의 보살마하살의 행이 청정한 까닭으로 반야바라밀다가 청정하니라. 왜 그러한가? 만약 일체지지가 청정하거나, 만약 일체의 보살마하살의 행이 청정하거나, 만약 반야바라밀다가 청정하다면, 무이이고 둘로 나눌 수 없으며 분별이 없고 단절도 없는 까닭이니라.

선현이여. 일체지지가 청정한 까닭으로 제불의 무상정등보리가 청정하고, 제불의 무상정등보리가 청정한 까닭으로 반야바라밀다가 청정하니라. 왜 그러한가? 만약 일체지지가 청정하거나, 만약 제불의 무상정등보리가 청정하거나, 만약 반야바라밀다가 청정하다면, 무이이고 둘로 나눌 수 없으며 분별이 없고 단절도 없는 까닭이니라."

"다시 다음으로 선현이여. 일체지지가 청정한 까닭으로 색이 청정하고, 색이 청정한 까닭으로 정려바라밀다(靜慮波羅密多)가 청정하니라. 왜 그러한가? 만약 일체지지가 청정하거나, 만약 색이 청정하거나, 만약 정려바라밀다가 청정하다면, 무이이고 둘로 나눌 수 없으며 분별이 없고 단절도 없는 까닭이니라. 일체지지가 청정한 까닭으로 수·상·행·식이 청정하고, 수·상·행·식이 청정한 까닭으로 정려바라밀다가 청정하니라. 왜 그러한가? 만약 일체지지가 청정하거나, 만약 수·상·행·식이 청정하거나, 만약 정려바라밀다가 청정하다면, 무이이고 둘로 나눌 수 없으며 분별이 없고 단절도 없는 까닭이니라.

선현이여. 일체지지가 청정한 까닭으로 안처가 청정하고, 안처가 청정한 까닭으로 정려바라밀다가 청정하니라. 왜 그러한가? 만약 일체지지가 청정하거나, 만약 안처가 청정하거나, 만약 정려바라밀다가 청정하다면, 무이이고 둘로 나눌 수 없으며 분별이 없고 단절도 없는 까닭이니라. 일체지지가 청정한 까닭으로 이·비·설·신·의처가 청정하고, 이·비·설·신·의처가 청정한 까닭으로 정려바라밀다가 청정하니라. 왜 그러한가? 만약 일체지지가 청정하거나, 만약 이·비·설·신·의처가 청정하거나, 만약 정려바라밀다가 청정하다면, 무이이고 둘로 나눌 수 없으며 분별이 없고 단절도 없는 까닭이니라.

선현이여. 일체지지가 청정한 까닭으로 색처가 청정하고, 색처가 청정한 까닭으로 정려바라밀다가 청정하니라. 왜 그러한가? 만약 일체지지가 청정하거나, 만약 색처가 청정하거나, 만약 정려바라밀다가 청정하다면, 무이이고 둘로 나눌 수 없으며 분별이 없고 단절도 없는 까닭이니라. 일체지지가 청정한 까닭으로 성·향·미·촉·법처가 청정하고, 성·향·미·촉·법처가 청정한 까닭으로 정려바라밀다가 청정하니라. 왜 그러한가? 만약 일체지지가 청정하거나, 만약 성·향·미·촉·법처가 청정하거나, 만약 정려바라밀다가 청정하다면, 무이이고 둘로 나눌 수 없으며 분별이 없고 단절도 없는 까닭이니라.

선현이여. 일체지지가 청정한 까닭으로 안계가 청정하고, 안계가 청정한 까닭으로 정려바라밀다가 청정하니라. 왜 그러한가? 만약 일체지지가 청정하거나, 만약 안계가 청정하거나, 만약 정려바라밀다가 청정하다면, 무이이고 둘로 나눌 수 없으며 분별이 없고 단절도 없는 까닭이니라. 일체지지가 청정한 까닭으로 색계·안식계, 나아가 안촉·안촉을 인연으로 생겨난 여러 수가 청정하고, 색계, 나아가 안촉을 인연으로 생겨난 여러 수가 청정한 까닭으로 정려바라밀다가 청정하니라. 왜 그러한가? 만약 일체지지가 청정하거나, 만약 색계, 나아가 안촉을 인연으로 생겨난 여러 수가 청정하거나, 만약 정려바라밀다가 청정하다면, 무이이고 둘로 나눌 수 없으며 분별이 없고 단절도 없는 까닭이니라.

선현이여. 일체지지가 청정한 까닭으로 이계가 청정하고, 이계가 청정한 까닭으로 정려바라밀다가 청정하니라. 왜 그러한가? 만약 일체지지가 청정하거나, 만약 이계가 청정하거나, 만약 정려바라밀다가 청정하다면, 무이이고 둘로 나눌 수 없으며 분별이 없고 단절도 없는 까닭이니라. 일체지지가 청정한 까닭으로 성계·이식계, 나아가 이촉·이촉을 인연으로 생겨난 여러 수가 청정하고, 성계, 나아가 이촉을 인연으로 생겨난 여러 수가 청정한 까닭으로 정려바라밀다가 청정하니라. 왜 그러한가? 만약 일체지지가 청정하거나, 만약 성계, 나아가 이촉을 인연으로 생겨난 여러 수가 청정하거나, 만약 정려바라밀다가 청정하다면, 무이이고 둘로 나눌 수 없으며 분별이 없고 단절도 없는 까닭이니라.

선현이여. 일체지지가 청정한 까닭으로 비계가 청정하고, 비계가 청정한 까닭으로 정려바라밀다가 청정하니라. 왜 그러한가? 만약 일체지지가 청정하거나, 만약 비계가 청정하거나, 만약 정려바라밀다가 청정하다면, 무이이고 둘로 나눌 수 없으며 분별이 없고 단절도 없는 까닭이니라. 일체지지가 청정한 까닭으로 향계·비식계, 나아가 비촉·비촉을 인연으로 생겨난 여러 수가 청정하고, 향계, 나아가 비촉을 인연으로 생겨난 여러 수가 청정한 까닭으로 정려바라밀다가 청정하니라. 왜 그러한가? 만약 일체지지가 청정하거나, 만약 향계, 나아가 비촉을 인연으로 생겨난 여러 수가 청정하거나, 만약 정려바라밀다가 청정하다면, 무이이고 둘로 나눌 수 없으며 분별이 없고 단절도 없는 까닭이니라.

선현이여. 일체지지가 청정한 까닭으로 설계가 청정하고, 설계가 청정한 까닭으로 정려바라밀다가 청정하니라. 왜 그러한가? 만약 일체지지가 청정하거나, 만약 설계가 청정하거나, 만약 정려바라밀다가 청정하다면, 무이이고 둘로 나눌 수 없으며 분별이 없고 단절도 없는 까닭이니라. 일체지지가 청정한 까닭으로 미계·설식계, 나아가 설촉·설촉을 인연으로 생겨난 여러 수가 청정하고, 미계, 나아가 설촉을 인연으로 생겨난 여러 수가 청정한 까닭으로 정려바라밀다가 청정하니라. 왜 그러한가? 만약 일체지지가 청정하거나, 만약 미계, 나아가 설촉을 인연으로 생겨난 여러 수가 청정하거나, 만약 정려바라밀다가 청정하다면, 무이이고 둘로 나눌 수 없으며 분별이 없고 단절도 없는 까닭이니라.

선현이여. 일체지지가 청정한 까닭으로 신계가 청정하고, 신계가 청정한 까닭으로 정려바라밀다가 청정하니라. 왜 그러한가? 만약 일체지지가 청정하거나, 만약 신계가 청정하거나, 만약 정려바라밀다가 청정하다면, 무이이고 둘로 나눌 수 없으며 분별이 없고 단절도 없는 까닭이니라. 일체지지가 청정한 까닭으로 촉계·신식계, 나아가 신촉·신촉을 인연으로 생겨난 여러 수가 청정하고, 촉계, 나아가 신촉을 인연으로 생겨난 여러 수가 청정한 까닭으로 정려바라밀다가 청정하니라. 왜 그러한가? 만약 일체지지가 청정하거나, 만약 촉계, 나아가 신촉을 인연으로 생겨난 여러 수가 청정하거나, 만약 정려바라밀다가 청정하다면, 무이이고 둘로 나눌 수 없으며 분별이 없고 단절도 없는 까닭이니라.

선현이여. 일체지지가 청정한 까닭으로 의계가 청정하고, 의계가 청정한 까닭으로 정려바라밀다가 청정하니라. 왜 그러한가? 만약 일체지지가 청정하거나, 만약 의계가 청정하거나, 만약 정려바라밀다가 청정하다면, 무이이고 둘로 나눌 수 없으며 분별이 없고 단절도 없는 까닭이니라. 일체지지가 청정한 까닭으로 법계·의식계, 나아가 의촉·의촉을 인연으로 생겨난 여러 수가 청정하고, 법계, 나아가 의촉을 인연으로 생겨난 여러 수가 청정한 까닭으로 정려바라밀다가 청정하니라. 왜 그러한가? 만약 일체지지가 청정하거나, 만약 법계, 나아가 의촉을 인연으로 생겨난 여러 수가 청정하거나, 만약 정려바라밀다가 청정하다면, 무이이고 둘로 나눌 수 없으며 분별이 없고 단절도 없는 까닭이니라.

선현이여. 일체지지가 청정한 까닭으로 지계가 청정하고, 지계가 청정한 까닭으로 정려바라밀다가 청정하니라. 왜 그러한가? 만약 일체지지가 청정하거나, 만약 지계가 청정하거나, 만약 정려바라밀다가 청정하다면, 무이이고 둘로 나눌 수 없으며 분별이 없고 단절도 없는 까닭이니라.

일체지지가 청정한 까닭으로 수·화·풍·공·식계가 청정하고, 수·화·풍·공·식계가 청정한 까닭으로 정려바라밀다가 청정하니라. 왜 그러한가? 만약 일체지지가 청정하거나, 만약 수·화·풍·공·식계가 청정하거나, 만약 정려바라밀다가 청정하다면, 무이이고 둘로 나눌 수 없으며 분별이 없고 단절도 없는 까닭이니라.

선현이여. 일체지지가 청정한 까닭으로 무명이 청정하고, 무명이 청정한 까닭으로 정려바라밀다가 청정하니라. 왜 그러한가? 만약 일체지지가 청정하거나, 만약 무명이 청정하거나, 만약 정려바라밀다가 청정하다면, 무이이고 둘로 나눌 수 없으며 분별이 없고 단절도 없는 까닭이니라. 일체지지가 청정한 까닭으로 행·식·명색·육처·촉·수·애·취·유·생·노사의 수탄고우뇌가 청정하고, 행, 나아가 노사의 수탄고우뇌가 청정한 까닭으로 정려바라밀다가 청정하니라. 왜 그러한가? 만약 일체지지가 청정하거나, 만약 행, 나아가 노사의 수탄고우뇌가 청정하거나, 만약 정려바라밀다가 청정하다면, 무이이고 둘로 나눌 수 없으며 분별이 없고 단절도 없는 까닭이니라.

선현이여. 일체지지가 청정한 까닭으로 보시바라밀다가 청정하고, 보시바라밀다가 청정한 까닭으로 정려바라밀다가 청정하니라. 왜 그러한가? 만약 일체지지가 청정하거나, 만약 보시바라밀다가 청정하거나, 만약 정려바라밀다가 청정하다면, 무이이고 둘로 나눌 수 없으며 분별이 없고 단절도 없는 까닭이니라. 일체지지가 청정한 까닭으로 정계·안인·정진·반야바라밀다가 청정하고, 정계, 나아가 반야바라밀다가 청정한 까닭으로 정려바라밀다가 청정하니라. 왜 그러한가? 만약 일체지지가 청정하거나, 만약 정계, 나아가 반야바라밀다가 청정하거나, 만약 정려바라밀다가 청정하다면, 무이이고 둘로 나눌 수 없으며 분별이 없고 단절도 없는 까닭이니라.

선현이여. 일체지지가 청정한 까닭으로 내공이 청정하고, 내공이 청정한 까닭으로 정려바라밀다가 청정하니라. 왜 그러한가? 만약 일체지지가 청정하거나, 만약 내공이 청정하거나, 만약 정려바라밀다가 청정하다면,

무이이고 둘로 나눌 수 없으며 분별이 없고 단절도 없는 까닭이니라. 일체지지가 청정한 까닭으로 외공·내외공·공공·대공·승의공·유위공·무위공·필경공·무제공·산공·무변이공·본성공·자상공·공상공·일체법공·불가득공·무성공·자성공·무성자성공이 청정하고, 외공, 나아가 무성자성공이 청정한 까닭으로 정려바라밀다가 청정하니라. 왜 그러한가? 만약 일체지지가 청정하거나, 만약 외공, 나아가 무성자성공이 청정하거나, 만약 정려바라밀다가 청정하다면, 무이이고 둘로 나눌 수 없으며 분별이 없고 단절도 없는 까닭이니라.

선현이여. 일체지지가 청정한 까닭으로 진여가 청정하고, 진여가 청정한 까닭으로 정려바라밀다가 청정하니라. 왜 그러한가? 만약 일체지지가 청정하거나, 만약 진여가 청정하거나, 만약 정려바라밀다가 청정하다면, 무이이고 둘로 나눌 수 없으며 분별이 없고 단절도 없는 까닭이니라. 일체지지가 청정한 까닭으로 법계·법성·불허망성·불변이성·평등성·이생성·법정·법주·실제·허공계·부사의계가 청정하고 법계, 나아가 부사의계가 청정한 까닭으로 정려바라밀다가 청정하니라. 왜 그러한가? 만약 일체지지가 청정하거나, 만약 법계, 나아가 부사의계가 청정하거나, 만약 정려바라밀다가 청정하다면, 무이이고 둘로 나눌 수 없으며 분별이 없고 단절도 없는 까닭이니라.

선현이여. 일체지지가 청정한 까닭으로 고성제가 청정하고, 고성제가 청정한 까닭으로 정려바라밀다가 청정하니라. 왜 그러한가? 만약 일체지지가 청정하거나, 만약 고성제가 청정하거나, 만약 정려바라밀다가 청정하다면, 무이이고 둘로 나눌 수 없으며 분별이 없고 단절도 없는 까닭이니라. 일체지지가 청정한 까닭으로 집·멸·도성제가 청정하고, 집·멸·도성제가 청정한 까닭으로 정려바라밀다가 청정하니라. 왜 그러한가? 만약 일체지지가 청정하거나, 만약 집·멸·도성제가 청정하거나, 만약 정려바라밀다가 청정하다면, 무이이고 둘로 나눌 수 없으며 분별이 없고 단절도 없는 까닭이니라.

선현이여. 일체지지가 청정한 까닭으로 4정려가 청정하고, 4정려가

청정한 까닭으로 정려바라밀다가 청정하니라. 왜 그러한가? 만약 일체지지가 청정하거나, 만약 4정려가 청정하거나, 만약 정려바라밀다가 청정하다면, 무이이고 둘로 나눌 수 없으며 분별이 없고 단절도 없는 까닭이니라. 일체지지가 청정한 까닭으로 4무량·4무색정이 청정하고, 4무량·4무색정이 청정한 까닭으로 정려바라밀다가 청정하니라. 왜 그러한가? 만약 일체지지가 청정하거나, 만약 4무량·4무색정이 청정하거나, 만약 정려바라밀다가 청정하다면, 무이이고 둘로 나눌 수 없으며 분별이 없고 단절도 없는 까닭이니라.

선현이여. 일체지지가 청정한 까닭으로 8해탈이 청정하고, 8해탈이 청정한 까닭으로 정려바라밀다가 청정하니라. 왜 그러한가? 만약 일체지지가 청정하거나, 만약 8해탈이 청정하거나, 만약 정려바라밀다가 청정하다면, 무이이고 둘로 나눌 수 없으며 분별이 없고 단절도 없는 까닭이니라. 일체지지가 청정한 까닭으로 8승처·9차제정·10변처가 청정하고, 8승처·9차제정·10변처가 청정한 까닭으로 정려바라밀다가 청정하니라. 왜 그러한가? 만약 일체지지가 청정하거나, 만약 8승처·9차제정·10변처가 청정하거나, 만약 정려바라밀다가 청정하다면, 무이이고 둘로 나눌 수 없으며 분별이 없고 단절도 없는 까닭이니라.

선현이여. 일체지지가 청정한 까닭으로 4념주가 청정하고, 4념주가 청정한 까닭으로 정려바라밀다가 청정하니라. 왜 그러한가? 만약 일체지지가 청정하거나, 만약 4념주가 청정하거나, 만약 정려바라밀다가 청정하다면, 무이이고 둘로 나눌 수 없으며 분별이 없고 단절도 없는 까닭이니라. 일체지지가 청정한 까닭으로 4정단·4신족·5근·5력·7등각지·8성도지가 청정하고, 4정단, 나아가 8성도지가 청정한 까닭으로 정려바라밀다가 청정하니라. 왜 그러한가? 만약 일체지지가 청정하거나, 만약 4정단, 나아가 8성도지가 청정하거나, 만약 정려바라밀다가 청정하다면, 무이이고 둘로 나눌 수 없으며 분별이 없고 단절도 없는 까닭이니라.

선현이여. 일체지지가 청정한 까닭으로 공해탈문이 청정하고, 공해탈문이 청정한 까닭으로 정려바라밀다가 청정하니라. 왜 그러한가? 만약 일체지지가 청정하거나, 만약 공해탈문이 청정하거나, 만약 정려바라밀다가 청정하다면, 무이이고 둘로 나눌 수 없으며 분별이 없고 단절도 없는 까닭이니라. 일체지지가 청정한 까닭으로 무상·무원해탈문이 청정하고, 무상·무원해탈문이 청정한 까닭으로 정려바라밀다가 청정하니라. 왜 그러한가? 만약 일체지지가 청정하거나, 만약 무상·무원해탈문이 청정하거나, 만약 정려바라밀다가 청정하다면, 무이이고 둘로 나눌 수 없으며 분별이 없고 단절도 없는 까닭이니라.

선현이여. 일체지지가 청정한 까닭으로 보살의 10지가 청정하고, 보살의 10지가 청정한 까닭으로 정려바라밀다가 청정하니라. 왜 그러한가? 만약 일체지지가 청정하거나, 만약 보살의 10지가 청정하거나, 만약 정려바라밀다가 청정하다면, 무이이고 둘로 나눌 수 없으며 분별이 없고 단절도 없는 까닭이니라.

선현이여. 일체지지가 청정한 까닭으로 5안이 청정하고, 5안이 청정한 까닭으로 정려바라밀다가 청정하니라. 왜 그러한가? 만약 일체지지가 청정하거나, 만약 5안이 청정하거나, 만약 정려바라밀다가 청정하다면, 무이이고 둘로 나눌 수 없으며 분별이 없고 단절도 없는 까닭이니라. 일체지지가 청정한 까닭으로 6신통이 청정하고, 6신통이 청정한 까닭으로 정려바라밀다가 청정하니라. 왜 그러한가? 만약 일체지지가 청정하거나, 만약 6신통이 청정하거나, 만약 정려바라밀다가 청정하다면, 무이이고 둘로 나눌 수 없으며 분별이 없고 단절도 없는 까닭이니라.

선현이여. 일체지지가 청정한 까닭으로 여래의 10력이 청정하고, 여래의 10력이 청정한 까닭으로 정려바라밀다가 청정하니라. 왜 그러한가? 만약 일체지지가 청정하거나, 만약 여래의 10력이 청정하거나, 만약 정려바라밀다가 청정하다면, 무이이고 둘로 나눌 수 없으며 분별이 없고 단절도 없는 까닭이니라. 일체지지가 청정한 까닭으로 4무소외·4무애해·대자·대비·대희·대사·18불불공법이 청정하고, 4무소외, 나아가 18불불공법이 청정한 까닭으로 정려바라밀다가 청정하니라. 왜 그러한가? 만약 일체지지가 청정하거나, 만약 4무소외, 나아가 18불불공법이 청정하거나,

만약 정려바라밀다가 청정하다면, 무이이고 둘로 나눌 수 없으며 분별이 없고 단절도 없는 까닭이니라.

선현이여. 일체지지가 청정한 까닭으로 무망실법이 청정하고, 무망실법이 청정한 까닭으로 정려바라밀다가 청정하니라. 왜 그러한가? 만약 일체지지가 청정하거나, 만약 무망실법이 청정하거나, 만약 정려바라밀다가 청정하다면, 무이이고 둘로 나눌 수 없으며 분별이 없고 단절도 없는 까닭이니라. 선현이여. 일체지지가 청정한 까닭으로 항주사성이 청정하고, 항주사성이 청정한 까닭으로 정려바라밀다가 청정하니라. 왜 그러한가? 만약 일체지지가 청정하거나, 만약 항주사성이 청정하거나, 만약 정려바라밀다가 청정하다면, 무이이고 둘로 나눌 수 없으며 분별이 없고 단절도 없는 까닭이니라.

선현이여. 일체지지가 청정한 까닭으로 일체지가 청정하고, 일체지가 청정한 까닭으로 정려바라밀다가 청정하니라. 왜 그러한가? 만약 일체지지가 청정하거나, 만약 일체지가 청정하거나, 만약 정려바라밀다가 청정하다면, 무이이고 둘로 나눌 수 없으며 분별이 없고 단절도 없는 까닭이니라. 일체지지가 청정한 까닭으로 도상지·일체상지가 청정하고, 도상지·일체상지가 청정한 까닭으로 정려바라밀다가 청정하니라. 왜 그러한가? 만약 일체지지가 청정하거나, 만약 도상지·일체상지가 청정하거나, 만약 정려바라밀다가 청정하다면, 무이이고 둘로 나눌 수 없으며 분별이 없고 단절도 없는 까닭이니라.

선현이여. 일체지지가 청정한 까닭으로 일체의 다라니문이 청정하고, 일체의 다라니문이 청정한 까닭으로 정려바라밀다가 청정하니라. 왜 그러한가? 만약 일체지지가 청정하거나, 만약 일체의 다라니문이 청정하거나, 만약 정려바라밀다가 청정하다면, 무이이고 둘로 나눌 수 없으며 분별이 없고 단절도 없는 까닭이니라. 선현이여. 일체지지가 청정한 까닭으로 일체의 삼마지문이 청정하고, 일체의 삼마지문이 청정한 까닭으로 정려바라밀다가 청정하니라. 왜 그러한가? 만약 일체지지가 청정하거나, 만약 일체의 삼마지문이 청정하거나, 만약 정려바라밀다가 청정하다

면, 무이이고 둘로 나눌 수 없으며 분별이 없고 단절도 없는 까닭이니라.

선현이여. 일체지지가 청정한 까닭으로 예류과가 청정하고, 예류과가 청정한 까닭으로 정려바라밀다가 청정하니라. 왜 그러한가? 만약 일체지지가 청정하거나, 만약 예류과가 청정하거나, 만약 정려바라밀다가 청정하다면, 무이이고 둘로 나눌 수 없으며 분별이 없고 단절도 없는 까닭이니라. 일체지지가 청정한 까닭으로 일래·불환·아라한과가 청정하고, 일래·불환·아라한과가 청정한 까닭으로 정려바라밀다가 청정하니라. 왜 그러한가? 만약 일체지지가 청정하거나, 만약 일래·불환·아라한과가 청정하거나, 만약 정려바라밀다가 청정하다면, 무이이고 둘로 나눌 수 없으며 분별이 없고 단절도 없는 까닭이니라.

선현이여. 일체지지가 청정한 까닭으로 독각의 보리가 청정하고, 독각의 보리가 청정한 까닭으로 정려바라밀다가 청정하니라. 왜 그러한가? 만약 일체지지가 청정하거나, 만약 독각의 보리가 청정하거나, 만약 정려바라밀다가 청정하다면, 무이이고 둘로 나눌 수 없으며 분별이 없고 단절도 없는 까닭이니라.

선현이여. 일체지지가 청정한 까닭으로 일체의 보살마하살의 행이 청정하고, 일체의 보살마하살의 행이 청정한 까닭으로 정려바라밀다가 청정하니라. 왜 그러한가? 만약 일체지지가 청정하거나, 만약 일체의 보살마하살의 행이 청정하거나, 만약 정려바라밀다가 청정하다면, 무이이고 둘로 나눌 수 없으며 분별이 없고 단절도 없는 까닭이니라.

선현이여. 일체지지가 청정한 까닭으로 제불의 무상정등보리가 청정하고, 제불의 무상정등보리가 청정한 까닭으로 정려바라밀다가 청정하니라. 왜 그러한가? 만약 일체지지가 청정하거나, 만약 제불의 무상정등보리가 청정하거나, 만약 정려바라밀다가 청정하다면, 무이이고 둘로 나눌 수 없으며 분별이 없고 단절도 없는 까닭이니라."

"다시 다음으로 선현이여. 일체지지가 청정한 까닭으로 색이 청정하고, 색이 청정한 까닭으로 정진바라밀다(精進波羅密多)가 청정하니라. 왜 그러한가? 만약 일체지지가 청정하거나, 만약 색이 청정하거나, 만약 정진바라밀다가 청정하다면, 무이이고 둘로 나눌 수 없으며 분별이 없고 단절도 없는 까닭이니라. 일체지지가 청정한 까닭으로 수·상·행·식이 청정하고, 수·상·행·식이 청정한 까닭으로 정진바라밀다가 청정하니라. 왜 그러한가? 만약 일체지지가 청정하거나, 만약 수·상·행·식이 청정하거나, 만약 정진바라밀다가 청정하다면, 무이이고 둘로 나눌 수 없으며 분별이 없고 단절도 없는 까닭이니라.

선현이여. 일체지지가 청정한 까닭으로 안처가 청정하고, 안처가 청정한 까닭으로 정진바라밀다가 청정하니라. 왜 그러한가? 만약 일체지지가 청정하거나, 만약 안처가 청정하거나, 만약 정진바라밀다가 청정하다면, 무이이고 둘로 나눌 수 없으며 분별이 없고 단절도 없는 까닭이니라. 일체지지가 청정한 까닭으로 이·비·설·신·의처가 청정하고, 이·비·설·신·의처가 청정한 까닭으로 정진바라밀다가 청정하니라. 왜 그러한가? 만약 일체지지가 청정하거나, 만약 이·비·설·신·의처가 청정하거나, 만약 정진바라밀다가 청정하다면, 무이이고 둘로 나눌 수 없으며 분별이 없고 단절도 없는 까닭이니라.

선현이여. 일체지지가 청정한 까닭으로 색처가 청정하고, 색처가 청정한 까닭으로 정진바라밀다가 청정하니라. 왜 그러한가? 만약 일체지지가 청정하거나, 만약 색처가 청정하거나, 만약 정진바라밀다가 청정하다면, 무이이고 둘로 나눌 수 없으며 분별이 없고 단절도 없는 까닭이니라. 일체지지가 청정한 까닭으로 성·향·미·촉·법처가 청정하고, 성·향·미·촉·법처가 청정한 까닭으로 정진바라밀다가 청정하니라. 왜 그러한가? 만약 일체지지가 청정하거나, 만약 성·향·미·촉·법처가 청정하거나, 만약 정진바라밀다가 청정하다면, 무이이고 둘로 나눌 수 없으며 분별이 없고 단절도 없는 까닭이니라.

선현이여. 일체지지가 청정한 까닭으로 안계가 청정하고, 안계가 청정한 까닭으로 정진바라밀다가 청정하니라. 왜 그러한가? 만약 일체지지가 청정하거나, 만약 안계가 청정하거나, 만약 정진바라밀다가 청정하다면,

무이이고 둘로 나눌 수 없으며 분별이 없고 단절도 없는 까닭이니라. 일체지지가 청정한 까닭으로 색계·안식계, 나아가 안촉·안촉을 인연으로 생겨난 여러 수가 청정하고, 색계, 나아가 안촉을 인연으로 생겨난 여러 수가 청정한 까닭으로 정진바라밀다가 청정하니라. 왜 그러한가? 만약 일체지지가 청정하거나, 만약 색계, 나아가 안촉을 인연으로 생겨난 여러 수가 청정하거나, 만약 정진바라밀다가 청정하다면, 무이이고 둘로 나눌 수 없으며 분별이 없고 단절도 없는 까닭이니라.

선현이여. 일체지지가 청정한 까닭으로 이계가 청정하고, 이계가 청정한 까닭으로 정진바라밀다가 청정하니라. 왜 그러한가? 만약 일체지지가 청정하거나, 만약 이계가 청정하거나, 만약 정진바라밀다가 청정하다면, 무이이고 둘로 나눌 수 없으며 분별이 없고 단절도 없는 까닭이니라. 일체지지가 청정한 까닭으로 성계·이식계, 나아가 이촉·이촉을 인연으로 생겨난 여러 수가 청정하고, 성계, 나아가 이촉을 인연으로 생겨난 여러 수가 청정한 까닭으로 정진바라밀다가 청정하니라. 왜 그러한가? 만약 일체지지가 청정하거나, 만약 성계, 나아가 이촉을 인연으로 생겨난 여러 수가 청정하거나, 만약 정진바라밀다가 청정하다면, 무이이고 둘로 나눌 수 없으며 분별이 없고 단절도 없는 까닭이니라.

선현이여. 일체지지가 청정한 까닭으로 비계가 청정하고, 비계가 청정한 까닭으로 정진바라밀다가 청정하니라. 왜 그러한가? 만약 일체지지가 청정하거나, 만약 비계가 청정하거나, 만약 정진바라밀다가 청정하다면, 무이이고 둘로 나눌 수 없으며 분별이 없고 단절도 없는 까닭이니라. 일체지지가 청정한 까닭으로 향계·비식계, 나아가 비촉·비촉을 인연으로 생겨난 여러 수가 청정하고, 향계, 나아가 비촉을 인연으로 생겨난 여러 수가 청정한 까닭으로 정진바라밀다가 청정하니라. 왜 그러한가? 만약 일체지지가 청정하거나, 만약 향계, 나아가 비촉을 인연으로 생겨난 여러 수가 청정하거나, 만약 정진바라밀다가 청정하다면, 무이이고 둘로 나눌 수 없으며 분별이 없고 단절도 없는 까닭이니라.

선현이여. 일체지지가 청정한 까닭으로 설계가 청정하고, 설계가 청정

한 까닭으로 정진바라밀다가 청정하니라. 왜 그러한가? 만약 일체지지가 청정하거나, 만약 설계가 청정하거나, 만약 정진바라밀다가 청정하다면, 무이이고 둘로 나눌 수 없으며 분별이 없고 단절도 없는 까닭이니라. 일체지지가 청정한 까닭으로 미계·설식계, 나아가 설촉·설촉을 인연으로 생겨난 여러 수가 청정하고, 미계, 나아가 설촉을 인연으로 생겨난 여러 수가 청정한 까닭으로 정진바라밀다가 청정하니라. 왜 그러한가? 만약 일체지지가 청정하거나, 만약 미계, 나아가 설촉을 인연으로 생겨난 여러 수가 청정하거나, 만약 정진바라밀다가 청정하다면, 무이이고 둘로 나눌 수 없으며 분별이 없고 단절도 없는 까닭이니라."

마하반야바라밀다경 제246권

34. 난신해품(難信解品)(65)

"선현이여. 일체지지가 청정한 까닭으로 신계가 청정하고, 신계가 청정한 까닭으로 정진바라밀다가 청정하니라. 왜 그러한가? 만약 일체지지가 청정하거나, 만약 신계가 청정하거나, 만약 정진바라밀다가 청정하다면, 무이이고 둘로 나눌 수 없으며 분별이 없고 단절도 없는 까닭이니라. 일체지지가 청정한 까닭으로 촉계·신식계, 나아가 신촉·신촉을 인연으로 생겨난 여러 수가 청정하고, 촉계, 나아가 신촉을 인연으로 생겨난 여러 수가 청정한 까닭으로 정진바라밀다가 청정하니라. 왜 그러한가? 만약 일체지지가 청정하거나, 만약 촉계, 나아가 신촉을 인연으로 생겨난 여러 수가 청정하거나, 만약 정진바라밀다가 청정하다면, 무이이고 둘로 나눌 수 없으며 분별이 없고 단절도 없는 까닭이니라.

선현이여. 일체지지가 청정한 까닭으로 의계가 청정하고, 의계가 청정한 까닭으로 정진바라밀다가 청정하니라. 왜 그러한가? 만약 일체지지가 청정하거나, 만약 의계가 청정하거나, 만약 정진바라밀다가 청정하다면, 무이이고 둘로 나눌 수 없으며 분별이 없고 단절도 없는 까닭이니라. 일체지지가 청정한 까닭으로 법계·의식계, 나아가 의촉·의촉을 인연으로 생겨난 여러 수가 청정하고, 법계, 나아가 의촉을 인연으로 생겨난 여러 수가 청정한 까닭으로 정진바라밀다가 청정하니라. 왜 그러한가? 만약 일체지지가 청정하거나, 만약 법계, 나아가 의촉을 인연으로 생겨난 여러 수가 청정하거나, 만약 정진바라밀다가 청정하다면, 무이이고 둘로 나눌

수 없으며 분별이 없고 단절도 없는 까닭이니라.

선현이여. 일체지지가 청정한 까닭으로 지계가 청정하고, 지계가 청정한 까닭으로 정진바라밀다가 청정하니라. 왜 그러한가? 만약 일체지지가 청정하거나, 만약 지계가 청정하거나, 만약 정진바라밀다가 청정하다면, 무이이고 둘로 나눌 수 없으며 분별이 없고 단절도 없는 까닭이니라. 일체지지가 청정한 까닭으로 수·화·풍·공·식계가 청정하고, 수·화·풍·공·식계가 청정한 까닭으로 정진바라밀다가 청정하니라. 왜 그러한가? 만약 일체지지가 청정하거나, 만약 수·화·풍·공·식계가 청정하거나, 만약 정진바라밀다가 청정하다면, 무이이고 둘로 나눌 수 없으며 분별이 없고 단절도 없는 까닭이니라.

선현이여. 일체지지가 청정한 까닭으로 무명이 청정하고, 무명이 청정한 까닭으로 정진바라밀다가 청정하니라. 왜 그러한가? 만약 일체지지가 청정하거나, 만약 무명이 청정하거나, 만약 정진바라밀다가 청정하다면, 무이이고 둘로 나눌 수 없으며 분별이 없고 단절도 없는 까닭이니라. 일체지지가 청정한 까닭으로 행·식·명색·육처·촉·수·애·취·유·생·노사의 수탄고우뇌가 청정하고, 행, 나아가 노사의 수탄고우뇌가 청정한 까닭으로 정진바라밀다가 청정하니라. 왜 그러한가? 만약 일체지지가 청정하거나, 만약 행, 나아가 노사의 수탄고우뇌가 청정하거나, 만약 정진바라밀다가 청정하다면, 무이이고 둘로 나눌 수 없으며 분별이 없고 단절도 없는 까닭이니라.

선현이여. 일체지지가 청정한 까닭으로 보시바라밀다가 청정하고, 보시바라밀다가 청정한 까닭으로 정진바라밀다가 청정하니라. 왜 그러한가? 만약 일체지지가 청정하거나, 만약 보시바라밀다가 청정하거나, 만약 정진바라밀다가 청정하다면, 무이이고 둘로 나눌 수 없으며 분별이 없고 단절도 없는 까닭이니라. 일체지지가 청정한 까닭으로 정계·안인·정려·반야바라밀다가 청정하고, 정계, 나아가 반야바라밀다가 청정한 까닭으로 정진바라밀다가 청정하니라. 왜 그러한가? 만약 일체지지가 청정하거나, 만약 정계, 나아가 반야바라밀다가 청정하거나, 만약 정진바라밀다가 청정하다면, 무이이고 둘로 나눌 수 없으며 분별이 없고 단절도 없는 까닭이니라.

선현이여. 일체지지가 청정한 까닭으로 내공이 청정하고, 내공이 청정한 까닭으로 정진바라밀다가 청정하니라. 왜 그러한가? 만약 일체지지가 청정하거나, 만약 내공이 청정하거나, 만약 정진바라밀다가 청정하다면, 무이이고 둘로 나눌 수 없으며 분별이 없고 단절도 없는 까닭이니라. 일체지지가 청정한 까닭으로 외공·내외공·공공·대공·승의공·유위공·무위공·필경공·무제공·산공·무변이공·본성공·자상공·공상공·일체법공·불가득공·무성공·자성공·무성자성공이 청정하고, 외공, 나아가 무성자성공이 청정한 까닭으로 정진바라밀다가 청정하니라. 왜 그러한가? 만약 일체지지가 청정하거나, 만약 외공, 나아가 무성자성공이 청정하거나, 만약 정진바라밀다가 청정하다면, 무이이고 둘로 나눌 수 없으며 분별이 없고 단절도 없는 까닭이니라.

선현이여. 일체지지가 청정한 까닭으로 진여가 청정하고, 진여가 청정한 까닭으로 정진바라밀다가 청정하니라. 왜 그러한가? 만약 일체지지가 청정하거나, 만약 진여가 청정하거나, 만약 정진바라밀다가 청정하다면, 무이이고 둘로 나눌 수 없으며 분별이 없고 단절도 없는 까닭이니라. 일체지지가 청정한 까닭으로 법계·법성·불허망성·불변이성·평등성·이생성·법정·법주·실제·허공계·부사의계가 청정하고 법계, 나아가 부사의계가 청정한 까닭으로 정진바라밀다가 청정하니라. 왜 그러한가? 만약 일체지지가 청정하거나, 만약 법계, 나아가 부사의계가 청정하거나, 만약 정진바라밀다가 청정하다면, 무이이고 둘로 나눌 수 없으며 분별이 없고 단절도 없는 까닭이니라.

선현이여. 일체지지가 청정한 까닭으로 고성제가 청정하고, 고성제가 청정한 까닭으로 정진바라밀다가 청정하니라. 왜 그러한가? 만약 일체지지가 청정하거나, 만약 고성제가 청정하거나, 만약 정진바라밀다가 청정하다면, 무이이고 둘로 나눌 수 없으며 분별이 없고 단절도 없는 까닭이니라. 일체지지가 청정한 까닭으로 집·멸·도성제가 청정하고, 집·멸·도성제가 청정한 까닭으로 정진바라밀다가 청정하니라. 왜 그러한가? 만약 일체지지가 청정하거나, 만약 집·멸·도성제가 청정하거나, 만약 정진바라밀다가 청정하다면, 무이이고 둘로 나눌 수 없으며 분별이 없고 단절도 없는 까닭이니라.

선현이여. 일체지지가 청정한 까닭으로 4정려가 청정하고, 4정려가 청정한 까닭으로 정진바라밀다가 청정하니라. 왜 그러한가? 만약 일체지지가 청정하거나, 만약 4정려가 청정하거나, 만약 정진바라밀다가 청정하다면, 무이이고 둘로 나눌 수 없으며 분별이 없고 단절도 없는 까닭이니라. 일체지지가 청정한 까닭으로 4무량·4무색정이 청정하고, 4무량·4무색정이 청정한 까닭으로 정진바라밀다가 청정하니라. 왜 그러한가? 만약 일체지지가 청정하거나, 만약 4무량·4무색정이 청정하거나, 만약 정진바라밀다가 청정하다면, 무이이고 둘로 나눌 수 없으며 분별이 없고 단절도 없는 까닭이니라.

선현이여. 일체지지가 청정한 까닭으로 8해탈이 청정하고, 8해탈이 청정한 까닭으로 정진바라밀다가 청정하니라. 왜 그러한가? 만약 일체지지가 청정하거나, 만약 8해탈이 청정하거나, 만약 정진바라밀다가 청정하다면, 무이이고 둘로 나눌 수 없으며 분별이 없고 단절도 없는 까닭이니라. 일체지지가 청정한 까닭으로 8승처·9차제정·10변처가 청정하고, 8승처·9차제정·10변처가 청정한 까닭으로 정진바라밀다가 청정하니라. 왜 그러한가? 만약 일체지지가 청정하거나, 만약 8승처·9차제정·10변처가 청정하거나, 만약 정진바라밀다가 청정하다면, 무이이고 둘로 나눌 수 없으며 분별이 없고 단절도 없는 까닭이니라.

선현이여. 일체지지가 청정한 까닭으로 4념주가 청정하고, 4념주가 청정한 까닭으로 정진바라밀다가 청정하니라. 왜 그러한가? 만약 일체지지가 청정하거나, 만약 4념주가 청정하거나, 만약 정진바라밀다가 청정하다면, 무이이고 둘로 나눌 수 없으며 분별이 없고 단절도 없는 까닭이니라. 일체지지가 청정한 까닭으로 4정단·4신족·5근·5력·7등각지·8성도지가 청정하고, 4정단, 나아가 8성도지가 청정한 까닭으로 정진바라밀다가 청정하니라. 왜 그러한가? 만약 일체지지가 청정하거나, 만약 4정단, 나아가 8성도지가 청정하거나, 만약 정진바라밀다가 청정하다면, 무이이고 둘로 나눌 수 없으며 분별이 없고 단절도 없는 까닭이니라.

선현이여. 일체지지가 청정한 까닭으로 공해탈문이 청정하고, 공해탈문이 청정한 까닭으로 정진바라밀다가 청정하니라. 왜 그러한가? 만약 일체지지가 청정하거나, 만약 공해탈문이 청정하거나, 만약 정진바라밀다가 청정하다면, 무이이고 둘로 나눌 수 없으며 분별이 없고 단절도 없는 까닭이니라. 일체지지가 청정한 까닭으로 무상·무원해탈문이 청정하고, 무상·무원해탈문이 청정한 까닭으로 정진바라밀다가 청정하니라. 왜 그러한가? 만약 일체지지가 청정하거나, 만약 무상·무원해탈문이 청정하거나, 만약 정진바라밀다가 청정하다면, 무이이고 둘로 나눌 수 없으며 분별이 없고 단절도 없는 까닭이니라.

선현이여. 일체지지가 청정한 까닭으로 보살의 10지가 청정하고, 보살의 10지가 청정한 까닭으로 정진바라밀다가 청정하니라. 왜 그러한가? 만약 일체지지가 청정하거나, 만약 보살의 10지가 청정하거나, 만약 정진바라밀다가 청정하다면, 무이이고 둘로 나눌 수 없으며 분별이 없고 단절도 없는 까닭이니라.

선현이여. 일체지지가 청정한 까닭으로 5안이 청정하고, 5안이 청정한 까닭으로 정진바라밀다가 청정하니라. 왜 그러한가? 만약 일체지지가 청정하거나, 만약 5안이 청정하거나, 만약 정진바라밀다가 청정하다면, 무이이고 둘로 나눌 수 없으며 분별이 없고 단절도 없는 까닭이니라. 일체지지가 청정한 까닭으로 6신통이 청정하고, 6신통이 청정한 까닭으로 정진바라밀다가 청정하니라. 왜 그러한가? 만약 일체지지가 청정하거나, 만약 6신통이 청정하거나, 만약 정진바라밀다가 청정하다면, 무이이고 둘로 나눌 수 없으며 분별이 없고 단절도 없는 까닭이니라.

선현이여. 일체지지가 청정한 까닭으로 여래의 10력이 청정하고, 여래의 10력이 청정한 까닭으로 정진바라밀다가 청정하니라. 왜 그러한가? 만약 일체지지가 청정하거나, 만약 여래의 10력이 청정하거나, 만약 정진바라밀다가 청정하다면, 무이이고 둘로 나눌 수 없으며 분별이 없고 단절도 없는 까닭이니라. 일체지지가 청정한 까닭으로 4무소외·4무애해·대자·대비·대희·대사·18불불공법이 청정하고, 4무소외, 나아가 18불불공법이 청정한 까닭으로 정진바라밀다가 청정하니라. 왜 그러한가? 만약 일체지지가 청정하거나, 만약 4무소외, 나아가 18불불공법이 청정하거나, 만약 정진바라밀다가 청정하다면, 무이이고 둘로 나눌 수 없으며 분별이 없고 단절도 없는 까닭이니라.

선현이여. 일체지지가 청정한 까닭으로 무망실법이 청정하고, 무망실법이 청정한 까닭으로 정진바라밀다가 청정하니라. 왜 그러한가? 만약 일체지지가 청정하거나, 만약 무망실법이 청정하거나, 만약 정진바라밀다가 청정하다면, 무이이고 둘로 나눌 수 없으며 분별이 없고 단절도 없는 까닭이니라. 선현이여. 일체지지가 청정한 까닭으로 항주사성이 청정하고, 항주사성이 청정한 까닭으로 정진바라밀다가 청정하니라. 왜 그러한가? 만약 일체지지가 청정하거나, 만약 항주사성이 청정하거나, 만약 정진바라밀다가 청정하다면, 무이이고 둘로 나눌 수 없으며 분별이 없고 단절도 없는 까닭이니라.

선현이여. 일체지지가 청정한 까닭으로 일체지가 청정하고, 일체지가 청정한 까닭으로 정진바라밀다가 청정하니라. 왜 그러한가? 만약 일체지지가 청정하거나, 만약 일체지가 청정하거나, 만약 정진바라밀다가 청정하다면, 무이이고 둘로 나눌 수 없으며 분별이 없고 단절도 없는 까닭이니라. 일체지지가 청정한 까닭으로 도상지·일체상지가 청정하고, 도상지·일체상지가 청정한 까닭으로 정진바라밀다가 청정하니라. 왜 그러한가? 만약 일체지지가 청정하거나, 만약 도상지·일체상지가 청정하거나, 만약 정진바라밀다가 청정하다면, 무이이고 둘로 나눌 수 없으며 분별이 없고 단절도 없는 까닭이니라.

선현이여. 일체지지가 청정한 까닭으로 일체의 다라니문이 청정하고, 일체의 다라니문이 청정한 까닭으로 정진바라밀다가 청정하니라. 왜 그러한가? 만약 일체지지가 청정하거나, 만약 일체의 다라니문이 청정하거나, 만약 정진바라밀다가 청정하다면, 무이이고 둘로 나눌 수 없으며 분별이 없고 단절도 없는 까닭이니라. 선현이여. 일체지지가 청정한 까닭으로 일체의 삼마지문이 청정하고, 일체의 삼마지문이 청정한 까닭으로 정진바라밀다가 청정하니라. 왜 그러한가? 만약 일체지지가 청정하거나, 만약 일체의 삼마지문이 청정하거나, 만약 정진바라밀다가 청정하다면, 무이이고 둘로 나눌 수 없으며 분별이 없고 단절도 없는 까닭이니라.

선현이여. 일체지지가 청정한 까닭으로 예류과가 청정하고, 예류과가 청정한 까닭으로 정진바라밀다가 청정하니라. 왜 그러한가? 만약 일체지지가 청정하거나, 만약 예류과가 청정하거나, 만약 정진바라밀다가 청정하다면, 무이이고 둘로 나눌 수 없으며 분별이 없고 단절도 없는 까닭이니라. 일체지지가 청정한 까닭으로 일래·불환·아라한과가 청정하고, 일래·불환·아라한과가 청정한 까닭으로 정진바라밀다가 청정하니라. 왜 그러한가? 만약 일체지지가 청정하거나, 만약 일래·불환·아라한과가 청정하거나, 만약 정진바라밀다가 청정하다면, 무이이고 둘로 나눌 수 없으며 분별이 없고 단절도 없는 까닭이니라.

선현이여. 일체지지가 청정한 까닭으로 독각의 보리가 청정하고, 독각의 보리가 청정한 까닭으로 정진바라밀다가 청정하니라. 왜 그러한가? 만약 일체지지가 청정하거나, 만약 독각의 보리가 청정하거나, 만약 정진바라밀다가 청정하다면, 무이이고 둘로 나눌 수 없으며 분별이 없고 단절도 없는 까닭이니라.

선현이여. 일체지지가 청정한 까닭으로 일체의 보살마하살의 행이 청정하고, 일체의 보살마하살의 행이 청정한 까닭으로 정진바라밀다가 청정하니라. 왜 그러한가? 만약 일체지지가 청정하거나, 만약 일체의 보살마하살의 행이 청정하거나, 만약 정진바라밀다가 청정하다면, 무이이고 둘로 나눌 수 없으며 분별이 없고 단절도 없는 까닭이니라.

선현이여. 일체지지가 청정한 까닭으로 제불의 무상정등보리가 청정하고, 제불의 무상정등보리가 청정한 까닭으로 정진바라밀다가 청정하니라. 왜 그러한가? 만약 일체지지가 청정하거나, 만약 제불의 무상정등보리가 청정하거나, 만약 정진바라밀다가 청정하다면, 무이이고 둘로 나눌 수 없으며 분별이 없고 단절도 없는 까닭이니라.”

“다시 다음으로 선현이여. 일체지지가 청정한 까닭으로 색이 청정하고, 색이 청정한 까닭으로 안인바라밀다(安忍波羅密多)가 청정하니라. 왜 그러한가? 만약 일체지지가 청정하거나, 만약 색이 청정하거나, 만약 안인바라밀다가 청정하다면, 무이이고 둘로 나눌 수 없으며 분별이 없고 단절도 없는 까닭이니라. 일체지지가 청정한 까닭으로 수·상·행·식이 청정하고, 수·상·행·식이 청정한 까닭으로 안인바라밀다가 청정하니라. 왜 그러한가? 만약 일체지지가 청정하거나, 만약 수·상·행·식이 청정하거나, 만약 안인바라밀다가 청정하다면, 무이이고 둘로 나눌 수 없으며 분별이 없고 단절도 없는 까닭이니라.

선현이여. 일체지지가 청정한 까닭으로 안처가 청정하고, 안처가 청정한 까닭으로 안인바라밀다가 청정하니라. 왜 그러한가? 만약 일체지지가 청정하거나, 만약 안처가 청정하거나, 만약 안인바라밀다가 청정하다면, 무이이고 둘로 나눌 수 없으며 분별이 없고 단절도 없는 까닭이니라. 일체지지가 청정한 까닭으로 이·비·설·신·의처가 청정하고, 이·비·설·신·의처가 청정한 까닭으로 안인바라밀다가 청정하니라. 왜 그러한가? 만약 일체지지가 청정하거나, 만약 이·비·설·신·의처가 청정하거나, 만약 안인바라밀다가 청정하다면, 무이이고 둘로 나눌 수 없으며 분별이 없고 단절도 없는 까닭이니라.

선현이여. 일체지지가 청정한 까닭으로 색처가 청정하고, 색처가 청정한 까닭으로 안인바라밀다가 청정하니라. 왜 그러한가? 만약 일체지지가 청정하거나, 만약 색처가 청정하거나, 만약 안인바라밀다가 청정하다면, 무이이고 둘로 나눌 수 없으며 분별이 없고 단절도 없는 까닭이니라. 일체지지가 청정한 까닭으로 성·향·미·촉·법처가 청정하고, 성·향·미·촉·법처가 청정한 까닭으로 안인바라밀다가 청정하니라. 왜 그러한가? 만약 일체지지가 청정하거나, 만약 성·향·미·촉·법처가 청정하거나, 만약 안인바라밀다가 청정하다면, 무이이고 둘로 나눌 수 없으며 분별이 없고 단절도 없는 까닭이니라.

선현이여. 일체지지가 청정한 까닭으로 안계가 청정하고, 안계가 청정한 까닭으로 안인바라밀다가 청정하니라. 왜 그러한가? 만약 일체지지가 청정하거나, 만약 안계가 청정하거나, 만약 안인바라밀다가 청정하다면, 무이이고 둘로 나눌 수 없으며 분별이 없고 단절도 없는 까닭이니라. 일체지지가 청정한 까닭으로 색계·안식계, 나아가 안촉·안촉을 인연으로 생겨난 여러 수가 청정하고, 색계, 나아가 안촉을 인연으로 생겨난 여러 수가 청정한 까닭으로 안인바라밀다가 청정하니라. 왜 그러한가? 만약 일체지지가 청정하거나, 만약 색계, 나아가 안촉을 인연으로 생겨난 여러 수가 청정하거나, 만약 안인바라밀다가 청정하다면, 무이이고 둘로 나눌 수 없으며 분별이 없고 단절도 없는 까닭이니라.

선현이여. 일체지지가 청정한 까닭으로 이계가 청정하고, 이계가 청정한 까닭으로 안인바라밀다가 청정하니라. 왜 그러한가? 만약 일체지지가 청정하거나, 만약 이계가 청정하거나, 만약 안인바라밀다가 청정하다면, 무이이고 둘로 나눌 수 없으며 분별이 없고 단절도 없는 까닭이니라. 일체지지가 청정한 까닭으로 성계·이식계, 나아가 이촉·이촉을 인연으로 생겨난 여러 수가 청정하고, 성계, 나아가 이촉을 인연으로 생겨난 여러 수가 청정한 까닭으로 안인바라밀다가 청정하니라. 왜 그러한가? 만약 일체지지가 청정하거나, 만약 성계, 나아가 이촉을 인연으로 생겨난 여러 수가 청정하거나, 만약 안인바라밀다가 청정하다면, 무이이고 둘로 나눌 수 없으며 분별이 없고 단절도 없는 까닭이니라.

선현이여. 일체지지가 청정한 까닭으로 비계가 청정하고, 비계가 청정한 까닭으로 안인바라밀다가 청정하니라. 왜 그러한가? 만약 일체지지가 청정하거나, 만약 비계가 청정하거나, 만약 안인바라밀다가 청정하다면, 무이이고 둘로 나눌 수 없으며 분별이 없고 단절도 없는 까닭이니라. 일체지지가 청정한 까닭으로 향계·비식계, 나아가 비촉·비촉을 인연으로 생겨난 여러 수가 청정하고, 향계, 나아가 비촉을 인연으로 생겨난 여러 수가 청정한 까닭으로 안인바라밀다가 청정하니라. 왜 그러한가? 만약 일체지지가 청정하거나, 만약 향계, 나아가 비촉을 인연으로 생겨난 여러 수가 청정하거나, 만약 안인바라밀다가 청정하다면, 무이이고 둘로 나눌 수 없으며 분별이 없고 단절도 없는 까닭이니라.

선현이여. 일체지지가 청정한 까닭으로 설계가 청정하고, 설계가 청정한 까닭으로 안인바라밀다가 청정하니라. 왜 그러한가? 만약 일체지지가 청정하거나, 만약 설계가 청정하거나, 만약 안인바라밀다가 청정하다면, 무이이고 둘로 나눌 수 없으며 분별이 없고 단절도 없는 까닭이니라. 일체지지가 청정한 까닭으로 미계·설식계, 나아가 설촉·설촉을 인연으로 생겨난 여러 수가 청정하고, 미계, 나아가 설촉을 인연으로 생겨난 여러 수가 청정한 까닭으로 안인바라밀다가 청정하니라. 왜 그러한가? 만약 일체지지가 청정하거나, 만약 미계, 나아가 설촉을 인연으로 생겨난 여러 수가 청정하거나, 만약 안인바라밀다가 청정하다면, 무이이고 둘로 나눌 수 없으며 분별이 없고 단절도 없는 까닭이니라.

선현이여. 일체지지가 청정한 까닭으로 신계가 청정하고, 신계가 청정한 까닭으로 안인바라밀다가 청정하니라. 왜 그러한가? 만약 일체지지가 청정하거나, 만약 신계가 청정하거나, 만약 안인바라밀다가 청정하다면, 무이이고 둘로 나눌 수 없으며 분별이 없고 단절도 없는 까닭이니라. 일체지지가 청정한 까닭으로 촉계·신식계, 나아가 신촉·신촉을 인연으로 생겨난 여러 수가 청정하고, 촉계, 나아가 신촉을 인연으로 생겨난 여러 수가 청정한 까닭으로 안인바라밀다가 청정하니라. 왜 그러한가? 만약 일체지지가 청정하거나, 만약 촉계, 나아가 신촉을 인연으로 생겨난 여러 수가 청정하거나, 만약 안인바라밀다가 청정하다면, 무이이고 둘로 나눌 수 없으며 분별이 없고 단절도 없는 까닭이니라.

선현이여. 일체지지가 청정한 까닭으로 의계가 청정하고, 의계가 청정한 까닭으로 안인바라밀다가 청정하니라. 왜 그러한가? 만약 일체지지가 청정하거나, 만약 의계가 청정하거나, 만약 안인바라밀다가 청정하다면, 무이이고 둘로 나눌 수 없으며 분별이 없고 단절도 없는 까닭이니라.

일체지지가 청정한 까닭으로 법계·의식계, 나아가 의촉·의촉을 인연으로 생겨난 여러 수가 청정하고, 법계, 나아가 의촉을 인연으로 생겨난 여러 수가 청정한 까닭으로 안인바라밀다가 청정하니라. 왜 그러한가? 만약 일체지지가 청정하거나, 만약 법계, 나아가 의촉을 인연으로 생겨난 여러 수가 청정하거나, 만약 안인바라밀다가 청정하다면, 무이이고 둘로 나눌 수 없으며 분별이 없고 단절도 없는 까닭이니라.

선현이여. 일체지지가 청정한 까닭으로 지계가 청정하고, 지계가 청정한 까닭으로 안인바라밀다가 청정하니라. 왜 그러한가? 만약 일체지지가 청정하거나, 만약 지계가 청정하거나, 만약 안인바라밀다가 청정하다면, 무이이고 둘로 나눌 수 없으며 분별이 없고 단절도 없는 까닭이니라. 일체지지가 청정한 까닭으로 수·화·풍·공·식계가 청정하고, 수·화·풍·공·식계가 청정한 까닭으로 안인바라밀다가 청정하니라. 왜 그러한가? 만약 일체지지가 청정하거나, 만약 수·화·풍·공·식계가 청정하거나, 만약 안인바라밀다가 청정하다면, 무이이고 둘로 나눌 수 없으며 분별이 없고 단절도 없는 까닭이니라.

선현이여. 일체지지가 청정한 까닭으로 무명이 청정하고, 무명이 청정한 까닭으로 안인바라밀다가 청정하니라. 왜 그러한가? 만약 일체지지가 청정하거나, 만약 무명이 청정하거나, 만약 안인바라밀다가 청정하다면, 무이이고 둘로 나눌 수 없으며 분별이 없고 단절도 없는 까닭이니라. 일체지지가 청정한 까닭으로 행·식·명색·육처·촉·수·애·취·유·생·노사의 수탄고우뇌가 청정하고, 행, 나아가 노사의 수탄고우뇌가 청정한 까닭으로 안인바라밀다가 청정하니라. 왜 그러한가? 만약 일체지지가 청정하거나, 만약 행, 나아가 노사의 수탄고우뇌가 청정하거나, 만약 안인바라밀다가 청정하다면, 무이이고 둘로 나눌 수 없으며 분별이 없고 단절도 없는 까닭이니라.

선현이여. 일체지지가 청정한 까닭으로 보시바라밀다가 청정하고, 보시바라밀다가 청정한 까닭으로 안인바라밀다가 청정하니라. 왜 그러한가? 만약 일체지지가 청정하거나, 만약 보시바라밀다가 청정하거나,

만약 안인바라밀다가 청정하다면, 무이이고 둘로 나눌 수 없으며 분별이 없고 단절도 없는 까닭이니라. 일체지지가 청정한 까닭으로 정계·정진·정려·반야바라밀다가 청정하고, 정계, 나아가 반야바라밀다가 청정한 까닭으로 안인바라밀다가 청정하니라. 왜 그러한가? 만약 일체지지가 청정하거나, 만약 정계, 나아가 반야바라밀다가 청정하거나, 만약 안인바라밀다가 청정하다면, 무이이고 둘로 나눌 수 없으며 분별이 없고 단절도 없는 까닭이니라.

선현이여. 일체지지가 청정한 까닭으로 내공이 청정하고, 내공이 청정한 까닭으로 안인바라밀다가 청정하니라. 왜 그러한가? 만약 일체지지가 청정하거나, 만약 내공이 청정하거나, 만약 안인바라밀다가 청정하다면, 무이이고 둘로 나눌 수 없으며 분별이 없고 단절도 없는 까닭이니라. 일체지지가 청정한 까닭으로 외공·내외공·공공·대공·승의공·유위공·무위공·필경공·무제공·산공·무변이공·본성공·자상공·공상공·일체법공·불가득공·무성공·자성공·무성자성공이 청정하고, 외공, 나아가 무성자성공이 청정한 까닭으로 안인바라밀다가 청정하니라. 왜 그러한가? 만약 일체지지가 청정하거나, 만약 외공, 나아가 무성자성공이 청정하거나, 만약 안인바라밀다가 청정하다면, 무이이고 둘로 나눌 수 없으며 분별이 없고 단절도 없는 까닭이니라.

선현이여. 일체지지가 청정한 까닭으로 진여가 청정하고, 진여가 청정한 까닭으로 안인바라밀다가 청정하니라. 왜 그러한가? 만약 일체지지가 청정하거나, 만약 진여가 청정하거나, 만약 안인바라밀다가 청정하다면, 무이이고 둘로 나눌 수 없으며 분별이 없고 단절도 없는 까닭이니라. 일체지지가 청정한 까닭으로 법계·법성·불허망성·불변이성·평등성·이생성·법정·법주·실제·허공계·부사의계가 청정하고 법계, 나아가 부사의계가 청정한 까닭으로 안인바라밀다가 청정하니라. 왜 그러한가? 만약 일체지지가 청정하거나, 만약 법계, 나아가 부사의계가 청정하거나, 만약 안인바라밀다가 청정하다면, 무이이고 둘로 나눌 수 없으며 분별이 없고 단절도 없는 까닭이니라.

선현이여. 일체지지가 청정한 까닭으로 고성제가 청정하고, 고성제가 청정한 까닭으로 안인바라밀다가 청정하니라. 왜 그러한가? 만약 일체지지가 청정하거나, 만약 고성제가 청정하거나, 만약 안인바라밀다가 청정하다면, 무이이고 둘로 나눌 수 없으며 분별이 없고 단절도 없는 까닭이니라. 일체지지가 청정한 까닭으로 집·멸·도성제가 청정하고, 집·멸·도성제가 청정한 까닭으로 안인바라밀다가 청정하니라. 왜 그러한가? 만약 일체지지가 청정하거나, 만약 집·멸·도성제가 청정하거나, 만약 안인바라밀다가 청정하다면, 무이이고 둘로 나눌 수 없으며 분별이 없고 단절도 없는 까닭이니라.

선현이여. 일체지지가 청정한 까닭으로 4정려가 청정하고, 4정려가 청정한 까닭으로 안인바라밀다가 청정하니라. 왜 그러한가? 만약 일체지지가 청정하거나, 만약 4정려가 청정하거나, 만약 안인바라밀다가 청정하다면, 무이이고 둘로 나눌 수 없으며 분별이 없고 단절도 없는 까닭이니라. 일체지지가 청정한 까닭으로 4무량·4무색정이 청정하고, 4무량·4무색정이 청정한 까닭으로 안인바라밀다가 청정하니라. 왜 그러한가? 만약 일체지지가 청정하거나, 만약 4무량·4무색정이 청정하거나, 만약 안인바라밀다가 청정하다면, 무이이고 둘로 나눌 수 없으며 분별이 없고 단절도 없는 까닭이니라.

선현이여. 일체지지가 청정한 까닭으로 8해탈이 청정하고, 8해탈이 청정한 까닭으로 안인바라밀다가 청정하니라. 왜 그러한가? 만약 일체지지가 청정하거나, 만약 8해탈이 청정하거나, 만약 안인바라밀다가 청정하다면, 무이이고 둘로 나눌 수 없으며 분별이 없고 단절도 없는 까닭이니라. 일체지지가 청정한 까닭으로 8승처·9차제정·10변처가 청정하고, 8승처·9차제정·10변처가 청정한 까닭으로 안인바라밀다가 청정하니라. 왜 그러한가? 만약 일체지지가 청정하거나, 만약 8승처·9차제정·10변처가 청정하거나, 만약 안인바라밀다가 청정하다면, 무이이고 둘로 나눌 수 없으며 분별이 없고 단절도 없는 까닭이니라.

선현이여. 일체지지가 청정한 까닭으로 4념주가 청정하고, 4념주가

청정한 까닭으로 안인바라밀다가 청정하니라. 왜 그러한가? 만약 일체지지가 청정하거나, 만약 4념주가 청정하거나, 만약 안인바라밀다가 청정하다면, 무이이고 둘로 나눌 수 없으며 분별이 없고 단절도 없는 까닭이니라. 일체지지가 청정한 까닭으로 4정단·4신족·5근·5력·7등각지·8성도지가 청정하고, 4정단, 나아가 8성도지가 청정한 까닭으로 안인바라밀다가 청정하니라. 왜 그러한가? 만약 일체지지가 청정하거나, 만약 4정단, 나아가 8성도지가 청정하거나, 만약 안인바라밀다가 청정하다면, 무이이고 둘로 나눌 수 없으며 분별이 없고 단절도 없는 까닭이니라.

선현이여. 일체지지가 청정한 까닭으로 공해탈문이 청정하고, 공해탈문이 청정한 까닭으로 안인바라밀다가 청정하니라. 왜 그러한가? 만약 일체지지가 청정하거나, 만약 공해탈문이 청정하거나, 만약 안인바라밀다가 청정하다면, 무이이고 둘로 나눌 수 없으며 분별이 없고 단절도 없는 까닭이니라. 일체지지가 청정한 까닭으로 무상·무원해탈문이 청정하고, 무상·무원해탈문이 청정한 까닭으로 안인바라밀다가 청정하니라. 왜 그러한가? 만약 일체지지가 청정하거나, 만약 무상·무원해탈문이 청정하거나, 만약 안인바라밀다가 청정하다면, 무이이고 둘로 나눌 수 없으며 분별이 없고 단절도 없는 까닭이니라.

선현이여. 일체지지가 청정한 까닭으로 보살의 10지가 청정하고, 보살의 10지가 청정한 까닭으로 안인바라밀다가 청정하니라. 왜 그러한가? 만약 일체지지가 청정하거나, 만약 보살의 10지가 청정하거나, 만약 안인바라밀다가 청정하다면, 무이이고 둘로 나눌 수 없으며 분별이 없고 단절도 없는 까닭이니라.

선현이여. 일체지지가 청정한 까닭으로 5안이 청정하고, 5안이 청정한 까닭으로 안인바라밀다가 청정하니라. 왜 그러한가? 만약 일체지지가 청정하거나, 만약 5안이 청정하거나, 만약 안인바라밀다가 청정하다면, 무이이고 둘로 나눌 수 없으며 분별이 없고 단절도 없는 까닭이니라. 일체지지가 청정한 까닭으로 6신통이 청정하고, 6신통이 청정한 까닭으로 안인바라밀다가 청정하니라. 왜 그러한가? 만약 일체지지가 청정하거나,

만약 6신통이 청정하거나, 만약 안인바라밀다가 청정하다면, 무이이고 둘로 나눌 수 없으며 분별이 없고 단절도 없는 까닭이니라.

선현이여. 일체지지가 청정한 까닭으로 여래의 10력이 청정하고, 여래의 10력이 청정한 까닭으로 안인바라밀다가 청정하니라. 왜 그러한가? 만약 일체지지가 청정하거나, 만약 여래의 10력이 청정하거나, 만약 안인바라밀다가 청정하다면, 무이이고 둘로 나눌 수 없으며 분별이 없고 단절도 없는 까닭이니라. 일체지지가 청정한 까닭으로 4무소외·4무애해·대자·대비·대희·대사·18불불공법이 청정하고, 4무소외, 나아가 18불불공법이 청정한 까닭으로 안인바라밀다가 청정하니라. 왜 그러한가? 만약 일체지지가 청정하거나, 만약 4무소외, 나아가 18불불공법이 청정하거나, 만약 안인바라밀다가 청정하다면, 무이이고 둘로 나눌 수 없으며 분별이 없고 단절도 없는 까닭이니라.

선현이여. 일체지지가 청정한 까닭으로 무망실법이 청정하고, 무망실법이 청정한 까닭으로 안인바라밀다가 청정하니라. 왜 그러한가? 만약 일체지지가 청정하거나, 만약 무망실법이 청정하거나, 만약 안인바라밀다가 청정하다면, 무이이고 둘로 나눌 수 없으며 분별이 없고 단절도 없는 까닭이니라. 선현이여. 일체지지가 청정한 까닭으로 항주사성이 청정하고, 항주사성이 청정한 까닭으로 안인바라밀다가 청정하니라. 왜 그러한가? 만약 일체지지가 청정하거나, 만약 항주사성이 청정하거나, 만약 안인바라밀다가 청정하다면, 무이이고 둘로 나눌 수 없으며 분별이 없고 단절도 없는 까닭이니라.

선현이여. 일체지지가 청정한 까닭으로 일체지가 청정하고, 일체지가 청정한 까닭으로 안인바라밀다가 청정하니라. 왜 그러한가? 만약 일체지지가 청정하거나, 만약 일체지가 청정하거나, 만약 안인바라밀다가 청정하다면, 무이이고 둘로 나눌 수 없으며 분별이 없고 단절도 없는 까닭이니라. 일체지지가 청정한 까닭으로 도상지·일체상지가 청정하고, 도상지·일체상지가 청정한 까닭으로 안인바라밀다가 청정하니라. 왜 그러한가? 만약 일체지지가 청정하거나, 만약 도상지·일체상지가 청정하거나, 만약 안인바라밀다가 청정하다면, 무이이고 둘로 나눌 수 없으며 분별이 없고 단절도 없는 까닭이니라.

선현이여. 일체지지가 청정한 까닭으로 일체의 다라니문이 청정하고, 일체의 다라니문이 청정한 까닭으로 안인바라밀다가 청정하니라. 왜 그러한가? 만약 일체지지가 청정하거나, 만약 일체의 다라니문이 청정하거나, 만약 안인바라밀다가 청정하다면, 무이이고 둘로 나눌 수 없으며 분별이 없고 단절도 없는 까닭이니라. 선현이여. 일체지지가 청정한 까닭으로 일체의 삼마지문이 청정하고, 일체의 삼마지문이 청정한 까닭으로 안인바라밀다가 청정하니라. 왜 그러한가? 만약 일체지지가 청정하거나, 만약 일체의 삼마지문이 청정하거나, 만약 안인바라밀다가 청정하다면, 무이이고 둘로 나눌 수 없으며 분별이 없고 단절도 없는 까닭이니라.

선현이여. 일체지지가 청정한 까닭으로 예류과가 청정하고, 예류과가 청정한 까닭으로 안인바라밀다가 청정하니라. 왜 그러한가? 만약 일체지지가 청정하거나, 만약 예류과가 청정하거나, 만약 안인바라밀다가 청정하다면, 무이이고 둘로 나눌 수 없으며 분별이 없고 단절도 없는 까닭이니라. 일체지지가 청정한 까닭으로 일래·불환·아라한과가 청정하고, 일래·불환·아라한과가 청정한 까닭으로 안인바라밀다가 청정하니라. 왜 그러한가? 만약 일체지지가 청정하거나, 만약 일래·불환·아라한과가 청정하거나, 만약 안인바라밀다가 청정하다면, 무이이고 둘로 나눌 수 없으며 분별이 없고 단절도 없는 까닭이니라.

선현이여. 일체지지가 청정한 까닭으로 독각의 보리가 청정하고, 독각의 보리가 청정한 까닭으로 안인바라밀다가 청정하니라. 왜 그러한가? 만약 일체지지가 청정하거나, 만약 독각의 보리가 청정하거나, 만약 안인바라밀다가 청정하다면, 무이이고 둘로 나눌 수 없으며 분별이 없고 단절도 없는 까닭이니라.

선현이여. 일체지지가 청정한 까닭으로 일체의 보살마하살의 행이 청정하고, 일체의 보살마하살의 행이 청정한 까닭으로 안인바라밀다가 청정하니라. 왜 그러한가? 만약 일체지지가 청정하거나, 만약 일체의 보살마하살의 행이 청정하거나, 만약 안인바라밀다가 청정하다면, 무이이고 둘로 나눌 수 없으며 분별이 없고 단절도 없는 까닭이니라.

선현이여. 일체지지가 청정한 까닭으로 제불의 무상정등보리가 청정하고, 제불의 무상정등보리가 청정한 까닭으로 안인바라밀다가 청정하니라. 왜 그러한가? 만약 일체지지가 청정하거나, 만약 제불의 무상정등보리가 청정하거나, 만약 안인바라밀다가 청정하다면, 무이이고 둘로 나눌 수 없으며 분별이 없고 단절도 없는 까닭이니라."

"다시 다음으로 선현이여. 일체지지가 청정한 까닭으로 색이 청정하고, 색이 청정한 까닭으로 정계바라밀다(淨戒波羅密多)가 청정하니라. 왜 그러한가? 만약 일체지지가 청정하거나, 만약 색이 청정하거나, 만약 정계바라밀다가 청정하다면, 무이이고 둘로 나눌 수 없으며 분별이 없고 단절도 없는 까닭이니라. 일체지지가 청정한 까닭으로 수·상·행·식이 청정하고, 수·상·행·식이 청정한 까닭으로 정계바라밀다가 청정하니라. 왜 그러한가? 만약 일체지지가 청정하거나, 만약 수·상·행·식이 청정하거나, 만약 정계바라밀다가 청정하다면, 무이이고 둘로 나눌 수 없으며 분별이 없고 단절도 없는 까닭이니라.

선현이여. 일체지지가 청정한 까닭으로 안처가 청정하고, 안처가 청정한 까닭으로 정계바라밀다가 청정하니라. 왜 그러한가? 만약 일체지지가 청정하거나, 만약 안처가 청정하거나, 만약 정계바라밀다가 청정하다면, 무이이고 둘로 나눌 수 없으며 분별이 없고 단절도 없는 까닭이니라. 일체지지가 청정한 까닭으로 이·비·설·신·의처가 청정하고, 이·비·설·신·의처가 청정한 까닭으로 정계바라밀다가 청정하니라. 왜 그러한가? 만약 일체지지가 청정하거나, 만약 이·비·설·신·의처가 청정하거나, 만약 정계바라밀다가 청정하다면, 무이이고 둘로 나눌 수 없으며 분별이 없고 단절도 없는 까닭이니라."

마하반야바라밀다경 제247권

34. 난신해품(難信解品)(66)

“선현이여. 일체지지가 청정한 까닭으로 색처가 청정하고, 색처가 청정한 까닭으로 정계바라밀다가 청정하니라. 왜 그러한가? 만약 일체지지가 청정하거나, 만약 색처가 청정하거나, 만약 정계바라밀다가 청정하다면, 무이이고 둘로 나눌 수 없으며 분별이 없고 단절도 없는 까닭이니라. 일체지지가 청정한 까닭으로 성·향·미·촉·법처가 청정하고, 성·향·미·촉·법처가 청정한 까닭으로 정계바라밀다가 청정하니라. 왜 그러한가? 만약 일체지지가 청정하거나, 만약 성·향·미·촉·법처가 청정하거나, 만약 정계바라밀다가 청정하다면, 무이이고 둘로 나눌 수 없으며 분별이 없고 단절도 없는 까닭이니라.

선현이여. 일체지지가 청정한 까닭으로 안계가 청정하고, 안계가 청정한 까닭으로 정계바라밀다가 청정하니라. 왜 그러한가? 만약 일체지지가 청정하거나, 만약 안계가 청정하거나, 만약 정계바라밀다가 청정하다면, 무이이고 둘로 나눌 수 없으며 분별이 없고 단절도 없는 까닭이니라. 일체지지가 청정한 까닭으로 색계·안식계, 나아가 안촉·안촉을 인연으로 생겨난 여러 수가 청정하고, 색계, 나아가 안촉을 인연으로 생겨난 여러 수가 청정한 까닭으로 정계바라밀다가 청정하니라. 왜 그러한가? 만약 일체지지가 청정하거나, 만약 색계, 나아가 안촉을 인연으로 생겨난 여러 수가 청정하거나, 만약 정계바라밀다가 청정하다면, 무이이고 둘로 나눌 수 없으며 분별이 없고 단절도 없는 까닭이니라.

선현이여. 일체지지가 청정한 까닭으로 이계가 청정하고, 이계가 청정한 까닭으로 정계바라밀다가 청정하니라. 왜 그러한가? 만약 일체지지가 청정하거나, 만약 이계가 청정하거나, 만약 정계바라밀다가 청정하다면, 무이이고 둘로 나눌 수 없으며 분별이 없고 단절도 없는 까닭이니라. 일체지지가 청정한 까닭으로 성계·이식계, 나아가 이촉·이촉을 인연으로 생겨난 여러 수가 청정하고, 성계, 나아가 이촉을 인연으로 생겨난 여러 수가 청정한 까닭으로 정계바라밀다가 청정하니라. 왜 그러한가? 만약 일체지지가 청정하거나, 만약 성계, 나아가 이촉을 인연으로 생겨난 여러 수가 청정하거나, 만약 정계바라밀다가 청정하다면, 무이이고 둘로 나눌 수 없으며 분별이 없고 단절도 없는 까닭이니라.

선현이여. 일체지지가 청정한 까닭으로 비계가 청정하고, 비계가 청정한 까닭으로 정계바라밀다가 청정하니라. 왜 그러한가? 만약 일체지지가 청정하거나, 만약 비계가 청정하거나, 만약 정계바라밀다가 청정하다면, 무이이고 둘로 나눌 수 없으며 분별이 없고 단절도 없는 까닭이니라. 일체지지가 청정한 까닭으로 향계·비식계, 나아가 비촉·비촉을 인연으로 생겨난 여러 수가 청정하고, 향계, 나아가 비촉을 인연으로 생겨난 여러 수가 청정한 까닭으로 정계바라밀다가 청정하니라. 왜 그러한가? 만약 일체지지가 청정하거나, 만약 향계, 나아가 비촉을 인연으로 생겨난 여러 수가 청정하거나, 만약 정계바라밀다가 청정하다면, 무이이고 둘로 나눌 수 없으며 분별이 없고 단절도 없는 까닭이니라.

선현이여. 일체지지가 청정한 까닭으로 설계가 청정하고, 설계가 청정한 까닭으로 정계바라밀다가 청정하니라. 왜 그러한가? 만약 일체지지가 청정하거나, 만약 설계가 청정하거나, 만약 정계바라밀다가 청정하다면, 무이이고 둘로 나눌 수 없으며 분별이 없고 단절도 없는 까닭이니라. 일체지지가 청정한 까닭으로 미계·설식계, 나아가 설촉·설촉을 인연으로 생겨난 여러 수가 청정하고, 미계, 나아가 설촉을 인연으로 생겨난 여러 수가 청정한 까닭으로 정계바라밀다가 청정하니라. 왜 그러한가? 만약 일체지지가 청정하거나, 만약 미계, 나아가 설촉을 인연으로 생겨난 여러 수가 청정하거나, 만약 정계바라밀다가 청정하다면, 무이이고 둘로 나눌 수 없으며 분별이 없고 단절도 없는 까닭이니라.

선현이여. 일체지지가 청정한 까닭으로 신계가 청정하고, 신계가 청정한 까닭으로 정계바라밀다가 청정하니라. 왜 그러한가? 만약 일체지지가 청정하거나, 만약 신계가 청정하거나, 만약 정계바라밀다가 청정하다면, 무이이고 둘로 나눌 수 없으며 분별이 없고 단절도 없는 까닭이니라. 일체지지가 청정한 까닭으로 촉계·신식계, 나아가 신촉·신촉을 인연으로 생겨난 여러 수가 청정하고, 촉계, 나아가 신촉을 인연으로 생겨난 여러 수가 청정한 까닭으로 정계바라밀다가 청정하니라. 왜 그러한가? 만약 일체지지가 청정하거나, 만약 촉계, 나아가 신촉을 인연으로 생겨난 여러 수가 청정하거나, 만약 정계바라밀다가 청정하다면, 무이이고 둘로 나눌 수 없으며 분별이 없고 단절도 없는 까닭이니라.

선현이여. 일체지지가 청정한 까닭으로 의계가 청정하고, 의계가 청정한 까닭으로 정계바라밀다가 청정하니라. 왜 그러한가? 만약 일체지지가 청정하거나, 만약 의계가 청정하거나, 만약 정계바라밀다가 청정하다면, 무이이고 둘로 나눌 수 없으며 분별이 없고 단절도 없는 까닭이니라. 일체지지가 청정한 까닭으로 법계·의식계, 나아가 의촉·의촉을 인연으로 생겨난 여러 수가 청정하고, 법계, 나아가 의촉을 인연으로 생겨난 여러 수가 청정한 까닭으로 정계바라밀다가 청정하니라. 왜 그러한가? 만약 일체지지가 청정하거나, 만약 법계, 나아가 의촉을 인연으로 생겨난 여러 수가 청정하거나, 만약 정계바라밀다가 청정하다면, 무이이고 둘로 나눌 수 없으며 분별이 없고 단절도 없는 까닭이니라.

선현이여. 일체지지가 청정한 까닭으로 지계가 청정하고, 지계가 청정한 까닭으로 정계바라밀다가 청정하니라. 왜 그러한가? 만약 일체지지가 청정하거나, 만약 지계가 청정하거나, 만약 정계바라밀다가 청정하다면, 무이이고 둘로 나눌 수 없으며 분별이 없고 단절도 없는 까닭이니라. 일체지지가 청정한 까닭으로 수·화·풍·공·식계가 청정하고, 수·화·풍·공·식계가 청정한 까닭으로 정계바라밀다가 청정하니라. 왜 그러한가?

만약 일체지지가 청정하거나, 만약 수·화·풍·공·식계가 청정하거나, 만약 정계바라밀다가 청정하다면, 무이이고 둘로 나눌 수 없으며 분별이 없고 단절도 없는 까닭이니라.

선현이여. 일체지지가 청정한 까닭으로 무명이 청정하고, 무명이 청정한 까닭으로 정계바라밀다가 청정하니라. 왜 그러한가? 만약 일체지지가 청정하거나, 만약 무명이 청정하거나, 만약 정계바라밀다가 청정하다면, 무이이고 둘로 나눌 수 없으며 분별이 없고 단절도 없는 까닭이니라. 일체지지가 청정한 까닭으로 행·식·명색·육처·촉·수·애·취·유·생·노사의 수탄고우뇌가 청정하고, 행, 나아가 노사의 수탄고우뇌가 청정한 까닭으로 정계바라밀다가 청정하니라. 왜 그러한가? 만약 일체지지가 청정하거나, 만약 행, 나아가 노사의 수탄고우뇌가 청정하거나, 만약 정계바라밀다가 청정하다면, 무이이고 둘로 나눌 수 없으며 분별이 없고 단절도 없는 까닭이니라.

선현이여. 일체지지가 청정한 까닭으로 보시바라밀다가 청정하고, 보시바라밀다가 청정한 까닭으로 정계바라밀다가 청정하니라. 왜 그러한가? 만약 일체지지가 청정하거나, 만약 보시바라밀다가 청정하거나, 만약 정계바라밀다가 청정하다면, 무이이고 둘로 나눌 수 없으며 분별이 없고 단절도 없는 까닭이니라. 일체지지가 청정한 까닭으로 안인·정진·정려·반야바라밀다가 청정하고, 안인, 나아가 반야바라밀다가 청정한 까닭으로 정계바라밀다가 청정하니라. 왜 그러한가? 만약 일체지지가 청정하거나, 만약 안인, 나아가 반야바라밀다가 청정하거나, 만약 정계바라밀다가 청정하다면, 무이이고 둘로 나눌 수 없으며 분별이 없고 단절도 없는 까닭이니라.

선현이여. 일체지지가 청정한 까닭으로 내공이 청정하고, 내공이 청정한 까닭으로 정계바라밀다가 청정하니라. 왜 그러한가? 만약 일체지지가 청정하거나, 만약 내공이 청정하거나, 만약 정계바라밀다가 청정하다면, 무이이고 둘로 나눌 수 없으며 분별이 없고 단절도 없는 까닭이니라. 일체지지가 청정한 까닭으로 외공·내외공·공공·대공·승의공·유위공·무위공·필경공·무제공·산공·무변이공·본성공·자상공·공상공·일체법공·불가득공·무성공·자성공·무성자성공이 청정하고, 외공, 나아가 무성자성공이 청정한 까닭으로 정계바라밀다가 청정하니라. 왜 그러한가? 만약 일체지지가 청정하거나, 만약 외공, 나아가 무성자성공이 청정하거나, 만약 정계바라밀다가 청정하다면, 무이이고 둘로 나눌 수 없으며 분별이 없고 단절도 없는 까닭이니라.

선현이여. 일체지지가 청정한 까닭으로 진여가 청정하고, 진여가 청정한 까닭으로 정계바라밀다가 청정하니라. 왜 그러한가? 만약 일체지지가 청정하거나, 만약 진여가 청정하거나, 만약 정계바라밀다가 청정하다면, 무이이고 둘로 나눌 수 없으며 분별이 없고 단절도 없는 까닭이니라. 일체지지가 청정한 까닭으로 법계·법성·불허망성·불변이성·평등성·이생성·법정·법주·실제·허공계·부사의계가 청정하고 법계, 나아가 부사의계가 청정한 까닭으로 정계바라밀다가 청정하니라. 왜 그러한가? 만약 일체지지가 청정하거나, 만약 법계, 나아가 부사의계가 청정하거나, 만약 정계바라밀다가 청정하다면, 무이이고 둘로 나눌 수 없으며 분별이 없고 단절도 없는 까닭이니라.

선현이여. 일체지지가 청정한 까닭으로 고성제가 청정하고, 고성제가 청정한 까닭으로 정계바라밀다가 청정하니라. 왜 그러한가? 만약 일체지지가 청정하거나, 만약 고성제가 청정하거나, 만약 정계바라밀다가 청정하다면, 무이이고 둘로 나눌 수 없으며 분별이 없고 단절도 없는 까닭이니라. 일체지지가 청정한 까닭으로 집·멸·도성제가 청정하고, 집·멸·도성제가 청정한 까닭으로 정계바라밀다가 청정하니라. 왜 그러한가? 만약 일체지지가 청정하거나, 만약 집·멸·도성제가 청정하거나, 만약 정계바라밀다가 청정하다면, 무이이고 둘로 나눌 수 없으며 분별이 없고 단절도 없는 까닭이니라.

선현이여. 일체지지가 청정한 까닭으로 4정려가 청정하고, 4정려가 청정한 까닭으로 정계바라밀다가 청정하니라. 왜 그러한가? 만약 일체지지가 청정하거나, 만약 4정려가 청정하거나, 만약 정계바라밀다가 청정하다면, 무이이고 둘로 나눌 수 없으며 분별이 없고 단절도 없는 까닭이니라. 일체지지가 청정한 까닭으로 4무량·4무색정이 청정하고, 4무량·4무색정이 청정한 까닭으로 정계바라밀다가 청정하니라. 왜 그러한가? 만약 일체지지가 청정하거나, 만약 4무량·4무색정이 청정하거나, 만약 정계바라밀다가 청정하다면, 무이이고 둘로 나눌 수 없으며 분별이 없고 단절도 없는 까닭이니라.

선현이여. 일체지지가 청정한 까닭으로 8해탈이 청정하고, 8해탈이 청정한 까닭으로 정계바라밀다가 청정하니라. 왜 그러한가? 만약 일체지지가 청정하거나, 만약 8해탈이 청정하거나, 만약 정계바라밀다가 청정하다면, 무이이고 둘로 나눌 수 없으며 분별이 없고 단절도 없는 까닭이니라. 일체지지가 청정한 까닭으로 8승처·9차제정·10변처가 청정하고, 8승처·9차제정·10변처가 청정한 까닭으로 정계바라밀다가 청정하니라. 왜 그러한가? 만약 일체지지가 청정하거나, 만약 8승처·9차제정·10변처가 청정하거나, 만약 정계바라밀다가 청정하다면, 무이이고 둘로 나눌 수 없으며 분별이 없고 단절도 없는 까닭이니라.

선현이여. 일체지지가 청정한 까닭으로 4념주가 청정하고, 4념주가 청정한 까닭으로 정계바라밀다가 청정하니라. 왜 그러한가? 만약 일체지지가 청정하거나, 만약 4념주가 청정하거나, 만약 정계바라밀다가 청정하다면, 무이이고 둘로 나눌 수 없으며 분별이 없고 단절도 없는 까닭이니라. 일체지지가 청정한 까닭으로 4정단·4신족·5근·5력·7등각지·8성도지가 청정하고, 4정단, 나아가 8성도지가 청정한 까닭으로 정계바라밀다가 청정하니라. 왜 그러한가? 만약 일체지지가 청정하거나, 만약 4정단, 나아가 8성도지가 청정하거나, 만약 정계바라밀다가 청정하다면, 무이이고 둘로 나눌 수 없으며 분별이 없고 단절도 없는 까닭이니라.

선현이여. 일체지지가 청정한 까닭으로 공해탈문이 청정하고, 공해탈문이 청정한 까닭으로 정계바라밀다가 청정하니라. 왜 그러한가? 만약 일체지지가 청정하거나, 만약 공해탈문이 청정하거나, 만약 정계바라밀다가 청정하다면, 무이이고 둘로 나눌 수 없으며 분별이 없고 단절도 없는 까닭이니라. 일체지지가 청정한 까닭으로 무상·무원해탈문이 청정하고, 무상·무원해탈문이 청정한 까닭으로 정계바라밀다가 청정하니라. 왜 그러한가? 만약 일체지지가 청정하거나, 만약 무상·무원해탈문이 청정하거나, 만약 정계바라밀다가 청정하다면, 무이이고 둘로 나눌 수 없으며 분별이 없고 단절도 없는 까닭이니라.

선현이여. 일체지지가 청정한 까닭으로 보살의 10지가 청정하고, 보살의 10지가 청정한 까닭으로 정계바라밀다가 청정하니라. 왜 그러한가? 만약 일체지지가 청정하거나, 만약 보살의 10지가 청정하거나, 만약 정계바라밀다가 청정하다면, 무이이고 둘로 나눌 수 없으며 분별이 없고 단절도 없는 까닭이니라.

선현이여. 일체지지가 청정한 까닭으로 5안이 청정하고, 5안이 청정한 까닭으로 정계바라밀다가 청정하니라. 왜 그러한가? 만약 일체지지가 청정하거나, 만약 5안이 청정하거나, 만약 정계바라밀다가 청정하다면, 무이이고 둘로 나눌 수 없으며 분별이 없고 단절도 없는 까닭이니라. 일체지지가 청정한 까닭으로 6신통이 청정하고, 6신통이 청정한 까닭으로 정계바라밀다가 청정하니라. 왜 그러한가? 만약 일체지지가 청정하거나, 만약 6신통이 청정하거나, 만약 정계바라밀다가 청정하다면, 무이이고 둘로 나눌 수 없으며 분별이 없고 단절도 없는 까닭이니라.

선현이여. 일체지지가 청정한 까닭으로 여래의 10력이 청정하고, 여래의 10력이 청정한 까닭으로 정계바라밀다가 청정하니라. 왜 그러한가? 만약 일체지지가 청정하거나, 만약 여래의 10력이 청정하거나, 만약 정계바라밀다가 청정하다면, 무이이고 둘로 나눌 수 없으며 분별이 없고 단절도 없는 까닭이니라. 일체지지가 청정한 까닭으로 4무소외·4무애해·대자·대비·대희·대사·18불불공법이 청정하고, 4무소외, 나아가 18불불공법이 청정한 까닭으로 정계바라밀다가 청정하니라. 왜 그러한가? 만약 일체지지가 청정하거나, 만약 4무소외, 나아가 18불불공법이 청정하거나, 만약 정계바라밀다가 청정하다면, 무이이고 둘로 나눌 수 없으며 분별이 없고 단절도 없는 까닭이니라.

선현이여. 일체지지가 청정한 까닭으로 무망실법이 청정하고, 무망실법이 청정한 까닭으로 정계바라밀다가 청정하니라. 왜 그러한가? 만약 일체지지가 청정하거나, 만약 무망실법이 청정하거나, 만약 정계바라밀다가 청정하다면, 무이이고 둘로 나눌 수 없으며 분별이 없고 단절도 없는 까닭이니라. 선현이여. 일체지지가 청정한 까닭으로 항주사성이 청정하고, 항주사성이 청정한 까닭으로 정계바라밀다가 청정하니라. 왜 그러한가? 만약 일체지지가 청정하거나, 만약 항주사성이 청정하거나, 만약 정계바라밀다가 청정하다면, 무이이고 둘로 나눌 수 없으며 분별이 없고 단절도 없는 까닭이니라.

선현이여. 일체지지가 청정한 까닭으로 일체지가 청정하고, 일체지가 청정한 까닭으로 정계바라밀다가 청정하니라. 왜 그러한가? 만약 일체지지가 청정하거나, 만약 일체지가 청정하거나, 만약 정계바라밀다가 청정하다면, 무이이고 둘로 나눌 수 없으며 분별이 없고 단절도 없는 까닭이니라. 일체지지가 청정한 까닭으로 도상지·일체상지가 청정하고, 도상지·일체상지가 청정한 까닭으로 정계바라밀다가 청정하니라. 왜 그러한가? 만약 일체지지가 청정하거나, 만약 도상지·일체상지가 청정하거나, 만약 정계바라밀다가 청정하다면, 무이이고 둘로 나눌 수 없으며 분별이 없고 단절도 없는 까닭이니라.

선현이여. 일체지지가 청정한 까닭으로 일체의 다라니문이 청정하고, 일체의 다라니문이 청정한 까닭으로 정계바라밀다가 청정하니라. 왜 그러한가? 만약 일체지지가 청정하거나, 만약 일체의 다라니문이 청정하거나, 만약 정계바라밀다가 청정하다면, 무이이고 둘로 나눌 수 없으며 분별이 없고 단절도 없는 까닭이니라. 선현이여. 일체지지가 청정한 까닭으로 일체의 삼마지문이 청정하고, 일체의 삼마지문이 청정한 까닭으로 정계바라밀다가 청정하니라. 왜 그러한가? 만약 일체지지가 청정하거나, 만약 일체의 삼마지문이 청정하거나, 만약 정계바라밀다가 청정하다면, 무이이고 둘로 나눌 수 없으며 분별이 없고 단절도 없는 까닭이니라.

선현이여. 일체지지가 청정한 까닭으로 예류과가 청정하고, 예류과가 청정한 까닭으로 정계바라밀다가 청정하니라. 왜 그러한가? 만약 일체지지가 청정하거나, 만약 예류과가 청정하거나, 만약 정계바라밀다가 청정하다면, 무이이고 둘로 나눌 수 없으며 분별이 없고 단절도 없는 까닭이니라. 일체지지가 청정한 까닭으로 일래·불환·아라한과가 청정하고, 일래·불환·아라한과가 청정한 까닭으로 정계바라밀다가 청정하니라. 왜 그러한가? 만약 일체지지가 청정하거나, 만약 일래·불환·아라한과가 청정하거나, 만약 정계바라밀다가 청정하다면, 무이이고 둘로 나눌 수 없으며 분별이 없고 단절도 없는 까닭이니라.

선현이여. 일체지지가 청정한 까닭으로 독각의 보리가 청정하고, 독각의 보리가 청정한 까닭으로 정계바라밀다가 청정하니라. 왜 그러한가? 만약 일체지지가 청정하거나, 만약 독각의 보리가 청정하거나, 만약 정계바라밀다가 청정하다면, 무이이고 둘로 나눌 수 없으며 분별이 없고 단절도 없는 까닭이니라.

선현이여. 일체지지가 청정한 까닭으로 일체의 보살마하살의 행이 청정하고, 일체의 보살마하살의 행이 청정한 까닭으로 정계바라밀다가 청정하니라. 왜 그러한가? 만약 일체지지가 청정하거나, 만약 일체의 보살마하살의 행이 청정하거나, 만약 정계바라밀다가 청정하다면, 무이이고 둘로 나눌 수 없으며 분별이 없고 단절도 없는 까닭이니라.

선현이여. 일체지지가 청정한 까닭으로 제불의 무상정등보리가 청정하고, 제불의 무상정등보리가 청정한 까닭으로 정계바라밀다가 청정하니라. 왜 그러한가? 만약 일체지지가 청정하거나, 만약 제불의 무상정등보리가 청정하거나, 만약 정계바라밀다가 청정하다면, 무이이고 둘로 나눌 수 없으며 분별이 없고 단절도 없는 까닭이니라."

"다시 다음으로 선현이여. 일체지지가 청정한 까닭으로 색이 청정하고, 색이 청정한 까닭으로 보시바라밀다(布施波羅密多)가 청정하니라. 왜 그러한가? 만약 일체지지가 청정하거나, 만약 색이 청정하거나, 만약 보시바라밀다가 청정하다면, 무이이고 둘로 나눌 수 없으며 분별이 없고 단절도 없는 까닭이니라. 일체지지가 청정한 까닭으로 수·상·행·식이 청정하고, 수·상·행·식이 청정한 까닭으로 보시바라밀다가 청정하니라. 왜 그러한가? 만약 일체지지가 청정하거나, 만약 수·상·행·식이 청정하거나, 만약 보시바라밀다가 청정하다면, 무이이고 둘로 나눌 수 없으며 분별이 없고 단절도 없는 까닭이니라.

선현이여. 일체지지가 청정한 까닭으로 안처가 청정하고, 안처가 청정한 까닭으로 보시바라밀다가 청정하니라. 왜 그러한가? 만약 일체지지가 청정하거나, 만약 안처가 청정하거나, 만약 보시바라밀다가 청정하다면, 무이이고 둘로 나눌 수 없으며 분별이 없고 단절도 없는 까닭이니라. 일체지지가 청정한 까닭으로 이·비·설·신·의처가 청정하고, 이·비·설·신·의처가 청정한 까닭으로 보시바라밀다가 청정하니라. 왜 그러한가? 만약 일체지지가 청정하거나, 만약 이·비·설·신·의처가 청정하거나, 만약 보시바라밀다가 청정하다면, 무이이고 둘로 나눌 수 없으며 분별이 없고 단절도 없는 까닭이니라.

선현이여. 일체지지가 청정한 까닭으로 색처가 청정하고, 색처가 청정한 까닭으로 보시바라밀다가 청정하니라. 왜 그러한가? 만약 일체지지가 청정하거나, 만약 색처가 청정하거나, 만약 보시바라밀다가 청정하다면, 무이이고 둘로 나눌 수 없으며 분별이 없고 단절도 없는 까닭이니라. 일체지지가 청정한 까닭으로 성·향·미·촉·법처가 청정하고, 성·향·미·촉·법처가 청정한 까닭으로 보시바라밀다가 청정하니라. 왜 그러한가? 만약 일체지지가 청정하거나, 만약 성·향·미·촉·법처가 청정하거나, 만약 보시바라밀다가 청정하다면, 무이이고 둘로 나눌 수 없으며 분별이 없고 단절도 없는 까닭이니라.

선현이여. 일체지지가 청정한 까닭으로 안계가 청정하고, 안계가 청정한 까닭으로 보시바라밀다가 청정하니라. 왜 그러한가? 만약 일체지지가 청정하거나, 만약 안계가 청정하거나, 만약 보시바라밀다가 청정하다면, 무이이고 둘로 나눌 수 없으며 분별이 없고 단절도 없는 까닭이니라. 일체지지가 청정한 까닭으로 색계·안식계, 나아가 안촉·안촉을 인연으로 생겨난 여러 수가 청정하고, 색계, 나아가 안촉을 인연으로 생겨난 여러 수가 청정한 까닭으로 보시바라밀다가 청정하니라. 왜 그러한가? 만약 일체지지가 청정하거나, 만약 색계, 나아가 안촉을 인연으로 생겨난 여러 수가 청정하거나, 만약 보시바라밀다가 청정하다면, 무이이고 둘로 나눌 수 없으며 분별이 없고 단절도 없는 까닭이니라.

선현이여. 일체지지가 청정한 까닭으로 이계가 청정하고, 이계가 청정한 까닭으로 보시바라밀다가 청정하니라. 왜 그러한가? 만약 일체지지가 청정하거나, 만약 이계가 청정하거나, 만약 보시바라밀다가 청정하다면, 무이이고 둘로 나눌 수 없으며 분별이 없고 단절도 없는 까닭이니라. 일체지지가 청정한 까닭으로 성계·이식계, 나아가 이촉·이촉을 인연으로 생겨난 여러 수가 청정하고, 성계, 나아가 이촉을 인연으로 생겨난 여러 수가 청정한 까닭으로 보시바라밀다가 청정하니라. 왜 그러한가? 만약 일체지지가 청정하거나, 만약 성계, 나아가 이촉을 인연으로 생겨난 여러 수가 청정하거나, 만약 보시바라밀다가 청정하다면, 무이이고 둘로 나눌 수 없으며 분별이 없고 단절도 없는 까닭이니라.

선현이여. 일체지지가 청정한 까닭으로 비계가 청정하고, 비계가 청정한 까닭으로 보시바라밀다가 청정하니라. 왜 그러한가? 만약 일체지지가 청정하거나, 만약 비계가 청정하거나, 만약 보시바라밀다가 청정하다면, 무이이고 둘로 나눌 수 없으며 분별이 없고 단절도 없는 까닭이니라. 일체지지가 청정한 까닭으로 향계·비식계, 나아가 비촉·비촉을 인연으로 생겨난 여러 수가 청정하고, 향계, 나아가 비촉을 인연으로 생겨난 여러 수가 청정한 까닭으로 보시바라밀다가 청정하니라. 왜 그러한가? 만약 일체지지가 청정하거나, 만약 향계, 나아가 비촉을 인연으로 생겨난 여러 수가 청정하거나, 만약 보시바라밀다가 청정하다면, 무이이고 둘로 나눌 수 없으며 분별이 없고 단절도 없는 까닭이니라.

선현이여. 일체지지가 청정한 까닭으로 설계가 청정하고, 설계가 청정한 까닭으로 보시바라밀다가 청정하니라. 왜 그러한가? 만약 일체지지가 청정하거나, 만약 설계가 청정하거나, 만약 보시바라밀다가 청정하다면,

무이이고 둘로 나눌 수 없으며 분별이 없고 단절도 없는 까닭이니라. 일체지지가 청정한 까닭으로 미계·설식계, 나아가 설촉·설촉을 인연으로 생겨난 여러 수가 청정하고, 미계, 나아가 설촉을 인연으로 생겨난 여러 수가 청정한 까닭으로 보시바라밀다가 청정하니라. 왜 그러한가? 만약 일체지지가 청정하거나, 만약 미계, 나아가 설촉을 인연으로 생겨난 여러 수가 청정하거나, 만약 보시바라밀다가 청정하다면, 무이이고 둘로 나눌 수 없으며 분별이 없고 단절도 없는 까닭이니라.

선현이여. 일체지지가 청정한 까닭으로 신계가 청정하고, 신계가 청정한 까닭으로 보시바라밀다가 청정하니라. 왜 그러한가? 만약 일체지지가 청정하거나, 만약 신계가 청정하거나, 만약 보시바라밀다가 청정하다면, 무이이고 둘로 나눌 수 없으며 분별이 없고 단절도 없는 까닭이니라. 일체지지가 청정한 까닭으로 촉계·신식계, 나아가 신촉·신촉을 인연으로 생겨난 여러 수가 청정하고, 촉계, 나아가 신촉을 인연으로 생겨난 여러 수가 청정한 까닭으로 보시바라밀다가 청정하니라. 왜 그러한가? 만약 일체지지가 청정하거나, 만약 촉계, 나아가 신촉을 인연으로 생겨난 여러 수가 청정하거나, 만약 보시바라밀다가 청정하다면, 무이이고 둘로 나눌 수 없으며 분별이 없고 단절도 없는 까닭이니라.

선현이여. 일체지지가 청정한 까닭으로 의계가 청정하고, 의계가 청정한 까닭으로 보시바라밀다가 청정하니라. 왜 그러한가? 만약 일체지지가 청정하거나, 만약 의계가 청정하거나, 만약 보시바라밀다가 청정하다면, 무이이고 둘로 나눌 수 없으며 분별이 없고 단절도 없는 까닭이니라. 일체지지가 청정한 까닭으로 법계·의식계, 나아가 의촉·의촉을 인연으로 생겨난 여러 수가 청정하고, 법계, 나아가 의촉을 인연으로 생겨난 여러 수가 청정한 까닭으로 보시바라밀다가 청정하니라. 왜 그러한가? 만약 일체지지가 청정하거나, 만약 법계, 나아가 의촉을 인연으로 생겨난 여러 수가 청정하거나, 만약 보시바라밀다가 청정하다면, 무이이고 둘로 나눌 수 없으며 분별이 없고 단절도 없는 까닭이니라.

선현이여. 일체지지가 청정한 까닭으로 지계가 청정하고, 지계가 청정

한 까닭으로 보시바라밀다가 청정하니라. 왜 그러한가? 만약 일체지지가 청정하거나, 만약 지계가 청정하거나, 만약 보시바라밀다가 청정하다면, 무이이고 둘로 나눌 수 없으며 분별이 없고 단절도 없는 까닭이니라. 일체지지가 청정한 까닭으로 수·화·풍·공·식계가 청정하고, 수·화·풍·공·식계가 청정한 까닭으로 보시바라밀다가 청정하니라. 왜 그러한가? 만약 일체지지가 청정하거나, 만약 수·화·풍·공·식계가 청정하거나, 만약 보시바라밀다가 청정하다면, 무이이고 둘로 나눌 수 없으며 분별이 없고 단절도 없는 까닭이니라.

선현이여. 일체지지가 청정한 까닭으로 무명이 청정하고, 무명이 청정한 까닭으로 보시바라밀다가 청정하니라. 왜 그러한가? 만약 일체지지가 청정하거나, 만약 무명이 청정하거나, 만약 보시바라밀다가 청정하다면, 무이이고 둘로 나눌 수 없으며 분별이 없고 단절도 없는 까닭이니라. 일체지지가 청정한 까닭으로 행·식·명색·육처·촉·수·애·취·유·생·노사의 수탄고우뇌가 청정하고, 행, 나아가 노사의 수탄고우뇌가 청정한 까닭으로 보시바라밀다가 청정하니라. 왜 그러한가? 만약 일체지지가 청정하거나, 만약 행, 나아가 노사의 수탄고우뇌가 청정하거나, 만약 보시바라밀다가 청정하다면, 무이이고 둘로 나눌 수 없으며 분별이 없고 단절도 없는 까닭이니라.

선현이여. 일체지지가 청정한 까닭으로 정계바라밀다가 청정하고, 정계바라밀다가 청정한 까닭으로 보시바라밀다가 청정하니라. 왜 그러한가? 만약 일체지지가 청정하거나, 만약 정계바라밀다가 청정하거나, 만약 보시바라밀다가 청정하다면, 무이이고 둘로 나눌 수 없으며 분별이 없고 단절도 없는 까닭이니라. 일체지지가 청정한 까닭으로 안인·정진·정려·반야바라밀다가 청정하고, 안인, 나아가 반야바라밀다가 청정한 까닭으로 보시바라밀다가 청정하니라. 왜 그러한가? 만약 일체지지가 청정하거나, 만약 정계, 나아가 반야바라밀다가 청정하거나, 만약 보시바라밀다가 청정하다면, 무이이고 둘로 나눌 수 없으며 분별이 없고 단절도 없는 까닭이니라.

선현이여. 일체지지가 청정한 까닭으로 내공이 청정하고, 내공이 청정한 까닭으로 보시바라밀다가 청정하니라. 왜 그러한가? 만약 일체지지가 청정하거나, 만약 내공이 청정하거나, 만약 보시바라밀다가 청정하다면, 무이이고 둘로 나눌 수 없으며 분별이 없고 단절도 없는 까닭이니라. 일체지지가 청정한 까닭으로 외공·내외공·공공·대공·승의공·유위공·무위공·필경공·무제공·산공·무변이공·본성공·자상공·공상공·일체법공·불가득공·무성공·자성공·무성자성공이 청정하고, 외공, 나아가 무성자성공이 청정한 까닭으로 보시바라밀다가 청정하니라. 왜 그러한가? 만약 일체지지가 청정하거나, 만약 외공, 나아가 무성자성공이 청정하거나, 만약 보시바라밀다가 청정하다면, 무이이고 둘로 나눌 수 없으며 분별이 없고 단절도 없는 까닭이니라.

선현이여. 일체지지가 청정한 까닭으로 진여가 청정하고, 진여가 청정한 까닭으로 보시바라밀다가 청정하니라. 왜 그러한가? 만약 일체지지가 청정하거나, 만약 진여가 청정하거나, 만약 보시바라밀다가 청정하다면, 무이이고 둘로 나눌 수 없으며 분별이 없고 단절도 없는 까닭이니라. 일체지지가 청정한 까닭으로 법계·법성·불허망성·불변이성·평등성·이생성·법정·법주·실제·허공계·부사의계가 청정하고 법계, 나아가 부사의계가 청정한 까닭으로 보시바라밀다가 청정하니라. 왜 그러한가? 만약 일체지지가 청정하거나, 만약 법계, 나아가 부사의계가 청정하거나, 만약 보시바라밀다가 청정하다면, 무이이고 둘로 나눌 수 없으며 분별이 없고 단절도 없는 까닭이니라.

선현이여. 일체지지가 청정한 까닭으로 고성제가 청정하고, 고성제가 청정한 까닭으로 보시바라밀다가 청정하니라. 왜 그러한가? 만약 일체지지가 청정하거나, 만약 고성제가 청정하거나, 만약 보시바라밀다가 청정하다면, 무이이고 둘로 나눌 수 없으며 분별이 없고 단절도 없는 까닭이니라. 일체지지가 청정한 까닭으로 집·멸·도성제가 청정하고, 집·멸·도성제가 청정한 까닭으로 보시바라밀다가 청정하니라. 왜 그러한가? 만약 일체지지가 청정하거나, 만약 집·멸·도성제가 청정하거나, 만약 보시바라밀다가 청정하다면, 무이이고 둘로 나눌 수 없으며 분별이 없고 단절도 없는 까닭이니라.

선현이여. 일체지지가 청정한 까닭으로 4정려가 청정하고, 4정려가 청정한 까닭으로 보시바라밀다가 청정하니라. 왜 그러한가? 만약 일체지지가 청정하거나, 만약 4정려가 청정하거나, 만약 보시바라밀다가 청정하다면, 무이이고 둘로 나눌 수 없으며 분별이 없고 단절도 없는 까닭이니라. 일체지지가 청정한 까닭으로 4무량·4무색정이 청정하고, 4무량·4무색정이 청정한 까닭으로 보시바라밀다가 청정하니라. 왜 그러한가? 만약 일체지지가 청정하거나, 만약 4무량·4무색정이 청정하거나, 만약 보시바라밀다가 청정하다면, 무이이고 둘로 나눌 수 없으며 분별이 없고 단절도 없는 까닭이니라.

선현이여. 일체지지가 청정한 까닭으로 8해탈이 청정하고, 8해탈이 청정한 까닭으로 보시바라밀다가 청정하니라. 왜 그러한가? 만약 일체지지가 청정하거나, 만약 8해탈이 청정하거나, 만약 보시바라밀다가 청정하다면, 무이이고 둘로 나눌 수 없으며 분별이 없고 단절도 없는 까닭이니라. 일체지지가 청정한 까닭으로 8승처·9차제정·10변처가 청정하고, 8승처·9차제정·10변처가 청정한 까닭으로 보시바라밀다가 청정하니라. 왜 그러한가? 만약 일체지지가 청정하거나, 만약 8승처·9차제정·10변처가 청정하거나, 만약 보시바라밀다가 청정하다면, 무이이고 둘로 나눌 수 없으며 분별이 없고 단절도 없는 까닭이니라.

선현이여. 일체지지가 청정한 까닭으로 4념주가 청정하고, 4념주가 청정한 까닭으로 보시바라밀다가 청정하니라. 왜 그러한가? 만약 일체지지가 청정하거나, 만약 4념주가 청정하거나, 만약 보시바라밀다가 청정하다면, 무이이고 둘로 나눌 수 없으며 분별이 없고 단절도 없는 까닭이니라. 일체지지가 청정한 까닭으로 4정단·4신족·5근·5력·7등각지·8성도지가 청정하고, 4정단, 나아가 8성도지가 청정한 까닭으로 보시바라밀다가 청정하니라. 왜 그러한가? 만약 일체지지가 청정하거나, 만약 4정단, 나아가 8성도지가 청정하거나, 만약 보시바라밀다가 청정하다면, 무이이

고 둘로 나눌 수 없으며 분별이 없고 단절도 없는 까닭이니라.

선현이여. 일체지지가 청정한 까닭으로 공해탈문이 청정하고, 공해탈문이 청정한 까닭으로 보시바라밀다가 청정하니라. 왜 그러한가? 만약 일체지지가 청정하거나, 만약 공해탈문이 청정하거나, 만약 보시바라밀다가 청정하다면, 무이이고 둘로 나눌 수 없으며 분별이 없고 단절도 없는 까닭이니라. 일체지지가 청정한 까닭으로 무상·무원해탈문이 청정하고, 무상·무원해탈문이 청정한 까닭으로 보시바라밀다가 청정하니라. 왜 그러한가? 만약 일체지지가 청정하거나, 만약 무상·무원해탈문이 청정하거나, 만약 보시바라밀다가 청정하다면, 무이이고 둘로 나눌 수 없으며 분별이 없고 단절도 없는 까닭이니라.

선현이여. 일체지지가 청정한 까닭으로 보살의 10지가 청정하고, 보살의 10지가 청정한 까닭으로 보시바라밀다가 청정하니라. 왜 그러한가? 만약 일체지지가 청정하거나, 만약 보살의 10지가 청정하거나, 만약 보시바라밀다가 청정하다면, 무이이고 둘로 나눌 수 없으며 분별이 없고 단절도 없는 까닭이니라.

선현이여. 일체지지가 청정한 까닭으로 5안이 청정하고, 5안이 청정한 까닭으로 보시바라밀다가 청정하니라. 왜 그러한가? 만약 일체지지가 청정하거나, 만약 5안이 청정하거나, 만약 보시바라밀다가 청정하다면, 무이이고 둘로 나눌 수 없으며 분별이 없고 단절도 없는 까닭이니라. 일체지지가 청정한 까닭으로 6신통이 청정하고, 6신통이 청정한 까닭으로 보시바라밀다가 청정하니라. 왜 그러한가? 만약 일체지지가 청정하거나, 만약 6신통이 청정하거나, 만약 보시바라밀다가 청정하다면, 무이이고 둘로 나눌 수 없으며 분별이 없고 단절도 없는 까닭이니라.

선현이여. 일체지지가 청정한 까닭으로 여래의 10력이 청정하고, 여래의 10력이 청정한 까닭으로 보시바라밀다가 청정하니라. 왜 그러한가? 만약 일체지지가 청정하거나, 만약 여래의 10력이 청정하거나, 만약 보시바라밀다가 청정하다면, 무이이고 둘로 나눌 수 없으며 분별이 없고 단절도 없는 까닭이니라. 일체지지가 청정한 까닭으로 4무소외·4무애해·

대자·대비·대희·대사·18불불공법이 청정하고, 4무소외, 나아가 18불불공법이 청정한 까닭으로 보시바라밀다가 청정하니라. 왜 그러한가? 만약 일체지지가 청정하거나, 만약 4무소외, 나아가 18불불공법이 청정하거나, 만약 보시바라밀다가 청정하다면, 무이이고 둘로 나눌 수 없으며 분별이 없고 단절도 없는 까닭이니라.

선현이여. 일체지지가 청정한 까닭으로 무망실법이 청정하고, 무망실법이 청정한 까닭으로 보시바라밀다가 청정하니라. 왜 그러한가? 만약 일체지지가 청정하거나, 만약 무망실법이 청정하거나, 만약 보시바라밀다가 청정하다면, 무이이고 둘로 나눌 수 없으며 분별이 없고 단절도 없는 까닭이니라. 선현이여. 일체지지가 청정한 까닭으로 항주사성이 청정하고, 항주사성이 청정한 까닭으로 보시바라밀다가 청정하니라. 왜 그러한가? 만약 일체지지가 청정하거나, 만약 항주사성이 청정하거나, 만약 보시바라밀다가 청정하다면, 무이이고 둘로 나눌 수 없으며 분별이 없고 단절도 없는 까닭이니라.

선현이여. 일체지지가 청정한 까닭으로 일체지가 청정하고, 일체지가 청정한 까닭으로 보시바라밀다가 청정하니라. 왜 그러한가? 만약 일체지지가 청정하거나, 만약 일체지가 청정하거나, 만약 보시바라밀다가 청정하다면, 무이이고 둘로 나눌 수 없으며 분별이 없고 단절도 없는 까닭이니라. 일체지지가 청정한 까닭으로 도상지·일체상지가 청정하고, 도상지·일체상지가 청정한 까닭으로 보시바라밀다가 청정하니라. 왜 그러한가? 만약 일체지지가 청정하거나, 만약 도상지·일체상지가 청정하거나, 만약 보시바라밀다가 청정하다면, 무이이고 둘로 나눌 수 없으며 분별이 없고 단절도 없는 까닭이니라.

선현이여. 일체지지가 청정한 까닭으로 일체의 다라니문이 청정하고, 일체의 다라니문이 청정한 까닭으로 보시바라밀다가 청정하니라. 왜 그러한가? 만약 일체지지가 청정하거나, 만약 일체의 다라니문이 청정하거나, 만약 보시바라밀다가 청정하다면, 무이이고 둘로 나눌 수 없으며 분별이 없고 단절도 없는 까닭이니라. 선현이여. 일체지지가 청정한 까닭으로 일체의 삼마지문이 청정하고, 일체의 삼마지문이 청정한 까닭으로 보시바라밀다가 청정하니라. 왜 그러한가? 만약 일체지지가 청정하거나, 만약 일체의 삼마지문이 청정하거나, 만약 보시바라밀다가 청정하다면, 무이이고 둘로 나눌 수 없으며 분별이 없고 단절도 없는 까닭이니라.

선현이여. 일체지지가 청정한 까닭으로 예류과가 청정하고, 예류과가 청정한 까닭으로 보시바라밀다가 청정하니라. 왜 그러한가? 만약 일체지지가 청정하거나, 만약 예류과가 청정하거나, 만약 보시바라밀다가 청정하다면, 무이이고 둘로 나눌 수 없으며 분별이 없고 단절도 없는 까닭이니라. 일체지지가 청정한 까닭으로 일래·불환·아라한과가 청정하고, 일래·불환·아라한과가 청정한 까닭으로 보시바라밀다가 청정하니라. 왜 그러한가? 만약 일체지지가 청정하거나, 만약 일래·불환·아라한과가 청정하거나, 만약 보시바라밀다가 청정하다면, 무이이고 둘로 나눌 수 없으며 분별이 없고 단절도 없는 까닭이니라.

선현이여. 일체지지가 청정한 까닭으로 독각의 보리가 청정하고, 독각의 보리가 청정한 까닭으로 보시바라밀다가 청정하니라. 왜 그러한가? 만약 일체지지가 청정하거나, 만약 독각의 보리가 청정하거나, 만약 보시바라밀다가 청정하다면, 무이이고 둘로 나눌 수 없으며 분별이 없고 단절도 없는 까닭이니라.

선현이여. 일체지지가 청정한 까닭으로 일체의 보살마하살의 행이 청정하고, 일체의 보살마하살의 행이 청정한 까닭으로 보시바라밀다가 청정하니라. 왜 그러한가? 만약 일체지지가 청정하거나, 만약 일체의 보살마하살의 행이 청정하거나, 만약 보시바라밀다가 청정하다면, 무이이고 둘로 나눌 수 없으며 분별이 없고 단절도 없는 까닭이니라.

선현이여. 일체지지가 청정한 까닭으로 제불의 무상정등보리가 청정하고, 제불의 무상정등보리가 청정한 까닭으로 보시바라밀다가 청정하니라. 왜 그러한가? 만약 일체지지가 청정하거나, 만약 제불의 무상정등보리가 청정하거나, 만약 보시바라밀다가 청정하다면, 무이이고 둘로 나눌 수 없으며 분별이 없고 단절도 없는 까닭이니라."

마하반야바라밀다경 제248권

34. 난신해품(難信解品)(67)

“다시 다음으로 선현이여. 일체지지가 청정한 까닭으로 색이 청정하고, 색이 청정한 까닭으로 내공(內空)이 청정하니라. 왜 그러한가? 만약 일체지지가 청정하거나, 만약 색이 청정하거나, 만약 내공이 청정하다면, 무이이고 둘로 나눌 수 없으며 분별이 없고 단절도 없는 까닭이니라. 일체지지가 청정한 까닭으로 수·상·행·식이 청정하고, 수·상·행·식이 청정한 까닭으로 내공이 청정하니라. 왜 그러한가? 만약 일체지지가 청정하거나, 만약 수·상·행·식이 청정하거나, 만약 내공이 청정하다면, 무이이고 둘로 나눌 수 없으며 분별이 없고 단절도 없는 까닭이니라.

선현이여. 일체지지가 청정한 까닭으로 안처가 청정하고, 안처가 청정한 까닭으로 내공이 청정하니라. 왜 그러한가? 만약 일체지지가 청정하거나, 만약 안처가 청정하거나, 만약 내공이 청정하다면, 무이이고 둘로 나눌 수 없으며 분별이 없고 단절도 없는 까닭이니라. 일체지지가 청정한 까닭으로 이·비·설·신·의처가 청정하고, 이·비·설·신·의처가 청정한 까닭으로 내공이 청정하니라. 왜 그러한가? 만약 일체지지가 청정하거나, 만약 이·비·설·신·의처가 청정하거나, 만약 내공이 청정하다면, 무이이고 둘로 나눌 수 없으며 분별이 없고 단절도 없는 까닭이니라.

선현이여. 일체지지가 청정한 까닭으로 색처가 청정하고, 색처가 청정한 까닭으로 내공이 청정하니라. 왜 그러한가? 만약 일체지지가 청정하거나, 만약 색처가 청정하거나, 만약 내공이 청정하다면, 무이이고 둘로 나눌 수 없으며 분별이 없고 단절도 없는 까닭이니라. 일체지지가 청정한 까닭으로 성·향·미·촉·법처가 청정하고, 성·향·미·촉·법처가 청정한 까닭으로 내공이 청정하니라. 왜 그러한가? 만약 일체지지가 청정하거나, 만약 성·향·미·촉·법처가 청정하거나, 만약 내공이 청정하다면, 무이이고 둘로 나눌 수 없으며 분별이 없고 단절도 없는 까닭이니라.

선현이여. 일체지지가 청정한 까닭으로 안계가 청정하고, 안계가 청정한 까닭으로 내공이 청정하니라. 왜 그러한가? 만약 일체지지가 청정하거나, 만약 안계가 청정하거나, 만약 내공이 청정하다면, 무이이고 둘로 나눌 수 없으며 분별이 없고 단절도 없는 까닭이니라. 일체지지가 청정한 까닭으로 색계·안식계, 나아가 안촉·안촉을 인연으로 생겨난 여러 수가 청정하고, 색계, 나아가 안촉을 인연으로 생겨난 여러 수가 청정한 까닭으로 내공이 청정하니라. 왜 그러한가? 만약 일체지지가 청정하거나, 만약 색계, 나아가 안촉을 인연으로 생겨난 여러 수가 청정하거나, 만약 내공이 청정하다면, 무이이고 둘로 나눌 수 없으며 분별이 없고 단절도 없는 까닭이니라.

선현이여. 일체지지가 청정한 까닭으로 이계가 청정하고, 이계가 청정한 까닭으로 내공이 청정하니라. 왜 그러한가? 만약 일체지지가 청정하거나, 만약 이계가 청정하거나, 만약 내공이 청정하다면, 무이이고 둘로 나눌 수 없으며 분별이 없고 단절도 없는 까닭이니라. 일체지지가 청정한 까닭으로 성계·이식계, 나아가 이촉·이촉을 인연으로 생겨난 여러 수가 청정하고, 성계, 나아가 이촉을 인연으로 생겨난 여러 수가 청정한 까닭으로 내공이 청정하니라. 왜 그러한가? 만약 일체지지가 청정하거나, 만약 성계, 나아가 이촉을 인연으로 생겨난 여러 수가 청정하거나, 만약 내공이 청정하다면, 무이이고 둘로 나눌 수 없으며 분별이 없고 단절도 없는 까닭이니라.

선현이여. 일체지지가 청정한 까닭으로 비계가 청정하고, 비계가 청정한 까닭으로 내공이 청정하니라. 왜 그러한가? 만약 일체지지가 청정하거나, 만약 비계가 청정하거나, 만약 내공이 청정하다면, 무이이고 둘로 나눌 수 없으며 분별이 없고 단절도 없는 까닭이니라. 일체지지가 청정한 까닭으로 향계·비식계, 나아가 비촉·비촉을 인연으로 생겨난 여러 수가 청정하고, 향계, 나아가 비촉을 인연으로 생겨난 여러 수가 청정한 까닭으로 내공이 청정하니라. 왜 그러한가? 만약 일체지지가 청정하거나, 만약 향계, 나아가 비촉을 인연으로 생겨난 여러 수가 청정하거나, 만약 내공이 청정하다면, 무이이고 둘로 나눌 수 없으며 분별이 없고 단절도 없는 까닭이니라.

선현이여. 일체지지가 청정한 까닭으로 설계가 청정하고, 설계가 청정한 까닭으로 내공이 청정하니라. 왜 그러한가? 만약 일체지지가 청정하거나, 만약 설계가 청정하거나, 만약 내공이 청정하다면, 무이이고 둘로 나눌 수 없으며 분별이 없고 단절도 없는 까닭이니라. 일체지지가 청정한 까닭으로 미계·설식계, 나아가 설촉·설촉을 인연으로 생겨난 여러 수가 청정하고, 미계, 나아가 설촉을 인연으로 생겨난 여러 수가 청정한 까닭으로 내공이 청정하니라. 왜 그러한가? 만약 일체지지가 청정하거나, 만약 미계, 나아가 설촉을 인연으로 생겨난 여러 수가 청정하거나, 만약 내공이 청정하다면, 무이이고 둘로 나눌 수 없으며 분별이 없고 단절도 없는 까닭이니라.

선현이여. 일체지지가 청정한 까닭으로 신계가 청정하고, 신계가 청정한 까닭으로 내공이 청정하니라. 왜 그러한가? 만약 일체지지가 청정하거나, 만약 신계가 청정하거나, 만약 내공이 청정하다면, 무이이고 둘로 나눌 수 없으며 분별이 없고 단절도 없는 까닭이니라. 일체지지가 청정한 까닭으로 촉계·신식계, 나아가 신촉·신촉을 인연으로 생겨난 여러 수가 청정하고, 촉계, 나아가 신촉을 인연으로 생겨난 여러 수가 청정한 까닭으로 내공이 청정하니라. 왜 그러한가? 만약 일체지지가 청정하거나, 만약 촉계, 나아가 신촉을 인연으로 생겨난 여러 수가 청정하거나, 만약 내공이 청정하다면, 무이이고 둘로 나눌 수 없으며 분별이 없고 단절도 없는 까닭이니라.

선현이여. 일체지지가 청정한 까닭으로 의계가 청정하고, 의계가 청정

한 까닭으로 내공이 청정하니라. 왜 그러한가? 만약 일체지지가 청정하거나, 만약 의계가 청정하거나, 만약 내공이 청정하다면, 무이이고 둘로 나눌 수 없으며 분별이 없고 단절도 없는 까닭이니라. 일체지지가 청정한 까닭으로 법계·의식계, 나아가 의촉·의촉을 인연으로 생겨난 여러 수가 청정하고, 법계, 나아가 의촉을 인연으로 생겨난 여러 수가 청정한 까닭으로 내공이 청정하니라. 왜 그러한가? 만약 일체지지가 청정하거나, 만약 법계, 나아가 의촉을 인연으로 생겨난 여러 수가 청정하거나, 만약 내공이 청정하다면, 무이이고 둘로 나눌 수 없으며 분별이 없고 단절도 없는 까닭이니라.

선현이여. 일체지지가 청정한 까닭으로 지계가 청정하고, 지계가 청정한 까닭으로 내공이 청정하니라. 왜 그러한가? 만약 일체지지가 청정하거나, 만약 지계가 청정하거나, 만약 내공이 청정하다면, 무이이고 둘로 나눌 수 없으며 분별이 없고 단절도 없는 까닭이니라. 일체지지가 청정한 까닭으로 수·화·풍·공·식계가 청정하고, 수·화·풍·공·식계가 청정한 까닭으로 내공이 청정하니라. 왜 그러한가? 만약 일체지지가 청정하거나, 만약 수·화·풍·공·식계가 청정하거나, 만약 내공이 청정하다면, 무이이고 둘로 나눌 수 없으며 분별이 없고 단절도 없는 까닭이니라.

선현이여. 일체지지가 청정한 까닭으로 무명이 청정하고, 무명이 청정한 까닭으로 내공이 청정하니라. 왜 그러한가? 만약 일체지지가 청정하거나, 만약 무명이 청정하거나, 만약 내공이 청정하다면, 무이이고 둘로 나눌 수 없으며 분별이 없고 단절도 없는 까닭이니라. 일체지지가 청정한 까닭으로 행·식·명색·육처·촉·수·애·취·유·생·노사의 수탄고우뇌가 청정하고, 행, 나아가 노사의 수탄고우뇌가 청정한 까닭으로 내공이 청정하니라. 왜 그러한가? 만약 일체지지가 청정하거나, 만약 행, 나아가 노사의 수탄고우뇌가 청정하거나, 만약 내공이 청정하다면, 무이이고 둘로 나눌 수 없으며 분별이 없고 단절도 없는 까닭이니라.

선현이여. 일체지지가 청정한 까닭으로 보시바라밀다가 청정하고, 보시바라밀다가 청정한 까닭으로 내공이 청정하니라. 왜 그러한가? 만약 일체지지가 청정하거나, 만약 보시바라밀다가 청정하거나, 만약 내공이 청정하다면, 무이이고 둘로 나눌 수 없으며 분별이 없고 단절도 없는 까닭이니라. 일체지지가 청정한 까닭으로 정계·안인·정진·정려·반야바라밀다가 청정하고, 정계, 나아가 반야바라밀다가 청정한 까닭으로 내공이 청정하니라. 왜 그러한가? 만약 일체지지가 청정하거나, 만약 정계, 나아가 반야바라밀다가 청정하거나, 만약 내공이 청정하다면, 무이이고 둘로 나눌 수 없으며 분별이 없고 단절도 없는 까닭이니라.

선현이여. 일체지지가 청정한 까닭으로 외공이 청정하고, 외공이 청정한 까닭으로 내공이 청정하니라. 왜 그러한가? 만약 일체지지가 청정하거나, 만약 외공이 청정하거나, 만약 내공이 청정하다면, 무이이고 둘로 나눌 수 없으며 분별이 없고 단절도 없는 까닭이니라. 일체지지가 청정한 까닭으로 내외공·공공·대공·승의공·유위공·무위공·필경공·무제공·산공·무변이공·본성공·자상공·공상공·일체법공·불가득공·무성공·자성공·무성자성공이 청정하고, 내외공, 나아가 무성자성공이 청정한 까닭으로 내공이 청정하니라. 왜 그러한가? 만약 일체지지가 청정하거나, 만약 내외공, 나아가 무성자성공이 청정하거나, 만약 내공이 청정하다면, 무이이고 둘로 나눌 수 없으며 분별이 없고 단절도 없는 까닭이니라.

선현이여. 일체지지가 청정한 까닭으로 진여가 청정하고, 진여가 청정한 까닭으로 내공이 청정하니라. 왜 그러한가? 만약 일체지지가 청정하거나, 만약 진여가 청정하거나, 만약 내공이 청정하다면, 무이이고 둘로 나눌 수 없으며 분별이 없고 단절도 없는 까닭이니라. 일체지지가 청정한 까닭으로 법계·법성·불허망성·불변이성·평등성·이생성·법정·법주·실제·허공계·부사의계가 청정하고 법계, 나아가 부사의계가 청정한 까닭으로 내공이 청정하니라. 왜 그러한가? 만약 일체지지가 청정하거나, 만약 법계, 나아가 부사의계가 청정하거나, 만약 내공이 청정하다면, 무이이고 둘로 나눌 수 없으며 분별이 없고 단절도 없는 까닭이니라.

선현이여. 일체지지가 청정한 까닭으로 고성제가 청정하고, 고성제가 청정한 까닭으로 내공이 청정하니라. 왜 그러한가? 만약 일체지지가 청정하거나, 만약 고성제가 청정하거나, 만약 내공이 청정하다면, 무이이고 둘로 나눌 수 없으며 분별이 없고 단절도 없는 까닭이니라. 일체지지가 청정한 까닭으로 집·멸·도성제가 청정하고, 집·멸·도성제가 청정한 까닭으로 내공이 청정하니라. 왜 그러한가? 만약 일체지지가 청정하거나, 만약 집·멸·도성제가 청정하거나, 만약 내공이 청정하다면, 무이이고 둘로 나눌 수 없으며 분별이 없고 단절도 없는 까닭이니라.

선현이여. 일체지지가 청정한 까닭으로 4정려가 청정하고, 4정려가 청정한 까닭으로 내공이 청정하니라. 왜 그러한가? 만약 일체지지가 청정하거나, 만약 4정려가 청정하거나, 만약 내공이 청정하다면, 무이이고 둘로 나눌 수 없으며 분별이 없고 단절도 없는 까닭이니라. 일체지지가 청정한 까닭으로 4무량·4무색정이 청정하고, 4무량·4무색정이 청정한 까닭으로 내공이 청정하니라. 왜 그러한가? 만약 일체지지가 청정하거나, 만약 4무량·4무색정이 청정하거나, 만약 내공이 청정하다면, 무이이고 둘로 나눌 수 없으며 분별이 없고 단절도 없는 까닭이니라.

선현이여. 일체지지가 청정한 까닭으로 8해탈이 청정하고, 8해탈이 청정한 까닭으로 내공이 청정하니라. 왜 그러한가? 만약 일체지지가 청정하거나, 만약 8해탈이 청정하거나, 만약 내공이 청정하다면, 무이이고 둘로 나눌 수 없으며 분별이 없고 단절도 없는 까닭이니라. 일체지지가 청정한 까닭으로 8승처·9차제정·10변처가 청정하고, 8승처·9차제정·10변처가 청정한 까닭으로 내공이 청정하니라. 왜 그러한가? 만약 일체지지가 청정하거나, 만약 8승처·9차제정·10변처가 청정하거나, 만약 내공이 청정하다면, 무이이고 둘로 나눌 수 없으며 분별이 없고 단절도 없는 까닭이니라.

선현이여. 일체지지가 청정한 까닭으로 4념주가 청정하고, 4념주가 청정한 까닭으로 내공이 청정하니라. 왜 그러한가? 만약 일체지지가 청정하거나, 만약 4념주가 청정하거나, 만약 내공이 청정하다면, 무이이고 둘로 나눌 수 없으며 분별이 없고 단절도 없는 까닭이니라. 일체지지가 청정한 까닭으로 4정단·4신족·5근·5력·7등각지·8성도지가 청정하고,

4정단, 나아가 8성도지가 청정한 까닭으로 내공이 청정하니라. 왜 그러한가? 만약 일체지지가 청정하거나, 만약 4정단, 나아가 8성도지가 청정하거나, 만약 내공이 청정하다면, 무이이고 둘로 나눌 수 없으며 분별이 없고 단절도 없는 까닭이니라.

선현이여. 일체지지가 청정한 까닭으로 공해탈문이 청정하고, 공해탈문이 청정한 까닭으로 내공이 청정하니라. 왜 그러한가? 만약 일체지지가 청정하거나, 만약 공해탈문이 청정하거나, 만약 내공이 청정하다면, 무이이고 둘로 나눌 수 없으며 분별이 없고 단절도 없는 까닭이니라. 일체지지가 청정한 까닭으로 무상·무원해탈문이 청정하고, 무상·무원해탈문이 청정한 까닭으로 내공이 청정하니라. 왜 그러한가? 만약 일체지지가 청정하거나, 만약 무상·무원해탈문이 청정하거나, 만약 내공이 청정하다면, 무이이고 둘로 나눌 수 없으며 분별이 없고 단절도 없는 까닭이니라.

선현이여. 일체지지가 청정한 까닭으로 보살의 10지가 청정하고, 보살의 10지가 청정한 까닭으로 내공이 청정하니라. 왜 그러한가? 만약 일체지지가 청정하거나, 만약 보살의 10지가 청정하거나, 만약 내공이 청정하다면, 무이이고 둘로 나눌 수 없으며 분별이 없고 단절도 없는 까닭이니라.

선현이여. 일체지지가 청정한 까닭으로 5안이 청정하고, 5안이 청정한 까닭으로 내공이 청정하니라. 왜 그러한가? 만약 일체지지가 청정하거나, 만약 5안이 청정하거나, 만약 내공이 청정하다면, 무이이고 둘로 나눌 수 없으며 분별이 없고 단절도 없는 까닭이니라. 일체지지가 청정한 까닭으로 6신통이 청정하고, 6신통이 청정한 까닭으로 내공이 청정하니라. 왜 그러한가? 만약 일체지지가 청정하거나, 만약 6신통이 청정하거나, 만약 내공이 청정하다면, 무이이고 둘로 나눌 수 없으며 분별이 없고 단절도 없는 까닭이니라.

선현이여. 일체지지가 청정한 까닭으로 여래의 10력이 청정하고, 여래의 10력이 청정한 까닭으로 내공이 청정하니라. 왜 그러한가? 만약 일체지지가 청정하거나, 만약 여래의 10력이 청정하거나, 만약 내공이 청정하다면, 무이이고 둘로 나눌 수 없으며 분별이 없고 단절도 없는 까닭이니라.

일체지지가 청정한 까닭으로 4무소외·4무애해·대자·대비·대희·대사·18불불공법이 청정하고, 4무소외, 나아가 18불불공법이 청정한 까닭으로 내공이 청정하니라. 왜 그러한가? 만약 일체지지가 청정하거나, 만약 4무소외, 나아가 18불불공법이 청정하거나, 만약 내공이 청정하다면, 무이이고 둘로 나눌 수 없으며 분별이 없고 단절도 없는 까닭이니라.

선현이여. 일체지지가 청정한 까닭으로 무망실법이 청정하고, 무망실법이 청정한 까닭으로 내공이 청정하니라. 왜 그러한가? 만약 일체지지가 청정하거나, 만약 무망실법이 청정하거나, 만약 내공이 청정하다면, 무이이고 둘로 나눌 수 없으며 분별이 없고 단절도 없는 까닭이니라. 선현이여. 일체지지가 청정한 까닭으로 항주사성이 청정하고, 항주사성이 청정한 까닭으로 내공이 청정하니라. 왜 그러한가? 만약 일체지지가 청정하거나, 만약 항주사성이 청정하거나, 만약 내공이 청정하다면, 무이이고 둘로 나눌 수 없으며 분별이 없고 단절도 없는 까닭이니라.

선현이여. 일체지지가 청정한 까닭으로 일체지가 청정하고, 일체지가 청정한 까닭으로 내공이 청정하니라. 왜 그러한가? 만약 일체지지가 청정하거나, 만약 일체지가 청정하거나, 만약 내공이 청정하다면, 무이이고 둘로 나눌 수 없으며 분별이 없고 단절도 없는 까닭이니라. 일체지지가 청정한 까닭으로 도상지·일체상지가 청정하고, 도상지·일체상지가 청정한 까닭으로 내공이 청정하니라. 왜 그러한가? 만약 일체지지가 청정하거나, 만약 도상지·일체상지가 청정하거나, 만약 내공이 청정하다면, 무이이고 둘로 나눌 수 없으며 분별이 없고 단절도 없는 까닭이니라.

선현이여. 일체지지가 청정한 까닭으로 일체의 다라니문이 청정하고, 일체의 다라니문이 청정한 까닭으로 내공이 청정하니라. 왜 그러한가? 만약 일체지지가 청정하거나, 만약 일체의 다라니문이 청정하거나, 만약 내공이 청정하다면, 무이이고 둘로 나눌 수 없으며 분별이 없고 단절도 없는 까닭이니라. 선현이여. 일체지지가 청정한 까닭으로 일체의 삼마지문이 청정하고, 일체의 삼마지문이 청정한 까닭으로 내공이 청정하니라. 왜 그러한가? 만약 일체지지가 청정하거나, 만약 일체의 삼마지문이 청정하거나, 만약 내공이 청정하다면, 무이이고 둘로 나눌 수 없으며 분별이 없고 단절도 없는 까닭이니라.

선현이여. 일체지지가 청정한 까닭으로 예류과가 청정하고, 예류과가 청정한 까닭으로 내공이 청정하니라. 왜 그러한가? 만약 일체지지가 청정하거나, 만약 예류과가 청정하거나, 만약 내공이 청정하다면, 무이이고 둘로 나눌 수 없으며 분별이 없고 단절도 없는 까닭이니라. 일체지지가 청정한 까닭으로 일래·불환·아라한과가 청정하고, 일래·불환·아라한과가 청정한 까닭으로 내공이 청정하니라. 왜 그러한가? 만약 일체지지가 청정하거나, 만약 일래·불환·아라한과가 청정하거나, 만약 내공이 청정하다면, 무이이고 둘로 나눌 수 없으며 분별이 없고 단절도 없는 까닭이니라.

선현이여. 일체지지가 청정한 까닭으로 독각의 보리가 청정하고, 독각의 보리가 청정한 까닭으로 내공이 청정하니라. 왜 그러한가? 만약 일체지지가 청정하거나, 만약 독각의 보리가 청정하거나, 만약 내공이 청정하다면, 무이이고 둘로 나눌 수 없으며 분별이 없고 단절도 없는 까닭이니라.

선현이여. 일체지지가 청정한 까닭으로 일체의 보살마하살의 행이 청정하고, 일체의 보살마하살의 행이 청정한 까닭으로 내공이 청정하니라. 왜 그러한가? 만약 일체지지가 청정하거나, 만약 일체의 보살마하살의 행이 청정하거나, 만약 내공이 청정하다면, 무이이고 둘로 나눌 수 없으며 분별이 없고 단절도 없는 까닭이니라.

선현이여. 일체지지가 청정한 까닭으로 제불의 무상정등보리가 청정하고, 제불의 무상정등보리가 청정한 까닭으로 내공이 청정하니라. 왜 그러한가? 만약 일체지지가 청정하거나, 만약 제불의 무상정등보리가 청정하거나, 만약 내공이 청정하다면, 무이이고 둘로 나눌 수 없으며 분별이 없고 단절도 없는 까닭이니라."

"다시 다음으로 선현이여. 일체지지가 청정한 까닭으로 색이 청정하고, 색이 청정한 까닭으로 외공(外空)이 청정하니라. 왜 그러한가? 만약 일체지지가 청정하거나, 만약 색이 청정하거나, 만약 외공이 청정하다면,

무이이고 둘로 나눌 수 없으며 분별이 없고 단절도 없는 까닭이니라. 일체지지가 청정한 까닭으로 수·상·행·식이 청정하고, 수·상·행·식이 청정한 까닭으로 외공이 청정하니라. 왜 그러한가? 만약 일체지지가 청정하거나, 만약 수·상·행·식이 청정하거나, 만약 외공이 청정하다면, 무이이고 둘로 나눌 수 없으며 분별이 없고 단절도 없는 까닭이니라.

선현이여. 일체지지가 청정한 까닭으로 안처가 청정하고, 안처가 청정한 까닭으로 외공이 청정하니라. 왜 그러한가? 만약 일체지지가 청정하거나, 만약 안처가 청정하거나, 만약 외공이 청정하다면, 무이이고 둘로 나눌 수 없으며 분별이 없고 단절도 없는 까닭이니라. 일체지지가 청정한 까닭으로 이·비·설·신·의처가 청정하고, 이·비·설·신·의처가 청정한 까닭으로 외공이 청정하니라. 왜 그러한가? 만약 일체지지가 청정하거나, 만약 이·비·설·신·의처가 청정하거나, 만약 외공이 청정하다면, 무이이고 둘로 나눌 수 없으며 분별이 없고 단절도 없는 까닭이니라.

선현이여. 일체지지가 청정한 까닭으로 색처가 청정하고, 색처가 청정한 까닭으로 외공이 청정하니라. 왜 그러한가? 만약 일체지지가 청정하거나, 만약 색처가 청정하거나, 만약 외공이 청정하다면, 무이이고 둘로 나눌 수 없으며 분별이 없고 단절도 없는 까닭이니라. 일체지지가 청정한 까닭으로 성·향·미·촉·법처가 청정하고, 성·향·미·촉·법처가 청정한 까닭으로 외공이 청정하니라. 왜 그러한가? 만약 일체지지가 청정하거나, 만약 성·향·미·촉·법처가 청정하거나, 만약 외공이 청정하다면, 무이이고 둘로 나눌 수 없으며 분별이 없고 단절도 없는 까닭이니라.

선현이여. 일체지지가 청정한 까닭으로 안계가 청정하고, 안계가 청정한 까닭으로 외공이 청정하니라. 왜 그러한가? 만약 일체지지가 청정하거나, 만약 안계가 청정하거나, 만약 외공이 청정하다면, 무이이고 둘로 나눌 수 없으며 분별이 없고 단절도 없는 까닭이니라. 일체지지가 청정한 까닭으로 색계·안식계, 나아가 안촉·안촉을 인연으로 생겨난 여러 수가 청정하고, 색계, 나아가 안촉을 인연으로 생겨난 여러 수가 청정한 까닭으로 외공이 청정하니라. 왜 그러한가? 만약 일체지지가 청정하거나, 만약 색계, 나아가 안촉을 인연으로 생겨난 여러 수가 청정하거나, 만약 외공이 청정하다면, 무이이고 둘로 나눌 수 없으며 분별이 없고 단절도 없는 까닭이니라.

선현이여. 일체지지가 청정한 까닭으로 이계가 청정하고, 이계가 청정한 까닭으로 외공이 청정하니라. 왜 그러한가? 만약 일체지지가 청정하거나, 만약 이계가 청정하거나, 만약 외공이 청정하다면, 무이이고 둘로 나눌 수 없으며 분별이 없고 단절도 없는 까닭이니라. 일체지지가 청정한 까닭으로 성계·이식계, 나아가 이촉·이촉을 인연으로 생겨난 여러 수가 청정하고, 성계, 나아가 이촉을 인연으로 생겨난 여러 수가 청정한 까닭으로 외공이 청정하니라. 왜 그러한가? 만약 일체지지가 청정하거나, 만약 성계, 나아가 이촉을 인연으로 생겨난 여러 수가 청정하거나, 만약 외공이 청정하다면, 무이이고 둘로 나눌 수 없으며 분별이 없고 단절도 없는 까닭이니라.

선현이여. 일체지지가 청정한 까닭으로 비계가 청정하고, 비계가 청정한 까닭으로 외공이 청정하니라. 왜 그러한가? 만약 일체지지가 청정하거나, 만약 비계가 청정하거나, 만약 외공이 청정하다면, 무이이고 둘로 나눌 수 없으며 분별이 없고 단절도 없는 까닭이니라. 일체지지가 청정한 까닭으로 향계·비식계, 나아가 비촉·비촉을 인연으로 생겨난 여러 수가 청정하고, 향계, 나아가 비촉을 인연으로 생겨난 여러 수가 청정한 까닭으로 외공이 청정하니라. 왜 그러한가? 만약 일체지지가 청정하거나, 만약 향계, 나아가 비촉을 인연으로 생겨난 여러 수가 청정하거나, 만약 외공이 청정하다면, 무이이고 둘로 나눌 수 없으며 분별이 없고 단절도 없는 까닭이니라.

선현이여. 일체지지가 청정한 까닭으로 설계가 청정하고, 설계가 청정한 까닭으로 외공이 청정하니라. 왜 그러한가? 만약 일체지지가 청정하거나, 만약 설계가 청정하거나, 만약 외공이 청정하다면, 무이이고 둘로 나눌 수 없으며 분별이 없고 단절도 없는 까닭이니라. 일체지지가 청정한 까닭으로 미계·설식계, 나아가 설촉·설촉을 인연으로 생겨난 여러 수가 청정하고, 미계, 나아가 설촉을 인연으로 생겨난 여러 수가 청정한 까닭으로 외공이 청정하니라. 왜 그러한가? 만약 일체지지가 청정하거나, 만약 미계, 나아가 설촉을 인연으로 생겨난 여러 수가 청정하거나, 만약 외공이 청정하다면, 무이이고 둘로 나눌 수 없으며 분별이 없고 단절도 없는 까닭이니라.

선현이여. 일체지지가 청정한 까닭으로 신계가 청정하고, 신계가 청정한 까닭으로 외공이 청정하니라. 왜 그러한가? 만약 일체지지가 청정하거나, 만약 신계가 청정하거나, 만약 외공이 청정하다면, 무이이고 둘로 나눌 수 없으며 분별이 없고 단절도 없는 까닭이니라. 일체지지가 청정한 까닭으로 촉계·신식계, 나아가 신촉·신촉을 인연으로 생겨난 여러 수가 청정하고, 촉계, 나아가 신촉을 인연으로 생겨난 여러 수가 청정한 까닭으로 외공이 청정하니라. 왜 그러한가? 만약 일체지지가 청정하거나, 만약 촉계, 나아가 신촉을 인연으로 생겨난 여러 수가 청정하거나, 만약 외공이 청정하다면, 무이이고 둘로 나눌 수 없으며 분별이 없고 단절도 없는 까닭이니라.

선현이여. 일체지지가 청정한 까닭으로 의계가 청정하고, 의계가 청정한 까닭으로 외공이 청정하니라. 왜 그러한가? 만약 일체지지가 청정하거나, 만약 의계가 청정하거나, 만약 외공이 청정하다면, 무이이고 둘로 나눌 수 없으며 분별이 없고 단절도 없는 까닭이니라. 일체지지가 청정한 까닭으로 법계·의식계, 나아가 의촉·의촉을 인연으로 생겨난 여러 수가 청정하고, 법계, 나아가 의촉을 인연으로 생겨난 여러 수가 청정한 까닭으로 외공이 청정하니라. 왜 그러한가? 만약 일체지지가 청정하거나, 만약 법계, 나아가 의촉을 인연으로 생겨난 여러 수가 청정하거나, 만약 외공이 청정하다면, 무이이고 둘로 나눌 수 없으며 분별이 없고 단절도 없는 까닭이니라.

선현이여. 일체지지가 청정한 까닭으로 지계가 청정하고, 지계가 청정한 까닭으로 외공이 청정하니라. 왜 그러한가? 만약 일체지지가 청정하거나, 만약 지계가 청정하거나, 만약 외공이 청정하다면, 무이이고 둘로 나눌 수 없으며 분별이 없고 단절도 없는 까닭이니라. 일체지지가 청정한 까닭으로 수·화·풍·공·식계가 청정하고, 수·화·풍·공·식계가 청정한 까닭으로 외공이 청정하니라. 왜 그러한가? 만약 일체지지가 청정하거나, 만약 수·화·풍·공·식계가 청정하거나, 만약 외공이 청정하다면, 무이이고 둘로 나눌 수 없으며 분별이 없고 단절도 없는 까닭이니라.

선현이여. 일체지지가 청정한 까닭으로 무명이 청정하고, 무명이 청정한 까닭으로 외공이 청정하니라. 왜 그러한가? 만약 일체지지가 청정하거나, 만약 무명이 청정하거나, 만약 외공이 청정하다면, 무이이고 둘로 나눌 수 없으며 분별이 없고 단절도 없는 까닭이니라. 일체지지가 청정한 까닭으로 행·식·명색·육처·촉·수·애·취·유·생·노사의 수탄고우뇌가 청정하고, 행, 나아가 노사의 수탄고우뇌가 청정한 까닭으로 외공이 청정하니라. 왜 그러한가? 만약 일체지지가 청정하거나, 만약 행, 나아가 노사의 수탄고우뇌가 청정하거나, 만약 외공이 청정하다면, 무이이고 둘로 나눌 수 없으며 분별이 없고 단절도 없는 까닭이니라.

선현이여. 일체지지가 청정한 까닭으로 보시바라밀다가 청정하고, 보시바라밀다가 청정한 까닭으로 외공이 청정하니라. 왜 그러한가? 만약 일체지지가 청정하거나, 만약 보시바라밀다가 청정하거나, 만약 외공이 청정하다면, 무이이고 둘로 나눌 수 없으며 분별이 없고 단절도 없는 까닭이니라. 일체지지가 청정한 까닭으로 정계·안인·정진·정려·반야바라밀다가 청정하고, 정계, 나아가 반야바라밀다가 청정한 까닭으로 외공이 청정하니라. 왜 그러한가? 만약 일체지지가 청정하거나, 만약 정계, 나아가 반야바라밀다가 청정하거나, 만약 외공이 청정하다면, 무이이고 둘로 나눌 수 없으며 분별이 없고 단절도 없는 까닭이니라.

선현이여. 일체지지가 청정한 까닭으로 내공이 청정하고, 내공이 청정한 까닭으로 외공이 청정하니라. 왜 그러한가? 만약 일체지지가 청정하거나, 만약 내공이 청정하거나, 만약 외공이 청정하다면, 무이이고 둘로 나눌 수 없으며 분별이 없고 단절도 없는 까닭이니라. 일체지지가 청정한 까닭으로 내외공·공공·대공·승의공·유위공·무위공·필경공·무제공·산공·무변이공·본성공·자상공·공상공·일체법공·불가득공·무성공·자성공·무성자성공이 청정하고, 내외공, 나아가 무성자성공이 청정한 까닭으로 외공이 청정하니라. 왜 그러한가? 만약 일체지지가 청정하거나, 만약 내외공, 나아가 무성자성공이 청정하거나, 만약 외공이 청정하다면, 무이이고 둘로 나눌 수 없으며 분별이 없고 단절도 없는 까닭이니라.

선현이여. 일체지지가 청정한 까닭으로 진여가 청정하고, 진여가 청정한 까닭으로 외공이 청정하니라. 왜 그러한가? 만약 일체지지가 청정하거나, 만약 진여가 청정하거나, 만약 외공이 청정하다면, 무이이고 둘로 나눌 수 없으며 분별이 없고 단절도 없는 까닭이니라. 일체지지가 청정한 까닭으로 법계·법성·불허망성·불변이성·평등성·이생성·법정·법주·실제·허공계·부사의계가 청정하고 법계, 나아가 부사의계가 청정한 까닭으로 외공이 청정하니라. 왜 그러한가? 만약 일체지지가 청정하거나, 만약 법계, 나아가 부사의계가 청정하거나, 만약 외공이 청정하다면, 무이이고 둘로 나눌 수 없으며 분별이 없고 단절도 없는 까닭이니라.

선현이여. 일체지지가 청정한 까닭으로 고성제가 청정하고, 고성제가 청정한 까닭으로 외공이 청정하니라. 왜 그러한가? 만약 일체지지가 청정하거나, 만약 고성제가 청정하거나, 만약 외공이 청정하다면, 무이이고 둘로 나눌 수 없으며 분별이 없고 단절도 없는 까닭이니라. 일체지지가 청정한 까닭으로 집·멸·도성제가 청정하고, 집·멸·도성제가 청정한 까닭으로 외공이 청정하니라. 왜 그러한가? 만약 일체지지가 청정하거나, 만약 집·멸·도성제가 청정하거나, 만약 외공이 청정하다면, 무이이고 둘로 나눌 수 없으며 분별이 없고 단절도 없는 까닭이니라.

선현이여. 일체지지가 청정한 까닭으로 4정려가 청정하고, 4정려가 청정한 까닭으로 외공이 청정하니라. 왜 그러한가? 만약 일체지지가 청정하거나, 만약 4정려가 청정하거나, 만약 외공이 청정하다면, 무이이고 둘로 나눌 수 없으며 분별이 없고 단절도 없는 까닭이니라. 일체지지가 청정한 까닭으로 4무량·4무색정이 청정하고, 4무량·4무색정이 청정한 까닭으로 외공이 청정하니라. 왜 그러한가? 만약 일체지지가 청정하거나,

만약 4무량·4무색정이 청정하거나, 만약 외공이 청정하다면, 무이이고 둘로 나눌 수 없으며 분별이 없고 단절도 없는 까닭이니라.

선현이여. 일체지지가 청정한 까닭으로 8해탈이 청정하고, 8해탈이 청정한 까닭으로 외공이 청정하니라. 왜 그러한가? 만약 일체지지가 청정하거나, 만약 8해탈이 청정하거나, 만약 외공이 청정하다면, 무이이고 둘로 나눌 수 없으며 분별이 없고 단절도 없는 까닭이니라. 일체지지가 청정한 까닭으로 8승처·9차제정·10변처가 청정하고, 8승처·9차제정·10변처가 청정한 까닭으로 외공이 청정하니라. 왜 그러한가? 만약 일체지지가 청정하거나, 만약 8승처·9차제정·10변처가 청정하거나, 만약 외공이 청정하다면, 무이이고 둘로 나눌 수 없으며 분별이 없고 단절도 없는 까닭이니라.

선현이여. 일체지지가 청정한 까닭으로 4념주가 청정하고, 4념주가 청정한 까닭으로 외공이 청정하니라. 왜 그러한가? 만약 일체지지가 청정하거나, 만약 4념주가 청정하거나, 만약 외공이 청정하다면, 무이이고 둘로 나눌 수 없으며 분별이 없고 단절도 없는 까닭이니라. 일체지지가 청정한 까닭으로 4정단·4신족·5근·5력·7등각지·8성도지가 청정하고, 4정단, 나아가 8성도지가 청정한 까닭으로 외공이 청정하니라. 왜 그러한가? 만약 일체지지가 청정하거나, 만약 4정단, 나아가 8성도지가 청정하거나, 만약 외공이 청정하다면, 무이이고 둘로 나눌 수 없으며 분별이 없고 단절도 없는 까닭이니라.

선현이여. 일체지지가 청정한 까닭으로 공해탈문이 청정하고, 공해탈문이 청정한 까닭으로 외공이 청정하니라. 왜 그러한가? 만약 일체지지가 청정하거나, 만약 공해탈문이 청정하거나, 만약 외공이 청정하다면, 무이이고 둘로 나눌 수 없으며 분별이 없고 단절도 없는 까닭이니라. 일체지지가 청정한 까닭으로 무상·무원해탈문이 청정하고, 무상·무원해탈문이 청정한 까닭으로 외공이 청정하니라. 왜 그러한가? 만약 일체지지가 청정하거나, 만약 무상·무원해탈문이 청정하거나, 만약 외공이 청정하다면, 무이이고 둘로 나눌 수 없으며 분별이 없고 단절도 없는 까닭이니라.

선현이여. 일체지지가 청정한 까닭으로 보살의 10지가 청정하고, 보살의 10지가 청정한 까닭으로 외공이 청정하니라. 왜 그러한가? 만약 일체지지가 청정하거나, 만약 보살의 10지가 청정하거나, 만약 외공이 청정하다면, 무이이고 둘로 나눌 수 없으며 분별이 없고 단절도 없는 까닭이니라.

선현이여. 일체지지가 청정한 까닭으로 5안이 청정하고, 5안이 청정한 까닭으로 외공이 청정하니라. 왜 그러한가? 만약 일체지지가 청정하거나, 만약 5안이 청정하거나, 만약 외공이 청정하다면, 무이이고 둘로 나눌 수 없으며 분별이 없고 단절도 없는 까닭이니라. 일체지지가 청정한 까닭으로 6신통이 청정하고, 6신통이 청정한 까닭으로 외공이 청정하니라. 왜 그러한가? 만약 일체지지가 청정하거나, 만약 6신통이 청정하거나, 만약 외공이 청정하다면, 무이이고 둘로 나눌 수 없으며 분별이 없고 단절도 없는 까닭이니라.

선현이여. 일체지지가 청정한 까닭으로 여래의 10력이 청정하고, 여래의 10력이 청정한 까닭으로 외공이 청정하니라. 왜 그러한가? 만약 일체지지가 청정하거나, 만약 여래의 10력이 청정하거나, 만약 외공이 청정하다면, 무이이고 둘로 나눌 수 없으며 분별이 없고 단절도 없는 까닭이니라. 일체지지가 청정한 까닭으로 4무소외·4무애해·대자·대비·대희·대사·18불불공법이 청정하고, 4무소외, 나아가 18불불공법이 청정한 까닭으로 외공이 청정하니라. 왜 그러한가? 만약 일체지지가 청정하거나, 만약 4무소외, 나아가 18불불공법이 청정하거나, 만약 외공이 청정하다면, 무이이고 둘로 나눌 수 없으며 분별이 없고 단절도 없는 까닭이니라.

선현이여. 일체지지가 청정한 까닭으로 무망실법이 청정하고, 무망실법이 청정한 까닭으로 외공이 청정하니라. 왜 그러한가? 만약 일체지지가 청정하거나, 만약 무망실법이 청정하거나, 만약 외공이 청정하다면, 무이이고 둘로 나눌 수 없으며 분별이 없고 단절도 없는 까닭이니라. 선현이여. 일체지지가 청정한 까닭으로 항주사성이 청정하고, 항주사성이 청정한 까닭으로 외공이 청정하니라. 왜 그러한가? 만약 일체지지가 청정하거나, 만약 항주사성이 청정하거나, 만약 외공이 청정하다면, 무이이고 둘로 나눌 수 없으며 분별이 없고 단절도 없는 까닭이니라.

선현이여. 일체지지가 청정한 까닭으로 일체지가 청정하고, 일체지가 청정한 까닭으로 외공이 청정하니라. 왜 그러한가? 만약 일체지지가 청정하거나, 만약 일체지가 청정하거나, 만약 외공이 청정하다면, 무이이고 둘로 나눌 수 없으며 분별이 없고 단절도 없는 까닭이니라. 일체지지가 청정한 까닭으로 도상지·일체상지가 청정하고, 도상지·일체상지가 청정한 까닭으로 외공이 청정하니라. 왜 그러한가? 만약 일체지지가 청정하거나, 만약 도상지·일체상지가 청정하거나, 만약 외공이 청정하다면, 무이이고 둘로 나눌 수 없으며 분별이 없고 단절도 없는 까닭이니라.

선현이여. 일체지지가 청정한 까닭으로 일체의 다라니문이 청정하고, 일체의 다라니문이 청정한 까닭으로 외공이 청정하니라. 왜 그러한가? 만약 일체지지가 청정하거나, 만약 일체의 다라니문이 청정하거나, 만약 외공이 청정하다면, 무이이고 둘로 나눌 수 없으며 분별이 없고 단절도 없는 까닭이니라. 선현이여. 일체지지가 청정한 까닭으로 일체의 삼마지문이 청정하고, 일체의 삼마지문이 청정한 까닭으로 외공이 청정하니라. 왜 그러한가? 만약 일체지지가 청정하거나, 만약 일체의 삼마지문이 청정하거나, 만약 외공이 청정하다면, 무이이고 둘로 나눌 수 없으며 분별이 없고 단절도 없는 까닭이니라.

선현이여. 일체지지가 청정한 까닭으로 예류과가 청정하고, 예류과가 청정한 까닭으로 외공이 청정하니라. 왜 그러한가? 만약 일체지지가 청정하거나, 만약 예류과가 청정하거나, 만약 외공이 청정하다면, 무이이고 둘로 나눌 수 없으며 분별이 없고 단절도 없는 까닭이니라. 일체지지가 청정한 까닭으로 일래·불환·아라한과가 청정하고, 일래·불환·아라한과가 청정한 까닭으로 외공이 청정하니라. 왜 그러한가? 만약 일체지지가 청정하거나, 만약 일래·불환·아라한과가 청정하거나, 만약 외공이 청정하다면, 무이이고 둘로 나눌 수 없으며 분별이 없고 단절도 없는 까닭이니라.

선현이여. 일체지지가 청정한 까닭으로 독각의 보리가 청정하고, 독각의 보리가 청정한 까닭으로 외공이 청정하니라. 왜 그러한가? 만약 일체지지가 청정하거나, 만약 독각의 보리가 청정하거나, 만약 외공이 청정하다면, 무이이고 둘로 나눌 수 없으며 분별이 없고 단절도 없는 까닭이니라.

선현이여. 일체지지가 청정한 까닭으로 일체의 보살마하살의 행이 청정하고, 일체의 보살마하살의 행이 청정한 까닭으로 외공이 청정하니라. 왜 그러한가? 만약 일체지지가 청정하거나, 만약 일체의 보살마하살의 행이 청정하거나, 만약 외공이 청정하다면, 무이이고 둘로 나눌 수 없으며 분별이 없고 단절도 없는 까닭이니라.

선현이여. 일체지지가 청정한 까닭으로 제불의 무상정등보리가 청정하고, 제불의 무상정등보리가 청정한 까닭으로 외공이 청정하니라. 왜 그러한가? 만약 일체지지가 청정하거나, 만약 제불의 무상정등보리가 청정하거나, 만약 외공이 청정하다면, 무이이고 둘로 나눌 수 없으며 분별이 없고 단절도 없는 까닭이니라.”

마하반야바라밀다경 제249권

34. 난신해품(難信解品)(68)

"다시 다음으로 선현이여. 일체지지가 청정한 까닭으로 색이 청정하고, 색이 청정한 까닭으로 내외공(內外空)이 청정하니라. 왜 그러한가? 만약 일체지지가 청정하거나, 만약 색이 청정하거나, 만약 내외공이 청정하다면, 무이이고 둘로 나눌 수 없으며 분별이 없고 단절도 없는 까닭이니라. 일체지지가 청정한 까닭으로 수·상·행·식이 청정하고, 수·상·행·식이 청정한 까닭으로 내외공이 청정하니라. 왜 그러한가? 만약 일체지지가 청정하거나, 만약 수·상·행·식이 청정하거나, 만약 내외공이 청정하다면, 무이이고 둘로 나눌 수 없으며 분별이 없고 단절도 없는 까닭이니라.

선현이여. 일체지지가 청정한 까닭으로 안처가 청정하고, 안처가 청정한 까닭으로 내외공이 청정하니라. 왜 그러한가? 만약 일체지지가 청정하거나, 만약 안처가 청정하거나, 만약 내외공이 청정하다면, 무이이고 둘로 나눌 수 없으며 분별이 없고 단절도 없는 까닭이니라. 일체지지가 청정한 까닭으로 이·비·설·신·의처가 청정하고, 이·비·설·신·의처가 청정한 까닭으로 내외공이 청정하니라. 왜 그러한가? 만약 일체지지가 청정하거나, 만약 이·비·설·신·의처가 청정하거나, 만약 내외공이 청정하다면, 무이이고 둘로 나눌 수 없으며 분별이 없고 단절도 없는 까닭이니라.

선현이여. 일체지지가 청정한 까닭으로 색처가 청정하고, 색처가 청정한 까닭으로 내외공이 청정하니라. 왜 그러한가? 만약 일체지지가 청정하거나, 만약 색처가 청정하거나, 만약 내외공이 청정하다면, 무이이고 둘로 나눌 수 없으며 분별이 없고 단절도 없는 까닭이니라. 일체지지가 청정한 까닭으로 성·향·미·촉·법처가 청정하고, 성·향·미·촉·법처가 청정한 까닭으로 내외공이 청정하니라. 왜 그러한가? 만약 일체지지가 청정하거나, 만약 성·향·미·촉·법처가 청정하거나, 만약 내외공이 청정하다면, 무이이고 둘로 나눌 수 없으며 분별이 없고 단절도 없는 까닭이니라.

선현이여. 일체지지가 청정한 까닭으로 안계가 청정하고, 안계가 청정한 까닭으로 내외공이 청정하니라. 왜 그러한가? 만약 일체지지가 청정하거나, 만약 안계가 청정하거나, 만약 내외공이 청정하다면, 무이이고 둘로 나눌 수 없으며 분별이 없고 단절도 없는 까닭이니라. 일체지지가 청정한 까닭으로 색계·안식계, 나아가 안촉·안촉을 인연으로 생겨난 여러 수가 청정하고, 색계, 나아가 안촉을 인연으로 생겨난 여러 수가 청정한 까닭으로 내외공이 청정하니라. 왜 그러한가? 만약 일체지지가 청정하거나, 만약 색계, 나아가 안촉을 인연으로 생겨난 여러 수가 청정하거나, 만약 내외공이 청정하다면, 무이이고 둘로 나눌 수 없으며 분별이 없고 단절도 없는 까닭이니라.

선현이여. 일체지지가 청정한 까닭으로 이계가 청정하고, 이계가 청정한 까닭으로 내외공이 청정하니라. 왜 그러한가? 만약 일체지지가 청정하거나, 만약 이계가 청정하거나, 만약 내외공이 청정하다면, 무이이고 둘로 나눌 수 없으며 분별이 없고 단절도 없는 까닭이니라. 일체지지가 청정한 까닭으로 성계·이식계, 나아가 이촉·이촉을 인연으로 생겨난 여러 수가 청정하고, 성계, 나아가 이촉을 인연으로 생겨난 여러 수가 청정한 까닭으로 내외공이 청정하니라. 왜 그러한가? 만약 일체지지가 청정하거나, 만약 성계, 나아가 이촉을 인연으로 생겨난 여러 수가 청정하거나, 만약 내외공이 청정하다면, 무이이고 둘로 나눌 수 없으며 분별이 없고 단절도 없는 까닭이니라.

선현이여. 일체지지가 청정한 까닭으로 비계가 청정하고, 비계가 청정한 까닭으로 내외공이 청정하니라. 왜 그러한가? 만약 일체지지가 청정하거나, 만약 비계가 청정하거나, 만약 내외공이 청정하다면, 무이이고 둘로 나눌 수 없으며 분별이 없고 단절도 없는 까닭이니라. 일체지지가 청정한 까닭으로 향계·비식계, 나아가 비촉·비촉을 인연으로 생겨난 여러 수가 청정하고, 향계, 나아가 비촉을 인연으로 생겨난 여러 수가 청정한 까닭으로 내외공이 청정하니라. 왜 그러한가? 만약 일체지지가 청정하거나, 만약 향계, 나아가 비촉을 인연으로 생겨난 여러 수가 청정하거나, 만약 내외공이 청정하다면, 무이이고 둘로 나눌 수 없으며 분별이 없고 단절도 없는 까닭이니라.

선현이여. 일체지지가 청정한 까닭으로 설계가 청정하고, 설계가 청정한 까닭으로 내외공이 청정하니라. 왜 그러한가? 만약 일체지지가 청정하거나, 만약 설계가 청정하거나, 만약 내외공이 청정하다면, 무이이고 둘로 나눌 수 없으며 분별이 없고 단절도 없는 까닭이니라. 일체지지가 청정한 까닭으로 미계·설식계, 나아가 설촉·설촉을 인연으로 생겨난 여러 수가 청정하고, 미계, 나아가 설촉을 인연으로 생겨난 여러 수가 청정한 까닭으로 내외공이 청정하니라. 왜 그러한가? 만약 일체지지가 청정하거나, 만약 미계, 나아가 설촉을 인연으로 생겨난 여러 수가 청정하거나, 만약 내외공이 청정하다면, 무이이고 둘로 나눌 수 없으며 분별이 없고 단절도 없는 까닭이니라.

선현이여. 일체지지가 청정한 까닭으로 신계가 청정하고, 신계가 청정한 까닭으로 내외공이 청정하니라. 왜 그러한가? 만약 일체지지가 청정하거나, 만약 신계가 청정하거나, 만약 내외공이 청정하다면, 무이이고 둘로 나눌 수 없으며 분별이 없고 단절도 없는 까닭이니라. 일체지지가 청정한 까닭으로 촉계·신식계, 나아가 신촉·신촉을 인연으로 생겨난 여러 수가 청정하고, 촉계, 나아가 신촉을 인연으로 생겨난 여러 수가 청정한 까닭으로 내외공이 청정하니라. 왜 그러한가? 만약 일체지지가 청정하거나, 만약 촉계, 나아가 신촉을 인연으로 생겨난 여러 수가 청정하거나, 만약 내외공이 청정하다면, 무이이고 둘로 나눌 수 없으며 분별이 없고 단절도 없는 까닭이니라.

선현이여. 일체지지가 청정한 까닭으로 의계가 청정하고, 의계가 청정

한 까닭으로 내외공이 청정하니라. 왜 그러한가? 만약 일체지지가 청정하거나, 만약 의계가 청정하거나, 만약 내외공이 청정하다면, 무이이고 둘로 나눌 수 없으며 분별이 없고 단절도 없는 까닭이니라. 일체지지가 청정한 까닭으로 법계·의식계, 나아가 의촉·의촉을 인연으로 생겨난 여러 수가 청정하고, 법계, 나아가 의촉을 인연으로 생겨난 여러 수가 청정한 까닭으로 내외공이 청정하니라. 왜 그러한가? 만약 일체지지가 청정하거나, 만약 법계, 나아가 의촉을 인연으로 생겨난 여러 수가 청정하거나, 만약 내외공이 청정하다면, 무이이고 둘로 나눌 수 없으며 분별이 없고 단절도 없는 까닭이니라.

선현이여. 일체지지가 청정한 까닭으로 지계가 청정하고, 지계가 청정한 까닭으로 내외공이 청정하니라. 왜 그러한가? 만약 일체지지가 청정하거나, 만약 지계가 청정하거나, 만약 내외공이 청정하다면, 무이이고 둘로 나눌 수 없으며 분별이 없고 단절도 없는 까닭이니라. 일체지지가 청정한 까닭으로 수·화·풍·공·식계가 청정하고, 수·화·풍·공·식계가 청정한 까닭으로 내외공이 청정하니라. 왜 그러한가? 만약 일체지지가 청정하거나, 만약 수·화·풍·공·식계가 청정하거나, 만약 내외공이 청정하다면, 무이이고 둘로 나눌 수 없으며 분별이 없고 단절도 없는 까닭이니라.

선현이여. 일체지지가 청정한 까닭으로 무명이 청정하고, 무명이 청정한 까닭으로 내외공이 청정하니라. 왜 그러한가? 만약 일체지지가 청정하거나, 만약 무명이 청정하거나, 만약 내외공이 청정하다면, 무이이고 둘로 나눌 수 없으며 분별이 없고 단절도 없는 까닭이니라. 일체지지가 청정한 까닭으로 행·식·명색·육처·촉·수·애·취·유·생·노사의 수탄고우뇌가 청정하고, 행, 나아가 노사의 수탄고우뇌가 청정한 까닭으로 내외공이 청정하니라. 왜 그러한가? 만약 일체지지가 청정하거나, 만약 행, 나아가 노사의 수탄고우뇌가 청정하거나, 만약 내외공이 청정하다면, 무이이고 둘로 나눌 수 없으며 분별이 없고 단절도 없는 까닭이니라.

선현이여. 일체지지가 청정한 까닭으로 보시바라밀다가 청정하고, 보시바라밀다가 청정한 까닭으로 내외공이 청정하니라. 왜 그러한가?

만약 일체지지가 청정하거나, 만약 보시바라밀다가 청정하거나, 만약 내외공이 청정하다면, 무이이고 둘로 나눌 수 없으며 분별이 없고 단절도 없는 까닭이니라. 일체지지가 청정한 까닭으로 정계·안인·정진·정려·반야바라밀다가 청정하고, 정계, 나아가 반야바라밀다가 청정한 까닭으로 내외공이 청정하니라. 왜 그러한가? 만약 일체지지가 청정하거나, 만약 정계, 나아가 반야바라밀다가 청정하거나, 만약 내외공이 청정하다면, 무이이고 둘로 나눌 수 없으며 분별이 없고 단절도 없는 까닭이니라.

선현이여. 일체지지가 청정한 까닭으로 내공이 청정하고, 내공이 청정한 까닭으로 내외공이 청정하니라. 왜 그러한가? 만약 일체지지가 청정하거나, 만약 내공이 청정하거나, 만약 내외공이 청정하다면, 무이이고 둘로 나눌 수 없으며 분별이 없고 단절도 없는 까닭이니라. 일체지지가 청정한 까닭으로 외공·공공·대공·승의공·유위공·무위공·필경공·무제공·산공·무변이공·본성공·자상공·공상공·일체법공·불가득공·무성공·자성공·무성자성공이 청정하고, 외공, 나아가 무성자성공이 청정한 까닭으로 내외공이 청정하니라. 왜 그러한가? 만약 일체지지가 청정하거나, 만약 외공, 나아가 무성자성공이 청정하거나, 만약 내외공이 청정하다면, 무이이고 둘로 나눌 수 없으며 분별이 없고 단절도 없는 까닭이니라.

선현이여. 일체지지가 청정한 까닭으로 진여가 청정하고, 진여가 청정한 까닭으로 내외공이 청정하니라. 왜 그러한가? 만약 일체지지가 청정하거나, 만약 진여가 청정하거나, 만약 내외공이 청정하다면, 무이이고 둘로 나눌 수 없으며 분별이 없고 단절도 없는 까닭이니라. 일체지지가 청정한 까닭으로 법계·법성·불허망성·불변이성·평등성·이생성·법정·법주·실제·허공계·부사의계가 청정하고 법계, 나아가 부사의계가 청정한 까닭으로 내외공이 청정하니라. 왜 그러한가? 만약 일체지지가 청정하거나, 만약 법계, 나아가 부사의계가 청정하거나, 만약 내외공이 청정하다면, 무이이고 둘로 나눌 수 없으며 분별이 없고 단절도 없는 까닭이니라.

선현이여. 일체지지가 청정한 까닭으로 고성제가 청정하고, 고성제가 청정한 까닭으로 내외공이 청정하니라. 왜 그러한가? 만약 일체지지가 청정하거나, 만약 고성제가 청정하거나, 만약 내외공이 청정하다면, 무이이고 둘로 나눌 수 없으며 분별이 없고 단절도 없는 까닭이니라. 일체지지가 청정한 까닭으로 집·멸·도성제가 청정하고, 집·멸·도성제가 청정한 까닭으로 내외공이 청정하니라. 왜 그러한가? 만약 일체지지가 청정하거나, 만약 집·멸·도성제가 청정하거나, 만약 내외공이 청정하다면, 무이이고 둘로 나눌 수 없으며 분별이 없고 단절도 없는 까닭이니라.

선현이여. 일체지지가 청정한 까닭으로 4정려가 청정하고, 4정려가 청정한 까닭으로 내외공이 청정하니라. 왜 그러한가? 만약 일체지지가 청정하거나, 만약 4정려가 청정하거나, 만약 내외공이 청정하다면, 무이이고 둘로 나눌 수 없으며 분별이 없고 단절도 없는 까닭이니라. 일체지지가 청정한 까닭으로 4무량·4무색정이 청정하고, 4무량·4무색정이 청정한 까닭으로 내외공이 청정하니라. 왜 그러한가? 만약 일체지지가 청정하거나, 만약 4무량·4무색정이 청정하거나, 만약 내외공이 청정하다면, 무이이고 둘로 나눌 수 없으며 분별이 없고 단절도 없는 까닭이니라.

선현이여. 일체지지가 청정한 까닭으로 8해탈이 청정하고, 8해탈이 청정한 까닭으로 내외공이 청정하니라. 왜 그러한가? 만약 일체지지가 청정하거나, 만약 8해탈이 청정하거나, 만약 내외공이 청정하다면, 무이이고 둘로 나눌 수 없으며 분별이 없고 단절도 없는 까닭이니라. 일체지지가 청정한 까닭으로 8승처·9차제정·10변처가 청정하고, 8승처·9차제정·10변처가 청정한 까닭으로 내외공이 청정하니라. 왜 그러한가? 만약 일체지지가 청정하거나, 만약 8승처·9차제정·10변처가 청정하거나, 만약 내외공이 청정하다면, 무이이고 둘로 나눌 수 없으며 분별이 없고 단절도 없는 까닭이니라.

선현이여. 일체지지가 청정한 까닭으로 4념주가 청정하고, 4념주가 청정한 까닭으로 내외공이 청정하니라. 왜 그러한가? 만약 일체지지가 청정하거나, 만약 4념주가 청정하거나, 만약 내외공이 청정하다면, 무이이고 둘로 나눌 수 없으며 분별이 없고 단절도 없는 까닭이니라. 일체지지가 청정한 까닭으로 4정단·4신족·5근·5력·7등각지·8성도지가 청정하고,

4정단, 나아가 8성도지가 청정한 까닭으로 내외공이 청정하니라. 왜 그러한가? 만약 일체지지가 청정하거나, 만약 4정단, 나아가 8성도지가 청정하거나, 만약 내외공이 청정하다면, 무이이고 둘로 나눌 수 없으며 분별이 없고 단절도 없는 까닭이니라.

선현이여. 일체지지가 청정한 까닭으로 공해탈문이 청정하고, 공해탈문이 청정한 까닭으로 내외공이 청정하니라. 왜 그러한가? 만약 일체지지가 청정하거나, 만약 공해탈문이 청정하거나, 만약 내외공이 청정하다면, 무이이고 둘로 나눌 수 없으며 분별이 없고 단절도 없는 까닭이니라. 일체지지가 청정한 까닭으로 무상·무원해탈문이 청정하고, 무상·무원해탈문이 청정한 까닭으로 내외공이 청정하니라. 왜 그러한가? 만약 일체지지가 청정하거나, 만약 무상·무원해탈문이 청정하거나, 만약 내외공이 청정하다면, 무이이고 둘로 나눌 수 없으며 분별이 없고 단절도 없는 까닭이니라.

선현이여. 일체지지가 청정한 까닭으로 보살의 10지가 청정하고, 보살의 10지가 청정한 까닭으로 내외공이 청정하니라. 왜 그러한가? 만약 일체지지가 청정하거나, 만약 보살의 10지가 청정하거나, 만약 내외공이 청정하다면, 무이이고 둘로 나눌 수 없으며 분별이 없고 단절도 없는 까닭이니라.

선현이여. 일체지지가 청정한 까닭으로 5안이 청정하고, 5안이 청정한 까닭으로 내외공이 청정하니라. 왜 그러한가? 만약 일체지지가 청정하거나, 만약 5안이 청정하거나, 만약 내외공이 청정하다면, 무이이고 둘로 나눌 수 없으며 분별이 없고 단절도 없는 까닭이니라. 일체지지가 청정한 까닭으로 6신통이 청정하고, 6신통이 청정한 까닭으로 내외공이 청정하니라. 왜 그러한가? 만약 일체지지가 청정하거나, 만약 6신통이 청정하거나, 만약 내외공이 청정하다면, 무이이고 둘로 나눌 수 없으며 분별이 없고 단절도 없는 까닭이니라.

선현이여. 일체지지가 청정한 까닭으로 여래의 10력이 청정하고, 여래의 10력이 청정한 까닭으로 내외공이 청정하니라. 왜 그러한가? 만약 일체지지가 청정하거나, 만약 여래의 10력이 청정하거나, 만약 내외공이 청정하다면, 무이이고 둘로 나눌 수 없으며 분별이 없고 단절도 없는 까닭이니라. 일체지지가 청정한 까닭으로 4무소외·4무애해·대자·대비·대희·대사·18불불공법이 청정하고, 4무소외, 나아가 18불불공법이 청정한 까닭으로 내외공이 청정하니라. 왜 그러한가? 만약 일체지지가 청정하거나, 만약 4무소외, 나아가 18불불공법이 청정하거나, 만약 내외공이 청정하다면, 무이이고 둘로 나눌 수 없으며 분별이 없고 단절도 없는 까닭이니라.

선현이여. 일체지지가 청정한 까닭으로 무망실법이 청정하고, 무망실법이 청정한 까닭으로 내외공이 청정하니라. 왜 그러한가? 만약 일체지지가 청정하거나, 만약 무망실법이 청정하거나, 만약 내외공이 청정하다면, 무이이고 둘로 나눌 수 없으며 분별이 없고 단절도 없는 까닭이니라. 선현이여. 일체지지가 청정한 까닭으로 항주사성이 청정하고, 항주사성이 청정한 까닭으로 내외공이 청정하니라. 왜 그러한가? 만약 일체지지가 청정하거나, 만약 항주사성이 청정하거나, 만약 내외공이 청정하다면, 무이이고 둘로 나눌 수 없으며 분별이 없고 단절도 없는 까닭이니라.

선현이여. 일체지지가 청정한 까닭으로 일체지가 청정하고, 일체지가 청정한 까닭으로 내외공이 청정하니라. 왜 그러한가? 만약 일체지지가 청정하거나, 만약 일체지가 청정하거나, 만약 내외공이 청정하다면, 무이이고 둘로 나눌 수 없으며 분별이 없고 단절도 없는 까닭이니라. 일체지지가 청정한 까닭으로 도상지·일체상지가 청정하고, 도상지·일체상지가 청정한 까닭으로 내외공이 청정하니라. 왜 그러한가? 만약 일체지지가 청정하거나, 만약 도상지·일체상지가 청정하거나, 만약 내외공이 청정하다면, 무이이고 둘로 나눌 수 없으며 분별이 없고 단절도 없는 까닭이니라.

선현이여. 일체지지가 청정한 까닭으로 일체의 다라니문이 청정하고, 일체의 다라니문이 청정한 까닭으로 내외공이 청정하니라. 왜 그러한가? 만약 일체지지가 청정하거나, 만약 일체의 다라니문이 청정하거나, 만약 내외공이 청정하다면, 무이이고 둘로 나눌 수 없으며 분별이 없고 단절도 없는 까닭이니라. 선현이여. 일체지지가 청정한 까닭으로 일체의 삼마지문이 청정하고, 일체의 삼마지문이 청정한 까닭으로 내외공이 청정하니라. 왜 그러한가? 만약 일체지지가 청정하거나, 만약 일체의 삼마지문이 청정하거나, 만약 내외공이 청정하다면, 무이이고 둘로 나눌 수 없으며 분별이 없고 단절도 없는 까닭이니라.

선현이여. 일체지지가 청정한 까닭으로 예류과가 청정하고, 예류과가 청정한 까닭으로 내외공이 청정하니라. 왜 그러한가? 만약 일체지지가 청정하거나, 만약 예류과가 청정하거나, 만약 내외공이 청정하다면, 무이이고 둘로 나눌 수 없으며 분별이 없고 단절도 없는 까닭이니라. 일체지지가 청정한 까닭으로 일래·불환·아라한과가 청정하고, 일래·불환·아라한과가 청정한 까닭으로 내외공이 청정하니라. 왜 그러한가? 만약 일체지지가 청정하거나, 만약 일래·불환·아라한과가 청정하거나, 만약 내외공이 청정하다면, 무이이고 둘로 나눌 수 없으며 분별이 없고 단절도 없는 까닭이니라.

선현이여. 일체지지가 청정한 까닭으로 독각의 보리가 청정하고, 독각의 보리가 청정한 까닭으로 내외공이 청정하니라. 왜 그러한가? 만약 일체지지가 청정하거나, 만약 독각의 보리가 청정하거나, 만약 내외공이 청정하다면, 무이이고 둘로 나눌 수 없으며 분별이 없고 단절도 없는 까닭이니라.

선현이여. 일체지지가 청정한 까닭으로 일체의 보살마하살의 행이 청정하고, 일체의 보살마하살의 행이 청정한 까닭으로 내외공이 청정하니라. 왜 그러한가? 만약 일체지지가 청정하거나, 만약 일체의 보살마하살의 행이 청정하거나, 만약 내외공이 청정하다면, 무이이고 둘로 나눌 수 없으며 분별이 없고 단절도 없는 까닭이니라.

선현이여. 일체지지가 청정한 까닭으로 제불의 무상정등보리가 청정하고, 제불의 무상정등보리가 청정한 까닭으로 내외공이 청정하니라. 왜 그러한가? 만약 일체지지가 청정하거나, 만약 제불의 무상정등보리가 청정하거나, 만약 내외공이 청정하다면, 무이이고 둘로 나눌 수 없으며

분별이 없고 단절도 없는 까닭이니라."

"다시 다음으로 선현이여. 일체지지가 청정한 까닭으로 색이 청정하고, 색이 청정한 까닭으로 공공(空空)이 청정하니라. 왜 그러한가? 만약 일체지지가 청정하거나, 만약 색이 청정하거나, 만약 공공이 청정하다면, 무이이고 둘로 나눌 수 없으며 분별이 없고 단절도 없는 까닭이니라. 일체지지가 청정한 까닭으로 수·상·행·식이 청정하고, 수·상·행·식이 청정한 까닭으로 공공이 청정하니라. 왜 그러한가? 만약 일체지지가 청정하거나, 만약 수·상·행·식이 청정하거나, 만약 공공이 청정하다면, 무이이고 둘로 나눌 수 없으며 분별이 없고 단절도 없는 까닭이니라.

선현이여. 일체지지가 청정한 까닭으로 안처가 청정하고, 안처가 청정한 까닭으로 공공이 청정하니라. 왜 그러한가? 만약 일체지지가 청정하거나, 만약 안처가 청정하거나, 만약 공공이 청정하다면, 무이이고 둘로 나눌 수 없으며 분별이 없고 단절도 없는 까닭이니라. 일체지지가 청정한 까닭으로 이·비·설·신·의처가 청정하고, 이·비·설·신·의처가 청정한 까닭으로 공공이 청정하니라. 왜 그러한가? 만약 일체지지가 청정하거나, 만약 이·비·설·신·의처가 청정하거나, 만약 공공이 청정하다면, 무이이고 둘로 나눌 수 없으며 분별이 없고 단절도 없는 까닭이니라.

선현이여. 일체지지가 청정한 까닭으로 색처가 청정하고, 색처가 청정한 까닭으로 공공이 청정하니라. 왜 그러한가? 만약 일체지지가 청정하거나, 만약 색처가 청정하거나, 만약 공공이 청정하다면, 무이이고 둘로 나눌 수 없으며 분별이 없고 단절도 없는 까닭이니라. 일체지지가 청정한 까닭으로 성·향·미·촉·법처가 청정하고, 성·향·미·촉·법처가 청정한 까닭으로 공공이 청정하니라. 왜 그러한가? 만약 일체지지가 청정하거나, 만약 성·향·미·촉·법처가 청정하거나, 만약 공공이 청정하다면, 무이이고 둘로 나눌 수 없으며 분별이 없고 단절도 없는 까닭이니라.

선현이여. 일체지지가 청정한 까닭으로 안계가 청정하고, 안계가 청정한 까닭으로 공공이 청정하니라. 왜 그러한가? 만약 일체지지가 청정하거나, 만약 안계가 청정하거나, 만약 공공이 청정하다면, 무이이고 둘로 나눌 수 없으며 분별이 없고 단절도 없는 까닭이니라. 일체지지가 청정한 까닭으로 색계·안식계, 나아가 안촉·안촉을 인연으로 생겨난 여러 수가 청정하고, 색계, 나아가 안촉을 인연으로 생겨난 여러 수가 청정한 까닭으로 공공이 청정하니라. 왜 그러한가? 만약 일체지지가 청정하거나, 만약 색계, 나아가 안촉을 인연으로 생겨난 여러 수가 청정하거나, 만약 공공이 청정하다면, 무이이고 둘로 나눌 수 없으며 분별이 없고 단절도 없는 까닭이니라.

선현이여. 일체지지가 청정한 까닭으로 이계가 청정하고, 이계가 청정한 까닭으로 공공이 청정하니라. 왜 그러한가? 만약 일체지지가 청정하거나, 만약 이계가 청정하거나, 만약 공공이 청정하다면, 무이이고 둘로 나눌 수 없으며 분별이 없고 단절도 없는 까닭이니라. 일체지지가 청정한 까닭으로 성계·이식계, 나아가 이촉·이촉을 인연으로 생겨난 여러 수가 청정하고, 성계, 나아가 이촉을 인연으로 생겨난 여러 수가 청정한 까닭으로 공공이 청정하니라. 왜 그러한가? 만약 일체지지가 청정하거나, 만약 성계, 나아가 이촉을 인연으로 생겨난 여러 수가 청정하거나, 만약 공공이 청정하다면, 무이이고 둘로 나눌 수 없으며 분별이 없고 단절도 없는 까닭이니라.

선현이여. 일체지지가 청정한 까닭으로 비계가 청정하고, 비계가 청정한 까닭으로 공공이 청정하니라. 왜 그러한가? 만약 일체지지가 청정하거나, 만약 비계가 청정하거나, 만약 공공이 청정하다면, 무이이고 둘로 나눌 수 없으며 분별이 없고 단절도 없는 까닭이니라. 일체지지가 청정한 까닭으로 향계·비식계, 나아가 비촉·비촉을 인연으로 생겨난 여러 수가 청정하고, 향계, 나아가 비촉을 인연으로 생겨난 여러 수가 청정한 까닭으로 공공이 청정하니라. 왜 그러한가? 만약 일체지지가 청정하거나, 만약 향계, 나아가 비촉을 인연으로 생겨난 여러 수가 청정하거나, 만약 공공이 청정하다면, 무이이고 둘로 나눌 수 없으며 분별이 없고 단절도 없는 까닭이니라.

선현이여. 일체지지가 청정한 까닭으로 설계가 청정하고, 설계가 청정한 까닭으로 공공이 청정하니라. 왜 그러한가? 만약 일체지지가 청정하거나, 만약 설계가 청정하거나, 만약 공공이 청정하다면, 무이이고 둘로 나눌 수 없으며 분별이 없고 단절도 없는 까닭이니라. 일체지지가 청정한 까닭으로 미계·설식계, 나아가 설촉·설촉을 인연으로 생겨난 여러 수가 청정하고, 미계, 나아가 설촉을 인연으로 생겨난 여러 수가 청정한 까닭으로 공공이 청정하니라. 왜 그러한가? 만약 일체지지가 청정하거나, 만약 미계, 나아가 설촉을 인연으로 생겨난 여러 수가 청정하거나, 만약 공공이 청정하다면, 무이이고 둘로 나눌 수 없으며 분별이 없고 단절도 없는 까닭이니라.

선현이여. 일체지지가 청정한 까닭으로 신계가 청정하고, 신계가 청정한 까닭으로 공공이 청정하니라. 왜 그러한가? 만약 일체지지가 청정하거나, 만약 신계가 청정하거나, 만약 공공이 청정하다면, 무이이고 둘로 나눌 수 없으며 분별이 없고 단절도 없는 까닭이니라. 일체지지가 청정한 까닭으로 촉계·신식계, 나아가 신촉·신촉을 인연으로 생겨난 여러 수가 청정하고, 촉계, 나아가 신촉을 인연으로 생겨난 여러 수가 청정한 까닭으로 공공이 청정하니라. 왜 그러한가? 만약 일체지지가 청정하거나, 만약 촉계, 나아가 신촉을 인연으로 생겨난 여러 수가 청정하거나, 만약 공공이 청정하다면, 무이이고 둘로 나눌 수 없으며 분별이 없고 단절도 없는 까닭이니라.

선현이여. 일체지지가 청정한 까닭으로 의계가 청정하고, 의계가 청정한 까닭으로 공공이 청정하니라. 왜 그러한가? 만약 일체지지가 청정하거나, 만약 의계가 청정하거나, 만약 공공이 청정하다면, 무이이고 둘로 나눌 수 없으며 분별이 없고 단절도 없는 까닭이니라. 일체지지가 청정한 까닭으로 법계·의식계, 나아가 의촉·의촉을 인연으로 생겨난 여러 수가 청정하고, 법계, 나아가 의촉을 인연으로 생겨난 여러 수가 청정한 까닭으로 공공이 청정하니라. 왜 그러한가? 만약 일체지지가 청정하거나, 만약 법계, 나아가 의촉을 인연으로 생겨난 여러 수가 청정하거나, 만약 공공이

청정하다면, 무이이고 둘로 나눌 수 없으며 분별이 없고 단절도 없는 까닭이니라.

선현이여. 일체지지가 청정한 까닭으로 지계가 청정하고, 지계가 청정한 까닭으로 공공이 청정하니라. 왜 그러한가? 만약 일체지지가 청정하거나, 만약 지계가 청정하거나, 만약 공공이 청정하다면, 무이이고 둘로 나눌 수 없으며 분별이 없고 단절도 없는 까닭이니라. 일체지지가 청정한 까닭으로 수·화·풍·공·식계가 청정하고, 수·화·풍·공·식계가 청정한 까닭으로 공공이 청정하니라. 왜 그러한가? 만약 일체지지가 청정하거나, 만약 수·화·풍·공·식계가 청정하거나, 만약 공공이 청정하다면, 무이이고 둘로 나눌 수 없으며 분별이 없고 단절도 없는 까닭이니라.

선현이여. 일체지지가 청정한 까닭으로 무명이 청정하고, 무명이 청정한 까닭으로 공공이 청정하니라. 왜 그러한가? 만약 일체지지가 청정하거나, 만약 무명이 청정하거나, 만약 공공이 청정하다면, 무이이고 둘로 나눌 수 없으며 분별이 없고 단절도 없는 까닭이니라. 일체지지가 청정한 까닭으로 행·식·명색·육처·촉·수·애·취·유·생·노사의 수탄고우뇌가 청정하고, 행, 나아가 노사의 수탄고우뇌가 청정한 까닭으로 공공이 청정하니라. 왜 그러한가? 만약 일체지지가 청정하거나, 만약 행, 나아가 노사의 수탄고우뇌가 청정하거나, 만약 공공이 청정하다면, 무이이고 둘로 나눌 수 없으며 분별이 없고 단절도 없는 까닭이니라.

선현이여. 일체지지가 청정한 까닭으로 보시바라밀다가 청정하고, 보시바라밀다가 청정한 까닭으로 공공이 청정하니라. 왜 그러한가? 만약 일체지지가 청정하거나, 만약 보시바라밀다가 청정하거나, 만약 공공이 청정하다면, 무이이고 둘로 나눌 수 없으며 분별이 없고 단절도 없는 까닭이니라. 일체지지가 청정한 까닭으로 정계·안인·정진·정려·반야바라밀다가 청정하고, 정계, 나아가 반야바라밀다가 청정한 까닭으로 공공이 청정하니라. 왜 그러한가? 만약 일체지지가 청정하거나, 만약 정계, 나아가 반야바라밀다가 청정하거나, 만약 공공이 청정하다면, 무이이고 둘로 나눌 수 없으며 분별이 없고 단절도 없는 까닭이니라.

선현이여. 일체지지가 청정한 까닭으로 내공이 청정하고, 내공이 청정한 까닭으로 공공이 청정하니라. 왜 그러한가? 만약 일체지지가 청정하거나, 만약 내공이 청정하거나, 만약 공공이 청정하다면, 무이이고 둘로 나눌 수 없으며 분별이 없고 단절도 없는 까닭이니라. 일체지지가 청정한 까닭으로 외공·내외공·대공·승의공·유위공·무위공·필경공·무제공·산공·무변이공·본성공·자상공·공상공·일체법공·불가득공·무성공·자성공·무성자성공이 청정하고, 외공, 나아가 무성자성공이 청정한 까닭으로 공공이 청정하니라. 왜 그러한가? 만약 일체지지가 청정하거나, 만약 외공, 나아가 무성자성공이 청정하거나, 만약 공공이 청정하다면, 무이이고 둘로 나눌 수 없으며 분별이 없고 단절도 없는 까닭이니라.

선현이여. 일체지지가 청정한 까닭으로 진여가 청정하고, 진여가 청정한 까닭으로 공공이 청정하니라. 왜 그러한가? 만약 일체지지가 청정하거나, 만약 진여가 청정하거나, 만약 공공이 청정하다면, 무이이고 둘로 나눌 수 없으며 분별이 없고 단절도 없는 까닭이니라. 일체지지가 청정한 까닭으로 법계·법성·불허망성·불변이성·평등성·이생성·법정·법주·실제·허공계·부사의계가 청정하고 법계, 나아가 부사의계가 청정한 까닭으로 공공이 청정하니라. 왜 그러한가? 만약 일체지지가 청정하거나, 만약 법계, 나아가 부사의계가 청정하거나, 만약 공공이 청정하다면, 무이이고 둘로 나눌 수 없으며 분별이 없고 단절도 없는 까닭이니라.

선현이여. 일체지지가 청정한 까닭으로 고성제가 청정하고, 고성제가 청정한 까닭으로 공공이 청정하니라. 왜 그러한가? 만약 일체지지가 청정하거나, 만약 고성제가 청정하거나, 만약 공공이 청정하다면, 무이이고 둘로 나눌 수 없으며 분별이 없고 단절도 없는 까닭이니라. 일체지지가 청정한 까닭으로 집·멸·도성제가 청정하고, 집·멸·도성제가 청정한 까닭으로 공공이 청정하니라. 왜 그러한가? 만약 일체지지가 청정하거나, 만약 집·멸·도성제가 청정하거나, 만약 공공이 청정하다면, 무이이고 둘로 나눌 수 없으며 분별이 없고 단절도 없는 까닭이니라.

선현이여. 일체지지가 청정한 까닭으로 4정려가 청정하고, 4정려가

청정한 까닭으로 공공이 청정하니라. 왜 그러한가? 만약 일체지지가 청정하거나, 만약 4정려가 청정하거나, 만약 공공이 청정하다면, 무이이고 둘로 나눌 수 없으며 분별이 없고 단절도 없는 까닭이니라. 일체지지가 청정한 까닭으로 4무량·4무색정이 청정하고, 4무량·4무색정이 청정한 까닭으로 공공이 청정하니라. 왜 그러한가? 만약 일체지지가 청정하거나, 만약 4무량·4무색정이 청정하거나, 만약 공공이 청정하다면, 무이이고 둘로 나눌 수 없으며 분별이 없고 단절도 없는 까닭이니라.

선현이여. 일체지지가 청정한 까닭으로 8해탈이 청정하고, 8해탈이 청정한 까닭으로 공공이 청정하니라. 왜 그러한가? 만약 일체지지가 청정하거나, 만약 8해탈이 청정하거나, 만약 공공이 청정하다면, 무이이고 둘로 나눌 수 없으며 분별이 없고 단절도 없는 까닭이니라. 일체지지가 청정한 까닭으로 8승처·9차제정·10변처가 청정하고, 8승처·9차제정·10변처가 청정한 까닭으로 공공이 청정하니라. 왜 그러한가? 만약 일체지지가 청정하거나, 만약 8승처·9차제정·10변처가 청정하거나, 만약 공공이 청정하다면, 무이이고 둘로 나눌 수 없으며 분별이 없고 단절도 없는 까닭이니라.

선현이여. 일체지지가 청정한 까닭으로 4념주가 청정하고, 4념주가 청정한 까닭으로 공공이 청정하니라. 왜 그러한가? 만약 일체지지가 청정하거나, 만약 4념주가 청정하거나, 만약 공공이 청정하다면, 무이이고 둘로 나눌 수 없으며 분별이 없고 단절도 없는 까닭이니라. 일체지지가 청정한 까닭으로 4정단·4신족·5근·5력·7등각지·8성도지가 청정하고, 4정단, 나아가 8성도지가 청정한 까닭으로 공공이 청정하니라. 왜 그러한가? 만약 일체지지가 청정하거나, 만약 4정단, 나아가 8성도지가 청정하거나, 만약 공공이 청정하다면, 무이이고 둘로 나눌 수 없으며 분별이 없고 단절도 없는 까닭이니라.

선현이여. 일체지지가 청정한 까닭으로 공해탈문이 청정하고, 공해탈문이 청정한 까닭으로 공공이 청정하니라. 왜 그러한가? 만약 일체지지가 청정하거나, 만약 공해탈문이 청정하거나, 만약 공공이 청정하다면, 무이이고 둘로 나눌 수 없으며 분별이 없고 단절도 없는 까닭이니라. 일체지지가 청정한 까닭으로 무상·무원해탈문이 청정하고, 무상·무원해탈문이 청정한 까닭으로 공공이 청정하니라. 왜 그러한가? 만약 일체지지가 청정하거나, 만약 무상·무원해탈문이 청정하거나, 만약 공공이 청정하다면, 무이이고 둘로 나눌 수 없으며 분별이 없고 단절도 없는 까닭이니라.

선현이여. 일체지지가 청정한 까닭으로 보살의 10지가 청정하고, 보살의 10지가 청정한 까닭으로 공공이 청정하니라. 왜 그러한가? 만약 일체지지가 청정하거나, 만약 보살의 10지가 청정하거나, 만약 공공이 청정하다면, 무이이고 둘로 나눌 수 없으며 분별이 없고 단절도 없는 까닭이니라.

선현이여. 일체지지가 청정한 까닭으로 5안이 청정하고, 5안이 청정한 까닭으로 공공이 청정하니라. 왜 그러한가? 만약 일체지지가 청정하거나, 만약 5안이 청정하거나, 만약 공공이 청정하다면, 무이이고 둘로 나눌 수 없으며 분별이 없고 단절도 없는 까닭이니라. 일체지지가 청정한 까닭으로 6신통이 청정하고, 6신통이 청정한 까닭으로 공공이 청정하니라. 왜 그러한가? 만약 일체지지가 청정하거나, 만약 6신통이 청정하거나, 만약 공공이 청정하다면, 무이이고 둘로 나눌 수 없으며 분별이 없고 단절도 없는 까닭이니라.

선현이여. 일체지지가 청정한 까닭으로 여래의 10력이 청정하고, 여래의 10력이 청정한 까닭으로 공공이 청정하니라. 왜 그러한가? 만약 일체지지가 청정하거나, 만약 여래의 10력이 청정하거나, 만약 공공이 청정하다면, 무이이고 둘로 나눌 수 없으며 분별이 없고 단절도 없는 까닭이니라. 일체지지가 청정한 까닭으로 4무소외·4무애해·대자·대비·대희·대사·18불불공법이 청정하고, 4무소외, 나아가 18불불공법이 청정한 까닭으로 공공이 청정하니라. 왜 그러한가? 만약 일체지지가 청정하거나, 만약 4무소외, 나아가 18불불공법이 청정하거나, 만약 공공이 청정하다면, 무이이고 둘로 나눌 수 없으며 분별이 없고 단절도 없는 까닭이니라.

선현이여. 일체지지가 청정한 까닭으로 무망실법이 청정하고, 무망실법이 청정한 까닭으로 공공이 청정하니라. 왜 그러한가? 만약 일체지지가 청정하거나, 만약 무망실법이 청정하거나, 만약 공공이 청정하다면, 무이이고 둘로 나눌 수 없으며 분별이 없고 단절도 없는 까닭이니라. 선현이여. 일체지지가 청정한 까닭으로 항주사성이 청정하고, 항주사성이 청정한 까닭으로 공공이 청정하니라. 왜 그러한가? 만약 일체지지가 청정하거나, 만약 항주사성이 청정하거나, 만약 공공이 청정하다면, 무이이고 둘로 나눌 수 없으며 분별이 없고 단절도 없는 까닭이니라.

선현이여. 일체지지가 청정한 까닭으로 일체지가 청정하고, 일체지가 청정한 까닭으로 공공이 청정하니라. 왜 그러한가? 만약 일체지지가 청정하거나, 만약 일체지가 청정하거나, 만약 공공이 청정하다면, 무이이고 둘로 나눌 수 없으며 분별이 없고 단절도 없는 까닭이니라. 일체지지가 청정한 까닭으로 도상지·일체상지가 청정하고, 도상지·일체상지가 청정한 까닭으로 공공이 청정하니라. 왜 그러한가? 만약 일체지지가 청정하거나, 만약 도상지·일체상지가 청정하거나, 만약 공공이 청정하다면, 무이이고 둘로 나눌 수 없으며 분별이 없고 단절도 없는 까닭이니라.

선현이여. 일체지지가 청정한 까닭으로 일체의 다라니문이 청정하고, 일체의 다라니문이 청정한 까닭으로 공공이 청정하니라. 왜 그러한가? 만약 일체지지가 청정하거나, 만약 일체의 다라니문이 청정하거나, 만약 공공이 청정하다면, 무이이고 둘로 나눌 수 없으며 분별이 없고 단절도 없는 까닭이니라. 선현이여. 일체지지가 청정한 까닭으로 일체의 삼마지문이 청정하고, 일체의 삼마지문이 청정한 까닭으로 공공이 청정하니라. 왜 그러한가? 만약 일체지지가 청정하거나, 만약 일체의 삼마지문이 청정하거나, 만약 공공이 청정하다면, 무이이고 둘로 나눌 수 없으며 분별이 없고 단절도 없는 까닭이니라.

선현이여. 일체지지가 청정한 까닭으로 예류과가 청정하고, 예류과가 청정한 까닭으로 공공이 청정하니라. 왜 그러한가? 만약 일체지지가 청정하거나, 만약 예류과가 청정하거나, 만약 공공이 청정하다면, 무이이고 둘로 나눌 수 없으며 분별이 없고 단절도 없는 까닭이니라. 일체지지가 청정한 까닭으로 일래·불환·아라한과가 청정하고, 일래·불환·아라한과가 청정한 까닭으로 공공이 청정하니라. 왜 그러한가? 만약 일체지지가 청정하거나, 만약 일래·불환·아라한과가 청정하거나, 만약 공공이 청정하다면, 무이이고 둘로 나눌 수 없으며 분별이 없고 단절도 없는 까닭이니라.

선현이여. 일체지지가 청정한 까닭으로 독각의 보리가 청정하고, 독각의 보리가 청정한 까닭으로 공공이 청정하니라. 왜 그러한가? 만약 일체지지가 청정하거나, 만약 독각의 보리가 청정하거나, 만약 공공이 청정하다면, 무이이고 둘로 나눌 수 없으며 분별이 없고 단절도 없는 까닭이니라.

선현이여. 일체지지가 청정한 까닭으로 일체의 보살마하살의 행이 청정하고, 일체의 보살마하살의 행이 청정한 까닭으로 공공이 청정하니라. 왜 그러한가? 만약 일체지지가 청정하거나, 만약 일체의 보살마하살의 행이 청정하거나, 만약 공공이 청정하다면, 무이이고 둘로 나눌 수 없으며 분별이 없고 단절도 없는 까닭이니라.

선현이여. 일체지지가 청정한 까닭으로 제불의 무상정등보리가 청정하고, 제불의 무상정등보리가 청정한 까닭으로 공공이 청정하니라. 왜 그러한가? 만약 일체지지가 청정하거나, 만약 제불의 무상정등보리가 청정하거나, 만약 공공이 청정하다면, 무이이고 둘로 나눌 수 없으며 분별이 없고 단절도 없는 까닭이니라."

"다시 다음으로 선현이여. 일체지지가 청정한 까닭으로 색이 청정하고, 색이 청정한 까닭으로 대공(大空)이 청정하니라. 왜 그러한가? 만약 일체지지가 청정하거나, 만약 색이 청정하거나, 만약 대공이 청정하다면, 무이이고 둘로 나눌 수 없으며 분별이 없고 단절도 없는 까닭이니라. 일체지지가 청정한 까닭으로 수·상·행·식이 청정하고, 수·상·행·식이 청정한 까닭으로 대공이 청정하니라. 왜 그러한가? 만약 일체지지가 청정하거나, 만약 수·상·행·식이 청정하거나, 만약 대공이 청정하다면, 무이이고 둘로 나눌 수 없으며 분별이 없고 단절도 없는 까닭이니라.

선현이여. 일체지지가 청정한 까닭으로 안처가 청정하고, 안처가 청정한 까닭으로 대공이 청정하니라. 왜 그러한가? 만약 일체지지가 청정하거나, 만약 안처가 청정하거나, 만약 대공이 청정하다면, 무이이고 둘로 나눌 수 없으며 분별이 없고 단절도 없는 까닭이니라. 일체지지가 청정한 까닭으로 이·비·설·신·의처가 청정하고, 이·비·설·신·의처가 청정한 까닭으로 대공이 청정하니라. 왜 그러한가? 만약 일체지지가 청정하거나, 만약 이·비·설·신·의처가 청정하거나, 만약 대공이 청정하다면, 무이이고 둘로 나눌 수 없으며 분별이 없고 단절도 없는 까닭이니라.

선현이여. 일체지지가 청정한 까닭으로 색처가 청정하고, 색처가 청정한 까닭으로 대공이 청정하니라. 왜 그러한가? 만약 일체지지가 청정하거나, 만약 색처가 청정하거나, 만약 대공이 청정하다면, 무이이고 둘로 나눌 수 없으며 분별이 없고 단절도 없는 까닭이니라. 일체지지가 청정한 까닭으로 성·향·미·촉·법처가 청정하고, 성·향·미·촉·법처가 청정한 까닭으로 대공이 청정하니라. 왜 그러한가? 만약 일체지지가 청정하거나, 만약 성·향·미·촉·법처가 청정하거나, 만약 대공이 청정하다면, 무이이고 둘로 나눌 수 없으며 분별이 없고 단절도 없는 까닭이니라.

선현이여. 일체지지가 청정한 까닭으로 안계가 청정하고, 안계가 청정한 까닭으로 대공이 청정하니라. 왜 그러한가? 만약 일체지지가 청정하거나, 만약 안계가 청정하거나, 만약 대공이 청정하다면, 무이이고 둘로 나눌 수 없으며 분별이 없고 단절도 없는 까닭이니라. 일체지지가 청정한 까닭으로 색계·안식계, 나아가 안촉·안촉을 인연으로 생겨난 여러 수가 청정하고, 색계, 나아가 안촉을 인연으로 생겨난 여러 수가 청정한 까닭으로 대공이 청정하니라. 왜 그러한가? 만약 일체지지가 청정하거나, 만약 색계, 나아가 안촉을 인연으로 생겨난 여러 수가 청정하거나, 만약 대공이 청정하다면, 무이이고 둘로 나눌 수 없으며 분별이 없고 단절도 없는 까닭이니라.

선현이여. 일체지지가 청정한 까닭으로 이계가 청정하고, 이계가 청정한 까닭으로 대공이 청정하니라. 왜 그러한가? 만약 일체지지가 청정하거나, 만약 이계가 청정하거나, 만약 대공이 청정하다면, 무이이고 둘로 나눌 수 없으며 분별이 없고 단절도 없는 까닭이니라. 일체지지가 청정한 까닭으로 성계·이식계, 나아가 이촉·이촉을 인연으로 생겨난 여러 수가 청정하고, 성계, 나아가 이촉을 인연으로 생겨난 여러 수가 청정한 까닭으로 대공이 청정하니라. 왜 그러한가? 만약 일체지지가 청정하거나, 만약 성계, 나아가 이촉을 인연으로 생겨난 여러 수가 청정하거나, 만약 대공이 청정하다면, 무이이고 둘로 나눌 수 없으며 분별이 없고 단절도 없는 까닭이니라.

선현이여. 일체지지가 청정한 까닭으로 비계가 청정하고, 비계가 청정한 까닭으로 대공이 청정하니라. 왜 그러한가? 만약 일체지지가 청정하거나, 만약 비계가 청정하거나, 만약 대공이 청정하다면, 무이이고 둘로 나눌 수 없으며 분별이 없고 단절도 없는 까닭이니라. 일체지지가 청정한 까닭으로 향계·비식계, 나아가 비촉·비촉을 인연으로 생겨난 여러 수가 청정하고, 향계, 나아가 비촉을 인연으로 생겨난 여러 수가 청정한 까닭으로 대공이 청정하니라. 왜 그러한가? 만약 일체지지가 청정하거나, 만약 향계, 나아가 비촉을 인연으로 생겨난 여러 수가 청정하거나, 만약 대공이 청정하다면, 무이이고 둘로 나눌 수 없으며 분별이 없고 단절도 없는 까닭이니라.”

마하반야바라밀다경 제250권

34. 난신해품(難信解品)(69)

“선현이여. 일체지지가 청정한 까닭으로 설계가 청정하고, 설계가 청정한 까닭으로 대공이 청정하니라. 왜 그러한가? 만약 일체지지가 청정하거나, 만약 설계가 청정하거나, 만약 대공이 청정하다면, 무이이고 둘로 나눌 수 없으며 분별이 없고 단절도 없는 까닭이니라. 일체지지가 청정한 까닭으로 미계·설식계, 나아가 설촉·설촉을 인연으로 생겨난 여러 수가 청정하고, 미계, 나아가 설촉을 인연으로 생겨난 여러 수가 청정한 까닭으로 대공이 청정하니라. 왜 그러한가? 만약 일체지지가 청정하거나, 만약 미계, 나아가 설촉을 인연으로 생겨난 여러 수가 청정하거나, 만약 대공이 청정하다면, 무이이고 둘로 나눌 수 없으며 분별이 없고 단절도 없는 까닭이니라.

선현이여. 일체지지가 청정한 까닭으로 신계가 청정하고, 신계가 청정한 까닭으로 대공이 청정하니라. 왜 그러한가? 만약 일체지지가 청정하거나, 만약 신계가 청정하거나, 만약 대공이 청정하다면, 무이이고 둘로 나눌 수 없으며 분별이 없고 단절도 없는 까닭이니라. 일체지지가 청정한 까닭으로 촉계·신식계, 나아가 신촉·신촉을 인연으로 생겨난 여러 수가 청정하고, 촉계, 나아가 신촉을 인연으로 생겨난 여러 수가 청정한 까닭으로 대공이 청정하니라. 왜 그러한가? 만약 일체지지가 청정하거나, 만약 촉계, 나아가 신촉을 인연으로 생겨난 여러 수가 청정하거나, 만약 대공이 청정하다면, 무이이고 둘로 나눌 수 없으며 분별이 없고 단절도 없는

까닭이니라.

선현이여. 일체지지가 청정한 까닭으로 의계가 청정하고, 의계가 청정한 까닭으로 대공이 청정하니라. 왜 그러한가? 만약 일체지지가 청정하거나, 만약 의계가 청정하거나, 만약 대공이 청정하다면, 무이이고 둘로 나눌 수 없으며 분별이 없고 단절도 없는 까닭이니라. 일체지지가 청정한 까닭으로 법계·의식계, 나아가 의촉·의촉을 인연으로 생겨난 여러 수가 청정하고, 법계, 나아가 의촉을 인연으로 생겨난 여러 수가 청정한 까닭으로 대공이 청정하니라. 왜 그러한가? 만약 일체지지가 청정하거나, 만약 법계, 나아가 의촉을 인연으로 생겨난 여러 수가 청정하거나, 만약 대공이 청정하다면, 무이이고 둘로 나눌 수 없으며 분별이 없고 단절도 없는 까닭이니라.

선현이여. 일체지지가 청정한 까닭으로 지계가 청정하고, 지계가 청정한 까닭으로 대공이 청정하니라. 왜 그러한가? 만약 일체지지가 청정하거나, 만약 지계가 청정하거나, 만약 대공이 청정하다면, 무이이고 둘로 나눌 수 없으며 분별이 없고 단절도 없는 까닭이니라. 일체지지가 청정한 까닭으로 수·화·풍·공·식계가 청정하고, 수·화·풍·공·식계가 청정한 까닭으로 대공이 청정하니라. 왜 그러한가? 만약 일체지지가 청정하거나, 만약 수·화·풍·공·식계가 청정하거나, 만약 대공이 청정하다면, 무이이고 둘로 나눌 수 없으며 분별이 없고 단절도 없는 까닭이니라.

선현이여. 일체지지가 청정한 까닭으로 무명이 청정하고, 무명이 청정한 까닭으로 대공이 청정하니라. 왜 그러한가? 만약 일체지지가 청정하거나, 만약 무명이 청정하거나, 만약 대공이 청정하다면, 무이이고 둘로 나눌 수 없으며 분별이 없고 단절도 없는 까닭이니라. 일체지지가 청정한 까닭으로 행·식·명색·육처·촉·수·애·취·유·생·노사의 수탄고우뇌가 청정하고, 행, 나아가 노사의 수탄고우뇌가 청정한 까닭으로 대공이 청정하니라. 왜 그러한가? 만약 일체지지가 청정하거나, 만약 행, 나아가 노사의 수탄고우뇌가 청정하거나, 만약 대공이 청정하다면, 무이이고 둘로 나눌 수 없으며 분별이 없고 단절도 없는 까닭이니라.

선현이여. 일체지지가 청정한 까닭으로 보시바라밀다가 청정하고, 보시바라밀다가 청정한 까닭으로 대공이 청정하니라. 왜 그러한가? 만약 일체지지가 청정하거나, 만약 보시바라밀다가 청정하거나, 만약 대공이 청정하다면, 무이이고 둘로 나눌 수 없으며 분별이 없고 단절도 없는 까닭이니라. 일체지지가 청정한 까닭으로 정계·안인·정진·정려·반야바라밀다가 청정하고, 정계, 나아가 반야바라밀다가 청정한 까닭으로 대공이 청정하니라. 왜 그러한가? 만약 일체지지가 청정하거나, 만약 정계, 나아가 반야바라밀다가 청정하거나, 만약 대공이 청정하다면, 무이이고 둘로 나눌 수 없으며 분별이 없고 단절도 없는 까닭이니라.

선현이여. 일체지지가 청정한 까닭으로 내공이 청정하고, 내공이 청정한 까닭으로 대공이 청정하니라. 왜 그러한가? 만약 일체지지가 청정하거나, 만약 내공이 청정하거나, 만약 대공이 청정하다면, 무이이고 둘로 나눌 수 없으며 분별이 없고 단절도 없는 까닭이니라. 일체지지가 청정한 까닭으로 외공·내외공·공공·승의공·유위공·무위공·필경공·무제공·산공·무변이공·본성공·자상공·공상공·일체법공·불가득공·무성공·자성공·무성자성공이 청정하고, 외공, 나아가 무성자성공이 청정한 까닭으로 대공이 청정하니라. 왜 그러한가? 만약 일체지지가 청정하거나, 만약 외공, 나아가 무성자성공이 청정하거나, 만약 대공이 청정하다면, 무이이고 둘로 나눌 수 없으며 분별이 없고 단절도 없는 까닭이니라.

선현이여. 일체지지가 청정한 까닭으로 진여가 청정하고, 진여가 청정한 까닭으로 대공이 청정하니라. 왜 그러한가? 만약 일체지지가 청정하거나, 만약 진여가 청정하거나, 만약 대공이 청정하다면, 무이이고 둘로 나눌 수 없으며 분별이 없고 단절도 없는 까닭이니라. 일체지지가 청정한 까닭으로 법계·법성·불허망성·불변이성·평등성·이생성·법정·법주·실제·허공계·부사의계가 청정하고 법계, 나아가 부사의계가 청정한 까닭으로 대공이 청정하니라. 왜 그러한가? 만약 일체지지가 청정하거나, 만약 법계, 나아가 부사의계가 청정하거나, 만약 대공이 청정하다면, 무이이고 둘로 나눌 수 없으며 분별이 없고 단절도 없는 까닭이니라.

선현이여. 일체지지가 청정한 까닭으로 고성제가 청정하고, 고성제가 청정한 까닭으로 대공이 청정하니라. 왜 그러한가? 만약 일체지지가 청정하거나, 만약 고성제가 청정하거나, 만약 대공이 청정하다면, 무이이고 둘로 나눌 수 없으며 분별이 없고 단절도 없는 까닭이니라. 일체지지가 청정한 까닭으로 집·멸·도성제가 청정하고, 집·멸·도성제가 청정한 까닭으로 대공이 청정하니라. 왜 그러한가? 만약 일체지지가 청정하거나, 만약 집·멸·도성제가 청정하거나, 만약 대공이 청정하다면, 무이이고 둘로 나눌 수 없으며 분별이 없고 단절도 없는 까닭이니라.

선현이여. 일체지지가 청정한 까닭으로 4정려가 청정하고, 4정려가 청정한 까닭으로 대공이 청정하니라. 왜 그러한가? 만약 일체지지가 청정하거나, 만약 4정려가 청정하거나, 만약 대공이 청정하다면, 무이이고 둘로 나눌 수 없으며 분별이 없고 단절도 없는 까닭이니라. 일체지지가 청정한 까닭으로 4무량·4무색정이 청정하고, 4무량·4무색정이 청정한 까닭으로 대공이 청정하니라. 왜 그러한가? 만약 일체지지가 청정하거나, 만약 4무량·4무색정이 청정하거나, 만약 대공이 청정하다면, 무이이고 둘로 나눌 수 없으며 분별이 없고 단절도 없는 까닭이니라.

선현이여. 일체지지가 청정한 까닭으로 8해탈이 청정하고, 8해탈이 청정한 까닭으로 대공이 청정하니라. 왜 그러한가? 만약 일체지지가 청정하거나, 만약 8해탈이 청정하거나, 만약 대공이 청정하다면, 무이이고 둘로 나눌 수 없으며 분별이 없고 단절도 없는 까닭이니라. 일체지지가 청정한 까닭으로 8승처·9차제정·10변처가 청정하고, 8승처·9차제정·10변처가 청정한 까닭으로 대공이 청정하니라. 왜 그러한가? 만약 일체지지가 청정하거나, 만약 8승처·9차제정·10변처가 청정하거나, 만약 대공이 청정하다면, 무이이고 둘로 나눌 수 없으며 분별이 없고 단절도 없는 까닭이니라.

선현이여. 일체지지가 청정한 까닭으로 4념주가 청정하고, 4념주가 청정한 까닭으로 대공이 청정하니라. 왜 그러한가? 만약 일체지지가 청정하거나, 만약 4념주가 청정하거나, 만약 대공이 청정하다면, 무이이고 둘로 나눌 수 없으며 분별이 없고 단절도 없는 까닭이니라. 일체지지가 청정한 까닭으로 4정단·4신족·5근·5력·7등각지·8성도지가 청정하고, 4정단, 나아가 8성도지가 청정한 까닭으로 대공이 청정하니라. 왜 그러한가? 만약 일체지지가 청정하거나, 만약 4정단, 나아가 8성도지가 청정하거나, 만약 대공이 청정하다면, 무이이고 둘로 나눌 수 없으며 분별이 없고 단절도 없는 까닭이니라.

선현이여. 일체지지가 청정한 까닭으로 공해탈문이 청정하고, 공해탈문이 청정한 까닭으로 대공이 청정하니라. 왜 그러한가? 만약 일체지지가 청정하거나, 만약 공해탈문이 청정하거나, 만약 대공이 청정하다면, 무이이고 둘로 나눌 수 없으며 분별이 없고 단절도 없는 까닭이니라. 일체지지가 청정한 까닭으로 무상·무원해탈문이 청정하고, 무상·무원해탈문이 청정한 까닭으로 대공이 청정하니라. 왜 그러한가? 만약 일체지지가 청정하거나, 만약 무상·무원해탈문이 청정하거나, 만약 대공이 청정하다면, 무이이고 둘로 나눌 수 없으며 분별이 없고 단절도 없는 까닭이니라.

선현이여. 일체지지가 청정한 까닭으로 보살의 10지가 청정하고, 보살의 10지가 청정한 까닭으로 대공이 청정하니라. 왜 그러한가? 만약 일체지지가 청정하거나, 만약 보살의 10지가 청정하거나, 만약 대공이 청정하다면, 무이이고 둘로 나눌 수 없으며 분별이 없고 단절도 없는 까닭이니라.

선현이여. 일체지지가 청정한 까닭으로 5안이 청정하고, 5안이 청정한 까닭으로 대공이 청정하니라. 왜 그러한가? 만약 일체지지가 청정하거나, 만약 5안이 청정하거나, 만약 대공이 청정하다면, 무이이고 둘로 나눌 수 없으며 분별이 없고 단절도 없는 까닭이니라. 일체지지가 청정한 까닭으로 6신통이 청정하고, 6신통이 청정한 까닭으로 대공이 청정하니라. 왜 그러한가? 만약 일체지지가 청정하거나, 만약 6신통이 청정하거나, 만약 대공이 청정하다면, 무이이고 둘로 나눌 수 없으며 분별이 없고 단절도 없는 까닭이니라.

선현이여. 일체지지가 청정한 까닭으로 여래의 10력이 청정하고, 여래의 10력이 청정한 까닭으로 대공이 청정하니라. 왜 그러한가? 만약 일체지지가 청정하거나, 만약 여래의 10력이 청정하거나, 만약 대공이 청정하다면, 무이이고 둘로 나눌 수 없으며 분별이 없고 단절도 없는 까닭이니라. 일체지지가 청정한 까닭으로 4무소외·4무애해·대자·대비·대희·대사·18불불공법이 청정하고, 4무소외, 나아가 18불불공법이 청정한 까닭으로 대공이 청정하니라. 왜 그러한가? 만약 일체지지가 청정하거나, 만약 4무소외, 나아가 18불불공법이 청정하거나, 만약 대공이 청정하다면, 무이이고 둘로 나눌 수 없으며 분별이 없고 단절도 없는 까닭이니라.

선현이여. 일체지지가 청정한 까닭으로 무망실법이 청정하고, 무망실법이 청정한 까닭으로 대공이 청정하니라. 왜 그러한가? 만약 일체지지가 청정하거나, 만약 무망실법이 청정하거나, 만약 대공이 청정하다면, 무이이고 둘로 나눌 수 없으며 분별이 없고 단절도 없는 까닭이니라. 선현이여. 일체지지가 청정한 까닭으로 항주사성이 청정하고, 항주사성이 청정한 까닭으로 대공이 청정하니라. 왜 그러한가? 만약 일체지지가 청정하거나, 만약 항주사성이 청정하거나, 만약 대공이 청정하다면, 무이이고 둘로 나눌 수 없으며 분별이 없고 단절도 없는 까닭이니라.

선현이여. 일체지지가 청정한 까닭으로 일체지가 청정하고, 일체지가 청정한 까닭으로 대공이 청정하니라. 왜 그러한가? 만약 일체지지가 청정하거나, 만약 일체지가 청정하거나, 만약 대공이 청정하다면, 무이이고 둘로 나눌 수 없으며 분별이 없고 단절도 없는 까닭이니라. 일체지지가 청정한 까닭으로 도상지·일체상지가 청정하고, 도상지·일체상지가 청정한 까닭으로 대공이 청정하니라. 왜 그러한가? 만약 일체지지가 청정하거나, 만약 도상지·일체상지가 청정하거나, 만약 대공이 청정하다면, 무이이고 둘로 나눌 수 없으며 분별이 없고 단절도 없는 까닭이니라.

선현이여. 일체지지가 청정한 까닭으로 일체의 다라니문이 청정하고, 일체의 다라니문이 청정한 까닭으로 대공이 청정하니라. 왜 그러한가? 만약 일체지지가 청정하거나, 만약 일체의 다라니문이 청정하거나, 만약 대공이 청정하다면, 무이이고 둘로 나눌 수 없으며 분별이 없고 단절도 없는 까닭이니라. 선현이여. 일체지지가 청정한 까닭으로 일체의 삼마지문이 청정하고, 일체의 삼마지문이 청정한 까닭으로 대공이 청정하니라. 왜 그러한가? 만약 일체지지가 청정하거나, 만약 일체의 삼마지문이 청정하거나, 만약 대공이 청정하다면, 무이이고 둘로 나눌 수 없으며 분별이 없고 단절도 없는 까닭이니라.

선현이여. 일체지지가 청정한 까닭으로 예류과가 청정하고, 예류과가 청정한 까닭으로 대공이 청정하니라. 왜 그러한가? 만약 일체지지가 청정하거나, 만약 예류과가 청정하거나, 만약 대공이 청정하다면, 무이이고 둘로 나눌 수 없으며 분별이 없고 단절도 없는 까닭이니라. 일체지지가 청정한 까닭으로 일래·불환·아라한과가 청정하고, 일래·불환·아라한과가 청정한 까닭으로 대공이 청정하니라. 왜 그러한가? 만약 일체지지가 청정하거나, 만약 일래·불환·아라한과가 청정하거나, 만약 대공이 청정하다면, 무이이고 둘로 나눌 수 없으며 분별이 없고 단절도 없는 까닭이니라.

선현이여. 일체지지가 청정한 까닭으로 독각의 보리가 청정하고, 독각의 보리가 청정한 까닭으로 대공이 청정하니라. 왜 그러한가? 만약 일체지지가 청정하거나, 만약 독각의 보리가 청정하거나, 만약 대공이 청정하다면, 무이이고 둘로 나눌 수 없으며 분별이 없고 단절도 없는 까닭이니라.

선현이여. 일체지지가 청정한 까닭으로 일체의 보살마하살의 행이 청정하고, 일체의 보살마하살의 행이 청정한 까닭으로 대공이 청정하니라. 왜 그러한가? 만약 일체지지가 청정하거나, 만약 일체의 보살마하살의 행이 청정하거나, 만약 대공이 청정하다면, 무이이고 둘로 나눌 수 없으며 분별이 없고 단절도 없는 까닭이니라.

선현이여. 일체지지가 청정한 까닭으로 제불의 무상정등보리가 청정하고, 제불의 무상정등보리가 청정한 까닭으로 대공이 청정하니라. 왜 그러한가? 만약 일체지지가 청정하거나, 만약 제불의 무상정등보리가 청정하거나, 만약 대공이 청정하다면, 무이이고 둘로 나눌 수 없으며 분별이 없고 단절도 없는 까닭이니라."

"다시 다음으로 선현이여. 일체지지가 청정한 까닭으로 색이 청정하고,

색이 청정한 까닭으로 승의공(勝義空)이 청정하니라. 왜 그러한가? 만약 일체지지가 청정하거나, 만약 색이 청정하거나, 만약 승의공이 청정하다면, 무이이고 둘로 나눌 수 없으며 분별이 없고 단절도 없는 까닭이니라. 일체지지가 청정한 까닭으로 수·상·행·식이 청정하고, 수·상·행·식이 청정한 까닭으로 승의공이 청정하니라. 왜 그러한가? 만약 일체지지가 청정하거나, 만약 수·상·행·식이 청정하거나, 만약 승의공이 청정하다면, 무이이고 둘로 나눌 수 없으며 분별이 없고 단절도 없는 까닭이니라.

선현이여. 일체지지가 청정한 까닭으로 안처가 청정하고, 안처가 청정한 까닭으로 승의공이 청정하니라. 왜 그러한가? 만약 일체지지가 청정하거나, 만약 안처가 청정하거나, 만약 승의공이 청정하다면, 무이이고 둘로 나눌 수 없으며 분별이 없고 단절도 없는 까닭이니라. 일체지지가 청정한 까닭으로 이·비·설·신·의처가 청정하고, 이·비·설·신·의처가 청정한 까닭으로 승의공이 청정하니라. 왜 그러한가? 만약 일체지지가 청정하거나, 만약 이·비·설·신·의처가 청정하거나, 만약 승의공이 청정하다면, 무이이고 둘로 나눌 수 없으며 분별이 없고 단절도 없는 까닭이니라.

선현이여. 일체지지가 청정한 까닭으로 색처가 청정하고, 색처가 청정한 까닭으로 승의공이 청정하니라. 왜 그러한가? 만약 일체지지가 청정하거나, 만약 색처가 청정하거나, 만약 승의공이 청정하다면, 무이이고 둘로 나눌 수 없으며 분별이 없고 단절도 없는 까닭이니라. 일체지지가 청정한 까닭으로 성·향·미·촉·법처가 청정하고, 성·향·미·촉·법처가 청정한 까닭으로 승의공이 청정하니라. 왜 그러한가? 만약 일체지지가 청정하거나, 만약 성·향·미·촉·법처가 청정하거나, 만약 승의공이 청정하다면, 무이이고 둘로 나눌 수 없으며 분별이 없고 단절도 없는 까닭이니라.

선현이여. 일체지지가 청정한 까닭으로 안계가 청정하고, 안계가 청정한 까닭으로 승의공이 청정하니라. 왜 그러한가? 만약 일체지지가 청정하거나, 만약 안계가 청정하거나, 만약 승의공이 청정하다면, 무이이고 둘로 나눌 수 없으며 분별이 없고 단절도 없는 까닭이니라. 일체지지가 청정한 까닭으로 색계·안식계, 나아가 안촉·안촉을 인연으로 생겨난 여러 수가 청정하고, 색계, 나아가 안촉을 인연으로 생겨난 여러 수가 청정한 까닭으로 승의공이 청정하니라. 왜 그러한가? 만약 일체지지가 청정하거나, 만약 색계, 나아가 안촉을 인연으로 생겨난 여러 수가 청정하거나, 만약 승의공이 청정하다면, 무이이고 둘로 나눌 수 없으며 분별이 없고 단절도 없는 까닭이니라.

선현이여. 일체지지가 청정한 까닭으로 이계가 청정하고, 이계가 청정한 까닭으로 승의공이 청정하니라. 왜 그러한가? 만약 일체지지가 청정하거나, 만약 이계가 청정하거나, 만약 승의공이 청정하다면, 무이이고 둘로 나눌 수 없으며 분별이 없고 단절도 없는 까닭이니라. 일체지지가 청정한 까닭으로 성계·이식계, 나아가 이촉·이촉을 인연으로 생겨난 여러 수가 청정하고, 성계, 나아가 이촉을 인연으로 생겨난 여러 수가 청정한 까닭으로 승의공이 청정하니라. 왜 그러한가? 만약 일체지지가 청정하거나, 만약 성계, 나아가 이촉을 인연으로 생겨난 여러 수가 청정하거나, 만약 승의공이 청정하다면, 무이이고 둘로 나눌 수 없으며 분별이 없고 단절도 없는 까닭이니라.

선현이여. 일체지지가 청정한 까닭으로 비계가 청정하고, 비계가 청정한 까닭으로 승의공이 청정하니라. 왜 그러한가? 만약 일체지지가 청정하거나, 만약 비계가 청정하거나, 만약 승의공이 청정하다면, 무이이고 둘로 나눌 수 없으며 분별이 없고 단절도 없는 까닭이니라. 일체지지가 청정한 까닭으로 향계·비식계, 나아가 비촉·비촉을 인연으로 생겨난 여러 수가 청정하고, 향계, 나아가 비촉을 인연으로 생겨난 여러 수가 청정한 까닭으로 승의공이 청정하니라. 왜 그러한가? 만약 일체지지가 청정하거나, 만약 향계, 나아가 비촉을 인연으로 생겨난 여러 수가 청정하거나, 만약 승의공이 청정하다면, 무이이고 둘로 나눌 수 없으며 분별이 없고 단절도 없는 까닭이니라.

선현이여. 일체지지가 청정한 까닭으로 설계가 청정하고, 설계가 청정한 까닭으로 승의공이 청정하니라. 왜 그러한가? 만약 일체지지가 청정하거나, 만약 설계가 청정하거나, 만약 승의공이 청정하다면, 무이이고 둘로 나눌 수 없으며 분별이 없고 단절도 없는 까닭이니라. 일체지지가 청정한 까닭으로 미계·설식계, 나아가 설촉·설촉을 인연으로 생겨난 여러 수가 청정하고, 미계, 나아가 설촉을 인연으로 생겨난 여러 수가 청정한 까닭으로 승의공이 청정하니라. 왜 그러한가? 만약 일체지지가 청정하거나, 만약 미계, 나아가 설촉을 인연으로 생겨난 여러 수가 청정하거나, 만약 승의공이 청정하다면, 무이이고 둘로 나눌 수 없으며 분별이 없고 단절도 없는 까닭이니라.

선현이여. 일체지지가 청정한 까닭으로 신계가 청정하고, 신계가 청정한 까닭으로 승의공이 청정하니라. 왜 그러한가? 만약 일체지지가 청정하거나, 만약 신계가 청정하거나, 만약 승의공이 청정하다면, 무이이고 둘로 나눌 수 없으며 분별이 없고 단절도 없는 까닭이니라. 일체지지가 청정한 까닭으로 촉계·신식계, 나아가 신촉·신촉을 인연으로 생겨난 여러 수가 청정하고, 촉계, 나아가 신촉을 인연으로 생겨난 여러 수가 청정한 까닭으로 승의공이 청정하니라. 왜 그러한가? 만약 일체지지가 청정하거나, 만약 촉계, 나아가 신촉을 인연으로 생겨난 여러 수가 청정하거나, 만약 승의공이 청정하다면, 무이이고 둘로 나눌 수 없으며 분별이 없고 단절도 없는 까닭이니라.

선현이여. 일체지지가 청정한 까닭으로 의계가 청정하고, 의계가 청정한 까닭으로 승의공이 청정하니라. 왜 그러한가? 만약 일체지지가 청정하거나, 만약 의계가 청정하거나, 만약 승의공이 청정하다면, 무이이고 둘로 나눌 수 없으며 분별이 없고 단절도 없는 까닭이니라. 일체지지가 청정한 까닭으로 법계·의식계, 나아가 의촉·의촉을 인연으로 생겨난 여러 수가 청정하고, 법계, 나아가 의촉을 인연으로 생겨난 여러 수가 청정한 까닭으로 승의공이 청정하니라. 왜 그러한가? 만약 일체지지가 청정하거나, 만약 법계, 나아가 의촉을 인연으로 생겨난 여러 수가 청정하거나, 만약 승의공이 청정하다면, 무이이고 둘로 나눌 수 없으며 분별이 없고 단절도 없는 까닭이니라.

선현이여. 일체지지가 청정한 까닭으로 지계가 청정하고, 지계가 청정

한 까닭으로 승의공이 청정하니라. 왜 그러한가? 만약 일체지지가 청정하거나, 만약 지계가 청정하거나, 만약 승의공이 청정하다면, 무이이고 둘로 나눌 수 없으며 분별이 없고 단절도 없는 까닭이니라. 일체지지가 청정한 까닭으로 수·화·풍·공·식계가 청정하고, 수·화·풍·공·식계가 청정한 까닭으로 승의공이 청정하니라. 왜 그러한가? 만약 일체지지가 청정하거나, 만약 수·화·풍·공·식계가 청정하거나, 만약 승의공이 청정하다면, 무이이고 둘로 나눌 수 없으며 분별이 없고 단절도 없는 까닭이니라.

선현이여. 일체지지가 청정한 까닭으로 무명이 청정하고, 무명이 청정한 까닭으로 승의공이 청정하니라. 왜 그러한가? 만약 일체지지가 청정하거나, 만약 무명이 청정하거나, 만약 승의공이 청정하다면, 무이이고 둘로 나눌 수 없으며 분별이 없고 단절도 없는 까닭이니라. 일체지지가 청정한 까닭으로 행·식·명색·육처·촉·수·애·취·유·생·노사의 수탄고우뇌가 청정하고, 행, 나아가 노사의 수탄고우뇌가 청정한 까닭으로 승의공이 청정하니라. 왜 그러한가? 만약 일체지지가 청정하거나, 만약 행, 나아가 노사의 수탄고우뇌가 청정하거나, 만약 승의공이 청정하다면, 무이이고 둘로 나눌 수 없으며 분별이 없고 단절도 없는 까닭이니라.

선현이여. 일체지지가 청정한 까닭으로 보시바라밀다가 청정하고, 보시바라밀다가 청정한 까닭으로 승의공이 청정하니라. 왜 그러한가? 만약 일체지지가 청정하거나, 만약 보시바라밀다가 청정하거나, 만약 승의공이 청정하다면, 무이이고 둘로 나눌 수 없으며 분별이 없고 단절도 없는 까닭이니라. 일체지지가 청정한 까닭으로 정계·안인·정진·정려·반야바라밀다가 청정하고, 정계, 나아가 반야바라밀다가 청정한 까닭으로 승의공이 청정하니라. 왜 그러한가? 만약 일체지지가 청정하거나, 만약 정계, 나아가 반야바라밀다가 청정하거나, 만약 승의공이 청정하다면, 무이이고 둘로 나눌 수 없으며 분별이 없고 단절도 없는 까닭이니라.

선현이여. 일체지지가 청정한 까닭으로 내공이 청정하고, 내공이 청정한 까닭으로 승의공이 청정하니라. 왜 그러한가? 만약 일체지지가 청정하거나, 만약 내공이 청정하거나, 만약 승의공이 청정하다면, 무이이고 둘로 나눌 수 없으며 분별이 없고 단절도 없는 까닭이니라. 일체지지가 청정한 까닭으로 외공·내외공·공공·대공·유위공·무위공·필경공·무제공·산공·무변이공·본성공·자상공·공상공·일체법공·불가득공·무성공·자성공·무성자성공이 청정하고, 외공, 나아가 무성자성공이 청정한 까닭으로 승의공이 청정하니라. 왜 그러한가? 만약 일체지지가 청정하거나, 만약 외공, 나아가 무성자성공이 청정하거나, 만약 승의공이 청정하다면, 무이이고 둘로 나눌 수 없으며 분별이 없고 단절도 없는 까닭이니라.

선현이여. 일체지지가 청정한 까닭으로 진여가 청정하고, 진여가 청정한 까닭으로 승의공이 청정하니라. 왜 그러한가? 만약 일체지지가 청정하거나, 만약 진여가 청정하거나, 만약 승의공이 청정하다면, 무이이고 둘로 나눌 수 없으며 분별이 없고 단절도 없는 까닭이니라. 일체지지가 청정한 까닭으로 법계·법성·불허망성·불변이성·평등성·이생성·법정·법주·실제·허공계·부사의계가 청정하고 법계, 나아가 부사의계가 청정한 까닭으로 승의공이 청정하니라. 왜 그러한가? 만약 일체지지가 청정하거나, 만약 법계, 나아가 부사의계가 청정하거나, 만약 승의공이 청정하다면, 무이이고 둘로 나눌 수 없으며 분별이 없고 단절도 없는 까닭이니라.

선현이여. 일체지지가 청정한 까닭으로 고성제가 청정하고, 고성제가 청정한 까닭으로 승의공이 청정하니라. 왜 그러한가? 만약 일체지지가 청정하거나, 만약 고성제가 청정하거나, 만약 승의공이 청정하다면, 무이이고 둘로 나눌 수 없으며 분별이 없고 단절도 없는 까닭이니라. 일체지지가 청정한 까닭으로 집·멸·도성제가 청정하고, 집·멸·도성제가 청정한 까닭으로 승의공이 청정하니라. 왜 그러한가? 만약 일체지지가 청정하거나, 만약 집·멸·도성제가 청정하거나, 만약 승의공이 청정하다면, 무이이고 둘로 나눌 수 없으며 분별이 없고 단절도 없는 까닭이니라.

선현이여. 일체지지가 청정한 까닭으로 4정려가 청정하고, 4정려가 청정한 까닭으로 승의공이 청정하니라. 왜 그러한가? 만약 일체지지가 청정하거나, 만약 4정려가 청정하거나, 만약 승의공이 청정하다면, 무이이고 둘로 나눌 수 없으며 분별이 없고 단절도 없는 까닭이니라. 일체지지가 청정한 까닭으로 4무량·4무색정이 청정하고, 4무량·4무색정이 청정한 까닭으로 승의공이 청정하니라. 왜 그러한가? 만약 일체지지가 청정하거나, 만약 4무량·4무색정이 청정하거나, 만약 승의공이 청정하다면, 무이이고 둘로 나눌 수 없으며 분별이 없고 단절도 없는 까닭이니라.

선현이여. 일체지지가 청정한 까닭으로 8해탈이 청정하고, 8해탈이 청정한 까닭으로 승의공이 청정하니라. 왜 그러한가? 만약 일체지지가 청정하거나, 만약 8해탈이 청정하거나, 만약 승의공이 청정하다면, 무이이고 둘로 나눌 수 없으며 분별이 없고 단절도 없는 까닭이니라. 일체지지가 청정한 까닭으로 8승처·9차제정·10변처가 청정하고, 8승처·9차제정·10변처가 청정한 까닭으로 승의공이 청정하니라. 왜 그러한가? 만약 일체지지가 청정하거나, 만약 8승처·9차제정·10변처가 청정하거나, 만약 승의공이 청정하다면, 무이이고 둘로 나눌 수 없으며 분별이 없고 단절도 없는 까닭이니라.

선현이여. 일체지지가 청정한 까닭으로 4념주가 청정하고, 4념주가 청정한 까닭으로 승의공이 청정하니라. 왜 그러한가? 만약 일체지지가 청정하거나, 만약 4념주가 청정하거나, 만약 승의공이 청정하다면, 무이이고 둘로 나눌 수 없으며 분별이 없고 단절도 없는 까닭이니라. 일체지지가 청정한 까닭으로 4정단·4신족·5근·5력·7등각지·8성도지가 청정하고, 4정단, 나아가 8성도지가 청정한 까닭으로 승의공이 청정하니라. 왜 그러한가? 만약 일체지지가 청정하거나, 만약 4정단, 나아가 8성도지가 청정하거나, 만약 승의공이 청정하다면, 무이이고 둘로 나눌 수 없으며 분별이 없고 단절도 없는 까닭이니라.

선현이여. 일체지지가 청정한 까닭으로 공해탈문이 청정하고, 공해탈문이 청정한 까닭으로 승의공이 청정하니라. 왜 그러한가? 만약 일체지지가 청정하거나, 만약 공해탈문이 청정하거나, 만약 승의공이 청정하다면, 무이이고 둘로 나눌 수 없으며 분별이 없고 단절도 없는 까닭이니라. 일체지지가 청정한 까닭으로 무상·무원해탈문이 청정하고, 무상·무원해탈문이 청정한 까닭으로 승의공이 청정하니라. 왜 그러한가? 만약 일체지지가 청정하거나, 만약 무상·무원해탈문이 청정하거나, 만약 승의공이 청정하다면, 무이이고 둘로 나눌 수 없으며 분별이 없고 단절도 없는 까닭이니라.

선현이여. 일체지지가 청정한 까닭으로 보살의 10지가 청정하고, 보살의 10지가 청정한 까닭으로 승의공이 청정하니라. 왜 그러한가? 만약 일체지지가 청정하거나, 만약 보살의 10지가 청정하거나, 만약 승의공이 청정하다면, 무이이고 둘로 나눌 수 없으며 분별이 없고 단절도 없는 까닭이니라.

선현이여. 일체지지가 청정한 까닭으로 5안이 청정하고, 5안이 청정한 까닭으로 승의공이 청정하니라. 왜 그러한가? 만약 일체지지가 청정하거나, 만약 5안이 청정하거나, 만약 승의공이 청정하다면, 무이이고 둘로 나눌 수 없으며 분별이 없고 단절도 없는 까닭이니라. 일체지지가 청정한 까닭으로 6신통이 청정하고, 6신통이 청정한 까닭으로 승의공이 청정하니라. 왜 그러한가? 만약 일체지지가 청정하거나, 만약 6신통이 청정하거나, 만약 승의공이 청정하다면, 무이이고 둘로 나눌 수 없으며 분별이 없고 단절도 없는 까닭이니라.

선현이여. 일체지지가 청정한 까닭으로 여래의 10력이 청정하고, 여래의 10력이 청정한 까닭으로 승의공이 청정하니라. 왜 그러한가? 만약 일체지지가 청정하거나, 만약 여래의 10력이 청정하거나, 만약 승의공이 청정하다면, 무이이고 둘로 나눌 수 없으며 분별이 없고 단절도 없는 까닭이니라. 일체지지가 청정한 까닭으로 4무소외·4무애해·대자·대비·대희·대사·18불불공법이 청정하고, 4무소외, 나아가 18불불공법이 청정한 까닭으로 승의공이 청정하니라. 왜 그러한가? 만약 일체지지가 청정하거나, 만약 4무소외, 나아가 18불불공법이 청정하거나, 만약 승의공이 청정하다면, 무이이고 둘로 나눌 수 없으며 분별이 없고 단절도 없는 까닭이니라.

선현이여. 일체지지가 청정한 까닭으로 무망실법이 청정하고, 무망실법이 청정한 까닭으로 승의공이 청정하니라. 왜 그러한가? 만약 일체지지가 청정하거나, 만약 무망실법이 청정하거나, 만약 승의공이 청정하다면, 무이이고 둘로 나눌 수 없으며 분별이 없고 단절도 없는 까닭이니라. 선현이여. 일체지지가 청정한 까닭으로 항주사성이 청정하고, 항주사성이 청정한 까닭으로 승의공이 청정하니라. 왜 그러한가? 만약 일체지지가 청정하거나, 만약 항주사성이 청정하거나, 만약 승의공이 청정하다면, 무이이고 둘로 나눌 수 없으며 분별이 없고 단절도 없는 까닭이니라.

선현이여. 일체지지가 청정한 까닭으로 일체지가 청정하고, 일체지가 청정한 까닭으로 승의공이 청정하니라. 왜 그러한가? 만약 일체지지가 청정하거나, 만약 일체지가 청정하거나, 만약 승의공이 청정하다면, 무이이고 둘로 나눌 수 없으며 분별이 없고 단절도 없는 까닭이니라. 일체지지가 청정한 까닭으로 도상지·일체상지가 청정하고, 도상지·일체상지가 청정한 까닭으로 승의공이 청정하니라. 왜 그러한가? 만약 일체지지가 청정하거나, 만약 도상지·일체상지가 청정하거나, 만약 승의공이 청정하다면, 무이이고 둘로 나눌 수 없으며 분별이 없고 단절도 없는 까닭이니라.

선현이여. 일체지지가 청정한 까닭으로 일체의 다라니문이 청정하고, 일체의 다라니문이 청정한 까닭으로 승의공이 청정하니라. 왜 그러한가? 만약 일체지지가 청정하거나, 만약 일체의 다라니문이 청정하거나, 만약 승의공이 청정하다면, 무이이고 둘로 나눌 수 없으며 분별이 없고 단절도 없는 까닭이니라. 선현이여. 일체지지가 청정한 까닭으로 일체의 삼마지문이 청정하고, 일체의 삼마지문이 청정한 까닭으로 승의공이 청정하니라. 왜 그러한가? 만약 일체지지가 청정하거나, 만약 일체의 삼마지문이 청정하거나, 만약 승의공이 청정하다면, 무이이고 둘로 나눌 수 없으며 분별이 없고 단절도 없는 까닭이니라.

선현이여. 일체지지가 청정한 까닭으로 예류과가 청정하고, 예류과가 청정한 까닭으로 승의공이 청정하니라. 왜 그러한가? 만약 일체지지가 청정하거나, 만약 예류과가 청정하거나, 만약 승의공이 청정하다면, 무이이고 둘로 나눌 수 없으며 분별이 없고 단절도 없는 까닭이니라. 일체지지가 청정한 까닭으로 일래·불환·아라한과가 청정하고, 일래·불환·아라한과가 청정한 까닭으로 승의공이 청정하니라. 왜 그러한가? 만약 일체지지가 청정하거나, 만약 일래·불환·아라한과가 청정하거나, 만약 승의공이 청정하다면, 무이이고 둘로 나눌 수 없으며 분별이 없고 단절도 없는 까닭이니라.

선현이여. 일체지지가 청정한 까닭으로 독각의 보리가 청정하고, 독각의 보리가 청정한 까닭으로 승의공이 청정하니라. 왜 그러한가? 만약 일체지지가 청정하거나, 만약 독각의 보리가 청정하거나, 만약 승의공이 청정하다면, 무이이고 둘로 나눌 수 없으며 분별이 없고 단절도 없는 까닭이니라.

선현이여. 일체지지가 청정한 까닭으로 일체의 보살마하살의 행이 청정하고, 일체의 보살마하살의 행이 청정한 까닭으로 승의공이 청정하니라. 왜 그러한가? 만약 일체지지가 청정하거나, 만약 일체의 보살마하살의 행이 청정하거나, 만약 승의공이 청정하다면, 무이이고 둘로 나눌 수 없으며 분별이 없고 단절도 없는 까닭이니라.

선현이여. 일체지지가 청정한 까닭으로 제불의 무상정등보리가 청정하고, 제불의 무상정등보리가 청정한 까닭으로 승의공이 청정하니라. 왜 그러한가? 만약 일체지지가 청정하거나, 만약 제불의 무상정등보리가 청정하거나, 만약 승의공이 청정하다면, 무이이고 둘로 나눌 수 없으며 분별이 없고 단절도 없는 까닭이니라."

"다시 다음으로 선현이여. 일체지지가 청정한 까닭으로 색이 청정하고, 색이 청정한 까닭으로 유위공(有爲空)이 청정하니라. 왜 그러한가? 만약 일체지지가 청정하거나, 만약 색이 청정하거나, 만약 유위공이 청정하다면, 무이이고 둘로 나눌 수 없으며 분별이 없고 단절도 없는 까닭이니라. 일체지지가 청정한 까닭으로 수·상·행·식이 청정하고, 수·상·행·식이 청정한 까닭으로 유위공이 청정하니라. 왜 그러한가? 만약 일체지지가 청정하거나, 만약 수·상·행·식이 청정하거나, 만약 유위공이 청정하다면, 무이이고 둘로 나눌 수 없으며 분별이 없고 단절도 없는 까닭이니라.

선현이여. 일체지지가 청정한 까닭으로 안처가 청정하고, 안처가 청정한 까닭으로 유위공이 청정하니라. 왜 그러한가? 만약 일체지지가 청정하거나, 만약 안처가 청정하거나, 만약 유위공이 청정하다면, 무이이고 둘로 나눌 수 없으며 분별이 없고 단절도 없는 까닭이니라. 일체지지가 청정한 까닭으로 이·비·설·신·의처가 청정하고, 이·비·설·신·의처가 청정한 까닭으로 유위공이 청정하니라. 왜 그러한가? 만약 일체지지가 청정하거나, 만약 이·비·설·신·의처가 청정하거나, 만약 유위공이 청정하다면, 무이이고 둘로 나눌 수 없으며 분별이 없고 단절도 없는 까닭이니라.

선현이여. 일체지지가 청정한 까닭으로 색처가 청정하고, 색처가 청정한 까닭으로 유위공이 청정하니라. 왜 그러한가? 만약 일체지지가 청정하거나, 만약 색처가 청정하거나, 만약 유위공이 청정하다면, 무이이고 둘로 나눌 수 없으며 분별이 없고 단절도 없는 까닭이니라. 일체지지가 청정한 까닭으로 성·향·미·촉·법처가 청정하고, 성·향·미·촉·법처가 청정한 까닭으로 유위공이 청정하니라. 왜 그러한가? 만약 일체지지가 청정하거나, 만약 성·향·미·촉·법처가 청정하거나, 만약 유위공이 청정하다면, 무이이고 둘로 나눌 수 없으며 분별이 없고 단절도 없는 까닭이니라.

선현이여. 일체지지가 청정한 까닭으로 안계가 청정하고, 안계가 청정한 까닭으로 유위공이 청정하니라. 왜 그러한가? 만약 일체지지가 청정하거나, 만약 안계가 청정하거나, 만약 유위공이 청정하다면, 무이이고 둘로 나눌 수 없으며 분별이 없고 단절도 없는 까닭이니라. 일체지지가 청정한 까닭으로 색계·안식계, 나아가 안촉·안촉을 인연으로 생겨난 여러 수가 청정하고, 색계, 나아가 안촉을 인연으로 생겨난 여러 수가 청정한 까닭으로 유위공이 청정하니라. 왜 그러한가? 만약 일체지지가 청정하거나, 만약 색계, 나아가 안촉을 인연으로 생겨난 여러 수가 청정하거나, 만약 유위공이 청정하다면, 무이이고 둘로 나눌 수 없으며 분별이 없고 단절도 없는 까닭이니라.

선현이여. 일체지지가 청정한 까닭으로 이계가 청정하고, 이계가 청정한 까닭으로 유위공이 청정하니라. 왜 그러한가? 만약 일체지지가 청정하거나, 만약 이계가 청정하거나, 만약 유위공이 청정하다면, 무이이고 둘로 나눌 수 없으며 분별이 없고 단절도 없는 까닭이니라. 일체지지가 청정한 까닭으로 성계·이식계, 나아가 이촉·이촉을 인연으로 생겨난 여러 수가 청정하고, 성계, 나아가 이촉을 인연으로 생겨난 여러 수가 청정한 까닭으로 유위공이 청정하니라. 왜 그러한가? 만약 일체지지가 청정하거나, 만약 성계, 나아가 이촉을 인연으로 생겨난 여러 수가 청정하거나, 만약 유위공이 청정하다면, 무이이고 둘로 나눌 수 없으며 분별이 없고 단절도 없는 까닭이니라.

선현이여. 일체지지가 청정한 까닭으로 비계가 청정하고, 비계가 청정한 까닭으로 유위공이 청정하니라. 왜 그러한가? 만약 일체지지가 청정하거나, 만약 비계가 청정하거나, 만약 유위공이 청정하다면, 무이이고 둘로 나눌 수 없으며 분별이 없고 단절도 없는 까닭이니라. 일체지지가 청정한 까닭으로 향계·비식계, 나아가 비촉·비촉을 인연으로 생겨난 여러 수가 청정하고, 향계, 나아가 비촉을 인연으로 생겨난 여러 수가 청정한 까닭으로 유위공이 청정하니라. 왜 그러한가? 만약 일체지지가 청정하거나, 만약 향계, 나아가 비촉을 인연으로 생겨난 여러 수가 청정하거나, 만약 유위공이 청정하다면, 무이이고 둘로 나눌 수 없으며 분별이 없고 단절도 없는 까닭이니라.

선현이여. 일체지지가 청정한 까닭으로 설계가 청정하고, 설계가 청정한 까닭으로 유위공이 청정하니라. 왜 그러한가? 만약 일체지지가 청정하거나, 만약 설계가 청정하거나, 만약 유위공이 청정하다면, 무이이고 둘로 나눌 수 없으며 분별이 없고 단절도 없는 까닭이니라. 일체지지가 청정한 까닭으로 미계·설식계, 나아가 설촉·설촉을 인연으로 생겨난 여러 수가 청정하고, 미계, 나아가 설촉을 인연으로 생겨난 여러 수가 청정한 까닭으로 유위공이 청정하니라. 왜 그러한가? 만약 일체지지가 청정하거나, 만약 미계, 나아가 설촉을 인연으로 생겨난 여러 수가 청정하거나, 만약 유위공이 청정하다면, 무이이고 둘로 나눌 수 없으며 분별이 없고 단절도 없는 까닭이니라.

선현이여. 일체지지가 청정한 까닭으로 신계가 청정하고, 신계가 청정한 까닭으로 유위공이 청정하니라. 왜 그러한가? 만약 일체지지가 청정하거나, 만약 신계가 청정하거나, 만약 유위공이 청정하다면, 무이이고 둘로 나눌 수 없으며 분별이 없고 단절도 없는 까닭이니라. 일체지지가 청정한 까닭으로 촉계·신식계, 나아가 신촉·신촉을 인연으로 생겨난 여러 수가 청정하고, 촉계, 나아가 신촉을 인연으로 생겨난 여러 수가 청정한 까닭으로 유위공이 청정하니라. 왜 그러한가? 만약 일체지지가 청정하거나, 만약 촉계, 나아가 신촉을 인연으로 생겨난 여러 수가 청정하거나, 만약 유위공이 청정하다면, 무이이고 둘로 나눌 수 없으며 분별이 없고 단절도 없는 까닭이니라.

선현이여. 일체지지가 청정한 까닭으로 의계가 청정하고, 의계가 청정한 까닭으로 유위공이 청정하니라. 왜 그러한가? 만약 일체지지가 청정하거나, 만약 의계가 청정하거나, 만약 유위공이 청정하다면, 무이이고 둘로 나눌 수 없으며 분별이 없고 단절도 없는 까닭이니라. 일체지지가 청정한 까닭으로 법계·의식계, 나아가 의촉·의촉을 인연으로 생겨난 여러 수가 청정하고, 법계, 나아가 의촉을 인연으로 생겨난 여러 수가 청정한 까닭으로 유위공이 청정하니라. 왜 그러한가? 만약 일체지지가 청정하거나, 만약 법계, 나아가 의촉을 인연으로 생겨난 여러 수가 청정하거나, 만약 유위공이 청정하다면, 무이이고 둘로 나눌 수 없으며 분별이 없고 단절도 없는 까닭이니라."

마하반야바라밀다경 제251권

34. 난신해품(難信解品)(70)

"선현이여. 일체지지가 청정한 까닭으로 지계가 청정하고, 지계가 청정한 까닭으로 유위공이 청정하니라. 왜 그러한가? 만약 일체지지가 청정하거나, 만약 지계가 청정하거나, 만약 유위공이 청정하다면, 무이이고 둘로 나눌 수 없으며 분별이 없고 단절도 없는 까닭이니라. 일체지지가 청정한 까닭으로 수·화·풍·공·식계가 청정하고, 수·화·풍·공·식계가 청정한 까닭으로 유위공이 청정하니라. 왜 그러한가? 만약 일체지지가 청정하거나, 만약 수·화·풍·공·식계가 청정하거나, 만약 유위공이 청정하다면, 무이이고 둘로 나눌 수 없으며 분별이 없고 단절도 없는 까닭이니라.

선현이여. 일체지지가 청정한 까닭으로 무명이 청정하고, 무명이 청정한 까닭으로 유위공이 청정하니라. 왜 그러한가? 만약 일체지지가 청정하거나, 만약 무명이 청정하거나, 만약 유위공이 청정하다면, 무이이고 둘로 나눌 수 없으며 분별이 없고 단절도 없는 까닭이니라. 일체지지가 청정한 까닭으로 행·식·명색·육처·촉·수·애·취·유·생·노사의 수탄고우뇌가 청정하고, 행, 나아가 노사의 수탄고우뇌가 청정한 까닭으로 유위공이 청정하니라. 왜 그러한가? 만약 일체지지가 청정하거나, 만약 행, 나아가 노사의 수탄고우뇌가 청정하거나, 만약 유위공이 청정하다면, 무이이고 둘로 나눌 수 없으며 분별이 없고 단절도 없는 까닭이니라.

선현이여. 일체지지가 청정한 까닭으로 보시바라밀다가 청정하고, 보시바라밀다가 청정한 까닭으로 유위공이 청정하니라. 왜 그러한가?

만약 일체지지가 청정하거나, 만약 보시바라밀다가 청정하거나, 만약 유위공이 청정하다면, 무이이고 둘로 나눌 수 없으며 분별이 없고 단절도 없는 까닭이니라. 일체지지가 청정한 까닭으로 정계·안인·정진·정려·반야바라밀다가 청정하고, 정계, 나아가 반야바라밀다가 청정한 까닭으로 유위공이 청정하니라. 왜 그러한가? 만약 일체지지가 청정하거나, 만약 정계, 나아가 반야바라밀다가 청정하거나, 만약 유위공이 청정하다면, 무이이고 둘로 나눌 수 없으며 분별이 없고 단절도 없는 까닭이니라.

선현이여. 일체지지가 청정한 까닭으로 내공이 청정하고, 내공이 청정한 까닭으로 유위공이 청정하니라. 왜 그러한가? 만약 일체지지가 청정하거나, 만약 내공이 청정하거나, 만약 유위공이 청정하다면, 무이이고 둘로 나눌 수 없으며 분별이 없고 단절도 없는 까닭이니라. 일체지지가 청정한 까닭으로 외공·내외공·공공·대공·승의공·무위공·필경공·무제공·산공·무변이공·본성공·자상공·공상공·일체법공·불가득공·무성공·자성공·무성자성공이 청정하고, 외공, 나아가 무성자성공이 청정한 까닭으로 유위공이 청정하니라. 왜 그러한가? 만약 일체지지가 청정하거나, 만약 외공, 나아가 무성자성공이 청정하거나, 만약 유위공이 청정하다면, 무이이고 둘로 나눌 수 없으며 분별이 없고 단절도 없는 까닭이니라.

선현이여. 일체지지가 청정한 까닭으로 진여가 청정하고, 진여가 청정한 까닭으로 유위공이 청정하니라. 왜 그러한가? 만약 일체지지가 청정하거나, 만약 진여가 청정하거나, 만약 유위공이 청정하다면, 무이이고 둘로 나눌 수 없으며 분별이 없고 단절도 없는 까닭이니라. 일체지지가 청정한 까닭으로 법계·법성·불허망성·불변이성·평등성·이생성·법정·법주·실제·허공계·부사의계가 청정하고 법계, 나아가 부사의계가 청정한 까닭으로 유위공이 청정하니라. 왜 그러한가? 만약 일체지지가 청정하거나, 만약 법계, 나아가 부사의계가 청정하거나, 만약 유위공이 청정하다면, 무이이고 둘로 나눌 수 없으며 분별이 없고 단절도 없는 까닭이니라.

선현이여. 일체지지가 청정한 까닭으로 고성제가 청정하고, 고성제가 청정한 까닭으로 유위공이 청정하니라. 왜 그러한가? 만약 일체지지가 청정하거나, 만약 고성제가 청정하거나, 만약 유위공이 청정하다면, 무이이고 둘로 나눌 수 없으며 분별이 없고 단절도 없는 까닭이니라. 일체지지가 청정한 까닭으로 집·멸·도성제가 청정하고, 집·멸·도성제가 청정한 까닭으로 유위공이 청정하니라. 왜 그러한가? 만약 일체지지가 청정하거나, 만약 집·멸·도성제가 청정하거나, 만약 유위공이 청정하다면, 무이이고 둘로 나눌 수 없으며 분별이 없고 단절도 없는 까닭이니라.

선현이여. 일체지지가 청정한 까닭으로 4정려가 청정하고, 4정려가 청정한 까닭으로 유위공이 청정하니라. 왜 그러한가? 만약 일체지지가 청정하거나, 만약 4정려가 청정하거나, 만약 유위공이 청정하다면, 무이이고 둘로 나눌 수 없으며 분별이 없고 단절도 없는 까닭이니라. 일체지지가 청정한 까닭으로 4무량·4무색정이 청정하고, 4무량·4무색정이 청정한 까닭으로 유위공이 청정하니라. 왜 그러한가? 만약 일체지지가 청정하거나, 만약 4무량·4무색정이 청정하거나, 만약 유위공이 청정하다면, 무이이고 둘로 나눌 수 없으며 분별이 없고 단절도 없는 까닭이니라.

선현이여. 일체지지가 청정한 까닭으로 8해탈이 청정하고, 8해탈이 청정한 까닭으로 유위공이 청정하니라. 왜 그러한가? 만약 일체지지가 청정하거나, 만약 8해탈이 청정하거나, 만약 유위공이 청정하다면, 무이이고 둘로 나눌 수 없으며 분별이 없고 단절도 없는 까닭이니라. 일체지지가 청정한 까닭으로 8승처·9차제정·10변처가 청정하고, 8승처·9차제정·10변처가 청정한 까닭으로 유위공이 청정하니라. 왜 그러한가? 만약 일체지지가 청정하거나, 만약 8승처·9차제정·10변처가 청정하거나, 만약 유위공이 청정하다면, 무이이고 둘로 나눌 수 없으며 분별이 없고 단절도 없는 까닭이니라.

선현이여. 일체지지가 청정한 까닭으로 4념주가 청정하고, 4념주가 청정한 까닭으로 유위공이 청정하니라. 왜 그러한가? 만약 일체지지가 청정하거나, 만약 4념주가 청정하거나, 만약 유위공이 청정하다면, 무이이고 둘로 나눌 수 없으며 분별이 없고 단절도 없는 까닭이니라. 일체지지가 청정한 까닭으로 4정단·4신족·5근·5력·7등각지·8성도지가 청정하고,

4정단, 나아가 8성도지가 청정한 까닭으로 유위공이 청정하니라. 왜 그러한가? 만약 일체지지가 청정하거나, 만약 4정단, 나아가 8성도지가 청정하거나, 만약 유위공이 청정하다면, 무이이고 둘로 나눌 수 없으며 분별이 없고 단절도 없는 까닭이니라.

선현이여. 일체지지가 청정한 까닭으로 공해탈문이 청정하고, 공해탈문이 청정한 까닭으로 유위공이 청정하니라. 왜 그러한가? 만약 일체지지가 청정하거나, 만약 공해탈문이 청정하거나, 만약 유위공이 청정하다면, 무이이고 둘로 나눌 수 없으며 분별이 없고 단절도 없는 까닭이니라. 일체지지가 청정한 까닭으로 무상·무원해탈문이 청정하고, 무상·무원해탈문이 청정한 까닭으로 유위공이 청정하니라. 왜 그러한가? 만약 일체지지가 청정하거나, 만약 무상·무원해탈문이 청정하거나, 만약 유위공이 청정하다면, 무이이고 둘로 나눌 수 없으며 분별이 없고 단절도 없는 까닭이니라.

선현이여. 일체지지가 청정한 까닭으로 보살의 10지가 청정하고, 보살의 10지가 청정한 까닭으로 유위공이 청정하니라. 왜 그러한가? 만약 일체지지가 청정하거나, 만약 보살의 10지가 청정하거나, 만약 유위공이 청정하다면, 무이이고 둘로 나눌 수 없으며 분별이 없고 단절도 없는 까닭이니라.

선현이여. 일체지지가 청정한 까닭으로 5안이 청정하고, 5안이 청정한 까닭으로 유위공이 청정하니라. 왜 그러한가? 만약 일체지지가 청정하거나, 만약 5안이 청정하거나, 만약 유위공이 청정하다면, 무이이고 둘로 나눌 수 없으며 분별이 없고 단절도 없는 까닭이니라. 일체지지가 청정한 까닭으로 6신통이 청정하고, 6신통이 청정한 까닭으로 유위공이 청정하니라. 왜 그러한가? 만약 일체지지가 청정하거나, 만약 6신통이 청정하거나, 만약 유위공이 청정하다면, 무이이고 둘로 나눌 수 없으며 분별이 없고 단절도 없는 까닭이니라.

선현이여. 일체지지가 청정한 까닭으로 여래의 10력이 청정하고, 여래의 10력이 청정한 까닭으로 유위공이 청정하니라. 왜 그러한가? 만약 일체지지가 청정하거나, 만약 여래의 10력이 청정하거나, 만약 유위공이 청정하다면, 무이이고 둘로 나눌 수 없으며 분별이 없고 단절도 없는 까닭이니라. 일체지지가 청정한 까닭으로 4무소외·4무애해·대자·대비·대희·대사·18불불공법이 청정하고, 4무소외, 나아가 18불불공법이 청정한 까닭으로 유위공이 청정하니라. 왜 그러한가? 만약 일체지지가 청정하거나, 만약 4무소외, 나아가 18불불공법이 청정하거나, 만약 유위공이 청정하다면, 무이이고 둘로 나눌 수 없으며 분별이 없고 단절도 없는 까닭이니라.

선현이여. 일체지지가 청정한 까닭으로 무망실법이 청정하고, 무망실법이 청정한 까닭으로 유위공이 청정하니라. 왜 그러한가? 만약 일체지지가 청정하거나, 만약 무망실법이 청정하거나, 만약 유위공이 청정하다면, 무이이고 둘로 나눌 수 없으며 분별이 없고 단절도 없는 까닭이니라. 선현이여. 일체지지가 청정한 까닭으로 항주사성이 청정하고, 항주사성이 청정한 까닭으로 유위공이 청정하니라. 왜 그러한가? 만약 일체지지가 청정하거나, 만약 항주사성이 청정하거나, 만약 유위공이 청정하다면, 무이이고 둘로 나눌 수 없으며 분별이 없고 단절도 없는 까닭이니라.

선현이여. 일체지지가 청정한 까닭으로 일체지가 청정하고, 일체지가 청정한 까닭으로 유위공이 청정하니라. 왜 그러한가? 만약 일체지지가 청정하거나, 만약 일체지가 청정하거나, 만약 유위공이 청정하다면, 무이이고 둘로 나눌 수 없으며 분별이 없고 단절도 없는 까닭이니라. 일체지지가 청정한 까닭으로 도상지·일체상지가 청정하고, 도상지·일체상지가 청정한 까닭으로 유위공이 청정하니라. 왜 그러한가? 만약 일체지지가 청정하거나, 만약 도상지·일체상지가 청정하거나, 만약 유위공이 청정하다면, 무이이고 둘로 나눌 수 없으며 분별이 없고 단절도 없는 까닭이니라.

선현이여. 일체지지가 청정한 까닭으로 일체의 다라니문이 청정하고, 일체의 다라니문이 청정한 까닭으로 유위공이 청정하니라. 왜 그러한가? 만약 일체지지가 청정하거나, 만약 일체의 다라니문이 청정하거나, 만약 유위공이 청정하다면, 무이이고 둘로 나눌 수 없으며 분별이 없고 단절도 없는 까닭이니라. 선현이여. 일체지지가 청정한 까닭으로 일체의 삼마지문이 청정하고, 일체의 삼마지문이 청정한 까닭으로 유위공이 청정하니라. 왜 그러한가? 만약 일체지지가 청정하거나, 만약 일체의 삼마지문이 청정하거나, 만약 유위공이 청정하다면, 무이이고 둘로 나눌 수 없으며 분별이 없고 단절도 없는 까닭이니라.

선현이여. 일체지지가 청정한 까닭으로 예류과가 청정하고, 예류과가 청정한 까닭으로 유위공이 청정하니라. 왜 그러한가? 만약 일체지지가 청정하거나, 만약 예류과가 청정하거나, 만약 유위공이 청정하다면, 무이이고 둘로 나눌 수 없으며 분별이 없고 단절도 없는 까닭이니라. 일체지지가 청정한 까닭으로 일래·불환·아라한과가 청정하고, 일래·불환·아라한과가 청정한 까닭으로 유위공이 청정하니라. 왜 그러한가? 만약 일체지지가 청정하거나, 만약 일래·불환·아라한과가 청정하거나, 만약 유위공이 청정하다면, 무이이고 둘로 나눌 수 없으며 분별이 없고 단절도 없는 까닭이니라.

선현이여. 일체지지가 청정한 까닭으로 독각의 보리가 청정하고, 독각의 보리가 청정한 까닭으로 유위공이 청정하니라. 왜 그러한가? 만약 일체지지가 청정하거나, 만약 독각의 보리가 청정하거나, 만약 유위공이 청정하다면, 무이이고 둘로 나눌 수 없으며 분별이 없고 단절도 없는 까닭이니라.

선현이여. 일체지지가 청정한 까닭으로 일체의 보살마하살의 행이 청정하고, 일체의 보살마하살의 행이 청정한 까닭으로 유위공이 청정하니라. 왜 그러한가? 만약 일체지지가 청정하거나, 만약 일체의 보살마하살의 행이 청정하거나, 만약 유위공이 청정하다면, 무이이고 둘로 나눌 수 없으며 분별이 없고 단절도 없는 까닭이니라.

선현이여. 일체지지가 청정한 까닭으로 제불의 무상정등보리가 청정하고, 제불의 무상정등보리가 청정한 까닭으로 유위공이 청정하니라. 왜 그러한가? 만약 일체지지가 청정하거나, 만약 제불의 무상정등보리가 청정하거나, 만약 유위공이 청정하다면, 무이이고 둘로 나눌 수 없으며 분별이 없고 단절도 없는 까닭이니라.”

“다시 다음으로 선현이여. 일체지지가 청정한 까닭으로 색이 청정하고, 색이 청정한 까닭으로 무위공(無爲空)이 청정하니라. 왜 그러한가? 만약 일체지지가 청정하거나, 만약 색(色)이 청정하거나, 만약 무위공이 청정하다면, 무이(無二)이고 둘로 나눌 수 없으며(無二分) 분별이 없고(無別) 단절도 없는(無斷) 까닭이니라. 일체지지가 청정한 까닭으로 수(受)·상(想)·행(行)·식(識)이 청정하고, 수·상·행·식이 청정한 까닭으로 무위공이 청정하니라. 왜 그러한가? 만약 일체지지가 청정하거나, 만약 수·상·행·식이 청정하거나, 만약 무위공이 청정하다면, 무이이고 둘로 나눌 수 없으며 분별이 없고 단절도 없는 까닭이니라.

선현이여. 일체지지가 청정한 까닭으로 안처(眼處)가 청정하고, 안처가 청정한 까닭으로 무위공이 청정하니라. 왜 그러한가? 만약 일체지지가 청정하거나, 만약 안처가 청정하거나, 만약 무위공이 청정하다면, 무이이고 둘로 나눌 수 없으며 분별이 없고 단절도 없는 까닭이니라. 일체지지가 청정한 까닭으로 이(耳)·비(鼻)·설(舌)·신(身)·의처(意處)가 청정하고, 이·비·설·신·의처가 청정한 까닭으로 무위공이 청정하니라. 왜 그러한가? 만약 일체지지가 청정하거나, 만약 이·비·설·신·의처가 청정하거나, 만약 무위공이 청정하다면, 무이이고 둘로 나눌 수 없으며 분별이 없고 단절도 없는 까닭이니라.

선현이여. 일체지지가 청정한 까닭으로 색처(色處)가 청정하고, 색처가 청정한 까닭으로 무위공이 청정하니라. 왜 그러한가? 만약 일체지지가 청정하거나, 만약 색처가 청정하거나, 만약 무위공이 청정하다면, 무이이고 둘로 나눌 수 없으며 분별이 없고 단절도 없는 까닭이니라. 일체지지가 청정한 까닭으로 성(聲)·향(香)·미(味)·촉(觸)·법처(法處)가 청정하고, 성·향·미·촉·법처가 청정한 까닭으로 무위공이 청정하니라. 왜 그러한가? 만약 일체지지가 청정하거나, 만약 성·향·미·촉·법처가 청정하거나, 만약 무위공이 청정하다면, 무이이고 둘로 나눌 수 없으며 분별이 없고 단절도

없는 까닭이니라.

선현이여. 일체지지가 청정한 까닭으로 안계(眼界)가 청정하고, 안계가 청정한 까닭으로 무위공이 청정하니라. 왜 그러한가? 만약 일체지지가 청정하거나, 만약 안계가 청정하거나, 만약 무위공이 청정하다면, 무이이고 둘로 나눌 수 없으며 분별이 없고 단절도 없는 까닭이니라. 일체지지가 청정한 까닭으로 색계(色界)·안식계(眼識界), …… 나아가 …… 안촉(眼觸)·안촉을 인연으로 생겨나는 여러 수(受)가 청정하고, 색계, 나아가 안촉을 인연으로 생겨난 여러 수가 청정한 까닭으로 무위공이 청정하니라. 왜 그러한가? 만약 일체지지가 청정하거나, 만약 색계, 나아가 안촉을 인연으로 생겨난 여러 수가 청정하거나, 만약 무위공이 청정하다면, 무이이고 둘로 나눌 수 없으며 분별이 없고 단절도 없는 까닭이니라.

선현이여. 일체지지가 청정한 까닭으로 이계(耳界)가 청정하고, 이계가 청정한 까닭으로 무위공이 청정하니라. 왜 그러한가? 만약 일체지지가 청정하거나, 만약 이계가 청정하거나, 만약 무위공이 청정하다면, 무이이고 둘로 나눌 수 없으며 분별이 없고 단절도 없는 까닭이니라. 일체지지가 청정한 까닭으로 성계(聲界)·이식계(耳識界), …… 나아가 …… 이촉(耳觸)·이촉을 인연으로 생겨난 여러 수가 청정하고, 성계, 나아가 이촉을 인연으로 생겨난 여러 수가 청정한 까닭으로 무위공이 청정하니라. 왜 그러한가? 만약 일체지지가 청정하거나, 만약 성계, 나아가 이촉을 인연으로 생겨난 여러 수가 청정하거나, 만약 무위공이 청정하다면, 무이이고 둘로 나눌 수 없으며 분별이 없고 단절도 없는 까닭이니라.

선현이여. 일체지지가 청정한 까닭으로 비계(鼻界)가 청정하고, 비계가 청정한 까닭으로 무위공이 청정하니라. 왜 그러한가? 만약 일체지지가 청정하거나, 만약 비계가 청정하거나, 만약 무위공이 청정하다면, 무이이고 둘로 나눌 수 없으며 분별이 없고 단절도 없는 까닭이니라. 일체지지가 청정한 까닭으로 향계(香界)·비식계(鼻識界), …… 나아가 …… 비촉(鼻觸)·비촉을 인연으로 생겨난 여러 수가 청정하고, 향계, 나아가 비촉을 인연으로 생겨난 여러 수가 청정한 까닭으로 무위공이 청정하니라. 왜 그러한가?

만약 일체지지가 청정하거나, 만약 향계, 나아가 비촉을 인연으로 생겨난 여러 수가 청정하거나, 만약 무위공이 청정하다면, 무이이고 둘로 나눌 수 없으며 분별이 없고 단절도 없는 까닭이니라.

선현이여. 일체지지가 청정한 까닭으로 설계(舌界)가 청정하고, 설계가 청정한 까닭으로 무위공이 청정하니라. 왜 그러한가? 만약 일체지지가 청정하거나, 만약 설계가 청정하거나, 만약 무위공이 청정하다면, 무이이고 둘로 나눌 수 없으며 분별이 없고 단절도 없는 까닭이니라. 일체지지가 청정한 까닭으로 미계(味界)·설식계(舌識界), …… 나아가 …… 설촉(舌觸)·설촉을 인연으로 생겨난 여러 수가 청정하고, 미계, 나아가 설촉을 인연으로 생겨난 여러 수가 청정한 까닭으로 무위공이 청정하니라. 왜 그러한가? 만약 일체지지가 청정하거나, 만약 미계, 나아가 설촉을 인연으로 생겨난 여러 수가 청정하거나, 만약 무위공이 청정하다면, 무이이고 둘로 나눌 수 없으며 분별이 없고 단절도 없는 까닭이니라.

선현이여. 일체지지가 청정한 까닭으로 신계(身界)가 청정하고, 신계가 청정한 까닭으로 무위공이 청정하니라. 왜 그러한가? 만약 일체지지가 청정하거나, 만약 신계가 청정하거나, 만약 무위공이 청정하다면, 무이이고 둘로 나눌 수 없으며 분별이 없고 단절도 없는 까닭이니라. 일체지지가 청정한 까닭으로 촉계(觸界)·신식계(身識界), …… 나아가 …… 신촉(身觸)·신촉을 인연으로 생겨난 여러 수가 청정하고, 촉계, 나아가 신촉을 인연으로 생겨난 여러 수가 청정한 까닭으로 무위공이 청정하니라. 왜 그러한가? 만약 일체지지가 청정하거나, 만약 촉계, 나아가 신촉을 인연으로 생겨난 여러 수가 청정하거나, 만약 무위공이 청정하다면, 무이이고 둘로 나눌 수 없으며 분별이 없고 단절도 없는 까닭이니라.

선현이여. 일체지지가 청정한 까닭으로 의계(意界)가 청정하고, 의계가 청정한 까닭으로 무위공이 청정하니라. 왜 그러한가? 만약 일체지지가 청정하거나, 만약 의계가 청정하거나, 만약 무위공이 청정하다면, 무이이고 둘로 나눌 수 없으며 분별이 없고 단절도 없는 까닭이니라. 일체지지가 청정한 까닭으로 법계(法界)·의식계(意識界), …… 나아가 …… 의촉(意觸)·

의촉을 인연으로 생겨난 여러 수가 청정하고, 법계, 나아가 의촉을 인연으로 생겨난 여러 수가 청정한 까닭으로 무위공이 청정하니라. 왜 그러한가? 만약 일체지지가 청정하거나, 만약 법계, 나아가 의촉을 인연으로 생겨난 여러 수가 청정하거나, 만약 무위공이 청정하다면, 무이이고 둘로 나눌 수 없으며 분별이 없고 단절도 없는 까닭이니라.

선현이여. 일체지지가 청정한 까닭으로 지계(地界)가 청정하고, 지계가 청정한 까닭으로 무위공이 청정하니라. 왜 그러한가? 만약 일체지지가 청정하거나, 만약 지계가 청정하거나, 만약 무위공이 청정하다면, 무이이고 둘로 나눌 수 없으며 분별이 없고 단절도 없는 까닭이니라. 일체지지가 청정한 까닭으로 수(水)·화(火)·풍(風)·공(空)·식계(識界)가 청정하고, 수·화·풍·공·식계가 청정한 까닭으로 무위공이 청정하니라. 왜 그러한가? 만약 일체지지가 청정하거나, 만약 수·화·풍·공·식계가 청정하거나, 만약 무위공이 청정하다면, 무이이고 둘로 나눌 수 없으며 분별이 없고 단절도 없는 까닭이니라.

선현이여. 일체지지가 청정한 까닭으로 무명(無明)이 청정하고, 무명이 청정한 까닭으로 무위공이 청정하니라. 왜 그러한가? 만약 일체지지가 청정하거나, 만약 무명이 청정하거나, 만약 무위공이 청정하다면, 무이이고 둘로 나눌 수 없으며 분별이 없고 단절도 없는 까닭이니라. 일체지지가 청정한 까닭으로 행(行)·식(識)·명색(名色)·육처(六處)·촉(觸)·수(受)·애(愛)·취(取)·유(有)·생(生)·노사(老死)의 수탄고우뇌(愁歎苦憂惱)가 청정하고, 행, 나아가 노사의 수탄고우뇌가 청정한 까닭으로 무위공이 청정하니라. 왜 그러한가? 만약 일체지지가 청정하거나, 만약 행, 나아가 노사의 수탄고우뇌가 청정하거나, 만약 무위공이 청정하다면, 무이이고 둘로 나눌 수 없으며 분별이 없고 단절도 없는 까닭이니라.

선현이여. 일체지지가 청정한 까닭으로 보시바라밀다(布施波羅蜜多)가 청정하고, 보시바라밀다가 청정한 까닭으로 무위공이 청정하니라. 왜 그러한가? 만약 일체지지가 청정하거나, 만약 보시바라밀다가 청정하거나, 만약 무위공이 청정하다면, 무이이고 둘로 나눌 수 없으며 분별이 없고 단절도 없는 까닭이니라. 일체지지가 청정한 까닭으로 정계(淨戒)·안인(安忍)·정진(精進)·정려(靜慮)·반야바라밀다(般若波羅蜜多)가 청정하고, 정계, 나아가 반야바라밀다가 청정한 까닭으로 무위공이 청정하니라. 왜 그러한가? 만약 일체지지가 청정하거나, 만약 정계, 나아가 반야바라밀다가 청정하거나, 만약 무위공이 청정하다면, 무이이고 둘로 나눌 수 없으며 분별이 없고 단절도 없는 까닭이니라.

선현이여. 일체지지가 청정한 까닭으로 내공(內空)이 청정하고, 내공이 청정한 까닭으로 무위공이 청정하니라. 왜 그러한가? 만약 일체지지가 청정하거나, 만약 내공이 청정하거나, 만약 무위공이 청정하다면, 무이이고 둘로 나눌 수 없으며 분별이 없고 단절도 없는 까닭이니라. 일체지지가 청정한 까닭으로 외공(外空)·내외공(內外空)·공공(空空)·대공(大空)·승의공(勝義空)·유위공(有爲空)·무위공(無爲空)·필경공(畢竟空)·무제공(無際空)·산공(散空)·무변이공(無變異空)·본성공(本性空)·자상공(自相空)·공상공(共相空)·일체법공(一切法空)·불가득공(不可得空)·무성공(無性空)·자성공(自性空)·무성자성공(無性自性空)이 청정한 까닭으로 무위공이 청정하니라. 왜 그러한가? 만약 일체지지가 청정하거나, 만약 외공, 나아가 무성자성공이 청정하거나, 만약 무위공이 청정하다면, 무이이고 둘로 나눌 수 없으며 분별이 없고 단절도 없는 까닭이니라.

선현이여. 일체지지가 청정한 까닭으로 진여(眞如)가 청정하고, 진여가 청정한 까닭으로 무위공이 청정하니라. 왜 그러한가? 만약 일체지지가 청정하거나, 만약 진여가 청정하거나, 만약 무위공이 청정하다면, 무이이고 둘로 나눌 수 없으며 분별이 없고 단절도 없는 까닭이니라. 일체지지가 청정한 까닭으로 법계(法界)·법성(法性)·불허망성(不虛妄性)·불변이성(不變異性)·평등성(平等性)·이생성(離生性)·법정(法定)·법주(法住)·실제(實際)·허공계(虛空界)·부사의계(不思議界)가 청정하고 법계, 나아가 부사의계가 청정한 까닭으로 무위공이 청정하니라. 왜 그러한가? 만약 일체지지가 청정하거나, 만약 법계, 나아가 부사의계가 청정하거나, 만약 무위공이 청정하다면, 무이이고 둘로 나눌 수 없으며 분별이 없고 단절도 없는

까닭이니라.

선현이여. 일체지지가 청정한 까닭으로 고성제(苦聖諦)가 청정하고, 고성제가 청정한 까닭으로 무위공이 청정하니라. 왜 그러한가? 만약 일체지지가 청정하거나, 만약 고성제가 청정하거나, 만약 무위공이 청정하다면, 무이이고 둘로 나눌 수 없으며 분별이 없고 단절도 없는 까닭이니라. 일체지지가 청정한 까닭으로 집(集)·멸(滅)·도성제(道聖諦)가 청정하고, 집·멸·도성제가 청정한 까닭으로 무위공이 청정하니라. 왜 그러한가? 만약 일체지지가 청정하거나, 만약 집·멸·도성제가 청정하거나, 만약 무위공이 청정하다면, 무이이고 둘로 나눌 수 없으며 분별이 없고 단절도 없는 까닭이니라.

선현이여. 일체지지가 청정한 까닭으로 4정려(四靜慮)가 청정하고, 4정려가 청정한 까닭으로 무위공이 청정하니라. 왜 그러한가? 만약 일체지지가 청정하거나, 만약 4정려가 청정하거나, 만약 무위공이 청정하다면, 무이이고 둘로 나눌 수 없으며 분별이 없고 단절도 없는 까닭이니라. 일체지지가 청정한 까닭으로 4무량(四無量)·4무색정(四無色定)이 청정하고, 4무량·4무색정이 청정한 까닭으로 무위공이 청정하니라. 왜 그러한가? 만약 일체지지가 청정하거나, 만약 4무량·4무색정이 청정하거나, 만약 무위공이 청정하다면, 무이이고 둘로 나눌 수 없으며 분별이 없고 단절도 없는 까닭이니라.

선현이여. 일체지지가 청정한 까닭으로 8해탈(八解脫)이 청정하고, 8해탈이 청정한 까닭으로 무위공이 청정하니라. 왜 그러한가? 만약 일체지지가 청정하거나, 만약 8해탈이 청정하거나, 만약 무위공이 청정하다면, 무이이고 둘로 나눌 수 없으며 분별이 없고 단절도 없는 까닭이니라. 일체지지가 청정한 까닭으로 8승처(八勝處)·9차제정(九次第定)·10변처(十遍處)가 청정하고, 8승처·9차제정·10변처가 청정한 까닭으로 무위공이 청정하니라. 왜 그러한가? 만약 일체지지가 청정하거나, 만약 8승처·9차제정·10변처가 청정하거나, 만약 무위공이 청정하다면, 무이이고 둘로 나눌 수 없으며 분별이 없고 단절도 없는 까닭이니라.

선현이여. 일체지지가 청정한 까닭으로 4념주(四念住)가 청정하고, 4념주가 청정한 까닭으로 무위공이 청정하니라. 왜 그러한가? 만약 일체지지가 청정하거나, 만약 4념주가 청정하거나, 만약 무위공이 청정하다면, 무이이고 둘로 나눌 수 없으며 분별이 없고 단절도 없는 까닭이니라. 일체지지가 청정한 까닭으로 4정단(四正斷)·4신족(四神足)·5근(五根)·5력(五力)·7등각지(七等覺支)·8성도지(八聖道支)가 청정하고, 4정단, 나아가 8성도지가 청정한 까닭으로 무위공이 청정하니라. 왜 그러한가? 만약 일체지지가 청정하거나, 만약 4정단, 나아가 8성도지가 청정하거나, 만약 무위공이 청정하다면, 무이이고 둘로 나눌 수 없으며 분별이 없고 단절도 없는 까닭이니라.

선현이여. 일체지지가 청정한 까닭으로 공해탈문(空解脫門)이 청정하고, 공해탈문이 청정한 까닭으로 무위공이 청정하니라. 왜 그러한가? 만약 일체지지가 청정하거나, 만약 공해탈문이 청정하거나, 만약 무위공이 청정하다면, 무이이고 둘로 나눌 수 없으며 분별이 없고 단절도 없는 까닭이니라. 일체지지가 청정한 까닭으로 무상(無相)·무원해탈문(無願解脫門)이 청정하고, 무상·무원해탈문이 청정한 까닭으로 무위공이 청정하니라. 왜 그러한가? 만약 일체지지가 청정하거나, 만약 무상·무원해탈문이 청정하거나, 만약 무위공이 청정하다면, 무이이고 둘로 나눌 수 없으며 분별이 없고 단절도 없는 까닭이니라.

선현이여. 일체지지가 청정한 까닭으로 보살(菩薩)의 10지(十地)가 청정하고, 보살의 10지가 청정한 까닭으로 무위공이 청정하니라. 왜 그러한가? 만약 일체지지가 청정하거나, 만약 보살의 10지가 청정하거나, 만약 무위공이 청정하다면, 무이이고 둘로 나눌 수 없으며 분별이 없고 단절도 없는 까닭이니라.

선현이여. 일체지지가 청정한 까닭으로 5안(五眼)이 청정하고, 5안이 청정한 까닭으로 무위공이 청정하니라. 왜 그러한가? 만약 일체지지가 청정하거나, 만약 5안이 청정하거나, 만약 무위공이 청정하다면, 무이이고 둘로 나눌 수 없으며 분별이 없고 단절도 없는 까닭이니라. 일체지지가 청정한 까닭으로 6신통(六神通)이 청정하고, 6신통이 청정한 까닭으로 무위공이 청정하니라. 왜 그러한가? 만약 일체지지가 청정하거나, 만약 6신통이 청정하거나, 만약 무위공이 청정하다면, 무이이고 둘로 나눌 수 없으며 분별이 없고 단절도 없는 까닭이니라.

선현이여. 일체지지가 청정한 까닭으로 여래(佛)의 10력(十力)이 청정하고, 여래의 10력이 청정한 까닭으로 무위공이 청정하니라. 왜 그러한가? 만약 일체지지가 청정하거나, 만약 여래의 10력이 청정하거나, 만약 무위공이 청정하다면, 무이이고 둘로 나눌 수 없으며 분별이 없고 단절도 없는 까닭이니라. 일체지지가 청정한 까닭으로 4무소외(四無所畏)·4무애해(四無礙解)·대자(大慈)·대비(大悲)·대희(大喜)·대사(大捨)·18불불공법(十八佛不共法)이 청정하고, 4무소외, 나아가 18불불공법이 청정한 까닭으로 무위공이 청정하니라. 왜 그러한가? 만약 일체지지가 청정하거나, 만약 4무소외, 나아가 18불불공법이 청정하거나, 만약 무위공이 청정하다면, 무이이고 둘로 나눌 수 없으며 분별이 없고 단절도 없는 까닭이니라.

선현이여. 일체지지가 청정한 까닭으로 무망실법(無忘失法)이 청정하고, 무망실법이 청정한 까닭으로 무위공이 청정하니라. 왜 그러한가? 만약 일체지지가 청정하거나, 만약 무망실법이 청정하거나, 만약 무위공이 청정하다면, 무이이고 둘로 나눌 수 없으며 분별이 없고 단절도 없는 까닭이니라. 선현이여. 일체지지가 청정한 까닭으로 항주사성(恒住捨性)이 청정하고, 항주사성이 청정한 까닭으로 무위공이 청정하니라. 왜 그러한가? 만약 일체지지가 청정하거나, 만약 항주사성이 청정하거나, 만약 무위공이 청정하다면, 무이이고 둘로 나눌 수 없으며 분별이 없고 단절도 없는 까닭이니라.

선현이여. 일체지지가 청정한 까닭으로 일체지(一切智)가 청정하고, 일체지가 청정한 까닭으로 무위공이 청정하니라. 왜 그러한가? 만약 일체지지가 청정하거나, 만약 일체지가 청정하거나, 만약 무위공이 청정하다면, 무이이고 둘로 나눌 수 없으며 분별이 없고 단절도 없는 까닭이니라. 일체지지가 청정한 까닭으로 도상지(道相智)·일체상지(一切相智)가 청정하고, 도상지·일체상지가 청정한 까닭으로 무위공이 청정하니라. 왜 그러한가? 만약 일체지지가 청정하거나, 만약 도상지·일체상지가 청정하거나, 만약 무위공이 청정하다면, 무이이고 둘로 나눌 수 없으며 분별이 없고 단절도 없는 까닭이니라.

선현이여. 일체지지가 청정한 까닭으로 일체(一切)의 다라니문(陀羅尼門)이 청정하고, 일체의 다라니문이 청정한 까닭으로 무위공이 청정하니라. 왜 그러한가? 만약 일체지지가 청정하거나, 만약 일체의 다라니문이 청정하거나, 만약 무위공이 청정하다면, 무이이고 둘로 나눌 수 없으며 분별이 없고 단절도 없는 까닭이니라. 선현이여. 일체지지가 청정한 까닭으로 일체의 삼마지문(三摩地門)이 청정하고, 일체의 삼마지문이 청정한 까닭으로 무위공이 청정하니라. 왜 그러한가? 만약 일체지지가 청정하거나, 만약 일체의 삼마지문이 청정하거나, 만약 무위공이 청정하다면, 무이이고 둘로 나눌 수 없으며 분별이 없고 단절도 없는 까닭이니라.

선현이여. 일체지지가 청정한 까닭으로 예류과(預流果)가 청정하고, 예류과가 청정한 까닭으로 무위공이 청정하니라. 왜 그러한가? 만약 일체지지가 청정하거나, 만약 예류과가 청정하거나, 만약 무위공이 청정하다면, 무이이고 둘로 나눌 수 없으며 분별이 없고 단절도 없는 까닭이니라. 일체지지가 청정한 까닭으로 일래(一來)·불환(不還)·아라한과(阿羅漢果)가 청정하고, 일래·불환·아라한과가 청정한 까닭으로 무위공이 청정하니라. 왜 그러한가? 만약 일체지지가 청정하거나, 만약 일래·불환·아라한과가 청정하거나, 만약 무위공이 청정하다면, 무이이고 둘로 나눌 수 없으며 분별이 없고 단절도 없는 까닭이니라.

선현이여. 일체지지가 청정한 까닭으로 독각(獨覺)의 보리(菩提)가 청정하고, 독각의 보리가 청정한 까닭으로 무위공이 청정하니라. 왜 그러한가? 만약 일체지지가 청정하거나, 만약 독각의 보리가 청정하거나, 만약 무위공이 청정하다면, 무이이고 둘로 나눌 수 없으며 분별이 없고 단절도 없는 까닭이니라.

선현이여. 일체지지가 청정한 까닭으로 일체의 보살마하살(菩薩摩訶

薩)의 행(行)이 청정하고, 일체의 보살마하살의 행이 청정한 까닭으로 무위공이 청정하니라. 왜 그러한가? 만약 일체지지가 청정하거나, 만약 일체의 보살마하살의 행이 청정하거나, 만약 무위공이 청정하다면, 무이이고 둘로 나눌 수 없으며 분별이 없고 단절도 없는 까닭이니라.

선현이여. 일체지지가 청정한 까닭으로 제불의 무상정등보리가 청정하고, 제불의 무상정등보리가 청정한 까닭으로 무위공이 청정하니라. 왜 그러한가? 만약 일체지지가 청정하거나, 만약 제불(諸佛)의 무상정등보리(無上正等菩提)가 청정하거나, 만약 무위공이 청정하다면, 무이이고 둘로 나눌 수 없으며 분별이 없고 단절도 없는 까닭이니라."

"다시 다음으로 선현이여. 일체지지가 청정한 까닭으로 색이 청정하고, 색이 청정한 까닭으로 필경공(畢竟空)이 청정하니라. 왜 그러한가? 만약 일체지지가 청정하거나, 만약 색이 청정하거나, 만약 필경공이 청정하다면, 무이이고 둘로 나눌 수 없으며 분별이 없고 단절도 없는 까닭이니라. 일체지지가 청정한 까닭으로 수·상·행·식이 청정하고, 수·상·행·식이 청정한 까닭으로 필경공이 청정하니라. 왜 그러한가? 만약 일체지지가 청정하거나, 만약 수·상·행·식이 청정하거나, 만약 필경공이 청정하다면, 무이이고 둘로 나눌 수 없으며 분별이 없고 단절도 없는 까닭이니라.

선현이여. 일체지지가 청정한 까닭으로 안처가 청정하고, 안처가 청정한 까닭으로 필경공이 청정하니라. 왜 그러한가? 만약 일체지지가 청정하거나, 만약 안처가 청정하거나, 만약 필경공이 청정하다면, 무이이고 둘로 나눌 수 없으며 분별이 없고 단절도 없는 까닭이니라. 일체지지가 청정한 까닭으로 이·비·설·신·의처가 청정하고, 이·비·설·신·의처가 청정한 까닭으로 필경공이 청정하니라. 왜 그러한가? 만약 일체지지가 청정하거나, 만약 이·비·설·신·의처가 청정하거나, 만약 필경공이 청정하다면, 무이이고 둘로 나눌 수 없으며 분별이 없고 단절도 없는 까닭이니라.

선현이여. 일체지지가 청정한 까닭으로 색처가 청정하고, 색처가 청정한 까닭으로 필경공이 청정하니라. 왜 그러한가? 만약 일체지지가 청정하거나, 만약 색처가 청정하거나, 만약 필경공이 청정하다면, 무이이고 둘로 나눌 수 없으며 분별이 없고 단절도 없는 까닭이니라. 일체지지가 청정한 까닭으로 성·향·미·촉·법처가 청정하고, 성·향·미·촉·법처가 청정한 까닭으로 필경공이 청정하니라. 왜 그러한가? 만약 일체지지가 청정하거나, 만약 성·향·미·촉·법처가 청정하거나, 만약 필경공이 청정하다면, 무이이고 둘로 나눌 수 없으며 분별이 없고 단절도 없는 까닭이니라.

선현이여. 일체지지가 청정한 까닭으로 안계가 청정하고, 안계가 청정한 까닭으로 필경공이 청정하니라. 왜 그러한가? 만약 일체지지가 청정하거나, 만약 안계가 청정하거나, 만약 필경공이 청정하다면, 무이이고 둘로 나눌 수 없으며 분별이 없고 단절도 없는 까닭이니라. 일체지지가 청정한 까닭으로 색계·안식계, 나아가 안촉·안촉을 인연으로 생겨난 여러 수가 청정하고, 색계, 나아가 안촉을 인연으로 생겨난 여러 수가 청정한 까닭으로 필경공이 청정하니라. 왜 그러한가? 만약 일체지지가 청정하거나, 만약 색계, 나아가 안촉을 인연으로 생겨난 여러 수가 청정하거나, 만약 필경공이 청정하다면, 무이이고 둘로 나눌 수 없으며 분별이 없고 단절도 없는 까닭이니라.

선현이여. 일체지지가 청정한 까닭으로 이계가 청정하고, 이계가 청정한 까닭으로 필경공이 청정하니라. 왜 그러한가? 만약 일체지지가 청정하거나, 만약 이계가 청정하거나, 만약 필경공이 청정하다면, 무이이고 둘로 나눌 수 없으며 분별이 없고 단절도 없는 까닭이니라. 일체지지가 청정한 까닭으로 성계·이식계, 나아가 이촉·이촉을 인연으로 생겨난 여러 수가 청정하고, 성계, 나아가 이촉을 인연으로 생겨난 여러 수가 청정한 까닭으로 필경공이 청정하니라. 왜 그러한가? 만약 일체지지가 청정하거나, 만약 성계, 나아가 이촉을 인연으로 생겨난 여러 수가 청정하거나, 만약 필경공이 청정하다면, 무이이고 둘로 나눌 수 없으며 분별이 없고 단절도 없는 까닭이니라.

선현이여. 일체지지가 청정한 까닭으로 비계가 청정하고, 비계가 청정한 까닭으로 필경공이 청정하니라. 왜 그러한가? 만약 일체지지가 청정하거나, 만약 비계가 청정하거나, 만약 필경공이 청정하다면, 무이이고 둘로 나눌 수 없으며 분별이 없고 단절도 없는 까닭이니라. 일체지지가 청정한 까닭으로 향계·비식계, 나아가 비촉·비촉을 인연으로 생겨난 여러 수가 청정하고, 향계, 나아가 비촉을 인연으로 생겨난 여러 수가 청정한 까닭으로 필경공이 청정하니라. 왜 그러한가? 만약 일체지지가 청정하거나, 만약 향계, 나아가 비촉을 인연으로 생겨난 여러 수가 청정하거나, 만약 필경공이 청정하다면, 무이이고 둘로 나눌 수 없으며 분별이 없고 단절도 없는 까닭이니라.

선현이여. 일체지지가 청정한 까닭으로 설계가 청정하고, 설계가 청정한 까닭으로 필경공이 청정하니라. 왜 그러한가? 만약 일체지지가 청정하거나, 만약 설계가 청정하거나, 만약 필경공이 청정하다면, 무이이고 둘로 나눌 수 없으며 분별이 없고 단절도 없는 까닭이니라. 일체지지가 청정한 까닭으로 미계·설식계, 나아가 설촉·설촉을 인연으로 생겨난 여러 수가 청정하고, 미계, 나아가 설촉을 인연으로 생겨난 여러 수가 청정한 까닭으로 필경공이 청정하니라. 왜 그러한가? 만약 일체지지가 청정하거나, 만약 미계, 나아가 설촉을 인연으로 생겨난 여러 수가 청정하거나, 만약 필경공이 청정하다면, 무이이고 둘로 나눌 수 없으며 분별이 없고 단절도 없는 까닭이니라.

선현이여. 일체지지가 청정한 까닭으로 신계가 청정하고, 신계가 청정한 까닭으로 필경공이 청정하니라. 왜 그러한가? 만약 일체지지가 청정하거나, 만약 신계가 청정하거나, 만약 필경공이 청정하다면, 무이이고 둘로 나눌 수 없으며 분별이 없고 단절도 없는 까닭이니라. 일체지지가 청정한 까닭으로 촉계·신식계, 나아가 신촉·신촉을 인연으로 생겨난 여러 수가 청정하고, 촉계, 나아가 신촉을 인연으로 생겨난 여러 수가 청정한 까닭으로 필경공이 청정하니라. 왜 그러한가? 만약 일체지지가 청정하거나, 만약 촉계, 나아가 신촉을 인연으로 생겨난 여러 수가 청정하거나, 만약 필경공이 청정하다면, 무이이고 둘로 나눌 수 없으며 분별이 없고 단절도 없는 까닭이니라.

선현이여. 일체지지가 청정한 까닭으로 의계가 청정하고, 의계가 청정한 까닭으로 필경공이 청정하니라. 왜 그러한가? 만약 일체지지가 청정하거나, 만약 의계가 청정하거나, 만약 필경공이 청정하다면, 무이이고 둘로 나눌 수 없으며 분별이 없고 단절도 없는 까닭이니라. 일체지지가 청정한 까닭으로 법계·의식계, 나아가 의촉·의촉을 인연으로 생겨난 여러 수가 청정하고, 법계, 나아가 의촉을 인연으로 생겨난 여러 수가 청정한 까닭으로 필경공이 청정하니라. 왜 그러한가? 만약 일체지지가 청정하거나, 만약 법계, 나아가 의촉을 인연으로 생겨난 여러 수가 청정하거나, 만약 필경공이 청정하다면, 무이이고 둘로 나눌 수 없으며 분별이 없고 단절도 없는 까닭이니라.

선현이여. 일체지지가 청정한 까닭으로 지계가 청정하고, 지계가 청정한 까닭으로 필경공이 청정하니라. 왜 그러한가? 만약 일체지지가 청정하거나, 만약 지계가 청정하거나, 만약 필경공이 청정하다면, 무이이고 둘로 나눌 수 없으며 분별이 없고 단절도 없는 까닭이니라. 일체지지가 청정한 까닭으로 수·화·풍·공·식계가 청정하고, 수·화·풍·공·식계가 청정한 까닭으로 필경공이 청정하니라. 왜 그러한가? 만약 일체지지가 청정하거나, 만약 수·화·풍·공·식계가 청정하거나, 만약 필경공이 청정하다면, 무이이고 둘로 나눌 수 없으며 분별이 없고 단절도 없는 까닭이니라.

선현이여. 일체지지가 청정한 까닭으로 무명이 청정하고, 무명이 청정한 까닭으로 필경공이 청정하니라. 왜 그러한가? 만약 일체지지가 청정하거나, 만약 무명이 청정하거나, 만약 필경공이 청정하다면, 무이이고 둘로 나눌 수 없으며 분별이 없고 단절도 없는 까닭이니라. 일체지지가 청정한 까닭으로 행·식·명색·육처·촉·수·애·취·유·생·노사의 수탄고우뇌가 청정하고, 행, 나아가 노사의 수탄고우뇌가 청정한 까닭으로 필경공이 청정하니라. 왜 그러한가? 만약 일체지지가 청정하거나, 만약 행, 나아가 노사의 수탄고우뇌가 청정하거나, 만약 필경공이 청정하다면, 무이이고 둘로 나눌 수 없으며 분별이 없고 단절도 없는 까닭이니라.

선현이여. 일체지지가 청정한 까닭으로 보시바라밀다가 청정하고,

보시바라밀다가 청정한 까닭으로 필경공이 청정하니라. 왜 그러한가? 만약 일체지지가 청정하거나, 만약 보시바라밀다가 청정하거나, 만약 필경공이 청정하다면, 무이이고 둘로 나눌 수 없으며 분별이 없고 단절도 없는 까닭이니라. 일체지지가 청정한 까닭으로 정계·안인·정진·정려·반야바라밀다가 청정하고, 정계, 나아가 반야바라밀다가 청정한 까닭으로 필경공이 청정하니라. 왜 그러한가? 만약 일체지지가 청정하거나, 만약 정계, 나아가 반야바라밀다가 청정하거나, 만약 필경공이 청정하다면, 무이이고 둘로 나눌 수 없으며 분별이 없고 단절도 없는 까닭이니라.

선현이여. 일체지지가 청정한 까닭으로 내공이 청정하고, 내공이 청정한 까닭으로 필경공이 청정하니라. 왜 그러한가? 만약 일체지지가 청정하거나, 만약 내공이 청정하거나, 만약 필경공이 청정하다면, 무이이고 둘로 나눌 수 없으며 분별이 없고 단절도 없는 까닭이니라. 일체지지가 청정한 까닭으로 외공·내외공·공공·대공·승의공·유위공·무위공·무제공·산공·무변이공·본성공·자상공·공상공·일체법공·불가득공·무성공·자성공·무성자성공이 청정하고, 외공, 나아가 무성자성공이 청정한 까닭으로 필경공이 청정하니라. 왜 그러한가? 만약 일체지지가 청정하거나, 만약 외공, 나아가 무성자성공이 청정하거나, 만약 필경공이 청정하다면, 무이이고 둘로 나눌 수 없으며 분별이 없고 단절도 없는 까닭이니라.

선현이여. 일체지지가 청정한 까닭으로 진여가 청정하고, 진여가 청정한 까닭으로 필경공이 청정하니라. 왜 그러한가? 만약 일체지지가 청정하거나, 만약 진여가 청정하거나, 만약 필경공이 청정하다면, 무이이고 둘로 나눌 수 없으며 분별이 없고 단절도 없는 까닭이니라. 일체지지가 청정한 까닭으로 법계·법성·불허망성·불변이성·평등성·이생성·법정·법주·실제·허공계·부사의계가 청정하고 법계, 나아가 부사의계가 청정한 까닭으로 필경공이 청정하니라. 왜 그러한가? 만약 일체지지가 청정하거나, 만약 법계, 나아가 부사의계가 청정하거나, 만약 필경공이 청정하다면, 무이이고 둘로 나눌 수 없으며 분별이 없고 단절도 없는 까닭이니라.

선현이여. 일체지지가 청정한 까닭으로 고성제가 청정하고, 고성제가 청정한 까닭으로 필경공이 청정하니라. 왜 그러한가? 만약 일체지지가 청정하거나, 만약 고성제가 청정하거나, 만약 필경공이 청정하다면, 무이이고 둘로 나눌 수 없으며 분별이 없고 단절도 없는 까닭이니라. 일체지지가 청정한 까닭으로 집·멸·도성제가 청정하고, 집·멸·도성제가 청정한 까닭으로 필경공이 청정하니라. 왜 그러한가? 만약 일체지지가 청정하거나, 만약 집·멸·도성제가 청정하거나, 만약 필경공이 청정하다면, 무이이고 둘로 나눌 수 없으며 분별이 없고 단절도 없는 까닭이니라.

선현이여. 일체지지가 청정한 까닭으로 4정려가 청정하고, 4정려가 청정한 까닭으로 필경공이 청정하니라. 왜 그러한가? 만약 일체지지가 청정하거나, 만약 4정려가 청정하거나, 만약 필경공이 청정하다면, 무이이고 둘로 나눌 수 없으며 분별이 없고 단절도 없는 까닭이니라. 일체지지가 청정한 까닭으로 4무량·4무색정이 청정하고, 4무량·4무색정이 청정한 까닭으로 필경공이 청정하니라. 왜 그러한가? 만약 일체지지가 청정하거나, 만약 4무량·4무색정이 청정하거나, 만약 필경공이 청정하다면, 무이이고 둘로 나눌 수 없으며 분별이 없고 단절도 없는 까닭이니라.

선현이여. 일체지지가 청정한 까닭으로 8해탈이 청정하고, 8해탈이 청정한 까닭으로 필경공이 청정하니라. 왜 그러한가? 만약 일체지지가 청정하거나, 만약 8해탈이 청정하거나, 만약 필경공이 청정하다면, 무이이고 둘로 나눌 수 없으며 분별이 없고 단절도 없는 까닭이니라. 일체지지가 청정한 까닭으로 8승처·9차제정·10변처가 청정하고, 8승처·9차제정·10변처가 청정한 까닭으로 필경공이 청정하니라. 왜 그러한가? 만약 일체지지가 청정하거나, 만약 8승처·9차제정·10변처가 청정하거나, 만약 필경공이 청정하다면, 무이이고 둘로 나눌 수 없으며 분별이 없고 단절도 없는 까닭이니라.

선현이여. 일체지지가 청정한 까닭으로 4념주가 청정하고, 4념주가 청정한 까닭으로 필경공이 청정하니라. 왜 그러한가? 만약 일체지지가 청정하거나, 만약 4념주가 청정하거나, 만약 필경공이 청정하다면, 무이이고 둘로 나눌 수 없으며 분별이 없고 단절도 없는 까닭이니라. 일체지지가 청정한 까닭으로 4정단·4신족·5근·5력·7등각지·8성도지가 청정하고, 4정단, 나아가 8성도지가 청정한 까닭으로 필경공이 청정하니라. 왜 그러한가? 만약 일체지지가 청정하거나, 만약 4정단, 나아가 8성도지가 청정하거나, 만약 필경공이 청정하다면, 무이이고 둘로 나눌 수 없으며 분별이 없고 단절도 없는 까닭이니라.

선현이여. 일체지지가 청정한 까닭으로 공해탈문이 청정하고, 공해탈문이 청정한 까닭으로 필경공이 청정하니라. 왜 그러한가? 만약 일체지지가 청정하거나, 만약 공해탈문이 청정하거나, 만약 필경공이 청정하다면, 무이이고 둘로 나눌 수 없으며 분별이 없고 단절도 없는 까닭이니라. 일체지지가 청정한 까닭으로 무상·무원해탈문이 청정하고, 무상·무원해탈문이 청정한 까닭으로 필경공이 청정하니라. 왜 그러한가? 만약 일체지지가 청정하거나, 만약 무상·무원해탈문이 청정하거나, 만약 필경공이 청정하다면, 무이이고 둘로 나눌 수 없으며 분별이 없고 단절도 없는 까닭이니라.

선현이여. 일체지지가 청정한 까닭으로 보살의 10지가 청정하고, 보살의 10지가 청정한 까닭으로 필경공이 청정하니라. 왜 그러한가? 만약 일체지지가 청정하거나, 만약 보살의 10지가 청정하거나, 만약 필경공이 청정하다면, 무이이고 둘로 나눌 수 없으며 분별이 없고 단절도 없는 까닭이니라."

마하반야바라밀다경 제252권

34. 난신해품(難信解品)(71)

"선현이여. 일체지지가 청정한 까닭으로 5안이 청정하고, 5안이 청정한 까닭으로 필경공이 청정하니라. 왜 그러한가? 만약 일체지지가 청정하거나, 만약 5안이 청정하거나, 만약 필경공이 청정하다면, 무이이고 둘로 나눌 수 없으며 분별이 없고 단절도 없는 까닭이니라. 일체지지가 청정한 까닭으로 6신통이 청정하고, 6신통이 청정한 까닭으로 필경공이 청정하니라. 왜 그러한가? 만약 일체지지가 청정하거나, 만약 6신통이 청정하거나, 만약 필경공이 청정하다면, 무이이고 둘로 나눌 수 없으며 분별이 없고 단절도 없는 까닭이니라.

선현이여. 일체지지가 청정한 까닭으로 여래의 10력이 청정하고, 여래의 10력이 청정한 까닭으로 필경공이 청정하니라. 왜 그러한가? 만약 일체지지가 청정하거나, 만약 여래의 10력이 청정하거나, 만약 필경공이 청정하다면, 무이이고 둘로 나눌 수 없으며 분별이 없고 단절도 없는 까닭이니라. 일체지지가 청정한 까닭으로 4무소외·4무애해·대자·대비·대희·대사·18불불공법이 청정하고, 4무소외, 나아가 18불불공법이 청정한 까닭으로 필경공이 청정하니라. 왜 그러한가? 만약 일체지지가 청정하거나, 만약 4무소외, 나아가 18불불공법이 청정하거나, 만약 필경공이 청정하다면, 무이이고 둘로 나눌 수 없으며 분별이 없고 단절도 없는 까닭이니라.

선현이여. 일체지지가 청정한 까닭으로 무망실법이 청정하고, 무망실

법이 청정한 까닭으로 필경공이 청정하니라. 왜 그러한가? 만약 일체지지가 청정하거나, 만약 무망실법이 청정하거나, 만약 필경공이 청정하다면, 무이이고 둘로 나눌 수 없으며 분별이 없고 단절도 없는 까닭이니라. 선현이여. 일체지지가 청정한 까닭으로 항주사성이 청정하고, 항주사성이 청정한 까닭으로 필경공이 청정하니라. 왜 그러한가? 만약 일체지지가 청정하거나, 만약 항주사성이 청정하거나, 만약 필경공이 청정하다면, 무이이고 둘로 나눌 수 없으며 분별이 없고 단절도 없는 까닭이니라.

선현이여. 일체지지가 청정한 까닭으로 일체지가 청정하고, 일체지가 청정한 까닭으로 필경공이 청정하니라. 왜 그러한가? 만약 일체지지가 청정하거나, 만약 일체지가 청정하거나, 만약 필경공이 청정하다면, 무이이고 둘로 나눌 수 없으며 분별이 없고 단절도 없는 까닭이니라. 일체지지가 청정한 까닭으로 도상지·일체상지가 청정하고, 도상지·일체상지가 청정한 까닭으로 필경공이 청정하니라. 왜 그러한가? 만약 일체지지가 청정하거나, 만약 도상지·일체상지가 청정하거나, 만약 필경공이 청정하다면, 무이이고 둘로 나눌 수 없으며 분별이 없고 단절도 없는 까닭이니라.

선현이여. 일체지지가 청정한 까닭으로 일체의 다라니문이 청정하고, 일체의 다라니문이 청정한 까닭으로 필경공이 청정하니라. 왜 그러한가? 만약 일체지지가 청정하거나, 만약 일체의 다라니문이 청정하거나, 만약 필경공이 청정하다면, 무이이고 둘로 나눌 수 없으며 분별이 없고 단절도 없는 까닭이니라. 선현이여. 일체지지가 청정한 까닭으로 일체의 삼마지문이 청정하고, 일체의 삼마지문이 청정한 까닭으로 필경공이 청정하니라. 왜 그러한가? 만약 일체지지가 청정하거나, 만약 일체의 삼마지문이 청정하거나, 만약 필경공이 청정하다면, 무이이고 둘로 나눌 수 없으며 분별이 없고 단절도 없는 까닭이니라.

선현이여. 일체지지가 청정한 까닭으로 예류과가 청정하고, 예류과가 청정한 까닭으로 필경공이 청정하니라. 왜 그러한가? 만약 일체지지가 청정하거나, 만약 예류과가 청정하거나, 만약 필경공이 청정하다면, 무이이고 둘로 나눌 수 없으며 분별이 없고 단절도 없는 까닭이니라. 일체지지가 청정한 까닭으로 일래·불환·아라한과가 청정하고, 일래·불환·아라한과가 청정한 까닭으로 필경공이 청정하니라. 왜 그러한가? 만약 일체지지가 청정하거나, 만약 일래·불환·아라한과가 청정하거나, 만약 필경공이 청정하다면, 무이이고 둘로 나눌 수 없으며 분별이 없고 단절도 없는 까닭이니라.

선현이여. 일체지지가 청정한 까닭으로 독각의 보리가 청정하고, 독각의 보리가 청정한 까닭으로 필경공이 청정하니라. 왜 그러한가? 만약 일체지지가 청정하거나, 만약 독각의 보리가 청정하거나, 만약 필경공이 청정하다면, 무이이고 둘로 나눌 수 없으며 분별이 없고 단절도 없는 까닭이니라.

선현이여. 일체지지가 청정한 까닭으로 일체의 보살마하살의 행이 청정하고, 일체의 보살마하살의 행이 청정한 까닭으로 필경공이 청정하니라. 왜 그러한가? 만약 일체지지가 청정하거나, 만약 일체의 보살마하살의 행이 청정하거나, 만약 필경공이 청정하다면, 무이이고 둘로 나눌 수 없으며 분별이 없고 단절도 없는 까닭이니라.

선현이여. 일체지지가 청정한 까닭으로 제불의 무상정등보리가 청정하고, 제불의 무상정등보리가 청정한 까닭으로 필경공이 청정하니라. 왜 그러한가? 만약 일체지지가 청정하거나, 만약 제불의 무상정등보리가 청정하거나, 만약 필경공이 청정하다면, 무이이고 둘로 나눌 수 없으며 분별이 없고 단절도 없는 까닭이니라."

"다시 다음으로 선현이여. 일체지지가 청정한 까닭으로 색이 청정하고, 색이 청정한 까닭으로 무제공(無際空)이 청정하니라. 왜 그러한가? 만약 일체지지가 청정하거나, 만약 색이 청정하거나, 만약 무제공이 청정하다면, 무이이고 둘로 나눌 수 없으며 분별이 없고 단절도 없는 까닭이니라. 일체지지가 청정한 까닭으로 수·상·행·식이 청정하고, 수·상·행·식이 청정한 까닭으로 무제공이 청정하니라. 왜 그러한가? 만약 일체지지가 청정하거나, 만약 수·상·행·식이 청정하거나, 만약 무제공이 청정하다면,

무이이고 둘로 나눌 수 없으며 분별이 없고 단절도 없는 까닭이니라.

선현이여. 일체지지가 청정한 까닭으로 안처가 청정하고, 안처가 청정한 까닭으로 무제공이 청정하니라. 왜 그러한가? 만약 일체지지가 청정하거나, 만약 안처가 청정하거나, 만약 무제공이 청정하다면, 무이이고 둘로 나눌 수 없으며 분별이 없고 단절도 없는 까닭이니라. 일체지지가 청정한 까닭으로 이·비·설·신·의처가 청정하고, 이·비·설·신·의처가 청정한 까닭으로 무제공이 청정하니라. 왜 그러한가? 만약 일체지지가 청정하거나, 만약 이·비·설·신·의처가 청정하거나, 만약 무제공이 청정하다면, 무이이고 둘로 나눌 수 없으며 분별이 없고 단절도 없는 까닭이니라.

선현이여. 일체지지가 청정한 까닭으로 색처가 청정하고, 색처가 청정한 까닭으로 무제공이 청정하니라. 왜 그러한가? 만약 일체지지가 청정하거나, 만약 색처가 청정하거나, 만약 무제공이 청정하다면, 무이이고 둘로 나눌 수 없으며 분별이 없고 단절도 없는 까닭이니라. 일체지지가 청정한 까닭으로 성·향·미·촉·법처가 청정하고, 성·향·미·촉·법처가 청정한 까닭으로 무제공이 청정하니라. 왜 그러한가? 만약 일체지지가 청정하거나, 만약 성·향·미·촉·법처가 청정하거나, 만약 무제공이 청정하다면, 무이이고 둘로 나눌 수 없으며 분별이 없고 단절도 없는 까닭이니라.

선현이여. 일체지지가 청정한 까닭으로 안계가 청정하고, 안계가 청정한 까닭으로 무제공이 청정하니라. 왜 그러한가? 만약 일체지지가 청정하거나, 만약 안계가 청정하거나, 만약 무제공이 청정하다면, 무이이고 둘로 나눌 수 없으며 분별이 없고 단절도 없는 까닭이니라. 일체지지가 청정한 까닭으로 색계·안식계, 나아가 안촉·안촉을 인연으로 생겨난 여러 수가 청정하고, 색계, 나아가 안촉을 인연으로 생겨난 여러 수가 청정한 까닭으로 무제공이 청정하니라. 왜 그러한가? 만약 일체지지가 청정하거나, 만약 색계, 나아가 안촉을 인연으로 생겨난 여러 수가 청정하거나, 만약 무제공이 청정하다면, 무이이고 둘로 나눌 수 없으며 분별이 없고 단절도 없는 까닭이니라.

선현이여. 일체지지가 청정한 까닭으로 이계가 청정하고, 이계가 청정

한 까닭으로 무제공이 청정하니라. 왜 그러한가? 만약 일체지지가 청정하거나, 만약 이계가 청정하거나, 만약 무제공이 청정하다면, 무이이고 둘로 나눌 수 없으며 분별이 없고 단절도 없는 까닭이니라. 일체지지가 청정한 까닭으로 성계·이식계, 나아가 이촉·이촉을 인연으로 생겨난 여러 수가 청정하고, 성계, 나아가 이촉을 인연으로 생겨난 여러 수가 청정한 까닭으로 무제공이 청정하니라. 왜 그러한가? 만약 일체지지가 청정하거나, 만약 성계, 나아가 이촉을 인연으로 생겨난 여러 수가 청정하거나, 만약 무제공이 청정하다면, 무이이고 둘로 나눌 수 없으며 분별이 없고 단절도 없는 까닭이니라.

선현이여. 일체지지가 청정한 까닭으로 비계가 청정하고, 비계가 청정한 까닭으로 무제공이 청정하니라. 왜 그러한가? 만약 일체지지가 청정하거나, 만약 비계가 청정하거나, 만약 무제공이 청정하다면, 무이이고 둘로 나눌 수 없으며 분별이 없고 단절도 없는 까닭이니라. 일체지지가 청정한 까닭으로 향계·비식계, 나아가 비촉·비촉을 인연으로 생겨난 여러 수가 청정하고, 향계, 나아가 비촉을 인연으로 생겨난 여러 수가 청정한 까닭으로 무제공이 청정하니라. 왜 그러한가? 만약 일체지지가 청정하거나, 만약 향계, 나아가 비촉을 인연으로 생겨난 여러 수가 청정하거나, 만약 무제공이 청정하다면, 무이이고 둘로 나눌 수 없으며 분별이 없고 단절도 없는 까닭이니라.

선현이여. 일체지지가 청정한 까닭으로 설계가 청정하고, 설계가 청정한 까닭으로 무제공이 청정하니라. 왜 그러한가? 만약 일체지지가 청정하거나, 만약 설계가 청정하거나, 만약 무제공이 청정하다면, 무이이고 둘로 나눌 수 없으며 분별이 없고 단절도 없는 까닭이니라. 일체지지가 청정한 까닭으로 미계·설식계, 나아가 설촉·설촉을 인연으로 생겨난 여러 수가 청정하고, 미계, 나아가 설촉을 인연으로 생겨난 여러 수가 청정한 까닭으로 무제공이 청정하니라. 왜 그러한가? 만약 일체지지가 청정하거나, 만약 미계, 나아가 설촉을 인연으로 생겨난 여러 수가 청정하거나, 만약 무제공이 청정하다면, 무이이고 둘로 나눌 수 없으며 분별이

없고 단절도 없는 까닭이니라.

선현이여. 일체지지가 청정한 까닭으로 신계가 청정하고, 신계가 청정한 까닭으로 무제공이 청정하니라. 왜 그러한가? 만약 일체지지가 청정하거나, 만약 신계가 청정하거나, 만약 무제공이 청정하다면, 무이이고 둘로 나눌 수 없으며 분별이 없고 단절도 없는 까닭이니라. 일체지지가 청정한 까닭으로 촉계·신식계, 나아가 신촉·신촉을 인연으로 생겨난 여러 수가 청정하고, 촉계, 나아가 신촉을 인연으로 생겨난 여러 수가 청정한 까닭으로 무제공이 청정하니라. 왜 그러한가? 만약 일체지지가 청정하거나, 만약 촉계, 나아가 신촉을 인연으로 생겨난 여러 수가 청정하거나, 만약 무제공이 청정하다면, 무이이고 둘로 나눌 수 없으며 분별이 없고 단절도 없는 까닭이니라.

선현이여. 일체지지가 청정한 까닭으로 의계가 청정하고, 의계가 청정한 까닭으로 무제공이 청정하니라. 왜 그러한가? 만약 일체지지가 청정하거나, 만약 의계가 청정하거나, 만약 무제공이 청정하다면, 무이이고 둘로 나눌 수 없으며 분별이 없고 단절도 없는 까닭이니라. 일체지지가 청정한 까닭으로 법계·의식계, 나아가 의촉·의촉을 인연으로 생겨난 여러 수가 청정하고, 법계, 나아가 의촉을 인연으로 생겨난 여러 수가 청정한 까닭으로 무제공이 청정하니라. 왜 그러한가? 만약 일체지지가 청정하거나, 만약 법계, 나아가 의촉을 인연으로 생겨난 여러 수가 청정하거나, 만약 무제공이 청정하다면, 무이이고 둘로 나눌 수 없으며 분별이 없고 단절도 없는 까닭이니라.

선현이여. 일체지지가 청정한 까닭으로 지계가 청정하고, 지계가 청정한 까닭으로 무제공이 청정하니라. 왜 그러한가? 만약 일체지지가 청정하거나, 만약 지계가 청정하거나, 만약 무제공이 청정하다면, 무이이고 둘로 나눌 수 없으며 분별이 없고 단절도 없는 까닭이니라. 일체지지가 청정한 까닭으로 수·화·풍·공·식계가 청정하고, 수·화·풍·공·식계가 청정한 까닭으로 무제공이 청정하니라. 왜 그러한가? 만약 일체지지가 청정하거나, 만약 수·화·풍·공·식계가 청정하거나, 만약 무제공이 청정하

다면, 무이이고 둘로 나눌 수 없으며 분별이 없고 단절도 없는 까닭이니라.

선현이여. 일체지지가 청정한 까닭으로 무명이 청정하고, 무명이 청정한 까닭으로 무제공이 청정하니라. 왜 그러한가? 만약 일체지지가 청정하거나, 만약 무명이 청정하거나, 만약 무제공이 청정하다면, 무이이고 둘로 나눌 수 없으며 분별이 없고 단절도 없는 까닭이니라. 일체지지가 청정한 까닭으로 행·식·명색·육처·촉·수·애·취·유·생·노사의 수탄고우뇌가 청정하고, 행, 나아가 노사의 수탄고우뇌가 청정한 까닭으로 무제공이 청정하니라. 왜 그러한가? 만약 일체지지가 청정하거나, 만약 행, 나아가 노사의 수탄고우뇌가 청정하거나, 만약 무제공이 청정하다면, 무이이고 둘로 나눌 수 없으며 분별이 없고 단절도 없는 까닭이니라.

선현이여. 일체지지가 청정한 까닭으로 보시바라밀다가 청정하고, 보시바라밀다가 청정한 까닭으로 무제공이 청정하니라. 왜 그러한가? 만약 일체지지가 청정하거나, 만약 보시바라밀다가 청정하거나, 만약 무제공이 청정하다면, 무이이고 둘로 나눌 수 없으며 분별이 없고 단절도 없는 까닭이니라. 일체지지가 청정한 까닭으로 정계·안인·정진·정려·반야바라밀다가 청정하고, 정계, 나아가 반야바라밀다가 청정한 까닭으로 무제공이 청정하니라. 왜 그러한가? 만약 일체지지가 청정하거나, 만약 정계, 나아가 반야바라밀다가 청정하거나, 만약 무제공이 청정하다면, 무이이고 둘로 나눌 수 없으며 분별이 없고 단절도 없는 까닭이니라.

선현이여. 일체지지가 청정한 까닭으로 내공이 청정하고, 내공이 청정한 까닭으로 무제공이 청정하니라. 왜 그러한가? 만약 일체지지가 청정하거나, 만약 내공이 청정하거나, 만약 무제공이 청정하다면, 무이이고 둘로 나눌 수 없으며 분별이 없고 단절도 없는 까닭이니라. 일체지지가 청정한 까닭으로 외공·내외공·공공·대공·승의공·유위공·무위공·필경공·산공·무변이공·본성공·자상공·공상공·일체법공·불가득공·무성공·자성공·무성자성공이 청정하고, 외공, 나아가 무성자성공이 청정한 까닭으로 무제공이 청정하니라. 왜 그러한가? 만약 일체지지가 청정하거나, 만약 외공, 나아가 무성자성공이 청정하거나, 만약 무제공이 청정하다면,

무이이고 둘로 나눌 수 없으며 분별이 없고 단절도 없는 까닭이니라.

선현이여. 일체지지가 청정한 까닭으로 진여가 청정하고, 진여가 청정한 까닭으로 무제공이 청정하니라. 왜 그러한가? 만약 일체지지가 청정하거나, 만약 진여가 청정하거나, 만약 무제공이 청정하다면, 무이이고 둘로 나눌 수 없으며 분별이 없고 단절도 없는 까닭이니라. 일체지지가 청정한 까닭으로 법계·법성·불허망성·불변이성·평등성·이생성·법정·법주·실제·허공계·부사의계가 청정하고 법계, 나아가 부사의계가 청정한 까닭으로 무제공이 청정하니라. 왜 그러한가? 만약 일체지지가 청정하거나, 만약 법계, 나아가 부사의계가 청정하거나, 만약 무제공이 청정하다면, 무이이고 둘로 나눌 수 없으며 분별이 없고 단절도 없는 까닭이니라.

선현이여. 일체지지가 청정한 까닭으로 고성제가 청정하고, 고성제가 청정한 까닭으로 무제공이 청정하니라. 왜 그러한가? 만약 일체지지가 청정하거나, 만약 고성제가 청정하거나, 만약 무제공이 청정하다면, 무이이고 둘로 나눌 수 없으며 분별이 없고 단절도 없는 까닭이니라. 일체지지가 청정한 까닭으로 집·멸·도성제가 청정하고, 집·멸·도성제가 청정한 까닭으로 무제공이 청정하니라. 왜 그러한가? 만약 일체지지가 청정하거나, 만약 집·멸·도성제가 청정하거나, 만약 무제공이 청정하다면, 무이이고 둘로 나눌 수 없으며 분별이 없고 단절도 없는 까닭이니라.

선현이여. 일체지지가 청정한 까닭으로 4정려가 청정하고, 4정려가 청정한 까닭으로 무제공이 청정하니라. 왜 그러한가? 만약 일체지지가 청정하거나, 만약 4정려가 청정하거나, 만약 무제공이 청정하다면, 무이이고 둘로 나눌 수 없으며 분별이 없고 단절도 없는 까닭이니라. 일체지지가 청정한 까닭으로 4무량·4무색정이 청정하고, 4무량·4무색정이 청정한 까닭으로 무제공이 청정하니라. 왜 그러한가? 만약 일체지지가 청정하거나, 만약 4무량·4무색정이 청정하거나, 만약 무제공이 청정하다면, 무이이고 둘로 나눌 수 없으며 분별이 없고 단절도 없는 까닭이니라.

선현이여. 일체지지가 청정한 까닭으로 8해탈이 청정하고, 8해탈이 청정한 까닭으로 무제공이 청정하니라. 왜 그러한가? 만약 일체지지가 청정하거나, 만약 8해탈이 청정하거나, 만약 무제공이 청정하다면, 무이이고 둘로 나눌 수 없으며 분별이 없고 단절도 없는 까닭이니라. 일체지지가 청정한 까닭으로 8승처·9차제정·10변처가 청정하고, 8승처·9차제정·10변처가 청정한 까닭으로 무제공이 청정하니라. 왜 그러한가? 만약 일체지지가 청정하거나, 만약 8승처·9차제정·10변처가 청정하거나, 만약 무제공이 청정하다면, 무이이고 둘로 나눌 수 없으며 분별이 없고 단절도 없는 까닭이니라.

선현이여. 일체지지가 청정한 까닭으로 4념주가 청정하고, 4념주가 청정한 까닭으로 무제공이 청정하니라. 왜 그러한가? 만약 일체지지가 청정하거나, 만약 4념주가 청정하거나, 만약 무제공이 청정하다면, 무이이고 둘로 나눌 수 없으며 분별이 없고 단절도 없는 까닭이니라. 일체지지가 청정한 까닭으로 4정단·4신족·5근·5력·7등각지·8성도지가 청정하고, 4정단, 나아가 8성도지가 청정한 까닭으로 무제공이 청정하니라. 왜 그러한가? 만약 일체지지가 청정하거나, 만약 4정단, 나아가 8성도지가 청정하거나, 만약 무제공이 청정하다면, 무이이고 둘로 나눌 수 없으며 분별이 없고 단절도 없는 까닭이니라.

선현이여. 일체지지가 청정한 까닭으로 공해탈문이 청정하고, 공해탈문이 청정한 까닭으로 무제공이 청정하니라. 왜 그러한가? 만약 일체지지가 청정하거나, 만약 공해탈문이 청정하거나, 만약 무제공이 청정하다면, 무이이고 둘로 나눌 수 없으며 분별이 없고 단절도 없는 까닭이니라. 일체지지가 청정한 까닭으로 무상·무원해탈문이 청정하고, 무상·무원해탈문이 청정한 까닭으로 무제공이 청정하니라. 왜 그러한가? 만약 일체지지가 청정하거나, 만약 무상·무원해탈문이 청정하거나, 만약 무제공이 청정하다면, 무이이고 둘로 나눌 수 없으며 분별이 없고 단절도 없는 까닭이니라.

선현이여. 일체지지가 청정한 까닭으로 보살의 10지가 청정하고, 보살의 10지가 청정한 까닭으로 무제공이 청정하니라. 왜 그러한가? 만약 일체지지가 청정하거나, 만약 보살의 10지가 청정하거나, 만약 무제공이

청정하다면, 무이이고 둘로 나눌 수 없으며 분별이 없고 단절도 없는 까닭이니라.

선현이여. 일체지지가 청정한 까닭으로 5안이 청정하고, 5안이 청정한 까닭으로 무제공이 청정하니라. 왜 그러한가? 만약 일체지지가 청정하거나, 만약 5안이 청정하거나, 만약 무제공이 청정하다면, 무이이고 둘로 나눌 수 없으며 분별이 없고 단절도 없는 까닭이니라. 일체지지가 청정한 까닭으로 6신통이 청정하고, 6신통이 청정한 까닭으로 무제공이 청정하니라. 왜 그러한가? 만약 일체지지가 청정하거나, 만약 6신통이 청정하거나, 만약 무제공이 청정하다면, 무이이고 둘로 나눌 수 없으며 분별이 없고 단절도 없는 까닭이니라.

선현이여. 일체지지가 청정한 까닭으로 여래의 10력이 청정하고, 여래의 10력이 청정한 까닭으로 무제공이 청정하니라. 왜 그러한가? 만약 일체지지가 청정하거나, 만약 여래의 10력이 청정하거나, 만약 무제공이 청정하다면, 무이이고 둘로 나눌 수 없으며 분별이 없고 단절도 없는 까닭이니라. 일체지지가 청정한 까닭으로 4무소외·4무애해·대자·대비·대희·대사·18불불공법이 청정하고, 4무소외, 나아가 18불불공법이 청정한 까닭으로 무제공이 청정하니라. 왜 그러한가? 만약 일체지지가 청정하거나, 만약 4무소외, 나아가 18불불공법이 청정하거나, 만약 무제공이 청정하다면, 무이이고 둘로 나눌 수 없으며 분별이 없고 단절도 없는 까닭이니라.

선현이여. 일체지지가 청정한 까닭으로 무망실법이 청정하고, 무망실법이 청정한 까닭으로 무제공이 청정하니라. 왜 그러한가? 만약 일체지지가 청정하거나, 만약 무망실법이 청정하거나, 만약 무제공이 청정하다면, 무이이고 둘로 나눌 수 없으며 분별이 없고 단절도 없는 까닭이니라. 선현이여. 일체지지가 청정한 까닭으로 항주사성이 청정하고, 항주사성이 청정한 까닭으로 무제공이 청정하니라. 왜 그러한가? 만약 일체지지가 청정하거나, 만약 항주사성이 청정하거나, 만약 무제공이 청정하다면, 무이이고 둘로 나눌 수 없으며 분별이 없고 단절도 없는 까닭이니라.

선현이여. 일체지지가 청정한 까닭으로 일체지가 청정하고, 일체지가 청정한 까닭으로 무제공이 청정하니라. 왜 그러한가? 만약 일체지지가 청정하거나, 만약 일체지가 청정하거나, 만약 무제공이 청정하다면, 무이이고 둘로 나눌 수 없으며 분별이 없고 단절도 없는 까닭이니라. 일체지지가 청정한 까닭으로 도상지·일체상지가 청정하고, 도상지·일체상지가 청정한 까닭으로 무제공이 청정하니라. 왜 그러한가? 만약 일체지지가 청정하거나, 만약 도상지·일체상지가 청정하거나, 만약 무제공이 청정하다면, 무이이고 둘로 나눌 수 없으며 분별이 없고 단절도 없는 까닭이니라.

선현이여. 일체지지가 청정한 까닭으로 일체의 다라니문이 청정하고, 일체의 다라니문이 청정한 까닭으로 무제공이 청정하니라. 왜 그러한가? 만약 일체지지가 청정하거나, 만약 일체의 다라니문이 청정하거나, 만약 무제공이 청정하다면, 무이이고 둘로 나눌 수 없으며 분별이 없고 단절도 없는 까닭이니라. 선현이여. 일체지지가 청정한 까닭으로 일체의 삼마지문이 청정하고, 일체의 삼마지문이 청정한 까닭으로 무제공이 청정하니라. 왜 그러한가? 만약 일체지지가 청정하거나, 만약 일체의 삼마지문이 청정하거나, 만약 무제공이 청정하다면, 무이이고 둘로 나눌 수 없으며 분별이 없고 단절도 없는 까닭이니라.

선현이여. 일체지지가 청정한 까닭으로 예류과가 청정하고, 예류과가 청정한 까닭으로 무제공이 청정하니라. 왜 그러한가? 만약 일체지지가 청정하거나, 만약 예류과가 청정하거나, 만약 무제공이 청정하다면, 무이이고 둘로 나눌 수 없으며 분별이 없고 단절도 없는 까닭이니라. 일체지지가 청정한 까닭으로 일래·불환·아라한과가 청정하고, 일래·불환·아라한과가 청정한 까닭으로 무제공이 청정하니라. 왜 그러한가? 만약 일체지지가 청정하거나, 만약 일래·불환·아라한과가 청정하거나, 만약 무제공이 청정하다면, 무이이고 둘로 나눌 수 없으며 분별이 없고 단절도 없는 까닭이니라.

선현이여. 일체지지가 청정한 까닭으로 독각의 보리가 청정하고, 독각의 보리가 청정한 까닭으로 무제공이 청정하니라. 왜 그러한가? 만약 일체지지가 청정하거나, 만약 독각의 보리가 청정하거나, 만약 무제공이 청정하다면, 무이이고 둘로 나눌 수 없으며 분별이 없고 단절도 없는 까닭이니라.

선현이여. 일체지지가 청정한 까닭으로 일체의 보살마하살의 행이 청정하고, 일체의 보살마하살의 행이 청정한 까닭으로 무제공이 청정하니라. 왜 그러한가? 만약 일체지지가 청정하거나, 만약 일체의 보살마하살의 행이 청정하거나, 만약 무제공이 청정하다면, 무이이고 둘로 나눌 수 없으며 분별이 없고 단절도 없는 까닭이니라.

선현이여. 일체지지가 청정한 까닭으로 제불의 무상정등보리가 청정하고, 제불의 무상정등보리가 청정한 까닭으로 무제공이 청정하니라. 왜 그러한가? 만약 일체지지가 청정하거나, 만약 제불의 무상정등보리가 청정하거나, 만약 무제공이 청정하다면, 무이이고 둘로 나눌 수 없으며 분별이 없고 단절도 없는 까닭이니라."

"다시 다음으로 선현이여. 일체지지가 청정한 까닭으로 색이 청정하고, 색이 청정한 까닭으로 산공(散空)이 청정하니라. 왜 그러한가? 만약 일체지지가 청정하거나, 만약 색이 청정하거나, 만약 산공이 청정하다면, 무이이고 둘로 나눌 수 없으며 분별이 없고 단절도 없는 까닭이니라. 일체지지가 청정한 까닭으로 수·상·행·식이 청정하고, 수·상·행·식이 청정한 까닭으로 산공이 청정하니라. 왜 그러한가? 만약 일체지지가 청정하거나, 만약 수·상·행·식이 청정하거나, 만약 산공이 청정하다면, 무이이고 둘로 나눌 수 없으며 분별이 없고 단절도 없는 까닭이니라.

선현이여. 일체지지가 청정한 까닭으로 안처가 청정하고, 안처가 청정한 까닭으로 산공이 청정하니라. 왜 그러한가? 만약 일체지지가 청정하거나, 만약 안처가 청정하거나, 만약 산공이 청정하다면, 무이이고 둘로 나눌 수 없으며 분별이 없고 단절도 없는 까닭이니라. 일체지지가 청정한 까닭으로 이·비·설·신·의처가 청정하고, 이·비·설·신·의처가 청정한 까닭으로 산공이 청정하니라. 왜 그러한가? 만약 일체지지가 청정하거나,

만약 이·비·설·신·의처가 청정하거나, 만약 산공이 청정하다면, 무이이고 둘로 나눌 수 없으며 분별이 없고 단절도 없는 까닭이니라.

선현이여. 일체지지가 청정한 까닭으로 색처가 청정하고, 색처가 청정한 까닭으로 산공이 청정하니라. 왜 그러한가? 만약 일체지지가 청정하거나, 만약 색처가 청정하거나, 만약 산공이 청정하다면, 무이이고 둘로 나눌 수 없으며 분별이 없고 단절도 없는 까닭이니라. 일체지지가 청정한 까닭으로 성·향·미·촉·법처가 청정하고, 성·향·미·촉·법처가 청정한 까닭으로 산공이 청정하니라. 왜 그러한가? 만약 일체지지가 청정하거나, 만약 성·향·미·촉·법처가 청정하거나, 만약 산공이 청정하다면, 무이이고 둘로 나눌 수 없으며 분별이 없고 단절도 없는 까닭이니라.

선현이여. 일체지지가 청정한 까닭으로 안계가 청정하고, 안계가 청정한 까닭으로 산공이 청정하니라. 왜 그러한가? 만약 일체지지가 청정하거나, 만약 안계가 청정하거나, 만약 산공이 청정하다면, 무이이고 둘로 나눌 수 없으며 분별이 없고 단절도 없는 까닭이니라. 일체지지가 청정한 까닭으로 색계·안식계, 나아가 안촉·안촉을 인연으로 생겨난 여러 수가 청정하고, 색계, 나아가 안촉을 인연으로 생겨난 여러 수가 청정한 까닭으로 산공이 청정하니라. 왜 그러한가? 만약 일체지지가 청정하거나, 만약 색계, 나아가 안촉을 인연으로 생겨난 여러 수가 청정하거나, 만약 산공이 청정하다면, 무이이고 둘로 나눌 수 없으며 분별이 없고 단절도 없는 까닭이니라.

선현이여. 일체지지가 청정한 까닭으로 이계가 청정하고, 이계가 청정한 까닭으로 산공이 청정하니라. 왜 그러한가? 만약 일체지지가 청정하거나, 만약 이계가 청정하거나, 만약 산공이 청정하다면, 무이이고 둘로 나눌 수 없으며 분별이 없고 단절도 없는 까닭이니라. 일체지지가 청정한 까닭으로 성계·이식계, 나아가 이촉·이촉을 인연으로 생겨난 여러 수가 청정하고, 성계, 나아가 이촉을 인연으로 생겨난 여러 수가 청정한 까닭으로 산공이 청정하니라. 왜 그러한가? 만약 일체지지가 청정하거나, 만약 성계, 나아가 이촉을 인연으로 생겨난 여러 수가 청정하거나, 만약 산공이

청정하다면, 무이이고 둘로 나눌 수 없으며 분별이 없고 단절도 없는 까닭이니라.

선현이여. 일체지지가 청정한 까닭으로 비계가 청정하고, 비계가 청정한 까닭으로 산공이 청정하니라. 왜 그러한가? 만약 일체지지가 청정하거나, 만약 비계가 청정하거나, 만약 산공이 청정하다면, 무이이고 둘로 나눌 수 없으며 분별이 없고 단절도 없는 까닭이니라. 일체지지가 청정한 까닭으로 향계·비식계, 나아가 비촉·비촉을 인연으로 생겨난 여러 수가 청정하고, 향계, 나아가 비촉을 인연으로 생겨난 여러 수가 청정한 까닭으로 산공이 청정하니라. 왜 그러한가? 만약 일체지지가 청정하거나, 만약 향계, 나아가 비촉을 인연으로 생겨난 여러 수가 청정하거나, 만약 산공이 청정하다면, 무이이고 둘로 나눌 수 없으며 분별이 없고 단절도 없는 까닭이니라.

선현이여. 일체지지가 청정한 까닭으로 설계가 청정하고, 설계가 청정한 까닭으로 산공이 청정하니라. 왜 그러한가? 만약 일체지지가 청정하거나, 만약 설계가 청정하거나, 만약 산공이 청정하다면, 무이이고 둘로 나눌 수 없으며 분별이 없고 단절도 없는 까닭이니라. 일체지지가 청정한 까닭으로 미계·설식계, 나아가 설촉·설촉을 인연으로 생겨난 여러 수가 청정하고, 미계, 나아가 설촉을 인연으로 생겨난 여러 수가 청정한 까닭으로 산공이 청정하니라. 왜 그러한가? 만약 일체지지가 청정하거나, 만약 미계, 나아가 설촉을 인연으로 생겨난 여러 수가 청정하거나, 만약 산공이 청정하다면, 무이이고 둘로 나눌 수 없으며 분별이 없고 단절도 없는 까닭이니라.

선현이여. 일체지지가 청정한 까닭으로 신계가 청정하고, 신계가 청정한 까닭으로 산공이 청정하니라. 왜 그러한가? 만약 일체지지가 청정하거나, 만약 신계가 청정하거나, 만약 산공이 청정하다면, 무이이고 둘로 나눌 수 없으며 분별이 없고 단절도 없는 까닭이니라. 일체지지가 청정한 까닭으로 촉계·신식계, 나아가 신촉·신촉을 인연으로 생겨난 여러 수가 청정하고, 촉계, 나아가 신촉을 인연으로 생겨난 여러 수가 청정한 까닭으로 산공이 청정하니라. 왜 그러한가? 만약 일체지지가 청정하거나, 만약 촉계, 나아가 신촉을 인연으로 생겨난 여러 수가 청정하거나, 만약 산공이 청정하다면, 무이이고 둘로 나눌 수 없으며 분별이 없고 단절도 없는 까닭이니라.

선현이여. 일체지지가 청정한 까닭으로 의계가 청정하고, 의계가 청정한 까닭으로 산공이 청정하니라. 왜 그러한가? 만약 일체지지가 청정하거나, 만약 의계가 청정하거나, 만약 산공이 청정하다면, 무이이고 둘로 나눌 수 없으며 분별이 없고 단절도 없는 까닭이니라. 일체지지가 청정한 까닭으로 법계·의식계, 나아가 의촉·의촉을 인연으로 생겨난 여러 수가 청정하고, 법계, 나아가 의촉을 인연으로 생겨난 여러 수가 청정한 까닭으로 산공이 청정하니라. 왜 그러한가? 만약 일체지지가 청정하거나, 만약 법계, 나아가 의촉을 인연으로 생겨난 여러 수가 청정하거나, 만약 산공이 청정하다면, 무이이고 둘로 나눌 수 없으며 분별이 없고 단절도 없는 까닭이니라.

선현이여. 일체지지가 청정한 까닭으로 지계가 청정하고, 지계가 청정한 까닭으로 산공이 청정하니라. 왜 그러한가? 만약 일체지지가 청정하거나, 만약 지계가 청정하거나, 만약 산공이 청정하다면, 무이이고 둘로 나눌 수 없으며 분별이 없고 단절도 없는 까닭이니라. 일체지지가 청정한 까닭으로 수·화·풍·공·식계가 청정하고, 수·화·풍·공·식계가 청정한 까닭으로 산공이 청정하니라. 왜 그러한가? 만약 일체지지가 청정하거나, 만약 수·화·풍·공·식계가 청정하거나, 만약 산공이 청정하다면, 무이이고 둘로 나눌 수 없으며 분별이 없고 단절도 없는 까닭이니라.

선현이여. 일체지지가 청정한 까닭으로 무명이 청정하고, 무명이 청정한 까닭으로 산공이 청정하니라. 왜 그러한가? 만약 일체지지가 청정하거나, 만약 무명이 청정하거나, 만약 산공이 청정하다면, 무이이고 둘로 나눌 수 없으며 분별이 없고 단절도 없는 까닭이니라. 일체지지가 청정한 까닭으로 행·식·명색·육처·촉·수·애·취·유·생·노사의 수탄고우뇌가 청정하고, 행, 나아가 노사의 수탄고우뇌가 청정한 까닭으로 산공이 청정하니라. 왜 그러한가? 만약 일체지지가 청정하거나, 만약 행, 나아가 노사의 수탄고우뇌가 청정하거나, 만약 산공이 청정하다면, 무이이고 둘로 나눌 수 없으며 분별이 없고 단절도 없는 까닭이니라.

선현이여. 일체지지가 청정한 까닭으로 보시바라밀다가 청정하고, 보시바라밀다가 청정한 까닭으로 산공이 청정하니라. 왜 그러한가? 만약 일체지지가 청정하거나, 만약 보시바라밀다가 청정하거나, 만약 산공이 청정하다면, 무이이고 둘로 나눌 수 없으며 분별이 없고 단절도 없는 까닭이니라. 일체지지가 청정한 까닭으로 정계·안인·정진·정려·반야바라밀다가 청정하고, 정계, 나아가 반야바라밀다가 청정한 까닭으로 산공이 청정하니라. 왜 그러한가? 만약 일체지지가 청정하거나, 만약 정계, 나아가 반야바라밀다가 청정하거나, 만약 산공이 청정하다면, 무이이고 둘로 나눌 수 없으며 분별이 없고 단절도 없는 까닭이니라.

선현이여. 일체지지가 청정한 까닭으로 내공이 청정하고, 내공이 청정한 까닭으로 산공이 청정하니라. 왜 그러한가? 만약 일체지지가 청정하거나, 만약 내공이 청정하거나, 만약 산공이 청정하다면, 무이이고 둘로 나눌 수 없으며 분별이 없고 단절도 없는 까닭이니라. 일체지지가 청정한 까닭으로 외공·내외공·공공·대공·승의공·유위공·무위공·필경공·무제공·무변이공·본성공·자상공·공상공·일체법공·불가득공·무성공·자성공·무성자성공이 청정하고, 외공, 나아가 무성자성공이 청정한 까닭으로 산공이 청정하니라. 왜 그러한가? 만약 일체지지가 청정하거나, 만약 외공, 나아가 무성자성공이 청정하거나, 만약 산공이 청정하다면, 무이이고 둘로 나눌 수 없으며 분별이 없고 단절도 없는 까닭이니라.

선현이여. 일체지지가 청정한 까닭으로 진여가 청정하고, 진여가 청정한 까닭으로 산공이 청정하니라. 왜 그러한가? 만약 일체지지가 청정하거나, 만약 진여가 청정하거나, 만약 산공이 청정하다면, 무이이고 둘로 나눌 수 없으며 분별이 없고 단절도 없는 까닭이니라. 일체지지가 청정한 까닭으로 법계·법성·불허망성·불변이성·평등성·이생성·법정·법주·실제·허공계·부사의계가 청정하고 법계, 나아가 부사의계가 청정한 까닭으로 산공이 청정하니라. 왜 그러한가? 만약 일체지지가 청정하거나, 만약 법계, 나아가 부사의계가 청정하거나, 만약 산공이 청정하다면, 무이이고 둘로 나눌 수 없으며 분별이 없고 단절도 없는 까닭이니라.

선현이여. 일체지지가 청정한 까닭으로 고성제가 청정하고, 고성제가 청정한 까닭으로 산공이 청정하니라. 왜 그러한가? 만약 일체지지가 청정하거나, 만약 고성제가 청정하거나, 만약 산공이 청정하다면, 무이이고 둘로 나눌 수 없으며 분별이 없고 단절도 없는 까닭이니라. 일체지지가 청정한 까닭으로 집·멸·도성제가 청정하고, 집·멸·도성제가 청정한 까닭으로 산공이 청정하니라. 왜 그러한가? 만약 일체지지가 청정하거나, 만약 집·멸·도성제가 청정하거나, 만약 산공이 청정하다면, 무이이고 둘로 나눌 수 없으며 분별이 없고 단절도 없는 까닭이니라.

선현이여. 일체지지가 청정한 까닭으로 4정려가 청정하고, 4정려가 청정한 까닭으로 산공이 청정하니라. 왜 그러한가? 만약 일체지지가 청정하거나, 만약 4정려가 청정하거나, 만약 산공이 청정하다면, 무이이고 둘로 나눌 수 없으며 분별이 없고 단절도 없는 까닭이니라. 일체지지가 청정한 까닭으로 4무량·4무색정이 청정하고, 4무량·4무색정이 청정한 까닭으로 산공이 청정하니라. 왜 그러한가? 만약 일체지지가 청정하거나, 만약 4무량·4무색정이 청정하거나, 만약 산공이 청정하다면, 무이이고 둘로 나눌 수 없으며 분별이 없고 단절도 없는 까닭이니라.

선현이여. 일체지지가 청정한 까닭으로 8해탈이 청정하고, 8해탈이 청정한 까닭으로 산공이 청정하니라. 왜 그러한가? 만약 일체지지가 청정하거나, 만약 8해탈이 청정하거나, 만약 산공이 청정하다면, 무이이고 둘로 나눌 수 없으며 분별이 없고 단절도 없는 까닭이니라. 일체지지가 청정한 까닭으로 8승처·9차제정·10변처가 청정하고, 8승처·9차제정·10변처가 청정한 까닭으로 산공이 청정하니라. 왜 그러한가? 만약 일체지지가 청정하거나, 만약 8승처·9차제정·10변처가 청정하거나, 만약 산공이 청정하다면, 무이이고 둘로 나눌 수 없으며 분별이 없고 단절도 없는 까닭이니라.

선현이여. 일체지지가 청정한 까닭으로 4념주가 청정하고, 4념주가

청정한 까닭으로 산공이 청정하니라. 왜 그러한가? 만약 일체지지가 청정하거나, 만약 4념주가 청정하거나, 만약 산공이 청정하다면, 무이이고 둘로 나눌 수 없으며 분별이 없고 단절도 없는 까닭이니라. 일체지지가 청정한 까닭으로 4정단·4신족·5근·5력·7등각지·8성도지가 청정하고, 4정단, 나아가 8성도지가 청정한 까닭으로 산공이 청정하니라. 왜 그러한가? 만약 일체지지가 청정하거나, 만약 4정단, 나아가 8성도지가 청정하거나, 만약 산공이 청정하다면, 무이이고 둘로 나눌 수 없으며 분별이 없고 단절도 없는 까닭이니라.

선현이여. 일체지지가 청정한 까닭으로 공해탈문이 청정하고, 공해탈문이 청정한 까닭으로 산공이 청정하니라. 왜 그러한가? 만약 일체지지가 청정하거나, 만약 공해탈문이 청정하거나, 만약 산공이 청정하다면, 무이이고 둘로 나눌 수 없으며 분별이 없고 단절도 없는 까닭이니라. 일체지지가 청정한 까닭으로 무상·무원해탈문이 청정하고, 무상·무원해탈문이 청정한 까닭으로 산공이 청정하니라. 왜 그러한가? 만약 일체지지가 청정하거나, 만약 무상·무원해탈문이 청정하거나, 만약 산공이 청정하다면, 무이이고 둘로 나눌 수 없으며 분별이 없고 단절도 없는 까닭이니라.

선현이여. 일체지지가 청정한 까닭으로 보살의 10지가 청정하고, 보살의 10지가 청정한 까닭으로 산공이 청정하니라. 왜 그러한가? 만약 일체지지가 청정하거나, 만약 보살의 10지가 청정하거나, 만약 산공이 청정하다면, 무이이고 둘로 나눌 수 없으며 분별이 없고 단절도 없는 까닭이니라.

선현이여. 일체지지가 청정한 까닭으로 5안이 청정하고, 5안이 청정한 까닭으로 산공이 청정하니라. 왜 그러한가? 만약 일체지지가 청정하거나, 만약 5안이 청정하거나, 만약 산공이 청정하다면, 무이이고 둘로 나눌 수 없으며 분별이 없고 단절도 없는 까닭이니라. 일체지지가 청정한 까닭으로 6신통이 청정하고, 6신통이 청정한 까닭으로 산공이 청정하니라. 왜 그러한가? 만약 일체지지가 청정하거나, 만약 6신통이 청정하거나, 만약 산공이 청정하다면, 무이이고 둘로 나눌 수 없으며 분별이 없고 단절도 없는 까닭이니라.

선현이여. 일체지지가 청정한 까닭으로 여래의 10력이 청정하고, 여래의 10력이 청정한 까닭으로 산공이 청정하니라. 왜 그러한가? 만약 일체지지가 청정하거나, 만약 여래의 10력이 청정하거나, 만약 산공이 청정하다면, 무이이고 둘로 나눌 수 없으며 분별이 없고 단절도 없는 까닭이니라. 일체지지가 청정한 까닭으로 4무소외·4무애해·대자·대비·대희·대사·18불불공법이 청정하고, 4무소외, 나아가 18불불공법이 청정한 까닭으로 산공이 청정하니라. 왜 그러한가? 만약 일체지지가 청정하거나, 만약 4무소외, 나아가 18불불공법이 청정하거나, 만약 산공이 청정하다면, 무이이고 둘로 나눌 수 없으며 분별이 없고 단절도 없는 까닭이니라.

선현이여. 일체지지가 청정한 까닭으로 무망실법이 청정하고, 무망실법이 청정한 까닭으로 산공이 청정하니라. 왜 그러한가? 만약 일체지지가 청정하거나, 만약 무망실법이 청정하거나, 만약 산공이 청정하다면, 무이이고 둘로 나눌 수 없으며 분별이 없고 단절도 없는 까닭이니라. 선현이여. 일체지지가 청정한 까닭으로 항주사성이 청정하고, 항주사성이 청정한 까닭으로 산공이 청정하니라. 왜 그러한가? 만약 일체지지가 청정하거나, 만약 항주사성이 청정하거나, 만약 산공이 청정하다면, 무이이고 둘로 나눌 수 없으며 분별이 없고 단절도 없는 까닭이니라.

선현이여. 일체지지가 청정한 까닭으로 일체지가 청정하고, 일체지가 청정한 까닭으로 산공이 청정하니라. 왜 그러한가? 만약 일체지지가 청정하거나, 만약 일체지가 청정하거나, 만약 산공이 청정하다면, 무이이고 둘로 나눌 수 없으며 분별이 없고 단절도 없는 까닭이니라. 일체지지가 청정한 까닭으로 도상지·일체상지가 청정하고, 도상지·일체상지가 청정한 까닭으로 산공이 청정하니라. 왜 그러한가? 만약 일체지지가 청정하거나, 만약 도상지·일체상지가 청정하거나, 만약 산공이 청정하다면, 무이이고 둘로 나눌 수 없으며 분별이 없고 단절도 없는 까닭이니라.

선현이여. 일체지지가 청정한 까닭으로 일체의 다라니문이 청정하고, 일체의 다라니문이 청정한 까닭으로 산공이 청정하니라. 왜 그러한가? 만약 일체지지가 청정하거나, 만약 일체의 다라니문이 청정하거나, 만약 산공이 청정하다면, 무이이고 둘로 나눌 수 없으며 분별이 없고 단절도 없는 까닭이니라. 선현이여. 일체지지가 청정한 까닭으로 일체의 삼마지문이 청정하고, 일체의 삼마지문이 청정한 까닭으로 산공이 청정하니라. 왜 그러한가? 만약 일체지지가 청정하거나, 만약 일체의 삼마지문이 청정하거나, 만약 산공이 청정하다면, 무이이고 둘로 나눌 수 없으며 분별이 없고 단절도 없는 까닭이니라.

선현이여. 일체지지가 청정한 까닭으로 예류과가 청정하고, 예류과가 청정한 까닭으로 산공이 청정하니라. 왜 그러한가? 만약 일체지지가 청정하거나, 만약 예류과가 청정하거나, 만약 산공이 청정하다면, 무이이고 둘로 나눌 수 없으며 분별이 없고 단절도 없는 까닭이니라. 일체지지가 청정한 까닭으로 일래·불환·아라한과가 청정하고, 일래·불환·아라한과가 청정한 까닭으로 산공이 청정하니라. 왜 그러한가? 만약 일체지지가 청정하거나, 만약 일래·불환·아라한과가 청정하거나, 만약 산공이 청정하다면, 무이이고 둘로 나눌 수 없으며 분별이 없고 단절도 없는 까닭이니라.

선현이여. 일체지지가 청정한 까닭으로 독각의 보리가 청정하고, 독각의 보리가 청정한 까닭으로 산공이 청정하니라. 왜 그러한가? 만약 일체지지가 청정하거나, 만약 독각의 보리가 청정하거나, 만약 산공이 청정하다면, 무이이고 둘로 나눌 수 없으며 분별이 없고 단절도 없는 까닭이니라.

선현이여. 일체지지가 청정한 까닭으로 일체의 보살마하살의 행이 청정하고, 일체의 보살마하살의 행이 청정한 까닭으로 산공이 청정하니라. 왜 그러한가? 만약 일체지지가 청정하거나, 만약 일체의 보살마하살의 행이 청정하거나, 만약 산공이 청정하다면, 무이이고 둘로 나눌 수 없으며 분별이 없고 단절도 없는 까닭이니라.

선현이여. 일체지지가 청정한 까닭으로 제불의 무상정등보리가 청정하고, 제불의 무상정등보리가 청정한 까닭으로 산공이 청정하니라. 왜 그러한가? 만약 일체지지가 청정하거나, 만약 제불의 무상정등보리가 청정하거나, 만약 산공이 청정하다면, 무이이고 둘로 나눌 수 없으며 분별이 없고 단절도 없는 까닭이니라."

마하반야바라밀다경 제253권

34. 난신해품(難信解品)(72)

"다시 다음으로 선현이여. 일체지지가 청정한 까닭으로 색이 청정하고, 색이 청정한 까닭으로 무변이공(無變異空)이 청정하니라. 왜 그러한가? 만약 일체지지가 청정하거나, 만약 색이 청정하거나, 만약 무변이공이 청정하다면, 무이이고 둘로 나눌 수 없으며 분별이 없고 단절도 없는 까닭이니라. 일체지지가 청정한 까닭으로 수·상·행·식이 청정하고, 수·상·행·식이 청정한 까닭으로 무변이공이 청정하니라. 왜 그러한가? 만약 일체지지가 청정하거나, 만약 수·상·행·식이 청정하거나, 만약 무변이공이 청정하다면, 무이이고 둘로 나눌 수 없으며 분별이 없고 단절도 없는 까닭이니라.

선현이여. 일체지지가 청정한 까닭으로 안처가 청정하고, 안처가 청정한 까닭으로 무변이공이 청정하니라. 왜 그러한가? 만약 일체지지가 청정하거나, 만약 안처가 청정하거나, 만약 무변이공이 청정하다면, 무이이고 둘로 나눌 수 없으며 분별이 없고 단절도 없는 까닭이니라. 일체지지가 청정한 까닭으로 이·비·설·신·의처가 청정하고, 이·비·설·신·의처가 청정한 까닭으로 무변이공이 청정하니라. 왜 그러한가? 만약 일체지지가 청정하거나, 만약 이·비·설·신·의처가 청정하거나, 만약 무변이공이 청정하다면, 무이이고 둘로 나눌 수 없으며 분별이 없고 단절도 없는 까닭이니라.

선현이여. 일체지지가 청정한 까닭으로 색처가 청정하고, 색처가 청정한 까닭으로 무변이공이 청정하니라. 왜 그러한가? 만약 일체지지가 청정하거나, 만약 색처가 청정하거나, 만약 무변이공이 청정하다면, 무이이고 둘로 나눌 수 없으며 분별이 없고 단절도 없는 까닭이니라. 일체지지가 청정한 까닭으로 성·향·미·촉·법처가 청정하고, 성·향·미·촉·법처가 청정한 까닭으로 무변이공이 청정하니라. 왜 그러한가? 만약 일체지지가 청정하거나, 만약 성·향·미·촉·법처가 청정하거나, 만약 무변이공이 청정하다면, 무이이고 둘로 나눌 수 없으며 분별이 없고 단절도 없는 까닭이니라.

선현이여. 일체지지가 청정한 까닭으로 안계가 청정하고, 안계가 청정한 까닭으로 무변이공이 청정하니라. 왜 그러한가? 만약 일체지지가 청정하거나, 만약 안계가 청정하거나, 만약 무변이공이 청정하다면, 무이이고 둘로 나눌 수 없으며 분별이 없고 단절도 없는 까닭이니라. 일체지지가 청정한 까닭으로 색계·안식계, 나아가 안촉·안촉을 인연으로 생겨난 여러 수가 청정하고, 색계, 나아가 안촉을 인연으로 생겨난 여러 수가 청정한 까닭으로 무변이공이 청정하니라. 왜 그러한가? 만약 일체지지가 청정하거나, 만약 색계, 나아가 안촉을 인연으로 생겨난 여러 수가 청정하거나, 만약 무변이공이 청정하다면, 무이이고 둘로 나눌 수 없으며 분별이 없고 단절도 없는 까닭이니라.

선현이여. 일체지지가 청정한 까닭으로 이계가 청정하고, 이계가 청정한 까닭으로 무변이공이 청정하니라. 왜 그러한가? 만약 일체지지가 청정하거나, 만약 이계가 청정하거나, 만약 무변이공이 청정하다면, 무이이고 둘로 나눌 수 없으며 분별이 없고 단절도 없는 까닭이니라. 일체지지가 청정한 까닭으로 성계·이식계, 나아가 이촉·이촉을 인연으로 생겨난 여러 수가 청정하고, 성계, 나아가 이촉을 인연으로 생겨난 여러 수가 청정한 까닭으로 무변이공이 청정하니라. 왜 그러한가? 만약 일체지지가 청정하거나, 만약 성계, 나아가 이촉을 인연으로 생겨난 여러 수가 청정하거나, 만약 무변이공이 청정하다면, 무이이고 둘로 나눌 수 없으며 분별이 없고 단절도 없는 까닭이니라.

선현이여. 일체지지가 청정한 까닭으로 비계가 청정하고, 비계가 청정한 까닭으로 무변이공이 청정하니라. 왜 그러한가? 만약 일체지지가 청정하거나, 만약 비계가 청정하거나, 만약 무변이공이 청정하다면, 무이이고 둘로 나눌 수 없으며 분별이 없고 단절도 없는 까닭이니라. 일체지지가 청정한 까닭으로 향계·비식계, 나아가 비촉·비촉을 인연으로 생겨난 여러 수가 청정하고, 향계, 나아가 비촉을 인연으로 생겨난 여러 수가 청정한 까닭으로 무변이공이 청정하니라. 왜 그러한가? 만약 일체지지가 청정하거나, 만약 향계, 나아가 비촉을 인연으로 생겨난 여러 수가 청정하거나, 만약 무변이공이 청정하다면, 무이이고 둘로 나눌 수 없으며 분별이 없고 단절도 없는 까닭이니라.

선현이여. 일체지지가 청정한 까닭으로 설계가 청정하고, 설계가 청정한 까닭으로 무변이공이 청정하니라. 왜 그러한가? 만약 일체지지가 청정하거나, 만약 설계가 청정하거나, 만약 무변이공이 청정하다면, 무이이고 둘로 나눌 수 없으며 분별이 없고 단절도 없는 까닭이니라. 일체지지가 청정한 까닭으로 미계·설식계, 나아가 설촉·설촉을 인연으로 생겨난 여러 수가 청정하고, 미계, 나아가 설촉을 인연으로 생겨난 여러 수가 청정한 까닭으로 무변이공이 청정하니라. 왜 그러한가? 만약 일체지지가 청정하거나, 만약 미계, 나아가 설촉을 인연으로 생겨난 여러 수가 청정하거나, 만약 무변이공이 청정하다면, 무이이고 둘로 나눌 수 없으며 분별이 없고 단절도 없는 까닭이니라.

선현이여. 일체지지가 청정한 까닭으로 신계가 청정하고, 신계가 청정한 까닭으로 무변이공이 청정하니라. 왜 그러한가? 만약 일체지지가 청정하거나, 만약 신계가 청정하거나, 만약 무변이공이 청정하다면, 무이이고 둘로 나눌 수 없으며 분별이 없고 단절도 없는 까닭이니라. 일체지지가 청정한 까닭으로 촉계·신식계, 나아가 신촉·신촉을 인연으로 생겨난 여러 수가 청정하고, 촉계, 나아가 신촉을 인연으로 생겨난 여러 수가 청정한 까닭으로 무변이공이 청정하니라. 왜 그러한가? 만약 일체지지가 청정하거나, 만약 촉계, 나아가 신촉을 인연으로 생겨난 여러 수가 청정하거나, 만약 무변이공이 청정하다면, 무이이고 둘로 나눌 수 없으며 분별이 없고 단절도 없는 까닭이니라.

선현이여. 일체지지가 청정한 까닭으로 의계가 청정하고, 의계가 청정한 까닭으로 무변이공이 청정하니라. 왜 그러한가? 만약 일체지지가 청정하거나, 만약 의계가 청정하거나, 만약 무변이공이 청정하다면, 무이이고 둘로 나눌 수 없으며 분별이 없고 단절도 없는 까닭이니라. 일체지지가 청정한 까닭으로 법계·의식계, 나아가 의촉·의촉을 인연으로 생겨난 여러 수가 청정하고, 법계, 나아가 의촉을 인연으로 생겨난 여러 수가 청정한 까닭으로 무변이공이 청정하니라. 왜 그러한가? 만약 일체지지가 청정하거나, 만약 법계, 나아가 의촉을 인연으로 생겨난 여러 수가 청정하거나, 만약 무변이공이 청정하다면, 무이이고 둘로 나눌 수 없으며 분별이 없고 단절도 없는 까닭이니라.

선현이여. 일체지지가 청정한 까닭으로 지계가 청정하고, 지계가 청정한 까닭으로 무변이공이 청정하니라. 왜 그러한가? 만약 일체지지가 청정하거나, 만약 지계가 청정하거나, 만약 무변이공이 청정하다면, 무이이고 둘로 나눌 수 없으며 분별이 없고 단절도 없는 까닭이니라. 일체지지가 청정한 까닭으로 수·화·풍·공·식계가 청정하고, 수·화·풍·공·식계가 청정한 까닭으로 무변이공이 청정하니라. 왜 그러한가? 만약 일체지지가 청정하거나, 만약 수·화·풍·공·식계가 청정하거나, 만약 무변이공이 청정하다면, 무이이고 둘로 나눌 수 없으며 분별이 없고 단절도 없는 까닭이니라.

선현이여. 일체지지가 청정한 까닭으로 무명이 청정하고, 무명이 청정한 까닭으로 무변이공이 청정하니라. 왜 그러한가? 만약 일체지지가 청정하거나, 만약 무명이 청정하거나, 만약 무변이공이 청정하다면, 무이이고 둘로 나눌 수 없으며 분별이 없고 단절도 없는 까닭이니라. 일체지지가 청정한 까닭으로 행·식·명색·육처·촉·수·애·취·유·생·노사의 수탄고우뇌가 청정하고, 행, 나아가 노사의 수탄고우뇌가 청정한 까닭으로 무변이공이 청정하니라. 왜 그러한가? 만약 일체지지가 청정하거나, 만약 행, 나아가 노사의 수탄고우뇌가 청정하거나, 만약 무변이공이 청정하다면, 무이이고 둘로 나눌 수 없으며 분별이 없고 단절도 없는 까닭이니라.

선현이여. 일체지지가 청정한 까닭으로 보시바라밀다가 청정하고,

보시바라밀다가 청정한 까닭으로 무변이공이 청정하니라. 왜 그러한가? 만약 일체지지가 청정하거나, 만약 보시바라밀다가 청정하거나, 만약 무변이공이 청정하다면, 무이이고 둘로 나눌 수 없으며 분별이 없고 단절도 없는 까닭이니라. 일체지지가 청정한 까닭으로 정계·안인·정진·정려·반야바라밀다가 청정하고, 정계, 나아가 반야바라밀다가 청정한 까닭으로 무변이공이 청정하니라. 왜 그러한가? 만약 일체지지가 청정하거나, 만약 정계, 나아가 반야바라밀다가 청정하거나, 만약 무변이공이 청정하다면, 무이이고 둘로 나눌 수 없으며 분별이 없고 단절도 없는 까닭이니라.

선현이여. 일체지지가 청정한 까닭으로 내공이 청정하고, 내공이 청정한 까닭으로 무변이공이 청정하니라. 왜 그러한가? 만약 일체지지가 청정하거나, 만약 내공이 청정하거나, 만약 무변이공이 청정하다면, 무이이고 둘로 나눌 수 없으며 분별이 없고 단절도 없는 까닭이니라. 일체지지가 청정한 까닭으로 외공·내외공·공공·대공·승의공·유위공·무위공·필경공·무제공·산공·본성공·자상공·공상공·일체법공·불가득공·무성공·자성공·무성자성공이 청정하고, 외공, 나아가 무성자성공이 청정한 까닭으로 무변이공이 청정하니라. 왜 그러한가? 만약 일체지지가 청정하거나, 만약 외공, 나아가 무성자성공이 청정하거나, 만약 무변이공이 청정하다면, 무이이고 둘로 나눌 수 없으며 분별이 없고 단절도 없는 까닭이니라.

선현이여. 일체지지가 청정한 까닭으로 진여가 청정하고, 진여가 청정한 까닭으로 무변이공이 청정하니라. 왜 그러한가? 만약 일체지지가 청정하거나, 만약 진여가 청정하거나, 만약 무변이공이 청정하다면, 무이이고 둘로 나눌 수 없으며 분별이 없고 단절도 없는 까닭이니라. 일체지지가 청정한 까닭으로 법계·법성·불허망성·불변이성·평등성·이생성·법정·법주·실제·허공계·부사의계가 청정하고 법계, 나아가 부사의계가 청정한 까닭으로 무변이공이 청정하니라. 왜 그러한가? 만약 일체지지가 청정하거나, 만약 법계, 나아가 부사의계가 청정하거나, 만약 무변이공이 청정하다면, 무이이고 둘로 나눌 수 없으며 분별이 없고 단절도 없는

까닭이니라.

선현이여. 일체지지가 청정한 까닭으로 고성제가 청정하고, 고성제가 청정한 까닭으로 무변이공이 청정하니라. 왜 그러한가? 만약 일체지지가 청정하거나, 만약 고성제가 청정하거나, 만약 무변이공이 청정하다면, 무이이고 둘로 나눌 수 없으며 분별이 없고 단절도 없는 까닭이니라. 일체지지가 청정한 까닭으로 집·멸·도성제가 청정하고, 집·멸·도성제가 청정한 까닭으로 무변이공이 청정하니라. 왜 그러한가? 만약 일체지지가 청정하거나, 만약 집·멸·도성제가 청정하거나, 만약 무변이공이 청정하다면, 무이이고 둘로 나눌 수 없으며 분별이 없고 단절도 없는 까닭이니라.

선현이여. 일체지지가 청정한 까닭으로 4정려가 청정하고, 4정려가 청정한 까닭으로 무변이공이 청정하니라. 왜 그러한가? 만약 일체지지가 청정하거나, 만약 4정려가 청정하거나, 만약 무변이공이 청정하다면, 무이이고 둘로 나눌 수 없으며 분별이 없고 단절도 없는 까닭이니라. 일체지지가 청정한 까닭으로 4무량·4무색정이 청정하고, 4무량·4무색정이 청정한 까닭으로 무변이공이 청정하니라. 왜 그러한가? 만약 일체지지가 청정하거나, 만약 4무량·4무색정이 청정하거나, 만약 무변이공이 청정하다면, 무이이고 둘로 나눌 수 없으며 분별이 없고 단절도 없는 까닭이니라.

선현이여. 일체지지가 청정한 까닭으로 8해탈이 청정하고, 8해탈이 청정한 까닭으로 무변이공이 청정하니라. 왜 그러한가? 만약 일체지지가 청정하거나, 만약 8해탈이 청정하거나, 만약 무변이공이 청정하다면, 무이이고 둘로 나눌 수 없으며 분별이 없고 단절도 없는 까닭이니라. 일체지지가 청정한 까닭으로 8승처·9차제정·10변처가 청정하고, 8승처·9차제정·10변처가 청정한 까닭으로 무변이공이 청정하니라. 왜 그러한가? 만약 일체지지가 청정하거나, 만약 8승처·9차제정·10변처가 청정하거나, 만약 무변이공이 청정하다면, 무이이고 둘로 나눌 수 없으며 분별이 없고 단절도 없는 까닭이니라.

선현이여. 일체지지가 청정한 까닭으로 4념주가 청정하고, 4념주가 청정한 까닭으로 무변이공이 청정하니라. 왜 그러한가? 만약 일체지지가 청정하거나, 만약 4념주가 청정하거나, 만약 무변이공이 청정하다면, 무이이고 둘로 나눌 수 없으며 분별이 없고 단절도 없는 까닭이니라. 일체지지가 청정한 까닭으로 4정단·4신족·5근·5력·7등각지·8성도지가 청정하고, 4정단, 나아가 8성도지가 청정한 까닭으로 무변이공이 청정하니라. 왜 그러한가? 만약 일체지지가 청정하거나, 만약 4정단, 나아가 8성도지가 청정하거나, 만약 무변이공이 청정하다면, 무이이고 둘로 나눌 수 없으며 분별이 없고 단절도 없는 까닭이니라.

선현이여. 일체지지가 청정한 까닭으로 공해탈문이 청정하고, 공해탈문이 청정한 까닭으로 무변이공이 청정하니라. 왜 그러한가? 만약 일체지지가 청정하거나, 만약 공해탈문이 청정하거나, 만약 무변이공이 청정하다면, 무이이고 둘로 나눌 수 없으며 분별이 없고 단절도 없는 까닭이니라. 일체지지가 청정한 까닭으로 무상·무원해탈문이 청정하고, 무상·무원해탈문이 청정한 까닭으로 무변이공이 청정하니라. 왜 그러한가? 만약 일체지지가 청정하거나, 만약 무상·무원해탈문이 청정하거나, 만약 무변이공이 청정하다면, 무이이고 둘로 나눌 수 없으며 분별이 없고 단절도 없는 까닭이니라.

선현이여. 일체지지가 청정한 까닭으로 보살의 10지가 청정하고, 보살의 10지가 청정한 까닭으로 무변이공이 청정하니라. 왜 그러한가? 만약 일체지지가 청정하거나, 만약 보살의 10지가 청정하거나, 만약 무변이공이 청정하다면, 무이이고 둘로 나눌 수 없으며 분별이 없고 단절도 없는 까닭이니라.

선현이여. 일체지지가 청정한 까닭으로 5안이 청정하고, 5안이 청정한 까닭으로 무변이공이 청정하니라. 왜 그러한가? 만약 일체지지가 청정하거나, 만약 5안이 청정하거나, 만약 무변이공이 청정하다면, 무이이고 둘로 나눌 수 없으며 분별이 없고 단절도 없는 까닭이니라. 일체지지가 청정한 까닭으로 6신통이 청정하고, 6신통이 청정한 까닭으로 무변이공이 청정하니라. 왜 그러한가? 만약 일체지지가 청정하거나, 만약 6신통이 청정하거나, 만약 무변이공이 청정하다면, 무이이고 둘로 나눌 수 없으며

분별이 없고 단절도 없는 까닭이니라.

선현이여. 일체지지가 청정한 까닭으로 여래의 10력이 청정하고, 여래의 10력이 청정한 까닭으로 무변이공이 청정하니라. 왜 그러한가? 만약 일체지지가 청정하거나, 만약 여래의 10력이 청정하거나, 만약 무변이공이 청정하다면, 무이이고 둘로 나눌 수 없으며 분별이 없고 단절도 없는 까닭이니라. 일체지지가 청정한 까닭으로 4무소외·4무애해·대자·대비·대희·대사·18불불공법이 청정하고, 4무소외, 나아가 18불불공법이 청정한 까닭으로 무변이공이 청정하니라. 왜 그러한가? 만약 일체지지가 청정하거나, 만약 4무소외, 나아가 18불불공법이 청정하거나, 만약 무변이공이 청정하다면, 무이이고 둘로 나눌 수 없으며 분별이 없고 단절도 없는 까닭이니라.

선현이여. 일체지지가 청정한 까닭으로 무망실법이 청정하고, 무망실법이 청정한 까닭으로 무변이공이 청정하니라. 왜 그러한가? 만약 일체지지가 청정하거나, 만약 무망실법이 청정하거나, 만약 무변이공이 청정하다면, 무이이고 둘로 나눌 수 없으며 분별이 없고 단절도 없는 까닭이니라. 선현이여. 일체지지가 청정한 까닭으로 항주사성이 청정하고, 항주사성이 청정한 까닭으로 무변이공이 청정하니라. 왜 그러한가? 만약 일체지지가 청정하거나, 만약 항주사성이 청정하거나, 만약 무변이공이 청정하다면, 무이이고 둘로 나눌 수 없으며 분별이 없고 단절도 없는 까닭이니라.

선현이여. 일체지지가 청정한 까닭으로 일체지가 청정하고, 일체지가 청정한 까닭으로 무변이공이 청정하니라. 왜 그러한가? 만약 일체지지가 청정하거나, 만약 일체지가 청정하거나, 만약 무변이공이 청정하다면, 무이이고 둘로 나눌 수 없으며 분별이 없고 단절도 없는 까닭이니라. 일체지지가 청정한 까닭으로 도상지·일체상지가 청정하고, 도상지·일체상지가 청정한 까닭으로 무변이공이 청정하니라. 왜 그러한가? 만약 일체지지가 청정하거나, 만약 도상지·일체상지가 청정하거나, 만약 무변이공이 청정하다면, 무이이고 둘로 나눌 수 없으며 분별이 없고 단절도 없는 까닭이니라.

선현이여. 일체지지가 청정한 까닭으로 일체의 다라니문이 청정하고, 일체의 다라니문이 청정한 까닭으로 무변이공이 청정하니라. 왜 그러한가? 만약 일체지지가 청정하거나, 만약 일체의 다라니문이 청정하거나, 만약 무변이공이 청정하다면, 무이이고 둘로 나눌 수 없으며 분별이 없고 단절도 없는 까닭이니라. 선현이여. 일체지지가 청정한 까닭으로 일체의 삼마지문이 청정하고, 일체의 삼마지문이 청정한 까닭으로 무변이공이 청정하니라. 왜 그러한가? 만약 일체지지가 청정하거나, 만약 일체의 삼마지문이 청정하거나, 만약 무변이공이 청정하다면, 무이이고 둘로 나눌 수 없으며 분별이 없고 단절도 없는 까닭이니라.

선현이여. 일체지지가 청정한 까닭으로 예류과가 청정하고, 예류과가 청정한 까닭으로 무변이공이 청정하니라. 왜 그러한가? 만약 일체지지가 청정하거나, 만약 예류과가 청정하거나, 만약 무변이공이 청정하다면, 무이이고 둘로 나눌 수 없으며 분별이 없고 단절도 없는 까닭이니라. 일체지지가 청정한 까닭으로 일래·불환·아라한과가 청정하고, 일래·불환·아라한과가 청정한 까닭으로 무변이공이 청정하니라. 왜 그러한가? 만약 일체지지가 청정하거나, 만약 일래·불환·아라한과가 청정하거나, 만약 무변이공이 청정하다면, 무이이고 둘로 나눌 수 없으며 분별이 없고 단절도 없는 까닭이니라.

선현이여. 일체지지가 청정한 까닭으로 독각의 보리가 청정하고, 독각의 보리가 청정한 까닭으로 무변이공이 청정하니라. 왜 그러한가? 만약 일체지지가 청정하거나, 만약 독각의 보리가 청정하거나, 만약 무변이공이 청정하다면, 무이이고 둘로 나눌 수 없으며 분별이 없고 단절도 없는 까닭이니라.

선현이여. 일체지지가 청정한 까닭으로 일체의 보살마하살의 행이 청정하고, 일체의 보살마하살의 행이 청정한 까닭으로 무변이공이 청정하니라. 왜 그러한가? 만약 일체지지가 청정하거나, 만약 일체의 보살마하살의 행이 청정하거나, 만약 무변이공이 청정하다면, 무이이고 둘로 나눌 수 없으며 분별이 없고 단절도 없는 까닭이니라.

선현이여. 일체지지가 청정한 까닭으로 제불의 무상정등보리가 청정하고, 제불의 무상정등보리가 청정한 까닭으로 무변이공이 청정하니라. 왜 그러한가? 만약 일체지지가 청정하거나, 만약 제불의 무상정등보리가 청정하거나, 만약 무변이공이 청정하다면, 무이이고 둘로 나눌 수 없으며 분별이 없고 단절도 없는 까닭이니라."

"다시 다음으로 선현이여. 일체지지가 청정한 까닭으로 색이 청정하고, 색이 청정한 까닭으로 본성공(本性空)이 청정하니라. 왜 그러한가? 만약 일체지지가 청정하거나, 만약 색이 청정하거나, 만약 본성공이 청정하다면, 무이이고 둘로 나눌 수 없으며 분별이 없고 단절도 없는 까닭이니라. 일체지지가 청정한 까닭으로 수·상·행·식이 청정하고, 수·상·행·식이 청정한 까닭으로 본성공이 청정하니라. 왜 그러한가? 만약 일체지지가 청정하거나, 만약 수·상·행·식이 청정하거나, 만약 본성공이 청정하다면, 무이이고 둘로 나눌 수 없으며 분별이 없고 단절도 없는 까닭이니라.

선현이여. 일체지지가 청정한 까닭으로 안처가 청정하고, 안처가 청정한 까닭으로 본성공이 청정하니라. 왜 그러한가? 만약 일체지지가 청정하거나, 만약 안처가 청정하거나, 만약 본성공이 청정하다면, 무이이고 둘로 나눌 수 없으며 분별이 없고 단절도 없는 까닭이니라. 일체지지가 청정한 까닭으로 이·비·설·신·의처가 청정하고, 이·비·설·신·의처가 청정한 까닭으로 본성공이 청정하니라. 왜 그러한가? 만약 일체지지가 청정하거나, 만약 이·비·설·신·의처가 청정하거나, 만약 본성공이 청정하다면, 무이이고 둘로 나눌 수 없으며 분별이 없고 단절도 없는 까닭이니라.

선현이여. 일체지지가 청정한 까닭으로 색처가 청정하고, 색처가 청정한 까닭으로 본성공이 청정하니라. 왜 그러한가? 만약 일체지지가 청정하거나, 만약 색처가 청정하거나, 만약 본성공이 청정하다면, 무이이고 둘로 나눌 수 없으며 분별이 없고 단절도 없는 까닭이니라. 일체지지가 청정한 까닭으로 성·향·미·촉·법처가 청정하고, 성·향·미·촉·법처가 청정한 까닭으로 본성공이 청정하니라. 왜 그러한가? 만약 일체지지가 청정하거나, 만약 성·향·미·촉·법처가 청정하거나, 만약 본성공이 청정하다면, 무이이고 둘로 나눌 수 없으며 분별이 없고 단절도 없는 까닭이니라.

선현이여. 일체지지가 청정한 까닭으로 안계가 청정하고, 안계가 청정한 까닭으로 본성공이 청정하니라. 왜 그러한가? 만약 일체지지가 청정하거나, 만약 안계가 청정하거나, 만약 본성공이 청정하다면, 무이이고 둘로 나눌 수 없으며 분별이 없고 단절도 없는 까닭이니라. 일체지지가 청정한 까닭으로 색계·안식계, 나아가 안촉·안촉을 인연으로 생겨난 여러 수가 청정하고, 색계, 나아가 안촉을 인연으로 생겨난 여러 수가 청정한 까닭으로 본성공이 청정하니라. 왜 그러한가? 만약 일체지지가 청정하거나, 만약 색계, 나아가 안촉을 인연으로 생겨난 여러 수가 청정하거나, 만약 본성공이 청정하다면, 무이이고 둘로 나눌 수 없으며 분별이 없고 단절도 없는 까닭이니라.

선현이여. 일체지지가 청정한 까닭으로 이계가 청정하고, 이계가 청정한 까닭으로 본성공이 청정하니라. 왜 그러한가? 만약 일체지지가 청정하거나, 만약 이계가 청정하거나, 만약 본성공이 청정하다면, 무이이고 둘로 나눌 수 없으며 분별이 없고 단절도 없는 까닭이니라. 일체지지가 청정한 까닭으로 성계·이식계, 나아가 이촉·이촉을 인연으로 생겨난 여러 수가 청정하고, 성계, 나아가 이촉을 인연으로 생겨난 여러 수가 청정한 까닭으로 본성공이 청정하니라. 왜 그러한가? 만약 일체지지가 청정하거나, 만약 성계, 나아가 이촉을 인연으로 생겨난 여러 수가 청정하거나, 만약 본성공이 청정하다면, 무이이고 둘로 나눌 수 없으며 분별이 없고 단절도 없는 까닭이니라.

선현이여. 일체지지가 청정한 까닭으로 비계가 청정하고, 비계가 청정한 까닭으로 본성공이 청정하니라. 왜 그러한가? 만약 일체지지가 청정하거나, 만약 비계가 청정하거나, 만약 본성공이 청정하다면, 무이이고 둘로 나눌 수 없으며 분별이 없고 단절도 없는 까닭이니라. 일체지지가 청정한 까닭으로 향계·비식계, 나아가 비촉·비촉을 인연으로 생겨난 여러 수가 청정하고, 향계, 나아가 비촉을 인연으로 생겨난 여러 수가 청정한 까닭으로 본성공이 청정하니라. 왜 그러한가? 만약 일체지지가 청정하거나, 만약 향계, 나아가 비촉을 인연으로 생겨난 여러 수가 청정하거나, 만약 본성공이 청정하다면, 무이이고 둘로 나눌 수 없으며 분별이 없고 단절도 없는 까닭이니라.

선현이여. 일체지지가 청정한 까닭으로 설계가 청정하고, 설계가 청정한 까닭으로 본성공이 청정하니라. 왜 그러한가? 만약 일체지지가 청정하거나, 만약 설계가 청정하거나, 만약 본성공이 청정하다면, 무이이고 둘로 나눌 수 없으며 분별이 없고 단절도 없는 까닭이니라. 일체지지가 청정한 까닭으로 미계·설식계, 나아가 설촉·설촉을 인연으로 생겨난 여러 수가 청정하고, 미계, 나아가 설촉을 인연으로 생겨난 여러 수가 청정한 까닭으로 본성공이 청정하니라. 왜 그러한가? 만약 일체지지가 청정하거나, 만약 미계, 나아가 설촉을 인연으로 생겨난 여러 수가 청정하거나, 만약 본성공이 청정하다면, 무이이고 둘로 나눌 수 없으며 분별이 없고 단절도 없는 까닭이니라.

선현이여. 일체지지가 청정한 까닭으로 신계가 청정하고, 신계가 청정한 까닭으로 본성공이 청정하니라. 왜 그러한가? 만약 일체지지가 청정하거나, 만약 신계가 청정하거나, 만약 본성공이 청정하다면, 무이이고 둘로 나눌 수 없으며 분별이 없고 단절도 없는 까닭이니라. 일체지지가 청정한 까닭으로 촉계·신식계, 나아가 신촉·신촉을 인연으로 생겨난 여러 수가 청정하고, 촉계, 나아가 신촉을 인연으로 생겨난 여러 수가 청정한 까닭으로 본성공이 청정하니라. 왜 그러한가? 만약 일체지지가 청정하거나, 만약 촉계, 나아가 신촉을 인연으로 생겨난 여러 수가 청정하거나, 만약 본성공이 청정하다면, 무이이고 둘로 나눌 수 없으며 분별이 없고 단절도 없는 까닭이니라.

선현이여. 일체지지가 청정한 까닭으로 의계가 청정하고, 의계가 청정한 까닭으로 본성공이 청정하니라. 왜 그러한가? 만약 일체지지가 청정하거나, 만약 의계가 청정하거나, 만약 본성공이 청정하다면, 무이이고 둘로 나눌 수 없으며 분별이 없고 단절도 없는 까닭이니라. 일체지지가 청정한 까닭으로 법계·의식계, 나아가 의촉·의촉을 인연으로 생겨난 여러 수가 청정하고, 법계, 나아가 의촉을 인연으로 생겨난 여러 수가 청정한 까닭으로 본성공이 청정하니라. 왜 그러한가? 만약 일체지지가 청정하거나, 만약 법계, 나아가 의촉을 인연으로 생겨난 여러 수가 청정하거나, 만약 본성공이 청정하다면, 무이이고 둘로 나눌 수 없으며 분별이 없고 단절도 없는 까닭이니라.

선현이여. 일체지지가 청정한 까닭으로 지계가 청정하고, 지계가 청정한 까닭으로 본성공이 청정하니라. 왜 그러한가? 만약 일체지지가 청정하거나, 만약 지계가 청정하거나, 만약 본성공이 청정하다면, 무이이고 둘로 나눌 수 없으며 분별이 없고 단절도 없는 까닭이니라. 일체지지가 청정한 까닭으로 수·화·풍·공·식계가 청정하고, 수·화·풍·공·식계가 청정한 까닭으로 본성공이 청정하니라. 왜 그러한가? 만약 일체지지가 청정하거나, 만약 수·화·풍·공·식계가 청정하거나, 만약 본성공이 청정하다면, 무이이고 둘로 나눌 수 없으며 분별이 없고 단절도 없는 까닭이니라.

선현이여. 일체지지가 청정한 까닭으로 무명이 청정하고, 무명이 청정한 까닭으로 본성공이 청정하니라. 왜 그러한가? 만약 일체지지가 청정하거나, 만약 무명이 청정하거나, 만약 본성공이 청정하다면, 무이이고 둘로 나눌 수 없으며 분별이 없고 단절도 없는 까닭이니라. 일체지지가 청정한 까닭으로 행·식·명색·육처·촉·수·애·취·유·생·노사의 수탄고우뇌가 청정하고, 행, 나아가 노사의 수탄고우뇌가 청정한 까닭으로 본성공이 청정하니라. 왜 그러한가? 만약 일체지지가 청정하거나, 만약 행, 나아가 노사의 수탄고우뇌가 청정하거나, 만약 본성공이 청정하다면, 무이이고 둘로 나눌 수 없으며 분별이 없고 단절도 없는 까닭이니라.

선현이여. 일체지지가 청정한 까닭으로 보시바라밀다가 청정하고, 보시바라밀다가 청정한 까닭으로 본성공이 청정하니라. 왜 그러한가? 만약 일체지지가 청정하거나, 만약 보시바라밀다가 청정하거나, 만약 본성공이 청정하다면, 무이이고 둘로 나눌 수 없으며 분별이 없고 단절도 없는 까닭이니라. 일체지지가 청정한 까닭으로 정계·안인·정진·정려·반야바라밀다가 청정하고, 정계, 나아가 반야바라밀다가 청정한 까닭으로 본성공이 청정하니라. 왜 그러한가? 만약 일체지지가 청정하거나, 만약 정계, 나아가 반야바라밀다가 청정하거나, 만약 본성공이 청정하다면, 무이이고 둘로 나눌 수 없으며 분별이 없고 단절도 없는 까닭이니라.

선현이여. 일체지지가 청정한 까닭으로 내공이 청정하고, 내공이 청정한 까닭으로 본성공이 청정하니라. 왜 그러한가? 만약 일체지지가 청정하거나, 만약 내공이 청정하거나, 만약 본성공이 청정하다면, 무이이고 둘로 나눌 수 없으며 분별이 없고 단절도 없는 까닭이니라. 일체지지가 청정한 까닭으로 외공·내외공·공공·대공·승의공·유위공·무위공·필경공·무제공·산공·무변이공·공상공·일체법공·불가득공·무성공·자성공·무성자성공이 청정하고, 외공, 나아가 무성자성공이 청정한 까닭으로 본성공이 청정하니라. 왜 그러한가? 만약 일체지지가 청정하거나, 만약 외공, 나아가 무성자성공이 청정하거나, 만약 본성공이 청정하다면, 무이이고 둘로 나눌 수 없으며 분별이 없고 단절도 없는 까닭이니라.

선현이여. 일체지지가 청정한 까닭으로 진여가 청정하고, 진여가 청정한 까닭으로 본성공이 청정하니라. 왜 그러한가? 만약 일체지지가 청정하거나, 만약 진여가 청정하거나, 만약 본성공이 청정하다면, 무이이고 둘로 나눌 수 없으며 분별이 없고 단절도 없는 까닭이니라. 일체지지가 청정한 까닭으로 법계·법성·불허망성·불변이성·평등성·이생성·법정·법주·실제·허공계·부사의계가 청정하고 법계, 나아가 부사의계가 청정한 까닭으로 본성공이 청정하니라. 왜 그러한가? 만약 일체지지가 청정하거나, 만약 법계, 나아가 부사의계가 청정하거나, 만약 본성공이 청정하다면, 무이이고 둘로 나눌 수 없으며 분별이 없고 단절도 없는 까닭이니라.

선현이여. 일체지지가 청정한 까닭으로 고성제가 청정하고, 고성제가 청정한 까닭으로 본성공이 청정하니라. 왜 그러한가? 만약 일체지지가 청정하거나, 만약 고성제가 청정하거나, 만약 본성공이 청정하다면, 무이이고 둘로 나눌 수 없으며 분별이 없고 단절도 없는 까닭이니라. 일체지지가 청정한 까닭으로 집·멸·도성제가 청정하고, 집·멸·도성제가 청정한 까닭으로 본성공이 청정하니라. 왜 그러한가? 만약 일체지지가 청정하거나, 만약 집·멸·도성제가 청정하거나, 만약 본성공이 청정하다면, 무이이고 둘로 나눌 수 없으며 분별이 없고 단절도 없는 까닭이니라.

선현이여. 일체지지가 청정한 까닭으로 4정려가 청정하고, 4정려가 청정한 까닭으로 본성공이 청정하니라. 왜 그러한가? 만약 일체지지가 청정하거나, 만약 4정려가 청정하거나, 만약 본성공이 청정하다면, 무이이고 둘로 나눌 수 없으며 분별이 없고 단절도 없는 까닭이니라. 일체지지가 청정한 까닭으로 4무량·4무색정이 청정하고, 4무량·4무색정이 청정한 까닭으로 본성공이 청정하니라. 왜 그러한가? 만약 일체지지가 청정하거나, 만약 4무량·4무색정이 청정하거나, 만약 본성공이 청정하다면, 무이이고 둘로 나눌 수 없으며 분별이 없고 단절도 없는 까닭이니라.

선현이여. 일체지지가 청정한 까닭으로 8해탈이 청정하고, 8해탈이 청정한 까닭으로 본성공이 청정하니라. 왜 그러한가? 만약 일체지지가 청정하거나, 만약 8해탈이 청정하거나, 만약 본성공이 청정하다면, 무이이고 둘로 나눌 수 없으며 분별이 없고 단절도 없는 까닭이니라. 일체지지가 청정한 까닭으로 8승처·9차제정·10변처가 청정하고, 8승처·9차제정·10변처가 청정한 까닭으로 본성공이 청정하니라. 왜 그러한가? 만약 일체지지가 청정하거나, 만약 8승처·9차제정·10변처가 청정하거나, 만약 본성공이 청정하다면, 무이이고 둘로 나눌 수 없으며 분별이 없고 단절도 없는 까닭이니라.

선현이여. 일체지지가 청정한 까닭으로 4념주가 청정하고, 4념주가 청정한 까닭으로 본성공이 청정하니라. 왜 그러한가? 만약 일체지지가 청정하거나, 만약 4념주가 청정하거나, 만약 본성공이 청정하다면, 무이이고 둘로 나눌 수 없으며 분별이 없고 단절도 없는 까닭이니라. 일체지지가 청정한 까닭으로 4정단·4신족·5근·5력·7등각지·8성도지가 청정하고, 4정단, 나아가 8성도지가 청정한 까닭으로 본성공이 청정하니라. 왜 그러한가? 만약 일체지지가 청정하거나, 만약 4정단, 나아가 8성도지가 청정하거나, 만약 본성공이 청정하다면, 무이이고 둘로 나눌 수 없으며

분별이 없고 단절도 없는 까닭이니라.

선현이여. 일체지지가 청정한 까닭으로 공해탈문이 청정하고, 공해탈문이 청정한 까닭으로 본성공이 청정하니라. 왜 그러한가? 만약 일체지지가 청정하거나, 만약 공해탈문이 청정하거나, 만약 본성공이 청정하다면, 무이이고 둘로 나눌 수 없으며 분별이 없고 단절도 없는 까닭이니라. 일체지지가 청정한 까닭으로 무상·무원해탈문이 청정하고, 무상·무원해탈문이 청정한 까닭으로 본성공이 청정하니라. 왜 그러한가? 만약 일체지지가 청정하거나, 만약 무상·무원해탈문이 청정하거나, 만약 본성공이 청정하다면, 무이이고 둘로 나눌 수 없으며 분별이 없고 단절도 없는 까닭이니라.

선현이여. 일체지지가 청정한 까닭으로 보살의 10지가 청정하고, 보살의 10지가 청정한 까닭으로 본성공이 청정하니라. 왜 그러한가? 만약 일체지지가 청정하거나, 만약 보살의 10지가 청정하거나, 만약 본성공이 청정하다면, 무이이고 둘로 나눌 수 없으며 분별이 없고 단절도 없는 까닭이니라.

선현이여. 일체지지가 청정한 까닭으로 5안이 청정하고, 5안이 청정한 까닭으로 본성공이 청정하니라. 왜 그러한가? 만약 일체지지가 청정하거나, 만약 5안이 청정하거나, 만약 본성공이 청정하다면, 무이이고 둘로 나눌 수 없으며 분별이 없고 단절도 없는 까닭이니라. 일체지지가 청정한 까닭으로 6신통이 청정하고, 6신통이 청정한 까닭으로 본성공이 청정하니라. 왜 그러한가? 만약 일체지지가 청정하거나, 만약 6신통이 청정하거나, 만약 본성공이 청정하다면, 무이이고 둘로 나눌 수 없으며 분별이 없고 단절도 없는 까닭이니라.

선현이여. 일체지지가 청정한 까닭으로 여래의 10력이 청정하고, 여래의 10력이 청정한 까닭으로 본성공이 청정하니라. 왜 그러한가? 만약 일체지지가 청정하거나, 만약 여래의 10력이 청정하거나, 만약 본성공이 청정하다면, 무이이고 둘로 나눌 수 없으며 분별이 없고 단절도 없는 까닭이니라. 일체지지가 청정한 까닭으로 4무소외·4무애해·대자·대비·

대희·대사·18불불공법이 청정하고, 4무소외, 나아가 18불불공법이 청정한 까닭으로 본성공이 청정하니라. 왜 그러한가? 만약 일체지지가 청정하거나, 만약 4무소외, 나아가 18불불공법이 청정하거나, 만약 본성공이 청정하다면, 무이이고 둘로 나눌 수 없으며 분별이 없고 단절도 없는 까닭이니라.

선현이여. 일체지지가 청정한 까닭으로 무망실법이 청정하고, 무망실법이 청정한 까닭으로 본성공이 청정하니라. 왜 그러한가? 만약 일체지지가 청정하거나, 만약 무망실법이 청정하거나, 만약 본성공이 청정하다면, 무이이고 둘로 나눌 수 없으며 분별이 없고 단절도 없는 까닭이니라. 선현이여. 일체지지가 청정한 까닭으로 항주사성이 청정하고, 항주사성이 청정한 까닭으로 본성공이 청정하니라. 왜 그러한가? 만약 일체지지가 청정하거나, 만약 항주사성이 청정하거나, 만약 본성공이 청정하다면, 무이이고 둘로 나눌 수 없으며 분별이 없고 단절도 없는 까닭이니라.

선현이여. 일체지지가 청정한 까닭으로 일체지가 청정하고, 일체지가 청정한 까닭으로 본성공이 청정하니라. 왜 그러한가? 만약 일체지지가 청정하거나, 만약 일체지가 청정하거나, 만약 본성공이 청정하다면, 무이이고 둘로 나눌 수 없으며 분별이 없고 단절도 없는 까닭이니라. 일체지지가 청정한 까닭으로 도상지·일체상지가 청정하고, 도상지·일체상지가 청정한 까닭으로 본성공이 청정하니라. 왜 그러한가? 만약 일체지지가 청정하거나, 만약 도상지·일체상지가 청정하거나, 만약 본성공이 청정하다면, 무이이고 둘로 나눌 수 없으며 분별이 없고 단절도 없는 까닭이니라.

선현이여. 일체지지가 청정한 까닭으로 일체의 다라니문이 청정하고, 일체의 다라니문이 청정한 까닭으로 본성공이 청정하니라. 왜 그러한가? 만약 일체지지가 청정하거나, 만약 일체의 다라니문이 청정하거나, 만약 본성공이 청정하다면, 무이이고 둘로 나눌 수 없으며 분별이 없고 단절도 없는 까닭이니라. 선현이여. 일체지지가 청정한 까닭으로 일체의 삼마지문이 청정하고, 일체의 삼마지문이 청정한 까닭으로 본성공이 청정하니라. 왜 그러한가? 만약 일체지지가 청정하거나, 만약 일체의 삼마지문이 청정하거나, 만약 본성공이 청정하다면, 무이이고 둘로 나눌 수 없으며 분별이 없고 단절도 없는 까닭이니라.

선현이여. 일체지지가 청정한 까닭으로 예류과가 청정하고, 예류과가 청정한 까닭으로 본성공이 청정하니라. 왜 그러한가? 만약 일체지지가 청정하거나, 만약 예류과가 청정하거나, 만약 본성공이 청정하다면, 무이이고 둘로 나눌 수 없으며 분별이 없고 단절도 없는 까닭이니라. 일체지지가 청정한 까닭으로 일래·불환·아라한과가 청정하고, 일래·불환·아라한과가 청정한 까닭으로 본성공이 청정하니라. 왜 그러한가? 만약 일체지지가 청정하거나, 만약 일래·불환·아라한과가 청정하거나, 만약 본성공이 청정하다면, 무이이고 둘로 나눌 수 없으며 분별이 없고 단절도 없는 까닭이니라.

선현이여. 일체지지가 청정한 까닭으로 독각의 보리가 청정하고, 독각의 보리가 청정한 까닭으로 본성공이 청정하니라. 왜 그러한가? 만약 일체지지가 청정하거나, 만약 독각의 보리가 청정하거나, 만약 본성공이 청정하다면, 무이이고 둘로 나눌 수 없으며 분별이 없고 단절도 없는 까닭이니라.

선현이여. 일체지지가 청정한 까닭으로 일체의 보살마하살의 행이 청정하고, 일체의 보살마하살의 행이 청정한 까닭으로 본성공이 청정하니라. 왜 그러한가? 만약 일체지지가 청정하거나, 만약 일체의 보살마하살의 행이 청정하거나, 만약 본성공이 청정하다면, 무이이고 둘로 나눌 수 없으며 분별이 없고 단절도 없는 까닭이니라.

선현이여. 일체지지가 청정한 까닭으로 제불의 무상정등보리가 청정하고, 제불의 무상정등보리가 청정한 까닭으로 본성공이 청정하니라. 왜 그러한가? 만약 일체지지가 청정하거나, 만약 제불의 무상정등보리가 청정하거나, 만약 본성공이 청정하다면, 무이이고 둘로 나눌 수 없으며 분별이 없고 단절도 없는 까닭이니라."

마하반야바라밀다경 제254권

34. 난신해품(難信解品)(73)

"다시 다음으로 선현이여. 일체지지가 청정한 까닭으로 색이 청정하고, 색이 청정한 까닭으로 자상공(自相空)이 청정하니라. 왜 그러한가? 만약 일체지지가 청정하거나, 만약 색이 청정하거나, 만약 자상공이 청정하다면, 무이이고 둘로 나눌 수 없으며 분별이 없고 단절도 없는 까닭이니라. 일체지지가 청정한 까닭으로 수·상·행·식이 청정하고, 수·상·행·식이 청정한 까닭으로 자상공이 청정하니라. 왜 그러한가? 만약 일체지지가 청정하거나, 만약 수·상·행·식이 청정하거나, 만약 자상공이 청정하다면, 무이이고 둘로 나눌 수 없으며 분별이 없고 단절도 없는 까닭이니라.

선현이여. 일체지지가 청정한 까닭으로 안처가 청정하고, 안처가 청정한 까닭으로 자상공이 청정하니라. 왜 그러한가? 만약 일체지지가 청정하거나, 만약 안처가 청정하거나, 만약 자상공이 청정하다면, 무이이고 둘로 나눌 수 없으며 분별이 없고 단절도 없는 까닭이니라. 일체지지가 청정한 까닭으로 이·비·설·신·의처가 청정하고, 이·비·설·신·의처가 청정한 까닭으로 자상공이 청정하니라. 왜 그러한가? 만약 일체지지가 청정하거나, 만약 이·비·설·신·의처가 청정하거나, 만약 자상공이 청정하다면, 무이이고 둘로 나눌 수 없으며 분별이 없고 단절도 없는 까닭이니라.

선현이여. 일체지지가 청정한 까닭으로 색처가 청정하고, 색처가 청정한 까닭으로 자상공이 청정하니라. 왜 그러한가? 만약 일체지지가 청정하거나, 만약 색처가 청정하거나, 만약 자상공이 청정하다면, 무이이고 둘로 나눌 수 없으며 분별이 없고 단절도 없는 까닭이니라. 일체지지가 청정한 까닭으로 성·향·미·촉·법처가 청정하고, 성·향·미·촉·법처가 청정한 까닭으로 자상공이 청정하니라. 왜 그러한가? 만약 일체지지가 청정하거나, 만약 성·향·미·촉·법처가 청정하거나, 만약 자상공이 청정하다면, 무이이고 둘로 나눌 수 없으며 분별이 없고 단절도 없는 까닭이니라.

선현이여. 일체지지가 청정한 까닭으로 안계가 청정하고, 안계가 청정한 까닭으로 자상공이 청정하니라. 왜 그러한가? 만약 일체지지가 청정하거나, 만약 안계가 청정하거나, 만약 자상공이 청정하다면, 무이이고 둘로 나눌 수 없으며 분별이 없고 단절도 없는 까닭이니라. 일체지지가 청정한 까닭으로 색계·안식계, 나아가 안촉·안촉을 인연으로 생겨난 여러 수가 청정하고, 색계, 나아가 안촉을 인연으로 생겨난 여러 수가 청정한 까닭으로 자상공이 청정하니라. 왜 그러한가? 만약 일체지지가 청정하거나, 만약 색계, 나아가 안촉을 인연으로 생겨난 여러 수가 청정하거나, 만약 자상공이 청정하다면, 무이이고 둘로 나눌 수 없으며 분별이 없고 단절도 없는 까닭이니라.

선현이여. 일체지지가 청정한 까닭으로 이계가 청정하고, 이계가 청정한 까닭으로 자상공이 청정하니라. 왜 그러한가? 만약 일체지지가 청정하거나, 만약 이계가 청정하거나, 만약 자상공이 청정하다면, 무이이고 둘로 나눌 수 없으며 분별이 없고 단절도 없는 까닭이니라. 일체지지가 청정한 까닭으로 성계·이식계, 나아가 이촉·이촉을 인연으로 생겨난 여러 수가 청정하고, 성계, 나아가 이촉을 인연으로 생겨난 여러 수가 청정한 까닭으로 자상공이 청정하니라. 왜 그러한가? 만약 일체지지가 청정하거나, 만약 성계, 나아가 이촉을 인연으로 생겨난 여러 수가 청정하거나, 만약 자상공이 청정하다면, 무이이고 둘로 나눌 수 없으며 분별이 없고 단절도 없는 까닭이니라.

선현이여. 일체지지가 청정한 까닭으로 비계가 청정하고, 비계가 청정한 까닭으로 자상공이 청정하니라. 왜 그러한가? 만약 일체지지가 청정하거나, 만약 비계가 청정하거나, 만약 자상공이 청정하다면, 무이이고 둘로 나눌 수 없으며 분별이 없고 단절도 없는 까닭이니라. 일체지지가 청정한 까닭으로 향계·비식계, 나아가 비촉·비촉을 인연으로 생겨난 여러 수가 청정하고, 향계, 나아가 비촉을 인연으로 생겨난 여러 수가 청정한 까닭으로 자상공이 청정하니라. 왜 그러한가? 만약 일체지지가 청정하거나, 만약 향계, 나아가 비촉을 인연으로 생겨난 여러 수가 청정하거나, 만약 자상공이 청정하다면, 무이이고 둘로 나눌 수 없으며 분별이 없고 단절도 없는 까닭이니라.

선현이여. 일체지지가 청정한 까닭으로 설계가 청정하고, 설계가 청정한 까닭으로 자상공이 청정하니라. 왜 그러한가? 만약 일체지지가 청정하거나, 만약 설계가 청정하거나, 만약 자상공이 청정하다면, 무이이고 둘로 나눌 수 없으며 분별이 없고 단절도 없는 까닭이니라. 일체지지가 청정한 까닭으로 미계·설식계, 나아가 설촉·설촉을 인연으로 생겨난 여러 수가 청정하고, 미계, 나아가 설촉을 인연으로 생겨난 여러 수가 청정한 까닭으로 자상공이 청정하니라. 왜 그러한가? 만약 일체지지가 청정하거나, 만약 미계, 나아가 설촉을 인연으로 생겨난 여러 수가 청정하거나, 만약 자상공이 청정하다면, 무이이고 둘로 나눌 수 없으며 분별이 없고 단절도 없는 까닭이니라.

선현이여. 일체지지가 청정한 까닭으로 신계가 청정하고, 신계가 청정한 까닭으로 자상공이 청정하니라. 왜 그러한가? 만약 일체지지가 청정하거나, 만약 신계가 청정하거나, 만약 자상공이 청정하다면, 무이이고 둘로 나눌 수 없으며 분별이 없고 단절도 없는 까닭이니라. 일체지지가 청정한 까닭으로 촉계·신식계, 나아가 신촉·신촉을 인연으로 생겨난 여러 수가 청정하고, 촉계, 나아가 신촉을 인연으로 생겨난 여러 수가 청정한 까닭으로 자상공이 청정하니라. 왜 그러한가? 만약 일체지지가 청정하거나, 만약 촉계, 나아가 신촉을 인연으로 생겨난 여러 수가 청정하거나, 만약 자상공이 청정하다면, 무이이고 둘로 나눌 수 없으며 분별이 없고 단절도 없는 까닭이니라.

선현이여. 일체지지가 청정한 까닭으로 의계가 청정하고, 의계가 청정

한 까닭으로 자상공이 청정하니라. 왜 그러한가? 만약 일체지지가 청정하거나, 만약 의계가 청정하거나, 만약 자상공이 청정하다면, 무이이고 둘로 나눌 수 없으며 분별이 없고 단절도 없는 까닭이니라. 일체지지가 청정한 까닭으로 법계·의식계, 나아가 의촉·의촉을 인연으로 생겨난 여러 수가 청정하고, 법계, 나아가 의촉을 인연으로 생겨난 여러 수가 청정한 까닭으로 자상공이 청정하니라. 왜 그러한가? 만약 일체지지가 청정하거나, 만약 법계, 나아가 의촉을 인연으로 생겨난 여러 수가 청정하거나, 만약 자상공이 청정하다면, 무이이고 둘로 나눌 수 없으며 분별이 없고 단절도 없는 까닭이니라.

선현이여. 일체지지가 청정한 까닭으로 지계가 청정하고, 지계가 청정한 까닭으로 자상공이 청정하니라. 왜 그러한가? 만약 일체지지가 청정하거나, 만약 지계가 청정하거나, 만약 자상공이 청정하다면, 무이이고 둘로 나눌 수 없으며 분별이 없고 단절도 없는 까닭이니라. 일체지지가 청정한 까닭으로 수·화·풍·공·식계가 청정하고, 수·화·풍·공·식계가 청정한 까닭으로 자상공이 청정하니라. 왜 그러한가? 만약 일체지지가 청정하거나, 만약 수·화·풍·공·식계가 청정하거나, 만약 자상공이 청정하다면, 무이이고 둘로 나눌 수 없으며 분별이 없고 단절도 없는 까닭이니라.

선현이여. 일체지지가 청정한 까닭으로 무명이 청정하고, 무명이 청정한 까닭으로 자상공이 청정하니라. 왜 그러한가? 만약 일체지지가 청정하거나, 만약 무명이 청정하거나, 만약 자상공이 청정하다면, 무이이고 둘로 나눌 수 없으며 분별이 없고 단절도 없는 까닭이니라. 일체지지가 청정한 까닭으로 행·식·명색·육처·촉·수·애·취·유·생·노사의 수탄고우뇌가 청정하고, 행, 나아가 노사의 수탄고우뇌가 청정한 까닭으로 자상공이 청정하니라. 왜 그러한가? 만약 일체지지가 청정하거나, 만약 행, 나아가 노사의 수탄고우뇌가 청정하거나, 만약 자상공이 청정하다면, 무이이고 둘로 나눌 수 없으며 분별이 없고 단절도 없는 까닭이니라.

선현이여. 일체지지가 청정한 까닭으로 보시바라밀다가 청정하고, 보시바라밀다가 청정한 까닭으로 자상공이 청정하니라. 왜 그러한가?

만약 일체지지가 청정하거나, 만약 보시바라밀다가 청정하거나, 만약 자상공이 청정하다면, 무이이고 둘로 나눌 수 없으며 분별이 없고 단절도 없는 까닭이니라. 일체지지가 청정한 까닭으로 정계·안인·정진·정려·반야바라밀다가 청정하고, 정계, 나아가 반야바라밀다가 청정한 까닭으로 자상공이 청정하니라. 왜 그러한가? 만약 일체지지가 청정하거나, 만약 정계, 나아가 반야바라밀다가 청정하거나, 만약 자상공이 청정하다면, 무이이고 둘로 나눌 수 없으며 분별이 없고 단절도 없는 까닭이니라.

선현이여. 일체지지가 청정한 까닭으로 내공이 청정하고, 내공이 청정한 까닭으로 자상공이 청정하니라. 왜 그러한가? 만약 일체지지가 청정하거나, 만약 내공이 청정하거나, 만약 자상공이 청정하다면, 무이이고 둘로 나눌 수 없으며 분별이 없고 단절도 없는 까닭이니라. 일체지지가 청정한 까닭으로 외공·내외공·공공·대공·승의공·유위공·무위공·필경공·무제공·산공·무변이공·본성공·공상공·일체법공·불가득공·무성공·자성공·무성자성공이 청정하고, 외공, 나아가 무성자성공이 청정한 까닭으로 자상공이 청정하니라. 왜 그러한가? 만약 일체지지가 청정하거나, 만약 외공, 나아가 무성자성공이 청정하거나, 만약 자상공이 청정하다면, 무이이고 둘로 나눌 수 없으며 분별이 없고 단절도 없는 까닭이니라.

선현이여. 일체지지가 청정한 까닭으로 진여가 청정하고, 진여가 청정한 까닭으로 자상공이 청정하니라. 왜 그러한가? 만약 일체지지가 청정하거나, 만약 진여가 청정하거나, 만약 자상공이 청정하다면, 무이이고 둘로 나눌 수 없으며 분별이 없고 단절도 없는 까닭이니라. 일체지지가 청정한 까닭으로 법계·법성·불허망성·불변이성·평등성·이생성·법정·법주·실제·허공계·부사의계가 청정하고 법계, 나아가 부사의계가 청정한 까닭으로 자상공이 청정하니라. 왜 그러한가? 만약 일체지지가 청정하거나, 만약 법계, 나아가 부사의계가 청정하거나, 만약 자상공이 청정하다면, 무이이고 둘로 나눌 수 없으며 분별이 없고 단절도 없는 까닭이니라.

선현이여. 일체지지가 청정한 까닭으로 고성제가 청정하고, 고성제가 청정한 까닭으로 자상공이 청정하니라. 왜 그러한가? 만약 일체지지가 청정하거나, 만약 고성제가 청정하거나, 만약 자상공이 청정하다면, 무이이고 둘로 나눌 수 없으며 분별이 없고 단절도 없는 까닭이니라. 일체지지가 청정한 까닭으로 집·멸·도성제가 청정하고, 집·멸·도성제가 청정한 까닭으로 자상공이 청정하니라. 왜 그러한가? 만약 일체지지가 청정하거나, 만약 집·멸·도성제가 청정하거나, 만약 자상공이 청정하다면, 무이이고 둘로 나눌 수 없으며 분별이 없고 단절도 없는 까닭이니라.

선현이여. 일체지지가 청정한 까닭으로 4정려가 청정하고, 4정려가 청정한 까닭으로 자상공이 청정하니라. 왜 그러한가? 만약 일체지지가 청정하거나, 만약 4정려가 청정하거나, 만약 자상공이 청정하다면, 무이이고 둘로 나눌 수 없으며 분별이 없고 단절도 없는 까닭이니라. 일체지지가 청정한 까닭으로 4무량·4무색정이 청정하고, 4무량·4무색정이 청정한 까닭으로 자상공이 청정하니라. 왜 그러한가? 만약 일체지지가 청정하거나, 만약 4무량·4무색정이 청정하거나, 만약 자상공이 청정하다면, 무이이고 둘로 나눌 수 없으며 분별이 없고 단절도 없는 까닭이니라.

선현이여. 일체지지가 청정한 까닭으로 8해탈이 청정하고, 8해탈이 청정한 까닭으로 자상공이 청정하니라. 왜 그러한가? 만약 일체지지가 청정하거나, 만약 8해탈이 청정하거나, 만약 자상공이 청정하다면, 무이이고 둘로 나눌 수 없으며 분별이 없고 단절도 없는 까닭이니라. 일체지지가 청정한 까닭으로 8승처·9차제정·10변처가 청정하고, 8승처·9차제정·10변처가 청정한 까닭으로 자상공이 청정하니라. 왜 그러한가? 만약 일체지지가 청정하거나, 만약 8승처·9차제정·10변처가 청정하거나, 만약 자상공이 청정하다면, 무이이고 둘로 나눌 수 없으며 분별이 없고 단절도 없는 까닭이니라.

선현이여. 일체지지가 청정한 까닭으로 4념주가 청정하고, 4념주가 청정한 까닭으로 자상공이 청정하니라. 왜 그러한가? 만약 일체지지가 청정하거나, 만약 4념주가 청정하거나, 만약 자상공이 청정하다면, 무이이고 둘로 나눌 수 없으며 분별이 없고 단절도 없는 까닭이니라. 일체지지가 청정한 까닭으로 4정단·4신족·5근·5력·7등각지·8성도지가 청정하고,

4정단, 나아가 8성도지가 청정한 까닭으로 자상공이 청정하니라. 왜 그러한가? 만약 일체지지가 청정하거나, 만약 4정단, 나아가 8성도지가 청정하거나, 만약 자상공이 청정하다면, 무이이고 둘로 나눌 수 없으며 분별이 없고 단절도 없는 까닭이니라.

선현이여. 일체지지가 청정한 까닭으로 공해탈문이 청정하고, 공해탈문이 청정한 까닭으로 자상공이 청정하니라. 왜 그러한가? 만약 일체지지가 청정하거나, 만약 공해탈문이 청정하거나, 만약 자상공이 청정하다면, 무이이고 둘로 나눌 수 없으며 분별이 없고 단절도 없는 까닭이니라. 일체지지가 청정한 까닭으로 무상·무원해탈문이 청정하고, 무상·무원해탈문이 청정한 까닭으로 자상공이 청정하니라. 왜 그러한가? 만약 일체지지가 청정하거나, 만약 무상·무원해탈문이 청정하거나, 만약 자상공이 청정하다면, 무이이고 둘로 나눌 수 없으며 분별이 없고 단절도 없는 까닭이니라.

선현이여. 일체지지가 청정한 까닭으로 보살의 10지가 청정하고, 보살의 10지가 청정한 까닭으로 자상공이 청정하니라. 왜 그러한가? 만약 일체지지가 청정하거나, 만약 보살의 10지가 청정하거나, 만약 자상공이 청정하다면, 무이이고 둘로 나눌 수 없으며 분별이 없고 단절도 없는 까닭이니라.

선현이여. 일체지지가 청정한 까닭으로 5안이 청정하고, 5안이 청정한 까닭으로 자상공이 청정하니라. 왜 그러한가? 만약 일체지지가 청정하거나, 만약 5안이 청정하거나, 만약 자상공이 청정하다면, 무이이고 둘로 나눌 수 없으며 분별이 없고 단절도 없는 까닭이니라. 일체지지가 청정한 까닭으로 6신통이 청정하고, 6신통이 청정한 까닭으로 자상공이 청정하니라. 왜 그러한가? 만약 일체지지가 청정하거나, 만약 6신통이 청정하거나, 만약 자상공이 청정하다면, 무이이고 둘로 나눌 수 없으며 분별이 없고 단절도 없는 까닭이니라.

선현이여. 일체지지가 청정한 까닭으로 여래의 10력이 청정하고, 여래의 10력이 청정한 까닭으로 자상공이 청정하니라. 왜 그러한가? 만약 일체지지가 청정하거나, 만약 여래의 10력이 청정하거나, 만약 자상공이 청정하다면, 무이이고 둘로 나눌 수 없으며 분별이 없고 단절도 없는 까닭이니라. 일체지지가 청정한 까닭으로 4무소외·4무애해·대자·대비·대희·대사·18불불공법이 청정하고, 4무소외, 나아가 18불불공법이 청정한 까닭으로 자상공이 청정하니라. 왜 그러한가? 만약 일체지지가 청정하거나, 만약 4무소외, 나아가 18불불공법이 청정하거나, 만약 자상공이 청정하다면, 무이이고 둘로 나눌 수 없으며 분별이 없고 단절도 없는 까닭이니라.

선현이여. 일체지지가 청정한 까닭으로 무망실법이 청정하고, 무망실법이 청정한 까닭으로 자상공이 청정하니라. 왜 그러한가? 만약 일체지지가 청정하거나, 만약 무망실법이 청정하거나, 만약 자상공이 청정하다면, 무이이고 둘로 나눌 수 없으며 분별이 없고 단절도 없는 까닭이니라. 선현이여. 일체지지가 청정한 까닭으로 항주사성이 청정하고, 항주사성이 청정한 까닭으로 자상공이 청정하니라. 왜 그러한가? 만약 일체지지가 청정하거나, 만약 항주사성이 청정하거나, 만약 자상공이 청정하다면, 무이이고 둘로 나눌 수 없으며 분별이 없고 단절도 없는 까닭이니라.

선현이여. 일체지지가 청정한 까닭으로 일체지가 청정하고, 일체지가 청정한 까닭으로 자상공이 청정하니라. 왜 그러한가? 만약 일체지지가 청정하거나, 만약 일체지가 청정하거나, 만약 자상공이 청정하다면, 무이이고 둘로 나눌 수 없으며 분별이 없고 단절도 없는 까닭이니라. 일체지지가 청정한 까닭으로 도상지·일체상지가 청정하고, 도상지·일체상지가 청정한 까닭으로 자상공이 청정하니라. 왜 그러한가? 만약 일체지지가 청정하거나, 만약 도상지·일체상지가 청정하거나, 만약 자상공이 청정하다면, 무이이고 둘로 나눌 수 없으며 분별이 없고 단절도 없는 까닭이니라.

선현이여. 일체지지가 청정한 까닭으로 일체의 다라니문이 청정하고, 일체의 다라니문이 청정한 까닭으로 자상공이 청정하니라. 왜 그러한가? 만약 일체지지가 청정하거나, 만약 일체의 다라니문이 청정하거나, 만약 자상공이 청정하다면, 무이이고 둘로 나눌 수 없으며 분별이 없고 단절도 없는 까닭이니라. 선현이여. 일체지지가 청정한 까닭으로 일체의 삼마지문이 청정하고, 일체의 삼마지문이 청정한 까닭으로 자상공이 청정하니라. 왜 그러한가? 만약 일체지지가 청정하거나, 만약 일체의 삼마지문이 청정하거나, 만약 자상공이 청정하다면, 무이이고 둘로 나눌 수 없으며 분별이 없고 단절도 없는 까닭이니라.

선현이여. 일체지지가 청정한 까닭으로 예류과가 청정하고, 예류과가 청정한 까닭으로 자상공이 청정하니라. 왜 그러한가? 만약 일체지지가 청정하거나, 만약 예류과가 청정하거나, 만약 자상공이 청정하다면, 무이이고 둘로 나눌 수 없으며 분별이 없고 단절도 없는 까닭이니라. 일체지지가 청정한 까닭으로 일래·불환·아라한과가 청정하고, 일래·불환·아라한과가 청정한 까닭으로 자상공이 청정하니라. 왜 그러한가? 만약 일체지지가 청정하거나, 만약 일래·불환·아라한과가 청정하거나, 만약 자상공이 청정하다면, 무이이고 둘로 나눌 수 없으며 분별이 없고 단절도 없는 까닭이니라.

선현이여. 일체지지가 청정한 까닭으로 독각의 보리가 청정하고, 독각의 보리가 청정한 까닭으로 자상공이 청정하니라. 왜 그러한가? 만약 일체지지가 청정하거나, 만약 독각의 보리가 청정하거나, 만약 자상공이 청정하다면, 무이이고 둘로 나눌 수 없으며 분별이 없고 단절도 없는 까닭이니라.

선현이여. 일체지지가 청정한 까닭으로 일체의 보살마하살의 행이 청정하고, 일체의 보살마하살의 행이 청정한 까닭으로 자상공이 청정하니라. 왜 그러한가? 만약 일체지지가 청정하거나, 만약 일체의 보살마하살의 행이 청정하거나, 만약 자상공이 청정하다면, 무이이고 둘로 나눌 수 없으며 분별이 없고 단절도 없는 까닭이니라.

선현이여. 일체지지가 청정한 까닭으로 제불의 무상정등보리가 청정하고, 제불의 무상정등보리가 청정한 까닭으로 자상공이 청정하니라. 왜 그러한가? 만약 일체지지가 청정하거나, 만약 제불의 무상정등보리가 청정하거나, 만약 자상공이 청정하다면, 무이이고 둘로 나눌 수 없으며

분별이 없고 단절도 없는 까닭이니라."

"다시 다음으로 선현이여. 일체지지가 청정한 까닭으로 색이 청정하고, 색이 청정한 까닭으로 공상공(共相空)이 청정하니라. 왜 그러한가? 만약 일체지지가 청정하거나, 만약 색이 청정하거나, 만약 공상공이 청정하다면, 무이이고 둘로 나눌 수 없으며 분별이 없고 단절도 없는 까닭이니라. 일체지지가 청정한 까닭으로 수·상·행·식이 청정하고, 수·상·행·식이 청정한 까닭으로 공상공이 청정하니라. 왜 그러한가? 만약 일체지지가 청정하거나, 만약 수·상·행·식이 청정하거나, 만약 공상공이 청정하다면, 무이이고 둘로 나눌 수 없으며 분별이 없고 단절도 없는 까닭이니라.

선현이여. 일체지지가 청정한 까닭으로 안처가 청정하고, 안처가 청정한 까닭으로 공상공이 청정하니라. 왜 그러한가? 만약 일체지지가 청정하거나, 만약 안처가 청정하거나, 만약 공상공이 청정하다면, 무이이고 둘로 나눌 수 없으며 분별이 없고 단절도 없는 까닭이니라. 일체지지가 청정한 까닭으로 이·비·설·신·의처가 청정하고, 이·비·설·신·의처가 청정한 까닭으로 공상공이 청정하니라. 왜 그러한가? 만약 일체지지가 청정하거나, 만약 이·비·설·신·의처가 청정하거나, 만약 공상공이 청정하다면, 무이이고 둘로 나눌 수 없으며 분별이 없고 단절도 없는 까닭이니라.

선현이여. 일체지지가 청정한 까닭으로 색처가 청정하고, 색처가 청정한 까닭으로 공상공이 청정하니라. 왜 그러한가? 만약 일체지지가 청정하거나, 만약 색처가 청정하거나, 만약 공상공이 청정하다면, 무이이고 둘로 나눌 수 없으며 분별이 없고 단절도 없는 까닭이니라. 일체지지가 청정한 까닭으로 성·향·미·촉·법처가 청정하고, 성·향·미·촉·법처가 청정한 까닭으로 공상공이 청정하니라. 왜 그러한가? 만약 일체지지가 청정하거나, 만약 성·향·미·촉·법처가 청정하거나, 만약 공상공이 청정하다면, 무이이고 둘로 나눌 수 없으며 분별이 없고 단절도 없는 까닭이니라.

선현이여. 일체지지가 청정한 까닭으로 안계가 청정하고, 안계가 청정한 까닭으로 공상공이 청정하니라. 왜 그러한가? 만약 일체지지가 청정하거나, 만약 안계가 청정하거나, 만약 공상공이 청정하다면, 무이이고 둘로 나눌 수 없으며 분별이 없고 단절도 없는 까닭이니라. 일체지지가 청정한 까닭으로 색계·안식계, 나아가 안촉·안촉을 인연으로 생겨난 여러 수가 청정하고, 색계, 나아가 안촉을 인연으로 생겨난 여러 수가 청정한 까닭으로 공상공이 청정하니라. 왜 그러한가? 만약 일체지지가 청정하거나, 만약 색계, 나아가 안촉을 인연으로 생겨난 여러 수가 청정하거나, 만약 공상공이 청정하다면, 무이이고 둘로 나눌 수 없으며 분별이 없고 단절도 없는 까닭이니라.

선현이여. 일체지지가 청정한 까닭으로 이계가 청정하고, 이계가 청정한 까닭으로 공상공이 청정하니라. 왜 그러한가? 만약 일체지지가 청정하거나, 만약 이계가 청정하거나, 만약 공상공이 청정하다면, 무이이고 둘로 나눌 수 없으며 분별이 없고 단절도 없는 까닭이니라. 일체지지가 청정한 까닭으로 성계·이식계, 나아가 이촉·이촉을 인연으로 생겨난 여러 수가 청정하고, 성계, 나아가 이촉을 인연으로 생겨난 여러 수가 청정한 까닭으로 공상공이 청정하니라. 왜 그러한가? 만약 일체지지가 청정하거나, 만약 성계, 나아가 이촉을 인연으로 생겨난 여러 수가 청정하거나, 만약 공상공이 청정하다면, 무이이고 둘로 나눌 수 없으며 분별이 없고 단절도 없는 까닭이니라.

선현이여. 일체지지가 청정한 까닭으로 비계가 청정하고, 비계가 청정한 까닭으로 공상공이 청정하니라. 왜 그러한가? 만약 일체지지가 청정하거나, 만약 비계가 청정하거나, 만약 공상공이 청정하다면, 무이이고 둘로 나눌 수 없으며 분별이 없고 단절도 없는 까닭이니라. 일체지지가 청정한 까닭으로 향계·비식계, 나아가 비촉·비촉을 인연으로 생겨난 여러 수가 청정하고, 향계, 나아가 비촉을 인연으로 생겨난 여러 수가 청정한 까닭으로 공상공이 청정하니라. 왜 그러한가? 만약 일체지지가 청정하거나, 만약 향계, 나아가 비촉을 인연으로 생겨난 여러 수가 청정하거나, 만약 공상공이 청정하다면, 무이이고 둘로 나눌 수 없으며 분별이 없고 단절도 없는 까닭이니라.

선현이여. 일체지지가 청정한 까닭으로 설계가 청정하고, 설계가 청정한 까닭으로 공상공이 청정하니라. 왜 그러한가? 만약 일체지지가 청정하거나, 만약 설계가 청정하거나, 만약 공상공이 청정하다면, 무이이고 둘로 나눌 수 없으며 분별이 없고 단절도 없는 까닭이니라. 일체지지가 청정한 까닭으로 미계·설식계, 나아가 설촉·설촉을 인연으로 생겨난 여러 수가 청정하고, 미계, 나아가 설촉을 인연으로 생겨난 여러 수가 청정한 까닭으로 공상공이 청정하니라. 왜 그러한가? 만약 일체지지가 청정하거나, 만약 미계, 나아가 설촉을 인연으로 생겨난 여러 수가 청정하거나, 만약 공상공이 청정하다면, 무이이고 둘로 나눌 수 없으며 분별이 없고 단절도 없는 까닭이니라.

선현이여. 일체지지가 청정한 까닭으로 신계가 청정하고, 신계가 청정한 까닭으로 공상공이 청정하니라. 왜 그러한가? 만약 일체지지가 청정하거나, 만약 신계가 청정하거나, 만약 공상공이 청정하다면, 무이이고 둘로 나눌 수 없으며 분별이 없고 단절도 없는 까닭이니라. 일체지지가 청정한 까닭으로 촉계·신식계, 나아가 신촉·신촉을 인연으로 생겨난 여러 수가 청정하고, 촉계, 나아가 신촉을 인연으로 생겨난 여러 수가 청정한 까닭으로 공상공이 청정하니라. 왜 그러한가? 만약 일체지지가 청정하거나, 만약 촉계, 나아가 신촉을 인연으로 생겨난 여러 수가 청정하거나, 만약 공상공이 청정하다면, 무이이고 둘로 나눌 수 없으며 분별이 없고 단절도 없는 까닭이니라.

선현이여. 일체지지가 청정한 까닭으로 의계가 청정하고, 의계가 청정한 까닭으로 공상공이 청정하니라. 왜 그러한가? 만약 일체지지가 청정하거나, 만약 의계가 청정하거나, 만약 공상공이 청정하다면, 무이이고 둘로 나눌 수 없으며 분별이 없고 단절도 없는 까닭이니라. 일체지지가 청정한 까닭으로 법계·의식계, 나아가 의촉·의촉을 인연으로 생겨난 여러 수가 청정하고, 법계, 나아가 의촉을 인연으로 생겨난 여러 수가 청정한 까닭으로 공상공이 청정하니라. 왜 그러한가? 만약 일체지지가 청정하거나, 만약 법계, 나아가 의촉을 인연으로 생겨난 여러 수가 청정하거나, 만약 공상공이 청정하다면, 무이이고 둘로 나눌 수 없으며 분별이 없고 단절도 없는 까닭이니라.

선현이여. 일체지지가 청정한 까닭으로 지계가 청정하고, 지계가 청정한 까닭으로 공상공이 청정하니라. 왜 그러한가? 만약 일체지지가 청정하거나, 만약 지계가 청정하거나, 만약 공상공이 청정하다면, 무이이고 둘로 나눌 수 없으며 분별이 없고 단절도 없는 까닭이니라. 일체지지가 청정한 까닭으로 수·화·풍·공·식계가 청정하고, 수·화·풍·공·식계가 청정한 까닭으로 공상공이 청정하니라. 왜 그러한가? 만약 일체지지가 청정하거나, 만약 수·화·풍·공·식계가 청정하거나, 만약 공상공이 청정하다면, 무이이고 둘로 나눌 수 없으며 분별이 없고 단절도 없는 까닭이니라.

선현이여. 일체지지가 청정한 까닭으로 무명이 청정하고, 무명이 청정한 까닭으로 공상공이 청정하니라. 왜 그러한가? 만약 일체지지가 청정하거나, 만약 무명이 청정하거나, 만약 공상공이 청정하다면, 무이이고 둘로 나눌 수 없으며 분별이 없고 단절도 없는 까닭이니라. 일체지지가 청정한 까닭으로 행·식·명색·육처·촉·수·애·취·유·생·노사의 수탄고우뇌가 청정하고, 행, 나아가 노사의 수탄고우뇌가 청정한 까닭으로 공상공이 청정하니라. 왜 그러한가? 만약 일체지지가 청정하거나, 만약 행, 나아가 노사의 수탄고우뇌가 청정하거나, 만약 공상공이 청정하다면, 무이이고 둘로 나눌 수 없으며 분별이 없고 단절도 없는 까닭이니라.

선현이여. 일체지지가 청정한 까닭으로 보시바라밀다가 청정하고, 보시바라밀다가 청정한 까닭으로 공상공이 청정하니라. 왜 그러한가? 만약 일체지지가 청정하거나, 만약 보시바라밀다가 청정하거나, 만약 공상공이 청정하다면, 무이이고 둘로 나눌 수 없으며 분별이 없고 단절도 없는 까닭이니라. 일체지지가 청정한 까닭으로 정계·안인·정진·정려·반야바라밀다가 청정하고, 정계, 나아가 반야바라밀다가 청정한 까닭으로 공상공이 청정하니라. 왜 그러한가? 만약 일체지지가 청정하거나, 만약 정계, 나아가 반야바라밀다가 청정하거나, 만약 공상공이 청정하다면, 무이이고 둘로 나눌 수 없으며 분별이 없고 단절도 없는 까닭이니라.

선현이여. 일체지지가 청정한 까닭으로 내공이 청정하고, 내공이 청정한 까닭으로 공상공이 청정하니라. 왜 그러한가? 만약 일체지지가 청정하거나, 만약 내공이 청정하거나, 만약 공상공이 청정하다면, 무이이고 둘로 나눌 수 없으며 분별이 없고 단절도 없는 까닭이니라. 일체지지가 청정한 까닭으로 외공·내외공·공공·대공·승의공·유위공·무위공·필경공·무제공·산공·무변이공·본성공·자상공·일체법공·불가득공·무성공·자성공·무성자성공이 청정하고, 외공, 나아가 무성자성공이 청정한 까닭으로 공상공이 청정하니라. 왜 그러한가? 만약 일체지지가 청정하거나, 만약 외공, 나아가 무성자성공이 청정하거나, 만약 공상공이 청정하다면, 무이이고 둘로 나눌 수 없으며 분별이 없고 단절도 없는 까닭이니라.

선현이여. 일체지지가 청정한 까닭으로 진여가 청정하고, 진여가 청정한 까닭으로 공상공이 청정하니라. 왜 그러한가? 만약 일체지지가 청정하거나, 만약 진여가 청정하거나, 만약 공상공이 청정하다면, 무이이고 둘로 나눌 수 없으며 분별이 없고 단절도 없는 까닭이니라. 일체지지가 청정한 까닭으로 법계·법성·불허망성·불변이성·평등성·이생성·법정·법주·실제·허공계·부사의계가 청정하고 법계, 나아가 부사의계가 청정한 까닭으로 공상공이 청정하니라. 왜 그러한가? 만약 일체지지가 청정하거나, 만약 법계, 나아가 부사의계가 청정하거나, 만약 공상공이 청정하다면, 무이이고 둘로 나눌 수 없으며 분별이 없고 단절도 없는 까닭이니라.

선현이여. 일체지지가 청정한 까닭으로 고성제가 청정하고, 고성제가 청정한 까닭으로 공상공이 청정하니라. 왜 그러한가? 만약 일체지지가 청정하거나, 만약 고성제가 청정하거나, 만약 공상공이 청정하다면, 무이이고 둘로 나눌 수 없으며 분별이 없고 단절도 없는 까닭이니라. 일체지지가 청정한 까닭으로 집·멸·도성제가 청정하고, 집·멸·도성제가 청정한 까닭으로 공상공이 청정하니라. 왜 그러한가? 만약 일체지지가 청정하거나, 만약 집·멸·도성제가 청정하거나, 만약 공상공이 청정하다면, 무이이고 둘로 나눌 수 없으며 분별이 없고 단절도 없는 까닭이니라.

선현이여. 일체지지가 청정한 까닭으로 4정려가 청정하고, 4정려가

청정한 까닭으로 공상공이 청정하니라. 왜 그러한가? 만약 일체지지가 청정하거나, 만약 4정려가 청정하거나, 만약 공상공이 청정하다면, 무이이고 둘로 나눌 수 없으며 분별이 없고 단절도 없는 까닭이니라. 일체지지가 청정한 까닭으로 4무량·4무색정이 청정하고, 4무량·4무색정이 청정한 까닭으로 공상공이 청정하니라. 왜 그러한가? 만약 일체지지가 청정하거나, 만약 4무량·4무색정이 청정하거나, 만약 공상공이 청정하다면, 무이이고 둘로 나눌 수 없으며 분별이 없고 단절도 없는 까닭이니라.

선현이여. 일체지지가 청정한 까닭으로 8해탈이 청정하고, 8해탈이 청정한 까닭으로 공상공이 청정하니라. 왜 그러한가? 만약 일체지지가 청정하거나, 만약 8해탈이 청정하거나, 만약 공상공이 청정하다면, 무이이고 둘로 나눌 수 없으며 분별이 없고 단절도 없는 까닭이니라. 일체지지가 청정한 까닭으로 8승처·9차제정·10변처가 청정하고, 8승처·9차제정·10변처가 청정한 까닭으로 공상공이 청정하니라. 왜 그러한가? 만약 일체지지가 청정하거나, 만약 8승처·9차제정·10변처가 청정하거나, 만약 공상공이 청정하다면, 무이이고 둘로 나눌 수 없으며 분별이 없고 단절도 없는 까닭이니라.

선현이여. 일체지지가 청정한 까닭으로 4념주가 청정하고, 4념주가 청정한 까닭으로 공상공이 청정하니라. 왜 그러한가? 만약 일체지지가 청정하거나, 만약 4념주가 청정하거나, 만약 공상공이 청정하다면, 무이이고 둘로 나눌 수 없으며 분별이 없고 단절도 없는 까닭이니라. 일체지지가 청정한 까닭으로 4정단·4신족·5근·5력·7등각지·8성도지가 청정하고, 4정단, 나아가 8성도지가 청정한 까닭으로 공상공이 청정하니라. 왜 그러한가? 만약 일체지지가 청정하거나, 만약 4정단, 나아가 8성도지가 청정하거나, 만약 공상공이 청정하다면, 무이이고 둘로 나눌 수 없으며 분별이 없고 단절도 없는 까닭이니라.

선현이여. 일체지지가 청정한 까닭으로 공해탈문이 청정하고, 공해탈문이 청정한 까닭으로 공상공이 청정하니라. 왜 그러한가? 만약 일체지지가 청정하거나, 만약 공해탈문이 청정하거나, 만약 공상공이 청정하다면,

무이이고 둘로 나눌 수 없으며 분별이 없고 단절도 없는 까닭이니라. 일체지지가 청정한 까닭으로 무상·무원해탈문이 청정하고, 무상·무원해탈문이 청정한 까닭으로 공상공이 청정하니라. 왜 그러한가? 만약 일체지지가 청정하거나, 만약 무상·무원해탈문이 청정하거나, 만약 공상공이 청정하다면, 무이이고 둘로 나눌 수 없으며 분별이 없고 단절도 없는 까닭이니라.

선현이여. 일체지지가 청정한 까닭으로 보살의 10지가 청정하고, 보살의 10지가 청정한 까닭으로 공상공이 청정하니라. 왜 그러한가? 만약 일체지지가 청정하거나, 만약 보살의 10지가 청정하거나, 만약 공상공이 청정하다면, 무이이고 둘로 나눌 수 없으며 분별이 없고 단절도 없는 까닭이니라.

선현이여. 일체지지가 청정한 까닭으로 5안이 청정하고, 5안이 청정한 까닭으로 공상공이 청정하니라. 왜 그러한가? 만약 일체지지가 청정하거나, 만약 5안이 청정하거나, 만약 공상공이 청정하다면, 무이이고 둘로 나눌 수 없으며 분별이 없고 단절도 없는 까닭이니라. 일체지지가 청정한 까닭으로 6신통이 청정하고, 6신통이 청정한 까닭으로 공상공이 청정하니라. 왜 그러한가? 만약 일체지지가 청정하거나, 만약 6신통이 청정하거나, 만약 공상공이 청정하다면, 무이이고 둘로 나눌 수 없으며 분별이 없고 단절도 없는 까닭이니라.

선현이여. 일체지지가 청정한 까닭으로 여래의 10력이 청정하고, 여래의 10력이 청정한 까닭으로 공상공이 청정하니라. 왜 그러한가? 만약 일체지지가 청정하거나, 만약 여래의 10력이 청정하거나, 만약 공상공이 청정하다면, 무이이고 둘로 나눌 수 없으며 분별이 없고 단절도 없는 까닭이니라. 일체지지가 청정한 까닭으로 4무소외·4무애해·대자·대비·대희·대사·18불불공법이 청정하고, 4무소외, 나아가 18불불공법이 청정한 까닭으로 공상공이 청정하니라. 왜 그러한가? 만약 일체지지가 청정하거나, 만약 4무소외, 나아가 18불불공법이 청정하거나, 만약 공상공이 청정하다면, 무이이고 둘로 나눌 수 없으며 분별이 없고 단절도 없는

까닭이니라.

선현이여. 일체지지가 청정한 까닭으로 무망실법이 청정하고, 무망실법이 청정한 까닭으로 공상공이 청정하니라. 왜 그러한가? 만약 일체지지가 청정하거나, 만약 무망실법이 청정하거나, 만약 공상공이 청정하다면, 무이이고 둘로 나눌 수 없으며 분별이 없고 단절도 없는 까닭이니라. 선현이여. 일체지지가 청정한 까닭으로 항주사성이 청정하고, 항주사성이 청정한 까닭으로 공상공이 청정하니라. 왜 그러한가? 만약 일체지지가 청정하거나, 만약 항주사성이 청정하거나, 만약 공상공이 청정하다면, 무이이고 둘로 나눌 수 없으며 분별이 없고 단절도 없는 까닭이니라.

선현이여. 일체지지가 청정한 까닭으로 일체지가 청정하고, 일체지가 청정한 까닭으로 공상공이 청정하니라. 왜 그러한가? 만약 일체지지가 청정하거나, 만약 일체지가 청정하거나, 만약 공상공이 청정하다면, 무이이고 둘로 나눌 수 없으며 분별이 없고 단절도 없는 까닭이니라. 일체지지가 청정한 까닭으로 도상지·일체상지가 청정하고, 도상지·일체상지가 청정한 까닭으로 공상공이 청정하니라. 왜 그러한가? 만약 일체지지가 청정하거나, 만약 도상지·일체상지가 청정하거나, 만약 공상공이 청정하다면, 무이이고 둘로 나눌 수 없으며 분별이 없고 단절도 없는 까닭이니라.

선현이여. 일체지지가 청정한 까닭으로 일체의 다라니문이 청정하고, 일체의 다라니문이 청정한 까닭으로 공상공이 청정하니라. 왜 그러한가? 만약 일체지지가 청정하거나, 만약 일체의 다라니문이 청정하거나, 만약 공상공이 청정하다면, 무이이고 둘로 나눌 수 없으며 분별이 없고 단절도 없는 까닭이니라. 선현이여. 일체지지가 청정한 까닭으로 일체의 삼마지문이 청정하고, 일체의 삼마지문이 청정한 까닭으로 공상공이 청정하니라. 왜 그러한가? 만약 일체지지가 청정하거나, 만약 일체의 삼마지문이 청정하거나, 만약 공상공이 청정하다면, 무이이고 둘로 나눌 수 없으며 분별이 없고 단절도 없는 까닭이니라.

선현이여. 일체지지가 청정한 까닭으로 예류과가 청정하고, 예류과가 청정한 까닭으로 공상공이 청정하니라. 왜 그러한가? 만약 일체지지가 청정하거나, 만약 예류과가 청정하거나, 만약 공상공이 청정하다면, 무이이고 둘로 나눌 수 없으며 분별이 없고 단절도 없는 까닭이니라. 일체지지가 청정한 까닭으로 일래·불환·아라한과가 청정하고, 일래·불환·아라한과가 청정한 까닭으로 공상공이 청정하니라. 왜 그러한가? 만약 일체지지가 청정하거나, 만약 일래·불환·아라한과가 청정하거나, 만약 공상공이 청정하다면, 무이이고 둘로 나눌 수 없으며 분별이 없고 단절도 없는 까닭이니라.

선현이여. 일체지지가 청정한 까닭으로 독각의 보리가 청정하고, 독각의 보리가 청정한 까닭으로 공상공이 청정하니라. 왜 그러한가? 만약 일체지지가 청정하거나, 만약 독각의 보리가 청정하거나, 만약 공상공이 청정하다면, 무이이고 둘로 나눌 수 없으며 분별이 없고 단절도 없는 까닭이니라.

선현이여. 일체지지가 청정한 까닭으로 일체의 보살마하살의 행이 청정하고, 일체의 보살마하살의 행이 청정한 까닭으로 공상공이 청정하니라. 왜 그러한가? 만약 일체지지가 청정하거나, 만약 일체의 보살마하살의 행이 청정하거나, 만약 공상공이 청정하다면, 무이이고 둘로 나눌 수 없으며 분별이 없고 단절도 없는 까닭이니라.

선현이여. 일체지지가 청정한 까닭으로 제불의 무상정등보리가 청정하고, 제불의 무상정등보리가 청정한 까닭으로 공상공이 청정하니라. 왜 그러한가? 만약 일체지지가 청정하거나, 만약 제불의 무상정등보리가 청정하거나, 만약 공상공이 청정하다면, 무이이고 둘로 나눌 수 없으며 분별이 없고 단절도 없는 까닭이니라."

"다시 다음으로 선현이여. 일체지지가 청정한 까닭으로 색이 청정하고, 색이 청정한 까닭으로 일체법공(一切法空)이 청정하니라. 왜 그러한가? 만약 일체지지가 청정하거나, 만약 색이 청정하거나, 만약 일체법공이 청정하다면, 무이이고 둘로 나눌 수 없으며 분별이 없고 단절도 없는 까닭이니라. 일체지지가 청정한 까닭으로 수·상·행·식이 청정하고, 수·

상·행·식이 청정한 까닭으로 일체법공이 청정하니라. 왜 그러한가? 만약 일체지지가 청정하거나, 만약 수·상·행·식이 청정하거나, 만약 일체법공이 청정하다면, 무이이고 둘로 나눌 수 없으며 분별이 없고 단절도 없는 까닭이니라.

선현이여. 일체지지가 청정한 까닭으로 안처가 청정하고, 안처가 청정한 까닭으로 일체법공이 청정하니라. 왜 그러한가? 만약 일체지지가 청정하거나, 만약 안처가 청정하거나, 만약 일체법공이 청정하다면, 무이이고 둘로 나눌 수 없으며 분별이 없고 단절도 없는 까닭이니라. 일체지지가 청정한 까닭으로 이·비·설·신·의처가 청정하고, 이·비·설·신·의처가 청정한 까닭으로 일체법공이 청정하니라. 왜 그러한가? 만약 일체지지가 청정하거나, 만약 이·비·설·신·의처가 청정하거나, 만약 일체법공이 청정하다면, 무이이고 둘로 나눌 수 없으며 분별이 없고 단절도 없는 까닭이니라.

선현이여. 일체지지가 청정한 까닭으로 색처가 청정하고, 색처가 청정한 까닭으로 일체법공이 청정하니라. 왜 그러한가? 만약 일체지지가 청정하거나, 만약 색처가 청정하거나, 만약 일체법공이 청정하다면, 무이이고 둘로 나눌 수 없으며 분별이 없고 단절도 없는 까닭이니라. 일체지지가 청정한 까닭으로 성·향·미·촉·법처가 청정하고, 성·향·미·촉·법처가 청정한 까닭으로 일체법공이 청정하니라. 왜 그러한가? 만약 일체지지가 청정하거나, 만약 성·향·미·촉·법처가 청정하거나, 만약 일체법공이 청정하다면, 무이이고 둘로 나눌 수 없으며 분별이 없고 단절도 없는 까닭이니라.

선현이여. 일체지지가 청정한 까닭으로 안계가 청정하고, 안계가 청정한 까닭으로 일체법공이 청정하니라. 왜 그러한가? 만약 일체지지가 청정하거나, 만약 안계가 청정하거나, 만약 일체법공이 청정하다면, 무이이고 둘로 나눌 수 없으며 분별이 없고 단절도 없는 까닭이니라. 일체지지가 청정한 까닭으로 색계·안식계, 나아가 안촉·안촉을 인연으로 생겨난 여러 수가 청정하고, 색계, 나아가 안촉을 인연으로 생겨난 여러 수가 청정한 까닭으로 일체법공이 청정하니라. 왜 그러한가? 만약 일체지지가 청정하거나, 만약 색계, 나아가 안촉을 인연으로 생겨난 여러 수가 청정하거나, 만약 일체법공이 청정하다면, 무이이고 둘로 나눌 수 없으며 분별이 없고 단절도 없는 까닭이니라.

선현이여. 일체지지가 청정한 까닭으로 이계가 청정하고, 이계가 청정한 까닭으로 일체법공이 청정하니라. 왜 그러한가? 만약 일체지지가 청정하거나, 만약 이계가 청정하거나, 만약 일체법공이 청정하다면, 무이이고 둘로 나눌 수 없으며 분별이 없고 단절도 없는 까닭이니라. 일체지지가 청정한 까닭으로 성계·이식계, 나아가 이촉·이촉을 인연으로 생겨난 여러 수가 청정하고, 성계, 나아가 이촉을 인연으로 생겨난 여러 수가 청정한 까닭으로 일체법공이 청정하니라. 왜 그러한가? 만약 일체지지가 청정하거나, 만약 성계, 나아가 이촉을 인연으로 생겨난 여러 수가 청정하거나, 만약 일체법공이 청정하다면, 무이이고 둘로 나눌 수 없으며 분별이 없고 단절도 없는 까닭이니라."

마하반야바라밀다경 제255권

34. 난신해품(難信解品)(74)

"선현이여. 일체지지가 청정한 까닭으로 비계가 청정하고, 비계가 청정한 까닭으로 일체법공이 청정하니라. 왜 그러한가? 만약 일체지지가 청정하거나, 만약 비계가 청정하거나, 만약 일체법공이 청정하다면, 무이이고 둘로 나눌 수 없으며 분별이 없고 단절도 없는 까닭이니라. 일체지지가 청정한 까닭으로 향계·비식계, 나아가 비촉·비촉을 인연으로 생겨난 여러 수가 청정하고, 향계, 나아가 비촉을 인연으로 생겨난 여러 수가 청정한 까닭으로 일체법공이 청정하니라. 왜 그러한가? 만약 일체지지가 청정하거나, 만약 향계, 나아가 비촉을 인연으로 생겨난 여러 수가 청정하거나, 만약 일체법공이 청정하다면, 무이이고 둘로 나눌 수 없으며 분별이 없고 단절도 없는 까닭이니라.

선현이여. 일체지지가 청정한 까닭으로 설계가 청정하고, 설계가 청정한 까닭으로 일체법공이 청정하니라. 왜 그러한가? 만약 일체지지가 청정하거나, 만약 설계가 청정하거나, 만약 일체법공이 청정하다면, 무이이고 둘로 나눌 수 없으며 분별이 없고 단절도 없는 까닭이니라. 일체지지가 청정한 까닭으로 미계·설식계, 나아가 설촉·설촉을 인연으로 생겨난 여러 수가 청정하고, 미계, 나아가 설촉을 인연으로 생겨난 여러 수가 청정한 까닭으로 일체법공이 청정하니라. 왜 그러한가? 만약 일체지지가 청정하거나, 만약 미계, 나아가 설촉을 인연으로 생겨난 여러 수가 청정하거나, 만약 일체법공이 청정하다면, 무이이고 둘로 나눌 수 없으며 분별이

없고 단절도 없는 까닭이니라.

선현이여. 일체지지가 청정한 까닭으로 신계가 청정하고, 신계가 청정한 까닭으로 일체법공이 청정하니라. 왜 그러한가? 만약 일체지지가 청정하거나, 만약 신계가 청정하거나, 만약 일체법공이 청정하다면, 무이이고 둘로 나눌 수 없으며 분별이 없고 단절도 없는 까닭이니라. 일체지지가 청정한 까닭으로 촉계·신식계, 나아가 신촉·신촉을 인연으로 생겨난 여러 수가 청정하고, 촉계, 나아가 신촉을 인연으로 생겨난 여러 수가 청정한 까닭으로 일체법공이 청정하니라. 왜 그러한가? 만약 일체지지가 청정하거나, 만약 촉계, 나아가 신촉을 인연으로 생겨난 여러 수가 청정하거나, 만약 일체법공이 청정하다면, 무이이고 둘로 나눌 수 없으며 분별이 없고 단절도 없는 까닭이니라.

선현이여. 일체지지가 청정한 까닭으로 의계가 청정하고, 의계가 청정한 까닭으로 일체법공이 청정하니라. 왜 그러한가? 만약 일체지지가 청정하거나, 만약 의계가 청정하거나, 만약 일체법공이 청정하다면, 무이이고 둘로 나눌 수 없으며 분별이 없고 단절도 없는 까닭이니라. 일체지지가 청정한 까닭으로 법계·의식계, 나아가 의촉·의촉을 인연으로 생겨난 여러 수가 청정하고, 법계, 나아가 의촉을 인연으로 생겨난 여러 수가 청정한 까닭으로 일체법공이 청정하니라. 왜 그러한가? 만약 일체지지가 청정하거나, 만약 법계, 나아가 의촉을 인연으로 생겨난 여러 수가 청정하거나, 만약 일체법공이 청정하다면, 무이이고 둘로 나눌 수 없으며 분별이 없고 단절도 없는 까닭이니라.

선현이여. 일체지지가 청정한 까닭으로 지계가 청정하고, 지계가 청정한 까닭으로 일체법공이 청정하니라. 왜 그러한가? 만약 일체지지가 청정하거나, 만약 지계가 청정하거나, 만약 일체법공이 청정하다면, 무이이고 둘로 나눌 수 없으며 분별이 없고 단절도 없는 까닭이니라. 일체지지가 청정한 까닭으로 수·화·풍·공·식계가 청정하고, 수·화·풍·공·식계가 청정한 까닭으로 일체법공이 청정하니라. 왜 그러한가? 만약 일체지지가 청정하거나, 만약 수·화·풍·공·식계가 청정하거나, 만약 일체법공이 청정하다면,

무이이고 둘로 나눌 수 없으며 분별이 없고 단절도 없는 까닭이니라.

선현이여. 일체지지가 청정한 까닭으로 무명이 청정하고, 무명이 청정한 까닭으로 일체법공이 청정하니라. 왜 그러한가? 만약 일체지지가 청정하거나, 만약 무명이 청정하거나, 만약 일체법공이 청정하다면, 무이이고 둘로 나눌 수 없으며 분별이 없고 단절도 없는 까닭이니라. 일체지지가 청정한 까닭으로 행·식·명색·육처·촉·수·애·취·유·생·노사의 수탄고우뇌가 청정하고, 행, 나아가 노사의 수탄고우뇌가 청정한 까닭으로 일체법공이 청정하니라. 왜 그러한가? 만약 일체지지가 청정하거나, 만약 행, 나아가 노사의 수탄고우뇌가 청정하거나, 만약 일체법공이 청정하다면, 무이이고 둘로 나눌 수 없으며 분별이 없고 단절도 없는 까닭이니라.

선현이여. 일체지지가 청정한 까닭으로 보시바라밀다가 청정하고, 보시바라밀다가 청정한 까닭으로 일체법공이 청정하니라. 왜 그러한가? 만약 일체지지가 청정하거나, 만약 보시바라밀다가 청정하거나, 만약 일체법공이 청정하다면, 무이이고 둘로 나눌 수 없으며 분별이 없고 단절도 없는 까닭이니라. 일체지지가 청정한 까닭으로 정계·안인·정진·정려·반야바라밀다가 청정하고, 정계, 나아가 반야바라밀다가 청정한 까닭으로 일체법공이 청정하니라. 왜 그러한가? 만약 일체지지가 청정하거나, 만약 정계, 나아가 반야바라밀다가 청정하거나, 만약 일체법공이 청정하다면, 무이이고 둘로 나눌 수 없으며 분별이 없고 단절도 없는 까닭이니라.

선현이여. 일체지지가 청정한 까닭으로 내공이 청정하고, 내공이 청정한 까닭으로 일체법공이 청정하니라. 왜 그러한가? 만약 일체지지가 청정하거나, 만약 내공이 청정하거나, 만약 일체법공이 청정하다면, 무이이고 둘로 나눌 수 없으며 분별이 없고 단절도 없는 까닭이니라. 일체지지가 청정한 까닭으로 외공·내외공·공공·대공·승의공·유위공·무위공·필경공·무제공·산공·무변이공·본성공·자상공·공상공·불가득공·무성공·자성공·무성자성공이 청정하고, 외공, 나아가 무성자성공이 청정한 까닭으로 일체법공이 청정하니라. 왜 그러한가? 만약 일체지지가 청정하거나,

만약 외공, 나아가 무성자성공이 청정하거나, 만약 일체법공이 청정하다면, 무이이고 둘로 나눌 수 없으며 분별이 없고 단절도 없는 까닭이니라.

선현이여. 일체지지가 청정한 까닭으로 진여가 청정하고, 진여가 청정한 까닭으로 일체법공이 청정하니라. 왜 그러한가? 만약 일체지지가 청정하거나, 만약 진여가 청정하거나, 만약 일체법공이 청정하다면, 무이이고 둘로 나눌 수 없으며 분별이 없고 단절도 없는 까닭이니라. 일체지지가 청정한 까닭으로 법계·법성·불허망성·불변이성·평등성·이생성·법정·법주·실제·허공계·부사의계가 청정하고 법계, 나아가 부사의계가 청정한 까닭으로 일체법공이 청정하니라. 왜 그러한가? 만약 일체지지가 청정하거나, 만약 법계, 나아가 부사의계가 청정하거나, 만약 일체법공이 청정하다면, 무이이고 둘로 나눌 수 없으며 분별이 없고 단절도 없는 까닭이니라.

선현이여. 일체지지가 청정한 까닭으로 고성제가 청정하고, 고성제가 청정한 까닭으로 일체법공이 청정하니라. 왜 그러한가? 만약 일체지지가 청정하거나, 만약 고성제가 청정하거나, 만약 일체법공이 청정하다면, 무이이고 둘로 나눌 수 없으며 분별이 없고 단절도 없는 까닭이니라. 일체지지가 청정한 까닭으로 집·멸·도성제가 청정하고, 집·멸·도성제가 청정한 까닭으로 일체법공이 청정하니라. 왜 그러한가? 만약 일체지지가 청정하거나, 만약 집·멸·도성제가 청정하거나, 만약 일체법공이 청정하다면, 무이이고 둘로 나눌 수 없으며 분별이 없고 단절도 없는 까닭이니라.

선현이여. 일체지지가 청정한 까닭으로 4정려가 청정하고, 4정려가 청정한 까닭으로 일체법공이 청정하니라. 왜 그러한가? 만약 일체지지가 청정하거나, 만약 4정려가 청정하거나, 만약 일체법공이 청정하다면, 무이이고 둘로 나눌 수 없으며 분별이 없고 단절도 없는 까닭이니라. 일체지지가 청정한 까닭으로 4무량·4무색정이 청정하고, 4무량·4무색정이 청정한 까닭으로 일체법공이 청정하니라. 왜 그러한가? 만약 일체지지가 청정하거나, 만약 4무량·4무색정이 청정하거나, 만약 일체법공이 청정하다면, 무이이고 둘로 나눌 수 없으며 분별이 없고 단절도 없는 까닭이니라.

선현이여. 일체지지가 청정한 까닭으로 8해탈이 청정하고, 8해탈이 청정한 까닭으로 일체법공이 청정하니라. 왜 그러한가? 만약 일체지지가 청정하거나, 만약 8해탈이 청정하거나, 만약 일체법공이 청정하다면, 무이이고 둘로 나눌 수 없으며 분별이 없고 단절도 없는 까닭이니라. 일체지지가 청정한 까닭으로 8승처·9차제정·10변처가 청정하고, 8승처·9차제정·10변처가 청정한 까닭으로 일체법공이 청정하니라. 왜 그러한가? 만약 일체지지가 청정하거나, 만약 8승처·9차제정·10변처가 청정하거나, 만약 일체법공이 청정하다면, 무이이고 둘로 나눌 수 없으며 분별이 없고 단절도 없는 까닭이니라.

선현이여. 일체지지가 청정한 까닭으로 4념주가 청정하고, 4념주가 청정한 까닭으로 일체법공이 청정하니라. 왜 그러한가? 만약 일체지지가 청정하거나, 만약 4념주가 청정하거나, 만약 일체법공이 청정하다면, 무이이고 둘로 나눌 수 없으며 분별이 없고 단절도 없는 까닭이니라. 일체지지가 청정한 까닭으로 4정단·4신족·5근·5력·7등각지·8성도지가 청정하고, 4정단, 나아가 8성도지가 청정한 까닭으로 일체법공이 청정하니라. 왜 그러한가? 만약 일체지지가 청정하거나, 만약 4정단, 나아가 8성도지가 청정하거나, 만약 일체법공이 청정하다면, 무이이고 둘로 나눌 수 없으며 분별이 없고 단절도 없는 까닭이니라.

선현이여. 일체지지가 청정한 까닭으로 공해탈문이 청정하고, 공해탈문이 청정한 까닭으로 일체법공이 청정하니라. 왜 그러한가? 만약 일체지지가 청정하거나, 만약 공해탈문이 청정하거나, 만약 일체법공이 청정하다면, 무이이고 둘로 나눌 수 없으며 분별이 없고 단절도 없는 까닭이니라. 일체지지가 청정한 까닭으로 무상·무원해탈문이 청정하고, 무상·무원해탈문이 청정한 까닭으로 일체법공이 청정하니라. 왜 그러한가? 만약 일체지지가 청정하거나, 만약 무상·무원해탈문이 청정하거나, 만약 일체법공이 청정하다면, 무이이고 둘로 나눌 수 없으며 분별이 없고 단절도 없는 까닭이니라.

선현이여. 일체지지가 청정한 까닭으로 보살의 10지가 청정하고, 보살의 10지가 청정한 까닭으로 일체법공이 청정하니라. 왜 그러한가? 만약 일체지지가 청정하거나, 만약 보살의 10지가 청정하거나, 만약 일체법공이 청정하다면, 무이이고 둘로 나눌 수 없으며 분별이 없고 단절도 없는 까닭이니라.

선현이여. 일체지지가 청정한 까닭으로 5안이 청정하고, 5안이 청정한 까닭으로 일체법공이 청정하니라. 왜 그러한가? 만약 일체지지가 청정하거나, 만약 5안이 청정하거나, 만약 일체법공이 청정하다면, 무이이고 둘로 나눌 수 없으며 분별이 없고 단절도 없는 까닭이니라. 일체지지가 청정한 까닭으로 6신통이 청정하고, 6신통이 청정한 까닭으로 일체법공이 청정하니라. 왜 그러한가? 만약 일체지지가 청정하거나, 만약 6신통이 청정하거나, 만약 일체법공이 청정하다면, 무이이고 둘로 나눌 수 없으며 분별이 없고 단절도 없는 까닭이니라.

선현이여. 일체지지가 청정한 까닭으로 여래의 10력이 청정하고, 여래의 10력이 청정한 까닭으로 일체법공이 청정하니라. 왜 그러한가? 만약 일체지지가 청정하거나, 만약 여래의 10력이 청정하거나, 만약 일체법공이 청정하다면, 무이이고 둘로 나눌 수 없으며 분별이 없고 단절도 없는 까닭이니라. 일체지지가 청정한 까닭으로 4무소외·4무애해·대자·대비·대희·대사·18불불공법이 청정하고, 4무소외, 나아가 18불불공법이 청정한 까닭으로 일체법공이 청정하니라. 왜 그러한가? 만약 일체지지가 청정하거나, 만약 4무소외, 나아가 18불불공법이 청정하거나, 만약 일체법공이 청정하다면, 무이이고 둘로 나눌 수 없으며 분별이 없고 단절도 없는 까닭이니라.

선현이여. 일체지지가 청정한 까닭으로 무망실법이 청정하고, 무망실법이 청정한 까닭으로 일체법공이 청정하니라. 왜 그러한가? 만약 일체지지가 청정하거나, 만약 무망실법이 청정하거나, 만약 일체법공이 청정하다면, 무이이고 둘로 나눌 수 없으며 분별이 없고 단절도 없는 까닭이니라. 선현이여. 일체지지가 청정한 까닭으로 항주사성이 청정하고, 항주사성이 청정한 까닭으로 일체법공이 청정하니라. 왜 그러한가? 만약 일체지지가 청정하거나, 만약 항주사성이 청정하거나, 만약 일체법공이 청정하다면, 무이이고 둘로 나눌 수 없으며 분별이 없고 단절도 없는 까닭이니라.

선현이여. 일체지지가 청정한 까닭으로 일체지가 청정하고, 일체지가 청정한 까닭으로 일체법공이 청정하니라. 왜 그러한가? 만약 일체지지가 청정하거나, 만약 일체지가 청정하거나, 만약 일체법공이 청정하다면, 무이이고 둘로 나눌 수 없으며 분별이 없고 단절도 없는 까닭이니라. 일체지지가 청정한 까닭으로 도상지·일체상지가 청정하고, 도상지·일체상지가 청정한 까닭으로 일체법공이 청정하니라. 왜 그러한가? 만약 일체지지가 청정하거나, 만약 도상지·일체상지가 청정하거나, 만약 일체법공이 청정하다면, 무이이고 둘로 나눌 수 없으며 분별이 없고 단절도 없는 까닭이니라.

선현이여. 일체지지가 청정한 까닭으로 일체의 다라니문이 청정하고, 일체의 다라니문이 청정한 까닭으로 일체법공이 청정하니라. 왜 그러한가? 만약 일체지지가 청정하거나, 만약 일체의 다라니문이 청정하거나, 만약 일체법공이 청정하다면, 무이이고 둘로 나눌 수 없으며 분별이 없고 단절도 없는 까닭이니라. 선현이여. 일체지지가 청정한 까닭으로 일체의 삼마지문이 청정하고, 일체의 삼마지문이 청정한 까닭으로 일체법공이 청정하니라. 왜 그러한가? 만약 일체지지가 청정하거나, 만약 일체의 삼마지문이 청정하거나, 만약 일체법공이 청정하다면, 무이이고 둘로 나눌 수 없으며 분별이 없고 단절도 없는 까닭이니라.

선현이여. 일체지지가 청정한 까닭으로 예류과가 청정하고, 예류과가 청정한 까닭으로 일체법공이 청정하니라. 왜 그러한가? 만약 일체지지가 청정하거나, 만약 예류과가 청정하거나, 만약 일체법공이 청정하다면, 무이이고 둘로 나눌 수 없으며 분별이 없고 단절도 없는 까닭이니라. 일체지지가 청정한 까닭으로 일래·불환·아라한과가 청정하고, 일래·불환·아라한과가 청정한 까닭으로 일체법공이 청정하니라. 왜 그러한가? 만약 일체지지가 청정하거나, 만약 일래·불환·아라한과가 청정하거나,

만약 일체법공이 청정하다면, 무이이고 둘로 나눌 수 없으며 분별이 없고 단절도 없는 까닭이니라.

선현이여. 일체지지가 청정한 까닭으로 독각의 보리가 청정하고, 독각의 보리가 청정한 까닭으로 일체법공이 청정하니라. 왜 그러한가? 만약 일체지지가 청정하거나, 만약 독각의 보리가 청정하거나, 만약 일체법공이 청정하다면, 무이이고 둘로 나눌 수 없으며 분별이 없고 단절도 없는 까닭이니라.

선현이여. 일체지지가 청정한 까닭으로 일체의 보살마하살의 행이 청정하고, 일체의 보살마하살의 행이 청정한 까닭으로 일체법공이 청정하니라. 왜 그러한가? 만약 일체지지가 청정하거나, 만약 일체의 보살마하살의 행이 청정하거나, 만약 일체법공이 청정하다면, 무이이고 둘로 나눌 수 없으며 분별이 없고 단절도 없는 까닭이니라.

선현이여. 일체지지가 청정한 까닭으로 제불의 무상정등보리가 청정하고, 제불의 무상정등보리가 청정한 까닭으로 일체법공이 청정하니라. 왜 그러한가? 만약 일체지지가 청정하거나, 만약 제불의 무상정등보리가 청정하거나, 만약 일체법공이 청정하다면, 무이이고 둘로 나눌 수 없으며 분별이 없고 단절도 없는 까닭이니라."

"다시 다음으로 선현이여. 일체지지가 청정한 까닭으로 색이 청정하고, 색이 청정한 까닭으로 불가득공(不可得空)이 청정하니라. 왜 그러한가? 만약 일체지지가 청정하거나, 만약 색이 청정하거나, 만약 불가득공이 청정하다면, 무이이고 둘로 나눌 수 없으며 분별이 없고 단절도 없는 까닭이니라. 일체지지가 청정한 까닭으로 수·상·행·식이 청정하고, 수·상·행·식이 청정한 까닭으로 불가득공이 청정하니라. 왜 그러한가? 만약 일체지지가 청정하거나, 만약 수·상·행·식이 청정하거나, 만약 불가득공이 청정하다면, 무이이고 둘로 나눌 수 없으며 분별이 없고 단절도 없는 까닭이니라.

선현이여. 일체지지가 청정한 까닭으로 안처가 청정하고, 안처가 청정한 까닭으로 불가득공이 청정하니라. 왜 그러한가? 만약 일체지지가 청정하거나, 만약 안처가 청정하거나, 만약 불가득공이 청정하다면, 무이이고 둘로 나눌 수 없으며 분별이 없고 단절도 없는 까닭이니라. 일체지지가 청정한 까닭으로 이·비·설·신·의처가 청정하고, 이·비·설·신·의처가 청정한 까닭으로 불가득공이 청정하니라. 왜 그러한가? 만약 일체지지가 청정하거나, 만약 이·비·설·신·의처가 청정하거나, 만약 불가득공이 청정하다면, 무이이고 둘로 나눌 수 없으며 분별이 없고 단절도 없는 까닭이니라.

선현이여. 일체지지가 청정한 까닭으로 색처가 청정하고, 색처가 청정한 까닭으로 불가득공이 청정하니라. 왜 그러한가? 만약 일체지지가 청정하거나, 만약 색처가 청정하거나, 만약 불가득공이 청정하다면, 무이이고 둘로 나눌 수 없으며 분별이 없고 단절도 없는 까닭이니라. 일체지지가 청정한 까닭으로 성·향·미·촉·법처가 청정하고, 성·향·미·촉·법처가 청정한 까닭으로 불가득공이 청정하니라. 왜 그러한가? 만약 일체지지가 청정하거나, 만약 성·향·미·촉·법처가 청정하거나, 만약 불가득공이 청정하다면, 무이이고 둘로 나눌 수 없으며 분별이 없고 단절도 없는 까닭이니라.

선현이여. 일체지지가 청정한 까닭으로 안계가 청정하고, 안계가 청정한 까닭으로 불가득공이 청정하니라. 왜 그러한가? 만약 일체지지가 청정하거나, 만약 안계가 청정하거나, 만약 불가득공이 청정하다면, 무이이고 둘로 나눌 수 없으며 분별이 없고 단절도 없는 까닭이니라. 일체지지가 청정한 까닭으로 색계·안식계, 나아가 안촉·안촉을 인연으로 생겨난 여러 수가 청정하고, 색계, 나아가 안촉을 인연으로 생겨난 여러 수가 청정한 까닭으로 불가득공이 청정하니라. 왜 그러한가? 만약 일체지지가 청정하거나, 만약 색계, 나아가 안촉을 인연으로 생겨난 여러 수가 청정하거나, 만약 불가득공이 청정하다면, 무이이고 둘로 나눌 수 없으며 분별이 없고 단절도 없는 까닭이니라.

선현이여. 일체지지가 청정한 까닭으로 이계가 청정하고, 이계가 청정한 까닭으로 불가득공이 청정하니라. 왜 그러한가? 만약 일체지지가 청정하거나, 만약 이계가 청정하거나, 만약 불가득공이 청정하다면, 무이이고 둘로 나눌 수 없으며 분별이 없고 단절도 없는 까닭이니라. 일체지지가 청정한 까닭으로 성계·이식계, 나아가 이촉·이촉을 인연으로 생겨난 여러 수가 청정하고, 성계, 나아가 이촉을 인연으로 생겨난 여러 수가 청정한 까닭으로 불가득공이 청정하니라. 왜 그러한가? 만약 일체지지가 청정하거나, 만약 성계, 나아가 이촉을 인연으로 생겨난 여러 수가 청정하거나, 만약 불가득공이 청정하다면, 무이이고 둘로 나눌 수 없으며 분별이 없고 단절도 없는 까닭이니라.

선현이여. 일체지지가 청정한 까닭으로 비계가 청정하고, 비계가 청정한 까닭으로 불가득공이 청정하니라. 왜 그러한가? 만약 일체지지가 청정하거나, 만약 비계가 청정하거나, 만약 불가득공이 청정하다면, 무이이고 둘로 나눌 수 없으며 분별이 없고 단절도 없는 까닭이니라. 일체지지가 청정한 까닭으로 향계·비식계, 나아가 비촉·비촉을 인연으로 생겨난 여러 수가 청정하고, 향계, 나아가 비촉을 인연으로 생겨난 여러 수가 청정한 까닭으로 불가득공이 청정하니라. 왜 그러한가? 만약 일체지지가 청정하거나, 만약 향계, 나아가 비촉을 인연으로 생겨난 여러 수가 청정하거나, 만약 불가득공이 청정하다면, 무이이고 둘로 나눌 수 없으며 분별이 없고 단절도 없는 까닭이니라.

선현이여. 일체지지가 청정한 까닭으로 설계가 청정하고, 설계가 청정한 까닭으로 불가득공이 청정하니라. 왜 그러한가? 만약 일체지지가 청정하거나, 만약 설계가 청정하거나, 만약 불가득공이 청정하다면, 무이이고 둘로 나눌 수 없으며 분별이 없고 단절도 없는 까닭이니라. 일체지지가 청정한 까닭으로 미계·설식계, 나아가 설촉·설촉을 인연으로 생겨난 여러 수가 청정하고, 미계, 나아가 설촉을 인연으로 생겨난 여러 수가 청정한 까닭으로 불가득공이 청정하니라. 왜 그러한가? 만약 일체지지가 청정하거나, 만약 미계, 나아가 설촉을 인연으로 생겨난 여러 수가 청정하거나, 만약 불가득공이 청정하다면, 무이이고 둘로 나눌 수 없으며 분별이 없고 단절도 없는 까닭이니라.

선현이여. 일체지지가 청정한 까닭으로 신계가 청정하고, 신계가 청정한 까닭으로 불가득공이 청정하니라. 왜 그러한가? 만약 일체지지가 청정하거나, 만약 신계가 청정하거나, 만약 불가득공이 청정하다면, 무이이고 둘로 나눌 수 없으며 분별이 없고 단절도 없는 까닭이니라. 일체지지가 청정한 까닭으로 촉계·신식계, 나아가 신촉·신촉을 인연으로 생겨난 여러 수가 청정하고, 촉계, 나아가 신촉을 인연으로 생겨난 여러 수가 청정한 까닭으로 불가득공이 청정하니라. 왜 그러한가? 만약 일체지지가 청정하거나, 만약 촉계, 나아가 신촉을 인연으로 생겨난 여러 수가 청정하거나, 만약 불가득공이 청정하다면, 무이이고 둘로 나눌 수 없으며 분별이 없고 단절도 없는 까닭이니라.

선현이여. 일체지지가 청정한 까닭으로 의계가 청정하고, 의계가 청정한 까닭으로 불가득공이 청정하니라. 왜 그러한가? 만약 일체지지가 청정하거나, 만약 의계가 청정하거나, 만약 불가득공이 청정하다면, 무이이고 둘로 나눌 수 없으며 분별이 없고 단절도 없는 까닭이니라. 일체지지가 청정한 까닭으로 법계·의식계, 나아가 의촉·의촉을 인연으로 생겨난 여러 수가 청정하고, 법계, 나아가 의촉을 인연으로 생겨난 여러 수가 청정한 까닭으로 불가득공이 청정하니라. 왜 그러한가? 만약 일체지지가 청정하거나, 만약 법계, 나아가 의촉을 인연으로 생겨난 여러 수가 청정하거나, 만약 불가득공이 청정하다면, 무이이고 둘로 나눌 수 없으며 분별이 없고 단절도 없는 까닭이니라.

선현이여. 일체지지가 청정한 까닭으로 지계가 청정하고, 지계가 청정한 까닭으로 불가득공이 청정하니라. 왜 그러한가? 만약 일체지지가 청정하거나, 만약 지계가 청정하거나, 만약 불가득공이 청정하다면, 무이이고 둘로 나눌 수 없으며 분별이 없고 단절도 없는 까닭이니라. 일체지지가 청정한 까닭으로 수·화·풍·공·식계가 청정하고, 수·화·풍·공·식계가 청정한 까닭으로 불가득공이 청정하니라. 왜 그러한가? 만약 일체지지가 청정하거나, 만약 수·화·풍·공·식계가 청정하거나, 만약 불가득공이 청정하다면, 무이이고 둘로 나눌 수 없으며 분별이 없고 단절도 없는 까닭이니라.

선현이여. 일체지지가 청정한 까닭으로 무명이 청정하고, 무명이 청정한 까닭으로 불가득공이 청정하니라. 왜 그러한가? 만약 일체지지가 청정하거나, 만약 무명이 청정하거나, 만약 불가득공이 청정하다면, 무이이고 둘로 나눌 수 없으며 분별이 없고 단절도 없는 까닭이니라. 일체지지가 청정한 까닭으로 행·식·명색·육처·촉·수·애·취·유·생·노사의 수탄고우뇌가 청정하고, 행, 나아가 노사의 수탄고우뇌가 청정한 까닭으로 불가득공이 청정하니라. 왜 그러한가? 만약 일체지지가 청정하거나, 만약 행, 나아가 노사의 수탄고우뇌가 청정하거나, 만약 불가득공이 청정하다면, 무이이고 둘로 나눌 수 없으며 분별이 없고 단절도 없는 까닭이니라.

선현이여. 일체지지가 청정한 까닭으로 보시바라밀다가 청정하고, 보시바라밀다가 청정한 까닭으로 불가득공이 청정하니라. 왜 그러한가? 만약 일체지지가 청정하거나, 만약 보시바라밀다가 청정하거나, 만약 불가득공이 청정하다면, 무이이고 둘로 나눌 수 없으며 분별이 없고 단절도 없는 까닭이니라. 일체지지가 청정한 까닭으로 정계·안인·정진·정려·반야바라밀다가 청정하고, 정계, 나아가 반야바라밀다가 청정한 까닭으로 불가득공이 청정하니라. 왜 그러한가? 만약 일체지지가 청정하거나, 만약 정계, 나아가 반야바라밀다가 청정하거나, 만약 불가득공이 청정하다면, 무이이고 둘로 나눌 수 없으며 분별이 없고 단절도 없는 까닭이니라.

선현이여. 일체지지가 청정한 까닭으로 내공이 청정하고, 내공이 청정한 까닭으로 불가득공이 청정하니라. 왜 그러한가? 만약 일체지지가 청정하거나, 만약 내공이 청정하거나, 만약 불가득공이 청정하다면, 무이이고 둘로 나눌 수 없으며 분별이 없고 단절도 없는 까닭이니라. 일체지지가 청정한 까닭으로 외공·내외공·공공·대공·승의공·유위공·무위공·필경공·무제공·산공·무변이공·본성공·자상공·공상공·일체법공·무성공·자성공·무성자성공이 청정하고, 외공, 나아가 무성자성공이 청정한 까닭으로 불가득공이 청정하니라. 왜 그러한가? 만약 일체지지가 청정하거나, 만약 외공, 나아가 무성자성공이 청정하거나, 만약 불가득공이 청정하다면, 무이이고 둘로 나눌 수 없으며 분별이 없고 단절도 없는 까닭이니라.

선현이여. 일체지지가 청정한 까닭으로 진여가 청정하고, 진여가 청정한 까닭으로 불가득공이 청정하니라. 왜 그러한가? 만약 일체지지가 청정하거나, 만약 진여가 청정하거나, 만약 불가득공이 청정하다면, 무이이고 둘로 나눌 수 없으며 분별이 없고 단절도 없는 까닭이니라. 일체지지가 청정한 까닭으로 법계·법성·불허망성·불변이성·평등성·이생성·법정·법주·실제·허공계·부사의계가 청정하고 법계, 나아가 부사의계가 청정한 까닭으로 불가득공이 청정하니라. 왜 그러한가? 만약 일체지지가 청정하거나, 만약 법계, 나아가 부사의계가 청정하거나, 만약 불가득공이 청정하다면, 무이이고 둘로 나눌 수 없으며 분별이 없고 단절도 없는 까닭이니라.

선현이여. 일체지지가 청정한 까닭으로 고성제가 청정하고, 고성제가 청정한 까닭으로 불가득공이 청정하니라. 왜 그러한가? 만약 일체지지가 청정하거나, 만약 고성제가 청정하거나, 만약 불가득공이 청정하다면, 무이이고 둘로 나눌 수 없으며 분별이 없고 단절도 없는 까닭이니라. 일체지지가 청정한 까닭으로 집·멸·도성제가 청정하고, 집·멸·도성제가 청정한 까닭으로 불가득공이 청정하니라. 왜 그러한가? 만약 일체지지가 청정하거나, 만약 집·멸·도성제가 청정하거나, 만약 불가득공이 청정하다면, 무이이고 둘로 나눌 수 없으며 분별이 없고 단절도 없는 까닭이니라.

선현이여. 일체지지가 청정한 까닭으로 4정려가 청정하고, 4정려가 청정한 까닭으로 불가득공이 청정하니라. 왜 그러한가? 만약 일체지지가 청정하거나, 만약 4정려가 청정하거나, 만약 불가득공이 청정하다면, 무이이고 둘로 나눌 수 없으며 분별이 없고 단절도 없는 까닭이니라. 일체지지가 청정한 까닭으로 4무량·4무색정이 청정하고, 4무량·4무색정이 청정한 까닭으로 불가득공이 청정하니라. 왜 그러한가? 만약 일체지지가 청정하거나, 만약 4무량·4무색정이 청정하거나, 만약 불가득공이 청정하다면, 무이이고 둘로 나눌 수 없으며 분별이 없고 단절도 없는 까닭이니라.

선현이여. 일체지지가 청정한 까닭으로 8해탈이 청정하고, 8해탈이 청정한 까닭으로 불가득공이 청정하니라. 왜 그러한가? 만약 일체지지가 청정하거나, 만약 8해탈이 청정하거나, 만약 불가득공이 청정하다면, 무이이고 둘로 나눌 수 없으며 분별이 없고 단절도 없는 까닭이니라.

일체지지가 청정한 까닭으로 8승처·9차제정·10변처가 청정하고, 8승처·9차제정·10변처가 청정한 까닭으로 불가득공이 청정하니라. 왜 그러한가? 만약 일체지지가 청정하거나, 만약 8승처·9차제정·10변처가 청정하거나, 만약 불가득공이 청정하다면, 무이이고 둘로 나눌 수 없으며 분별이 없고 단절도 없는 까닭이니라.

선현이여. 일체지지가 청정한 까닭으로 4념주가 청정하고, 4념주가 청정한 까닭으로 불가득공이 청정하니라. 왜 그러한가? 만약 일체지지가 청정하거나, 만약 4념주가 청정하거나, 만약 불가득공이 청정하다면, 무이이고 둘로 나눌 수 없으며 분별이 없고 단절도 없는 까닭이니라. 일체지지가 청정한 까닭으로 4정단·4신족·5근·5력·7등각지·8성도지가 청정하고, 4정단, 나아가 8성도지가 청정한 까닭으로 불가득공이 청정하니라. 왜 그러한가? 만약 일체지지가 청정하거나, 만약 4정단, 나아가 8성도지가 청정하거나, 만약 불가득공이 청정하다면, 무이이고 둘로 나눌 수 없으며 분별이 없고 단절도 없는 까닭이니라.

선현이여. 일체지지가 청정한 까닭으로 공해탈문이 청정하고, 공해탈문이 청정한 까닭으로 불가득공이 청정하니라. 왜 그러한가? 만약 일체지지가 청정하거나, 만약 공해탈문이 청정하거나, 만약 불가득공이 청정하다면, 무이이고 둘로 나눌 수 없으며 분별이 없고 단절도 없는 까닭이니라. 일체지지가 청정한 까닭으로 무상·무원해탈문이 청정하고, 무상·무원해탈문이 청정한 까닭으로 불가득공이 청정하니라. 왜 그러한가? 만약 일체지지가 청정하거나, 만약 무상·무원해탈문이 청정하거나, 만약 불가득공이 청정하다면, 무이이고 둘로 나눌 수 없으며 분별이 없고 단절도 없는 까닭이니라.

선현이여. 일체지지가 청정한 까닭으로 보살의 10지가 청정하고, 보살의 10지가 청정한 까닭으로 불가득공이 청정하니라. 왜 그러한가? 만약 일체지지가 청정하거나, 만약 보살의 10지가 청정하거나, 만약 불가득공이 청정하다면, 무이이고 둘로 나눌 수 없으며 분별이 없고 단절도 없는 까닭이니라.

선현이여. 일체지지가 청정한 까닭으로 5안이 청정하고, 5안이 청정한 까닭으로 불가득공이 청정하니라. 왜 그러한가? 만약 일체지지가 청정하거나, 만약 5안이 청정하거나, 만약 불가득공이 청정하다면, 무이이고 둘로 나눌 수 없으며 분별이 없고 단절도 없는 까닭이니라. 일체지지가 청정한 까닭으로 6신통이 청정하고, 6신통이 청정한 까닭으로 불가득공이 청정하니라. 왜 그러한가? 만약 일체지지가 청정하거나, 만약 6신통이 청정하거나, 만약 불가득공이 청정하다면, 무이이고 둘로 나눌 수 없으며 분별이 없고 단절도 없는 까닭이니라.

선현이여. 일체지지가 청정한 까닭으로 여래의 10력이 청정하고, 여래의 10력이 청정한 까닭으로 불가득공이 청정하니라. 왜 그러한가? 만약 일체지지가 청정하거나, 만약 여래의 10력이 청정하거나, 만약 불가득공이 청정하다면, 무이이고 둘로 나눌 수 없으며 분별이 없고 단절도 없는 까닭이니라. 일체지지가 청정한 까닭으로 4무소외·4무애해·대자·대비·대희·대사·18불불공법이 청정하고, 4무소외, 나아가 18불불공법이 청정한 까닭으로 불가득공이 청정하니라. 왜 그러한가? 만약 일체지지가 청정하거나, 만약 4무소외, 나아가 18불불공법이 청정하거나, 만약 불가득공이 청정하다면, 무이이고 둘로 나눌 수 없으며 분별이 없고 단절도 없는 까닭이니라.

선현이여. 일체지지가 청정한 까닭으로 무망실법이 청정하고, 무망실법이 청정한 까닭으로 불가득공이 청정하니라. 왜 그러한가? 만약 일체지지가 청정하거나, 만약 무망실법이 청정하거나, 만약 불가득공이 청정하다면, 무이이고 둘로 나눌 수 없으며 분별이 없고 단절도 없는 까닭이니라. 선현이여. 일체지지가 청정한 까닭으로 항주사성이 청정하고, 항주사성이 청정한 까닭으로 불가득공이 청정하니라. 왜 그러한가? 만약 일체지지가 청정하거나, 만약 항주사성이 청정하거나, 만약 불가득공이 청정하다면, 무이이고 둘로 나눌 수 없으며 분별이 없고 단절도 없는 까닭이니라.

선현이여. 일체지지가 청정한 까닭으로 일체지가 청정하고, 일체지가 청정한 까닭으로 불가득공이 청정하니라. 왜 그러한가? 만약 일체지지가 청정하거나, 만약 일체지가 청정하거나, 만약 불가득공이 청정하다면, 무이이고 둘로 나눌 수 없으며 분별이 없고 단절도 없는 까닭이니라.

일체지지가 청정한 까닭으로 도상지·일체상지가 청정하고, 도상지·일체상지가 청정한 까닭으로 불가득공이 청정하니라. 왜 그러한가? 만약 일체지지가 청정하거나, 만약 도상지·일체상지가 청정하거나, 만약 불가득공이 청정하다면, 무이이고 둘로 나눌 수 없으며 분별이 없고 단절도 없는 까닭이니라.

선현이여. 일체지지가 청정한 까닭으로 일체의 다라니문이 청정하고, 일체의 다라니문이 청정한 까닭으로 불가득공이 청정하니라. 왜 그러한가? 만약 일체지지가 청정하거나, 만약 일체의 다라니문이 청정하거나, 만약 불가득공이 청정하다면, 무이이고 둘로 나눌 수 없으며 분별이 없고 단절도 없는 까닭이니라. 선현이여. 일체지지가 청정한 까닭으로 일체의 삼마지문이 청정하고, 일체의 삼마지문이 청정한 까닭으로 불가득공이 청정하니라. 왜 그러한가? 만약 일체지지가 청정하거나, 만약 일체의 삼마지문이 청정하거나, 만약 불가득공이 청정하다면, 무이이고 둘로 나눌 수 없으며 분별이 없고 단절도 없는 까닭이니라.

선현이여. 일체지지가 청정한 까닭으로 예류과가 청정하고, 예류과가 청정한 까닭으로 불가득공이 청정하니라. 왜 그러한가? 만약 일체지지가 청정하거나, 만약 예류과가 청정하거나, 만약 불가득공이 청정하다면, 무이이고 둘로 나눌 수 없으며 분별이 없고 단절도 없는 까닭이니라. 일체지지가 청정한 까닭으로 일래·불환·아라한과가 청정하고, 일래·불환·아라한과가 청정한 까닭으로 불가득공이 청정하니라. 왜 그러한가? 만약 일체지지가 청정하거나, 만약 일래·불환·아라한과가 청정하거나, 만약 불가득공이 청정하다면, 무이이고 둘로 나눌 수 없으며 분별이 없고 단절도 없는 까닭이니라.

선현이여. 일체지지가 청정한 까닭으로 독각의 보리가 청정하고, 독각의 보리가 청정한 까닭으로 불가득공이 청정하니라. 왜 그러한가? 만약 일체지지가 청정하거나, 만약 독각의 보리가 청정하거나, 만약 불가득공이 청정하다면, 무이이고 둘로 나눌 수 없으며 분별이 없고 단절도 없는 까닭이니라.

선현이여. 일체지지가 청정한 까닭으로 일체의 보살마하살의 행이 청정하고, 일체의 보살마하살의 행이 청정한 까닭으로 불가득공이 청정하니라. 왜 그러한가? 만약 일체지지가 청정하거나, 만약 일체의 보살마하살의 행이 청정하거나, 만약 불가득공이 청정하다면, 무이이고 둘로 나눌 수 없으며 분별이 없고 단절도 없는 까닭이니라.

선현이여. 일체지지가 청정한 까닭으로 제불의 무상정등보리가 청정하고, 제불의 무상정등보리가 청정한 까닭으로 불가득공이 청정하니라. 왜 그러한가? 만약 일체지지가 청정하거나, 만약 제불의 무상정등보리가 청정하거나, 만약 불가득공이 청정하다면, 무이이고 둘로 나눌 수 없으며 분별이 없고 단절도 없는 까닭이니라."

"다시 다음으로 선현이여. 일체지지가 청정한 까닭으로 색이 청정하고, 색이 청정한 까닭으로 무성공(無性空)이 청정하니라. 왜 그러한가? 만약 일체지지가 청정하거나, 만약 색이 청정하거나, 만약 무성공이 청정하다면, 무이이고 둘로 나눌 수 없으며 분별이 없고 단절도 없는 까닭이니라. 일체지지가 청정한 까닭으로 수·상·행·식이 청정하고, 수·상·행·식이 청정한 까닭으로 무성공이 청정하니라. 왜 그러한가? 만약 일체지지가 청정하거나, 만약 수·상·행·식이 청정하거나, 만약 무성공이 청정하다면, 무이이고 둘로 나눌 수 없으며 분별이 없고 단절도 없는 까닭이니라.

선현이여. 일체지지가 청정한 까닭으로 안처가 청정하고, 안처가 청정한 까닭으로 무성공이 청정하니라. 왜 그러한가? 만약 일체지지가 청정하거나, 만약 안처가 청정하거나, 만약 무성공이 청정하다면, 무이이고 둘로 나눌 수 없으며 분별이 없고 단절도 없는 까닭이니라. 일체지지가 청정한 까닭으로 이·비·설·신·의처가 청정하고, 이·비·설·신·의처가 청정한 까닭으로 무성공이 청정하니라. 왜 그러한가? 만약 일체지지가 청정하거나, 만약 이·비·설·신·의처가 청정하거나, 만약 무성공이 청정하다면, 무이이고 둘로 나눌 수 없으며 분별이 없고 단절도 없는 까닭이니라.

선현이여. 일체지지가 청정한 까닭으로 색처가 청정하고, 색처가 청정한 까닭으로 무성공이 청정하니라. 왜 그러한가? 만약 일체지지가 청정하거나, 만약 색처가 청정하거나, 만약 무성공이 청정하다면, 무이이고 둘로 나눌 수 없으며 분별이 없고 단절도 없는 까닭이니라. 일체지지가 청정한 까닭으로 성·향·미·촉·법처가 청정하고, 성·향·미·촉·법처가 청정한 까닭으로 무성공이 청정하니라. 왜 그러한가? 만약 일체지지가 청정하거나, 만약 성·향·미·촉·법처가 청정하거나, 만약 무성공이 청정하다면, 무이이고 둘로 나눌 수 없으며 분별이 없고 단절도 없는 까닭이니라.

선현이여. 일체지지가 청정한 까닭으로 안계가 청정하고, 안계가 청정한 까닭으로 무성공이 청정하니라. 왜 그러한가? 만약 일체지지가 청정하거나, 만약 안계가 청정하거나, 만약 무성공이 청정하다면, 무이이고 둘로 나눌 수 없으며 분별이 없고 단절도 없는 까닭이니라. 일체지지가 청정한 까닭으로 색계·안식계, 나아가 안촉·안촉을 인연으로 생겨난 여러 수가 청정하고, 색계, 나아가 안촉을 인연으로 생겨난 여러 수가 청정한 까닭으로 무성공이 청정하니라. 왜 그러한가? 만약 일체지지가 청정하거나, 만약 색계, 나아가 안촉을 인연으로 생겨난 여러 수가 청정하거나, 만약 무성공이 청정하다면, 무이이고 둘로 나눌 수 없으며 분별이 없고 단절도 없는 까닭이니라.

선현이여. 일체지지가 청정한 까닭으로 이계가 청정하고, 이계가 청정한 까닭으로 무성공이 청정하니라. 왜 그러한가? 만약 일체지지가 청정하거나, 만약 이계가 청정하거나, 만약 무성공이 청정하다면, 무이이고 둘로 나눌 수 없으며 분별이 없고 단절도 없는 까닭이니라. 일체지지가 청정한 까닭으로 성계·이식계, 나아가 이촉·이촉을 인연으로 생겨난 여러 수가 청정하고, 성계, 나아가 이촉을 인연으로 생겨난 여러 수가 청정한 까닭으로 무성공이 청정하니라. 왜 그러한가? 만약 일체지지가 청정하거나, 만약 성계, 나아가 이촉을 인연으로 생겨난 여러 수가 청정하거나, 만약 무성공이 청정하다면, 무이이고 둘로 나눌 수 없으며 분별이 없고 단절도 없는 까닭이니라."

마하반야바라밀다경 제256권

34. 난신해품(難信解品)(75)

"선현이여. 일체지지가 청정한 까닭으로 비계가 청정하고, 비계가 청정한 까닭으로 무성공이 청정하니라. 왜 그러한가? 만약 일체지지가 청정하거나, 만약 비계가 청정하거나, 만약 무성공이 청정하다면, 무이이고 둘로 나눌 수 없으며 분별이 없고 단절도 없는 까닭이니라. 일체지지가 청정한 까닭으로 향계·비식계, 나아가 비촉·비촉을 인연으로 생겨난 여러 수가 청정하고, 향계, 나아가 비촉을 인연으로 생겨난 여러 수가 청정한 까닭으로 무성공이 청정하니라. 왜 그러한가? 만약 일체지지가 청정하거나, 만약 향계, 나아가 비촉을 인연으로 생겨난 여러 수가 청정하거나, 만약 무성공이 청정하다면, 무이이고 둘로 나눌 수 없으며 분별이 없고 단절도 없는 까닭이니라.

선현이여. 일체지지가 청정한 까닭으로 설계가 청정하고, 설계가 청정한 까닭으로 무성공이 청정하니라. 왜 그러한가? 만약 일체지지가 청정하거나, 만약 설계가 청정하거나, 만약 무성공이 청정하다면, 무이이고 둘로 나눌 수 없으며 분별이 없고 단절도 없는 까닭이니라. 일체지지가 청정한 까닭으로 미계·설식계, 나아가 설촉·설촉을 인연으로 생겨난 여러 수가 청정하고, 미계, 나아가 설촉을 인연으로 생겨난 여러 수가 청정한 까닭으로 무성공이 청정하니라. 왜 그러한가? 만약 일체지지가 청정하거나, 만약 미계, 나아가 설촉을 인연으로 생겨난 여러 수가 청정하거나, 만약 무성공이 청정하다면, 무이이고 둘로 나눌 수 없으며 분별이

없고 단절도 없는 까닭이니라.

선현이여. 일체지지가 청정한 까닭으로 신계가 청정하고, 신계가 청정한 까닭으로 무성공이 청정하니라. 왜 그러한가? 만약 일체지지가 청정하거나, 만약 신계가 청정하거나, 만약 무성공이 청정하다면, 무이이고 둘로 나눌 수 없으며 분별이 없고 단절도 없는 까닭이니라. 일체지지가 청정한 까닭으로 촉계·신식계, 나아가 신촉·신촉을 인연으로 생겨난 여러 수가 청정하고, 촉계, 나아가 신촉을 인연으로 생겨난 여러 수가 청정한 까닭으로 무성공이 청정하니라. 왜 그러한가? 만약 일체지지가 청정하거나, 만약 촉계, 나아가 신촉을 인연으로 생겨난 여러 수가 청정하거나, 만약 무성공이 청정하다면, 무이이고 둘로 나눌 수 없으며 분별이 없고 단절도 없는 까닭이니라.

선현이여. 일체지지가 청정한 까닭으로 의계가 청정하고, 의계가 청정한 까닭으로 무성공이 청정하니라. 왜 그러한가? 만약 일체지지가 청정하거나, 만약 의계가 청정하거나, 만약 무성공이 청정하다면, 무이이고 둘로 나눌 수 없으며 분별이 없고 단절도 없는 까닭이니라. 일체지지가 청정한 까닭으로 법계·의식계, 나아가 의촉·의촉을 인연으로 생겨난 여러 수가 청정하고, 법계, 나아가 의촉을 인연으로 생겨난 여러 수가 청정한 까닭으로 무성공이 청정하니라. 왜 그러한가? 만약 일체지지가 청정하거나, 만약 법계, 나아가 의촉을 인연으로 생겨난 여러 수가 청정하거나, 만약 무성공이 청정하다면, 무이이고 둘로 나눌 수 없으며 분별이 없고 단절도 없는 까닭이니라.

선현이여. 일체지지가 청정한 까닭으로 지계가 청정하고, 지계가 청정한 까닭으로 무성공이 청정하니라. 왜 그러한가? 만약 일체지지가 청정하거나, 만약 지계가 청정하거나, 만약 무성공이 청정하다면, 무이이고 둘로 나눌 수 없으며 분별이 없고 단절도 없는 까닭이니라. 일체지지가 청정한 까닭으로 수·화·풍·공·식계가 청정하고, 수·화·풍·공·식계가 청정한 까닭으로 무성공이 청정하니라. 왜 그러한가? 만약 일체지지가 청정하거나, 만약 수·화·풍·공·식계가 청정하거나, 만약 무성공이 청정하

다면, 무이이고 둘로 나눌 수 없으며 분별이 없고 단절도 없는 까닭이니라.

선현이여. 일체지지가 청정한 까닭으로 무명이 청정하고, 무명이 청정한 까닭으로 무성공이 청정하니라. 왜 그러한가? 만약 일체지지가 청정하거나, 만약 무명이 청정하거나, 만약 무성공이 청정하다면, 무이이고 둘로 나눌 수 없으며 분별이 없고 단절도 없는 까닭이니라. 일체지지가 청정한 까닭으로 행·식·명색·육처·촉·수·애·취·유·생·노사의 수탄고우뇌가 청정하고, 행, 나아가 노사의 수탄고우뇌가 청정한 까닭으로 무성공이 청정하니라. 왜 그러한가? 만약 일체지지가 청정하거나, 만약 행, 나아가 노사의 수탄고우뇌가 청정하거나, 만약 무성공이 청정하다면, 무이이고 둘로 나눌 수 없으며 분별이 없고 단절도 없는 까닭이니라.

선현이여. 일체지지가 청정한 까닭으로 보시바라밀다가 청정하고, 보시바라밀다가 청정한 까닭으로 무성공이 청정하니라. 왜 그러한가? 만약 일체지지가 청정하거나, 만약 보시바라밀다가 청정하거나, 만약 무성공이 청정하다면, 무이이고 둘로 나눌 수 없으며 분별이 없고 단절도 없는 까닭이니라. 일체지지가 청정한 까닭으로 정계·안인·정진·정려·반야바라밀다가 청정하고, 정계, 나아가 반야바라밀다가 청정한 까닭으로 무성공이 청정하니라. 왜 그러한가? 만약 일체지지가 청정하거나, 만약 정계, 나아가 반야바라밀다가 청정하거나, 만약 무성공이 청정하다면, 무이이고 둘로 나눌 수 없으며 분별이 없고 단절도 없는 까닭이니라.

선현이여. 일체지지가 청정한 까닭으로 내공이 청정하고, 내공이 청정한 까닭으로 무성공이 청정하니라. 왜 그러한가? 만약 일체지지가 청정하거나, 만약 내공이 청정하거나, 만약 무성공이 청정하다면, 무이이고 둘로 나눌 수 없으며 분별이 없고 단절도 없는 까닭이니라. 일체지지가 청정한 까닭으로 외공·내외공·공공·대공·승의공·유위공·무위공·필경공·무제공·산공·무변이공·본성공·자상공·공상공·일체법공·불가득공·자성공·무성자성공이 청정하고, 외공, 나아가 무성자성공이 청정한 까닭으로 무성공이 청정하니라. 왜 그러한가? 만약 일체지지가 청정하거나, 만약 외공, 나아가 무성자성공이 청정하거나, 만약 무성공이 청정하다면,

무이이고 둘로 나눌 수 없으며 분별이 없고 단절도 없는 까닭이니라.

선현이여. 일체지지가 청정한 까닭으로 진여가 청정하고, 진여가 청정한 까닭으로 무성공이 청정하니라. 왜 그러한가? 만약 일체지지가 청정하거나, 만약 진여가 청정하거나, 만약 무성공이 청정하다면, 무이이고 둘로 나눌 수 없으며 분별이 없고 단절도 없는 까닭이니라. 일체지지가 청정한 까닭으로 법계·법성·불허망성·불변이성·평등성·이생성·법정·법주·실제·허공계·부사의계가 청정하고 법계, 나아가 부사의계가 청정한 까닭으로 무성공이 청정하니라. 왜 그러한가? 만약 일체지지가 청정하거나, 만약 법계, 나아가 부사의계가 청정하거나, 만약 무성공이 청정하다면, 무이이고 둘로 나눌 수 없으며 분별이 없고 단절도 없는 까닭이니라.

선현이여. 일체지지가 청정한 까닭으로 고성제가 청정하고, 고성제가 청정한 까닭으로 무성공이 청정하니라. 왜 그러한가? 만약 일체지지가 청정하거나, 만약 고성제가 청정하거나, 만약 무성공이 청정하다면, 무이이고 둘로 나눌 수 없으며 분별이 없고 단절도 없는 까닭이니라. 일체지지가 청정한 까닭으로 집·멸·도성제가 청정하고, 집·멸·도성제가 청정한 까닭으로 무성공이 청정하니라. 왜 그러한가? 만약 일체지지가 청정하거나, 만약 집·멸·도성제가 청정하거나, 만약 무성공이 청정하다면, 무이이고 둘로 나눌 수 없으며 분별이 없고 단절도 없는 까닭이니라.

선현이여. 일체지지가 청정한 까닭으로 4정려가 청정하고, 4정려가 청정한 까닭으로 무성공이 청정하니라. 왜 그러한가? 만약 일체지지가 청정하거나, 만약 4정려가 청정하거나, 만약 무성공이 청정하다면, 무이이고 둘로 나눌 수 없으며 분별이 없고 단절도 없는 까닭이니라. 일체지지가 청정한 까닭으로 4무량·4무색정이 청정하고, 4무량·4무색정이 청정한 까닭으로 무성공이 청정하니라. 왜 그러한가? 만약 일체지지가 청정하거나, 만약 4무량·4무색정이 청정하거나, 만약 무성공이 청정하다면, 무이이고 둘로 나눌 수 없으며 분별이 없고 단절도 없는 까닭이니라.

선현이여. 일체지지가 청정한 까닭으로 8해탈이 청정하고, 8해탈이 청정한 까닭으로 무성공이 청정하니라. 왜 그러한가? 만약 일체지지가 청정하거나, 만약 8해탈이 청정하거나, 만약 무성공이 청정하다면, 무이이고 둘로 나눌 수 없으며 분별이 없고 단절도 없는 까닭이니라. 일체지지가 청정한 까닭으로 8승처·9차제정·10변처가 청정하고, 8승처·9차제정·10변처가 청정한 까닭으로 무성공이 청정하니라. 왜 그러한가? 만약 일체지지가 청정하거나, 만약 8승처·9차제정·10변처가 청정하거나, 만약 무성공이 청정하다면, 무이이고 둘로 나눌 수 없으며 분별이 없고 단절도 없는 까닭이니라.

선현이여. 일체지지가 청정한 까닭으로 4념주가 청정하고, 4념주가 청정한 까닭으로 무성공이 청정하니라. 왜 그러한가? 만약 일체지지가 청정하거나, 만약 4념주가 청정하거나, 만약 무성공이 청정하다면, 무이이고 둘로 나눌 수 없으며 분별이 없고 단절도 없는 까닭이니라. 일체지지가 청정한 까닭으로 4정단·4신족·5근·5력·7등각지·8성도지가 청정하고, 4정단, 나아가 8성도지가 청정한 까닭으로 무성공이 청정하니라. 왜 그러한가? 만약 일체지지가 청정하거나, 만약 4정단, 나아가 8성도지가 청정하거나, 만약 무성공이 청정하다면, 무이이고 둘로 나눌 수 없으며 분별이 없고 단절도 없는 까닭이니라.

선현이여. 일체지지가 청정한 까닭으로 공해탈문이 청정하고, 공해탈문이 청정한 까닭으로 무성공이 청정하니라. 왜 그러한가? 만약 일체지지가 청정하거나, 만약 공해탈문이 청정하거나, 만약 무성공이 청정하다면, 무이이고 둘로 나눌 수 없으며 분별이 없고 단절도 없는 까닭이니라. 일체지지가 청정한 까닭으로 무상·무원해탈문이 청정하고, 무상·무원해탈문이 청정한 까닭으로 무성공이 청정하니라. 왜 그러한가? 만약 일체지지가 청정하거나, 만약 무상·무원해탈문이 청정하거나, 만약 무성공이 청정하다면, 무이이고 둘로 나눌 수 없으며 분별이 없고 단절도 없는 까닭이니라.

선현이여. 일체지지가 청정한 까닭으로 보살의 10지가 청정하고, 보살의 10지가 청정한 까닭으로 무성공이 청정하니라. 왜 그러한가? 만약 일체지지가 청정하거나, 만약 보살의 10지가 청정하거나, 만약 무성공이

청정하다면, 무이이고 둘로 나눌 수 없으며 분별이 없고 단절도 없는 까닭이니라.

선현이여. 일체지지가 청정한 까닭으로 5안이 청정하고, 5안이 청정한 까닭으로 무성공이 청정하니라. 왜 그러한가? 만약 일체지지가 청정하거나, 만약 5안이 청정하거나, 만약 무성공이 청정하다면, 무이이고 둘로 나눌 수 없으며 분별이 없고 단절도 없는 까닭이니라. 일체지지가 청정한 까닭으로 6신통이 청정하고, 6신통이 청정한 까닭으로 무성공이 청정하니라. 왜 그러한가? 만약 일체지지가 청정하거나, 만약 6신통이 청정하거나, 만약 무성공이 청정하다면, 무이이고 둘로 나눌 수 없으며 분별이 없고 단절도 없는 까닭이니라.

선현이여. 일체지지가 청정한 까닭으로 여래의 10력이 청정하고, 여래의 10력이 청정한 까닭으로 무성공이 청정하니라. 왜 그러한가? 만약 일체지지가 청정하거나, 만약 여래의 10력이 청정하거나, 만약 무성공이 청정하다면, 무이이고 둘로 나눌 수 없으며 분별이 없고 단절도 없는 까닭이니라. 일체지지가 청정한 까닭으로 4무소외·4무애해·대자·대비·대희·대사·18불불공법이 청정하고, 4무소외, 나아가 18불불공법이 청정한 까닭으로 무성공이 청정하니라. 왜 그러한가? 만약 일체지지가 청정하거나, 만약 4무소외, 나아가 18불불공법이 청정하거나, 만약 무성공이 청정하다면, 무이이고 둘로 나눌 수 없으며 분별이 없고 단절도 없는 까닭이니라.

선현이여. 일체지지가 청정한 까닭으로 무망실법이 청정하고, 무망실법이 청정한 까닭으로 무성공이 청정하니라. 왜 그러한가? 만약 일체지지가 청정하거나, 만약 무망실법이 청정하거나, 만약 무성공이 청정하다면, 무이이고 둘로 나눌 수 없으며 분별이 없고 단절도 없는 까닭이니라. 선현이여. 일체지지가 청정한 까닭으로 항주사성이 청정하고, 항주사성이 청정한 까닭으로 무성공이 청정하니라. 왜 그러한가? 만약 일체지지가 청정하거나, 만약 항주사성이 청정하거나, 만약 무성공이 청정하다면, 무이이고 둘로 나눌 수 없으며 분별이 없고 단절도 없는 까닭이니라.

선현이여. 일체지지가 청정한 까닭으로 일체지가 청정하고, 일체지가 청정한 까닭으로 무성공이 청정하니라. 왜 그러한가? 만약 일체지지가 청정하거나, 만약 일체지가 청정하거나, 만약 무성공이 청정하다면, 무이이고 둘로 나눌 수 없으며 분별이 없고 단절도 없는 까닭이니라. 일체지지가 청정한 까닭으로 도상지·일체상지가 청정하고, 도상지·일체상지가 청정한 까닭으로 무성공이 청정하니라. 왜 그러한가? 만약 일체지지가 청정하거나, 만약 도상지·일체상지가 청정하거나, 만약 무성공이 청정하다면, 무이이고 둘로 나눌 수 없으며 분별이 없고 단절도 없는 까닭이니라.

선현이여. 일체지지가 청정한 까닭으로 일체의 다라니문이 청정하고, 일체의 다라니문이 청정한 까닭으로 무성공이 청정하니라. 왜 그러한가? 만약 일체지지가 청정하거나, 만약 일체의 다라니문이 청정하거나, 만약 무성공이 청정하다면, 무이이고 둘로 나눌 수 없으며 분별이 없고 단절도 없는 까닭이니라. 선현이여. 일체지지가 청정한 까닭으로 일체의 삼마지문이 청정하고, 일체의 삼마지문이 청정한 까닭으로 무성공이 청정하니라. 왜 그러한가? 만약 일체지지가 청정하거나, 만약 일체의 삼마지문이 청정하거나, 만약 무성공이 청정하다면, 무이이고 둘로 나눌 수 없으며 분별이 없고 단절도 없는 까닭이니라.

선현이여. 일체지지가 청정한 까닭으로 예류과가 청정하고, 예류과가 청정한 까닭으로 무성공이 청정하니라. 왜 그러한가? 만약 일체지지가 청정하거나, 만약 예류과가 청정하거나, 만약 무성공이 청정하다면, 무이이고 둘로 나눌 수 없으며 분별이 없고 단절도 없는 까닭이니라. 일체지지가 청정한 까닭으로 일래·불환·아라한과가 청정하고, 일래·불환·아라한과가 청정한 까닭으로 무성공이 청정하니라. 왜 그러한가? 만약 일체지지가 청정하거나, 만약 일래·불환·아라한과가 청정하거나, 만약 무성공이 청정하다면, 무이이고 둘로 나눌 수 없으며 분별이 없고 단절도 없는 까닭이니라.

선현이여. 일체지지가 청정한 까닭으로 독각의 보리가 청정하고, 독각의 보리가 청정한 까닭으로 무성공이 청정하니라. 왜 그러한가? 만약 일체지지가 청정하거나, 만약 독각의 보리가 청정하거나, 만약 무성공이 청정하다면, 무이이고 둘로 나눌 수 없으며 분별이 없고 단절도 없는 까닭이니라.

선현이여. 일체지지가 청정한 까닭으로 일체의 보살마하살의 행이 청정하고, 일체의 보살마하살의 행이 청정한 까닭으로 무성공이 청정하니라. 왜 그러한가? 만약 일체지지가 청정하거나, 만약 일체의 보살마하살의 행이 청정하거나, 만약 무성공이 청정하다면, 무이이고 둘로 나눌 수 없으며 분별이 없고 단절도 없는 까닭이니라.

선현이여. 일체지지가 청정한 까닭으로 제불의 무상정등보리가 청정하고, 제불의 무상정등보리가 청정한 까닭으로 무성공이 청정하니라. 왜 그러한가? 만약 일체지지가 청정하거나, 만약 제불의 무상정등보리가 청정하거나, 만약 무성공이 청정하다면, 무이이고 둘로 나눌 수 없으며 분별이 없고 단절도 없는 까닭이니라."

"다시 다음으로 선현이여. 일체지지가 청정한 까닭으로 색이 청정하고, 색이 청정한 까닭으로 자성공(自性空)이 청정하니라. 왜 그러한가? 만약 일체지지가 청정하거나, 만약 색이 청정하거나, 만약 자성공이 청정하다면, 무이이고 둘로 나눌 수 없으며 분별이 없고 단절도 없는 까닭이니라. 일체지지가 청정한 까닭으로 수·상·행·식이 청정하고, 수·상·행·식이 청정한 까닭으로 자성공이 청정하니라. 왜 그러한가? 만약 일체지지가 청정하거나, 만약 수·상·행·식이 청정하거나, 만약 자성공이 청정하다면, 무이이고 둘로 나눌 수 없으며 분별이 없고 단절도 없는 까닭이니라.

선현이여. 일체지지가 청정한 까닭으로 안처가 청정하고, 안처가 청정한 까닭으로 자성공이 청정하니라. 왜 그러한가? 만약 일체지지가 청정하거나, 만약 안처가 청정하거나, 만약 자성공이 청정하다면, 무이이고 둘로 나눌 수 없으며 분별이 없고 단절도 없는 까닭이니라. 일체지지가 청정한 까닭으로 이·비·설·신·의처가 청정하고, 이·비·설·신·의처가 청정한 까닭으로 자성공이 청정하니라. 왜 그러한가? 만약 일체지지가 청정하거나, 만약 이·비·설·신·의처가 청정하거나, 만약 자성공이 청정하다면, 무이이고 둘로 나눌 수 없으며 분별이 없고 단절도 없는 까닭이니라.

선현이여. 일체지지가 청정한 까닭으로 색처가 청정하고, 색처가 청정한 까닭으로 자성공이 청정하니라. 왜 그러한가? 만약 일체지지가 청정하거나, 만약 색처가 청정하거나, 만약 자성공이 청정하다면, 무이이고 둘로 나눌 수 없으며 분별이 없고 단절도 없는 까닭이니라. 일체지지가 청정한 까닭으로 성·향·미·촉·법처가 청정하고, 성·향·미·촉·법처가 청정한 까닭으로 자성공이 청정하니라. 왜 그러한가? 만약 일체지지가 청정하거나, 만약 성·향·미·촉·법처가 청정하거나, 만약 자성공이 청정하다면, 무이이고 둘로 나눌 수 없으며 분별이 없고 단절도 없는 까닭이니라.

선현이여. 일체지지가 청정한 까닭으로 안계가 청정하고, 안계가 청정한 까닭으로 자성공이 청정하니라. 왜 그러한가? 만약 일체지지가 청정하거나, 만약 안계가 청정하거나, 만약 자성공이 청정하다면, 무이이고 둘로 나눌 수 없으며 분별이 없고 단절도 없는 까닭이니라. 일체지지가 청정한 까닭으로 색계·안식계, 나아가 안촉·안촉을 인연으로 생겨난 여러 수가 청정하고, 색계, 나아가 안촉을 인연으로 생겨난 여러 수가 청정한 까닭으로 자성공이 청정하니라. 왜 그러한가? 만약 일체지지가 청정하거나, 만약 색계, 나아가 안촉을 인연으로 생겨난 여러 수가 청정하거나, 만약 자성공이 청정하다면, 무이이고 둘로 나눌 수 없으며 분별이 없고 단절도 없는 까닭이니라.

선현이여. 일체지지가 청정한 까닭으로 이계가 청정하고, 이계가 청정한 까닭으로 자성공이 청정하니라. 왜 그러한가? 만약 일체지지가 청정하거나, 만약 이계가 청정하거나, 만약 자성공이 청정하다면, 무이이고 둘로 나눌 수 없으며 분별이 없고 단절도 없는 까닭이니라. 일체지지가 청정한 까닭으로 성계·이식계, 나아가 이촉·이촉을 인연으로 생겨난 여러 수가 청정하고, 성계, 나아가 이촉을 인연으로 생겨난 여러 수가 청정한 까닭으로 자성공이 청정하니라. 왜 그러한가? 만약 일체지지가 청정하거나, 만약 성계, 나아가 이촉을 인연으로 생겨난 여러 수가 청정하거나, 만약 자성공이 청정하다면, 무이이고 둘로 나눌 수 없으며 분별이 없고 단절도 없는 까닭이니라.

선현이여. 일체지지가 청정한 까닭으로 비계가 청정하고, 비계가 청정한 까닭으로 자성공이 청정하니라. 왜 그러한가? 만약 일체지지가 청정하거나, 만약 비계가 청정하거나, 만약 자성공이 청정하다면, 무이이고 둘로 나눌 수 없으며 분별이 없고 단절도 없는 까닭이니라. 일체지지가 청정한 까닭으로 향계·비식계, 나아가 비촉·비촉을 인연으로 생겨난 여러 수가 청정하고, 향계, 나아가 비촉을 인연으로 생겨난 여러 수가 청정한 까닭으로 자성공이 청정하니라. 왜 그러한가? 만약 일체지지가 청정하거나, 만약 향계, 나아가 비촉을 인연으로 생겨난 여러 수가 청정하거나, 만약 자성공이 청정하다면, 무이이고 둘로 나눌 수 없으며 분별이 없고 단절도 없는 까닭이니라.

선현이여. 일체지지가 청정한 까닭으로 설계가 청정하고, 설계가 청정한 까닭으로 자성공이 청정하니라. 왜 그러한가? 만약 일체지지가 청정하거나, 만약 설계가 청정하거나, 만약 자성공이 청정하다면, 무이이고 둘로 나눌 수 없으며 분별이 없고 단절도 없는 까닭이니라. 일체지지가 청정한 까닭으로 미계·설식계, 나아가 설촉·설촉을 인연으로 생겨난 여러 수가 청정하고, 미계, 나아가 설촉을 인연으로 생겨난 여러 수가 청정한 까닭으로 자성공이 청정하니라. 왜 그러한가? 만약 일체지지가 청정하거나, 만약 미계, 나아가 설촉을 인연으로 생겨난 여러 수가 청정하거나, 만약 자성공이 청정하다면, 무이이고 둘로 나눌 수 없으며 분별이 없고 단절도 없는 까닭이니라.

선현이여. 일체지지가 청정한 까닭으로 신계가 청정하고, 신계가 청정한 까닭으로 자성공이 청정하니라. 왜 그러한가? 만약 일체지지가 청정하거나, 만약 신계가 청정하거나, 만약 자성공이 청정하다면, 무이이고 둘로 나눌 수 없으며 분별이 없고 단절도 없는 까닭이니라. 일체지지가 청정한 까닭으로 촉계·신식계, 나아가 신촉·신촉을 인연으로 생겨난 여러 수가 청정하고, 촉계, 나아가 신촉을 인연으로 생겨난 여러 수가 청정한 까닭으로 자성공이 청정하니라. 왜 그러한가? 만약 일체지지가 청정하거나, 만약 촉계, 나아가 신촉을 인연으로 생겨난 여러 수가 청정하거나, 만약 자성공이 청정하다면, 무이이고 둘로 나눌 수 없으며 분별이 없고 단절도 없는 까닭이니라.

선현이여. 일체지지가 청정한 까닭으로 의계가 청정하고, 의계가 청정한 까닭으로 자성공이 청정하니라. 왜 그러한가? 만약 일체지지가 청정하거나, 만약 의계가 청정하거나, 만약 자성공이 청정하다면, 무이이고 둘로 나눌 수 없으며 분별이 없고 단절도 없는 까닭이니라. 일체지지가 청정한 까닭으로 법계·의식계, 나아가 의촉·의촉을 인연으로 생겨난 여러 수가 청정하고, 법계, 나아가 의촉을 인연으로 생겨난 여러 수가 청정한 까닭으로 자성공이 청정하니라. 왜 그러한가? 만약 일체지지가 청정하거나, 만약 법계, 나아가 의촉을 인연으로 생겨난 여러 수가 청정하거나, 만약 자성공이 청정하다면, 무이이고 둘로 나눌 수 없으며 분별이 없고 단절도 없는 까닭이니라.

선현이여. 일체지지가 청정한 까닭으로 지계가 청정하고, 지계가 청정한 까닭으로 자성공이 청정하니라. 왜 그러한가? 만약 일체지지가 청정하거나, 만약 지계가 청정하거나, 만약 자성공이 청정하다면, 무이이고 둘로 나눌 수 없으며 분별이 없고 단절도 없는 까닭이니라. 일체지지가 청정한 까닭으로 수·화·풍·공·식계가 청정하고, 수·화·풍·공·식계가 청정한 까닭으로 자성공이 청정하니라. 왜 그러한가? 만약 일체지지가 청정하거나, 만약 수·화·풍·공·식계가 청정하거나, 만약 자성공이 청정하다면, 무이이고 둘로 나눌 수 없으며 분별이 없고 단절도 없는 까닭이니라.

선현이여. 일체지지가 청정한 까닭으로 무명이 청정하고, 무명이 청정한 까닭으로 자성공이 청정하니라. 왜 그러한가? 만약 일체지지가 청정하거나, 만약 무명이 청정하거나, 만약 자성공이 청정하다면, 무이이고 둘로 나눌 수 없으며 분별이 없고 단절도 없는 까닭이니라. 일체지지가 청정한 까닭으로 행·식·명색·육처·촉·수·애·취·유·생·노사의 수탄고우뇌가 청정하고, 행, 나아가 노사의 수탄고우뇌가 청정한 까닭으로 자성공이 청정하니라. 왜 그러한가? 만약 일체지지가 청정하거나, 만약 행, 나아가 노사의 수탄고우뇌가 청정하거나, 만약 자성공이 청정하다면, 무이이고 둘로 나눌 수 없으며 분별이 없고 단절도 없는 까닭이니라.

선현이여. 일체지지가 청정한 까닭으로 보시바라밀다가 청정하고, 보시바라밀다가 청정한 까닭으로 자성공이 청정하니라. 왜 그러한가? 만약 일체지지가 청정하거나, 만약 보시바라밀다가 청정하거나, 만약 자성공이 청정하다면, 무이이고 둘로 나눌 수 없으며 분별이 없고 단절도 없는 까닭이니라. 일체지지가 청정한 까닭으로 정계·안인·정진·정려·반야바라밀다가 청정하고, 정계, 나아가 반야바라밀다가 청정한 까닭으로 자성공이 청정하니라. 왜 그러한가? 만약 일체지지가 청정하거나, 만약 정계, 나아가 반야바라밀다가 청정하거나, 만약 자성공이 청정하다면, 무이이고 둘로 나눌 수 없으며 분별이 없고 단절도 없는 까닭이니라.

선현이여. 일체지지가 청정한 까닭으로 내공이 청정하고, 내공이 청정한 까닭으로 자성공이 청정하니라. 왜 그러한가? 만약 일체지지가 청정하거나, 만약 내공이 청정하거나, 만약 자성공이 청정하다면, 무이이고 둘로 나눌 수 없으며 분별이 없고 단절도 없는 까닭이니라. 일체지지가 청정한 까닭으로 외공·내외공·공공·대공·승의공·유위공·무위공·필경공·무제공·산공·무변이공·본성공·자상공·공상공·일체법공·불가득공·무성공·무성자성공이 청정하고, 외공, 나아가 무성자성공이 청정한 까닭으로 자성공이 청정하니라. 왜 그러한가? 만약 일체지지가 청정하거나, 만약 외공, 나아가 무성자성공이 청정하거나, 만약 자성공이 청정하다면, 무이이고 둘로 나눌 수 없으며 분별이 없고 단절도 없는 까닭이니라.

선현이여. 일체지지가 청정한 까닭으로 진여가 청정하고, 진여가 청정한 까닭으로 자성공이 청정하니라. 왜 그러한가? 만약 일체지지가 청정하거나, 만약 진여가 청정하거나, 만약 자성공이 청정하다면, 무이이고 둘로 나눌 수 없으며 분별이 없고 단절도 없는 까닭이니라. 일체지지가 청정한 까닭으로 법계·법성·불허망성·불변이성·평등성·이생성·법정·법주·실제·허공계·부사의계가 청정하고 법계, 나아가 부사의계가 청정한 까닭으로 자성공이 청정하니라. 왜 그러한가? 만약 일체지지가 청정하거나, 만약 법계, 나아가 부사의계가 청정하거나, 만약 자성공이 청정하다면, 무이이고 둘로 나눌 수 없으며 분별이 없고 단절도 없는 까닭이니라.

선현이여. 일체지지가 청정한 까닭으로 고성제가 청정하고, 고성제가 청정한 까닭으로 자성공이 청정하니라. 왜 그러한가? 만약 일체지지가 청정하거나, 만약 고성제가 청정하거나, 만약 자성공이 청정하다면, 무이이고 둘로 나눌 수 없으며 분별이 없고 단절도 없는 까닭이니라. 일체지지가 청정한 까닭으로 집·멸·도성제가 청정하고, 집·멸·도성제가 청정한 까닭으로 자성공이 청정하니라. 왜 그러한가? 만약 일체지지가 청정하거나, 만약 집·멸·도성제가 청정하거나, 만약 자성공이 청정하다면, 무이이고 둘로 나눌 수 없으며 분별이 없고 단절도 없는 까닭이니라.

선현이여. 일체지지가 청정한 까닭으로 4정려가 청정하고, 4정려가 청정한 까닭으로 자성공이 청정하니라. 왜 그러한가? 만약 일체지지가 청정하거나, 만약 4정려가 청정하거나, 만약 자성공이 청정하다면, 무이이고 둘로 나눌 수 없으며 분별이 없고 단절도 없는 까닭이니라. 일체지지가 청정한 까닭으로 4무량·4무색정이 청정하고, 4무량·4무색정이 청정한 까닭으로 자성공이 청정하니라. 왜 그러한가? 만약 일체지지가 청정하거나, 만약 4무량·4무색정이 청정하거나, 만약 자성공이 청정하다면, 무이이고 둘로 나눌 수 없으며 분별이 없고 단절도 없는 까닭이니라.

선현이여. 일체지지가 청정한 까닭으로 8해탈이 청정하고, 8해탈이 청정한 까닭으로 자성공이 청정하니라. 왜 그러한가? 만약 일체지지가 청정하거나, 만약 8해탈이 청정하거나, 만약 자성공이 청정하다면, 무이이고 둘로 나눌 수 없으며 분별이 없고 단절도 없는 까닭이니라. 일체지지가 청정한 까닭으로 8승처·9차제정·10변처가 청정하고, 8승처·9차제정·10변처가 청정한 까닭으로 자성공이 청정하니라. 왜 그러한가? 만약 일체지지가 청정하거나, 만약 8승처·9차제정·10변처가 청정하거나, 만약 자성공이 청정하다면, 무이이고 둘로 나눌 수 없으며 분별이 없고 단절도 없는 까닭이니라.

선현이여. 일체지지가 청정한 까닭으로 4념주가 청정하고, 4념주가 청정한 까닭으로 자성공이 청정하니라. 왜 그러한가? 만약 일체지지가 청정하거나, 만약 4념주가 청정하거나, 만약 자성공이 청정하다면, 무이이고 둘로 나눌 수 없으며 분별이 없고 단절도 없는 까닭이니라. 일체지지가 청정한 까닭으로 4정단·4신족·5근·5력·7등각지·8성도지가 청정하고, 4정단, 나아가 8성도지가 청정한 까닭으로 자성공이 청정하니라. 왜 그러한가? 만약 일체지지가 청정하거나, 만약 4정단, 나아가 8성도지가 청정하거나, 만약 자성공이 청정하다면, 무이이고 둘로 나눌 수 없으며 분별이 없고 단절도 없는 까닭이니라.

선현이여. 일체지지가 청정한 까닭으로 공해탈문이 청정하고, 공해탈문이 청정한 까닭으로 자성공이 청정하니라. 왜 그러한가? 만약 일체지지가 청정하거나, 만약 공해탈문이 청정하거나, 만약 자성공이 청정하다면, 무이이고 둘로 나눌 수 없으며 분별이 없고 단절도 없는 까닭이니라. 일체지지가 청정한 까닭으로 무상·무원해탈문이 청정하고, 무상·무원해탈문이 청정한 까닭으로 자성공이 청정하니라. 왜 그러한가? 만약 일체지지가 청정하거나, 만약 무상·무원해탈문이 청정하거나, 만약 자성공이 청정하다면, 무이이고 둘로 나눌 수 없으며 분별이 없고 단절도 없는 까닭이니라.

선현이여. 일체지지가 청정한 까닭으로 보살의 10지가 청정하고, 보살의 10지가 청정한 까닭으로 자성공이 청정하니라. 왜 그러한가? 만약 일체지지가 청정하거나, 만약 보살의 10지가 청정하거나, 만약 자성공이 청정하다면, 무이이고 둘로 나눌 수 없으며 분별이 없고 단절도 없는 까닭이니라.

선현이여. 일체지지가 청정한 까닭으로 5안이 청정하고, 5안이 청정한 까닭으로 자성공이 청정하니라. 왜 그러한가? 만약 일체지지가 청정하거나, 만약 5안이 청정하거나, 만약 자성공이 청정하다면, 무이이고 둘로 나눌 수 없으며 분별이 없고 단절도 없는 까닭이니라. 일체지지가 청정한 까닭으로 6신통이 청정하고, 6신통이 청정한 까닭으로 자성공이 청정하니

라. 왜 그러한가? 만약 일체지지가 청정하거나, 만약 6신통이 청정하거나, 만약 자성공이 청정하다면, 무이이고 둘로 나눌 수 없으며 분별이 없고 단절도 없는 까닭이니라.

선현이여. 일체지지가 청정한 까닭으로 여래의 10력이 청정하고, 여래의 10력이 청정한 까닭으로 자성공이 청정하니라. 왜 그러한가? 만약 일체지지가 청정하거나, 만약 여래의 10력이 청정하거나, 만약 자성공이 청정하다면, 무이이고 둘로 나눌 수 없으며 분별이 없고 단절도 없는 까닭이니라. 일체지지가 청정한 까닭으로 4무소외·4무애해·대자·대비·대희·대사·18불불공법이 청정하고, 4무소외, 나아가 18불불공법이 청정한 까닭으로 자성공이 청정하니라. 왜 그러한가? 만약 일체지지가 청정하거나, 만약 4무소외, 나아가 18불불공법이 청정하거나, 만약 자성공이 청정하다면, 무이이고 둘로 나눌 수 없으며 분별이 없고 단절도 없는 까닭이니라.

선현이여. 일체지지가 청정한 까닭으로 무망실법이 청정하고, 무망실법이 청정한 까닭으로 자성공이 청정하니라. 왜 그러한가? 만약 일체지지가 청정하거나, 만약 무망실법이 청정하거나, 만약 자성공이 청정하다면, 무이이고 둘로 나눌 수 없으며 분별이 없고 단절도 없는 까닭이니라. 선현이여. 일체지지가 청정한 까닭으로 항주사성이 청정하고, 항주사성이 청정한 까닭으로 자성공이 청정하니라. 왜 그러한가? 만약 일체지지가 청정하거나, 만약 항주사성이 청정하거나, 만약 자성공이 청정하다면, 무이이고 둘로 나눌 수 없으며 분별이 없고 단절도 없는 까닭이니라.

선현이여. 일체지지가 청정한 까닭으로 일체지가 청정하고, 일체지가 청정한 까닭으로 자성공이 청정하니라. 왜 그러한가? 만약 일체지지가 청정하거나, 만약 일체지가 청정하거나, 만약 자성공이 청정하다면, 무이이고 둘로 나눌 수 없으며 분별이 없고 단절도 없는 까닭이니라. 일체지지가 청정한 까닭으로 도상지·일체상지가 청정하고, 도상지·일체상지가 청정한 까닭으로 자성공이 청정하니라. 왜 그러한가? 만약 일체지지가 청정하거나, 만약 도상지·일체상지가 청정하거나, 만약 자성공이 청정하

다면, 무이이고 둘로 나눌 수 없으며 분별이 없고 단절도 없는 까닭이니라.

선현이여. 일체지지가 청정한 까닭으로 일체의 다라니문이 청정하고, 일체의 다라니문이 청정한 까닭으로 자성공이 청정하니라. 왜 그러한가? 만약 일체지지가 청정하거나, 만약 일체의 다라니문이 청정하거나, 만약 자성공이 청정하다면, 무이이고 둘로 나눌 수 없으며 분별이 없고 단절도 없는 까닭이니라. 선현이여. 일체지지가 청정한 까닭으로 일체의 삼마지문이 청정하고, 일체의 삼마지문이 청정한 까닭으로 자성공이 청정하니라. 왜 그러한가? 만약 일체지지가 청정하거나, 만약 일체의 삼마지문이 청정하거나, 만약 자성공이 청정하다면, 무이이고 둘로 나눌 수 없으며 분별이 없고 단절도 없는 까닭이니라.

선현이여. 일체지지가 청정한 까닭으로 예류과가 청정하고, 예류과가 청정한 까닭으로 자성공이 청정하니라. 왜 그러한가? 만약 일체지지가 청정하거나, 만약 예류과가 청정하거나, 만약 자성공이 청정하다면, 무이이고 둘로 나눌 수 없으며 분별이 없고 단절도 없는 까닭이니라. 일체지지가 청정한 까닭으로 일래·불환·아라한과가 청정하고, 일래·불환·아라한과가 청정한 까닭으로 자성공이 청정하니라. 왜 그러한가? 만약 일체지지가 청정하거나, 만약 일래·불환·아라한과가 청정하거나, 만약 자성공이 청정하다면, 무이이고 둘로 나눌 수 없으며 분별이 없고 단절도 없는 까닭이니라.

선현이여. 일체지지가 청정한 까닭으로 독각의 보리가 청정하고, 독각의 보리가 청정한 까닭으로 자성공이 청정하니라. 왜 그러한가? 만약 일체지지가 청정하거나, 만약 독각의 보리가 청정하거나, 만약 자성공이 청정하다면, 무이이고 둘로 나눌 수 없으며 분별이 없고 단절도 없는 까닭이니라.

선현이여. 일체지지가 청정한 까닭으로 일체의 보살마하살의 행이 청정하고, 일체의 보살마하살의 행이 청정한 까닭으로 자성공이 청정하니라. 왜 그러한가? 만약 일체지지가 청정하거나, 만약 일체의 보살마하살의 행이 청정하거나, 만약 자성공이 청정하다면, 무이이고 둘로 나눌 수 없으며 분별이 없고 단절도 없는 까닭이니라.

선현이여. 일체지지가 청정한 까닭으로 제불의 무상정등보리가 청정하고, 제불의 무상정등보리가 청정한 까닭으로 자성공이 청정하니라. 왜 그러한가? 만약 일체지지가 청정하거나, 만약 제불의 무상정등보리가 청정하거나, 만약 자성공이 청정하다면, 무이이고 둘로 나눌 수 없으며 분별이 없고 단절도 없는 까닭이니라."

"다시 다음으로 선현이여. 일체지지가 청정한 까닭으로 색이 청정하고, 색이 청정한 까닭으로 무성자성공(無性自性空)이 청정하니라. 왜 그러한가? 만약 일체지지가 청정하거나, 만약 색이 청정하거나, 만약 무성자성공이 청정하다면, 무이이고 둘로 나눌 수 없으며 분별이 없고 단절도 없는 까닭이니라. 일체지지가 청정한 까닭으로 수·상·행·식이 청정하고, 수·상·행·식이 청정한 까닭으로 무성자성공이 청정하니라. 왜 그러한가? 만약 일체지지가 청정하거나, 만약 수·상·행·식이 청정하거나, 만약 무성자성공이 청정하다면, 무이이고 둘로 나눌 수 없으며 분별이 없고 단절도 없는 까닭이니라.

선현이여. 일체지지가 청정한 까닭으로 안처가 청정하고, 안처가 청정한 까닭으로 무성자성공이 청정하니라. 왜 그러한가? 만약 일체지지가 청정하거나, 만약 안처가 청정하거나, 만약 무성자성공이 청정하다면, 무이이고 둘로 나눌 수 없으며 분별이 없고 단절도 없는 까닭이니라. 일체지지가 청정한 까닭으로 이·비·설·신·의처가 청정하고, 이·비·설·신·의처가 청정한 까닭으로 무성자성공이 청정하니라. 왜 그러한가? 만약 일체지지가 청정하거나, 만약 이·비·설·신·의처가 청정하거나, 만약 무성자성공이 청정하다면, 무이이고 둘로 나눌 수 없으며 분별이 없고 단절도 없는 까닭이니라.

선현이여. 일체지지가 청정한 까닭으로 색처가 청정하고, 색처가 청정한 까닭으로 무성자성공이 청정하니라. 왜 그러한가? 만약 일체지지가 청정하거나, 만약 색처가 청정하거나, 만약 무성자성공이 청정하다면,

무이이고 둘로 나눌 수 없으며 분별이 없고 단절도 없는 까닭이니라. 일체지지가 청정한 까닭으로 성·향·미·촉·법처가 청정하고, 성·향·미·촉·법처가 청정한 까닭으로 무성자성공이 청정하니라. 왜 그러한가? 만약 일체지지가 청정하거나, 만약 성·향·미·촉·법처가 청정하거나, 만약 무성자성공이 청정하다면, 무이이고 둘로 나눌 수 없으며 분별이 없고 단절도 없는 까닭이니라.

선현이여. 일체지지가 청정한 까닭으로 안계가 청정하고, 안계가 청정한 까닭으로 무성자성공이 청정하니라. 왜 그러한가? 만약 일체지지가 청정하거나, 만약 안계가 청정하거나, 만약 무성자성공이 청정하다면, 무이이고 둘로 나눌 수 없으며 분별이 없고 단절도 없는 까닭이니라. 일체지지가 청정한 까닭으로 색계·안식계, 나아가 안촉·안촉을 인연으로 생겨난 여러 수가 청정하고, 색계, 나아가 안촉을 인연으로 생겨난 여러 수가 청정한 까닭으로 무성자성공이 청정하니라. 왜 그러한가? 만약 일체지지가 청정하거나, 만약 색계, 나아가 안촉을 인연으로 생겨난 여러 수가 청정하거나, 만약 무성자성공이 청정하다면, 무이이고 둘로 나눌 수 없으며 분별이 없고 단절도 없는 까닭이니라.

선현이여. 일체지지가 청정한 까닭으로 이계가 청정하고, 이계가 청정한 까닭으로 무성자성공이 청정하니라. 왜 그러한가? 만약 일체지지가 청정하거나, 만약 이계가 청정하거나, 만약 무성자성공이 청정하다면, 무이이고 둘로 나눌 수 없으며 분별이 없고 단절도 없는 까닭이니라. 일체지지가 청정한 까닭으로 성계·이식계, 나아가 이촉·이촉을 인연으로 생겨난 여러 수가 청정하고, 성계, 나아가 이촉을 인연으로 생겨난 여러 수가 청정한 까닭으로 무성자성공이 청정하니라. 왜 그러한가? 만약 일체지지가 청정하거나, 만약 성계, 나아가 이촉을 인연으로 생겨난 여러 수가 청정하거나, 만약 무성자성공이 청정하다면, 무이이고 둘로 나눌 수 없으며 분별이 없고 단절도 없는 까닭이니라.”

마하반야바라밀다경 제257권

34. 난신해품(難信解品)(76)

"선현이여. 일체지지가 청정한 까닭으로 비계가 청정하고, 비계가 청정한 까닭으로 무성자성공이 청정하니라. 왜 그러한가? 만약 일체지지가 청정하거나, 만약 비계가 청정하거나, 만약 무성자성공이 청정하다면, 무이이고 둘로 나눌 수 없으며 분별이 없고 단절도 없는 까닭이니라. 일체지지가 청정한 까닭으로 향계·비식계, 나아가 비촉·비촉을 인연으로 생겨난 여러 수가 청정하고, 향계, 나아가 비촉을 인연으로 생겨난 여러 수가 청정한 까닭으로 무성자성공이 청정하니라. 왜 그러한가? 만약 일체지지가 청정하거나, 만약 향계, 나아가 비촉을 인연으로 생겨난 여러 수가 청정하거나, 만약 무성자성공이 청정하다면, 무이이고 둘로 나눌 수 없으며 분별이 없고 단절도 없는 까닭이니라.

선현이여. 일체지지가 청정한 까닭으로 설계가 청정하고, 설계가 청정한 까닭으로 무성자성공이 청정하니라. 왜 그러한가? 만약 일체지지가 청정하거나, 만약 설계가 청정하거나, 만약 무성자성공이 청정하다면, 무이이고 둘로 나눌 수 없으며 분별이 없고 단절도 없는 까닭이니라. 일체지지가 청정한 까닭으로 미계·설식계, 나아가 설촉·설촉을 인연으로 생겨난 여러 수가 청정하고, 미계, 나아가 설촉을 인연으로 생겨난 여러 수가 청정한 까닭으로 무성자성공이 청정하니라. 왜 그러한가? 만약 일체지지가 청정하거나, 만약 미계, 나아가 설촉을 인연으로 생겨난 여러 수가 청정하거나, 만약 무성자성공이 청정하다면, 무이이고 둘로 나눌

수 없으며 분별이 없고 단절도 없는 까닭이니라.

선현이여. 일체지지가 청정한 까닭으로 신계가 청정하고, 신계가 청정한 까닭으로 무성자성공이 청정하니라. 왜 그러한가? 만약 일체지지가 청정하거나, 만약 신계가 청정하거나, 만약 무성자성공이 청정하다면, 무이이고 둘로 나눌 수 없으며 분별이 없고 단절도 없는 까닭이니라. 일체지지가 청정한 까닭으로 촉계·신식계, 나아가 신촉·신촉을 인연으로 생겨난 여러 수가 청정하고, 촉계, 나아가 신촉을 인연으로 생겨난 여러 수가 청정한 까닭으로 무성자성공이 청정하니라. 왜 그러한가? 만약 일체지지가 청정하거나, 만약 촉계, 나아가 신촉을 인연으로 생겨난 여러 수가 청정하거나, 만약 무성자성공이 청정하다면, 무이이고 둘로 나눌 수 없으며 분별이 없고 단절도 없는 까닭이니라.

선현이여. 일체지지가 청정한 까닭으로 의계가 청정하고, 의계가 청정한 까닭으로 무성자성공이 청정하니라. 왜 그러한가? 만약 일체지지가 청정하거나, 만약 의계가 청정하거나, 만약 무성자성공이 청정하다면, 무이이고 둘로 나눌 수 없으며 분별이 없고 단절도 없는 까닭이니라. 일체지지가 청정한 까닭으로 법계·의식계, 나아가 의촉·의촉을 인연으로 생겨난 여러 수가 청정하고, 법계, 나아가 의촉을 인연으로 생겨난 여러 수가 청정한 까닭으로 무성자성공이 청정하니라. 왜 그러한가? 만약 일체지지가 청정하거나, 만약 법계, 나아가 의촉을 인연으로 생겨난 여러 수가 청정하거나, 만약 무성자성공이 청정하다면, 무이이고 둘로 나눌 수 없으며 분별이 없고 단절도 없는 까닭이니라.

선현이여. 일체지지가 청정한 까닭으로 지계가 청정하고, 지계가 청정한 까닭으로 무성자성공이 청정하니라. 왜 그러한가? 만약 일체지지가 청정하거나, 만약 지계가 청정하거나, 만약 무성자성공이 청정하다면, 무이이고 둘로 나눌 수 없으며 분별이 없고 단절도 없는 까닭이니라. 일체지지가 청정한 까닭으로 수·화·풍·공·식계가 청정하고, 수·화·풍·공·식계가 청정한 까닭으로 무성자성공이 청정하니라. 왜 그러한가? 만약 일체지지가 청정하거나, 만약 수·화·풍·공·식계가 청정하거나, 만약 무성자성공이 청정하다면, 무이이고 둘로 나눌 수 없으며 분별이 없고 단절도 없는 까닭이니라.

선현이여. 일체지지가 청정한 까닭으로 무명이 청정하고, 무명이 청정한 까닭으로 무성자성공이 청정하니라. 왜 그러한가? 만약 일체지지가 청정하거나, 만약 무명이 청정하거나, 만약 무성자성공이 청정하다면, 무이이고 둘로 나눌 수 없으며 분별이 없고 단절도 없는 까닭이니라. 일체지지가 청정한 까닭으로 행·식·명색·육처·촉·수·애·취·유·생·노사의 수탄고우뇌가 청정하고, 행, 나아가 노사의 수탄고우뇌가 청정한 까닭으로 무성자성공이 청정하니라. 왜 그러한가? 만약 일체지지가 청정하거나, 만약 행, 나아가 노사의 수탄고우뇌가 청정하거나, 만약 무성자성공이 청정하다면, 무이이고 둘로 나눌 수 없으며 분별이 없고 단절도 없는 까닭이니라.

선현이여. 일체지지가 청정한 까닭으로 보시바라밀다가 청정하고, 보시바라밀다가 청정한 까닭으로 무성자성공이 청정하니라. 왜 그러한가? 만약 일체지지가 청정하거나, 만약 보시바라밀다가 청정하거나, 만약 무성자성공이 청정하다면, 무이이고 둘로 나눌 수 없으며 분별이 없고 단절도 없는 까닭이니라. 일체지지가 청정한 까닭으로 정계·안인·정진·정려·반야바라밀다가 청정하고, 정계, 나아가 반야바라밀다가 청정한 까닭으로 무성자성공이 청정하니라. 왜 그러한가? 만약 일체지지가 청정하거나, 만약 정계, 나아가 반야바라밀다가 청정하거나, 만약 무성자성공이 청정하다면, 무이이고 둘로 나눌 수 없으며 분별이 없고 단절도 없는 까닭이니라.

선현이여. 일체지지가 청정한 까닭으로 내공이 청정하고, 내공이 청정한 까닭으로 무성자성공이 청정하니라. 왜 그러한가? 만약 일체지지가 청정하거나, 만약 내공이 청정하거나, 만약 무성자성공이 청정하다면, 무이이고 둘로 나눌 수 없으며 분별이 없고 단절도 없는 까닭이니라. 일체지지가 청정한 까닭으로 외공·내외공·공공·대공·승의공·유위공·무위공·필경공·무제공·산공·무변이공·본성공·자상공·공상공·일체법공·

불가득공·무성공·자성공이 청정하고, 외공, 나아가 자성공이 청정한 까닭으로 무성자성공이 청정하니라. 왜 그러한가? 만약 일체지지가 청정하거나, 만약 외공, 나아가 자성공이 청정하거나, 만약 무성자성공이 청정하다면, 무이이고 둘로 나눌 수 없으며 분별이 없고 단절도 없는 까닭이니라.

선현이여. 일체지지가 청정한 까닭으로 진여가 청정하고, 진여가 청정한 까닭으로 무성자성공이 청정하니라. 왜 그러한가? 만약 일체지지가 청정하거나, 만약 진여가 청정하거나, 만약 무성자성공이 청정하다면, 무이이고 둘로 나눌 수 없으며 분별이 없고 단절도 없는 까닭이니라. 일체지지가 청정한 까닭으로 법계·법성·불허망성·불변이성·평등성·이생성·법정·법주·실제·허공계·부사의계가 청정하고 법계, 나아가 부사의계가 청정한 까닭으로 무성자성공이 청정하니라. 왜 그러한가? 만약 일체지지가 청정하거나, 만약 법계, 나아가 부사의계가 청정하거나, 만약 무성자성공이 청정하다면, 무이이고 둘로 나눌 수 없으며 분별이 없고 단절도 없는 까닭이니라.

선현이여. 일체지지가 청정한 까닭으로 고성제가 청정하고, 고성제가 청정한 까닭으로 무성자성공이 청정하니라. 왜 그러한가? 만약 일체지지가 청정하거나, 만약 고성제가 청정하거나, 만약 무성자성공이 청정하다면, 무이이고 둘로 나눌 수 없으며 분별이 없고 단절도 없는 까닭이니라. 일체지지가 청정한 까닭으로 집·멸·도성제가 청정하고, 집·멸·도성제가 청정한 까닭으로 무성자성공이 청정하니라. 왜 그러한가? 만약 일체지지가 청정하거나, 만약 집·멸·도성제가 청정하거나, 만약 무성자성공이 청정하다면, 무이이고 둘로 나눌 수 없으며 분별이 없고 단절도 없는 까닭이니라.

선현이여. 일체지지가 청정한 까닭으로 4정려가 청정하고, 4정려가 청정한 까닭으로 무성자성공이 청정하니라. 왜 그러한가? 만약 일체지지가 청정하거나, 만약 4정려가 청정하거나, 만약 무성자성공이 청정하다면, 무이이고 둘로 나눌 수 없으며 분별이 없고 단절도 없는 까닭이니라. 일체지지가 청정한 까닭으로 4무량·4무색정이 청정하고, 4무량·4무색정이 청정한 까닭으로 무성자성공이 청정하니라. 왜 그러한가? 만약 일체지지가 청정하거나, 만약 4무량·4무색정이 청정하거나, 만약 무성자성공이 청정하다면, 무이이고 둘로 나눌 수 없으며 분별이 없고 단절도 없는 까닭이니라.

선현이여. 일체지지가 청정한 까닭으로 8해탈이 청정하고, 8해탈이 청정한 까닭으로 무성자성공이 청정하니라. 왜 그러한가? 만약 일체지지가 청정하거나, 만약 8해탈이 청정하거나, 만약 무성자성공이 청정하다면, 무이이고 둘로 나눌 수 없으며 분별이 없고 단절도 없는 까닭이니라. 일체지지가 청정한 까닭으로 8승처·9차제정·10변처가 청정하고, 8승처·9차제정·10변처가 청정한 까닭으로 무성자성공이 청정하니라. 왜 그러한가? 만약 일체지지가 청정하거나, 만약 8승처·9차제정·10변처가 청정하거나, 만약 무성자성공이 청정하다면, 무이이고 둘로 나눌 수 없으며 분별이 없고 단절도 없는 까닭이니라.

선현이여. 일체지지가 청정한 까닭으로 4념주가 청정하고, 4념주가 청정한 까닭으로 무성자성공이 청정하니라. 왜 그러한가? 만약 일체지지가 청정하거나, 만약 4념주가 청정하거나, 만약 무성자성공이 청정하다면, 무이이고 둘로 나눌 수 없으며 분별이 없고 단절도 없는 까닭이니라. 일체지지가 청정한 까닭으로 4정단·4신족·5근·5력·7등각지·8성도지가 청정하고, 4정단, 나아가 8성도지가 청정한 까닭으로 무성자성공이 청정하니라. 왜 그러한가? 만약 일체지지가 청정하거나, 만약 4정단, 나아가 8성도지가 청정하거나, 만약 무성자성공이 청정하다면, 무이이고 둘로 나눌 수 없으며 분별이 없고 단절도 없는 까닭이니라.

선현이여. 일체지지가 청정한 까닭으로 공해탈문이 청정하고, 공해탈문이 청정한 까닭으로 무성자성공이 청정하니라. 왜 그러한가? 만약 일체지지가 청정하거나, 만약 공해탈문이 청정하거나, 만약 무성자성공이 청정하다면, 무이이고 둘로 나눌 수 없으며 분별이 없고 단절도 없는 까닭이니라. 일체지지가 청정한 까닭으로 무상·무원해탈문이 청정하고, 무상·무원해탈문이 청정한 까닭으로 무성자성공이 청정하니라. 왜 그러한가? 만약 일체지지가 청정하거나, 만약 무상·무원해탈문이 청정하거나, 만약 무성자성공이 청정하다면, 무이이고 둘로 나눌 수 없으며 분별이 없고 단절도 없는 까닭이니라.

선현이여. 일체지지가 청정한 까닭으로 보살의 10지가 청정하고, 보살의 10지가 청정한 까닭으로 무성자성공이 청정하니라. 왜 그러한가? 만약 일체지지가 청정하거나, 만약 보살의 10지가 청정하거나, 만약 무성자성공이 청정하다면, 무이이고 둘로 나눌 수 없으며 분별이 없고 단절도 없는 까닭이니라.

선현이여. 일체지지가 청정한 까닭으로 5안이 청정하고, 5안이 청정한 까닭으로 무성자성공이 청정하니라. 왜 그러한가? 만약 일체지지가 청정하거나, 만약 5안이 청정하거나, 만약 무성자성공이 청정하다면, 무이이고 둘로 나눌 수 없으며 분별이 없고 단절도 없는 까닭이니라. 일체지지가 청정한 까닭으로 6신통이 청정하고, 6신통이 청정한 까닭으로 무성자성공이 청정하니라. 왜 그러한가? 만약 일체지지가 청정하거나, 만약 6신통이 청정하거나, 만약 무성자성공이 청정하다면, 무이이고 둘로 나눌 수 없으며 분별이 없고 단절도 없는 까닭이니라.

선현이여. 일체지지가 청정한 까닭으로 여래의 10력이 청정하고, 여래의 10력이 청정한 까닭으로 무성자성공이 청정하니라. 왜 그러한가? 만약 일체지지가 청정하거나, 만약 여래의 10력이 청정하거나, 만약 무성자성공이 청정하다면, 무이이고 둘로 나눌 수 없으며 분별이 없고 단절도 없는 까닭이니라. 일체지지가 청정한 까닭으로 4무소외·4무애해·대자·대비·대희·대사·18불불공법이 청정하고, 4무소외, 나아가 18불불공법이 청정한 까닭으로 무성자성공이 청정하니라. 왜 그러한가? 만약 일체지지가 청정하거나, 만약 4무소외, 나아가 18불불공법이 청정하거나, 만약 무성자성공이 청정하다면, 무이이고 둘로 나눌 수 없으며 분별이 없고 단절도 없는 까닭이니라.

선현이여. 일체지지가 청정한 까닭으로 무망실법이 청정하고, 무망실법이 청정한 까닭으로 무성자성공이 청정하니라. 왜 그러한가? 만약 일체지지가 청정하거나, 만약 무망실법이 청정하거나, 만약 무성자성공이 청정하다면, 무이이고 둘로 나눌 수 없으며 분별이 없고 단절도 없는 까닭이니라. 선현이여. 일체지지가 청정한 까닭으로 항주사성이 청정하고, 항주사성이 청정한 까닭으로 무성자성공이 청정하니라. 왜 그러한가? 만약 일체지지가 청정하거나, 만약 항주사성이 청정하거나, 만약 무성자성공이 청정하다면, 무이이고 둘로 나눌 수 없으며 분별이 없고 단절도 없는 까닭이니라.

선현이여. 일체지지가 청정한 까닭으로 일체지가 청정하고, 일체지가 청정한 까닭으로 무성자성공이 청정하니라. 왜 그러한가? 만약 일체지지가 청정하거나, 만약 일체지가 청정하거나, 만약 무성자성공이 청정하다면, 무이이고 둘로 나눌 수 없으며 분별이 없고 단절도 없는 까닭이니라. 일체지지가 청정한 까닭으로 도상지·일체상지가 청정하고, 도상지·일체상지가 청정한 까닭으로 무성자성공이 청정하니라. 왜 그러한가? 만약 일체지지가 청정하거나, 만약 도상지·일체상지가 청정하거나, 만약 무성자성공이 청정하다면, 무이이고 둘로 나눌 수 없으며 분별이 없고 단절도 없는 까닭이니라.

선현이여. 일체지지가 청정한 까닭으로 일체의 다라니문이 청정하고, 일체의 다라니문이 청정한 까닭으로 무성자성공이 청정하니라. 왜 그러한가? 만약 일체지지가 청정하거나, 만약 일체의 다라니문이 청정하거나, 만약 무성자성공이 청정하다면, 무이이고 둘로 나눌 수 없으며 분별이 없고 단절도 없는 까닭이니라. 선현이여. 일체지지가 청정한 까닭으로 일체의 삼마지문이 청정하고, 일체의 삼마지문이 청정한 까닭으로 무성자성공이 청정하니라. 왜 그러한가? 만약 일체지지가 청정하거나, 만약 일체의 삼마지문이 청정하거나, 만약 무성자성공이 청정하다면, 무이이고 둘로 나눌 수 없으며 분별이 없고 단절도 없는 까닭이니라.

선현이여. 일체지지가 청정한 까닭으로 예류과가 청정하고, 예류과가 청정한 까닭으로 무성자성공이 청정하니라. 왜 그러한가? 만약 일체지지가 청정하거나, 만약 예류과가 청정하거나, 만약 무성자성공이 청정하다면, 무이이고 둘로 나눌 수 없으며 분별이 없고 단절도 없는 까닭이니라. 일체지지가 청정한 까닭으로 일래·불환·아라한과가 청정하고, 일래·불환·아라한과가 청정한 까닭으로 무성자성공이 청정하니라. 왜 그러한가? 만약 일체지지가 청정하거나, 만약 일래·불환·아라한과가 청정하거나, 만약 무성자성공이 청정하다면, 무이이고 둘로 나눌 수 없으며 분별이 없고 단절도 없는 까닭이니라.

선현이여. 일체지지가 청정한 까닭으로 독각의 보리가 청정하고, 독각의 보리가 청정한 까닭으로 무성자성공이 청정하니라. 왜 그러한가? 만약 일체지지가 청정하거나, 만약 독각의 보리가 청정하거나, 만약 무성자성공이 청정하다면, 무이이고 둘로 나눌 수 없으며 분별이 없고 단절도 없는 까닭이니라.

선현이여. 일체지지가 청정한 까닭으로 일체의 보살마하살의 행이 청정하고, 일체의 보살마하살의 행이 청정한 까닭으로 무성자성공이 청정하니라. 왜 그러한가? 만약 일체지지가 청정하거나, 만약 일체의 보살마하살의 행이 청정하거나, 만약 무성자성공이 청정하다면, 무이이고 둘로 나눌 수 없으며 분별이 없고 단절도 없는 까닭이니라.

선현이여. 일체지지가 청정한 까닭으로 제불의 무상정등보리가 청정하고, 제불의 무상정등보리가 청정한 까닭으로 무성자성공이 청정하니라. 왜 그러한가? 만약 일체지지가 청정하거나, 만약 제불의 무상정등보리가 청정하거나, 만약 무성자성공이 청정하다면, 무이이고 둘로 나눌 수 없으며 분별이 없고 단절도 없는 까닭이니라."

"다시 다음으로 선현이여. 일체지지가 청정한 까닭으로 색이 청정하고, 색이 청정한 까닭으로 진여(眞如)가 청정하니라. 왜 그러한가? 만약 일체지지가 청정하거나, 만약 색이 청정하거나, 만약 진여가 청정하다면, 무이이고 둘로 나눌 수 없으며 분별이 없고 단절도 없는 까닭이니라. 일체지지가 청정한 까닭으로 수·상·행·식이 청정하고, 수·상·행·식이 청정한 까닭으로 진여가 청정하니라. 왜 그러한가? 만약 일체지지가 청정하거나, 만약 수·상·행·식이 청정하거나, 만약 진여가 청정하다면, 무이이고 둘로 나눌 수 없으며 분별이 없고 단절도 없는 까닭이니라.

선현이여. 일체지지가 청정한 까닭으로 안처가 청정하고, 안처가 청정한 까닭으로 진여가 청정하니라. 왜 그러한가? 만약 일체지지가 청정하거나, 만약 안처가 청정하거나, 만약 진여가 청정하다면, 무이이고 둘로 나눌 수 없으며 분별이 없고 단절도 없는 까닭이니라. 일체지지가 청정한 까닭으로 이·비·설·신·의처가 청정하고, 이·비·설·신·의처가 청정한 까닭으로 진여가 청정하니라. 왜 그러한가? 만약 일체지지가 청정하거나, 만약 이·비·설·신·의처가 청정하거나, 만약 진여가 청정하다면, 무이이고 둘로 나눌 수 없으며 분별이 없고 단절도 없는 까닭이니라.

선현이여. 일체지지가 청정한 까닭으로 색처가 청정하고, 색처가 청정한 까닭으로 진여가 청정하니라. 왜 그러한가? 만약 일체지지가 청정하거나, 만약 색처가 청정하거나, 만약 진여가 청정하다면, 무이이고 둘로 나눌 수 없으며 분별이 없고 단절도 없는 까닭이니라. 일체지지가 청정한 까닭으로 성·향·미·촉·법처가 청정하고, 성·향·미·촉·법처가 청정한 까닭으로 진여가 청정하니라. 왜 그러한가? 만약 일체지지가 청정하거나, 만약 성·향·미·촉·법처가 청정하거나, 만약 진여가 청정하다면, 무이이고 둘로 나눌 수 없으며 분별이 없고 단절도 없는 까닭이니라.

선현이여. 일체지지가 청정한 까닭으로 안계가 청정하고, 안계가 청정한 까닭으로 진여가 청정하니라. 왜 그러한가? 만약 일체지지가 청정하거나, 만약 안계가 청정하거나, 만약 진여가 청정하다면, 무이이고 둘로 나눌 수 없으며 분별이 없고 단절도 없는 까닭이니라. 일체지지가 청정한 까닭으로 색계·안식계, 나아가 안촉·안촉을 인연으로 생겨난 여러 수가 청정하고, 색계, 나아가 안촉을 인연으로 생겨난 여러 수가 청정한 까닭으로 진여가 청정하니라. 왜 그러한가? 만약 일체지지가 청정하거나, 만약 색계, 나아가 안촉을 인연으로 생겨난 여러 수가 청정하거나, 만약 진여가 청정하다면, 무이이고 둘로 나눌 수 없으며 분별이 없고 단절도 없는 까닭이니라.

선현이여. 일체지지가 청정한 까닭으로 이계가 청정하고, 이계가 청정한 까닭으로 진여가 청정하니라. 왜 그러한가? 만약 일체지지가 청정하거나, 만약 이계가 청정하거나, 만약 진여가 청정하다면, 무이이고 둘로 나눌 수 없으며 분별이 없고 단절도 없는 까닭이니라. 일체지지가 청정한 까닭으로 성계·이식계, 나아가 이촉·이촉을 인연으로 생겨난 여러 수가 청정하고, 성계, 나아가 이촉을 인연으로 생겨난 여러 수가 청정한 까닭으로 진여가 청정하니라. 왜 그러한가? 만약 일체지지가 청정하거나, 만약 성계, 나아가 이촉을 인연으로 생겨난 여러 수가 청정하거나, 만약 진여가 청정하다면, 무이이고 둘로 나눌 수 없으며 분별이 없고 단절도 없는 까닭이니라.

선현이여. 일체지지가 청정한 까닭으로 비계가 청정하고, 비계가 청정한 까닭으로 진여가 청정하니라. 왜 그러한가? 만약 일체지지가 청정하거나, 만약 비계가 청정하거나, 만약 진여가 청정하다면, 무이이고 둘로 나눌 수 없으며 분별이 없고 단절도 없는 까닭이니라. 일체지지가 청정한 까닭으로 향계·비식계, 나아가 비촉·비촉을 인연으로 생겨난 여러 수가 청정하고, 향계, 나아가 비촉을 인연으로 생겨난 여러 수가 청정한 까닭으로 진여가 청정하니라. 왜 그러한가? 만약 일체지지가 청정하거나, 만약 향계, 나아가 비촉을 인연으로 생겨난 여러 수가 청정하거나, 만약 진여가 청정하다면, 무이이고 둘로 나눌 수 없으며 분별이 없고 단절도 없는 까닭이니라.

선현이여. 일체지지가 청정한 까닭으로 설계가 청정하고, 설계가 청정한 까닭으로 진여가 청정하니라. 왜 그러한가? 만약 일체지지가 청정하거나, 만약 설계가 청정하거나, 만약 진여가 청정하다면, 무이이고 둘로 나눌 수 없으며 분별이 없고 단절도 없는 까닭이니라. 일체지지가 청정한 까닭으로 미계·설식계, 나아가 설촉·설촉을 인연으로 생겨난 여러 수가 청정하고, 미계, 나아가 설촉을 인연으로 생겨난 여러 수가 청정한 까닭으로 진여가 청정하니라. 왜 그러한가? 만약 일체지지가 청정하거나, 만약 미계, 나아가 설촉을 인연으로 생겨난 여러 수가 청정하거나, 만약 진여가

청정하다면, 무이이고 둘로 나눌 수 없으며 분별이 없고 단절도 없는 까닭이니라.

선현이여. 일체지지가 청정한 까닭으로 신계가 청정하고, 신계가 청정한 까닭으로 진여가 청정하니라. 왜 그러한가? 만약 일체지지가 청정하거나, 만약 신계가 청정하거나, 만약 진여가 청정하다면, 무이이고 둘로 나눌 수 없으며 분별이 없고 단절도 없는 까닭이니라. 일체지지가 청정한 까닭으로 촉계·신식계, 나아가 신촉·신촉을 인연으로 생겨난 여러 수가 청정하고, 촉계, 나아가 신촉을 인연으로 생겨난 여러 수가 청정한 까닭으로 진여가 청정하니라. 왜 그러한가? 만약 일체지지가 청정하거나, 만약 촉계, 나아가 신촉을 인연으로 생겨난 여러 수가 청정하거나, 만약 진여가 청정하다면, 무이이고 둘로 나눌 수 없으며 분별이 없고 단절도 없는 까닭이니라.

선현이여. 일체지지가 청정한 까닭으로 의계가 청정하고, 의계가 청정한 까닭으로 진여가 청정하니라. 왜 그러한가? 만약 일체지지가 청정하거나, 만약 의계가 청정하거나, 만약 진여가 청정하다면, 무이이고 둘로 나눌 수 없으며 분별이 없고 단절도 없는 까닭이니라. 일체지지가 청정한 까닭으로 법계·의식계, 나아가 의촉·의촉을 인연으로 생겨난 여러 수가 청정하고, 법계, 나아가 의촉을 인연으로 생겨난 여러 수가 청정한 까닭으로 진여가 청정하니라. 왜 그러한가? 만약 일체지지가 청정하거나, 만약 법계, 나아가 의촉을 인연으로 생겨난 여러 수가 청정하거나, 만약 진여가 청정하다면, 무이이고 둘로 나눌 수 없으며 분별이 없고 단절도 없는 까닭이니라.

선현이여. 일체지지가 청정한 까닭으로 지계가 청정하고, 지계가 청정한 까닭으로 진여가 청정하니라. 왜 그러한가? 만약 일체지지가 청정하거나, 만약 지계가 청정하거나, 만약 진여가 청정하다면, 무이이고 둘로 나눌 수 없으며 분별이 없고 단절도 없는 까닭이니라. 일체지지가 청정한 까닭으로 수·화·풍·공·식계가 청정하고, 수·화·풍·공·식계가 청정한 까닭으로 진여가 청정하니라. 왜 그러한가? 만약 일체지지가 청정하거나,

만약 수·화·풍·공·식계가 청정하거나, 만약 진여가 청정하다면, 무이이고 둘로 나눌 수 없으며 분별이 없고 단절도 없는 까닭이니라.

선현이여. 일체지지가 청정한 까닭으로 무명이 청정하고, 무명이 청정한 까닭으로 진여가 청정하니라. 왜 그러한가? 만약 일체지지가 청정하거나, 만약 무명이 청정하거나, 만약 진여가 청정하다면, 무이이고 둘로 나눌 수 없으며 분별이 없고 단절도 없는 까닭이니라. 일체지지가 청정한 까닭으로 행·식·명색·육처·촉·수·애·취·유·생·노사의 수탄고우뇌가 청정하고, 행, 나아가 노사의 수탄고우뇌가 청정한 까닭으로 진여가 청정하니라. 왜 그러한가? 만약 일체지지가 청정하거나, 만약 행, 나아가 노사의 수탄고우뇌가 청정하거나, 만약 진여가 청정하다면, 무이이고 둘로 나눌 수 없으며 분별이 없고 단절도 없는 까닭이니라.

선현이여. 일체지지가 청정한 까닭으로 보시바라밀다가 청정하고, 보시바라밀다가 청정한 까닭으로 진여가 청정하니라. 왜 그러한가? 만약 일체지지가 청정하거나, 만약 보시바라밀다가 청정하거나, 만약 진여가 청정하다면, 무이이고 둘로 나눌 수 없으며 분별이 없고 단절도 없는 까닭이니라. 일체지지가 청정한 까닭으로 정계·안인·정진·정려·반야바라밀다가 청정하고, 정계, 나아가 반야바라밀다가 청정한 까닭으로 진여가 청정하니라. 왜 그러한가? 만약 일체지지가 청정하거나, 만약 정계, 나아가 반야바라밀다가 청정하거나, 만약 진여가 청정하다면, 무이이고 둘로 나눌 수 없으며 분별이 없고 단절도 없는 까닭이니라.

선현이여. 일체지지가 청정한 까닭으로 내공이 청정하고, 내공이 청정한 까닭으로 진여가 청정하니라. 왜 그러한가? 만약 일체지지가 청정하거나, 만약 내공이 청정하거나, 만약 진여가 청정하다면, 무이이고 둘로 나눌 수 없으며 분별이 없고 단절도 없는 까닭이니라. 일체지지가 청정한 까닭으로 외공·내외공·공공·대공·승의공·유위공·무위공·필경공·무제공·산공·무변이공·본성공·자상공·공상공·일체법공·불가득공·무성공·자성공·무성자성공이 청정하고, 외공, 나아가 무성자성공이 청정한 까닭으로 진여가 청정하니라. 왜 그러한가? 만약 일체지지가 청정하거나,

만약 외공, 나아가 무성자성공이 청정하거나, 만약 진여가 청정하다면, 무이이고 둘로 나눌 수 없으며 분별이 없고 단절도 없는 까닭이니라.

선현이여. 일체지지가 청정한 까닭으로 법계가 청정하고, 법계가 청정한 까닭으로 진여가 청정하니라. 왜 그러한가? 만약 일체지지가 청정하거나, 만약 법계가 청정하거나, 만약 진여가 청정하다면, 무이이고 둘로 나눌 수 없으며 분별이 없고 단절도 없는 까닭이니라. 일체지지가 청정한 까닭으로 법계·법성·불허망성·불변이성·평등성·이생성·법정·법주·실제·허공계·부사의계가 청정하고 법계, 나아가 부사의계가 청정한 까닭으로 진여가 청정하니라. 왜 그러한가? 만약 일체지지가 청정하거나, 만약 법계, 나아가 부사의계가 청정하거나, 만약 진여가 청정하다면, 무이이고 둘로 나눌 수 없으며 분별이 없고 단절도 없는 까닭이니라.

선현이여. 일체지지가 청정한 까닭으로 고성제가 청정하고, 고성제가 청정한 까닭으로 진여가 청정하니라. 왜 그러한가? 만약 일체지지가 청정하거나, 만약 고성제가 청정하거나, 만약 진여가 청정하다면, 무이이고 둘로 나눌 수 없으며 분별이 없고 단절도 없는 까닭이니라. 일체지지가 청정한 까닭으로 집·멸·도성제가 청정하고, 집·멸·도성제가 청정한 까닭으로 진여가 청정하니라. 왜 그러한가? 만약 일체지지가 청정하거나, 만약 집·멸·도성제가 청정하거나, 만약 진여가 청정하다면, 무이이고 둘로 나눌 수 없으며 분별이 없고 단절도 없는 까닭이니라.

선현이여. 일체지지가 청정한 까닭으로 4정려가 청정하고, 4정려가 청정한 까닭으로 진여가 청정하니라. 왜 그러한가? 만약 일체지지가 청정하거나, 만약 4정려가 청정하거나, 만약 진여가 청정하다면, 무이이고 둘로 나눌 수 없으며 분별이 없고 단절도 없는 까닭이니라. 일체지지가 청정한 까닭으로 4무량·4무색정이 청정하고, 4무량·4무색정이 청정한 까닭으로 진여가 청정하니라. 왜 그러한가? 만약 일체지지가 청정하거나, 만약 4무량·4무색정이 청정하거나, 만약 진여가 청정하다면, 무이이고 둘로 나눌 수 없으며 분별이 없고 단절도 없는 까닭이니라.

선현이여. 일체지지가 청정한 까닭으로 8해탈이 청정하고, 8해탈이 청정한 까닭으로 진여가 청정하니라. 왜 그러한가? 만약 일체지지가 청정하거나, 만약 8해탈이 청정하거나, 만약 진여가 청정하다면, 무이이고 둘로 나눌 수 없으며 분별이 없고 단절도 없는 까닭이니라. 일체지지가 청정한 까닭으로 8승처·9차제정·10변처가 청정하고, 8승처·9차제정·10변처가 청정한 까닭으로 진여가 청정하니라. 왜 그러한가? 만약 일체지지가 청정하거나, 만약 8승처·9차제정·10변처가 청정하거나, 만약 진여가 청정하다면, 무이이고 둘로 나눌 수 없으며 분별이 없고 단절도 없는 까닭이니라.

선현이여. 일체지지가 청정한 까닭으로 4념주가 청정하고, 4념주가 청정한 까닭으로 진여가 청정하니라. 왜 그러한가? 만약 일체지지가 청정하거나, 만약 4념주가 청정하거나, 만약 진여가 청정하다면, 무이이고 둘로 나눌 수 없으며 분별이 없고 단절도 없는 까닭이니라. 일체지지가 청정한 까닭으로 4정단·4신족·5근·5력·7등각지·8성도지가 청정하고, 4정단, 나아가 8성도지가 청정한 까닭으로 진여가 청정하니라. 왜 그러한가? 만약 일체지지가 청정하거나, 만약 4정단, 나아가 8성도지가 청정하거나, 만약 진여가 청정하다면, 무이이고 둘로 나눌 수 없으며 분별이 없고 단절도 없는 까닭이니라.

선현이여. 일체지지가 청정한 까닭으로 공해탈문이 청정하고, 공해탈문이 청정한 까닭으로 진여가 청정하니라. 왜 그러한가? 만약 일체지지가 청정하거나, 만약 공해탈문이 청정하거나, 만약 진여가 청정하다면, 무이이고 둘로 나눌 수 없으며 분별이 없고 단절도 없는 까닭이니라. 일체지지가 청정한 까닭으로 무상·무원해탈문이 청정하고, 무상·무원해탈문이 청정한 까닭으로 진여가 청정하니라. 왜 그러한가? 만약 일체지지가 청정하거나, 만약 무상·무원해탈문이 청정하거나, 만약 진여가 청정하다면, 무이이고 둘로 나눌 수 없으며 분별이 없고 단절도 없는 까닭이니라.

선현이여. 일체지지가 청정한 까닭으로 보살의 10지가 청정하고, 보살의 10지가 청정한 까닭으로 진여가 청정하니라. 왜 그러한가? 만약 일체지지가 청정하거나, 만약 보살의 10지가 청정하거나, 만약 진여가 청정하다

면, 무이이고 둘로 나눌 수 없으며 분별이 없고 단절도 없는 까닭이니라.

선현이여. 일체지지가 청정한 까닭으로 5안이 청정하고, 5안이 청정한 까닭으로 진여가 청정하니라. 왜 그러한가? 만약 일체지지가 청정하거나, 만약 5안이 청정하거나, 만약 진여가 청정하다면, 무이이고 둘로 나눌 수 없으며 분별이 없고 단절도 없는 까닭이니라. 일체지지가 청정한 까닭으로 6신통이 청정하고, 6신통이 청정한 까닭으로 진여가 청정하니라. 왜 그러한가? 만약 일체지지가 청정하거나, 만약 6신통이 청정하거나, 만약 진여가 청정하다면, 무이이고 둘로 나눌 수 없으며 분별이 없고 단절도 없는 까닭이니라.

선현이여. 일체지지가 청정한 까닭으로 여래의 10력이 청정하고, 여래의 10력이 청정한 까닭으로 진여가 청정하니라. 왜 그러한가? 만약 일체지지가 청정하거나, 만약 여래의 10력이 청정하거나, 만약 진여가 청정하다면, 무이이고 둘로 나눌 수 없으며 분별이 없고 단절도 없는 까닭이니라. 일체지지가 청정한 까닭으로 4무소외·4무애해·대자·대비·대희·대사·18불불공법이 청정하고, 4무소외, 나아가 18불불공법이 청정한 까닭으로 진여가 청정하니라. 왜 그러한가? 만약 일체지지가 청정하거나, 만약 4무소외, 나아가 18불불공법이 청정하거나, 만약 진여가 청정하다면, 무이이고 둘로 나눌 수 없으며 분별이 없고 단절도 없는 까닭이니라.

선현이여. 일체지지가 청정한 까닭으로 무망실법이 청정하고, 무망실법이 청정한 까닭으로 진여가 청정하니라. 왜 그러한가? 만약 일체지지가 청정하거나, 만약 무망실법이 청정하거나, 만약 진여가 청정하다면, 무이이고 둘로 나눌 수 없으며 분별이 없고 단절도 없는 까닭이니라. 선현이여. 일체지지가 청정한 까닭으로 항주사성이 청정하고, 항주사성이 청정한 까닭으로 진여가 청정하니라. 왜 그러한가? 만약 일체지지가 청정하거나, 만약 항주사성이 청정하거나, 만약 진여가 청정하다면, 무이이고 둘로 나눌 수 없으며 분별이 없고 단절도 없는 까닭이니라.

선현이여. 일체지지가 청정한 까닭으로 일체지가 청정하고, 일체지가 청정한 까닭으로 진여가 청정하니라. 왜 그러한가? 만약 일체지지가 청정하거나, 만약 일체지가 청정하거나, 만약 진여가 청정하다면, 무이이고 둘로 나눌 수 없으며 분별이 없고 단절도 없는 까닭이니라. 일체지지가 청정한 까닭으로 도상지·일체상지가 청정하고, 도상지·일체상지가 청정한 까닭으로 진여가 청정하니라. 왜 그러한가? 만약 일체지지가 청정하거나, 만약 도상지·일체상지가 청정하거나, 만약 진여가 청정하다면, 무이이고 둘로 나눌 수 없으며 분별이 없고 단절도 없는 까닭이니라.

선현이여. 일체지지가 청정한 까닭으로 일체의 다라니문이 청정하고, 일체의 다라니문이 청정한 까닭으로 진여가 청정하니라. 왜 그러한가? 만약 일체지지가 청정하거나, 만약 일체의 다라니문이 청정하거나, 만약 진여가 청정하다면, 무이이고 둘로 나눌 수 없으며 분별이 없고 단절도 없는 까닭이니라. 선현이여. 일체지지가 청정한 까닭으로 일체의 삼마지문이 청정하고, 일체의 삼마지문이 청정한 까닭으로 진여가 청정하니라. 왜 그러한가? 만약 일체지지가 청정하거나, 만약 일체의 삼마지문이 청정하거나, 만약 진여가 청정하다면, 무이이고 둘로 나눌 수 없으며 분별이 없고 단절도 없는 까닭이니라.

선현이여. 일체지지가 청정한 까닭으로 예류과가 청정하고, 예류과가 청정한 까닭으로 진여가 청정하니라. 왜 그러한가? 만약 일체지지가 청정하거나, 만약 예류과가 청정하거나, 만약 진여가 청정하다면, 무이이고 둘로 나눌 수 없으며 분별이 없고 단절도 없는 까닭이니라. 일체지지가 청정한 까닭으로 일래·불환·아라한과가 청정하고, 일래·불환·아라한과가 청정한 까닭으로 진여가 청정하니라. 왜 그러한가? 만약 일체지지가 청정하거나, 만약 일래·불환·아라한과가 청정하거나, 만약 진여가 청정하다면, 무이이고 둘로 나눌 수 없으며 분별이 없고 단절도 없는 까닭이니라.

선현이여. 일체지지가 청정한 까닭으로 독각의 보리가 청정하고, 독각의 보리가 청정한 까닭으로 진여가 청정하니라. 왜 그러한가? 만약 일체지지가 청정하거나, 만약 독각의 보리가 청정하거나, 만약 진여가 청정하다면, 무이이고 둘로 나눌 수 없으며 분별이 없고 단절도 없는 까닭이니라.

선현이여. 일체지지가 청정한 까닭으로 일체의 보살마하살의 행이 청정하고, 일체의 보살마하살의 행이 청정한 까닭으로 진여가 청정하니라. 왜 그러한가? 만약 일체지지가 청정하거나, 만약 일체의 보살마하살의 행이 청정하거나, 만약 진여가 청정하다면, 무이이고 둘로 나눌 수 없으며 분별이 없고 단절도 없는 까닭이니라.

선현이여. 일체지지가 청정한 까닭으로 제불의 무상정등보리가 청정하고, 제불의 무상정등보리가 청정한 까닭으로 진여가 청정하니라. 왜 그러한가? 만약 일체지지가 청정하거나, 만약 제불의 무상정등보리가 청정하거나, 만약 진여가 청정하다면, 무이이고 둘로 나눌 수 없으며 분별이 없고 단절도 없는 까닭이니라."

"다시 다음으로 선현이여. 일체지지가 청정한 까닭으로 색이 청정하고, 색이 청정한 까닭으로 법계(法界)가 청정하니라. 왜 그러한가? 만약 일체지지가 청정하거나, 만약 색이 청정하거나, 만약 법계가 청정하다면, 무이이고 둘로 나눌 수 없으며 분별이 없고 단절도 없는 까닭이니라. 일체지지가 청정한 까닭으로 수·상·행·식이 청정하고, 수·상·행·식이 청정한 까닭으로 법계가 청정하니라. 왜 그러한가? 만약 일체지지가 청정하거나, 만약 수·상·행·식이 청정하거나, 만약 법계가 청정하다면, 무이이고 둘로 나눌 수 없으며 분별이 없고 단절도 없는 까닭이니라.

선현이여. 일체지지가 청정한 까닭으로 안처가 청정하고, 안처가 청정한 까닭으로 법계가 청정하니라. 왜 그러한가? 만약 일체지지가 청정하거나, 만약 안처가 청정하거나, 만약 법계가 청정하다면, 무이이고 둘로 나눌 수 없으며 분별이 없고 단절도 없는 까닭이니라. 일체지지가 청정한 까닭으로 이·비·설·신·의처가 청정하고, 이·비·설·신·의처가 청정한 까닭으로 법계가 청정하니라. 왜 그러한가? 만약 일체지지가 청정하거나, 만약 이·비·설·신·의처가 청정하거나, 만약 법계가 청정하다면, 무이이고 둘로 나눌 수 없으며 분별이 없고 단절도 없는 까닭이니라.

선현이여. 일체지지가 청정한 까닭으로 색처가 청정하고, 색처가 청정한 까닭으로 법계가 청정하니라. 왜 그러한가? 만약 일체지지가 청정하거나, 만약 색처가 청정하거나, 만약 법계가 청정하다면, 무이이고 둘로 나눌 수 없으며 분별이 없고 단절도 없는 까닭이니라. 일체지지가 청정한 까닭으로 성·향·미·촉·법처가 청정하고, 성·향·미·촉·법처가 청정한 까닭으로 법계가 청정하니라. 왜 그러한가? 만약 일체지지가 청정하거나, 만약 성·향·미·촉·법처가 청정하거나, 만약 법계가 청정하다면, 무이이고 둘로 나눌 수 없으며 분별이 없고 단절도 없는 까닭이니라.

선현이여. 일체지지가 청정한 까닭으로 안계가 청정하고, 안계가 청정한 까닭으로 법계가 청정하니라. 왜 그러한가? 만약 일체지지가 청정하거나, 만약 안계가 청정하거나, 만약 법계가 청정하다면, 무이이고 둘로 나눌 수 없으며 분별이 없고 단절도 없는 까닭이니라. 일체지지가 청정한 까닭으로 색계·안식계, 나아가 안촉·안촉을 인연으로 생겨난 여러 수가 청정하고, 색계, 나아가 안촉을 인연으로 생겨난 여러 수가 청정한 까닭으로 법계가 청정하니라. 왜 그러한가? 만약 일체지지가 청정하거나, 만약 색계, 나아가 안촉을 인연으로 생겨난 여러 수가 청정하거나, 만약 법계가 청정하다면, 무이이고 둘로 나눌 수 없으며 분별이 없고 단절도 없는 까닭이니라.

선현이여. 일체지지가 청정한 까닭으로 이계가 청정하고, 이계가 청정한 까닭으로 법계가 청정하니라. 왜 그러한가? 만약 일체지지가 청정하거나, 만약 이계가 청정하거나, 만약 법계가 청정하다면, 무이이고 둘로 나눌 수 없으며 분별이 없고 단절도 없는 까닭이니라. 일체지지가 청정한 까닭으로 성계·이식계, 나아가 이촉·이촉을 인연으로 생겨난 여러 수가 청정하고, 성계, 나아가 이촉을 인연으로 생겨난 여러 수가 청정한 까닭으로 법계가 청정하니라. 왜 그러한가? 만약 일체지지가 청정하거나, 만약 성계, 나아가 이촉을 인연으로 생겨난 여러 수가 청정하거나, 만약 법계가 청정하다면, 무이이고 둘로 나눌 수 없으며 분별이 없고 단절도 없는 까닭이니라.”

마하반야바라밀다경 제258권

34. 난신해품(難信解品)(77)

"선현이여. 일체지지가 청정한 까닭으로 비계가 청정하고, 비계가 청정한 까닭으로 법계가 청정하니라. 왜 그러한가? 만약 일체지지가 청정하거나, 만약 비계가 청정하거나, 만약 법계가 청정하다면, 무이이고 둘로 나눌 수 없으며 분별이 없고 단절도 없는 까닭이니라. 일체지지가 청정한 까닭으로 향계·비식계, 나아가 비촉·비촉을 인연으로 생겨난 여러 수가 청정하고, 향계, 나아가 비촉을 인연으로 생겨난 여러 수가 청정한 까닭으로 법계가 청정하니라. 왜 그러한가? 만약 일체지지가 청정하거나, 만약 향계, 나아가 비촉을 인연으로 생겨난 여러 수가 청정하거나, 만약 법계가 청정하다면, 무이이고 둘로 나눌 수 없으며 분별이 없고 단절도 없는 까닭이니라.

선현이여. 일체지지가 청정한 까닭으로 설계가 청정하고, 설계가 청정한 까닭으로 법계가 청정하니라. 왜 그러한가? 만약 일체지지가 청정하거나, 만약 설계가 청정하거나, 만약 법계가 청정하다면, 무이이고 둘로 나눌 수 없으며 분별이 없고 단절도 없는 까닭이니라. 일체지지가 청정한 까닭으로 미계·설식계, 나아가 설촉·설촉을 인연으로 생겨난 여러 수가 청정하고, 미계, 나아가 설촉을 인연으로 생겨난 여러 수가 청정한 까닭으로 법계가 청정하니라. 왜 그러한가? 만약 일체지지가 청정하거나, 만약 미계, 나아가 설촉을 인연으로 생겨난 여러 수가 청정하거나, 만약 법계가 청정하다면, 무이이고 둘로 나눌 수 없으며 분별이 없고 단절도 없는

까닭이니라.

선현이여. 일체지지가 청정한 까닭으로 신계가 청정하고, 신계가 청정한 까닭으로 법계가 청정하니라. 왜 그러한가? 만약 일체지지가 청정하거나, 만약 신계가 청정하거나, 만약 법계가 청정하다면, 무이이고 둘로 나눌 수 없으며 분별이 없고 단절도 없는 까닭이니라. 일체지지가 청정한 까닭으로 촉계·신식계, 나아가 신촉·신촉을 인연으로 생겨난 여러 수가 청정하고, 촉계, 나아가 신촉을 인연으로 생겨난 여러 수가 청정한 까닭으로 법계가 청정하니라. 왜 그러한가? 만약 일체지지가 청정하거나, 만약 촉계, 나아가 신촉을 인연으로 생겨난 여러 수가 청정하거나, 만약 법계가 청정하다면, 무이이고 둘로 나눌 수 없으며 분별이 없고 단절도 없는 까닭이니라.

선현이여. 일체지지가 청정한 까닭으로 의계가 청정하고, 의계가 청정한 까닭으로 법계가 청정하니라. 왜 그러한가? 만약 일체지지가 청정하거나, 만약 의계가 청정하거나, 만약 법계가 청정하다면, 무이이고 둘로 나눌 수 없으며 분별이 없고 단절도 없는 까닭이니라. 일체지지가 청정한 까닭으로 법계·의식계, 나아가 의촉·의촉을 인연으로 생겨난 여러 수가 청정하고, 법계, 나아가 의촉을 인연으로 생겨난 여러 수가 청정한 까닭으로 법계가 청정하니라. 왜 그러한가? 만약 일체지지가 청정하거나, 만약 법계, 나아가 의촉을 인연으로 생겨난 여러 수가 청정하거나, 만약 법계가 청정하다면, 무이이고 둘로 나눌 수 없으며 분별이 없고 단절도 없는 까닭이니라.

선현이여. 일체지지가 청정한 까닭으로 지계가 청정하고, 지계가 청정한 까닭으로 법계가 청정하니라. 왜 그러한가? 만약 일체지지가 청정하거나, 만약 지계가 청정하거나, 만약 법계가 청정하다면, 무이이고 둘로 나눌 수 없으며 분별이 없고 단절도 없는 까닭이니라. 일체지지가 청정한 까닭으로 수·화·풍·공·식계가 청정하고, 수·화·풍·공·식계가 청정한 까닭으로 법계가 청정하니라. 왜 그러한가? 만약 일체지지가 청정하거나, 만약 수·화·풍·공·식계가 청정하거나, 만약 법계가 청정하다면, 무이이고

둘로 나눌 수 없으며 분별이 없고 단절도 없는 까닭이니라.

선현이여. 일체지지가 청정한 까닭으로 무명이 청정하고, 무명이 청정한 까닭으로 법계가 청정하니라. 왜 그러한가? 만약 일체지지가 청정하거나, 만약 무명이 청정하거나, 만약 법계가 청정하다면, 무이이고 둘로 나눌 수 없으며 분별이 없고 단절도 없는 까닭이니라. 일체지지가 청정한 까닭으로 행·식·명색·육처·촉·수·애·취·유·생·노사의 수탄고우뇌가 청정하고, 행, 나아가 노사의 수탄고우뇌가 청정한 까닭으로 법계가 청정하니라. 왜 그러한가? 만약 일체지지가 청정하거나, 만약 행, 나아가 노사의 수탄고우뇌가 청정하거나, 만약 법계가 청정하다면, 무이이고 둘로 나눌 수 없으며 분별이 없고 단절도 없는 까닭이니라.

선현이여. 일체지지가 청정한 까닭으로 보시바라밀다가 청정하고, 보시바라밀다가 청정한 까닭으로 법계가 청정하니라. 왜 그러한가? 만약 일체지지가 청정하거나, 만약 보시바라밀다가 청정하거나, 만약 법계가 청정하다면, 무이이고 둘로 나눌 수 없으며 분별이 없고 단절도 없는 까닭이니라. 일체지지가 청정한 까닭으로 정계·안인·정진·정려·반야바라밀다가 청정하고, 정계, 나아가 반야바라밀다가 청정한 까닭으로 법계가 청정하니라. 왜 그러한가? 만약 일체지지가 청정하거나, 만약 정계, 나아가 반야바라밀다가 청정하거나, 만약 법계가 청정하다면, 무이이고 둘로 나눌 수 없으며 분별이 없고 단절도 없는 까닭이니라.

선현이여. 일체지지가 청정한 까닭으로 내공이 청정하고, 내공이 청정한 까닭으로 법계가 청정하니라. 왜 그러한가? 만약 일체지지가 청정하거나, 만약 내공이 청정하거나, 만약 법계가 청정하다면, 무이이고 둘로 나눌 수 없으며 분별이 없고 단절도 없는 까닭이니라. 일체지지가 청정한 까닭으로 외공·내외공·공공·대공·승의공·유위공·무위공·필경공·무제공·산공·무변이공·본성공·자상공·공상공·일체법공·불가득공·무성공·자성공·무성자성공이 청정하고, 외공, 나아가 무성자성공이 청정한 까닭으로 법계가 청정하니라. 왜 그러한가? 만약 일체지지가 청정하거나, 만약 외공, 나아가 무성자성공이 청정하거나, 만약 법계가 청정하다면,

무이이고 둘로 나눌 수 없으며 분별이 없고 단절도 없는 까닭이니라.

선현이여. 일체지지가 청정한 까닭으로 진여가 청정하고, 진여가 청정한 까닭으로 법계가 청정하니라. 왜 그러한가? 만약 일체지지가 청정하거나, 만약 진여가 청정하거나, 만약 법계가 청정하다면, 무이이고 둘로 나눌 수 없으며 분별이 없고 단절도 없는 까닭이니라. 일체지지가 청정한 까닭으로 법성·불허망성·불변이성·평등성·이생성·법정·법주·실제·허공계·부사의계가 청정하고 법성, 나아가 부사의계가 청정한 까닭으로 법계가 청정하니라. 왜 그러한가? 만약 일체지지가 청정하거나, 만약 법성, 나아가 부사의계가 청정하거나, 만약 법계가 청정하다면, 무이이고 둘로 나눌 수 없으며 분별이 없고 단절도 없는 까닭이니라.

선현이여. 일체지지가 청정한 까닭으로 고성제가 청정하고, 고성제가 청정한 까닭으로 법계가 청정하니라. 왜 그러한가? 만약 일체지지가 청정하거나, 만약 고성제가 청정하거나, 만약 법계가 청정하다면, 무이이고 둘로 나눌 수 없으며 분별이 없고 단절도 없는 까닭이니라. 일체지지가 청정한 까닭으로 집·멸·도성제가 청정하고, 집·멸·도성제가 청정한 까닭으로 법계가 청정하니라. 왜 그러한가? 만약 일체지지가 청정하거나, 만약 집·멸·도성제가 청정하거나, 만약 법계가 청정하다면, 무이이고 둘로 나눌 수 없으며 분별이 없고 단절도 없는 까닭이니라.

선현이여. 일체지지가 청정한 까닭으로 4정려가 청정하고, 4정려가 청정한 까닭으로 법계가 청정하니라. 왜 그러한가? 만약 일체지지가 청정하거나, 만약 4정려가 청정하거나, 만약 법계가 청정하다면, 무이이고 둘로 나눌 수 없으며 분별이 없고 단절도 없는 까닭이니라. 일체지지가 청정한 까닭으로 4무량·4무색정이 청정하고, 4무량·4무색정이 청정한 까닭으로 법계가 청정하니라. 왜 그러한가? 만약 일체지지가 청정하거나, 만약 4무량·4무색정이 청정하거나, 만약 법계가 청정하다면, 무이이고 둘로 나눌 수 없으며 분별이 없고 단절도 없는 까닭이니라.

선현이여. 일체지지가 청정한 까닭으로 8해탈이 청정하고, 8해탈이 청정한 까닭으로 법계가 청정하니라. 왜 그러한가? 만약 일체지지가 청정하거나, 만약 8해탈이 청정하거나, 만약 법계가 청정하다면, 무이이고 둘로 나눌 수 없으며 분별이 없고 단절도 없는 까닭이니라. 일체지지가 청정한 까닭으로 8승처·9차제정·10변처가 청정하고, 8승처·9차제정·10변처가 청정한 까닭으로 법계가 청정하니라. 왜 그러한가? 만약 일체지지가 청정하거나, 만약 8승처·9차제정·10변처가 청정하거나, 만약 법계가 청정하다면, 무이이고 둘로 나눌 수 없으며 분별이 없고 단절도 없는 까닭이니라.

선현이여. 일체지지가 청정한 까닭으로 4념주가 청정하고, 4념주가 청정한 까닭으로 법계가 청정하니라. 왜 그러한가? 만약 일체지지가 청정하거나, 만약 4념주가 청정하거나, 만약 법계가 청정하다면, 무이이고 둘로 나눌 수 없으며 분별이 없고 단절도 없는 까닭이니라. 일체지지가 청정한 까닭으로 4정단·4신족·5근·5력·7등각지·8성도지가 청정하고, 4정단, 나아가 8성도지가 청정한 까닭으로 법계가 청정하니라. 왜 그러한가? 만약 일체지지가 청정하거나, 만약 4정단, 나아가 8성도지가 청정하거나, 만약 법계가 청정하다면, 무이이고 둘로 나눌 수 없으며 분별이 없고 단절도 없는 까닭이니라.

선현이여. 일체지지가 청정한 까닭으로 공해탈문이 청정하고, 공해탈문이 청정한 까닭으로 법계가 청정하니라. 왜 그러한가? 만약 일체지지가 청정하거나, 만약 공해탈문이 청정하거나, 만약 법계가 청정하다면, 무이이고 둘로 나눌 수 없으며 분별이 없고 단절도 없는 까닭이니라. 일체지지가 청정한 까닭으로 무상·무원해탈문이 청정하고, 무상·무원해탈문이 청정한 까닭으로 법계가 청정하니라. 왜 그러한가? 만약 일체지지가 청정하거나, 만약 무상·무원해탈문이 청정하거나, 만약 법계가 청정하다면, 무이이고 둘로 나눌 수 없으며 분별이 없고 단절도 없는 까닭이니라.

선현이여. 일체지지가 청정한 까닭으로 보살의 10지가 청정하고, 보살의 10지가 청정한 까닭으로 법계가 청정하니라. 왜 그러한가? 만약 일체지지가 청정하거나, 만약 보살의 10지가 청정하거나, 만약 법계가 청정하다면, 무이이고 둘로 나눌 수 없으며 분별이 없고 단절도 없는 까닭이니라.

선현이여. 일체지지가 청정한 까닭으로 5안이 청정하고, 5안이 청정한 까닭으로 법계가 청정하니라. 왜 그러한가? 만약 일체지지가 청정하거나, 만약 5안이 청정하거나, 만약 법계가 청정하다면, 무이이고 둘로 나눌 수 없으며 분별이 없고 단절도 없는 까닭이니라. 일체지지가 청정한 까닭으로 6신통이 청정하고, 6신통이 청정한 까닭으로 법계가 청정하니라. 왜 그러한가? 만약 일체지지가 청정하거나, 만약 6신통이 청정하거나, 만약 법계가 청정하다면, 무이이고 둘로 나눌 수 없으며 분별이 없고 단절도 없는 까닭이니라.

선현이여. 일체지지가 청정한 까닭으로 여래의 10력이 청정하고, 여래의 10력이 청정한 까닭으로 법계가 청정하니라. 왜 그러한가? 만약 일체지지가 청정하거나, 만약 여래의 10력이 청정하거나, 만약 법계가 청정하다면, 무이이고 둘로 나눌 수 없으며 분별이 없고 단절도 없는 까닭이니라. 일체지지가 청정한 까닭으로 4무소외·4무애해·대자·대비·대희·대사·18불불공법이 청정하고, 4무소외, 나아가 18불불공법이 청정한 까닭으로 법계가 청정하니라. 왜 그러한가? 만약 일체지지가 청정하거나, 만약 4무소외, 나아가 18불불공법이 청정하거나, 만약 법계가 청정하다면, 무이이고 둘로 나눌 수 없으며 분별이 없고 단절도 없는 까닭이니라.

선현이여. 일체지지가 청정한 까닭으로 무망실법이 청정하고, 무망실법이 청정한 까닭으로 법계가 청정하니라. 왜 그러한가? 만약 일체지지가 청정하거나, 만약 무망실법이 청정하거나, 만약 법계가 청정하다면, 무이이고 둘로 나눌 수 없으며 분별이 없고 단절도 없는 까닭이니라. 선현이여. 일체지지가 청정한 까닭으로 항주사성이 청정하고, 항주사성이 청정한 까닭으로 법계가 청정하니라. 왜 그러한가? 만약 일체지지가 청정하거나, 만약 항주사성이 청정하거나, 만약 법계가 청정하다면, 무이이고 둘로 나눌 수 없으며 분별이 없고 단절도 없는 까닭이니라.

선현이여. 일체지지가 청정한 까닭으로 일체지가 청정하고, 일체지가 청정한 까닭으로 법계가 청정하니라. 왜 그러한가? 만약 일체지지가 청정하거나, 만약 일체지가 청정하거나, 만약 법계가 청정하다면, 무이고 둘로 나눌 수 없으며 분별이 없고 단절도 없는 까닭이니라. 일체지지가 청정한 까닭으로 도상지·일체상지가 청정하고, 도상지·일체상지가 청정한 까닭으로 법계가 청정하니라. 왜 그러한가? 만약 일체지지가 청정하거나, 만약 도상지·일체상지가 청정하거나, 만약 법계가 청정하다면, 무이이고 둘로 나눌 수 없으며 분별이 없고 단절도 없는 까닭이니라.

선현이여. 일체지지가 청정한 까닭으로 일체의 다라니문이 청정하고, 일체의 다라니문이 청정한 까닭으로 법계가 청정하니라. 왜 그러한가? 만약 일체지지가 청정하거나, 만약 일체의 다라니문이 청정하거나, 만약 법계가 청정하다면, 무이이고 둘로 나눌 수 없으며 분별이 없고 단절도 없는 까닭이니라. 선현이여. 일체지지가 청정한 까닭으로 일체의 삼마지문이 청정하고, 일체의 삼마지문이 청정한 까닭으로 법계가 청정하니라. 왜 그러한가? 만약 일체지지가 청정하거나, 만약 일체의 삼마지문이 청정하거나, 만약 법계가 청정하다면, 무이이고 둘로 나눌 수 없으며 분별이 없고 단절도 없는 까닭이니라.

선현이여. 일체지지가 청정한 까닭으로 예류과가 청정하고, 예류과가 청정한 까닭으로 법계가 청정하니라. 왜 그러한가? 만약 일체지지가 청정하거나, 만약 예류과가 청정하거나, 만약 법계가 청정하다면, 무이이고 둘로 나눌 수 없으며 분별이 없고 단절도 없는 까닭이니라. 일체지지가 청정한 까닭으로 일래·불환·아라한과가 청정하고, 일래·불환·아라한과가 청정한 까닭으로 법계가 청정하니라. 왜 그러한가? 만약 일체지지가 청정하거나, 만약 일래·불환·아라한과가 청정하거나, 만약 법계가 청정하다면, 무이이고 둘로 나눌 수 없으며 분별이 없고 단절도 없는 까닭이니라.

선현이여. 일체지지가 청정한 까닭으로 독각의 보리가 청정하고, 독각의 보리가 청정한 까닭으로 법계가 청정하니라. 왜 그러한가? 만약 일체지지가 청정하거나, 만약 독각의 보리가 청정하거나, 만약 법계가 청정하다면, 무이이고 둘로 나눌 수 없으며 분별이 없고 단절도 없는 까닭이니라.

선현이여. 일체지지가 청정한 까닭으로 일체의 보살마하살의 행이 청정하고, 일체의 보살마하살의 행이 청정한 까닭으로 법계가 청정하니

라. 왜 그러한가? 만약 일체지지가 청정하거나, 만약 일체의 보살마하살의 행이 청정하거나, 만약 법계가 청정하다면, 무이이고 둘로 나눌 수 없으며 분별이 없고 단절도 없는 까닭이니라.

선현이여. 일체지지가 청정한 까닭으로 제불의 무상정등보리가 청정하고, 제불의 무상정등보리가 청정한 까닭으로 법계가 청정하니라. 왜 그러한가? 만약 일체지지가 청정하거나, 만약 제불의 무상정등보리가 청정하거나, 만약 법계가 청정하다면, 무이이고 둘로 나눌 수 없으며 분별이 없고 단절도 없는 까닭이니라."

"다시 다음으로 선현이여. 일체지지가 청정한 까닭으로 색이 청정하고, 색이 청정한 까닭으로 법성(法性)이 청정하니라. 왜 그러한가? 만약 일체지지가 청정하거나, 만약 색이 청정하거나, 만약 법성이 청정하다면, 무이이고 둘로 나눌 수 없으며 분별이 없고 단절도 없는 까닭이니라. 일체지지가 청정한 까닭으로 수·상·행·식이 청정하고, 수·상·행·식이 청정한 까닭으로 법성이 청정하니라. 왜 그러한가? 만약 일체지지가 청정하거나, 만약 수·상·행·식이 청정하거나, 만약 법성이 청정하다면, 무이이고 둘로 나눌 수 없으며 분별이 없고 단절도 없는 까닭이니라.

선현이여. 일체지지가 청정한 까닭으로 안처가 청정하고, 안처가 청정한 까닭으로 법성이 청정하니라. 왜 그러한가? 만약 일체지지가 청정하거나, 만약 안처가 청정하거나, 만약 법성이 청정하다면, 무이이고 둘로 나눌 수 없으며 분별이 없고 단절도 없는 까닭이니라. 일체지지가 청정한 까닭으로 이·비·설·신·의처가 청정하고, 이·비·설·신·의처가 청정한 까닭으로 법성이 청정하니라. 왜 그러한가? 만약 일체지지가 청정하거나, 만약 이·비·설·신·의처가 청정하거나, 만약 법성이 청정하다면, 무이이고 둘로 나눌 수 없으며 분별이 없고 단절도 없는 까닭이니라.

선현이여. 일체지지가 청정한 까닭으로 색처가 청정하고, 색처가 청정한 까닭으로 법성이 청정하니라. 왜 그러한가? 만약 일체지지가 청정하거나, 만약 색처가 청정하거나, 만약 법성이 청정하다면, 무이이고 둘로 나눌 수 없으며 분별이 없고 단절도 없는 까닭이니라. 일체지지가 청정한 까닭으로 성·향·미·촉·법처가 청정하고, 성·향·미·촉·법처가 청정한 까닭으로 법성이 청정하니라. 왜 그러한가? 만약 일체지지가 청정하거나, 만약 성·향·미·촉·법처가 청정하거나, 만약 법성이 청정하다면, 무이이고 둘로 나눌 수 없으며 분별이 없고 단절도 없는 까닭이니라.

선현이여. 일체지지가 청정한 까닭으로 안계가 청정하고, 안계가 청정한 까닭으로 법성이 청정하니라. 왜 그러한가? 만약 일체지지가 청정하거나, 만약 안계가 청정하거나, 만약 법성이 청정하다면, 무이이고 둘로 나눌 수 없으며 분별이 없고 단절도 없는 까닭이니라. 일체지지가 청정한 까닭으로 색계·안식계, 나아가 안촉·안촉을 인연으로 생겨난 여러 수가 청정하고, 색계, 나아가 안촉을 인연으로 생겨난 여러 수가 청정한 까닭으로 법성이 청정하니라. 왜 그러한가? 만약 일체지지가 청정하거나, 만약 색계, 나아가 안촉을 인연으로 생겨난 여러 수가 청정하거나, 만약 법성이 청정하다면, 무이이고 둘로 나눌 수 없으며 분별이 없고 단절도 없는 까닭이니라.

선현이여. 일체지지가 청정한 까닭으로 이계가 청정하고, 이계가 청정한 까닭으로 법성이 청정하니라. 왜 그러한가? 만약 일체지지가 청정하거나, 만약 이계가 청정하거나, 만약 법성이 청정하다면, 무이이고 둘로 나눌 수 없으며 분별이 없고 단절도 없는 까닭이니라. 일체지지가 청정한 까닭으로 성계·이식계, 나아가 이촉·이촉을 인연으로 생겨난 여러 수가 청정하고, 성계, 나아가 이촉을 인연으로 생겨난 여러 수가 청정한 까닭으로 법성이 청정하니라. 왜 그러한가? 만약 일체지지가 청정하거나, 만약 성계, 나아가 이촉을 인연으로 생겨난 여러 수가 청정하거나, 만약 법성이 청정하다면, 무이이고 둘로 나눌 수 없으며 분별이 없고 단절도 없는 까닭이니라.

선현이여. 일체지지가 청정한 까닭으로 비계가 청정하고, 비계가 청정한 까닭으로 법성이 청정하니라. 왜 그러한가? 만약 일체지지가 청정하거나, 만약 비계가 청정하거나, 만약 법성이 청정하다면, 무이이고 둘로 나눌 수 없으며 분별이 없고 단절도 없는 까닭이니라. 일체지지가 청정한 까닭으로 향계·비식계, 나아가 비촉·비촉을 인연으로 생겨난 여러 수가 청정하고, 향계, 나아가 비촉을 인연으로 생겨난 여러 수가 청정한 까닭으로 법성이 청정하니라. 왜 그러한가? 만약 일체지지가 청정하거나, 만약 향계, 나아가 비촉을 인연으로 생겨난 여러 수가 청정하거나, 만약 법성이 청정하다면, 무이이고 둘로 나눌 수 없으며 분별이 없고 단절도 없는 까닭이니라.

선현이여. 일체지지가 청정한 까닭으로 설계가 청정하고, 설계가 청정한 까닭으로 법성이 청정하니라. 왜 그러한가? 만약 일체지지가 청정하거나, 만약 설계가 청정하거나, 만약 법성이 청정하다면, 무이이고 둘로 나눌 수 없으며 분별이 없고 단절도 없는 까닭이니라. 일체지지가 청정한 까닭으로 미계·설식계, 나아가 설촉·설촉을 인연으로 생겨난 여러 수가 청정하고, 미계, 나아가 설촉을 인연으로 생겨난 여러 수가 청정한 까닭으로 법성이 청정하니라. 왜 그러한가? 만약 일체지지가 청정하거나, 만약 미계, 나아가 설촉을 인연으로 생겨난 여러 수가 청정하거나, 만약 법성이 청정하다면, 무이이고 둘로 나눌 수 없으며 분별이 없고 단절도 없는 까닭이니라.

선현이여. 일체지지가 청정한 까닭으로 신계가 청정하고, 신계가 청정한 까닭으로 법성이 청정하니라. 왜 그러한가? 만약 일체지지가 청정하거나, 만약 신계가 청정하거나, 만약 법성이 청정하다면, 무이이고 둘로 나눌 수 없으며 분별이 없고 단절도 없는 까닭이니라. 일체지지가 청정한 까닭으로 촉계·신식계, 나아가 신촉·신촉을 인연으로 생겨난 여러 수가 청정하고, 촉계, 나아가 신촉을 인연으로 생겨난 여러 수가 청정한 까닭으로 법성이 청정하니라. 왜 그러한가? 만약 일체지지가 청정하거나, 만약 촉계, 나아가 신촉을 인연으로 생겨난 여러 수가 청정하거나, 만약 법성이 청정하다면, 무이이고 둘로 나눌 수 없으며 분별이 없고 단절도 없는 까닭이니라.

선현이여. 일체지지가 청정한 까닭으로 의계가 청정하고, 의계가 청정

한 까닭으로 법성이 청정하니라. 왜 그러한가? 만약 일체지지가 청정하거나, 만약 의계가 청정하거나, 만약 법성이 청정하다면, 무이이고 둘로 나눌 수 없으며 분별이 없고 단절도 없는 까닭이니라. 일체지지가 청정한 까닭으로 법계·의식계, 나아가 의촉·의촉을 인연으로 생겨난 여러 수가 청정하고, 법계, 나아가 의촉을 인연으로 생겨난 여러 수가 청정한 까닭으로 법성이 청정하니라. 왜 그러한가? 만약 일체지지가 청정하거나, 만약 법계, 나아가 의촉을 인연으로 생겨난 여러 수가 청정하거나, 만약 법성이 청정하다면, 무이이고 둘로 나눌 수 없으며 분별이 없고 단절도 없는 까닭이니라.

선현이여. 일체지지가 청정한 까닭으로 지계가 청정하고, 지계가 청정한 까닭으로 법성이 청정하니라. 왜 그러한가? 만약 일체지지가 청정하거나, 만약 지계가 청정하거나, 만약 법성이 청정하다면, 무이이고 둘로 나눌 수 없으며 분별이 없고 단절도 없는 까닭이니라. 일체지지가 청정한 까닭으로 수·화·풍·공·식계가 청정하고, 수·화·풍·공·식계가 청정한 까닭으로 법성이 청정하니라. 왜 그러한가? 만약 일체지지가 청정하거나, 만약 수·화·풍·공·식계가 청정하거나, 만약 법성이 청정하다면, 무이이고 둘로 나눌 수 없으며 분별이 없고 단절도 없는 까닭이니라.

선현이여. 일체지지가 청정한 까닭으로 무명이 청정하고, 무명이 청정한 까닭으로 법성이 청정하니라. 왜 그러한가? 만약 일체지지가 청정하거나, 만약 무명이 청정하거나, 만약 법성이 청정하다면, 무이이고 둘로 나눌 수 없으며 분별이 없고 단절도 없는 까닭이니라. 일체지지가 청정한 까닭으로 행·식·명색·육처·촉·수·애·취·유·생·노사의 수탄고우뇌가 청정하고, 행, 나아가 노사의 수탄고우뇌가 청정한 까닭으로 법성이 청정하니라. 왜 그러한가? 만약 일체지지가 청정하거나, 만약 행, 나아가 노사의 수탄고우뇌가 청정하거나, 만약 법성이 청정하다면, 무이이고 둘로 나눌 수 없으며 분별이 없고 단절도 없는 까닭이니라.

선현이여. 일체지지가 청정한 까닭으로 보시바라밀다가 청정하고, 보시바라밀다가 청정한 까닭으로 법성이 청정하니라. 왜 그러한가? 만약 일체지지가 청정하거나, 만약 보시바라밀다가 청정하거나, 만약 법성이 청정하다면, 무이이고 둘로 나눌 수 없으며 분별이 없고 단절도 없는 까닭이니라. 일체지지가 청정한 까닭으로 정계·안인·정진·정려·반야바라밀다가 청정하고, 정계, 나아가 반야바라밀다가 청정한 까닭으로 법성이 청정하니라. 왜 그러한가? 만약 일체지지가 청정하거나, 만약 정계, 나아가 반야바라밀다가 청정하거나, 만약 법성이 청정하다면, 무이이고 둘로 나눌 수 없으며 분별이 없고 단절도 없는 까닭이니라.

선현이여. 일체지지가 청정한 까닭으로 내공이 청정하고, 내공이 청정한 까닭으로 법성이 청정하니라. 왜 그러한가? 만약 일체지지가 청정하거나, 만약 내공이 청정하거나, 만약 법성이 청정하다면, 무이이고 둘로 나눌 수 없으며 분별이 없고 단절도 없는 까닭이니라. 일체지지가 청정한 까닭으로 외공·내외공·공공·대공·승의공·유위공·무위공·필경공·무제공·산공·무변이공·본성공·자상공·공상공·일체법공·불가득공·무성공·자성공·무성자성공이 청정하고, 외공, 나아가 무성자성공이 청정한 까닭으로 법성이 청정하니라. 왜 그러한가? 만약 일체지지가 청정하거나, 만약 외공, 나아가 무성자성공이 청정하거나, 만약 법성이 청정하다면, 무이이고 둘로 나눌 수 없으며 분별이 없고 단절도 없는 까닭이니라.

선현이여. 일체지지가 청정한 까닭으로 진여가 청정하고, 진여가 청정한 까닭으로 법성이 청정하니라. 왜 그러한가? 만약 일체지지가 청정하거나, 만약 진여가 청정하거나, 만약 법성이 청정하다면, 무이이고 둘로 나눌 수 없으며 분별이 없고 단절도 없는 까닭이니라. 일체지지가 청정한 까닭으로 법계·불허망성·불변이성·평등성·이생성·법정·법주·실제·허공계·부사의계가 청정하고 법계, 나아가 부사의계가 청정한 까닭으로 법성이 청정하니라. 왜 그러한가? 만약 일체지지가 청정하거나, 만약 법계, 나아가 부사의계가 청정하거나, 만약 법성이 청정하다면, 무이이고 둘로 나눌 수 없으며 분별이 없고 단절도 없는 까닭이니라.

선현이여. 일체지지가 청정한 까닭으로 고성제가 청정하고, 고성제가 청정한 까닭으로 법성이 청정하니라. 왜 그러한가? 만약 일체지지가 청정하거나, 만약 고성제가 청정하거나, 만약 법성이 청정하다면, 무이이고 둘로 나눌 수 없으며 분별이 없고 단절도 없는 까닭이니라. 일체지지가 청정한 까닭으로 집·멸·도성제가 청정하고, 집·멸·도성제가 청정한 까닭으로 법성이 청정하니라. 왜 그러한가? 만약 일체지지가 청정하거나, 만약 집·멸·도성제가 청정하거나, 만약 법성이 청정하다면, 무이이고 둘로 나눌 수 없으며 분별이 없고 단절도 없는 까닭이니라.

선현이여. 일체지지가 청정한 까닭으로 4정려가 청정하고, 4정려가 청정한 까닭으로 법성이 청정하니라. 왜 그러한가? 만약 일체지지가 청정하거나, 만약 4정려가 청정하거나, 만약 법성이 청정하다면, 무이이고 둘로 나눌 수 없으며 분별이 없고 단절도 없는 까닭이니라. 일체지지가 청정한 까닭으로 4무량·4무색정이 청정하고, 4무량·4무색정이 청정한 까닭으로 법성이 청정하니라. 왜 그러한가? 만약 일체지지가 청정하거나, 만약 4무량·4무색정이 청정하거나, 만약 법성이 청정하다면, 무이이고 둘로 나눌 수 없으며 분별이 없고 단절도 없는 까닭이니라.

선현이여. 일체지지가 청정한 까닭으로 8해탈이 청정하고, 8해탈이 청정한 까닭으로 법성이 청정하니라. 왜 그러한가? 만약 일체지지가 청정하거나, 만약 8해탈이 청정하거나, 만약 법성이 청정하다면, 무이이고 둘로 나눌 수 없으며 분별이 없고 단절도 없는 까닭이니라. 일체지지가 청정한 까닭으로 8승처·9차제정·10변처가 청정하고, 8승처·9차제정·10변처가 청정한 까닭으로 법성이 청정하니라. 왜 그러한가? 만약 일체지지가 청정하거나, 만약 8승처·9차제정·10변처가 청정하거나, 만약 법성이 청정하다면, 무이이고 둘로 나눌 수 없으며 분별이 없고 단절도 없는 까닭이니라.

선현이여. 일체지지가 청정한 까닭으로 4념주가 청정하고, 4념주가 청정한 까닭으로 법성이 청정하니라. 왜 그러한가? 만약 일체지지가 청정하거나, 만약 4념주가 청정하거나, 만약 법성이 청정하다면, 무이이고 둘로 나눌 수 없으며 분별이 없고 단절도 없는 까닭이니라. 일체지지가 청정한 까닭으로 4정단·4신족·5근·5력·7등각지·8성도지가 청정하고,

4정단, 나아가 8성도지가 청정한 까닭으로 법성이 청정하니라. 왜 그러한가? 만약 일체지지가 청정하거나, 만약 4정단, 나아가 8성도지가 청정하거나, 만약 법성이 청정하다면, 무이이고 둘로 나눌 수 없으며 분별이 없고 단절도 없는 까닭이니라.

선현이여. 일체지지가 청정한 까닭으로 공해탈문이 청정하고, 공해탈문이 청정한 까닭으로 법성이 청정하니라. 왜 그러한가? 만약 일체지지가 청정하거나, 만약 공해탈문이 청정하거나, 만약 법성이 청정하다면, 무이이고 둘로 나눌 수 없으며 분별이 없고 단절도 없는 까닭이니라. 일체지지가 청정한 까닭으로 무상·무원해탈문이 청정하고, 무상·무원해탈문이 청정한 까닭으로 법성이 청정하니라. 왜 그러한가? 만약 일체지지가 청정하거나, 만약 무상·무원해탈문이 청정하거나, 만약 법성이 청정하다면, 무이이고 둘로 나눌 수 없으며 분별이 없고 단절도 없는 까닭이니라.

선현이여. 일체지지가 청정한 까닭으로 보살의 10지가 청정하고, 보살의 10지가 청정한 까닭으로 법성이 청정하니라. 왜 그러한가? 만약 일체지지가 청정하거나, 만약 보살의 10지가 청정하거나, 만약 법성이 청정하다면, 무이이고 둘로 나눌 수 없으며 분별이 없고 단절도 없는 까닭이니라.

선현이여. 일체지지가 청정한 까닭으로 5안이 청정하고, 5안이 청정한 까닭으로 법성이 청정하니라. 왜 그러한가? 만약 일체지지가 청정하거나, 만약 5안이 청정하거나, 만약 법성이 청정하다면, 무이이고 둘로 나눌 수 없으며 분별이 없고 단절도 없는 까닭이니라. 일체지지가 청정한 까닭으로 6신통이 청정하고, 6신통이 청정한 까닭으로 법성이 청정하니라. 왜 그러한가? 만약 일체지지가 청정하거나, 만약 6신통이 청정하거나, 만약 법성이 청정하다면, 무이이고 둘로 나눌 수 없으며 분별이 없고 단절도 없는 까닭이니라.

선현이여. 일체지지가 청정한 까닭으로 여래의 10력이 청정하고, 여래의 10력이 청정한 까닭으로 법성이 청정하니라. 왜 그러한가? 만약 일체지지가 청정하거나, 만약 여래의 10력이 청정하거나, 만약 법성이 청정하다면, 무이이고 둘로 나눌 수 없으며 분별이 없고 단절도 없는 까닭이니라.

일체지지가 청정한 까닭으로 4무소외·4무애해·대자·대비·대희·대사·18불불공법이 청정하고, 4무소외, 나아가 18불불공법이 청정한 까닭으로 법성이 청정하니라. 왜 그러한가? 만약 일체지지가 청정하거나, 만약 4무소외, 나아가 18불불공법이 청정하거나, 만약 법성이 청정하다면, 무이이고 둘로 나눌 수 없으며 분별이 없고 단절도 없는 까닭이니라.

선현이여. 일체지지가 청정한 까닭으로 무망실법이 청정하고, 무망실법이 청정한 까닭으로 법성이 청정하니라. 왜 그러한가? 만약 일체지지가 청정하거나, 만약 무망실법이 청정하거나, 만약 법성이 청정하다면, 무이이고 둘로 나눌 수 없으며 분별이 없고 단절도 없는 까닭이니라. 선현이여. 일체지지가 청정한 까닭으로 항주사성이 청정하고, 항주사성이 청정한 까닭으로 법성이 청정하니라. 왜 그러한가? 만약 일체지지가 청정하거나, 만약 항주사성이 청정하거나, 만약 법성이 청정하다면, 무이이고 둘로 나눌 수 없으며 분별이 없고 단절도 없는 까닭이니라.

선현이여. 일체지지가 청정한 까닭으로 일체지가 청정하고, 일체지가 청정한 까닭으로 법성이 청정하니라. 왜 그러한가? 만약 일체지지가 청정하거나, 만약 일체지가 청정하거나, 만약 법성이 청정하다면, 무이이고 둘로 나눌 수 없으며 분별이 없고 단절도 없는 까닭이니라. 일체지지가 청정한 까닭으로 도상지·일체상지가 청정하고, 도상지·일체상지가 청정한 까닭으로 법성이 청정하니라. 왜 그러한가? 만약 일체지지가 청정하거나, 만약 도상지·일체상지가 청정하거나, 만약 법성이 청정하다면, 무이이고 둘로 나눌 수 없으며 분별이 없고 단절도 없는 까닭이니라.

선현이여. 일체지지가 청정한 까닭으로 일체의 다라니문이 청정하고, 일체의 다라니문이 청정한 까닭으로 법성이 청정하니라. 왜 그러한가? 만약 일체지지가 청정하거나, 만약 일체의 다라니문이 청정하거나, 만약 법성이 청정하다면, 무이이고 둘로 나눌 수 없으며 분별이 없고 단절도 없는 까닭이니라. 선현이여. 일체지지가 청정한 까닭으로 일체의 삼마지문이 청정하고, 일체의 삼마지문이 청정한 까닭으로 법성이 청정하니라. 왜 그러한가? 만약 일체지지가 청정하거나, 만약 일체의 삼마지문이 청정하거나, 만약 법성이 청정하다면, 무이이고 둘로 나눌 수 없으며 분별이 없고 단절도 없는 까닭이니라.

선현이여. 일체지지가 청정한 까닭으로 예류과가 청정하고, 예류과가 청정한 까닭으로 법성이 청정하니라. 왜 그러한가? 만약 일체지지가 청정하거나, 만약 예류과가 청정하거나, 만약 법성이 청정하다면, 무이이고 둘로 나눌 수 없으며 분별이 없고 단절도 없는 까닭이니라. 일체지지가 청정한 까닭으로 일래·불환·아라한과가 청정하고, 일래·불환·아라한과가 청정한 까닭으로 법성이 청정하니라. 왜 그러한가? 만약 일체지지가 청정하거나, 만약 일래·불환·아라한과가 청정하거나, 만약 법성이 청정하다면, 무이이고 둘로 나눌 수 없으며 분별이 없고 단절도 없는 까닭이니라.

선현이여. 일체지지가 청정한 까닭으로 독각의 보리가 청정하고, 독각의 보리가 청정한 까닭으로 법성이 청정하니라. 왜 그러한가? 만약 일체지지가 청정하거나, 만약 독각의 보리가 청정하거나, 만약 법성이 청정하다면, 무이이고 둘로 나눌 수 없으며 분별이 없고 단절도 없는 까닭이니라.

선현이여. 일체지지가 청정한 까닭으로 일체의 보살마하살의 행이 청정하고, 일체의 보살마하살의 행이 청정한 까닭으로 법성이 청정하니라. 왜 그러한가? 만약 일체지지가 청정하거나, 만약 일체의 보살마하살의 행이 청정하거나, 만약 법성이 청정하다면, 무이이고 둘로 나눌 수 없으며 분별이 없고 단절도 없는 까닭이니라.

선현이여. 일체지지가 청정한 까닭으로 제불의 무상정등보리가 청정하고, 제불의 무상정등보리가 청정한 까닭으로 법성이 청정하니라. 왜 그러한가? 만약 일체지지가 청정하거나, 만약 제불의 무상정등보리가 청정하거나, 만약 법성이 청정하다면, 무이이고 둘로 나눌 수 없으며 분별이 없고 단절도 없는 까닭이니라.”

“다시 다음으로 선현이여. 일체지지가 청정한 까닭으로 색이 청정하고, 색이 청정한 까닭으로 불허망성(不虛妄性)이 청정하니라. 왜 그러한가? 만약 일체지지가 청정하거나, 만약 색이 청정하거나, 만약 불허망성이 청정하다면, 무이이고 둘로 나눌 수 없으며 분별이 없고 단절도 없는 까닭이니라. 일체지지가 청정한 까닭으로 수·상·행·식이 청정하고, 수·상·행·식이 청정한 까닭으로 불허망성이 청정하니라. 왜 그러한가? 만약 일체지지가 청정하거나, 만약 수·상·행·식이 청정하거나, 만약 불허망성이 청정하다면, 무이이고 둘로 나눌 수 없으며 분별이 없고 단절도 없는 까닭이니라.

선현이여. 일체지지가 청정한 까닭으로 안처가 청정하고, 안처가 청정한 까닭으로 불허망성이 청정하니라. 왜 그러한가? 만약 일체지지가 청정하거나, 만약 안처가 청정하거나, 만약 불허망성이 청정하다면, 무이이고 둘로 나눌 수 없으며 분별이 없고 단절도 없는 까닭이니라. 일체지지가 청정한 까닭으로 이·비·설·신·의처가 청정하고, 이·비·설·신·의처가 청정한 까닭으로 불허망성이 청정하니라. 왜 그러한가? 만약 일체지지가 청정하거나, 만약 이·비·설·신·의처가 청정하거나, 만약 불허망성이 청정하다면, 무이이고 둘로 나눌 수 없으며 분별이 없고 단절도 없는 까닭이니라.

선현이여. 일체지지가 청정한 까닭으로 색처가 청정하고, 색처가 청정한 까닭으로 불허망성이 청정하니라. 왜 그러한가? 만약 일체지지가 청정하거나, 만약 색처가 청정하거나, 만약 불허망성이 청정하다면, 무이이고 둘로 나눌 수 없으며 분별이 없고 단절도 없는 까닭이니라. 일체지지가 청정한 까닭으로 성·향·미·촉·법처가 청정하고, 성·향·미·촉·법처가 청정한 까닭으로 불허망성이 청정하니라. 왜 그러한가? 만약 일체지지가 청정하거나, 만약 성·향·미·촉·법처가 청정하거나, 만약 불허망성이 청정하다면, 무이이고 둘로 나눌 수 없으며 분별이 없고 단절도 없는 까닭이니라.

선현이여. 일체지지가 청정한 까닭으로 안계가 청정하고, 안계가 청정한 까닭으로 불허망성이 청정하니라. 왜 그러한가? 만약 일체지지가 청정하거나, 만약 안계가 청정하거나, 만약 불허망성이 청정하다면, 무이이고 둘로 나눌 수 없으며 분별이 없고 단절도 없는 까닭이니라. 일체지지가 청정한 까닭으로 색계·안식계, 나아가 안촉·안촉을 인연으로 생겨난 여러 수가 청정하고, 색계, 나아가 안촉을 인연으로 생겨난 여러 수가 청정한 까닭으로 불허망성이 청정하니라. 왜 그러한가? 만약 일체지지가 청정하거나, 만약 색계, 나아가 안촉을 인연으로 생겨난 여러 수가 청정하거나, 만약 불허망성이 청정하다면, 무이이고 둘로 나눌 수 없으며 분별이 없고 단절도 없는 까닭이니라.

선현이여. 일체지지가 청정한 까닭으로 이계가 청정하고, 이계가 청정한 까닭으로 불허망성이 청정하니라. 왜 그러한가? 만약 일체지지가 청정하거나, 만약 이계가 청정하거나, 만약 불허망성이 청정하다면, 무이이고 둘로 나눌 수 없으며 분별이 없고 단절도 없는 까닭이니라. 일체지지가 청정한 까닭으로 성계·이식계, 나아가 이촉·이촉을 인연으로 생겨난 여러 수가 청정하고, 성계, 나아가 이촉을 인연으로 생겨난 여러 수가 청정한 까닭으로 불허망성이 청정하니라. 왜 그러한가? 만약 일체지지가 청정하거나, 만약 성계, 나아가 이촉을 인연으로 생겨난 여러 수가 청정하거나, 만약 불허망성이 청정하다면, 무이이고 둘로 나눌 수 없으며 분별이 없고 단절도 없는 까닭이니라.

선현이여. 일체지지가 청정한 까닭으로 비계가 청정하고, 비계가 청정한 까닭으로 불허망성이 청정하니라. 왜 그러한가? 만약 일체지지가 청정하거나, 만약 비계가 청정하거나, 만약 불허망성이 청정하다면, 무이이고 둘로 나눌 수 없으며 분별이 없고 단절도 없는 까닭이니라. 일체지지가 청정한 까닭으로 향계·비식계, 나아가 비촉·비촉을 인연으로 생겨난 여러 수가 청정하고, 향계, 나아가 비촉을 인연으로 생겨난 여러 수가 청정한 까닭으로 불허망성이 청정하니라. 왜 그러한가? 만약 일체지지가 청정하거나, 만약 향계, 나아가 비촉을 인연으로 생겨난 여러 수가 청정하거나, 만약 불허망성이 청정하다면, 무이이고 둘로 나눌 수 없으며 분별이 없고 단절도 없는 까닭이니라.

선현이여. 일체지지가 청정한 까닭으로 설계가 청정하고, 설계가 청정한 까닭으로 불허망성이 청정하니라. 왜 그러한가? 만약 일체지지가 청정하거나, 만약 설계가 청정하거나, 만약 불허망성이 청정하다면, 무이이고 둘로 나눌 수 없으며 분별이 없고 단절도 없는 까닭이니라. 일체지지가 청정한 까닭으로 미계·설식계, 나아가 설촉·설촉을 인연으로 생겨난 여러 수가 청정하고, 미계, 나아가 설촉을 인연으로 생겨난 여러 수가 청정한 까닭으로 불허망성이 청정하니라. 왜 그러한가? 만약 일체지지가 청정하거나, 만약 미계, 나아가 설촉을 인연으로 생겨난 여러 수가 청정하거나, 만약 불허망성이 청정하다면, 무이이고 둘로 나눌 수 없으며 분별이 없고 단절도 없는 까닭이니라.

선현이여. 일체지지가 청정한 까닭으로 신계가 청정하고, 신계가 청정한 까닭으로 불허망성이 청정하니라. 왜 그러한가? 만약 일체지지가 청정하거나, 만약 신계가 청정하거나, 만약 불허망성이 청정하다면, 무이이고 둘로 나눌 수 없으며 분별이 없고 단절도 없는 까닭이니라. 일체지지가 청정한 까닭으로 촉계·신식계, 나아가 신촉·신촉을 인연으로 생겨난 여러 수가 청정하고, 촉계, 나아가 신촉을 인연으로 생겨난 여러 수가 청정한 까닭으로 불허망성이 청정하니라. 왜 그러한가? 만약 일체지지가 청정하거나, 만약 촉계, 나아가 신촉을 인연으로 생겨난 여러 수가 청정하거나, 만약 불허망성이 청정하다면, 무이이고 둘로 나눌 수 없으며 분별이 없고 단절도 없는 까닭이니라.

선현이여. 일체지지가 청정한 까닭으로 의계가 청정하고, 의계가 청정한 까닭으로 불허망성이 청정하니라. 왜 그러한가? 만약 일체지지가 청정하거나, 만약 의계가 청정하거나, 만약 불허망성이 청정하다면, 무이이고 둘로 나눌 수 없으며 분별이 없고 단절도 없는 까닭이니라. 일체지지가 청정한 까닭으로 법계·의식계, 나아가 의촉·의촉을 인연으로 생겨난 여러 수가 청정하고, 법계, 나아가 의촉을 인연으로 생겨난 여러 수가 청정한 까닭으로 불허망성이 청정하니라. 왜 그러한가? 만약 일체지지가 청정하거나, 만약 법계, 나아가 의촉을 인연으로 생겨난 여러 수가 청정하거나, 만약 불허망성이 청정하다면, 무이이고 둘로 나눌 수 없으며 분별이 없고 단절도 없는 까닭이니라.”

마하반야바라밀다경 제259권

34. 난신해품(難信解品)(78)

"선현이여. 일체지지가 청정한 까닭으로 지계가 청정하고, 지계가 청정한 까닭으로 불허망성이 청정하니라. 왜 그러한가? 만약 일체지지가 청정하거나, 만약 지계가 청정하거나, 만약 불허망성이 청정하다면, 무이이고 둘로 나눌 수 없으며 분별이 없고 단절도 없는 까닭이니라. 일체지지가 청정한 까닭으로 수·화·풍·공·식계가 청정하고, 수·화·풍·공·식계가 청정한 까닭으로 불허망성이 청정하니라. 왜 그러한가? 만약 일체지지가 청정하거나, 만약 수·화·풍·공·식계가 청정하거나, 만약 불허망성이 청정하다면, 무이이고 둘로 나눌 수 없으며 분별이 없고 단절도 없는 까닭이니라.

선현이여. 일체지지가 청정한 까닭으로 무명이 청정하고, 무명이 청정한 까닭으로 불허망성이 청정하니라. 왜 그러한가? 만약 일체지지가 청정하거나, 만약 무명이 청정하거나, 만약 불허망성이 청정하다면, 무이이고 둘로 나눌 수 없으며 분별이 없고 단절도 없는 까닭이니라. 일체지지가 청정한 까닭으로 행·식·명색·육처·촉·수·애·취·유·생·노사의 수탄고우뇌가 청정하고, 행, 나아가 노사의 수탄고우뇌가 청정한 까닭으로 불허망성이 청정하니라. 왜 그러한가? 만약 일체지지가 청정하거나, 만약 행, 나아가 노사의 수탄고우뇌가 청정하거나, 만약 불허망성이 청정하다면, 무이이고 둘로 나눌 수 없으며 분별이 없고 단절도 없는 까닭이니라.

선현이여. 일체지지가 청정한 까닭으로 보시바라밀다가 청정하고, 보시바라밀다가 청정한 까닭으로 불허망성이 청정하니라. 왜 그러한가?

만약 일체지지가 청정하거나, 만약 보시바라밀다가 청정하거나, 만약 불허망성이 청정하다면, 무이이고 둘로 나눌 수 없으며 분별이 없고 단절도 없는 까닭이니라. 일체지지가 청정한 까닭으로 정계·안인·정진·정려·반야바라밀다가 청정하고, 정계, 나아가 반야바라밀다가 청정한 까닭으로 불허망성이 청정하니라. 왜 그러한가? 만약 일체지지가 청정하거나, 만약 정계, 나아가 반야바라밀다가 청정하거나, 만약 불허망성이 청정하다면, 무이이고 둘로 나눌 수 없으며 분별이 없고 단절도 없는 까닭이니라.

선현이여. 일체지지가 청정한 까닭으로 내공이 청정하고, 내공이 청정한 까닭으로 불허망성이 청정하니라. 왜 그러한가? 만약 일체지지가 청정하거나, 만약 내공이 청정하거나, 만약 불허망성이 청정하다면, 무이이고 둘로 나눌 수 없으며 분별이 없고 단절도 없는 까닭이니라. 일체지지가 청정한 까닭으로 외공·내외공·공공·대공·승의공·유위공·무위공·필경공·무제공·산공·무변이공·본성공·자상공·공상공·일체법공·불가득공·무성공·자성공·무성자성공이 청정하고, 외공, 나아가 무성자성공이 청정한 까닭으로 불허망성이 청정하니라. 왜 그러한가? 만약 일체지지가 청정하거나, 만약 외공, 나아가 무성자성공이 청정하거나, 만약 불허망성이 청정하다면, 무이이고 둘로 나눌 수 없으며 분별이 없고 단절도 없는 까닭이니라.

선현이여. 일체지지가 청정한 까닭으로 진여가 청정하고, 진여가 청정한 까닭으로 불허망성이 청정하니라. 왜 그러한가? 만약 일체지지가 청정하거나, 만약 진여가 청정하거나, 만약 불허망성이 청정하다면, 무이이고 둘로 나눌 수 없으며 분별이 없고 단절도 없는 까닭이니라. 일체지지가 청정한 까닭으로 법계·법성·불변이성·평등성·이생성·법정·법주·실제·허공계·부사의계가 청정하고 법계, 나아가 부사의계가 청정한 까닭으로 불허망성이 청정하니라. 왜 그러한가? 만약 일체지지가 청정하거나, 만약 법계, 나아가 부사의계가 청정하거나, 만약 불허망성이 청정하다면, 무이이고 둘로 나눌 수 없으며 분별이 없고 단절도 없는 까닭이니라.

선현이여. 일체지지가 청정한 까닭으로 고성제가 청정하고, 고성제가 청정한 까닭으로 불허망성이 청정하니라. 왜 그러한가? 만약 일체지지가 청정하거나, 만약 고성제가 청정하거나, 만약 불허망성이 청정하다면, 무이이고 둘로 나눌 수 없으며 분별이 없고 단절도 없는 까닭이니라. 일체지지가 청정한 까닭으로 집·멸·도성제가 청정하고, 집·멸·도성제가 청정한 까닭으로 불허망성이 청정하니라. 왜 그러한가? 만약 일체지지가 청정하거나, 만약 집·멸·도성제가 청정하거나, 만약 불허망성이 청정하다면, 무이이고 둘로 나눌 수 없으며 분별이 없고 단절도 없는 까닭이니라.

선현이여. 일체지지가 청정한 까닭으로 4정려가 청정하고, 4정려가 청정한 까닭으로 불허망성이 청정하니라. 왜 그러한가? 만약 일체지지가 청정하거나, 만약 4정려가 청정하거나, 만약 불허망성이 청정하다면, 무이이고 둘로 나눌 수 없으며 분별이 없고 단절도 없는 까닭이니라. 일체지지가 청정한 까닭으로 4무량·4무색정이 청정하고, 4무량·4무색정이 청정한 까닭으로 불허망성이 청정하니라. 왜 그러한가? 만약 일체지지가 청정하거나, 만약 4무량·4무색정이 청정하거나, 만약 불허망성이 청정하다면, 무이이고 둘로 나눌 수 없으며 분별이 없고 단절도 없는 까닭이니라.

선현이여. 일체지지가 청정한 까닭으로 8해탈이 청정하고, 8해탈이 청정한 까닭으로 불허망성이 청정하니라. 왜 그러한가? 만약 일체지지가 청정하거나, 만약 8해탈이 청정하거나, 만약 불허망성이 청정하다면, 무이이고 둘로 나눌 수 없으며 분별이 없고 단절도 없는 까닭이니라. 일체지지가 청정한 까닭으로 8승처·9차제정·10변처가 청정하고, 8승처·9차제정·10변처가 청정한 까닭으로 불허망성이 청정하니라. 왜 그러한가? 만약 일체지지가 청정하거나, 만약 8승처·9차제정·10변처가 청정하거나, 만약 불허망성이 청정하다면, 무이이고 둘로 나눌 수 없으며 분별이 없고 단절도 없는 까닭이니라.

선현이여. 일체지지가 청정한 까닭으로 4념주가 청정하고, 4념주가 청정한 까닭으로 불허망성이 청정하니라. 왜 그러한가? 만약 일체지지가 청정하거나, 만약 4념주가 청정하거나, 만약 불허망성이 청정하다면,

무이이고 둘로 나눌 수 없으며 분별이 없고 단절도 없는 까닭이니라. 일체지지가 청정한 까닭으로 4정단·4신족·5근·5력·7등각지·8성도지가 청정하고, 4정단, 나아가 8성도지가 청정한 까닭으로 불허망성이 청정하니라. 왜 그러한가? 만약 일체지지가 청정하거나, 만약 4정단, 나아가 8성도지가 청정하거나, 만약 불허망성이 청정하다면, 무이이고 둘로 나눌 수 없으며 분별이 없고 단절도 없는 까닭이니라.

선현이여. 일체지지가 청정한 까닭으로 공해탈문이 청정하고, 공해탈문이 청정한 까닭으로 불허망성이 청정하니라. 왜 그러한가? 만약 일체지지가 청정하거나, 만약 공해탈문이 청정하거나, 만약 불허망성이 청정하다면, 무이이고 둘로 나눌 수 없으며 분별이 없고 단절도 없는 까닭이니라. 일체지지가 청정한 까닭으로 무상·무원해탈문이 청정하고, 무상·무원해탈문이 청정한 까닭으로 불허망성이 청정하니라. 왜 그러한가? 만약 일체지지가 청정하거나, 만약 무상·무원해탈문이 청정하거나, 만약 불허망성이 청정하다면, 무이이고 둘로 나눌 수 없으며 분별이 없고 단절도 없는 까닭이니라.

선현이여. 일체지지가 청정한 까닭으로 보살의 10지가 청정하고, 보살의 10지가 청정한 까닭으로 불허망성이 청정하니라. 왜 그러한가? 만약 일체지지가 청정하거나, 만약 보살의 10지가 청정하거나, 만약 불허망성이 청정하다면, 무이이고 둘로 나눌 수 없으며 분별이 없고 단절도 없는 까닭이니라.

선현이여. 일체지지가 청정한 까닭으로 5안이 청정하고, 5안이 청정한 까닭으로 불허망성이 청정하니라. 왜 그러한가? 만약 일체지지가 청정하거나, 만약 5안이 청정하거나, 만약 불허망성이 청정하다면, 무이이고 둘로 나눌 수 없으며 분별이 없고 단절도 없는 까닭이니라. 일체지지가 청정한 까닭으로 6신통이 청정하고, 6신통이 청정한 까닭으로 불허망성이 청정하니라. 왜 그러한가? 만약 일체지지가 청정하거나, 만약 6신통이 청정하거나, 만약 불허망성이 청정하다면, 무이이고 둘로 나눌 수 없으며 분별이 없고 단절도 없는 까닭이니라.

선현이여. 일체지지가 청정한 까닭으로 여래의 10력이 청정하고, 여래의 10력이 청정한 까닭으로 불허망성이 청정하니라. 왜 그러한가? 만약 일체지지가 청정하거나, 만약 여래의 10력이 청정하거나, 만약 불허망성이 청정하다면, 무이이고 둘로 나눌 수 없으며 분별이 없고 단절도 없는 까닭이니라. 일체지지가 청정한 까닭으로 4무소외·4무애해·대자·대비·대희·대사·18불불공법이 청정하고, 4무소외, 나아가 18불불공법이 청정한 까닭으로 불허망성이 청정하니라. 왜 그러한가? 만약 일체지지가 청정하거나, 만약 4무소외, 나아가 18불불공법이 청정하거나, 만약 불허망성이 청정하다면, 무이이고 둘로 나눌 수 없으며 분별이 없고 단절도 없는 까닭이니라.

선현이여. 일체지지가 청정한 까닭으로 무망실법이 청정하고, 무망실법이 청정한 까닭으로 불허망성이 청정하니라. 왜 그러한가? 만약 일체지지가 청정하거나, 만약 무망실법이 청정하거나, 만약 불허망성이 청정하다면, 무이이고 둘로 나눌 수 없으며 분별이 없고 단절도 없는 까닭이니라. 선현이여. 일체지지가 청정한 까닭으로 항주사성이 청정하고, 항주사성이 청정한 까닭으로 불허망성이 청정하니라. 왜 그러한가? 만약 일체지지가 청정하거나, 만약 항주사성이 청정하거나, 만약 불허망성이 청정하다면, 무이이고 둘로 나눌 수 없으며 분별이 없고 단절도 없는 까닭이니라.

선현이여. 일체지지가 청정한 까닭으로 일체지가 청정하고, 일체지가 청정한 까닭으로 불허망성이 청정하니라. 왜 그러한가? 만약 일체지지가 청정하거나, 만약 일체지가 청정하거나, 만약 불허망성이 청정하다면, 무이이고 둘로 나눌 수 없으며 분별이 없고 단절도 없는 까닭이니라. 일체지지가 청정한 까닭으로 도상지·일체상지가 청정하고, 도상지·일체상지가 청정한 까닭으로 불허망성이 청정하니라. 왜 그러한가? 만약 일체지지가 청정하거나, 만약 도상지·일체상지가 청정하거나, 만약 불허망성이 청정하다면, 무이이고 둘로 나눌 수 없으며 분별이 없고 단절도 없는 까닭이니라.

선현이여. 일체지지가 청정한 까닭으로 일체의 다라니문이 청정하고,

일체의 다라니문이 청정한 까닭으로 불허망성이 청정하니라. 왜 그러한가? 만약 일체지지가 청정하거나, 만약 일체의 다라니문이 청정하거나, 만약 불허망성이 청정하다면, 무이이고 둘로 나눌 수 없으며 분별이 없고 단절도 없는 까닭이니라. 선현이여. 일체지지가 청정한 까닭으로 일체의 삼마지문이 청정하고, 일체의 삼마지문이 청정한 까닭으로 불허망성이 청정하니라. 왜 그러한가? 만약 일체지지가 청정하거나, 만약 일체의 삼마지문이 청정하거나, 만약 불허망성이 청정하다면, 무이이고 둘로 나눌 수 없으며 분별이 없고 단절도 없는 까닭이니라.

선현이여. 일체지지가 청정한 까닭으로 예류과가 청정하고, 예류과가 청정한 까닭으로 불허망성이 청정하니라. 왜 그러한가? 만약 일체지지가 청정하거나, 만약 예류과가 청정하거나, 만약 불허망성이 청정하다면, 무이이고 둘로 나눌 수 없으며 분별이 없고 단절도 없는 까닭이니라. 일체지지가 청정한 까닭으로 일래·불환·아라한과가 청정하고, 일래·불환·아라한과가 청정한 까닭으로 불허망성이 청정하니라. 왜 그러한가? 만약 일체지지가 청정하거나, 만약 일래·불환·아라한과가 청정하거나, 만약 불허망성이 청정하다면, 무이이고 둘로 나눌 수 없으며 분별이 없고 단절도 없는 까닭이니라.

선현이여. 일체지지가 청정한 까닭으로 독각의 보리가 청정하고, 독각의 보리가 청정한 까닭으로 불허망성이 청정하니라. 왜 그러한가? 만약 일체지지가 청정하거나, 만약 독각의 보리가 청정하거나, 만약 불허망성이 청정하다면, 무이이고 둘로 나눌 수 없으며 분별이 없고 단절도 없는 까닭이니라.

선현이여. 일체지지가 청정한 까닭으로 일체의 보살마하살의 행이 청정하고, 일체의 보살마하살의 행이 청정한 까닭으로 불허망성이 청정하니라. 왜 그러한가? 만약 일체지지가 청정하거나, 만약 일체의 보살마하살의 행이 청정하거나, 만약 불허망성이 청정하다면, 무이이고 둘로 나눌 수 없으며 분별이 없고 단절도 없는 까닭이니라.

선현이여. 일체지지가 청정한 까닭으로 제불의 무상정등보리가 청정하고, 제불의 무상정등보리가 청정한 까닭으로 불허망성이 청정하니라. 왜 그러한가? 만약 일체지지가 청정하거나, 만약 제불의 무상정등보리가 청정하거나, 만약 불허망성이 청정하다면, 무이이고 둘로 나눌 수 없으며 분별이 없고 단절도 없는 까닭이니라."

"다시 다음으로 선현이여. 일체지지가 청정한 까닭으로 색이 청정하고, 색이 청정한 까닭으로 불변이성(不變異性)이 청정하니라. 왜 그러한가? 만약 일체지지가 청정하거나, 만약 색이 청정하거나, 만약 불변이성이 청정하다면, 무이이고 둘로 나눌 수 없으며 분별이 없고 단절도 없는 까닭이니라. 일체지지가 청정한 까닭으로 수·상·행·식이 청정하고, 수·상·행·식이 청정한 까닭으로 불변이성이 청정하니라. 왜 그러한가? 만약 일체지지가 청정하거나, 만약 수·상·행·식이 청정하거나, 만약 불변이성이 청정하다면, 무이이고 둘로 나눌 수 없으며 분별이 없고 단절도 없는 까닭이니라.

선현이여. 일체지지가 청정한 까닭으로 안처가 청정하고, 안처가 청정한 까닭으로 불변이성이 청정하니라. 왜 그러한가? 만약 일체지지가 청정하거나, 만약 안처가 청정하거나, 만약 불변이성이 청정하다면, 무이이고 둘로 나눌 수 없으며 분별이 없고 단절도 없는 까닭이니라. 일체지지가 청정한 까닭으로 이·비·설·신·의처가 청정하고, 이·비·설·신·의처가 청정한 까닭으로 불변이성이 청정하니라. 왜 그러한가? 만약 일체지지가 청정하거나, 만약 이·비·설·신·의처가 청정하거나, 만약 불변이성이 청정하다면, 무이이고 둘로 나눌 수 없으며 분별이 없고 단절도 없는 까닭이니라.

선현이여. 일체지지가 청정한 까닭으로 색처가 청정하고, 색처가 청정한 까닭으로 불변이성이 청정하니라. 왜 그러한가? 만약 일체지지가 청정하거나, 만약 색처가 청정하거나, 만약 불변이성이 청정하다면, 무이이고 둘로 나눌 수 없으며 분별이 없고 단절도 없는 까닭이니라. 일체지지가 청정한 까닭으로 성·향·미·촉·법처가 청정하고, 성·향·미·촉·법처가 청정한 까닭으로 불변이성이 청정하니라. 왜 그러한가? 만약 일체지지가 청정하거나, 만약 성·향·미·촉·법처가 청정하거나, 만약 불변이성이 청정하다면, 무이이고 둘로 나눌 수 없으며 분별이 없고 단절도 없는 까닭이니라.

선현이여. 일체지지가 청정한 까닭으로 안계가 청정하고, 안계가 청정한 까닭으로 불변이성이 청정하니라. 왜 그러한가? 만약 일체지지가 청정하거나, 만약 안계가 청정하거나, 만약 불변이성이 청정하다면, 무이이고 둘로 나눌 수 없으며 분별이 없고 단절도 없는 까닭이니라. 일체지지가 청정한 까닭으로 색계·안식계, 나아가 안촉·안촉을 인연으로 생겨난 여러 수가 청정하고, 색계, 나아가 안촉을 인연으로 생겨난 여러 수가 청정한 까닭으로 불변이성이 청정하니라. 왜 그러한가? 만약 일체지지가 청정하거나, 만약 색계, 나아가 안촉을 인연으로 생겨난 여러 수가 청정하거나, 만약 불변이성이 청정하다면, 무이이고 둘로 나눌 수 없으며 분별이 없고 단절도 없는 까닭이니라.

선현이여. 일체지지가 청정한 까닭으로 이계가 청정하고, 이계가 청정한 까닭으로 불변이성이 청정하니라. 왜 그러한가? 만약 일체지지가 청정하거나, 만약 이계가 청정하거나, 만약 불변이성이 청정하다면, 무이이고 둘로 나눌 수 없으며 분별이 없고 단절도 없는 까닭이니라. 일체지지가 청정한 까닭으로 성계·이식계, 나아가 이촉·이촉을 인연으로 생겨난 여러 수가 청정하고, 성계, 나아가 이촉을 인연으로 생겨난 여러 수가 청정한 까닭으로 불변이성이 청정하니라. 왜 그러한가? 만약 일체지지가 청정하거나, 만약 성계, 나아가 이촉을 인연으로 생겨난 여러 수가 청정하거나, 만약 불변이성이 청정하다면, 무이이고 둘로 나눌 수 없으며 분별이 없고 단절도 없는 까닭이니라.

선현이여. 일체지지가 청정한 까닭으로 비계가 청정하고, 비계가 청정한 까닭으로 불변이성이 청정하니라. 왜 그러한가? 만약 일체지지가 청정하거나, 만약 비계가 청정하거나, 만약 불변이성이 청정하다면, 무이이고 둘로 나눌 수 없으며 분별이 없고 단절도 없는 까닭이니라. 일체지지가 청정한 까닭으로 향계·비식계, 나아가 비촉·비촉을 인연으로 생겨난 여러 수가 청정하고, 향계, 나아가 비촉을 인연으로 생겨난 여러 수가 청정한 까닭으로 불변이성이 청정하니라. 왜 그러한가? 만약 일체지지가 청정하거나, 만약 향계, 나아가 비촉을 인연으로 생겨난 여러 수가 청정하거나, 만약 불변이성이 청정하다면, 무이이고 둘로 나눌 수 없으며 분별이 없고 단절도 없는 까닭이니라.

선현이여. 일체지지가 청정한 까닭으로 설계가 청정하고, 설계가 청정한 까닭으로 불변이성이 청정하니라. 왜 그러한가? 만약 일체지지가 청정하거나, 만약 설계가 청정하거나, 만약 불변이성이 청정하다면, 무이이고 둘로 나눌 수 없으며 분별이 없고 단절도 없는 까닭이니라. 일체지지가 청정한 까닭으로 미계·설식계, 나아가 설촉·설촉을 인연으로 생겨난 여러 수가 청정하고, 미계, 나아가 설촉을 인연으로 생겨난 여러 수가 청정한 까닭으로 불변이성이 청정하니라. 왜 그러한가? 만약 일체지지가 청정하거나, 만약 미계, 나아가 설촉을 인연으로 생겨난 여러 수가 청정하거나, 만약 불변이성이 청정하다면, 무이이고 둘로 나눌 수 없으며 분별이 없고 단절도 없는 까닭이니라.

선현이여. 일체지지가 청정한 까닭으로 신계가 청정하고, 신계가 청정한 까닭으로 불변이성이 청정하니라. 왜 그러한가? 만약 일체지지가 청정하거나, 만약 신계가 청정하거나, 만약 불변이성이 청정하다면, 무이이고 둘로 나눌 수 없으며 분별이 없고 단절도 없는 까닭이니라. 일체지지가 청정한 까닭으로 촉계·신식계, 나아가 신촉·신촉을 인연으로 생겨난 여러 수가 청정하고, 촉계, 나아가 신촉을 인연으로 생겨난 여러 수가 청정한 까닭으로 불변이성이 청정하니라. 왜 그러한가? 만약 일체지지가 청정하거나, 만약 촉계, 나아가 신촉을 인연으로 생겨난 여러 수가 청정하거나, 만약 불변이성이 청정하다면, 무이이고 둘로 나눌 수 없으며 분별이 없고 단절도 없는 까닭이니라.

선현이여. 일체지지가 청정한 까닭으로 의계가 청정하고, 의계가 청정한 까닭으로 불변이성이 청정하니라. 왜 그러한가? 만약 일체지지가 청정하거나, 만약 의계가 청정하거나, 만약 불변이성이 청정하다면, 무이이고 둘로 나눌 수 없으며 분별이 없고 단절도 없는 까닭이니라. 일체지지가 청정한 까닭으로 법계·의식계, 나아가 의촉·의촉을 인연으로 생겨난 여러 수가 청정하고, 법계, 나아가 의촉을 인연으로 생겨난 여러 수가 청정한 까닭으로 불변이성이 청정하니라. 왜 그러한가? 만약 일체지지가 청정하거나, 만약 법계, 나아가 의촉을 인연으로 생겨난 여러 수가 청정하거나, 만약 불변이성이 청정하다면, 무이이고 둘로 나눌 수 없으며 분별이 없고 단절도 없는 까닭이니라.

선현이여. 일체지지가 청정한 까닭으로 지계가 청정하고, 지계가 청정한 까닭으로 불변이성이 청정하니라. 왜 그러한가? 만약 일체지지가 청정하거나, 만약 지계가 청정하거나, 만약 불변이성이 청정하다면, 무이이고 둘로 나눌 수 없으며 분별이 없고 단절도 없는 까닭이니라. 일체지지가 청정한 까닭으로 수·화·풍·공·식계가 청정하고, 수·화·풍·공·식계가 청정한 까닭으로 불변이성이 청정하니라. 왜 그러한가? 만약 일체지지가 청정하거나, 만약 수·화·풍·공·식계가 청정하거나, 만약 불변이성이 청정하다면, 무이이고 둘로 나눌 수 없으며 분별이 없고 단절도 없는 까닭이니라.

선현이여. 일체지지가 청정한 까닭으로 무명이 청정하고, 무명이 청정한 까닭으로 불변이성이 청정하니라. 왜 그러한가? 만약 일체지지가 청정하거나, 만약 무명이 청정하거나, 만약 불변이성이 청정하다면, 무이이고 둘로 나눌 수 없으며 분별이 없고 단절도 없는 까닭이니라. 일체지지가 청정한 까닭으로 행·식·명색·육처·촉·수·애·취·유·생·노사의 수탄고우뇌가 청정하고, 행, 나아가 노사의 수탄고우뇌가 청정한 까닭으로 불변이성이 청정하니라. 왜 그러한가? 만약 일체지지가 청정하거나, 만약 행, 나아가 노사의 수탄고우뇌가 청정하거나, 만약 불변이성이 청정하다면, 무이이고 둘로 나눌 수 없으며 분별이 없고 단절도 없는 까닭이니라.

선현이여. 일체지지가 청정한 까닭으로 보시바라밀다가 청정하고, 보시바라밀다가 청정한 까닭으로 불변이성이 청정하니라. 왜 그러한가? 만약 일체지지가 청정하거나, 만약 보시바라밀다가 청정하거나, 만약 불변이성이 청정하다면, 무이이고 둘로 나눌 수 없으며 분별이 없고 단절도 없는 까닭이니라. 일체지지가 청정한 까닭으로 정계·안인·정진·

정려·반야바라밀다가 청정하고, 정계, 나아가 반야바라밀다가 청정한 까닭으로 불변이성이 청정하니라. 왜 그러한가? 만약 일체지지가 청정하거나, 만약 정계, 나아가 반야바라밀다가 청정하거나, 만약 불변이성이 청정하다면, 무이이고 둘로 나눌 수 없으며 분별이 없고 단절도 없는 까닭이니라.

선현이여. 일체지지가 청정한 까닭으로 내공이 청정하고, 내공이 청정한 까닭으로 불변이성이 청정하니라. 왜 그러한가? 만약 일체지지가 청정하거나, 만약 내공이 청정하거나, 만약 불변이성이 청정하다면, 무이이고 둘로 나눌 수 없으며 분별이 없고 단절도 없는 까닭이니라. 일체지지가 청정한 까닭으로 외공·내외공·공공·대공·승의공·유위공·무위공·필경공·무제공·산공·무변이공·본성공·자상공·공상공·일체법공·불가득공·무성공·자성공·무성자성공이 청정하고, 외공, 나아가 무성자성공이 청정한 까닭으로 불변이성이 청정하니라. 왜 그러한가? 만약 일체지지가 청정하거나, 만약 외공, 나아가 무성자성공이 청정하거나, 만약 불변이성이 청정하다면, 무이이고 둘로 나눌 수 없으며 분별이 없고 단절도 없는 까닭이니라.

선현이여. 일체지지가 청정한 까닭으로 진여가 청정하고, 진여가 청정한 까닭으로 불변이성이 청정하니라. 왜 그러한가? 만약 일체지지가 청정하거나, 만약 진여가 청정하거나, 만약 불변이성이 청정하다면, 무이이고 둘로 나눌 수 없으며 분별이 없고 단절도 없는 까닭이니라. 일체지지가 청정한 까닭으로 법계·법성·불허망성·평등성·이생성·법정·법주·실제·허공계·부사의계가 청정하고 법계, 나아가 부사의계가 청정한 까닭으로 불변이성이 청정하니라. 왜 그러한가? 만약 일체지지가 청정하거나, 만약 법계, 나아가 부사의계가 청정하거나, 만약 불변이성이 청정하다면, 무이이고 둘로 나눌 수 없으며 분별이 없고 단절도 없는 까닭이니라.

선현이여. 일체지지가 청정한 까닭으로 고성제가 청정하고, 고성제가 청정한 까닭으로 불변이성이 청정하니라. 왜 그러한가? 만약 일체지지가 청정하거나, 만약 고성제가 청정하거나, 만약 불변이성이 청정하다면,

무이이고 둘로 나눌 수 없으며 분별이 없고 단절도 없는 까닭이니라. 일체지지가 청정한 까닭으로 집·멸·도성제가 청정하고, 집·멸·도성제가 청정한 까닭으로 불변이성이 청정하니라. 왜 그러한가? 만약 일체지지가 청정하거나, 만약 집·멸·도성제가 청정하거나, 만약 불변이성이 청정하다면, 무이이고 둘로 나눌 수 없으며 분별이 없고 단절도 없는 까닭이니라.

선현이여. 일체지지가 청정한 까닭으로 4정려가 청정하고, 4정려가 청정한 까닭으로 불변이성이 청정하니라. 왜 그러한가? 만약 일체지지가 청정하거나, 만약 4정려가 청정하거나, 만약 불변이성이 청정하다면, 무이이고 둘로 나눌 수 없으며 분별이 없고 단절도 없는 까닭이니라. 일체지지가 청정한 까닭으로 4무량·4무색정이 청정하고, 4무량·4무색정이 청정한 까닭으로 불변이성이 청정하니라. 왜 그러한가? 만약 일체지지가 청정하거나, 만약 4무량·4무색정이 청정하거나, 만약 불변이성이 청정하다면, 무이이고 둘로 나눌 수 없으며 분별이 없고 단절도 없는 까닭이니라.

선현이여. 일체지지가 청정한 까닭으로 8해탈이 청정하고, 8해탈이 청정한 까닭으로 불변이성이 청정하니라. 왜 그러한가? 만약 일체지지가 청정하거나, 만약 8해탈이 청정하거나, 만약 불변이성이 청정하다면, 무이이고 둘로 나눌 수 없으며 분별이 없고 단절도 없는 까닭이니라. 일체지지가 청정한 까닭으로 8승처·9차제정·10변처가 청정하고, 8승처·9차제정·10변처가 청정한 까닭으로 불변이성이 청정하니라. 왜 그러한가? 만약 일체지지가 청정하거나, 만약 8승처·9차제정·10변처가 청정하거나, 만약 불변이성이 청정하다면, 무이이고 둘로 나눌 수 없으며 분별이 없고 단절도 없는 까닭이니라.

선현이여. 일체지지가 청정한 까닭으로 4념주가 청정하고, 4념주가 청정한 까닭으로 불변이성이 청정하니라. 왜 그러한가? 만약 일체지지가 청정하거나, 만약 4념주가 청정하거나, 만약 불변이성이 청정하다면, 무이이고 둘로 나눌 수 없으며 분별이 없고 단절도 없는 까닭이니라. 일체지지가 청정한 까닭으로 4정단·4신족·5근·5력·7등각지·8성도지가 청정하고, 4정단, 나아가 8성도지가 청정한 까닭으로 불변이성이 청정하니라. 왜 그러한가? 만약 일체지지가 청정하거나, 만약 4정단, 나아가 8성도지가 청정하거나, 만약 불변이성이 청정하다면, 무이이고 둘로 나눌 수 없으며 분별이 없고 단절도 없는 까닭이니라.

선현이여. 일체지지가 청정한 까닭으로 공해탈문이 청정하고, 공해탈문이 청정한 까닭으로 불변이성이 청정하니라. 왜 그러한가? 만약 일체지지가 청정하거나, 만약 공해탈문이 청정하거나, 만약 불변이성이 청정하다면, 무이이고 둘로 나눌 수 없으며 분별이 없고 단절도 없는 까닭이니라. 일체지지가 청정한 까닭으로 무상·무원해탈문이 청정하고, 무상·무원해탈문이 청정한 까닭으로 불변이성이 청정하니라. 왜 그러한가? 만약 일체지지가 청정하거나, 만약 무상·무원해탈문이 청정하거나, 만약 불변이성이 청정하다면, 무이이고 둘로 나눌 수 없으며 분별이 없고 단절도 없는 까닭이니라.

선현이여. 일체지지가 청정한 까닭으로 보살의 10지가 청정하고, 보살의 10지가 청정한 까닭으로 불변이성이 청정하니라. 왜 그러한가? 만약 일체지지가 청정하거나, 만약 보살의 10지가 청정하거나, 만약 불변이성이 청정하다면, 무이이고 둘로 나눌 수 없으며 분별이 없고 단절도 없는 까닭이니라.

선현이여. 일체지지가 청정한 까닭으로 5안이 청정하고, 5안이 청정한 까닭으로 불변이성이 청정하니라. 왜 그러한가? 만약 일체지지가 청정하거나, 만약 5안이 청정하거나, 만약 불변이성이 청정하다면, 무이이고 둘로 나눌 수 없으며 분별이 없고 단절도 없는 까닭이니라. 일체지지가 청정한 까닭으로 6신통이 청정하고, 6신통이 청정한 까닭으로 불변이성이 청정하니라. 왜 그러한가? 만약 일체지지가 청정하거나, 만약 6신통이 청정하거나, 만약 불변이성이 청정하다면, 무이이고 둘로 나눌 수 없으며 분별이 없고 단절도 없는 까닭이니라.

선현이여. 일체지지가 청정한 까닭으로 여래의 10력이 청정하고, 여래의 10력이 청정한 까닭으로 불변이성이 청정하니라. 왜 그러한가? 만약 일체지지가 청정하거나, 만약 여래의 10력이 청정하거나, 만약 불변이성이 청정하다면, 무이이고 둘로 나눌 수 없으며 분별이 없고 단절도 없는 까닭이니라. 일체지지가 청정한 까닭으로 4무소외·4무애해·대자·대비·대희·대사·18불불공법이 청정하고, 4무소외, 나아가 18불불공법이 청정한 까닭으로 불변이성이 청정하니라. 왜 그러한가? 만약 일체지지가 청정하거나, 만약 4무소외, 나아가 18불불공법이 청정하거나, 만약 불변이성이 청정하다면, 무이이고 둘로 나눌 수 없으며 분별이 없고 단절도 없는 까닭이니라.

선현이여. 일체지지가 청정한 까닭으로 무망실법이 청정하고, 무망실법이 청정한 까닭으로 불변이성이 청정하니라. 왜 그러한가? 만약 일체지지가 청정하거나, 만약 무망실법이 청정하거나, 만약 불변이성이 청정하다면, 무이이고 둘로 나눌 수 없으며 분별이 없고 단절도 없는 까닭이니라. 선현이여. 일체지지가 청정한 까닭으로 항주사성이 청정하고, 항주사성이 청정한 까닭으로 불변이성이 청정하니라. 왜 그러한가? 만약 일체지지가 청정하거나, 만약 항주사성이 청정하거나, 만약 불변이성이 청정하다면, 무이이고 둘로 나눌 수 없으며 분별이 없고 단절도 없는 까닭이니라.

선현이여. 일체지지가 청정한 까닭으로 일체지가 청정하고, 일체지가 청정한 까닭으로 불변이성이 청정하니라. 왜 그러한가? 만약 일체지지가 청정하거나, 만약 일체지가 청정하거나, 만약 불변이성이 청정하다면, 무이이고 둘로 나눌 수 없으며 분별이 없고 단절도 없는 까닭이니라. 일체지지가 청정한 까닭으로 도상지·일체상지가 청정하고, 도상지·일체상지가 청정한 까닭으로 불변이성이 청정하니라. 왜 그러한가? 만약 일체지지가 청정하거나, 만약 도상지·일체상지가 청정하거나, 만약 불변이성이 청정하다면, 무이이고 둘로 나눌 수 없으며 분별이 없고 단절도 없는 까닭이니라.

선현이여. 일체지지가 청정한 까닭으로 일체의 다라니문이 청정하고, 일체의 다라니문이 청정한 까닭으로 불변이성이 청정하니라. 왜 그러한가? 만약 일체지지가 청정하거나, 만약 일체의 다라니문이 청정하거나, 만약 불변이성이 청정하다면, 무이이고 둘로 나눌 수 없으며 분별이 없고 단절도 없는 까닭이니라. 선현이여. 일체지지가 청정한 까닭으로 일체의 삼마지문이 청정하고, 일체의 삼마지문이 청정한 까닭으로 불변이성이 청정하니라. 왜 그러한가? 만약 일체지지가 청정하거나, 만약 일체의 삼마지문이 청정하거나, 만약 불변이성이 청정하다면, 무이이고 둘로 나눌 수 없으며 분별이 없고 단절도 없는 까닭이니라.

선현이여. 일체지지가 청정한 까닭으로 예류과가 청정하고, 예류과가 청정한 까닭으로 불변이성이 청정하니라. 왜 그러한가? 만약 일체지지가 청정하거나, 만약 예류과가 청정하거나, 만약 불변이성이 청정하다면, 무이이고 둘로 나눌 수 없으며 분별이 없고 단절도 없는 까닭이니라. 일체지지가 청정한 까닭으로 일래·불환·아라한과가 청정하고, 일래·불환·아라한과가 청정한 까닭으로 불변이성이 청정하니라. 왜 그러한가? 만약 일체지지가 청정하거나, 만약 일래·불환·아라한과가 청정하거나, 만약 불변이성이 청정하다면, 무이이고 둘로 나눌 수 없으며 분별이 없고 단절도 없는 까닭이니라.

선현이여. 일체지지가 청정한 까닭으로 독각의 보리가 청정하고, 독각의 보리가 청정한 까닭으로 불변이성이 청정하니라. 왜 그러한가? 만약 일체지지가 청정하거나, 만약 독각의 보리가 청정하거나, 만약 불변이성이 청정하다면, 무이이고 둘로 나눌 수 없으며 분별이 없고 단절도 없는 까닭이니라.

선현이여. 일체지지가 청정한 까닭으로 일체의 보살마하살의 행이 청정하고, 일체의 보살마하살의 행이 청정한 까닭으로 불변이성이 청정하니라. 왜 그러한가? 만약 일체지지가 청정하거나, 만약 일체의 보살마하살의 행이 청정하거나, 만약 불변이성이 청정하다면, 무이이고 둘로 나눌 수 없으며 분별이 없고 단절도 없는 까닭이니라.

선현이여. 일체지지가 청정한 까닭으로 제불의 무상정등보리가 청정하고, 제불의 무상정등보리가 청정한 까닭으로 불변이성이 청정하니라. 왜 그러한가? 만약 일체지지가 청정하거나, 만약 제불의 무상정등보리가 청정하거나, 만약 불변이성이 청정하다면, 무이이고 둘로 나눌 수 없으며

분별이 없고 단절도 없는 까닭이니라."

"다시 다음으로 선현이여. 일체지지가 청정한 까닭으로 색이 청정하고, 색이 청정한 까닭으로 평등성(平等性)이 청정하니라. 왜 그러한가? 만약 일체지지가 청정하거나, 만약 색이 청정하거나, 만약 평등성이 청정하다면, 무이이고 둘로 나눌 수 없으며 분별이 없고 단절도 없는 까닭이니라. 일체지지가 청정한 까닭으로 수·상·행·식이 청정하고, 수·상·행·식이 청정한 까닭으로 평등성이 청정하니라. 왜 그러한가? 만약 일체지지가 청정하거나, 만약 수·상·행·식이 청정하거나, 만약 평등성이 청정하다면, 무이이고 둘로 나눌 수 없으며 분별이 없고 단절도 없는 까닭이니라.

선현이여. 일체지지가 청정한 까닭으로 안처가 청정하고, 안처가 청정한 까닭으로 평등성이 청정하니라. 왜 그러한가? 만약 일체지지가 청정하거나, 만약 안처가 청정하거나, 만약 평등성이 청정하다면, 무이이고 둘로 나눌 수 없으며 분별이 없고 단절도 없는 까닭이니라. 일체지지가 청정한 까닭으로 이·비·설·신·의처가 청정하고, 이·비·설·신·의처가 청정한 까닭으로 평등성이 청정하니라. 왜 그러한가? 만약 일체지지가 청정하거나, 만약 이·비·설·신·의처가 청정하거나, 만약 평등성이 청정하다면, 무이이고 둘로 나눌 수 없으며 분별이 없고 단절도 없는 까닭이니라.

선현이여. 일체지지가 청정한 까닭으로 색처가 청정하고, 색처가 청정한 까닭으로 평등성이 청정하니라. 왜 그러한가? 만약 일체지지가 청정하거나, 만약 색처가 청정하거나, 만약 평등성이 청정하다면, 무이이고 둘로 나눌 수 없으며 분별이 없고 단절도 없는 까닭이니라. 일체지지가 청정한 까닭으로 성·향·미·촉·법처가 청정하고, 성·향·미·촉·법처가 청정한 까닭으로 평등성이 청정하니라. 왜 그러한가? 만약 일체지지가 청정하거나, 만약 성·향·미·촉·법처가 청정하거나, 만약 평등성이 청정하다면, 무이이고 둘로 나눌 수 없으며 분별이 없고 단절도 없는 까닭이니라.

선현이여. 일체지지가 청정한 까닭으로 안계가 청정하고, 안계가 청정한 까닭으로 평등성이 청정하니라. 왜 그러한가? 만약 일체지지가 청정하거나, 만약 안계가 청정하거나, 만약 평등성이 청정하다면, 무이이고 둘로 나눌 수 없으며 분별이 없고 단절도 없는 까닭이니라. 일체지지가 청정한 까닭으로 색계·안식계, 나아가 안촉·안촉을 인연으로 생겨난 여러 수가 청정하고, 색계, 나아가 안촉을 인연으로 생겨난 여러 수가 청정한 까닭으로 평등성이 청정하니라. 왜 그러한가? 만약 일체지지가 청정하거나, 만약 색계, 나아가 안촉을 인연으로 생겨난 여러 수가 청정하거나, 만약 평등성이 청정하다면, 무이이고 둘로 나눌 수 없으며 분별이 없고 단절도 없는 까닭이니라.

선현이여. 일체지지가 청정한 까닭으로 이계가 청정하고, 이계가 청정한 까닭으로 평등성이 청정하니라. 왜 그러한가? 만약 일체지지가 청정하거나, 만약 이계가 청정하거나, 만약 평등성이 청정하다면, 무이이고 둘로 나눌 수 없으며 분별이 없고 단절도 없는 까닭이니라. 일체지지가 청정한 까닭으로 성계·이식계, 나아가 이촉·이촉을 인연으로 생겨난 여러 수가 청정하고, 성계, 나아가 이촉을 인연으로 생겨난 여러 수가 청정한 까닭으로 평등성이 청정하니라. 왜 그러한가? 만약 일체지지가 청정하거나, 만약 성계, 나아가 이촉을 인연으로 생겨난 여러 수가 청정하거나, 만약 평등성이 청정하다면, 무이이고 둘로 나눌 수 없으며 분별이 없고 단절도 없는 까닭이니라.

선현이여. 일체지지가 청정한 까닭으로 비계가 청정하고, 비계가 청정한 까닭으로 평등성이 청정하니라. 왜 그러한가? 만약 일체지지가 청정하거나, 만약 비계가 청정하거나, 만약 평등성이 청정하다면, 무이이고 둘로 나눌 수 없으며 분별이 없고 단절도 없는 까닭이니라. 일체지지가 청정한 까닭으로 향계·비식계, 나아가 비촉·비촉을 인연으로 생겨난 여러 수가 청정하고, 향계, 나아가 비촉을 인연으로 생겨난 여러 수가 청정한 까닭으로 평등성이 청정하니라. 왜 그러한가? 만약 일체지지가 청정하거나, 만약 향계, 나아가 비촉을 인연으로 생겨난 여러 수가 청정하거나, 만약 평등성이 청정하다면, 무이이고 둘로 나눌 수 없으며 분별이 없고 단절도 없는 까닭이니라.

선현이여. 일체지지가 청정한 까닭으로 설계가 청정하고, 설계가 청정한 까닭으로 평등성이 청정하니라. 왜 그러한가? 만약 일체지지가 청정하거나, 만약 설계가 청정하거나, 만약 평등성이 청정하다면, 무이이고 둘로 나눌 수 없으며 분별이 없고 단절도 없는 까닭이니라. 일체지지가 청정한 까닭으로 미계·설식계, 나아가 설촉·설촉을 인연으로 생겨난 여러 수가 청정하고, 미계, 나아가 설촉을 인연으로 생겨난 여러 수가 청정한 까닭으로 평등성이 청정하니라. 왜 그러한가? 만약 일체지지가 청정하거나, 만약 미계, 나아가 설촉을 인연으로 생겨난 여러 수가 청정하거나, 만약 평등성이 청정하다면, 무이이고 둘로 나눌 수 없으며 분별이 없고 단절도 없는 까닭이니라.

선현이여. 일체지지가 청정한 까닭으로 신계가 청정하고, 신계가 청정한 까닭으로 평등성이 청정하니라. 왜 그러한가? 만약 일체지지가 청정하거나, 만약 신계가 청정하거나, 만약 평등성이 청정하다면, 무이이고 둘로 나눌 수 없으며 분별이 없고 단절도 없는 까닭이니라. 일체지지가 청정한 까닭으로 촉계·신식계, 나아가 신촉·신촉을 인연으로 생겨난 여러 수가 청정하고, 촉계, 나아가 신촉을 인연으로 생겨난 여러 수가 청정한 까닭으로 평등성이 청정하니라. 왜 그러한가? 만약 일체지지가 청정하거나, 만약 촉계, 나아가 신촉을 인연으로 생겨난 여러 수가 청정하거나, 만약 평등성이 청정하다면, 무이이고 둘로 나눌 수 없으며 분별이 없고 단절도 없는 까닭이니라.

선현이여. 일체지지가 청정한 까닭으로 의계가 청정하고, 의계가 청정한 까닭으로 평등성이 청정하니라. 왜 그러한가? 만약 일체지지가 청정하거나, 만약 의계가 청정하거나, 만약 평등성이 청정하다면, 무이이고 둘로 나눌 수 없으며 분별이 없고 단절도 없는 까닭이니라. 일체지지가 청정한 까닭으로 법계·의식계, 나아가 의촉·의촉을 인연으로 생겨난 여러 수가 청정하고, 법계, 나아가 의촉을 인연으로 생겨난 여러 수가 청정한 까닭으로 평등성이 청정하니라. 왜 그러한가? 만약 일체지지가 청정하거나, 만약 법계, 나아가 의촉을 인연으로 생겨난 여러 수가 청정하거나, 만약 평등성이 청정하다면, 무이이고 둘로 나눌 수 없으며 분별이 없고 단절도 없는 까닭이니라.

선현이여. 일체지지가 청정한 까닭으로 지계가 청정하고, 지계가 청정한 까닭으로 평등성이 청정하니라. 왜 그러한가? 만약 일체지지가 청정하거나, 만약 지계가 청정하거나, 만약 평등성이 청정하다면, 무이이고 둘로 나눌 수 없으며 분별이 없고 단절도 없는 까닭이니라. 일체지지가 청정한 까닭으로 수·화·풍·공·식계가 청정하고, 수·화·풍·공·식계가 청정한 까닭으로 평등성이 청정하니라. 왜 그러한가? 만약 일체지지가 청정하거나, 만약 수·화·풍·공·식계가 청정하거나, 만약 평등성이 청정하다면, 무이이고 둘로 나눌 수 없으며 분별이 없고 단절도 없는 까닭이니라.

선현이여. 일체지지가 청정한 까닭으로 무명이 청정하고, 무명이 청정한 까닭으로 평등성이 청정하니라. 왜 그러한가? 만약 일체지지가 청정하거나, 만약 무명이 청정하거나, 만약 평등성이 청정하다면, 무이이고 둘로 나눌 수 없으며 분별이 없고 단절도 없는 까닭이니라. 일체지지가 청정한 까닭으로 행·식·명색·육처·촉·수·애·취·유·생·노사의 수탄고우뇌가 청정하고, 행, 나아가 노사의 수탄고우뇌가 청정한 까닭으로 평등성이 청정하니라. 왜 그러한가? 만약 일체지지가 청정하거나, 만약 행, 나아가 노사의 수탄고우뇌가 청정하거나, 만약 평등성이 청정하다면, 무이이고 둘로 나눌 수 없으며 분별이 없고 단절도 없는 까닭이니라.”

마하반야바라밀다경 제260권

34. 난신해품(難信解品)(79)

"선현이여. 일체지지가 청정한 까닭으로 보시바라밀다가 청정하고, 보시바라밀다가 청정한 까닭으로 평등성이 청정하니라. 왜 그러한가? 만약 일체지지가 청정하거나, 만약 보시바라밀다가 청정하거나, 만약 평등성이 청정하다면, 무이이고 둘로 나눌 수 없으며 분별이 없고 단절도 없는 까닭이니라. 일체지지가 청정한 까닭으로 정계·안인·정진·정려·반야바라밀다가 청정하고, 정계, 나아가 반야바라밀다가 청정한 까닭으로 평등성이 청정하니라. 왜 그러한가? 만약 일체지지가 청정하거나, 만약 정계, 나아가 반야바라밀다가 청정하거나, 만약 평등성이 청정하다면, 무이이고 둘로 나눌 수 없으며 분별이 없고 단절도 없는 까닭이니라.

선현이여. 일체지지가 청정한 까닭으로 내공이 청정하고, 내공이 청정한 까닭으로 평등성이 청정하니라. 왜 그러한가? 만약 일체지지가 청정하거나, 만약 내공이 청정하거나, 만약 평등성이 청정하다면, 무이이고 둘로 나눌 수 없으며 분별이 없고 단절도 없는 까닭이니라. 일체지지가 청정한 까닭으로 외공·내외공·공공·대공·승의공·유위공·무위공·필경공·무제공·산공·무변이공·본성공·자상공·공상공·일체법공·불가득공·무성공·자성공·무성자성공이 청정하고, 외공, 나아가 무성자성공이 청정한 까닭으로 평등성이 청정하니라. 왜 그러한가? 만약 일체지지가 청정하거나, 만약 외공, 나아가 무성자성공이 청정하거나, 만약 평등성이 청정하다면, 무이이고 둘로 나눌 수 없으며 분별이 없고 단절도 없는 까닭이니라.

선현이여. 일체지지가 청정한 까닭으로 진여가 청정하고, 진여가 청정한 까닭으로 평등성이 청정하니라. 왜 그러한가? 만약 일체지지가 청정하거나, 만약 진여가 청정하거나, 만약 평등성이 청정하다면, 무이이고 둘로 나눌 수 없으며 분별이 없고 단절도 없는 까닭이니라. 일체지지가 청정한 까닭으로 법계·법성·불허망성·불변이성·이생성·법정·법주·실제·허공계·부사의계가 청정하고 법계, 나아가 부사의계가 청정한 까닭으로 평등성이 청정하니라. 왜 그러한가? 만약 일체지지가 청정하거나, 만약 법계, 나아가 부사의계가 청정하거나, 만약 평등성이 청정하다면, 무이이고 둘로 나눌 수 없으며 분별이 없고 단절도 없는 까닭이니라.

선현이여. 일체지지가 청정한 까닭으로 고성제가 청정하고, 고성제가 청정한 까닭으로 평등성이 청정하니라. 왜 그러한가? 만약 일체지지가 청정하거나, 만약 고성제가 청정하거나, 만약 평등성이 청정하다면, 무이이고 둘로 나눌 수 없으며 분별이 없고 단절도 없는 까닭이니라. 일체지지가 청정한 까닭으로 집·멸·도성제가 청정하고, 집·멸·도성제가 청정한 까닭으로 평등성이 청정하니라. 왜 그러한가? 만약 일체지지가 청정하거나, 만약 집·멸·도성제가 청정하거나, 만약 평등성이 청정하다면, 무이이고 둘로 나눌 수 없으며 분별이 없고 단절도 없는 까닭이니라.

선현이여. 일체지지가 청정한 까닭으로 4정려가 청정하고, 4정려가 청정한 까닭으로 평등성이 청정하니라. 왜 그러한가? 만약 일체지지가 청정하거나, 만약 4정려가 청정하거나, 만약 평등성이 청정하다면, 무이이고 둘로 나눌 수 없으며 분별이 없고 단절도 없는 까닭이니라. 일체지지가 청정한 까닭으로 4무량·4무색정이 청정하고, 4무량·4무색정이 청정한 까닭으로 평등성이 청정하니라. 왜 그러한가? 만약 일체지지가 청정하거나, 만약 4무량·4무색정이 청정하거나, 만약 평등성이 청정하다면, 무이이고 둘로 나눌 수 없으며 분별이 없고 단절도 없는 까닭이니라.

선현이여. 일체지지가 청정한 까닭으로 8해탈이 청정하고, 8해탈이 청정한 까닭으로 평등성이 청정하니라. 왜 그러한가? 만약 일체지지가 청정하거나, 만약 8해탈이 청정하거나, 만약 평등성이 청정하다면, 무이이고 둘로 나눌 수 없으며 분별이 없고 단절도 없는 까닭이니라. 일체지지가 청정한 까닭으로 8승처·9차제정·10변처가 청정하고, 8승처·9차제정·10변처가 청정한 까닭으로 평등성이 청정하니라. 왜 그러한가? 만약 일체지지가 청정하거나, 만약 8승처·9차제정·10변처가 청정하거나, 만약 평등성이 청정하다면, 무이이고 둘로 나눌 수 없으며 분별이 없고 단절도 없는 까닭이니라.

선현이여. 일체지지가 청정한 까닭으로 4념주가 청정하고, 4념주가 청정한 까닭으로 평등성이 청정하니라. 왜 그러한가? 만약 일체지지가 청정하거나, 만약 4념주가 청정하거나, 만약 평등성이 청정하다면, 무이이고 둘로 나눌 수 없으며 분별이 없고 단절도 없는 까닭이니라. 일체지지가 청정한 까닭으로 4정단·4신족·5근·5력·7등각지·8성도지가 청정하고, 4정단, 나아가 8성도지가 청정한 까닭으로 평등성이 청정하니라. 왜 그러한가? 만약 일체지지가 청정하거나, 만약 4정단, 나아가 8성도지가 청정하거나, 만약 평등성이 청정하다면, 무이이고 둘로 나눌 수 없으며 분별이 없고 단절도 없는 까닭이니라.

선현이여. 일체지지가 청정한 까닭으로 공해탈문이 청정하고, 공해탈문이 청정한 까닭으로 평등성이 청정하니라. 왜 그러한가? 만약 일체지지가 청정하거나, 만약 공해탈문이 청정하거나, 만약 평등성이 청정하다면, 무이이고 둘로 나눌 수 없으며 분별이 없고 단절도 없는 까닭이니라. 일체지지가 청정한 까닭으로 무상·무원해탈문이 청정하고, 무상·무원해탈문이 청정한 까닭으로 평등성이 청정하니라. 왜 그러한가? 만약 일체지지가 청정하거나, 만약 무상·무원해탈문이 청정하거나, 만약 평등성이 청정하다면, 무이이고 둘로 나눌 수 없으며 분별이 없고 단절도 없는 까닭이니라.

선현이여. 일체지지가 청정한 까닭으로 보살의 10지가 청정하고, 보살의 10지가 청정한 까닭으로 평등성이 청정하니라. 왜 그러한가? 만약 일체지지가 청정하거나, 만약 보살의 10지가 청정하거나, 만약 평등성이 청정하다면, 무이이고 둘로 나눌 수 없으며 분별이 없고 단절도 없는 까닭이니라.

선현이여. 일체지지가 청정한 까닭으로 5안이 청정하고, 5안이 청정한 까닭으로 평등성이 청정하니라. 왜 그러한가? 만약 일체지지가 청정하거나, 만약 5안이 청정하거나, 만약 평등성이 청정하다면, 무이이고 둘로 나눌 수 없으며 분별이 없고 단절도 없는 까닭이니라. 일체지지가 청정한 까닭으로 6신통이 청정하고, 6신통이 청정한 까닭으로 평등성이 청정하니라. 왜 그러한가? 만약 일체지지가 청정하거나, 만약 6신통이 청정하거나, 만약 평등성이 청정하다면, 무이이고 둘로 나눌 수 없으며 분별이 없고 단절도 없는 까닭이니라.

선현이여. 일체지지가 청정한 까닭으로 여래의 10력이 청정하고, 여래의 10력이 청정한 까닭으로 평등성이 청정하니라. 왜 그러한가? 만약 일체지지가 청정하거나, 만약 여래의 10력이 청정하거나, 만약 평등성이 청정하다면, 무이이고 둘로 나눌 수 없으며 분별이 없고 단절도 없는 까닭이니라. 일체지지가 청정한 까닭으로 4무소외·4무애해·대자·대비·대희·대사·18불불공법이 청정하고, 4무소외, 나아가 18불불공법이 청정한 까닭으로 평등성이 청정하니라. 왜 그러한가? 만약 일체지지가 청정하거나, 만약 4무소외, 나아가 18불불공법이 청정하거나, 만약 평등성이 청정하다면, 무이이고 둘로 나눌 수 없으며 분별이 없고 단절도 없는 까닭이니라.

선현이여. 일체지지가 청정한 까닭으로 무망실법이 청정하고, 무망실법이 청정한 까닭으로 평등성이 청정하니라. 왜 그러한가? 만약 일체지지가 청정하거나, 만약 무망실법이 청정하거나, 만약 평등성이 청정하다면, 무이이고 둘로 나눌 수 없으며 분별이 없고 단절도 없는 까닭이니라. 선현이여. 일체지지가 청정한 까닭으로 항주사성이 청정하고, 항주사성이 청정한 까닭으로 평등성이 청정하니라. 왜 그러한가? 만약 일체지지가 청정하거나, 만약 항주사성이 청정하거나, 만약 평등성이 청정하다면, 무이이고 둘로 나눌 수 없으며 분별이 없고 단절도 없는 까닭이니라.

선현이여. 일체지지가 청정한 까닭으로 일체지가 청정하고, 일체지가 청정한 까닭으로 평등성이 청정하니라. 왜 그러한가? 만약 일체지지가 청정하거나, 만약 일체지가 청정하거나, 만약 평등성이 청정하다면, 무이이고 둘로 나눌 수 없으며 분별이 없고 단절도 없는 까닭이니라. 일체지지가 청정한 까닭으로 도상지·일체상지가 청정하고, 도상지·일체상지가 청정한 까닭으로 평등성이 청정하니라. 왜 그러한가? 만약 일체지지가 청정하거나, 만약 도상지·일체상지가 청정하거나, 만약 평등성이 청정하다면, 무이이고 둘로 나눌 수 없으며 분별이 없고 단절도 없는 까닭이니라.

선현이여. 일체지지가 청정한 까닭으로 일체의 다라니문이 청정하고, 일체의 다라니문이 청정한 까닭으로 평등성이 청정하니라. 왜 그러한가? 만약 일체지지가 청정하거나, 만약 일체의 다라니문이 청정하거나, 만약 평등성이 청정하다면, 무이이고 둘로 나눌 수 없으며 분별이 없고 단절도 없는 까닭이니라. 선현이여. 일체지지가 청정한 까닭으로 일체의 삼마지문이 청정하고, 일체의 삼마지문이 청정한 까닭으로 평등성이 청정하니라. 왜 그러한가? 만약 일체지지가 청정하거나, 만약 일체의 삼마지문이 청정하거나, 만약 평등성이 청정하다면, 무이이고 둘로 나눌 수 없으며 분별이 없고 단절도 없는 까닭이니라.

선현이여. 일체지지가 청정한 까닭으로 예류과가 청정하고, 예류과가 청정한 까닭으로 평등성이 청정하니라. 왜 그러한가? 만약 일체지지가 청정하거나, 만약 예류과가 청정하거나, 만약 평등성이 청정하다면, 무이이고 둘로 나눌 수 없으며 분별이 없고 단절도 없는 까닭이니라. 일체지지가 청정한 까닭으로 일래·불환·아라한과가 청정하고, 일래·불환·아라한과가 청정한 까닭으로 평등성이 청정하니라. 왜 그러한가? 만약 일체지지가 청정하거나, 만약 일래·불환·아라한과가 청정하거나, 만약 평등성이 청정하다면, 무이이고 둘로 나눌 수 없으며 분별이 없고 단절도 없는 까닭이니라.

선현이여. 일체지지가 청정한 까닭으로 독각의 보리가 청정하고, 독각의 보리가 청정한 까닭으로 평등성이 청정하니라. 왜 그러한가? 만약 일체지지가 청정하거나, 만약 독각의 보리가 청정하거나, 만약 평등성이 청정하다면, 무이이고 둘로 나눌 수 없으며 분별이 없고 단절도 없는 까닭이니라.

선현이여. 일체지지가 청정한 까닭으로 일체의 보살마하살의 행이 청정하고, 일체의 보살마하살의 행이 청정한 까닭으로 평등성이 청정하니라. 왜 그러한가? 만약 일체지지가 청정하거나, 만약 일체의 보살마하살의 행이 청정하거나, 만약 평등성이 청정하다면, 무이이고 둘로 나눌 수 없으며 분별이 없고 단절도 없는 까닭이니라.

선현이여. 일체지지가 청정한 까닭으로 제불의 무상정등보리가 청정하고, 제불의 무상정등보리가 청정한 까닭으로 평등성이 청정하니라. 왜 그러한가? 만약 일체지지가 청정하거나, 만약 제불의 무상정등보리가 청정하거나, 만약 평등성이 청정하다면, 무이이고 둘로 나눌 수 없으며 분별이 없고 단절도 없는 까닭이니라."

"다시 다음으로 선현이여. 일체지지가 청정한 까닭으로 색이 청정하고, 색이 청정한 까닭으로 이생성(異生性)이 청정하니라. 왜 그러한가? 만약 일체지지가 청정하거나, 만약 색이 청정하거나, 만약 이생성이 청정하다면, 무이이고 둘로 나눌 수 없으며 분별이 없고 단절도 없는 까닭이니라. 일체지지가 청정한 까닭으로 수·상·행·식이 청정하고, 수·상·행·식이 청정한 까닭으로 이생성이 청정하니라. 왜 그러한가? 만약 일체지지가 청정하거나, 만약 수·상·행·식이 청정하거나, 만약 이생성이 청정하다면, 무이이고 둘로 나눌 수 없으며 분별이 없고 단절도 없는 까닭이니라.

선현이여. 일체지지가 청정한 까닭으로 안처가 청정하고, 안처가 청정한 까닭으로 이생성이 청정하니라. 왜 그러한가? 만약 일체지지가 청정하거나, 만약 안처가 청정하거나, 만약 이생성이 청정하다면, 무이이고 둘로 나눌 수 없으며 분별이 없고 단절도 없는 까닭이니라. 일체지지가 청정한 까닭으로 이·비·설·신·의처가 청정하고, 이·비·설·신·의처가 청정한 까닭으로 이생성이 청정하니라. 왜 그러한가? 만약 일체지지가 청정하거나, 만약 이·비·설·신·의처가 청정하거나, 만약 이생성이 청정하다면, 무이이고 둘로 나눌 수 없으며 분별이 없고 단절도 없는 까닭이니라.

선현이여. 일체지지가 청정한 까닭으로 색처가 청정하고, 색처가 청정한 까닭으로 이생성이 청정하니라. 왜 그러한가? 만약 일체지지가 청정하거나, 만약 색처가 청정하거나, 만약 이생성이 청정하다면, 무이이고 둘로 나눌 수 없으며 분별이 없고 단절도 없는 까닭이니라. 일체지지가 청정한 까닭으로 성·향·미·촉·법처가 청정하고, 성·향·미·촉·법처가 청정한 까닭으로 이생성이 청정하니라. 왜 그러한가? 만약 일체지지가 청정하거나, 만약 성·향·미·촉·법처가 청정하거나, 만약 이생성이 청정하다면, 무이이고 둘로 나눌 수 없으며 분별이 없고 단절도 없는 까닭이니라.

선현이여. 일체지지가 청정한 까닭으로 안계가 청정하고, 안계가 청정한 까닭으로 이생성이 청정하니라. 왜 그러한가? 만약 일체지지가 청정하거나, 만약 안계가 청정하거나, 만약 이생성이 청정하다면, 무이이고 둘로 나눌 수 없으며 분별이 없고 단절도 없는 까닭이니라. 일체지지가 청정한 까닭으로 색계·안식계, 나아가 안촉·안촉을 인연으로 생겨난 여러 수가 청정하고, 색계, 나아가 안촉을 인연으로 생겨난 여러 수가 청정한 까닭으로 이생성이 청정하니라. 왜 그러한가? 만약 일체지지가 청정하거나, 만약 색계, 나아가 안촉을 인연으로 생겨난 여러 수가 청정하거나, 만약 이생성이 청정하다면, 무이이고 둘로 나눌 수 없으며 분별이 없고 단절도 없는 까닭이니라.

선현이여. 일체지지가 청정한 까닭으로 이계가 청정하고, 이계가 청정한 까닭으로 이생성이 청정하니라. 왜 그러한가? 만약 일체지지가 청정하거나, 만약 이계가 청정하거나, 만약 이생성이 청정하다면, 무이이고 둘로 나눌 수 없으며 분별이 없고 단절도 없는 까닭이니라. 일체지지가 청정한 까닭으로 성계·이식계, 나아가 이촉·이촉을 인연으로 생겨난 여러 수가 청정하고, 성계, 나아가 이촉을 인연으로 생겨난 여러 수가 청정한 까닭으로 이생성이 청정하니라. 왜 그러한가? 만약 일체지지가 청정하거나, 만약 성계, 나아가 이촉을 인연으로 생겨난 여러 수가 청정하거나, 만약 이생성이 청정하다면, 무이이고 둘로 나눌 수 없으며 분별이 없고 단절도 없는 까닭이니라.

선현이여. 일체지지가 청정한 까닭으로 비계가 청정하고, 비계가 청정한 까닭으로 이생성이 청정하니라. 왜 그러한가? 만약 일체지지가 청정하거나, 만약 비계가 청정하거나, 만약 이생성이 청정하다면, 무이이고 둘로 나눌 수 없으며 분별이 없고 단절도 없는 까닭이니라. 일체지지가 청정한 까닭으로 향계·비식계, 나아가 비촉·비촉을 인연으로 생겨난 여러 수가 청정하고, 향계, 나아가 비촉을 인연으로 생겨난 여러 수가 청정한 까닭으로 이생성이 청정하니라. 왜 그러한가? 만약 일체지지가 청정하거나, 만약 향계, 나아가 비촉을 인연으로 생겨난 여러 수가 청정하거나, 만약 이생성이 청정하다면, 무이이고 둘로 나눌 수 없으며 분별이 없고 단절도 없는 까닭이니라.

선현이여. 일체지지가 청정한 까닭으로 설계가 청정하고, 설계가 청정한 까닭으로 이생성이 청정하니라. 왜 그러한가? 만약 일체지지가 청정하거나, 만약 설계가 청정하거나, 만약 이생성이 청정하다면, 무이이고 둘로 나눌 수 없으며 분별이 없고 단절도 없는 까닭이니라. 일체지지가 청정한 까닭으로 미계·설식계, 나아가 설촉·설촉을 인연으로 생겨난 여러 수가 청정하고, 미계, 나아가 설촉을 인연으로 생겨난 여러 수가 청정한 까닭으로 이생성이 청정하니라. 왜 그러한가? 만약 일체지지가 청정하거나, 만약 미계, 나아가 설촉을 인연으로 생겨난 여러 수가 청정하거나, 만약 이생성이 청정하다면, 무이이고 둘로 나눌 수 없으며 분별이 없고 단절도 없는 까닭이니라.

선현이여. 일체지지가 청정한 까닭으로 신계가 청정하고, 신계가 청정한 까닭으로 이생성이 청정하니라. 왜 그러한가? 만약 일체지지가 청정하거나, 만약 신계가 청정하거나, 만약 이생성이 청정하다면, 무이이고 둘로 나눌 수 없으며 분별이 없고 단절도 없는 까닭이니라. 일체지지가 청정한 까닭으로 촉계·신식계, 나아가 신촉·신촉을 인연으로 생겨난 여러 수가 청정하고, 촉계, 나아가 신촉을 인연으로 생겨난 여러 수가 청정한 까닭으로 이생성이 청정하니라. 왜 그러한가? 만약 일체지지가 청정하거나, 만약 촉계, 나아가 신촉을 인연으로 생겨난 여러 수가 청정하거나, 만약 이생성이 청정하다면, 무이이고 둘로 나눌 수 없으며 분별이 없고 단절도 없는 까닭이니라.

선현이여. 일체지지가 청정한 까닭으로 의계가 청정하고, 의계가 청정한 까닭으로 이생성이 청정하니라. 왜 그러한가? 만약 일체지지가 청정하거나, 만약 의계가 청정하거나, 만약 이생성이 청정하다면, 무이이고 둘로 나눌 수 없으며 분별이 없고 단절도 없는 까닭이니라. 일체지지가 청정한 까닭으로 법계·의식계, 나아가 의촉·의촉을 인연으로 생겨난 여러 수가 청정하고, 법계, 나아가 의촉을 인연으로 생겨난 여러 수가 청정한 까닭으로 이생성이 청정하니라. 왜 그러한가? 만약 일체지지가 청정하거나, 만약 법계, 나아가 의촉을 인연으로 생겨난 여러 수가 청정하거나, 만약 이생성이 청정하다면, 무이이고 둘로 나눌 수 없으며 분별이 없고 단절도 없는 까닭이니라.

선현이여. 일체지지가 청정한 까닭으로 지계가 청정하고, 지계가 청정한 까닭으로 이생성이 청정하니라. 왜 그러한가? 만약 일체지지가 청정하거나, 만약 지계가 청정하거나, 만약 이생성이 청정하다면, 무이이고 둘로 나눌 수 없으며 분별이 없고 단절도 없는 까닭이니라. 일체지지가 청정한 까닭으로 수·화·풍·공·식계가 청정하고, 수·화·풍·공·식계가 청정한 까닭으로 이생성이 청정하니라. 왜 그러한가? 만약 일체지지가 청정하거나, 만약 수·화·풍·공·식계가 청정하거나, 만약 이생성이 청정하다면, 무이이고 둘로 나눌 수 없으며 분별이 없고 단절도 없는 까닭이니라.

선현이여. 일체지지가 청정한 까닭으로 무명이 청정하고, 무명이 청정한 까닭으로 이생성이 청정하니라. 왜 그러한가? 만약 일체지지가 청정하거나, 만약 무명이 청정하거나, 만약 이생성이 청정하다면, 무이이고 둘로 나눌 수 없으며 분별이 없고 단절도 없는 까닭이니라. 일체지지가 청정한 까닭으로 행·식·명색·육처·촉·수·애·취·유·생·노사의 수탄고우뇌가 청정하고, 행, 나아가 노사의 수탄고우뇌가 청정한 까닭으로 이생성이 청정하니라. 왜 그러한가? 만약 일체지지가 청정하거나, 만약 행, 나아가 노사의 수탄고우뇌가 청정하거나, 만약 이생성이 청정하다면, 무이이고 둘로 나눌 수 없으며 분별이 없고 단절도 없는 까닭이니라.

선현이여. 일체지지가 청정한 까닭으로 보시바라밀다가 청정하고, 보시바라밀다가 청정한 까닭으로 이생성이 청정하니라. 왜 그러한가? 만약 일체지지가 청정하거나, 만약 보시바라밀다가 청정하거나, 만약 이생성이 청정하다면, 무이이고 둘로 나눌 수 없으며 분별이 없고 단절도 없는 까닭이니라. 일체지지가 청정한 까닭으로 정계·안인·정진·정려·반야바라밀다가 청정하고, 정계, 나아가 반야바라밀다가 청정한 까닭으로 이생성이 청정하니라. 왜 그러한가? 만약 일체지지가 청정하거나, 만약 정계, 나아가 반야바라밀다가 청정하거나, 만약 이생성이 청정하다면, 무이이고 둘로 나눌 수 없으며 분별이 없고 단절도 없는 까닭이니라.

선현이여. 일체지지가 청정한 까닭으로 내공이 청정하고, 내공이 청정한 까닭으로 이생성이 청정하니라. 왜 그러한가? 만약 일체지지가 청정하거나, 만약 내공이 청정하거나, 만약 이생성이 청정하다면, 무이이고 둘로 나눌 수 없으며 분별이 없고 단절도 없는 까닭이니라. 일체지지가 청정한 까닭으로 외공·내외공·공공·대공·승의공·유위공·무위공·필경공·무제공·산공·무변이공·본성공·자상공·공상공·일체법공·불가득공·무성공·자성공·무성자성공이 청정하고, 외공, 나아가 무성자성공이 청정한 까닭으로 이생성이 청정하니라. 왜 그러한가? 만약 일체지지가 청정하거나, 만약 외공, 나아가 무성자성공이 청정하거나, 만약 이생성이 청정하다면, 무이이고 둘로 나눌 수 없으며 분별이 없고 단절도 없는 까닭이니라.

선현이여. 일체지지가 청정한 까닭으로 진여가 청정하고, 진여가 청정한 까닭으로 이생성이 청정하니라. 왜 그러한가? 만약 일체지지가 청정하거나, 만약 진여가 청정하거나, 만약 이생성이 청정하다면, 무이이고 둘로 나눌 수 없으며 분별이 없고 단절도 없는 까닭이니라. 일체지지가 청정한 까닭으로 법계·법성·불허망성·불변이성·평등성·법정·법주·실제·허공계·부사의계가 청정하고 법계, 나아가 부사의계가 청정한 까닭으로 이생성이 청정하니라. 왜 그러한가? 만약 일체지지가 청정하거나, 만약 법계, 나아가 부사의계가 청정하거나, 만약 이생성이 청정하다면, 무이이고 둘로 나눌 수 없으며 분별이 없고 단절도 없는 까닭이니라.

선현이여. 일체지지가 청정한 까닭으로 고성제가 청정하고, 고성제가 청정한 까닭으로 이생성이 청정하니라. 왜 그러한가? 만약 일체지지가 청정하거나, 만약 고성제가 청정하거나, 만약 이생성이 청정하다면, 무이이고 둘로 나눌 수 없으며 분별이 없고 단절도 없는 까닭이니라. 일체지지가 청정한 까닭으로 집·멸·도성제가 청정하고, 집·멸·도성제가 청정한 까닭으로 이생성이 청정하니라. 왜 그러한가? 만약 일체지지가 청정하거나, 만약 집·멸·도성제가 청정하거나, 만약 이생성이 청정하다면, 무이이고 둘로 나눌 수 없으며 분별이 없고 단절도 없는 까닭이니라.

선현이여. 일체지지가 청정한 까닭으로 4정려가 청정하고, 4정려가 청정한 까닭으로 이생성이 청정하니라. 왜 그러한가? 만약 일체지지가 청정하거나, 만약 4정려가 청정하거나, 만약 이생성이 청정하다면, 무이이고 둘로 나눌 수 없으며 분별이 없고 단절도 없는 까닭이니라. 일체지지가 청정한 까닭으로 4무량·4무색정이 청정하고, 4무량·4무색정이 청정한 까닭으로 이생성이 청정하니라. 왜 그러한가? 만약 일체지지가 청정하거나, 만약 4무량·4무색정이 청정하거나, 만약 이생성이 청정하다면, 무이이고 둘로 나눌 수 없으며 분별이 없고 단절도 없는 까닭이니라.

선현이여. 일체지지가 청정한 까닭으로 8해탈이 청정하고, 8해탈이 청정한 까닭으로 이생성이 청정하니라. 왜 그러한가? 만약 일체지지가 청정하거나, 만약 8해탈이 청정하거나, 만약 이생성이 청정하다면, 무이이고 둘로 나눌 수 없으며 분별이 없고 단절도 없는 까닭이니라. 일체지지가 청정한 까닭으로 8승처·9차제정·10변처가 청정하고, 8승처·9차제정·10변처가 청정한 까닭으로 이생성이 청정하니라. 왜 그러한가? 만약 일체지지가 청정하거나, 만약 8승처·9차제정·10변처가 청정하거나, 만약 이생성이 청정하다면, 무이이고 둘로 나눌 수 없으며 분별이 없고 단절도 없는 까닭이니라.

선현이여. 일체지지가 청정한 까닭으로 4념주가 청정하고, 4념주가 청정한 까닭으로 이생성이 청정하니라. 왜 그러한가? 만약 일체지지가 청정하거나, 만약 4념주가 청정하거나, 만약 이생성이 청정하다면, 무이이고 둘로 나눌 수 없으며 분별이 없고 단절도 없는 까닭이니라. 일체지지가 청정한 까닭으로 4정단·4신족·5근·5력·7등각지·8성도지가 청정하고, 4정단, 나아가 8성도지가 청정한 까닭으로 이생성이 청정하니라. 왜 그러한가? 만약 일체지지가 청정하거나, 만약 4정단, 나아가 8성도지가 청정하거나, 만약 이생성이 청정하다면, 무이이고 둘로 나눌 수 없으며 분별이 없고 단절도 없는 까닭이니라.

선현이여. 일체지지가 청정한 까닭으로 공해탈문이 청정하고, 공해탈문이 청정한 까닭으로 이생성이 청정하니라. 왜 그러한가? 만약 일체지지가 청정하거나, 만약 공해탈문이 청정하거나, 만약 이생성이 청정하다면, 무이이고 둘로 나눌 수 없으며 분별이 없고 단절도 없는 까닭이니라. 일체지지가 청정한 까닭으로 무상·무원해탈문이 청정하고, 무상·무원해탈문이 청정한 까닭으로 이생성이 청정하니라. 왜 그러한가? 만약 일체지지가 청정하거나, 만약 무상·무원해탈문이 청정하거나, 만약 이생성이 청정하다면, 무이이고 둘로 나눌 수 없으며 분별이 없고 단절도 없는 까닭이니라.

선현이여. 일체지지가 청정한 까닭으로 보살의 10지가 청정하고, 보살의 10지가 청정한 까닭으로 이생성이 청정하니라. 왜 그러한가? 만약 일체지지가 청정하거나, 만약 보살의 10지가 청정하거나, 만약 이생성이 청정하다면, 무이이고 둘로 나눌 수 없으며 분별이 없고 단절도 없는 까닭이니라.

선현이여. 일체지지가 청정한 까닭으로 5안이 청정하고, 5안이 청정한 까닭으로 이생성이 청정하니라. 왜 그러한가? 만약 일체지지가 청정하거나, 만약 5안이 청정하거나, 만약 이생성이 청정하다면, 무이이고 둘로 나눌 수 없으며 분별이 없고 단절도 없는 까닭이니라. 일체지지가 청정한 까닭으로 6신통이 청정하고, 6신통이 청정한 까닭으로 이생성이 청정하니라. 왜 그러한가? 만약 일체지지가 청정하거나, 만약 6신통이 청정하거나, 만약 이생성이 청정하다면, 무이이고 둘로 나눌 수 없으며 분별이 없고 단절도 없는 까닭이니라.

선현이여. 일체지지가 청정한 까닭으로 여래의 10력이 청정하고, 여래의 10력이 청정한 까닭으로 이생성이 청정하니라. 왜 그러한가? 만약 일체지지가 청정하거나, 만약 여래의 10력이 청정하거나, 만약 이생성이 청정하다면, 무이이고 둘로 나눌 수 없으며 분별이 없고 단절도 없는 까닭이니라. 일체지지가 청정한 까닭으로 4무소외·4무애해·대자·대비·대희·대사·18불불공법이 청정하고, 4무소외, 나아가 18불불공법이 청정한 까닭으로 이생성이 청정하니라. 왜 그러한가? 만약 일체지지가 청정하거나, 만약 4무소외, 나아가 18불불공법이 청정하거나, 만약 이생성이 청정하다면, 무이이고 둘로 나눌 수 없으며 분별이 없고 단절도 없는 까닭이니라.

선현이여. 일체지지가 청정한 까닭으로 무망실법이 청정하고, 무망실법이 청정한 까닭으로 이생성이 청정하니라. 왜 그러한가? 만약 일체지지가 청정하거나, 만약 무망실법이 청정하거나, 만약 이생성이 청정하다면, 무이이고 둘로 나눌 수 없으며 분별이 없고 단절도 없는 까닭이니라. 선현이여. 일체지지가 청정한 까닭으로 항주사성이 청정하고, 항주사성이 청정한 까닭으로 이생성이 청정하니라. 왜 그러한가? 만약 일체지지가 청정하거나, 만약 항주사성이 청정하거나, 만약 이생성이 청정하다면, 무이이고 둘로 나눌 수 없으며 분별이 없고 단절도 없는 까닭이니라.

선현이여. 일체지지가 청정한 까닭으로 일체지가 청정하고, 일체지가 청정한 까닭으로 이생성이 청정하니라. 왜 그러한가? 만약 일체지지가 청정하거나, 만약 일체지가 청정하거나, 만약 이생성이 청정하다면, 무이이고 둘로 나눌 수 없으며 분별이 없고 단절도 없는 까닭이니라. 일체지지가 청정한 까닭으로 도상지·일체상지가 청정하고, 도상지·일체상지가 청정한 까닭으로 이생성이 청정하니라. 왜 그러한가? 만약 일체지지가 청정하거나, 만약 도상지·일체상지가 청정하거나, 만약 이생성이 청정하다면, 무이이고 둘로 나눌 수 없으며 분별이 없고 단절도 없는 까닭이니라.

선현이여. 일체지지가 청정한 까닭으로 일체의 다라니문이 청정하고, 일체의 다라니문이 청정한 까닭으로 이생성이 청정하니라. 왜 그러한가? 만약 일체지지가 청정하거나, 만약 일체의 다라니문이 청정하거나, 만약 이생성이 청정하다면, 무이이고 둘로 나눌 수 없으며 분별이 없고 단절도 없는 까닭이니라. 선현이여. 일체지지가 청정한 까닭으로 일체의 삼마지문이 청정하고, 일체의 삼마지문이 청정한 까닭으로 이생성이 청정하니라. 왜 그러한가? 만약 일체지지가 청정하거나, 만약 일체의 삼마지문이 청정하거나, 만약 이생성이 청정하다면, 무이이고 둘로 나눌 수 없으며

분별이 없고 단절도 없는 까닭이니라.

선현이여. 일체지지가 청정한 까닭으로 예류과가 청정하고, 예류과가 청정한 까닭으로 이생성이 청정하니라. 왜 그러한가? 만약 일체지지가 청정하거나, 만약 예류과가 청정하거나, 만약 이생성이 청정하다면, 무이이고 둘로 나눌 수 없으며 분별이 없고 단절도 없는 까닭이니라. 일체지지가 청정한 까닭으로 일래·불환·아라한과가 청정하고, 일래·불환·아라한과가 청정한 까닭으로 이생성이 청정하니라. 왜 그러한가? 만약 일체지지가 청정하거나, 만약 일래·불환·아라한과가 청정하거나, 만약 이생성이 청정하다면, 무이이고 둘로 나눌 수 없으며 분별이 없고 단절도 없는 까닭이니라.

선현이여. 일체지지가 청정한 까닭으로 독각의 보리가 청정하고, 독각의 보리가 청정한 까닭으로 이생성이 청정하니라. 왜 그러한가? 만약 일체지지가 청정하거나, 만약 독각의 보리가 청정하거나, 만약 이생성이 청정하다면, 무이이고 둘로 나눌 수 없으며 분별이 없고 단절도 없는 까닭이니라.

선현이여. 일체지지가 청정한 까닭으로 일체의 보살마하살의 행이 청정하고, 일체의 보살마하살의 행이 청정한 까닭으로 이생성이 청정하니라. 왜 그러한가? 만약 일체지지가 청정하거나, 만약 일체의 보살마하살의 행이 청정하거나, 만약 이생성이 청정하다면, 무이이고 둘로 나눌 수 없으며 분별이 없고 단절도 없는 까닭이니라.

선현이여. 일체지지가 청정한 까닭으로 제불의 무상정등보리가 청정하고, 제불의 무상정등보리가 청정한 까닭으로 이생성이 청정하니라. 왜 그러한가? 만약 일체지지가 청정하거나, 만약 제불의 무상정등보리가 청정하거나, 만약 이생성이 청정하다면, 무이이고 둘로 나눌 수 없으며 분별이 없고 단절도 없는 까닭이니라."

"다시 다음으로 선현이여. 일체지지가 청정한 까닭으로 색이 청정하고, 색이 청정한 까닭으로 법정(法定)이 청정하니라. 왜 그러한가? 만약 일체지지가 청정하거나, 만약 색이 청정하거나, 만약 법정이 청정하다면,

무이이고 둘로 나눌 수 없으며 분별이 없고 단절도 없는 까닭이니라. 일체지지가 청정한 까닭으로 수·상·행·식이 청정하고, 수·상·행·식이 청정한 까닭으로 법정이 청정하니라. 왜 그러한가? 만약 일체지지가 청정하거나, 만약 수·상·행·식이 청정하거나, 만약 법정이 청정하다면, 무이이고 둘로 나눌 수 없으며 분별이 없고 단절도 없는 까닭이니라.

선현이여. 일체지지가 청정한 까닭으로 안처가 청정하고, 안처가 청정한 까닭으로 법정이 청정하니라. 왜 그러한가? 만약 일체지지가 청정하거나, 만약 안처가 청정하거나, 만약 법정이 청정하다면, 무이이고 둘로 나눌 수 없으며 분별이 없고 단절도 없는 까닭이니라. 일체지지가 청정한 까닭으로 이·비·설·신·의처가 청정하고, 이·비·설·신·의처가 청정한 까닭으로 법정이 청정하니라. 왜 그러한가? 만약 일체지지가 청정하거나, 만약 이·비·설·신·의처가 청정하거나, 만약 법정이 청정하다면, 무이이고 둘로 나눌 수 없으며 분별이 없고 단절도 없는 까닭이니라.

선현이여. 일체지지가 청정한 까닭으로 색처가 청정하고, 색처가 청정한 까닭으로 법정이 청정하니라. 왜 그러한가? 만약 일체지지가 청정하거나, 만약 색처가 청정하거나, 만약 법정이 청정하다면, 무이이고 둘로 나눌 수 없으며 분별이 없고 단절도 없는 까닭이니라. 일체지지가 청정한 까닭으로 성·향·미·촉·법처가 청정하고, 성·향·미·촉·법처가 청정한 까닭으로 법정이 청정하니라. 왜 그러한가? 만약 일체지지가 청정하거나, 만약 성·향·미·촉·법처가 청정하거나, 만약 법정이 청정하다면, 무이이고 둘로 나눌 수 없으며 분별이 없고 단절도 없는 까닭이니라.

선현이여. 일체지지가 청정한 까닭으로 안계가 청정하고, 안계가 청정한 까닭으로 법정이 청정하니라. 왜 그러한가? 만약 일체지지가 청정하거나, 만약 안계가 청정하거나, 만약 법정이 청정하다면, 무이이고 둘로 나눌 수 없으며 분별이 없고 단절도 없는 까닭이니라. 일체지지가 청정한 까닭으로 색계·안식계, 나아가 안촉·안촉을 인연으로 생겨난 여러 수가 청정하고, 색계, 나아가 안촉을 인연으로 생겨난 여러 수가 청정한 까닭으로 법정이 청정하니라. 왜 그러한가? 만약 일체지지가 청정하거나, 만약 색계, 나아가 안촉을 인연으로 생겨난 여러 수가 청정하거나, 만약 법정이 청정하다면, 무이이고 둘로 나눌 수 없으며 분별이 없고 단절도 없는 까닭이니라.

선현이여. 일체지지가 청정한 까닭으로 이계가 청정하고, 이계가 청정한 까닭으로 법정이 청정하니라. 왜 그러한가? 만약 일체지지가 청정하거나, 만약 이계가 청정하거나, 만약 법정이 청정하다면, 무이이고 둘로 나눌 수 없으며 분별이 없고 단절도 없는 까닭이니라. 일체지지가 청정한 까닭으로 성계·이식계, 나아가 이촉·이촉을 인연으로 생겨난 여러 수가 청정하고, 성계, 나아가 이촉을 인연으로 생겨난 여러 수가 청정한 까닭으로 법정이 청정하니라. 왜 그러한가? 만약 일체지지가 청정하거나, 만약 성계, 나아가 이촉을 인연으로 생겨난 여러 수가 청정하거나, 만약 법정이 청정하다면, 무이이고 둘로 나눌 수 없으며 분별이 없고 단절도 없는 까닭이니라.

선현이여. 일체지지가 청정한 까닭으로 비계가 청정하고, 비계가 청정한 까닭으로 법정이 청정하니라. 왜 그러한가? 만약 일체지지가 청정하거나, 만약 비계가 청정하거나, 만약 법정이 청정하다면, 무이이고 둘로 나눌 수 없으며 분별이 없고 단절도 없는 까닭이니라. 일체지지가 청정한 까닭으로 향계·비식계, 나아가 비촉·비촉을 인연으로 생겨난 여러 수가 청정하고, 향계, 나아가 비촉을 인연으로 생겨난 여러 수가 청정한 까닭으로 법정이 청정하니라. 왜 그러한가? 만약 일체지지가 청정하거나, 만약 향계, 나아가 비촉을 인연으로 생겨난 여러 수가 청정하거나, 만약 법정이 청정하다면, 무이이고 둘로 나눌 수 없으며 분별이 없고 단절도 없는 까닭이니라.

선현이여. 일체지지가 청정한 까닭으로 설계가 청정하고, 설계가 청정한 까닭으로 법정이 청정하니라. 왜 그러한가? 만약 일체지지가 청정하거나, 만약 설계가 청정하거나, 만약 법정이 청정하다면, 무이이고 둘로 나눌 수 없으며 분별이 없고 단절도 없는 까닭이니라. 일체지지가 청정한 까닭으로 미계·설식계, 나아가 설촉·설촉을 인연으로 생겨난 여러 수가 청정하고, 미계, 나아가 설촉을 인연으로 생겨난 여러 수가 청정한 까닭으로 법정이 청정하니라. 왜 그러한가? 만약 일체지지가 청정하거나, 만약 미계, 나아가 설촉을 인연으로 생겨난 여러 수가 청정하거나, 만약 법정이 청정하다면, 무이이고 둘로 나눌 수 없으며 분별이 없고 단절도 없는 까닭이니라.

선현이여. 일체지지가 청정한 까닭으로 신계가 청정하고, 신계가 청정한 까닭으로 법정이 청정하니라. 왜 그러한가? 만약 일체지지가 청정하거나, 만약 신계가 청정하거나, 만약 법정이 청정하다면, 무이이고 둘로 나눌 수 없으며 분별이 없고 단절도 없는 까닭이니라. 일체지지가 청정한 까닭으로 촉계·신식계, 나아가 신촉·신촉을 인연으로 생겨난 여러 수가 청정하고, 촉계, 나아가 신촉을 인연으로 생겨난 여러 수가 청정한 까닭으로 법정이 청정하니라. 왜 그러한가? 만약 일체지지가 청정하거나, 만약 촉계, 나아가 신촉을 인연으로 생겨난 여러 수가 청정하거나, 만약 법정이 청정하다면, 무이이고 둘로 나눌 수 없으며 분별이 없고 단절도 없는 까닭이니라.

선현이여. 일체지지가 청정한 까닭으로 의계가 청정하고, 의계가 청정한 까닭으로 법정이 청정하니라. 왜 그러한가? 만약 일체지지가 청정하거나, 만약 의계가 청정하거나, 만약 법정이 청정하다면, 무이이고 둘로 나눌 수 없으며 분별이 없고 단절도 없는 까닭이니라. 일체지지가 청정한 까닭으로 법계·의식계, 나아가 의촉·의촉을 인연으로 생겨난 여러 수가 청정하고, 법계, 나아가 의촉을 인연으로 생겨난 여러 수가 청정한 까닭으로 법정이 청정하니라. 왜 그러한가? 만약 일체지지가 청정하거나, 만약 법계, 나아가 의촉을 인연으로 생겨난 여러 수가 청정하거나, 만약 법정이 청정하다면, 무이이고 둘로 나눌 수 없으며 분별이 없고 단절도 없는 까닭이니라.

선현이여. 일체지지가 청정한 까닭으로 지계가 청정하고, 지계가 청정한 까닭으로 법정이 청정하니라. 왜 그러한가? 만약 일체지지가 청정하거나, 만약 지계가 청정하거나, 만약 법정이 청정하다면, 무이이고 둘로 나눌 수 없으며 분별이 없고 단절도 없는 까닭이니라. 일체지지가 청정한 까닭으로 수·화·풍·공·식계가 청정하고, 수·화·풍·공·식계가 청정한 까닭으로 법정이 청정하니라. 왜 그러한가? 만약 일체지지가 청정하거나, 만약 수·화·풍·공·식계가 청정하거나, 만약 법정이 청정하다면, 무이이고 둘로 나눌 수 없으며 분별이 없고 단절도 없는 까닭이니라.

선현이여. 일체지지가 청정한 까닭으로 무명이 청정하고, 무명이 청정한 까닭으로 법정이 청정하니라. 왜 그러한가? 만약 일체지지가 청정하거나, 만약 무명이 청정하거나, 만약 법정이 청정하다면, 무이이고 둘로 나눌 수 없으며 분별이 없고 단절도 없는 까닭이니라. 일체지지가 청정한 까닭으로 행·식·명색·육처·촉·수·애·취·유·생·노사의 수탄고우뇌가 청정하고, 행, 나아가 노사의 수탄고우뇌가 청정한 까닭으로 법정이 청정하니라. 왜 그러한가? 만약 일체지지가 청정하거나, 만약 행, 나아가 노사의 수탄고우뇌가 청정하거나, 만약 법정이 청정하다면, 무이이고 둘로 나눌 수 없으며 분별이 없고 단절도 없는 까닭이니라.

선현이여. 일체지지가 청정한 까닭으로 보시바라밀다가 청정하고, 보시바라밀다가 청정한 까닭으로 법정이 청정하니라. 왜 그러한가? 만약 일체지지가 청정하거나, 만약 보시바라밀다가 청정하거나, 만약 법정이 청정하다면, 무이이고 둘로 나눌 수 없으며 분별이 없고 단절도 없는 까닭이니라. 일체지지가 청정한 까닭으로 정계·안인·정진·정려·반야바라밀다가 청정하고, 정계, 나아가 반야바라밀다가 청정한 까닭으로 법정이 청정하니라. 왜 그러한가? 만약 일체지지가 청정하거나, 만약 정계, 나아가 반야바라밀다가 청정하거나, 만약 법정이 청정하다면, 무이이고 둘로 나눌 수 없으며 분별이 없고 단절도 없는 까닭이니라."

마하반야바라밀다경 제261권

34. 난신해품(難信解品)(80)

“선현이여. 일체지지가 청정한 까닭으로 내공이 청정하고, 내공이 청정한 까닭으로 법정이 청정하니라. 왜 그러한가? 만약 일체지지가 청정하거나, 만약 내공이 청정하거나, 만약 법정이 청정하다면, 무이이고 둘로 나눌 수 없으며 분별이 없고 단절도 없는 까닭이니라. 일체지지가 청정한 까닭으로 외공·내외공·공공·대공·승의공·유위공·무위공·필경공·무제공·산공·무변이공·본성공·자상공·공상공·일체법공·불가득공·무성공·자성공·무성자성공이 청정하고, 외공, 나아가 무성자성공이 청정한 까닭으로 법정이 청정하니라. 왜 그러한가? 만약 일체지지가 청정하거나, 만약 외공, 나아가 무성자성공이 청정하거나, 만약 법정이 청정하다면, 무이이고 둘로 나눌 수 없으며 분별이 없고 단절도 없는 까닭이니라.

선현이여. 일체지지가 청정한 까닭으로 진여가 청정하고, 진여가 청정한 까닭으로 법정이 청정하니라. 왜 그러한가? 만약 일체지지가 청정하거나, 만약 진여가 청정하거나, 만약 법정이 청정하다면, 무이이고 둘로 나눌 수 없으며 분별이 없고 단절도 없는 까닭이니라. 일체지지가 청정한 까닭으로 법계·법성·불허망성·불변이성·평등성·이생성·법주·실제·허공계·부사의계가 청정하고 법계, 나아가 부사의계가 청정한 까닭으로 법정이 청정하니라. 왜 그러한가? 만약 일체지지가 청정하거나, 만약 법계, 나아가 부사의계가 청정하거나, 만약 법정이 청정하다면, 무이이고 둘로 나눌 수 없으며 분별이 없고 단절도 없는 까닭이니라.

선현이여. 일체지지가 청정한 까닭으로 고성제가 청정하고, 고성제가 청정한 까닭으로 법정이 청정하니라. 왜 그러한가? 만약 일체지지가 청정하거나, 만약 고성제가 청정하거나, 만약 법정이 청정하다면, 무이이고 둘로 나눌 수 없으며 분별이 없고 단절도 없는 까닭이니라. 일체지지가 청정한 까닭으로 집·멸·도성제가 청정하고, 집·멸·도성제가 청정한 까닭으로 법정이 청정하니라. 왜 그러한가? 만약 일체지지가 청정하거나, 만약 집·멸·도성제가 청정하거나, 만약 법정이 청정하다면, 무이이고 둘로 나눌 수 없으며 분별이 없고 단절도 없는 까닭이니라.

선현이여. 일체지지가 청정한 까닭으로 4정려가 청정하고, 4정려가 청정한 까닭으로 법정이 청정하니라. 왜 그러한가? 만약 일체지지가 청정하거나, 만약 4정려가 청정하거나, 만약 법정이 청정하다면, 무이이고 둘로 나눌 수 없으며 분별이 없고 단절도 없는 까닭이니라. 일체지지가 청정한 까닭으로 4무량·4무색정이 청정하고, 4무량·4무색정이 청정한 까닭으로 법정이 청정하니라. 왜 그러한가? 만약 일체지지가 청정하거나, 만약 4무량·4무색정이 청정하거나, 만약 법정이 청정하다면, 무이이고 둘로 나눌 수 없으며 분별이 없고 단절도 없는 까닭이니라.

선현이여. 일체지지가 청정한 까닭으로 8해탈이 청정하고, 8해탈이 청정한 까닭으로 법정이 청정하니라. 왜 그러한가? 만약 일체지지가 청정하거나, 만약 8해탈이 청정하거나, 만약 법정이 청정하다면, 무이이고 둘로 나눌 수 없으며 분별이 없고 단절도 없는 까닭이니라. 일체지지가 청정한 까닭으로 8승처·9차제정·10변처가 청정하고, 8승처·9차제정·10변처가 청정한 까닭으로 법정이 청정하니라. 왜 그러한가? 만약 일체지지가 청정하거나, 만약 8승처·9차제정·10변처가 청정하거나, 만약 법정이 청정하다면, 무이이고 둘로 나눌 수 없으며 분별이 없고 단절도 없는 까닭이니라.

선현이여. 일체지지가 청정한 까닭으로 4념주가 청정하고, 4념주가 청정한 까닭으로 법정이 청정하니라. 왜 그러한가? 만약 일체지지가 청정하거나, 만약 4념주가 청정하거나, 만약 법정이 청정하다면, 무이이고 둘로 나눌 수 없으며 분별이 없고 단절도 없는 까닭이니라. 일체지지가 청정한 까닭으로 4정단·4신족·5근·5력·7등각지·8성도지가 청정하고, 4정단, 나아가 8성도지가 청정한 까닭으로 법정이 청정하니라. 왜 그러한가? 만약 일체지지가 청정하거나, 만약 4정단, 나아가 8성도지가 청정하거나, 만약 법정이 청정하다면, 무이이고 둘로 나눌 수 없으며 분별이 없고 단절도 없는 까닭이니라.

선현이여. 일체지지가 청정한 까닭으로 공해탈문이 청정하고, 공해탈문이 청정한 까닭으로 법정이 청정하니라. 왜 그러한가? 만약 일체지지가 청정하거나, 만약 공해탈문이 청정하거나, 만약 법정이 청정하다면, 무이이고 둘로 나눌 수 없으며 분별이 없고 단절도 없는 까닭이니라. 일체지지가 청정한 까닭으로 무상·무원해탈문이 청정하고, 무상·무원해탈문이 청정한 까닭으로 법정이 청정하니라. 왜 그러한가? 만약 일체지지가 청정하거나, 만약 무상·무원해탈문이 청정하거나, 만약 법정이 청정하다면, 무이이고 둘로 나눌 수 없으며 분별이 없고 단절도 없는 까닭이니라.

선현이여. 일체지지가 청정한 까닭으로 보살의 10지가 청정하고, 보살의 10지가 청정한 까닭으로 법정이 청정하니라. 왜 그러한가? 만약 일체지지가 청정하거나, 만약 보살의 10지가 청정하거나, 만약 법정이 청정하다면, 무이이고 둘로 나눌 수 없으며 분별이 없고 단절도 없는 까닭이니라.

선현이여. 일체지지가 청정한 까닭으로 5안이 청정하고, 5안이 청정한 까닭으로 법정이 청정하니라. 왜 그러한가? 만약 일체지지가 청정하거나, 만약 5안이 청정하거나, 만약 법정이 청정하다면, 무이이고 둘로 나눌 수 없으며 분별이 없고 단절도 없는 까닭이니라. 일체지지가 청정한 까닭으로 6신통이 청정하고, 6신통이 청정한 까닭으로 법정이 청정하니라. 왜 그러한가? 만약 일체지지가 청정하거나, 만약 6신통이 청정하거나, 만약 법정이 청정하다면, 무이이고 둘로 나눌 수 없으며 분별이 없고 단절도 없는 까닭이니라.

선현이여. 일체지지가 청정한 까닭으로 여래의 10력이 청정하고, 여래의 10력이 청정한 까닭으로 법정이 청정하니라. 왜 그러한가? 만약 일체지지가 청정하거나, 만약 여래의 10력이 청정하거나, 만약 법정이 청정하다면, 무이이고 둘로 나눌 수 없으며 분별이 없고 단절도 없는 까닭이니라. 일체지지가 청정한 까닭으로 4무소외·4무애해·대자·대비·대희·대사·18불불공법이 청정하고, 4무소외, 나아가 18불불공법이 청정한 까닭으로 법정이 청정하니라. 왜 그러한가? 만약 일체지지가 청정하거나, 만약 4무소외, 나아가 18불불공법이 청정하거나, 만약 법정이 청정하다면, 무이이고 둘로 나눌 수 없으며 분별이 없고 단절도 없는 까닭이니라.

선현이여. 일체지지가 청정한 까닭으로 무망실법이 청정하고, 무망실법이 청정한 까닭으로 법정이 청정하니라. 왜 그러한가? 만약 일체지지가 청정하거나, 만약 무망실법이 청정하거나, 만약 법정이 청정하다면, 무이이고 둘로 나눌 수 없으며 분별이 없고 단절도 없는 까닭이니라. 선현이여. 일체지지가 청정한 까닭으로 항주사성이 청정하고, 항주사성이 청정한 까닭으로 법정이 청정하니라. 왜 그러한가? 만약 일체지지가 청정하거나, 만약 항주사성이 청정하거나, 만약 법정이 청정하다면, 무이이고 둘로 나눌 수 없으며 분별이 없고 단절도 없는 까닭이니라.

선현이여. 일체지지가 청정한 까닭으로 일체지가 청정하고, 일체지가 청정한 까닭으로 법정이 청정하니라. 왜 그러한가? 만약 일체지지가 청정하거나, 만약 일체지가 청정하거나, 만약 법정이 청정하다면, 무이이고 둘로 나눌 수 없으며 분별이 없고 단절도 없는 까닭이니라. 일체지지가 청정한 까닭으로 도상지·일체상지가 청정하고, 도상지·일체상지가 청정한 까닭으로 법정이 청정하니라. 왜 그러한가? 만약 일체지지가 청정하거나, 만약 도상지·일체상지가 청정하거나, 만약 법정이 청정하다면, 무이이고 둘로 나눌 수 없으며 분별이 없고 단절도 없는 까닭이니라.

선현이여. 일체지지가 청정한 까닭으로 일체의 다라니문이 청정하고, 일체의 다라니문이 청정한 까닭으로 법정이 청정하니라. 왜 그러한가? 만약 일체지지가 청정하거나, 만약 일체의 다라니문이 청정하거나, 만약 법정이 청정하다면, 무이이고 둘로 나눌 수 없으며 분별이 없고 단절도 없는 까닭이니라. 선현이여. 일체지지가 청정한 까닭으로 일체의 삼마지문이 청정하고, 일체의 삼마지문이 청정한 까닭으로 법정이 청정하니라.

왜 그러한가? 만약 일체지지가 청정하거나, 만약 일체의 삼마지문이 청정하거나, 만약 법정이 청정하다면, 무이이고 둘로 나눌 수 없으며 분별이 없고 단절도 없는 까닭이니라.

선현이여. 일체지지가 청정한 까닭으로 예류과가 청정하고, 예류과가 청정한 까닭으로 법정이 청정하니라. 왜 그러한가? 만약 일체지지가 청정하거나, 만약 예류과가 청정하거나, 만약 법정이 청정하다면, 무이이고 둘로 나눌 수 없으며 분별이 없고 단절도 없는 까닭이니라. 일체지지가 청정한 까닭으로 일래·불환·아라한과가 청정하고, 일래·불환·아라한과가 청정한 까닭으로 법정이 청정하니라. 왜 그러한가? 만약 일체지지가 청정하거나, 만약 일래·불환·아라한과가 청정하거나, 만약 법정이 청정하다면, 무이이고 둘로 나눌 수 없으며 분별이 없고 단절도 없는 까닭이니라.

선현이여. 일체지지가 청정한 까닭으로 독각의 보리가 청정하고, 독각의 보리가 청정한 까닭으로 법정이 청정하니라. 왜 그러한가? 만약 일체지지가 청정하거나, 만약 독각의 보리가 청정하거나, 만약 법정이 청정하다면, 무이이고 둘로 나눌 수 없으며 분별이 없고 단절도 없는 까닭이니라.

선현이여. 일체지지가 청정한 까닭으로 일체의 보살마하살의 행이 청정하고, 일체의 보살마하살의 행이 청정한 까닭으로 법정이 청정하니라. 왜 그러한가? 만약 일체지지가 청정하거나, 만약 일체의 보살마하살의 행이 청정하거나, 만약 법정이 청정하다면, 무이이고 둘로 나눌 수 없으며 분별이 없고 단절도 없는 까닭이니라.

선현이여. 일체지지가 청정한 까닭으로 제불의 무상정등보리가 청정하고, 제불의 무상정등보리가 청정한 까닭으로 법정이 청정하니라. 왜 그러한가? 만약 일체지지가 청정하거나, 만약 제불의 무상정등보리가 청정하거나, 만약 법정이 청정하다면, 무이이고 둘로 나눌 수 없으며 분별이 없고 단절도 없는 까닭이니라."

"다시 다음으로 선현이여. 일체지지가 청정한 까닭으로 색(色)이 청정하고, 색이 청정한 까닭으로 법주(法住)가 청정하니라. 왜 그러한가?

만약 일체지지가 청정하거나, 만약 색이 청정하거나, 만약 법주가 청정하다면, 무이(無二)이고 둘로 나눌 수 없으며(無二分) 분별이 없고(無別) 단절도 없는(無斷) 까닭이니라. 일체지지가 청정한 까닭으로 수(受)·상(想)·행(行)·식(識)이 청정하고, 수·상·행·식이 청정한 까닭으로 법주가 청정하니라. 왜 그러한가? 만약 일체지지가 청정하거나, 만약 수·상·행·식이 청정하거나, 만약 법주가 청정하다면, 무이이고 둘로 나눌 수 없으며 분별이 없고 단절도 없는 까닭이니라.

선현이여. 일체지지가 청정한 까닭으로 안처(眼處)가 청정하고, 안처가 청정한 까닭으로 법주가 청정하니라. 왜 그러한가? 만약 일체지지가 청정하거나, 만약 안처가 청정하거나, 만약 법주가 청정하다면, 무이이고 둘로 나눌 수 없으며 분별이 없고 단절도 없는 까닭이니라. 일체지지가 청정한 까닭으로 이(耳)·비(鼻)·설(舌)·신(身)·의처(意處)가 청정하고, 이·비·설·신·의처가 청정한 까닭으로 법주가 청정하니라. 왜 그러한가? 만약 일체지지가 청정하거나, 만약 이·비·설·신·의처가 청정하거나, 만약 법주가 청정하다면, 무이이고 둘로 나눌 수 없으며 분별이 없고 단절도 없는 까닭이니라.

선현이여. 일체지지가 청정한 까닭으로 색처(色處)가 청정하고, 색처가 청정한 까닭으로 법주가 청정하니라. 왜 그러한가? 만약 일체지지가 청정하거나, 만약 색처가 청정하거나, 만약 법주가 청정하다면, 무이이고 둘로 나눌 수 없으며 분별이 없고 단절도 없는 까닭이니라. 일체지지가 청정한 까닭으로 성(聲)·향(香)·미(味)·촉(觸)·법처(法處)가 청정하고, 성·향·미·촉·법처가 청정한 까닭으로 법주가 청정하니라. 왜 그러한가? 만약 일체지지가 청정하거나, 만약 성·향·미·촉·법처가 청정하거나, 만약 법주가 청정하다면, 무이이고 둘로 나눌 수 없으며 분별이 없고 단절도 없는 까닭이니라.

선현이여. 일체지지가 청정한 까닭으로 안계(眼界)가 청정하고, 안계가 청정한 까닭으로 법주가 청정하니라. 왜 그러한가? 만약 일체지지가 청정하거나, 만약 안계가 청정하거나, 만약 법주가 청정하다면, 무이이고 둘로 나눌 수 없으며 분별이 없고 단절도 없는 까닭이니라. 일체지지가 청정한 까닭으로 색계(色界)·안식계(眼識界), …… 나아가 …… 안촉(眼觸)·안촉을 인연으로 생겨나는 여러 수(受)가 청정하고, 색계, 나아가 안촉을 인연으로 생겨난 여러 수가 청정한 까닭으로 법주가 청정하니라. 왜 그러한가? 만약 일체지지가 청정하거나, 만약 색계, 나아가 안촉을 인연으로 생겨난 여러 수가 청정하거나, 만약 법주가 청정하다면, 무이이고 둘로 나눌 수 없으며 분별이 없고 단절도 없는 까닭이니라.

선현이여. 일체지지가 청정한 까닭으로 이계(耳界)가 청정하고, 이계가 청정한 까닭으로 법주가 청정하니라. 왜 그러한가? 만약 일체지지가 청정하거나, 만약 이계가 청정하거나, 만약 법주가 청정하다면, 무이이고 둘로 나눌 수 없으며 분별이 없고 단절도 없는 까닭이니라. 일체지지가 청정한 까닭으로 성계(聲界)·이식계(耳識界), …… 나아가 …… 이촉(耳觸)·이촉을 인연으로 생겨난 여러 수가 청정하고, 성계, 나아가 이촉을 인연으로 생겨난 여러 수가 청정한 까닭으로 법주가 청정하니라. 왜 그러한가? 만약 일체지지가 청정하거나, 만약 성계, 나아가 이촉을 인연으로 생겨난 여러 수가 청정하거나, 만약 법주가 청정하다면, 무이이고 둘로 나눌 수 없으며 분별이 없고 단절도 없는 까닭이니라.

선현이여. 일체지지가 청정한 까닭으로 비계(鼻界)가 청정하고, 비계가 청정한 까닭으로 법주가 청정하니라. 왜 그러한가? 만약 일체지지가 청정하거나, 만약 비계가 청정하거나, 만약 법주가 청정하다면, 무이이고 둘로 나눌 수 없으며 분별이 없고 단절도 없는 까닭이니라. 일체지지가 청정한 까닭으로 향계(香界)·비식계(鼻識界), …… 나아가 …… 비촉(鼻觸)·비촉을 인연으로 생겨난 여러 수가 청정하고, 향계, 나아가 비촉을 인연으로 생겨난 여러 수가 청정한 까닭으로 법주가 청정하니라. 왜 그러한가? 만약 일체지지가 청정하거나, 만약 향계, 나아가 비촉을 인연으로 생겨난 여러 수가 청정하거나, 만약 법주가 청정하다면, 무이이고 둘로 나눌 수 없으며 분별이 없고 단절도 없는 까닭이니라.

선현이여. 일체지지가 청정한 까닭으로 설계(舌界)가 청정하고, 설계가 청정한 까닭으로 법주가 청정하니라. 왜 그러한가? 만약 일체지지가 청정하거나, 만약 설계가 청정하거나, 만약 법주가 청정하다면, 무이이고 둘로 나눌 수 없으며 분별이 없고 단절도 없는 까닭이니라. 일체지지가 청정한 까닭으로 미계(味界)·설식계(舌識界), …… 나아가 …… 설촉(舌觸)·설촉을 인연으로 생겨난 여러 수가 청정하고, 미계, 나아가 설촉을 인연으로 생겨난 여러 수가 청정한 까닭으로 법주가 청정하니라. 왜 그러한가? 만약 일체지지가 청정하거나, 만약 미계, 나아가 설촉을 인연으로 생겨난 여러 수가 청정하거나, 만약 법주가 청정하다면, 무이이고 둘로 나눌 수 없으며 분별이 없고 단절도 없는 까닭이니라.

선현이여. 일체지지가 청정한 까닭으로 신계(身界)가 청정하고, 신계가 청정한 까닭으로 법주가 청정하니라. 왜 그러한가? 만약 일체지지가 청정하거나, 만약 신계가 청정하거나, 만약 법주가 청정하다면, 무이이고 둘로 나눌 수 없으며 분별이 없고 단절도 없는 까닭이니라. 일체지지가 청정한 까닭으로 촉계(觸界)·신식계(身識界), …… 나아가 …… 신촉(身觸)·신촉을 인연으로 생겨난 여러 수가 청정하고, 촉계, 나아가 신촉을 인연으로 생겨난 여러 수가 청정한 까닭으로 법주가 청정하니라. 왜 그러한가? 만약 일체지지가 청정하거나, 만약 촉계, 나아가 신촉을 인연으로 생겨난 여러 수가 청정하거나, 만약 법주가 청정하다면, 무이이고 둘로 나눌 수 없으며 분별이 없고 단절도 없는 까닭이니라.

선현이여. 일체지지가 청정한 까닭으로 의계(意界)가 청정하고, 의계가 청정한 까닭으로 법주가 청정하니라. 왜 그러한가? 만약 일체지지가 청정하거나, 만약 의계가 청정하거나, 만약 법주가 청정하다면, 무이이고 둘로 나눌 수 없으며 분별이 없고 단절도 없는 까닭이니라. 일체지지가 청정한 까닭으로 법계(法界)·의식계(意識界), …… 나아가 …… 의촉(意觸)·의촉을 인연으로 생겨난 여러 수가 청정하고, 법계, 나아가 의촉을 인연으로 생겨난 여러 수가 청정한 까닭으로 법주가 청정하니라. 왜 그러한가? 만약 일체지지가 청정하거나, 만약 법계, 나아가 의촉을 인연으로 생겨난 여러 수가 청정하거나, 만약 법주가 청정하다면, 무이이고 둘로 나눌

수 없으며 분별이 없고 단절도 없는 까닭이니라.

선현이여. 일체지지가 청정한 까닭으로 지계(地界)가 청정하고, 지계가 청정한 까닭으로 법주가 청정하니라. 왜 그러한가? 만약 일체지지가 청정하거나, 만약 지계가 청정하거나, 만약 법주가 청정하다면, 무이이고 둘로 나눌 수 없으며 분별이 없고 단절도 없는 까닭이니라. 일체지지가 청정한 까닭으로 수(水)·화(火)·풍(風)·공(空)·식계(識界)가 청정하고, 수·화·풍·공·식계가 청정한 까닭으로 법주가 청정하니라. 왜 그러한가? 만약 일체지지가 청정하거나, 만약 수·화·풍·공·식계가 청정하거나, 만약 법주가 청정하다면, 무이이고 둘로 나눌 수 없으며 분별이 없고 단절도 없는 까닭이니라.

선현이여. 일체지지가 청정한 까닭으로 무명(無明)이 청정하고, 무명이 청정한 까닭으로 법주가 청정하니라. 왜 그러한가? 만약 일체지지가 청정하거나, 만약 무명이 청정하거나, 만약 법주가 청정하다면, 무이이고 둘로 나눌 수 없으며 분별이 없고 단절도 없는 까닭이니라. 일체지지가 청정한 까닭으로 행(行)·식(識)·명색(名色)·육처(六處)·촉(觸)·수(受)·애(愛)·취(取)·유(有)·생(生)·노사(老死)의 수탄고우뇌(愁歎苦憂惱)가 청정하고, 행, 나아가 노사의 수탄고우뇌가 청정한 까닭으로 법주가 청정하니라. 왜 그러한가? 만약 일체지지가 청정하거나, 만약 행, 나아가 노사의 수탄고우뇌가 청정하거나, 만약 법주가 청정하다면, 무이이고 둘로 나눌 수 없으며 분별이 없고 단절도 없는 까닭이니라.

선현이여. 일체지지가 청정한 까닭으로 보시바라밀다(布施波羅蜜多)가 청정하고, 보시바라밀다가 청정한 까닭으로 법주가 청정하니라. 왜 그러한가? 만약 일체지지가 청정하거나, 만약 보시바라밀다가 청정하거나, 만약 법주가 청정하다면, 무이이고 둘로 나눌 수 없으며 분별이 없고 단절도 없는 까닭이니라. 일체지지가 청정한 까닭으로 정계(淨戒)·안인(安忍)·정진(精進)·정려(靜慮)·반야바라밀다(般若波羅蜜多)가 청정하고, 정계, 나아가 반야바라밀다가 청정한 까닭으로 법주가 청정하니라. 왜 그러한가? 만약 일체지지가 청정하거나, 만약 정계, 나아가 반야바라밀다가 청정하거나, 만약 법주가 청정하다면, 무이이고 둘로 나눌 수 없으며

분별이 없고 단절도 없는 까닭이니라.

선현이여. 일체지지가 청정한 까닭으로 내공(內空)이 청정하고, 내공이 청정한 까닭으로 법주가 청정하니라. 왜 그러한가? 만약 일체지지가 청정하거나, 만약 내공이 청정하거나, 만약 법주가 청정하다면, 무이이고 둘로 나눌 수 없으며 분별이 없고 단절도 없는 까닭이니라. 일체지지가 청정한 까닭으로 외공(外空)·내외공(內外空)·공공(空空)·대공(大空)·승의공(勝義空)·유위공(有爲空)·무위공(無爲空)·필경공(畢竟空)·무제공(無際空)·산공(散空)·무변이공(無變異空)·본성공(本性空)·자상공(自相空)·공상공(共相空)·일체법공(一切法空)·불가득공(不可得空)·무성공(無性空)·자성공(自性空)·무성자성공(無性自性空)이 청정하고, 외공, 나아가 무성자성공이 청정한 까닭으로 법주가 청정하니라. 왜 그러한가? 만약 일체지지가 청정하거나, 만약 외공, 나아가 무성자성공이 청정하거나, 만약 법주가 청정하다면, 무이이고 둘로 나눌 수 없으며 분별이 없고 단절도 없는 까닭이니라.

선현이여. 일체지지가 청정한 까닭으로 진여(眞如)가 청정하고, 진여가 청정한 까닭으로 법주가 청정하니라. 왜 그러한가? 만약 일체지지가 청정하거나, 만약 진여가 청정하거나, 만약 법주가 청정하다면, 무이이고 둘로 나눌 수 없으며 분별이 없고 단절도 없는 까닭이니라. 일체지지가 청정한 까닭으로 법계(法界)·법성(法性)·불허망성(不虛妄性)·불변이성(不變異性)·평등성(平等性)·이생성(離生性)·법정(法定)·법주(法住)·실제(實際)·허공계(虛空界)·부사의계(不思議界)가 청정하고 법계, 나아가 부사의계가 청정한 까닭으로 법주가 청정하니라. 왜 그러한가? 만약 일체지지가 청정하거나, 만약 법계, 나아가 부사의계가 청정하거나, 만약 법주가 청정하다면, 무이이고 둘로 나눌 수 없으며 분별이 없고 단절도 없는 까닭이니라.

선현이여. 일체지지가 청정한 까닭으로 고성제(苦聖諦)가 청정하고, 고성제가 청정한 까닭으로 법주가 청정하니라. 왜 그러한가? 만약 일체지지가 청정하거나, 만약 고성제가 청정하거나, 만약 법주가 청정하다면, 무이이고 둘로 나눌 수 없으며 분별이 없고 단절도 없는 까닭이니라. 일체지지가 청정한 까닭으로 집(集)·멸(滅)·도성제(道聖諦)가 청정하고, 집·멸·도성제가 청정한 까닭으로 법주가 청정하니라. 왜 그러한가? 만약 일체지지가 청정하거나, 만약 집·멸·도성제가 청정하거나, 만약 법주가 청정하다면, 무이이고 둘로 나눌 수 없으며 분별이 없고 단절도 없는 까닭이니라.

선현이여. 일체지지가 청정한 까닭으로 4정려(四靜慮)가 청정하고, 4정려가 청정한 까닭으로 법주가 청정하니라. 왜 그러한가? 만약 일체지지가 청정하거나, 만약 4정려가 청정하거나, 만약 법주가 청정하다면, 무이이고 둘로 나눌 수 없으며 분별이 없고 단절도 없는 까닭이니라. 일체지지가 청정한 까닭으로 4무량(四無量)·4무색정(四無色定)이 청정하고, 4무량·4무색정이 청정한 까닭으로 법주가 청정하니라. 왜 그러한가? 만약 일체지지가 청정하거나, 만약 4무량·4무색정이 청정하거나, 만약 법주가 청정하다면, 무이이고 둘로 나눌 수 없으며 분별이 없고 단절도 없는 까닭이니라.

선현이여. 일체지지가 청정한 까닭으로 8해탈(八解脫)이 청정하고, 8해탈이 청정한 까닭으로 법주가 청정하니라. 왜 그러한가? 만약 일체지지가 청정하거나, 만약 8해탈이 청정하거나, 만약 법주가 청정하다면, 무이이고 둘로 나눌 수 없으며 분별이 없고 단절도 없는 까닭이니라. 일체지지가 청정한 까닭으로 8승처(八勝處)·9차제정(九次第定)·10변처(十遍處)가 청정하고, 8승처·9차제정·10변처가 청정한 까닭으로 법주가 청정하니라. 왜 그러한가? 만약 일체지지가 청정하거나, 만약 8승처·9차제정·10변처가 청정하거나, 만약 법주가 청정하다면, 무이이고 둘로 나눌 수 없으며 분별이 없고 단절도 없는 까닭이니라.

선현이여. 일체지지가 청정한 까닭으로 4념주(四念住)가 청정하고, 4념주가 청정한 까닭으로 법주가 청정하니라. 왜 그러한가? 만약 일체지지가 청정하거나, 만약 4념주가 청정하거나, 만약 법주가 청정하다면, 무이이고 둘로 나눌 수 없으며 분별이 없고 단절도 없는 까닭이니라. 일체지지가 청정한 까닭으로 4정단(四正斷)·4신족(四神足)·5근(五根)·5력(五力)·7등각지(七等覺支)·8성도지(八聖道支)가 청정하고, 4정단, 나아가 8성도지가 청정한 까닭으로 법주가 청정하니라. 왜 그러한가? 만약 일체지지가 청정하거나, 만약 4정단, 나아가 8성도지가 청정하거나, 만약 법주가 청정하다면, 무이이고 둘로 나눌 수 없으며 분별이 없고 단절도 없는 까닭이니라.

선현이여. 일체지지가 청정한 까닭으로 공해탈문(空解脫門)이 청정하고, 공해탈문이 청정한 까닭으로 법주가 청정하니라. 왜 그러한가? 만약 일체지지가 청정하거나, 만약 공해탈문이 청정하거나, 만약 법주가 청정하다면, 무이이고 둘로 나눌 수 없으며 분별이 없고 단절도 없는 까닭이니라. 일체지지가 청정한 까닭으로 무상(無相)·무원해탈문(無願解脫門)이 청정하고, 무상·무원해탈문이 청정한 까닭으로 법주가 청정하니라. 왜 그러한가? 만약 일체지지가 청정하거나, 만약 무상·무원해탈문이 청정하거나, 만약 법주가 청정하다면, 무이이고 둘로 나눌 수 없으며 분별이 없고 단절도 없는 까닭이니라.

선현이여. 일체지지가 청정한 까닭으로 보살(菩薩)의 10지(十地)가 청정하고, 보살의 10지가 청정한 까닭으로 법주가 청정하니라. 왜 그러한가? 만약 일체지지가 청정하거나, 만약 보살의 10지가 청정하거나, 만약 법주가 청정하다면, 무이이고 둘로 나눌 수 없으며 분별이 없고 단절도 없는 까닭이니라.

선현이여. 일체지지가 청정한 까닭으로 5안(五眼)이 청정하고, 5안이 청정한 까닭으로 법주가 청정하니라. 왜 그러한가? 만약 일체지지가 청정하거나, 만약 5안이 청정하거나, 만약 법주가 청정하다면, 무이이고 둘로 나눌 수 없으며 분별이 없고 단절도 없는 까닭이니라. 일체지지가 청정한 까닭으로 6신통(六神通)이 청정하고, 6신통이 청정한 까닭으로 법주가 청정하니라. 왜 그러한가? 만약 일체지지가 청정하거나, 만약 6신통이 청정하거나, 만약 법주가 청정하다면, 무이이고 둘로 나눌 수 없으며 분별이 없고 단절도 없는 까닭이니라.

선현이여. 일체지지가 청정한 까닭으로 여래(佛)의 10력(十力)이 청정하고, 여래의 10력이 청정한 까닭으로 법주가 청정하니라. 왜 그러한가?

만약 일체지지가 청정하거나, 만약 여래의 10력이 청정하거나, 만약 법주가 청정하다면, 무이이고 둘로 나눌 수 없으며 분별이 없고 단절도 없는 까닭이니라. 일체지지가 청정한 까닭으로 4무소외(四無所畏)·4무애해(四無礙解)·대자(大慈)·대비(大悲)·대희(大喜)·대사(大捨)·18불불공법(十八佛不共法)이 청정하고, 4무소외, 나아가 18불불공법이 청정한 까닭으로 법주가 청정하니라. 왜 그러한가? 만약 일체지지가 청정하거나, 만약 4무소외, 나아가 18불불공법이 청정하거나, 만약 법주가 청정하다면, 무이이고 둘로 나눌 수 없으며 분별이 없고 단절도 없는 까닭이니라.

선현이여. 일체지지가 청정한 까닭으로 무망실법(無忘失法)이 청정하고, 무망실법이 청정한 까닭으로 법주가 청정하니라. 왜 그러한가? 만약 일체지지가 청정하거나, 만약 무망실법이 청정하거나, 만약 법주가 청정하다면, 무이이고 둘로 나눌 수 없으며 분별이 없고 단절도 없는 까닭이니라. 선현이여. 일체지지가 청정한 까닭으로 항주사성(恒住捨性)이 청정하고, 항주사성이 청정한 까닭으로 법주가 청정하니라. 왜 그러한가? 만약 일체지지가 청정하거나, 만약 항주사성이 청정하거나, 만약 법주가 청정하다면, 무이이고 둘로 나눌 수 없으며 분별이 없고 단절도 없는 까닭이니라.

선현이여. 일체지지가 청정한 까닭으로 일체지(一切智)가 청정하고, 일체지가 청정한 까닭으로 법주가 청정하니라. 왜 그러한가? 만약 일체지지가 청정하거나, 만약 일체지가 청정하거나, 만약 법주가 청정하다면, 무이이고 둘로 나눌 수 없으며 분별이 없고 단절도 없는 까닭이니라. 일체지지가 청정한 까닭으로 도상지(道相智)·일체상지(一切相智)가 청정하고, 도상지·일체상지가 청정한 까닭으로 법주가 청정하니라. 왜 그러한가? 만약 일체지지가 청정하거나, 만약 도상지·일체상지가 청정하거나, 만약 법주가 청정하다면, 무이이고 둘로 나눌 수 없으며 분별이 없고 단절도 없는 까닭이니라.

선현이여. 일체지지가 청정한 까닭으로 일체(一切)의 다라니문(陀羅尼門)이 청정하고, 일체의 다라니문이 청정한 까닭으로 법주가 청정하니라. 왜 그러한가? 만약 일체지지가 청정하거나, 만약 일체의 다라니문이 청정하거나, 만약 법주가 청정하다면, 무이이고 둘로 나눌 수 없으며 분별이 없고 단절도 없는 까닭이니라. 선현이여. 일체지지가 청정한 까닭으로 일체의 삼마지문(三摩地門)이 청정하고, 일체의 삼마지문이 청정한 까닭으로 법주가 청정하니라. 왜 그러한가? 만약 일체지지가 청정하거나, 만약 일체의 삼마지문이 청정하거나, 만약 법주가 청정하다면, 무이이고 둘로 나눌 수 없으며 분별이 없고 단절도 없는 까닭이니라.

선현이여. 일체지지가 청정한 까닭으로 예류과(預流果)가 청정하고, 예류과가 청정한 까닭으로 법주가 청정하니라. 왜 그러한가? 만약 일체지지가 청정하거나, 만약 예류과가 청정하거나, 만약 법주가 청정하다면, 무이이고 둘로 나눌 수 없으며 분별이 없고 단절도 없는 까닭이니라. 일체지지가 청정한 까닭으로 일래(一來)·불환(不還)·아라한과(阿羅漢果)가 청정하고, 일래·불환·아라한과가 청정한 까닭으로 법주가 청정하니라. 왜 그러한가? 만약 일체지지가 청정하거나, 만약 일래·불환·아라한과가 청정하거나, 만약 법주가 청정하다면, 무이이고 둘로 나눌 수 없으며 분별이 없고 단절도 없는 까닭이니라.

선현이여. 일체지지가 청정한 까닭으로 독각(獨覺)의 보리(菩提)가 청정하고, 독각의 보리가 청정한 까닭으로 법주가 청정하니라. 왜 그러한가? 만약 일체지지가 청정하거나, 만약 독각의 보리가 청정하거나, 만약 법주가 청정하다면, 무이이고 둘로 나눌 수 없으며 분별이 없고 단절도 없는 까닭이니라.

선현이여. 일체지지가 청정한 까닭으로 일체의 보살마하살(菩薩摩訶薩)의 행(行)이 청정하고, 일체의 보살마하살의 행이 청정한 까닭으로 법주가 청정하니라. 왜 그러한가? 만약 일체지지가 청정하거나, 만약 일체의 보살마하살의 행이 청정하거나, 만약 법주가 청정하다면, 무이이고 둘로 나눌 수 없으며 분별이 없고 단절도 없는 까닭이니라.

선현이여. 일체지지가 청정한 까닭으로 제불(諸佛)의 무상정등보리(無上正等菩提)가 청정하고, 제불의 무상정등보리가 청정한 까닭으로 법주가 청정하니라. 왜 그러한가? 만약 일체지지가 청정하거나, 만약 제불의 무상정등보리가 청정하거나, 만약 법주가 청정하다면, 무이이고 둘로 나눌 수 없으며 분별이 없고 단절도 없는 까닭이니라.”

“다시 다음으로 선현이여. 일체지지가 청정한 까닭으로 색이 청정하고, 색이 청정한 까닭으로 실제(實際)가 청정하니라. 왜 그러한가? 만약 일체지지가 청정하거나, 만약 색이 청정하거나, 만약 실제가 청정하다면, 무이이고 둘로 나눌 수 없으며 분별이 없고 단절도 없는 까닭이니라. 일체지지가 청정한 까닭으로 수·상·행·식이 청정하고, 수·상·행·식이 청정한 까닭으로 실제가 청정하니라. 왜 그러한가? 만약 일체지지가 청정하거나, 만약 수·상·행·식이 청정하거나, 만약 실제가 청정하다면, 무이이고 둘로 나눌 수 없으며 분별이 없고 단절도 없는 까닭이니라.

선현이여. 일체지지가 청정한 까닭으로 안처가 청정하고, 안처가 청정한 까닭으로 실제가 청정하니라. 왜 그러한가? 만약 일체지지가 청정하거나, 만약 안처가 청정하거나, 만약 실제가 청정하다면, 무이이고 둘로 나눌 수 없으며 분별이 없고 단절도 없는 까닭이니라. 일체지지가 청정한 까닭으로 이·비·설·신·의처가 청정하고, 이·비·설·신·의처가 청정한 까닭으로 실제가 청정하니라. 왜 그러한가? 만약 일체지지가 청정하거나, 만약 이·비·설·신·의처가 청정하거나, 만약 실제가 청정하다면, 무이이고 둘로 나눌 수 없으며 분별이 없고 단절도 없는 까닭이니라.

선현이여. 일체지지가 청정한 까닭으로 색처가 청정하고, 색처가 청정한 까닭으로 실제가 청정하니라. 왜 그러한가? 만약 일체지지가 청정하거나, 만약 색처가 청정하거나, 만약 실제가 청정하다면, 무이이고 둘로 나눌 수 없으며 분별이 없고 단절도 없는 까닭이니라. 일체지지가 청정한 까닭으로 성·향·미·촉·법처가 청정하고, 성·향·미·촉·법처가 청정한 까닭으로 실제가 청정하니라. 왜 그러한가? 만약 일체지지가 청정하거나, 만약 성·향·미·촉·법처가 청정하거나, 만약 실제가 청정하다면, 무이이고 둘로 나눌 수 없으며 분별이 없고 단절도 없는 까닭이니라.

선현이여. 일체지지가 청정한 까닭으로 안계가 청정하고, 안계가 청정한 까닭으로 실제가 청정하니라. 왜 그러한가? 만약 일체지지가 청정하거나, 만약 안계가 청정하거나, 만약 실제가 청정하다면, 무이이고 둘로 나눌 수 없으며 분별이 없고 단절도 없는 까닭이니라. 일체지지가 청정한 까닭으로 색계·안식계, 나아가 안촉·안촉을 인연으로 생겨난 여러 수가 청정하고, 색계, 나아가 안촉을 인연으로 생겨난 여러 수가 청정한 까닭으로 실제가 청정하니라. 왜 그러한가? 만약 일체지지가 청정하거나, 만약 색계, 나아가 안촉을 인연으로 생겨난 여러 수가 청정하거나, 만약 실제가 청정하다면, 무이이고 둘로 나눌 수 없으며 분별이 없고 단절도 없는 까닭이니라.

선현이여. 일체지지가 청정한 까닭으로 이계가 청정하고, 이계가 청정한 까닭으로 실제가 청정하니라. 왜 그러한가? 만약 일체지지가 청정하거나, 만약 이계가 청정하거나, 만약 실제가 청정하다면, 무이이고 둘로 나눌 수 없으며 분별이 없고 단절도 없는 까닭이니라. 일체지지가 청정한 까닭으로 성계·이식계, 나아가 이촉·이촉을 인연으로 생겨난 여러 수가 청정하고, 성계, 나아가 이촉을 인연으로 생겨난 여러 수가 청정한 까닭으로 실제가 청정하니라. 왜 그러한가? 만약 일체지지가 청정하거나, 만약 성계, 나아가 이촉을 인연으로 생겨난 여러 수가 청정하거나, 만약 실제가 청정하다면, 무이이고 둘로 나눌 수 없으며 분별이 없고 단절도 없는 까닭이니라.

선현이여. 일체지지가 청정한 까닭으로 비계가 청정하고, 비계가 청정한 까닭으로 실제가 청정하니라. 왜 그러한가? 만약 일체지지가 청정하거나, 만약 비계가 청정하거나, 만약 실제가 청정하다면, 무이이고 둘로 나눌 수 없으며 분별이 없고 단절도 없는 까닭이니라. 일체지지가 청정한 까닭으로 향계·비식계, 나아가 비촉·비촉을 인연으로 생겨난 여러 수가 청정하고, 향계, 나아가 비촉을 인연으로 생겨난 여러 수가 청정한 까닭으로 실제가 청정하니라. 왜 그러한가? 만약 일체지지가 청정하거나, 만약 향계, 나아가 비촉을 인연으로 생겨난 여러 수가 청정하거나, 만약 실제가 청정하다면, 무이이고 둘로 나눌 수 없으며 분별이 없고 단절도 없는 까닭이니라.

선현이여. 일체지지가 청정한 까닭으로 설계가 청정하고, 설계가 청정

한 까닭으로 실제가 청정하니라. 왜 그러한가? 만약 일체지지가 청정하거나, 만약 설계가 청정하거나, 만약 실제가 청정하다면, 무이이고 둘로 나눌 수 없으며 분별이 없고 단절도 없는 까닭이니라. 일체지지가 청정한 까닭으로 미계·설식계, 나아가 설촉·설촉을 인연으로 생겨난 여러 수가 청정하고, 미계, 나아가 설촉을 인연으로 생겨난 여러 수가 청정한 까닭으로 실제가 청정하니라. 왜 그러한가? 만약 일체지지가 청정하거나, 만약 미계, 나아가 설촉을 인연으로 생겨난 여러 수가 청정하거나, 만약 실제가 청정하다면, 무이이고 둘로 나눌 수 없으며 분별이 없고 단절도 없는 까닭이니라.

선현이여. 일체지지가 청정한 까닭으로 신계가 청정하고, 신계가 청정한 까닭으로 실제가 청정하니라. 왜 그러한가? 만약 일체지지가 청정하거나, 만약 신계가 청정하거나, 만약 실제가 청정하다면, 무이이고 둘로 나눌 수 없으며 분별이 없고 단절도 없는 까닭이니라. 일체지지가 청정한 까닭으로 촉계·신식계, 나아가 신촉·신촉을 인연으로 생겨난 여러 수가 청정하고, 촉계, 나아가 신촉을 인연으로 생겨난 여러 수가 청정한 까닭으로 실제가 청정하니라. 왜 그러한가? 만약 일체지지가 청정하거나, 만약 촉계, 나아가 신촉을 인연으로 생겨난 여러 수가 청정하거나, 만약 실제가 청정하다면, 무이이고 둘로 나눌 수 없으며 분별이 없고 단절도 없는 까닭이니라.

선현이여. 일체지지가 청정한 까닭으로 의계가 청정하고, 의계가 청정한 까닭으로 실제가 청정하니라. 왜 그러한가? 만약 일체지지가 청정하거나, 만약 의계가 청정하거나, 만약 실제가 청정하다면, 무이이고 둘로 나눌 수 없으며 분별이 없고 단절도 없는 까닭이니라. 일체지지가 청정한 까닭으로 법계·의식계, 나아가 의촉·의촉을 인연으로 생겨난 여러 수가 청정하고, 법계, 나아가 의촉을 인연으로 생겨난 여러 수가 청정한 까닭으로 실제가 청정하니라. 왜 그러한가? 만약 일체지지가 청정하거나, 만약 법계, 나아가 의촉을 인연으로 생겨난 여러 수가 청정하거나, 만약 실제가 청정하다면, 무이이고 둘로 나눌 수 없으며 분별이 없고 단절도 없는

까닭이니라.

선현이여. 일체지지가 청정한 까닭으로 지계가 청정하고, 지계가 청정한 까닭으로 실제가 청정하니라. 왜 그러한가? 만약 일체지지가 청정하거나, 만약 지계가 청정하거나, 만약 실제가 청정하다면, 무이이고 둘로 나눌 수 없으며 분별이 없고 단절도 없는 까닭이니라. 일체지지가 청정한 까닭으로 수·화·풍·공·식계가 청정하고, 수·화·풍·공·식계가 청정한 까닭으로 실제가 청정하니라. 왜 그러한가? 만약 일체지지가 청정하거나, 만약 수·화·풍·공·식계가 청정하거나, 만약 실제가 청정하다면, 무이이고 둘로 나눌 수 없으며 분별이 없고 단절도 없는 까닭이니라.

선현이여. 일체지지가 청정한 까닭으로 무명이 청정하고, 무명이 청정한 까닭으로 실제가 청정하니라. 왜 그러한가? 만약 일체지지가 청정하거나, 만약 무명이 청정하거나, 만약 실제가 청정하다면, 무이이고 둘로 나눌 수 없으며 분별이 없고 단절도 없는 까닭이니라. 일체지지가 청정한 까닭으로 행·식·명색·육처·촉·수·애·취·유·생·노사의 수탄고우뇌가 청정하고, 행, 나아가 노사의 수탄고우뇌가 청정한 까닭으로 실제가 청정하니라. 왜 그러한가? 만약 일체지지가 청정하거나, 만약 행, 나아가 노사의 수탄고우뇌가 청정하거나, 만약 실제가 청정하다면, 무이이고 둘로 나눌 수 없으며 분별이 없고 단절도 없는 까닭이니라.

선현이여. 일체지지가 청정한 까닭으로 보시바라밀다가 청정하고, 보시바라밀다가 청정한 까닭으로 실제가 청정하니라. 왜 그러한가? 만약 일체지지가 청정하거나, 만약 보시바라밀다가 청정하거나, 만약 실제가 청정하다면, 무이이고 둘로 나눌 수 없으며 분별이 없고 단절도 없는 까닭이니라. 일체지지가 청정한 까닭으로 정계·안인·정진·정려·반야바라밀다가 청정하고, 정계, 나아가 반야바라밀다가 청정한 까닭으로 실제가 청정하니라. 왜 그러한가? 만약 일체지지가 청정하거나, 만약 정계, 나아가 반야바라밀다가 청정하거나, 만약 실제가 청정하다면, 무이이고 둘로 나눌 수 없으며 분별이 없고 단절도 없는 까닭이니라."

마하반야바라밀다경 제262권

34. 난신해품(難信解品)(81)

"선현이여. 일체지지가 청정한 까닭으로 내공이 청정하고, 내공이 청정한 까닭으로 실제가 청정하니라. 왜 그러한가? 만약 일체지지가 청정하거나, 만약 내공이 청정하거나, 만약 실제가 청정하다면, 무이이고 둘로 나눌 수 없으며 분별이 없고 단절도 없는 까닭이니라. 일체지지가 청정한 까닭으로 외공·내외공·공공·대공·승의공·유위공·무위공·필경공·무제공·산공·무변이공·본성공·자상공·공상공·일체법공·불가득공·무성공·자성공·무성자성공이 청정하고, 외공, 나아가 무성자성공이 청정한 까닭으로 실제가 청정하니라. 왜 그러한가? 만약 일체지지가 청정하거나, 만약 외공, 나아가 무성자성공이 청정하거나, 만약 실제가 청정하다면, 무이이고 둘로 나눌 수 없으며 분별이 없고 단절도 없는 까닭이니라.

선현이여. 일체지지가 청정한 까닭으로 진여가 청정하고, 진여가 청정한 까닭으로 실제가 청정하니라. 왜 그러한가? 만약 일체지지가 청정하거나, 만약 진여가 청정하거나, 만약 실제가 청정하다면, 무이이고 둘로 나눌 수 없으며 분별이 없고 단절도 없는 까닭이니라. 일체지지가 청정한 까닭으로 법계·법성·불허망성·불변이성·평등성·이생성·법정·법주·허공계·부사의계가 청정하고 법계, 나아가 부사의계가 청정한 까닭으로 실제가 청정하니라. 왜 그러한가? 만약 일체지지가 청정하거나, 만약 법계, 나아가 부사의계가 청정하거나, 만약 실제가 청정하다면, 무이이고 둘로 나눌 수 없으며 분별이 없고 단절도 없는 까닭이니라.

선현이여. 일체지지가 청정한 까닭으로 고성제가 청정하고, 고성제가 청정한 까닭으로 실제가 청정하니라. 왜 그러한가? 만약 일체지지가 청정하거나, 만약 고성제가 청정하거나, 만약 실제가 청정하다면, 무이이고 둘로 나눌 수 없으며 분별이 없고 단절도 없는 까닭이니라. 일체지지가 청정한 까닭으로 집·멸·도성제가 청정하고, 집·멸·도성제가 청정한 까닭으로 실제가 청정하니라. 왜 그러한가? 만약 일체지지가 청정하거나, 만약 집·멸·도성제가 청정하거나, 만약 실제가 청정하다면, 무이이고 둘로 나눌 수 없으며 분별이 없고 단절도 없는 까닭이니라.

선현이여. 일체지지가 청정한 까닭으로 4정려가 청정하고, 4정려가 청정한 까닭으로 실제가 청정하니라. 왜 그러한가? 만약 일체지지가 청정하거나, 만약 4정려가 청정하거나, 만약 실제가 청정하다면, 무이이고 둘로 나눌 수 없으며 분별이 없고 단절도 없는 까닭이니라. 일체지지가 청정한 까닭으로 4무량·4무색정이 청정하고, 4무량·4무색정이 청정한 까닭으로 실제가 청정하니라. 왜 그러한가? 만약 일체지지가 청정하거나, 만약 4무량·4무색정이 청정하거나, 만약 실제가 청정하다면, 무이이고 둘로 나눌 수 없으며 분별이 없고 단절도 없는 까닭이니라.

선현이여. 일체지지가 청정한 까닭으로 8해탈이 청정하고, 8해탈이 청정한 까닭으로 실제가 청정하니라. 왜 그러한가? 만약 일체지지가 청정하거나, 만약 8해탈이 청정하거나, 만약 실제가 청정하다면, 무이이고 둘로 나눌 수 없으며 분별이 없고 단절도 없는 까닭이니라. 일체지지가 청정한 까닭으로 8승처·9차제정·10변처가 청정하고, 8승처·9차제정·10변처가 청정한 까닭으로 실제가 청정하니라. 왜 그러한가? 만약 일체지지가 청정하거나, 만약 8승처·9차제정·10변처가 청정하거나, 만약 실제가 청정하다면, 무이이고 둘로 나눌 수 없으며 분별이 없고 단절도 없는 까닭이니라.

선현이여. 일체지지가 청정한 까닭으로 4념주가 청정하고, 4념주가 청정한 까닭으로 실제가 청정하니라. 왜 그러한가? 만약 일체지지가 청정하거나, 만약 4념주가 청정하거나, 만약 실제가 청정하다면, 무이이고 둘로 나눌 수 없으며 분별이 없고 단절도 없는 까닭이니라. 일체지지가 청정한 까닭으로 4정단·4신족·5근·5력·7등각지·8성도지가 청정하고, 4정단, 나아가 8성도지가 청정한 까닭으로 실제가 청정하니라. 왜 그러한가? 만약 일체지지가 청정하거나, 만약 4정단, 나아가 8성도지가 청정하거나, 만약 실제가 청정하다면, 무이이고 둘로 나눌 수 없으며 분별이 없고 단절도 없는 까닭이니라.

선현이여. 일체지지가 청정한 까닭으로 공해탈문이 청정하고, 공해탈문이 청정한 까닭으로 실제가 청정하니라. 왜 그러한가? 만약 일체지지가 청정하거나, 만약 공해탈문이 청정하거나, 만약 실제가 청정하다면, 무이이고 둘로 나눌 수 없으며 분별이 없고 단절도 없는 까닭이니라. 일체지지가 청정한 까닭으로 무상·무원해탈문이 청정하고, 무상·무원해탈문이 청정한 까닭으로 실제가 청정하니라. 왜 그러한가? 만약 일체지지가 청정하거나, 만약 무상·무원해탈문이 청정하거나, 만약 실제가 청정하다면, 무이이고 둘로 나눌 수 없으며 분별이 없고 단절도 없는 까닭이니라.

선현이여. 일체지지가 청정한 까닭으로 보살의 10지가 청정하고, 보살의 10지가 청정한 까닭으로 실제가 청정하니라. 왜 그러한가? 만약 일체지지가 청정하거나, 만약 보살의 10지가 청정하거나, 만약 실제가 청정하다면, 무이이고 둘로 나눌 수 없으며 분별이 없고 단절도 없는 까닭이니라.

선현이여. 일체지지가 청정한 까닭으로 5안이 청정하고, 5안이 청정한 까닭으로 실제가 청정하니라. 왜 그러한가? 만약 일체지지가 청정하거나, 만약 5안이 청정하거나, 만약 실제가 청정하다면, 무이이고 둘로 나눌 수 없으며 분별이 없고 단절도 없는 까닭이니라. 일체지지가 청정한 까닭으로 6신통이 청정하고, 6신통이 청정한 까닭으로 실제가 청정하니라. 왜 그러한가? 만약 일체지지가 청정하거나, 만약 6신통이 청정하거나, 만약 실제가 청정하다면, 무이이고 둘로 나눌 수 없으며 분별이 없고 단절도 없는 까닭이니라.

선현이여. 일체지지가 청정한 까닭으로 여래의 10력이 청정하고, 여래의 10력이 청정한 까닭으로 실제가 청정하니라. 왜 그러한가? 만약 일체지지가 청정하거나, 만약 여래의 10력이 청정하거나, 만약 실제가 청정하다면, 무이이고 둘로 나눌 수 없으며 분별이 없고 단절도 없는 까닭이니라. 일체지지가 청정한 까닭으로 4무소외·4무애해·대자·대비·대희·대사·18불불공법이 청정하고, 4무소외, 나아가 18불불공법이 청정한 까닭으로 실제가 청정하니라. 왜 그러한가? 만약 일체지지가 청정하거나, 만약 4무소외, 나아가 18불불공법이 청정하거나, 만약 실제가 청정하다면, 무이이고 둘로 나눌 수 없으며 분별이 없고 단절도 없는 까닭이니라.

선현이여. 일체지지가 청정한 까닭으로 무망실법이 청정하고, 무망실법이 청정한 까닭으로 실제가 청정하니라. 왜 그러한가? 만약 일체지지가 청정하거나, 만약 무망실법이 청정하거나, 만약 실제가 청정하다면, 무이이고 둘로 나눌 수 없으며 분별이 없고 단절도 없는 까닭이니라. 선현이여. 일체지지가 청정한 까닭으로 항주사성이 청정하고, 항주사성이 청정한 까닭으로 실제가 청정하니라. 왜 그러한가? 만약 일체지지가 청정하거나, 만약 항주사성이 청정하거나, 만약 실제가 청정하다면, 무이이고 둘로 나눌 수 없으며 분별이 없고 단절도 없는 까닭이니라.

선현이여. 일체지지가 청정한 까닭으로 일체지가 청정하고, 일체지가 청정한 까닭으로 실제가 청정하니라. 왜 그러한가? 만약 일체지지가 청정하거나, 만약 일체지가 청정하거나, 만약 실제가 청정하다면, 무이이고 둘로 나눌 수 없으며 분별이 없고 단절도 없는 까닭이니라. 일체지지가 청정한 까닭으로 도상지·일체상지가 청정하고, 도상지·일체상지가 청정한 까닭으로 실제가 청정하니라. 왜 그러한가? 만약 일체지지가 청정하거나, 만약 도상지·일체상지가 청정하거나, 만약 실제가 청정하다면, 무이이고 둘로 나눌 수 없으며 분별이 없고 단절도 없는 까닭이니라.

선현이여. 일체지지가 청정한 까닭으로 일체의 다라니문이 청정하고, 일체의 다라니문이 청정한 까닭으로 실제가 청정하니라. 왜 그러한가? 만약 일체지지가 청정하거나, 만약 일체의 다라니문이 청정하거나, 만약 실제가 청정하다면, 무이이고 둘로 나눌 수 없으며 분별이 없고 단절도 없는 까닭이니라. 선현이여. 일체지지가 청정한 까닭으로 일체의 삼마지문이 청정하고, 일체의 삼마지문이 청정한 까닭으로 실제가 청정하니라. 왜 그러한가? 만약 일체지지가 청정하거나, 만약 일체의 삼마지문이 청정하거나, 만약 실제가 청정하다면, 무이이고 둘로 나눌 수 없으며 분별이 없고 단절도 없는 까닭이니라.

선현이여. 일체지지가 청정한 까닭으로 예류과가 청정하고, 예류과가 청정한 까닭으로 실제가 청정하니라. 왜 그러한가? 만약 일체지지가 청정하거나, 만약 예류과가 청정하거나, 만약 실제가 청정하다면, 무이이고 둘로 나눌 수 없으며 분별이 없고 단절도 없는 까닭이니라. 일체지지가 청정한 까닭으로 일래·불환·아라한과가 청정하고, 일래·불환·아라한과가 청정한 까닭으로 실제가 청정하니라. 왜 그러한가? 만약 일체지지가 청정하거나, 만약 일래·불환·아라한과가 청정하거나, 만약 실제가 청정하다면, 무이이고 둘로 나눌 수 없으며 분별이 없고 단절도 없는 까닭이니라.

선현이여. 일체지지가 청정한 까닭으로 독각의 보리가 청정하고, 독각의 보리가 청정한 까닭으로 실제가 청정하니라. 왜 그러한가? 만약 일체지지가 청정하거나, 만약 독각의 보리가 청정하거나, 만약 실제가 청정하다면, 무이이고 둘로 나눌 수 없으며 분별이 없고 단절도 없는 까닭이니라.

선현이여. 일체지지가 청정한 까닭으로 일체의 보살마하살의 행이 청정하고, 일체의 보살마하살의 행이 청정한 까닭으로 실제가 청정하니라. 왜 그러한가? 만약 일체지지가 청정하거나, 만약 일체의 보살마하살의 행이 청정하거나, 만약 실제가 청정하다면, 무이이고 둘로 나눌 수 없으며 분별이 없고 단절도 없는 까닭이니라.

선현이여. 일체지지가 청정한 까닭으로 제불의 무상정등보리가 청정하고, 제불의 무상정등보리가 청정한 까닭으로 실제가 청정하니라. 왜 그러한가? 만약 일체지지가 청정하거나, 만약 제불의 무상정등보리가 청정하거나, 만약 실제가 청정하다면, 무이이고 둘로 나눌 수 없으며 분별이 없고 단절도 없는 까닭이니라."

"다시 다음으로 선현이여. 일체지지가 청정한 까닭으로 색이 청정하고,

색이 청정한 까닭으로 허공계(虛空界)가 청정하니라. 왜 그러한가? 만약 일체지지가 청정하거나, 만약 색이 청정하거나, 만약 허공계가 청정하다면, 무이이고 둘로 나눌 수 없으며 분별이 없고 단절도 없는 까닭이니라. 일체지지가 청정한 까닭으로 수·상·행·식이 청정하고, 수·상·행·식이 청정한 까닭으로 허공계가 청정하니라. 왜 그러한가? 만약 일체지지가 청정하거나, 만약 수·상·행·식이 청정하거나, 만약 허공계가 청정하다면, 무이이고 둘로 나눌 수 없으며 분별이 없고 단절도 없는 까닭이니라.

선현이여. 일체지지가 청정한 까닭으로 안처가 청정하고, 안처가 청정한 까닭으로 허공계가 청정하니라. 왜 그러한가? 만약 일체지지가 청정하거나, 만약 안처가 청정하거나, 만약 허공계가 청정하다면, 무이이고 둘로 나눌 수 없으며 분별이 없고 단절도 없는 까닭이니라. 일체지지가 청정한 까닭으로 이·비·설·신·의처가 청정하고, 이·비·설·신·의처가 청정한 까닭으로 허공계가 청정하니라. 왜 그러한가? 만약 일체지지가 청정하거나, 만약 이·비·설·신·의처가 청정하거나, 만약 허공계가 청정하다면, 무이이고 둘로 나눌 수 없으며 분별이 없고 단절도 없는 까닭이니라.

선현이여. 일체지지가 청정한 까닭으로 색처가 청정하고, 색처가 청정한 까닭으로 허공계가 청정하니라. 왜 그러한가? 만약 일체지지가 청정하거나, 만약 색처가 청정하거나, 만약 허공계가 청정하다면, 무이이고 둘로 나눌 수 없으며 분별이 없고 단절도 없는 까닭이니라. 일체지지가 청정한 까닭으로 성·향·미·촉·법처가 청정하고, 성·향·미·촉·법처가 청정한 까닭으로 허공계가 청정하니라. 왜 그러한가? 만약 일체지지가 청정하거나, 만약 성·향·미·촉·법처가 청정하거나, 만약 허공계가 청정하다면, 무이이고 둘로 나눌 수 없으며 분별이 없고 단절도 없는 까닭이니라.

선현이여. 일체지지가 청정한 까닭으로 안계가 청정하고, 안계가 청정한 까닭으로 허공계가 청정하니라. 왜 그러한가? 만약 일체지지가 청정하거나, 만약 안계가 청정하거나, 만약 허공계가 청정하다면, 무이이고 둘로 나눌 수 없으며 분별이 없고 단절도 없는 까닭이니라. 일체지지가 청정한 까닭으로 색계·안식계, 나아가 안촉·안촉을 인연으로 생겨난 여러 수가 청정하고, 색계, 나아가 안촉을 인연으로 생겨난 여러 수가 청정한 까닭으로 허공계가 청정하니라. 왜 그러한가? 만약 일체지지가 청정하거나, 만약 색계, 나아가 안촉을 인연으로 생겨난 여러 수가 청정하거나, 만약 허공계가 청정하다면, 무이이고 둘로 나눌 수 없으며 분별이 없고 단절도 없는 까닭이니라.

선현이여. 일체지지가 청정한 까닭으로 이계가 청정하고, 이계가 청정한 까닭으로 허공계가 청정하니라. 왜 그러한가? 만약 일체지지가 청정하거나, 만약 이계가 청정하거나, 만약 허공계가 청정하다면, 무이이고 둘로 나눌 수 없으며 분별이 없고 단절도 없는 까닭이니라. 일체지지가 청정한 까닭으로 성계·이식계, 나아가 이촉·이촉을 인연으로 생겨난 여러 수가 청정하고, 성계, 나아가 이촉을 인연으로 생겨난 여러 수가 청정한 까닭으로 허공계가 청정하니라. 왜 그러한가? 만약 일체지지가 청정하거나, 만약 성계, 나아가 이촉을 인연으로 생겨난 여러 수가 청정하거나, 만약 허공계가 청정하다면, 무이이고 둘로 나눌 수 없으며 분별이 없고 단절도 없는 까닭이니라.

선현이여. 일체지지가 청정한 까닭으로 비계가 청정하고, 비계가 청정한 까닭으로 허공계가 청정하니라. 왜 그러한가? 만약 일체지지가 청정하거나, 만약 비계가 청정하거나, 만약 허공계가 청정하다면, 무이이고 둘로 나눌 수 없으며 분별이 없고 단절도 없는 까닭이니라. 일체지지가 청정한 까닭으로 향계·비식계, 나아가 비촉·비촉을 인연으로 생겨난 여러 수가 청정하고, 향계, 나아가 비촉을 인연으로 생겨난 여러 수가 청정한 까닭으로 허공계가 청정하니라. 왜 그러한가? 만약 일체지지가 청정하거나, 만약 향계, 나아가 비촉을 인연으로 생겨난 여러 수가 청정하거나, 만약 허공계가 청정하다면, 무이이고 둘로 나눌 수 없으며 분별이 없고 단절도 없는 까닭이니라.

선현이여. 일체지지가 청정한 까닭으로 설계가 청정하고, 설계가 청정한 까닭으로 허공계가 청정하니라. 왜 그러한가? 만약 일체지지가 청정하거나, 만약 설계가 청정하거나, 만약 허공계가 청정하다면, 무이이고 둘로 나눌 수 없으며 분별이 없고 단절도 없는 까닭이니라. 일체지지가 청정한 까닭으로 미계·설식계, 나아가 설촉·설촉을 인연으로 생겨난 여러 수가 청정하고, 미계, 나아가 설촉을 인연으로 생겨난 여러 수가 청정한 까닭으로 허공계가 청정하니라. 왜 그러한가? 만약 일체지지가 청정하거나, 만약 미계, 나아가 설촉을 인연으로 생겨난 여러 수가 청정하거나, 만약 허공계가 청정하다면, 무이이고 둘로 나눌 수 없으며 분별이 없고 단절도 없는 까닭이니라.

선현이여. 일체지지가 청정한 까닭으로 신계가 청정하고, 신계가 청정한 까닭으로 허공계가 청정하니라. 왜 그러한가? 만약 일체지지가 청정하거나, 만약 신계가 청정하거나, 만약 허공계가 청정하다면, 무이이고 둘로 나눌 수 없으며 분별이 없고 단절도 없는 까닭이니라. 일체지지가 청정한 까닭으로 촉계·신식계, 나아가 신촉·신촉을 인연으로 생겨난 여러 수가 청정하고, 촉계, 나아가 신촉을 인연으로 생겨난 여러 수가 청정한 까닭으로 허공계가 청정하니라. 왜 그러한가? 만약 일체지지가 청정하거나, 만약 촉계, 나아가 신촉을 인연으로 생겨난 여러 수가 청정하거나, 만약 허공계가 청정하다면, 무이이고 둘로 나눌 수 없으며 분별이 없고 단절도 없는 까닭이니라.

선현이여. 일체지지가 청정한 까닭으로 의계가 청정하고, 의계가 청정한 까닭으로 허공계가 청정하니라. 왜 그러한가? 만약 일체지지가 청정하거나, 만약 의계가 청정하거나, 만약 허공계가 청정하다면, 무이이고 둘로 나눌 수 없으며 분별이 없고 단절도 없는 까닭이니라. 일체지지가 청정한 까닭으로 법계·의식계, 나아가 의촉·의촉을 인연으로 생겨난 여러 수가 청정하고, 법계, 나아가 의촉을 인연으로 생겨난 여러 수가 청정한 까닭으로 허공계가 청정하니라. 왜 그러한가? 만약 일체지지가 청정하거나, 만약 법계, 나아가 의촉을 인연으로 생겨난 여러 수가 청정하거나, 만약 허공계가 청정하다면, 무이이고 둘로 나눌 수 없으며 분별이 없고 단절도 없는 까닭이니라.

선현이여. 일체지지가 청정한 까닭으로 지계가 청정하고, 지계가 청정

한 까닭으로 허공계가 청정하니라. 왜 그러한가? 만약 일체지지가 청정하거나, 만약 지계가 청정하거나, 만약 허공계가 청정하다면, 무이이고 둘로 나눌 수 없으며 분별이 없고 단절도 없는 까닭이니라. 일체지지가 청정한 까닭으로 수·화·풍·공·식계가 청정하고, 수·화·풍·공·식계가 청정한 까닭으로 허공계가 청정하니라. 왜 그러한가? 만약 일체지지가 청정하거나, 만약 수·화·풍·공·식계가 청정하거나, 만약 허공계가 청정하다면, 무이이고 둘로 나눌 수 없으며 분별이 없고 단절도 없는 까닭이니라.

선현이여. 일체지지가 청정한 까닭으로 무명이 청정하고, 무명이 청정한 까닭으로 허공계가 청정하니라. 왜 그러한가? 만약 일체지지가 청정하거나, 만약 무명이 청정하거나, 만약 허공계가 청정하다면, 무이이고 둘로 나눌 수 없으며 분별이 없고 단절도 없는 까닭이니라. 일체지지가 청정한 까닭으로 행·식·명색·육처·촉·수·애·취·유·생·노사의 수탄고우뇌가 청정하고, 행, 나아가 노사의 수탄고우뇌가 청정한 까닭으로 허공계가 청정하니라. 왜 그러한가? 만약 일체지지가 청정하거나, 만약 행, 나아가 노사의 수탄고우뇌가 청정하거나, 만약 허공계가 청정하다면, 무이이고 둘로 나눌 수 없으며 분별이 없고 단절도 없는 까닭이니라.

선현이여. 일체지지가 청정한 까닭으로 보시바라밀다가 청정하고, 보시바라밀다가 청정한 까닭으로 허공계가 청정하니라. 왜 그러한가? 만약 일체지지가 청정하거나, 만약 보시바라밀다가 청정하거나, 만약 허공계가 청정하다면, 무이이고 둘로 나눌 수 없으며 분별이 없고 단절도 없는 까닭이니라. 일체지지가 청정한 까닭으로 정계·안인·정진·정려·반야바라밀다가 청정하고, 정계, 나아가 반야바라밀다가 청정한 까닭으로 허공계가 청정하니라. 왜 그러한가? 만약 일체지지가 청정하거나, 만약 정계, 나아가 반야바라밀다가 청정하거나, 만약 허공계가 청정하다면, 무이이고 둘로 나눌 수 없으며 분별이 없고 단절도 없는 까닭이니라.

선현이여. 일체지지가 청정한 까닭으로 내공이 청정하고, 내공이 청정한 까닭으로 허공계가 청정하니라. 왜 그러한가? 만약 일체지지가 청정하거나, 만약 내공이 청정하거나, 만약 허공계가 청정하다면, 무이이고 둘로 나눌 수 없으며 분별이 없고 단절도 없는 까닭이니라. 일체지지가 청정한 까닭으로 외공·내외공·공공·대공·승의공·유위공·무위공·필경공·무제공·산공·무변이공·본성공·자상공·공상공·일체법공·불가득공·무성공·자성공·무성자성공이 청정하고, 외공, 나아가 무성자성공이 청정한 까닭으로 허공계가 청정하니라. 왜 그러한가? 만약 일체지지가 청정하거나, 만약 외공, 나아가 무성자성공이 청정하거나, 만약 허공계가 청정하다면, 무이이고 둘로 나눌 수 없으며 분별이 없고 단절도 없는 까닭이니라.

선현이여. 일체지지가 청정한 까닭으로 진여가 청정하고, 진여가 청정한 까닭으로 허공계가 청정하니라. 왜 그러한가? 만약 일체지지가 청정하거나, 만약 진여가 청정하거나, 만약 허공계가 청정하다면, 무이이고 둘로 나눌 수 없으며 분별이 없고 단절도 없는 까닭이니라. 일체지지가 청정한 까닭으로 법계·법성·불허망성·불변이성·평등성·이생성·법정·법주·실제·부사의계가 청정하고 법계, 나아가 부사의계가 청정한 까닭으로 허공계가 청정하니라. 왜 그러한가? 만약 일체지지가 청정하거나, 만약 법계, 나아가 부사의계가 청정하거나, 만약 허공계가 청정하다면, 무이이고 둘로 나눌 수 없으며 분별이 없고 단절도 없는 까닭이니라.

선현이여. 일체지지가 청정한 까닭으로 고성제가 청정하고, 고성제가 청정한 까닭으로 허공계가 청정하니라. 왜 그러한가? 만약 일체지지가 청정하거나, 만약 고성제가 청정하거나, 만약 허공계가 청정하다면, 무이이고 둘로 나눌 수 없으며 분별이 없고 단절도 없는 까닭이니라. 일체지지가 청정한 까닭으로 집·멸·도성제가 청정하고, 집·멸·도성제가 청정한 까닭으로 허공계가 청정하니라. 왜 그러한가? 만약 일체지지가 청정하거나, 만약 집·멸·도성제가 청정하거나, 만약 허공계가 청정하다면, 무이이고 둘로 나눌 수 없으며 분별이 없고 단절도 없는 까닭이니라.

선현이여. 일체지지가 청정한 까닭으로 4정려가 청정하고, 4정려가 청정한 까닭으로 허공계가 청정하니라. 왜 그러한가? 만약 일체지지가 청정하거나, 만약 4정려가 청정하거나, 만약 허공계가 청정하다면, 무이이고 둘로 나눌 수 없으며 분별이 없고 단절도 없는 까닭이니라. 일체지지가 청정한 까닭으로 4무량·4무색정이 청정하고, 4무량·4무색정이 청정한 까닭으로 허공계가 청정하니라. 왜 그러한가? 만약 일체지지가 청정하거나, 만약 4무량·4무색정이 청정하거나, 만약 허공계가 청정하다면, 무이이고 둘로 나눌 수 없으며 분별이 없고 단절도 없는 까닭이니라.

선현이여. 일체지지가 청정한 까닭으로 8해탈이 청정하고, 8해탈이 청정한 까닭으로 허공계가 청정하니라. 왜 그러한가? 만약 일체지지가 청정하거나, 만약 8해탈이 청정하거나, 만약 허공계가 청정하다면, 무이이고 둘로 나눌 수 없으며 분별이 없고 단절도 없는 까닭이니라. 일체지지가 청정한 까닭으로 8승처·9차제정·10변처가 청정하고, 8승처·9차제정·10변처가 청정한 까닭으로 허공계가 청정하니라. 왜 그러한가? 만약 일체지지가 청정하거나, 만약 8승처·9차제정·10변처가 청정하거나, 만약 허공계가 청정하다면, 무이이고 둘로 나눌 수 없으며 분별이 없고 단절도 없는 까닭이니라.

선현이여. 일체지지가 청정한 까닭으로 4념주가 청정하고, 4념주가 청정한 까닭으로 허공계가 청정하니라. 왜 그러한가? 만약 일체지지가 청정하거나, 만약 4념주가 청정하거나, 만약 허공계가 청정하다면, 무이이고 둘로 나눌 수 없으며 분별이 없고 단절도 없는 까닭이니라. 일체지지가 청정한 까닭으로 4정단·4신족·5근·5력·7등각지·8성도지가 청정하고, 4정단, 나아가 8성도지가 청정한 까닭으로 허공계가 청정하니라. 왜 그러한가? 만약 일체지지가 청정하거나, 만약 4정단, 나아가 8성도지가 청정하거나, 만약 허공계가 청정하다면, 무이이고 둘로 나눌 수 없으며 분별이 없고 단절도 없는 까닭이니라.

선현이여. 일체지지가 청정한 까닭으로 공해탈문이 청정하고, 공해탈문이 청정한 까닭으로 허공계가 청정하니라. 왜 그러한가? 만약 일체지지가 청정하거나, 만약 공해탈문이 청정하거나, 만약 허공계가 청정하다면, 무이이고 둘로 나눌 수 없으며 분별이 없고 단절도 없는 까닭이니라. 일체지지가 청정한 까닭으로 무상·무원해탈문이 청정하고, 무상·무원해탈문이 청정한 까닭으로 허공계가 청정하니라. 왜 그러한가? 만약 일체지지가 청정하거나, 만약 무상·무원해탈문이 청정하거나, 만약 허공계가 청정하다면, 무이이고 둘로 나눌 수 없으며 분별이 없고 단절도 없는 까닭이니라.

선현이여. 일체지지가 청정한 까닭으로 보살의 10지가 청정하고, 보살의 10지가 청정한 까닭으로 허공계가 청정하니라. 왜 그러한가? 만약 일체지지가 청정하거나, 만약 보살의 10지가 청정하거나, 만약 허공계가 청정하다면, 무이이고 둘로 나눌 수 없으며 분별이 없고 단절도 없는 까닭이니라.

선현이여. 일체지지가 청정한 까닭으로 5안이 청정하고, 5안이 청정한 까닭으로 허공계가 청정하니라. 왜 그러한가? 만약 일체지지가 청정하거나, 만약 5안이 청정하거나, 만약 허공계가 청정하다면, 무이이고 둘로 나눌 수 없으며 분별이 없고 단절도 없는 까닭이니라. 일체지지가 청정한 까닭으로 6신통이 청정하고, 6신통이 청정한 까닭으로 허공계가 청정하니라. 왜 그러한가? 만약 일체지지가 청정하거나, 만약 6신통이 청정하거나, 만약 허공계가 청정하다면, 무이이고 둘로 나눌 수 없으며 분별이 없고 단절도 없는 까닭이니라.

선현이여. 일체지지가 청정한 까닭으로 여래의 10력이 청정하고, 여래의 10력이 청정한 까닭으로 허공계가 청정하니라. 왜 그러한가? 만약 일체지지가 청정하거나, 만약 여래의 10력이 청정하거나, 만약 허공계가 청정하다면, 무이이고 둘로 나눌 수 없으며 분별이 없고 단절도 없는 까닭이니라. 일체지지가 청정한 까닭으로 4무소외·4무애해·대자·대비·대희·대사·18불불공법이 청정하고, 4무소외, 나아가 18불불공법이 청정한 까닭으로 허공계가 청정하니라. 왜 그러한가? 만약 일체지지가 청정하거나, 만약 4무소외, 나아가 18불불공법이 청정하거나, 만약 허공계가 청정하다면, 무이이고 둘로 나눌 수 없으며 분별이 없고 단절도 없는 까닭이니라.

선현이여. 일체지지가 청정한 까닭으로 무망실법이 청정하고, 무망실법이 청정한 까닭으로 허공계가 청정하니라. 왜 그러한가? 만약 일체지지가 청정하거나, 만약 무망실법이 청정하거나, 만약 허공계가 청정하다면,

무이이고 둘로 나눌 수 없으며 분별이 없고 단절도 없는 까닭이니라. 선현이여. 일체지지가 청정한 까닭으로 항주사성이 청정하고, 항주사성이 청정한 까닭으로 허공계가 청정하니라. 왜 그러한가? 만약 일체지지가 청정하거나, 만약 항주사성이 청정하거나, 만약 허공계가 청정하다면, 무이이고 둘로 나눌 수 없으며 분별이 없고 단절도 없는 까닭이니라.

선현이여. 일체지지가 청정한 까닭으로 일체지가 청정하고, 일체지가 청정한 까닭으로 허공계가 청정하니라. 왜 그러한가? 만약 일체지지가 청정하거나, 만약 일체지가 청정하거나, 만약 허공계가 청정하다면, 무이이고 둘로 나눌 수 없으며 분별이 없고 단절도 없는 까닭이니라. 일체지지가 청정한 까닭으로 도상지·일체상지가 청정하고, 도상지·일체상지가 청정한 까닭으로 허공계가 청정하니라. 왜 그러한가? 만약 일체지지가 청정하거나, 만약 도상지·일체상지가 청정하거나, 만약 허공계가 청정하다면, 무이이고 둘로 나눌 수 없으며 분별이 없고 단절도 없는 까닭이니라.

선현이여. 일체지지가 청정한 까닭으로 일체의 다라니문이 청정하고, 일체의 다라니문이 청정한 까닭으로 허공계가 청정하니라. 왜 그러한가? 만약 일체지지가 청정하거나, 만약 일체의 다라니문이 청정하거나, 만약 허공계가 청정하다면, 무이이고 둘로 나눌 수 없으며 분별이 없고 단절도 없는 까닭이니라. 선현이여. 일체지지가 청정한 까닭으로 일체의 삼마지문이 청정하고, 일체의 삼마지문이 청정한 까닭으로 허공계가 청정하니라. 왜 그러한가? 만약 일체지지가 청정하거나, 만약 일체의 삼마지문이 청정하거나, 만약 허공계가 청정하다면, 무이이고 둘로 나눌 수 없으며 분별이 없고 단절도 없는 까닭이니라.

선현이여. 일체지지가 청정한 까닭으로 예류과가 청정하고, 예류과가 청정한 까닭으로 허공계가 청정하니라. 왜 그러한가? 만약 일체지지가 청정하거나, 만약 예류과가 청정하거나, 만약 허공계가 청정하다면, 무이이고 둘로 나눌 수 없으며 분별이 없고 단절도 없는 까닭이니라. 일체지지가 청정한 까닭으로 일래·불환·아라한과가 청정하고, 일래·불환·아라한과가 청정한 까닭으로 허공계가 청정하니라. 왜 그러한가? 만약 일체지지가 청정하거나, 만약 일래·불환·아라한과가 청정하거나, 만약 허공계가 청정하다면, 무이이고 둘로 나눌 수 없으며 분별이 없고 단절도 없는 까닭이니라.

선현이여. 일체지지가 청정한 까닭으로 독각의 보리가 청정하고, 독각의 보리가 청정한 까닭으로 허공계가 청정하니라. 왜 그러한가? 만약 일체지지가 청정하거나, 만약 독각의 보리가 청정하거나, 만약 허공계가 청정하다면, 무이이고 둘로 나눌 수 없으며 분별이 없고 단절도 없는 까닭이니라.

선현이여. 일체지지가 청정한 까닭으로 일체의 보살마하살의 행이 청정하고, 일체의 보살마하살의 행이 청정한 까닭으로 허공계가 청정하니라. 왜 그러한가? 만약 일체지지가 청정하거나, 만약 일체의 보살마하살의 행이 청정하거나, 만약 허공계가 청정하다면, 무이이고 둘로 나눌 수 없으며 분별이 없고 단절도 없는 까닭이니라.

선현이여. 일체지지가 청정한 까닭으로 제불의 무상정등보리가 청정하고, 제불의 무상정등보리가 청정한 까닭으로 허공계가 청정하니라. 왜 그러한가? 만약 일체지지가 청정하거나, 만약 제불의 무상정등보리가 청정하거나, 만약 허공계가 청정하다면, 무이이고 둘로 나눌 수 없으며 분별이 없고 단절도 없는 까닭이니라."

"다시 다음으로 선현이여. 일체지지가 청정한 까닭으로 색이 청정하고, 색이 청정한 까닭으로 부사의계(不思議界)가 청정하니라. 왜 그러한가? 만약 일체지지가 청정하거나, 만약 색이 청정하거나, 만약 부사의계가 청정하다면, 무이이고 둘로 나눌 수 없으며 분별이 없고 단절도 없는 까닭이니라. 일체지지가 청정한 까닭으로 수·상·행·식이 청정하고, 수·상·행·식이 청정한 까닭으로 부사의계가 청정하니라. 왜 그러한가? 만약 일체지지가 청정하거나, 만약 수·상·행·식이 청정하거나, 만약 부사의계가 청정하다면, 무이이고 둘로 나눌 수 없으며 분별이 없고 단절도 없는 까닭이니라.

선현이여. 일체지지가 청정한 까닭으로 안처가 청정하고, 안처가 청정한 까닭으로 부사의계가 청정하니라. 왜 그러한가? 만약 일체지지가 청정하거나, 만약 안처가 청정하거나, 만약 부사의계가 청정하다면, 무이이고 둘로 나눌 수 없으며 분별이 없고 단절도 없는 까닭이니라. 일체지지가 청정한 까닭으로 이·비·설·신·의처가 청정하고, 이·비·설·신·의처가 청정한 까닭으로 부사의계가 청정하니라. 왜 그러한가? 만약 일체지지가 청정하거나, 만약 이·비·설·신·의처가 청정하거나, 만약 부사의계가 청정하다면, 무이이고 둘로 나눌 수 없으며 분별이 없고 단절도 없는 까닭이니라.

선현이여. 일체지지가 청정한 까닭으로 색처가 청정하고, 색처가 청정한 까닭으로 부사의계가 청정하니라. 왜 그러한가? 만약 일체지지가 청정하거나, 만약 색처가 청정하거나, 만약 부사의계가 청정하다면, 무이이고 둘로 나눌 수 없으며 분별이 없고 단절도 없는 까닭이니라. 일체지지가 청정한 까닭으로 성·향·미·촉·법처가 청정하고, 성·향·미·촉·법처가 청정한 까닭으로 부사의계가 청정하니라. 왜 그러한가? 만약 일체지지가 청정하거나, 만약 성·향·미·촉·법처가 청정하거나, 만약 부사의계가 청정하다면, 무이이고 둘로 나눌 수 없으며 분별이 없고 단절도 없는 까닭이니라.

선현이여. 일체지지가 청정한 까닭으로 안계가 청정하고, 안계가 청정한 까닭으로 부사의계가 청정하니라. 왜 그러한가? 만약 일체지지가 청정하거나, 만약 안계가 청정하거나, 만약 부사의계가 청정하다면, 무이이고 둘로 나눌 수 없으며 분별이 없고 단절도 없는 까닭이니라. 일체지지가 청정한 까닭으로 색계·안식계, 나아가 안촉·안촉을 인연으로 생겨난 여러 수가 청정하고, 색계, 나아가 안촉을 인연으로 생겨난 여러 수가 청정한 까닭으로 부사의계가 청정하니라. 왜 그러한가? 만약 일체지지가 청정하거나, 만약 색계, 나아가 안촉을 인연으로 생겨난 여러 수가 청정하거나, 만약 부사의계가 청정하다면, 무이이고 둘로 나눌 수 없으며 분별이 없고 단절도 없는 까닭이니라.

선현이여. 일체지지가 청정한 까닭으로 이계가 청정하고, 이계가 청정한 까닭으로 부사의계가 청정하니라. 왜 그러한가? 만약 일체지지가 청정하거나, 만약 이계가 청정하거나, 만약 부사의계가 청정하다면, 무이이고 둘로 나눌 수 없으며 분별이 없고 단절도 없는 까닭이니라. 일체지지가 청정한 까닭으로 성계·이식계, 나아가 이촉·이촉을 인연으로 생겨난 여러 수가 청정하고, 성계, 나아가 이촉을 인연으로 생겨난 여러 수가 청정한 까닭으로 부사의계가 청정하니라. 왜 그러한가? 만약 일체지지가 청정하거나, 만약 성계, 나아가 이촉을 인연으로 생겨난 여러 수가 청정하거나, 만약 부사의계가 청정하다면, 무이이고 둘로 나눌 수 없으며 분별이 없고 단절도 없는 까닭이니라.

선현이여. 일체지지가 청정한 까닭으로 비계가 청정하고, 비계가 청정한 까닭으로 부사의계가 청정하니라. 왜 그러한가? 만약 일체지지가 청정하거나, 만약 비계가 청정하거나, 만약 부사의계가 청정하다면, 무이이고 둘로 나눌 수 없으며 분별이 없고 단절도 없는 까닭이니라. 일체지지가 청정한 까닭으로 향계·비식계, 나아가 비촉·비촉을 인연으로 생겨난 여러 수가 청정하고, 향계, 나아가 비촉을 인연으로 생겨난 여러 수가 청정한 까닭으로 부사의계가 청정하니라. 왜 그러한가? 만약 일체지지가 청정하거나, 만약 향계, 나아가 비촉을 인연으로 생겨난 여러 수가 청정하거나, 만약 부사의계가 청정하다면, 무이이고 둘로 나눌 수 없으며 분별이 없고 단절도 없는 까닭이니라.

선현이여. 일체지지가 청정한 까닭으로 설계가 청정하고, 설계가 청정한 까닭으로 부사의계가 청정하니라. 왜 그러한가? 만약 일체지지가 청정하거나, 만약 설계가 청정하거나, 만약 부사의계가 청정하다면, 무이이고 둘로 나눌 수 없으며 분별이 없고 단절도 없는 까닭이니라. 일체지지가 청정한 까닭으로 미계·설식계, 나아가 설촉·설촉을 인연으로 생겨난 여러 수가 청정하고, 미계, 나아가 설촉을 인연으로 생겨난 여러 수가 청정한 까닭으로 부사의계가 청정하니라. 왜 그러한가? 만약 일체지지가 청정하거나, 만약 미계, 나아가 설촉을 인연으로 생겨난 여러 수가 청정하거나, 만약 부사의계가 청정하다면, 무이이고 둘로 나눌 수 없으며 분별이 없고 단절도 없는 까닭이니라.

선현이여. 일체지지가 청정한 까닭으로 신계가 청정하고, 신계가 청정한 까닭으로 부사의계가 청정하니라. 왜 그러한가? 만약 일체지지가 청정하거나, 만약 신계가 청정하거나, 만약 부사의계가 청정하다면, 무이이고 둘로 나눌 수 없으며 분별이 없고 단절도 없는 까닭이니라. 일체지지가 청정한 까닭으로 촉계·신식계, 나아가 신촉·신촉을 인연으로 생겨난 여러 수가 청정하고, 촉계, 나아가 신촉을 인연으로 생겨난 여러 수가 청정한 까닭으로 부사의계가 청정하니라. 왜 그러한가? 만약 일체지지가 청정하거나, 만약 촉계, 나아가 신촉을 인연으로 생겨난 여러 수가 청정하거나, 만약 부사의계가 청정하다면, 무이이고 둘로 나눌 수 없으며 분별이 없고 단절도 없는 까닭이니라.

선현이여. 일체지지가 청정한 까닭으로 의계가 청정하고, 의계가 청정한 까닭으로 부사의계가 청정하니라. 왜 그러한가? 만약 일체지지가 청정하거나, 만약 의계가 청정하거나, 만약 부사의계가 청정하다면, 무이이고 둘로 나눌 수 없으며 분별이 없고 단절도 없는 까닭이니라. 일체지지가 청정한 까닭으로 법계·의식계, 나아가 의촉·의촉을 인연으로 생겨난 여러 수가 청정하고, 법계, 나아가 의촉을 인연으로 생겨난 여러 수가 청정한 까닭으로 부사의계가 청정하니라. 왜 그러한가? 만약 일체지지가 청정하거나, 만약 법계, 나아가 의촉을 인연으로 생겨난 여러 수가 청정하거나, 만약 부사의계가 청정하다면, 무이이고 둘로 나눌 수 없으며 분별이 없고 단절도 없는 까닭이니라.

선현이여. 일체지지가 청정한 까닭으로 지계가 청정하고, 지계가 청정한 까닭으로 부사의계가 청정하니라. 왜 그러한가? 만약 일체지지가 청정하거나, 만약 지계가 청정하거나, 만약 부사의계가 청정하다면, 무이이고 둘로 나눌 수 없으며 분별이 없고 단절도 없는 까닭이니라. 일체지지가 청정한 까닭으로 수·화·풍·공·식계가 청정하고, 수·화·풍·공·식계가 청정한 까닭으로 부사의계가 청정하니라. 왜 그러한가? 만약 일체지지가 청정하거나, 만약 수·화·풍·공·식계가 청정하거나, 만약 부사의계가 청정하다면, 무이이고 둘로 나눌 수 없으며 분별이 없고 단절도 없는 까닭이니라.

선현이여. 일체지지가 청정한 까닭으로 무명이 청정하고, 무명이 청정한 까닭으로 부사의계가 청정하니라. 왜 그러한가? 만약 일체지지가 청정하거나, 만약 무명이 청정하거나, 만약 부사의계가 청정하다면, 무이이고 둘로 나눌 수 없으며 분별이 없고 단절도 없는 까닭이니라. 일체지지가 청정한 까닭으로 행·식·명색·육처·촉·수·애·취·유·생·노사의 수탄고우뇌가 청정하고, 행, 나아가 노사의 수탄고우뇌가 청정한 까닭으로 부사의계가 청정하니라. 왜 그러한가? 만약 일체지지가 청정하거나, 만약 행, 나아가 노사의 수탄고우뇌가 청정하거나, 만약 부사의계가 청정하다면, 무이이고 둘로 나눌 수 없으며 분별이 없고 단절도 없는 까닭이니라.

선현이여. 일체지지가 청정한 까닭으로 보시바라밀다가 청정하고, 보시바라밀다가 청정한 까닭으로 부사의계가 청정하니라. 왜 그러한가? 만약 일체지지가 청정하거나, 만약 보시바라밀다가 청정하거나, 만약 부사의계가 청정하다면, 무이이고 둘로 나눌 수 없으며 분별이 없고 단절도 없는 까닭이니라. 일체지지가 청정한 까닭으로 정계·안인·정진·정려·반야바라밀다가 청정하고, 정계, 나아가 반야바라밀다가 청정한 까닭으로 부사의계가 청정하니라. 왜 그러한가? 만약 일체지지가 청정하거나, 만약 정계, 나아가 반야바라밀다가 청정하거나, 만약 부사의계가 청정하다면, 무이이고 둘로 나눌 수 없으며 분별이 없고 단절도 없는 까닭이니라.

선현이여. 일체지지가 청정한 까닭으로 내공이 청정하고, 내공이 청정한 까닭으로 부사의계가 청정하니라. 왜 그러한가? 만약 일체지지가 청정하거나, 만약 내공이 청정하거나, 만약 부사의계가 청정하다면, 무이이고 둘로 나눌 수 없으며 분별이 없고 단절도 없는 까닭이니라. 일체지지가 청정한 까닭으로 외공·내외공·공공·대공·승의공·유위공·무위공·필경공·무제공·산공·무변이공·본성공·자상공·공상공·일체법공·불가득공·무성공·자성공·무성자성공이 청정하고, 외공, 나아가 무성자성공이 청정한 까닭으로 부사의계가 청정하니라. 왜 그러한가? 만약 일체지지가 청정하거나, 만약 외공, 나아가 무성자성공이 청정하거나, 만약 부사의계가 청정하다면, 무이이고 둘로 나눌 수 없으며 분별이 없고 단절도 없는 까닭이니라.

선현이여. 일체지지가 청정한 까닭으로 진여가 청정하고, 진여가 청정한 까닭으로 부사의계가 청정하니라. 왜 그러한가? 만약 일체지지가 청정하거나, 만약 진여가 청정하거나, 만약 부사의계가 청정하다면, 무이이고 둘로 나눌 수 없으며 분별이 없고 단절도 없는 까닭이니라. 일체지지가 청정한 까닭으로 법계·법성·불허망성·불변이성·평등성·이생성·법정·법주·실제·허공계가 청정하고 법계, 나아가 허공계가 청정한 까닭으로 부사의계가 청정하니라. 왜 그러한가? 만약 일체지지가 청정하거나, 만약 법계, 나아가 허공계가 청정하거나, 만약 부사의계가 청정하다면, 무이이고 둘로 나눌 수 없으며 분별이 없고 단절도 없는 까닭이니라.

선현이여. 일체지지가 청정한 까닭으로 고성제가 청정하고, 고성제가 청정한 까닭으로 부사의계가 청정하니라. 왜 그러한가? 만약 일체지지가 청정하거나, 만약 고성제가 청정하거나, 만약 부사의계가 청정하다면, 무이이고 둘로 나눌 수 없으며 분별이 없고 단절도 없는 까닭이니라. 일체지지가 청정한 까닭으로 집·멸·도성제가 청정하고, 집·멸·도성제가 청정한 까닭으로 부사의계가 청정하니라. 왜 그러한가? 만약 일체지지가 청정하거나, 만약 집·멸·도성제가 청정하거나, 만약 부사의계가 청정하다면, 무이이고 둘로 나눌 수 없으며 분별이 없고 단절도 없는 까닭이니라."

마하반야바라밀다경 제263권

34. 난신해품(難信解品)(82)

"선현이여. 일체지지가 청정한 까닭으로 4정려가 청정하고, 4정려가 청정한 까닭으로 부사의계가 청정하니라. 왜 그러한가? 만약 일체지지가 청정하거나, 만약 4정려가 청정하거나, 만약 부사의계가 청정하다면, 무이이고 둘로 나눌 수 없으며 분별이 없고 단절도 없는 까닭이니라. 일체지지가 청정한 까닭으로 4무량·4무색정이 청정하고, 4무량·4무색정이 청정한 까닭으로 부사의계가 청정하니라. 왜 그러한가? 만약 일체지지가 청정하거나, 만약 4무량·4무색정이 청정하거나, 만약 부사의계가 청정하다면, 무이이고 둘로 나눌 수 없으며 분별이 없고 단절도 없는 까닭이니라.

선현이여. 일체지지가 청정한 까닭으로 8해탈이 청정하고, 8해탈이 청정한 까닭으로 부사의계가 청정하니라. 왜 그러한가? 만약 일체지지가 청정하거나, 만약 8해탈이 청정하거나, 만약 부사의계가 청정하다면, 무이이고 둘로 나눌 수 없으며 분별이 없고 단절도 없는 까닭이니라. 일체지지가 청정한 까닭으로 8승처·9차제정·10변처가 청정하고, 8승처·9차제정·10변처가 청정한 까닭으로 부사의계가 청정하니라. 왜 그러한가? 만약 일체지지가 청정하거나, 만약 8승처·9차제정·10변처가 청정하거나, 만약 부사의계가 청정하다면, 무이이고 둘로 나눌 수 없으며 분별이 없고 단절도 없는 까닭이니라.

선현이여. 일체지지가 청정한 까닭으로 4념주가 청정하고, 4념주가 청정한 까닭으로 부사의계가 청정하니라. 왜 그러한가? 만약 일체지지가 청정하거나, 만약 4념주가 청정하거나, 만약 부사의계가 청정하다면, 무이이고 둘로 나눌 수 없으며 분별이 없고 단절도 없는 까닭이니라. 일체지지가 청정한 까닭으로 4정단·4신족·5근·5력·7등각지·8성도지가 청정하고, 4정단, 나아가 8성도지가 청정한 까닭으로 부사의계가 청정하니라. 왜 그러한가? 만약 일체지지가 청정하거나, 만약 4정단, 나아가 8성도지가 청정하거나, 만약 부사의계가 청정하다면, 무이이고 둘로 나눌 수 없으며 분별이 없고 단절도 없는 까닭이니라.

선현이여. 일체지지가 청정한 까닭으로 공해탈문이 청정하고, 공해탈문이 청정한 까닭으로 부사의계가 청정하니라. 왜 그러한가? 만약 일체지지가 청정하거나, 만약 공해탈문이 청정하거나, 만약 부사의계가 청정하다면, 무이이고 둘로 나눌 수 없으며 분별이 없고 단절도 없는 까닭이니라. 일체지지가 청정한 까닭으로 무상·무원해탈문이 청정하고, 무상·무원해탈문이 청정한 까닭으로 부사의계가 청정하니라. 왜 그러한가? 만약 일체지지가 청정하거나, 만약 무상·무원해탈문이 청정하거나, 만약 부사의계가 청정하다면, 무이이고 둘로 나눌 수 없으며 분별이 없고 단절도 없는 까닭이니라.

선현이여. 일체지지가 청정한 까닭으로 보살의 10지가 청정하고, 보살의 10지가 청정한 까닭으로 부사의계가 청정하니라. 왜 그러한가? 만약 일체지지가 청정하거나, 만약 보살의 10지가 청정하거나, 만약 부사의계가 청정하다면, 무이이고 둘로 나눌 수 없으며 분별이 없고 단절도 없는 까닭이니라.

선현이여. 일체지지가 청정한 까닭으로 5안이 청정하고, 5안이 청정한 까닭으로 부사의계가 청정하니라. 왜 그러한가? 만약 일체지지가 청정하거나, 만약 5안이 청정하거나, 만약 부사의계가 청정하다면, 무이이고 둘로 나눌 수 없으며 분별이 없고 단절도 없는 까닭이니라. 일체지지가 청정한 까닭으로 6신통이 청정하고, 6신통이 청정한 까닭으로 부사의계가 청정하니라. 왜 그러한가? 만약 일체지지가 청정하거나, 만약 6신통이 청정하거나, 만약 부사의계가 청정하다면, 무이이고 둘로 나눌 수 없으며

분별이 없고 단절도 없는 까닭이니라.

선현이여. 일체지지가 청정한 까닭으로 여래의 10력이 청정하고, 여래의 10력이 청정한 까닭으로 부사의계가 청정하니라. 왜 그러한가? 만약 일체지지가 청정하거나, 만약 여래의 10력이 청정하거나, 만약 부사의계가 청정하다면, 무이이고 둘로 나눌 수 없으며 분별이 없고 단절도 없는 까닭이니라. 일체지지가 청정한 까닭으로 4무소외·4무애해·대자·대비·대희·대사·18불불공법이 청정하고, 4무소외, 나아가 18불불공법이 청정한 까닭으로 부사의계가 청정하니라. 왜 그러한가? 만약 일체지지가 청정하거나, 만약 4무소외, 나아가 18불불공법이 청정하거나, 만약 부사의계가 청정하다면, 무이이고 둘로 나눌 수 없으며 분별이 없고 단절도 없는 까닭이니라.

선현이여. 일체지지가 청정한 까닭으로 무망실법이 청정하고, 무망실법이 청정한 까닭으로 부사의계가 청정하니라. 왜 그러한가? 만약 일체지지가 청정하거나, 만약 무망실법이 청정하거나, 만약 부사의계가 청정하다면, 무이이고 둘로 나눌 수 없으며 분별이 없고 단절도 없는 까닭이니라. 선현이여. 일체지지가 청정한 까닭으로 항주사성이 청정하고, 항주사성이 청정한 까닭으로 부사의계가 청정하니라. 왜 그러한가? 만약 일체지지가 청정하거나, 만약 항주사성이 청정하거나, 만약 부사의계가 청정하다면, 무이이고 둘로 나눌 수 없으며 분별이 없고 단절도 없는 까닭이니라.

선현이여. 일체지지가 청정한 까닭으로 일체지가 청정하고, 일체지가 청정한 까닭으로 부사의계가 청정하니라. 왜 그러한가? 만약 일체지지가 청정하거나, 만약 일체지가 청정하거나, 만약 부사의계가 청정하다면, 무이이고 둘로 나눌 수 없으며 분별이 없고 단절도 없는 까닭이니라. 일체지지가 청정한 까닭으로 도상지·일체상지가 청정하고, 도상지·일체상지가 청정한 까닭으로 부사의계가 청정하니라. 왜 그러한가? 만약 일체지지가 청정하거나, 만약 도상지·일체상지가 청정하거나, 만약 부사의계가 청정하다면, 무이이고 둘로 나눌 수 없으며 분별이 없고 단절도 없는 까닭이니라.

선현이여. 일체지지가 청정한 까닭으로 일체의 다라니문이 청정하고, 일체의 다라니문이 청정한 까닭으로 부사의계가 청정하니라. 왜 그러한가? 만약 일체지지가 청정하거나, 만약 일체의 다라니문이 청정하거나, 만약 부사의계가 청정하다면, 무이이고 둘로 나눌 수 없으며 분별이 없고 단절도 없는 까닭이니라. 선현이여. 일체지지가 청정한 까닭으로 일체의 삼마지문이 청정하고, 일체의 삼마지문이 청정한 까닭으로 부사의계가 청정하니라. 왜 그러한가? 만약 일체지지가 청정하거나, 만약 일체의 삼마지문이 청정하거나, 만약 부사의계가 청정하다면, 무이이고 둘로 나눌 수 없으며 분별이 없고 단절도 없는 까닭이니라.

선현이여. 일체지지가 청정한 까닭으로 예류과가 청정하고, 예류과가 청정한 까닭으로 부사의계가 청정하니라. 왜 그러한가? 만약 일체지지가 청정하거나, 만약 예류과가 청정하거나, 만약 부사의계가 청정하다면, 무이이고 둘로 나눌 수 없으며 분별이 없고 단절도 없는 까닭이니라. 일체지지가 청정한 까닭으로 일래·불환·아라한과가 청정하고, 일래·불환·아라한과가 청정한 까닭으로 부사의계가 청정하니라. 왜 그러한가? 만약 일체지지가 청정하거나, 만약 일래·불환·아라한과가 청정하거나, 만약 부사의계가 청정하다면, 무이이고 둘로 나눌 수 없으며 분별이 없고 단절도 없는 까닭이니라.

선현이여. 일체지지가 청정한 까닭으로 독각의 보리가 청정하고, 독각의 보리가 청정한 까닭으로 부사의계가 청정하니라. 왜 그러한가? 만약 일체지지가 청정하거나, 만약 독각의 보리가 청정하거나, 만약 부사의계가 청정하다면, 무이이고 둘로 나눌 수 없으며 분별이 없고 단절도 없는 까닭이니라.

선현이여. 일체지지가 청정한 까닭으로 일체의 보살마하살의 행이 청정하고, 일체의 보살마하살의 행이 청정한 까닭으로 부사의계가 청정하니라. 왜 그러한가? 만약 일체지지가 청정하거나, 만약 일체의 보살마하살의 행이 청정하거나, 만약 부사의계가 청정하다면, 무이이고 둘로 나눌 수 없으며 분별이 없고 단절도 없는 까닭이니라.

선현이여. 일체지지가 청정한 까닭으로 제불의 무상정등보리가 청정하고, 제불의 무상정등보리가 청정한 까닭으로 부사의계가 청정하니라. 왜 그러한가? 만약 일체지지가 청정하거나, 만약 제불의 무상정등보리가 청정하거나, 만약 부사의계가 청정하다면, 무이이고 둘로 나눌 수 없으며 분별이 없고 단절도 없는 까닭이니라."

"다시 다음으로 선현이여. 일체지지가 청정한 까닭으로 색이 청정하고, 색이 청정한 까닭으로 고성제(苦聖諦)가 청정하니라. 왜 그러한가? 만약 일체지지가 청정하거나, 만약 색이 청정하거나, 만약 고성제가 청정하다면, 무이이고 둘로 나눌 수 없으며 분별이 없고 단절도 없는 까닭이니라. 일체지지가 청정한 까닭으로 수·상·행·식이 청정하고, 수·상·행·식이 청정한 까닭으로 고성제가 청정하니라. 왜 그러한가? 만약 일체지지가 청정하거나, 만약 수·상·행·식이 청정하거나, 만약 고성제가 청정하다면, 무이이고 둘로 나눌 수 없으며 분별이 없고 단절도 없는 까닭이니라.

선현이여. 일체지지가 청정한 까닭으로 안처가 청정하고, 안처가 청정한 까닭으로 고성제가 청정하니라. 왜 그러한가? 만약 일체지지가 청정하거나, 만약 안처가 청정하거나, 만약 고성제가 청정하다면, 무이이고 둘로 나눌 수 없으며 분별이 없고 단절도 없는 까닭이니라. 일체지지가 청정한 까닭으로 이·비·설·신·의처가 청정하고, 이·비·설·신·의처가 청정한 까닭으로 고성제가 청정하니라. 왜 그러한가? 만약 일체지지가 청정하거나, 만약 이·비·설·신·의처가 청정하거나, 만약 고성제가 청정하다면, 무이이고 둘로 나눌 수 없으며 분별이 없고 단절도 없는 까닭이니라.

선현이여. 일체지지가 청정한 까닭으로 색처가 청정하고, 색처가 청정한 까닭으로 고성제가 청정하니라. 왜 그러한가? 만약 일체지지가 청정하거나, 만약 색처가 청정하거나, 만약 고성제가 청정하다면, 무이이고 둘로 나눌 수 없으며 분별이 없고 단절도 없는 까닭이니라. 일체지지가 청정한 까닭으로 성·향·미·촉·법처가 청정하고, 성·향·미·촉·법처가 청정한 까닭으로 고성제가 청정하니라. 왜 그러한가? 만약 일체지지가 청정하거나, 만약 성·향·미·촉·법처가 청정하거나, 만약 고성제가 청정하다면, 무이이고 둘로 나눌 수 없으며 분별이 없고 단절도 없는 까닭이니라.

선현이여. 일체지지가 청정한 까닭으로 안계가 청정하고, 안계가 청정한 까닭으로 고성제가 청정하니라. 왜 그러한가? 만약 일체지지가 청정하거나, 만약 안계가 청정하거나, 만약 고성제가 청정하다면, 무이이고 둘로 나눌 수 없으며 분별이 없고 단절도 없는 까닭이니라. 일체지지가 청정한 까닭으로 색계·안식계, 나아가 안촉·안촉을 인연으로 생겨난 여러 수가 청정하고, 색계, 나아가 안촉을 인연으로 생겨난 여러 수가 청정한 까닭으로 고성제가 청정하니라. 왜 그러한가? 만약 일체지지가 청정하거나, 만약 색계, 나아가 안촉을 인연으로 생겨난 여러 수가 청정하거나, 만약 고성제가 청정하다면, 무이이고 둘로 나눌 수 없으며 분별이 없고 단절도 없는 까닭이니라.

선현이여. 일체지지가 청정한 까닭으로 이계가 청정하고, 이계가 청정한 까닭으로 고성제가 청정하니라. 왜 그러한가? 만약 일체지지가 청정하거나, 만약 이계가 청정하거나, 만약 고성제가 청정하다면, 무이이고 둘로 나눌 수 없으며 분별이 없고 단절도 없는 까닭이니라. 일체지지가 청정한 까닭으로 성계·이식계, 나아가 이촉·이촉을 인연으로 생겨난 여러 수가 청정하고, 성계, 나아가 이촉을 인연으로 생겨난 여러 수가 청정한 까닭으로 고성제가 청정하니라. 왜 그러한가? 만약 일체지지가 청정하거나, 만약 성계, 나아가 이촉을 인연으로 생겨난 여러 수가 청정하거나, 만약 고성제가 청정하다면, 무이이고 둘로 나눌 수 없으며 분별이 없고 단절도 없는 까닭이니라.

선현이여. 일체지지가 청정한 까닭으로 비계가 청정하고, 비계가 청정한 까닭으로 고성제가 청정하니라. 왜 그러한가? 만약 일체지지가 청정하거나, 만약 비계가 청정하거나, 만약 고성제가 청정하다면, 무이이고 둘로 나눌 수 없으며 분별이 없고 단절도 없는 까닭이니라. 일체지지가 청정한 까닭으로 향계·비식계, 나아가 비촉·비촉을 인연으로 생겨난 여러 수가 청정하고, 향계, 나아가 비촉을 인연으로 생겨난 여러 수가 청정한 까닭으로 고성제가 청정하니라. 왜 그러한가? 만약 일체지지가 청정하거나, 만약 향계, 나아가 비촉을 인연으로 생겨난 여러 수가 청정하거나, 만약 고성제가 청정하다면, 무이이고 둘로 나눌 수 없으며 분별이 없고 단절도 없는 까닭이니라.

선현이여. 일체지지가 청정한 까닭으로 설계가 청정하고, 설계가 청정한 까닭으로 고성제가 청정하니라. 왜 그러한가? 만약 일체지지가 청정하거나, 만약 설계가 청정하거나, 만약 고성제가 청정하다면, 무이이고 둘로 나눌 수 없으며 분별이 없고 단절도 없는 까닭이니라. 일체지지가 청정한 까닭으로 미계·설식계, 나아가 설촉·설촉을 인연으로 생겨난 여러 수가 청정하고, 미계, 나아가 설촉을 인연으로 생겨난 여러 수가 청정한 까닭으로 고성제가 청정하니라. 왜 그러한가? 만약 일체지지가 청정하거나, 만약 미계, 나아가 설촉을 인연으로 생겨난 여러 수가 청정하거나, 만약 고성제가 청정하다면, 무이이고 둘로 나눌 수 없으며 분별이 없고 단절도 없는 까닭이니라.

선현이여. 일체지지가 청정한 까닭으로 신계가 청정하고, 신계가 청정한 까닭으로 고성제가 청정하니라. 왜 그러한가? 만약 일체지지가 청정하거나, 만약 신계가 청정하거나, 만약 고성제가 청정하다면, 무이이고 둘로 나눌 수 없으며 분별이 없고 단절도 없는 까닭이니라. 일체지지가 청정한 까닭으로 촉계·신식계, 나아가 신촉·신촉을 인연으로 생겨난 여러 수가 청정하고, 촉계, 나아가 신촉을 인연으로 생겨난 여러 수가 청정한 까닭으로 고성제가 청정하니라. 왜 그러한가? 만약 일체지지가 청정하거나, 만약 촉계, 나아가 신촉을 인연으로 생겨난 여러 수가 청정하거나, 만약 고성제가 청정하다면, 무이이고 둘로 나눌 수 없으며 분별이 없고 단절도 없는 까닭이니라.

선현이여. 일체지지가 청정한 까닭으로 의계가 청정하고, 의계가 청정한 까닭으로 고성제가 청정하니라. 왜 그러한가? 만약 일체지지가 청정하거나, 만약 의계가 청정하거나, 만약 고성제가 청정하다면, 무이이고 둘로 나눌 수 없으며 분별이 없고 단절도 없는 까닭이니라. 일체지지가 청정한 까닭으로 법계·의식계, 나아가 의촉·의촉을 인연으로 생겨난 여러 수가 청정하고, 법계, 나아가 의촉을 인연으로 생겨난 여러 수가 청정한 까닭으로 고성제가 청정하니라. 왜 그러한가? 만약 일체지지가 청정하거나, 만약 법계, 나아가 의촉을 인연으로 생겨난 여러 수가 청정하거나, 만약 고성제가 청정하다면, 무이이고 둘로 나눌 수 없으며 분별이 없고 단절도 없는 까닭이니라.

선현이여. 일체지지가 청정한 까닭으로 지계가 청정하고, 지계가 청정한 까닭으로 고성제가 청정하니라. 왜 그러한가? 만약 일체지지가 청정하거나, 만약 지계가 청정하거나, 만약 고성제가 청정하다면, 무이이고 둘로 나눌 수 없으며 분별이 없고 단절도 없는 까닭이니라. 일체지지가 청정한 까닭으로 수·화·풍·공·식계가 청정하고, 수·화·풍·공·식계가 청정한 까닭으로 고성제가 청정하니라. 왜 그러한가? 만약 일체지지가 청정하거나, 만약 수·화·풍·공·식계가 청정하거나, 만약 고성제가 청정하다면, 무이이고 둘로 나눌 수 없으며 분별이 없고 단절도 없는 까닭이니라.

선현이여. 일체지지가 청정한 까닭으로 무명이 청정하고, 무명이 청정한 까닭으로 고성제가 청정하니라. 왜 그러한가? 만약 일체지지가 청정하거나, 만약 무명이 청정하거나, 만약 고성제가 청정하다면, 무이이고 둘로 나눌 수 없으며 분별이 없고 단절도 없는 까닭이니라. 일체지지가 청정한 까닭으로 행·식·명색·육처·촉·수·애·취·유·생·노사의 수탄고우뇌가 청정하고, 행, 나아가 노사의 수탄고우뇌가 청정한 까닭으로 고성제가 청정하니라. 왜 그러한가? 만약 일체지지가 청정하거나, 만약 행, 나아가 노사의 수탄고우뇌가 청정하거나, 만약 고성제가 청정하다면, 무이이고 둘로 나눌 수 없으며 분별이 없고 단절도 없는 까닭이니라.

선현이여. 일체지지가 청정한 까닭으로 보시바라밀다가 청정하고, 보시바라밀다가 청정한 까닭으로 고성제가 청정하니라. 왜 그러한가? 만약 일체지지가 청정하거나, 만약 보시바라밀다가 청정하거나, 만약 고성제가 청정하다면, 무이이고 둘로 나눌 수 없으며 분별이 없고 단절도 없는 까닭이니라. 일체지지가 청정한 까닭으로 정계·안인·정진·정려·반야바라밀다가 청정하고, 정계, 나아가 반야바라밀다가 청정한 까닭으로 고성제가 청정하니라. 왜 그러한가? 만약 일체지지가 청정하거나, 만약 정계, 나아가 반야바라밀다가 청정하거나, 만약 고성제가 청정하다면, 무이이고 둘로 나눌 수 없으며 분별이 없고 단절도 없는 까닭이니라.

선현이여. 일체지지가 청정한 까닭으로 내공이 청정하고, 내공이 청정한 까닭으로 고성제가 청정하니라. 왜 그러한가? 만약 일체지지가 청정하거나, 만약 내공이 청정하거나, 만약 고성제가 청정하다면, 무이이고 둘로 나눌 수 없으며 분별이 없고 단절도 없는 까닭이니라. 일체지지가 청정한 까닭으로 외공·내외공·공공·대공·승의공·유위공·무위공·필경공·무제공·산공·무변이공·본성공·자상공·공상공·일체법공·불가득공·무성공·자성공·무성자성공이 청정하고, 외공, 나아가 무성자성공이 청정한 까닭으로 고성제가 청정하니라. 왜 그러한가? 만약 일체지지가 청정하거나, 만약 외공, 나아가 무성자성공이 청정하거나, 만약 고성제가 청정하다면, 무이이고 둘로 나눌 수 없으며 분별이 없고 단절도 없는 까닭이니라.

선현이여. 일체지지가 청정한 까닭으로 진여가 청정하고, 진여가 청정한 까닭으로 고성제가 청정하니라. 왜 그러한가? 만약 일체지지가 청정하거나, 만약 진여가 청정하거나, 만약 고성제가 청정하다면, 무이이고 둘로 나눌 수 없으며 분별이 없고 단절도 없는 까닭이니라. 일체지지가 청정한 까닭으로 법계·법성·불허망성·불변이성·평등성·이생성·법정·법주·실제·허공계·부사의계가 청정하고 법계, 나아가 부사의계가 청정한 까닭으로 고성제가 청정하니라. 왜 그러한가? 만약 일체지지가 청정하거나, 만약 법계, 나아가 부사의계가 청정하거나, 만약 고성제가 청정하다면, 무이이고 둘로 나눌 수 없으며 분별이 없고 단절도 없는 까닭이니라.

선현이여. 일체지지가 청정한 까닭으로 집·멸·도성제가 청정하고, 집·멸·도성제가 청정한 까닭으로 고성제가 청정하니라. 왜 그러한가? 만약 일체지지가 청정하거나, 만약 집·멸·도성제가 청정하거나, 만약 고성제가 청정하다면, 무이이고 둘로 나눌 수 없으며 분별이 없고 단절도 없는 까닭이니라.

선현이여. 일체지지가 청정한 까닭으로 4정려가 청정하고, 4정려가 청정한 까닭으로 고성제가 청정하니라. 왜 그러한가? 만약 일체지지가 청정하거나, 만약 4정려가 청정하거나, 만약 고성제가 청정하다면, 무이이고 둘로 나눌 수 없으며 분별이 없고 단절도 없는 까닭이니라. 일체지지가 청정한 까닭으로 4무량·4무색정이 청정하고, 4무량·4무색정이 청정한 까닭으로 고성제가 청정하니라. 왜 그러한가? 만약 일체지지가 청정하거나, 만약 4무량·4무색정이 청정하거나, 만약 고성제가 청정하다면, 무이이고 둘로 나눌 수 없으며 분별이 없고 단절도 없는 까닭이니라.

선현이여. 일체지지가 청정한 까닭으로 8해탈이 청정하고, 8해탈이 청정한 까닭으로 고성제가 청정하니라. 왜 그러한가? 만약 일체지지가 청정하거나, 만약 8해탈이 청정하거나, 만약 고성제가 청정하다면, 무이이고 둘로 나눌 수 없으며 분별이 없고 단절도 없는 까닭이니라. 일체지지가 청정한 까닭으로 8승처·9차제정·10변처가 청정하고, 8승처·9차제정·10변처가 청정한 까닭으로 고성제가 청정하니라. 왜 그러한가? 만약 일체지지가 청정하거나, 만약 8승처·9차제정·10변처가 청정하거나, 만약 고성제가 청정하다면, 무이이고 둘로 나눌 수 없으며 분별이 없고 단절도 없는 까닭이니라.

선현이여. 일체지지가 청정한 까닭으로 4념주가 청정하고, 4념주가 청정한 까닭으로 고성제가 청정하니라. 왜 그러한가? 만약 일체지지가 청정하거나, 만약 4념주가 청정하거나, 만약 고성제가 청정하다면, 무이이고 둘로 나눌 수 없으며 분별이 없고 단절도 없는 까닭이니라. 일체지지가 청정한 까닭으로 4정단·4신족·5근·5력·7등각지·8성도지가 청정하고, 4정단, 나아가 8성도지가 청정한 까닭으로 고성제가 청정하니라. 왜 그러한가? 만약 일체지지가 청정하거나, 만약 4정단, 나아가 8성도지가 청정하거나, 만약 고성제가 청정하다면, 무이이고 둘로 나눌 수 없으며 분별이 없고 단절도 없는 까닭이니라.

선현이여. 일체지지가 청정한 까닭으로 공해탈문이 청정하고, 공해탈문이 청정한 까닭으로 고성제가 청정하니라. 왜 그러한가? 만약 일체지지가 청정하거나, 만약 공해탈문이 청정하거나, 만약 고성제가 청정하다면, 무이이고 둘로 나눌 수 없으며 분별이 없고 단절도 없는 까닭이니라. 일체지지가 청정한 까닭으로 무상·무원해탈문이 청정하고, 무상·무원해탈문이 청정한 까닭으로 고성제가 청정하니라. 왜 그러한가? 만약 일체지지가 청정하거나, 만약 무상·무원해탈문이 청정하거나, 만약 고성제가 청정하다면, 무이이고 둘로 나눌 수 없으며 분별이 없고 단절도 없는 까닭이니라.

선현이여. 일체지지가 청정한 까닭으로 보살의 10지가 청정하고, 보살의 10지가 청정한 까닭으로 고성제가 청정하니라. 왜 그러한가? 만약 일체지지가 청정하거나, 만약 보살의 10지가 청정하거나, 만약 고성제가 청정하다면, 무이이고 둘로 나눌 수 없으며 분별이 없고 단절도 없는 까닭이니라.

선현이여. 일체지지가 청정한 까닭으로 5안이 청정하고, 5안이 청정한 까닭으로 고성제가 청정하니라. 왜 그러한가? 만약 일체지지가 청정하거나, 만약 5안이 청정하거나, 만약 고성제가 청정하다면, 무이이고 둘로 나눌 수 없으며 분별이 없고 단절도 없는 까닭이니라. 일체지지가 청정한 까닭으로 6신통이 청정하고, 6신통이 청정한 까닭으로 고성제가 청정하니라. 왜 그러한가? 만약 일체지지가 청정하거나, 만약 6신통이 청정하거나, 만약 고성제가 청정하다면, 무이이고 둘로 나눌 수 없으며 분별이 없고 단절도 없는 까닭이니라.

선현이여. 일체지지가 청정한 까닭으로 여래의 10력이 청정하고, 여래의 10력이 청정한 까닭으로 고성제가 청정하니라. 왜 그러한가? 만약 일체지지가 청정하거나, 만약 여래의 10력이 청정하거나, 만약 고성제가 청정하다면, 무이이고 둘로 나눌 수 없으며 분별이 없고 단절도 없는 까닭이니라. 일체지지가 청정한 까닭으로 4무소외·4무애해·대자·대비·대희·대사·18불불공법이 청정하고, 4무소외, 나아가 18불불공법이 청정한 까닭으로 고성제가 청정하니라. 왜 그러한가? 만약 일체지지가 청정하거나, 만약 4무소외, 나아가 18불불공법이 청정하거나, 만약 고성제가 청정하다면, 무이이고 둘로 나눌 수 없으며 분별이 없고 단절도 없는 까닭이니라.

선현이여. 일체지지가 청정한 까닭으로 무망실법이 청정하고, 무망실

법이 청정한 까닭으로 고성제가 청정하니라. 왜 그러한가? 만약 일체지지가 청정하거나, 만약 무망실법이 청정하거나, 만약 고성제가 청정하다면, 무이이고 둘로 나눌 수 없으며 분별이 없고 단절도 없는 까닭이니라. 선현이여. 일체지지가 청정한 까닭으로 항주사성이 청정하고, 항주사성이 청정한 까닭으로 고성제가 청정하니라. 왜 그러한가? 만약 일체지지가 청정하거나, 만약 항주사성이 청정하거나, 만약 고성제가 청정하다면, 무이이고 둘로 나눌 수 없으며 분별이 없고 단절도 없는 까닭이니라.

선현이여. 일체지지가 청정한 까닭으로 일체지가 청정하고, 일체지가 청정한 까닭으로 고성제가 청정하니라. 왜 그러한가? 만약 일체지지가 청정하거나, 만약 일체지가 청정하거나, 만약 고성제가 청정하다면, 무이이고 둘로 나눌 수 없으며 분별이 없고 단절도 없는 까닭이니라. 일체지지가 청정한 까닭으로 도상지·일체상지가 청정하고, 도상지·일체상지가 청정한 까닭으로 고성제가 청정하니라. 왜 그러한가? 만약 일체지지가 청정하거나, 만약 도상지·일체상지가 청정하거나, 만약 고성제가 청정하다면, 무이이고 둘로 나눌 수 없으며 분별이 없고 단절도 없는 까닭이니라.

선현이여. 일체지지가 청정한 까닭으로 일체의 다라니문이 청정하고, 일체의 다라니문이 청정한 까닭으로 고성제가 청정하니라. 왜 그러한가? 만약 일체지지가 청정하거나, 만약 일체의 다라니문이 청정하거나, 만약 고성제가 청정하다면, 무이이고 둘로 나눌 수 없으며 분별이 없고 단절도 없는 까닭이니라. 선현이여. 일체지지가 청정한 까닭으로 일체의 삼마지문이 청정하고, 일체의 삼마지문이 청정한 까닭으로 고성제가 청정하니라. 왜 그러한가? 만약 일체지지가 청정하거나, 만약 일체의 삼마지문이 청정하거나, 만약 고성제가 청정하다면, 무이이고 둘로 나눌 수 없으며 분별이 없고 단절도 없는 까닭이니라.

선현이여. 일체지지가 청정한 까닭으로 예류과가 청정하고, 예류과가 청정한 까닭으로 고성제가 청정하니라. 왜 그러한가? 만약 일체지지가 청정하거나, 만약 예류과가 청정하거나, 만약 고성제가 청정하다면, 무이이고 둘로 나눌 수 없으며 분별이 없고 단절도 없는 까닭이니라. 일체지지가 청정한 까닭으로 일래·불환·아라한과가 청정하고, 일래·불환·아라한과가 청정한 까닭으로 고성제가 청정하니라. 왜 그러한가? 만약 일체지지가 청정하거나, 만약 일래·불환·아라한과가 청정하거나, 만약 고성제가 청정하다면, 무이이고 둘로 나눌 수 없으며 분별이 없고 단절도 없는 까닭이니라.

선현이여. 일체지지가 청정한 까닭으로 독각의 보리가 청정하고, 독각의 보리가 청정한 까닭으로 고성제가 청정하니라. 왜 그러한가? 만약 일체지지가 청정하거나, 만약 독각의 보리가 청정하거나, 만약 고성제가 청정하다면, 무이이고 둘로 나눌 수 없으며 분별이 없고 단절도 없는 까닭이니라.

선현이여. 일체지지가 청정한 까닭으로 일체의 보살마하살의 행이 청정하고, 일체의 보살마하살의 행이 청정한 까닭으로 고성제가 청정하니라. 왜 그러한가? 만약 일체지지가 청정하거나, 만약 일체의 보살마하살의 행이 청정하거나, 만약 고성제가 청정하다면, 무이이고 둘로 나눌 수 없으며 분별이 없고 단절도 없는 까닭이니라.

선현이여. 일체지지가 청정한 까닭으로 제불의 무상정등보리가 청정하고, 제불의 무상정등보리가 청정한 까닭으로 고성제가 청정하니라. 왜 그러한가? 만약 일체지지가 청정하거나, 만약 제불의 무상정등보리가 청정하거나, 만약 고성제가 청정하다면, 무이이고 둘로 나눌 수 없으며 분별이 없고 단절도 없는 까닭이니라."

"다시 다음으로 선현이여. 일체지지가 청정한 까닭으로 색이 청정하고, 색이 청정한 까닭으로 집성제(集聖諦)가 청정하니라. 왜 그러한가? 만약 일체지지가 청정하거나, 만약 색이 청정하거나, 만약 집성제가 청정하다면, 무이이고 둘로 나눌 수 없으며 분별이 없고 단절도 없는 까닭이니라. 일체지지가 청정한 까닭으로 수·상·행·식이 청정하고, 수·상·행·식이 청정한 까닭으로 집성제가 청정하니라. 왜 그러한가? 만약 일체지지가 청정하거나, 만약 수·상·행·식이 청정하거나, 만약 집성제가 청정하다면, 무이이고 둘로 나눌 수 없으며 분별이 없고 단절도 없는 까닭이니라.

선현이여. 일체지지가 청정한 까닭으로 안처가 청정하고, 안처가 청정한 까닭으로 집성제가 청정하니라. 왜 그러한가? 만약 일체지지가 청정하거나, 만약 안처가 청정하거나, 만약 집성제가 청정하다면, 무이이고 둘로 나눌 수 없으며 분별이 없고 단절도 없는 까닭이니라. 일체지지가 청정한 까닭으로 이·비·설·신·의처가 청정하고, 이·비·설·신·의처가 청정한 까닭으로 집성제가 청정하니라. 왜 그러한가? 만약 일체지지가 청정하거나, 만약 이·비·설·신·의처가 청정하거나, 만약 집성제가 청정하다면, 무이이고 둘로 나눌 수 없으며 분별이 없고 단절도 없는 까닭이니라.

선현이여. 일체지지가 청정한 까닭으로 색처가 청정하고, 색처가 청정한 까닭으로 집성제가 청정하니라. 왜 그러한가? 만약 일체지지가 청정하거나, 만약 색처가 청정하거나, 만약 집성제가 청정하다면, 무이이고 둘로 나눌 수 없으며 분별이 없고 단절도 없는 까닭이니라. 일체지지가 청정한 까닭으로 성·향·미·촉·법처가 청정하고, 성·향·미·촉·법처가 청정한 까닭으로 집성제가 청정하니라. 왜 그러한가? 만약 일체지지가 청정하거나, 만약 성·향·미·촉·법처가 청정하거나, 만약 집성제가 청정하다면, 무이이고 둘로 나눌 수 없으며 분별이 없고 단절도 없는 까닭이니라.

선현이여. 일체지지가 청정한 까닭으로 안계가 청정하고, 안계가 청정한 까닭으로 집성제가 청정하니라. 왜 그러한가? 만약 일체지지가 청정하거나, 만약 안계가 청정하거나, 만약 집성제가 청정하다면, 무이이고 둘로 나눌 수 없으며 분별이 없고 단절도 없는 까닭이니라. 일체지지가 청정한 까닭으로 색계·안식계, 나아가 안촉·안촉을 인연으로 생겨난 여러 수가 청정하고, 색계, 나아가 안촉을 인연으로 생겨난 여러 수가 청정한 까닭으로 집성제가 청정하니라. 왜 그러한가? 만약 일체지지가 청정하거나, 만약 색계, 나아가 안촉을 인연으로 생겨난 여러 수가 청정하거나, 만약 집성제가 청정하다면, 무이이고 둘로 나눌 수 없으며 분별이 없고 단절도 없는 까닭이니라.

선현이여. 일체지지가 청정한 까닭으로 이계가 청정하고, 이계가 청정한 까닭으로 집성제가 청정하니라. 왜 그러한가? 만약 일체지지가 청정하거나, 만약 이계가 청정하거나, 만약 집성제가 청정하다면, 무이이고 둘로 나눌 수 없으며 분별이 없고 단절도 없는 까닭이니라. 일체지지가 청정한 까닭으로 성계·이식계, 나아가 이촉·이촉을 인연으로 생겨난 여러 수가 청정하고, 성계, 나아가 이촉을 인연으로 생겨난 여러 수가 청정한 까닭으로 집성제가 청정하니라. 왜 그러한가? 만약 일체지지가 청정하거나, 만약 성계, 나아가 이촉을 인연으로 생겨난 여러 수가 청정하거나, 만약 집성제가 청정하다면, 무이이고 둘로 나눌 수 없으며 분별이 없고 단절도 없는 까닭이니라.

선현이여. 일체지지가 청정한 까닭으로 비계가 청정하고, 비계가 청정한 까닭으로 집성제가 청정하니라. 왜 그러한가? 만약 일체지지가 청정하거나, 만약 비계가 청정하거나, 만약 집성제가 청정하다면, 무이이고 둘로 나눌 수 없으며 분별이 없고 단절도 없는 까닭이니라. 일체지지가 청정한 까닭으로 향계·비식계, 나아가 비촉·비촉을 인연으로 생겨난 여러 수가 청정하고, 향계, 나아가 비촉을 인연으로 생겨난 여러 수가 청정한 까닭으로 집성제가 청정하니라. 왜 그러한가? 만약 일체지지가 청정하거나, 만약 향계, 나아가 비촉을 인연으로 생겨난 여러 수가 청정하거나, 만약 집성제가 청정하다면, 무이이고 둘로 나눌 수 없으며 분별이 없고 단절도 없는 까닭이니라.

선현이여. 일체지지가 청정한 까닭으로 설계가 청정하고, 설계가 청정한 까닭으로 집성제가 청정하니라. 왜 그러한가? 만약 일체지지가 청정하거나, 만약 설계가 청정하거나, 만약 집성제가 청정하다면, 무이이고 둘로 나눌 수 없으며 분별이 없고 단절도 없는 까닭이니라. 일체지지가 청정한 까닭으로 미계·설식계, 나아가 설촉·설촉을 인연으로 생겨난 여러 수가 청정하고, 미계, 나아가 설촉을 인연으로 생겨난 여러 수가 청정한 까닭으로 집성제가 청정하니라. 왜 그러한가? 만약 일체지지가 청정하거나, 만약 미계, 나아가 설촉을 인연으로 생겨난 여러 수가 청정하거나, 만약 집성제가 청정하다면, 무이이고 둘로 나눌 수 없으며 분별이 없고 단절도 없는 까닭이니라.

선현이여. 일체지지가 청정한 까닭으로 신계가 청정하고, 신계가 청정한 까닭으로 집성제가 청정하니라. 왜 그러한가? 만약 일체지지가 청정하거나, 만약 신계가 청정하거나, 만약 집성제가 청정하다면, 무이이고 둘로 나눌 수 없으며 분별이 없고 단절도 없는 까닭이니라. 일체지지가 청정한 까닭으로 촉계·신식계, 나아가 신촉·신촉을 인연으로 생겨난 여러 수가 청정하고, 촉계, 나아가 신촉을 인연으로 생겨난 여러 수가 청정한 까닭으로 집성제가 청정하니라. 왜 그러한가? 만약 일체지지가 청정하거나, 만약 촉계, 나아가 신촉을 인연으로 생겨난 여러 수가 청정하거나, 만약 집성제가 청정하다면, 무이이고 둘로 나눌 수 없으며 분별이 없고 단절도 없는 까닭이니라.

선현이여. 일체지지가 청정한 까닭으로 의계가 청정하고, 의계가 청정한 까닭으로 집성제가 청정하니라. 왜 그러한가? 만약 일체지지가 청정하거나, 만약 의계가 청정하거나, 만약 집성제가 청정하다면, 무이이고 둘로 나눌 수 없으며 분별이 없고 단절도 없는 까닭이니라. 일체지지가 청정한 까닭으로 법계·의식계, 나아가 의촉·의촉을 인연으로 생겨난 여러 수가 청정하고, 법계, 나아가 의촉을 인연으로 생겨난 여러 수가 청정한 까닭으로 집성제가 청정하니라. 왜 그러한가? 만약 일체지지가 청정하거나, 만약 법계, 나아가 의촉을 인연으로 생겨난 여러 수가 청정하거나, 만약 집성제가 청정하다면, 무이이고 둘로 나눌 수 없으며 분별이 없고 단절도 없는 까닭이니라.

선현이여. 일체지지가 청정한 까닭으로 지계가 청정하고, 지계가 청정한 까닭으로 집성제가 청정하니라. 왜 그러한가? 만약 일체지지가 청정하거나, 만약 지계가 청정하거나, 만약 집성제가 청정하다면, 무이이고 둘로 나눌 수 없으며 분별이 없고 단절도 없는 까닭이니라. 일체지지가 청정한 까닭으로 수·화·풍·공·식계가 청정하고, 수·화·풍·공·식계가 청정한 까닭으로 집성제가 청정하니라. 왜 그러한가? 만약 일체지지가 청정하거나, 만약 수·화·풍·공·식계가 청정하거나, 만약 집성제가 청정하다면, 무이이고 둘로 나눌 수 없으며 분별이 없고 단절도 없는 까닭이니라.

선현이여. 일체지지가 청정한 까닭으로 무명이 청정하고, 무명이 청정한 까닭으로 집성제가 청정하니라. 왜 그러한가? 만약 일체지지가 청정하거나, 만약 무명이 청정하거나, 만약 집성제가 청정하다면, 무이이고 둘로 나눌 수 없으며 분별이 없고 단절도 없는 까닭이니라. 일체지지가 청정한 까닭으로 행·식·명색·육처·촉·수·애·취·유·생·노사의 수탄고우뇌가 청정하고, 행, 나아가 노사의 수탄고우뇌가 청정한 까닭으로 집성제가 청정하니라. 왜 그러한가? 만약 일체지지가 청정하거나, 만약 행, 나아가 노사의 수탄고우뇌가 청정하거나, 만약 집성제가 청정하다면, 무이이고 둘로 나눌 수 없으며 분별이 없고 단절도 없는 까닭이니라.

선현이여. 일체지지가 청정한 까닭으로 보시바라밀다가 청정하고, 보시바라밀다가 청정한 까닭으로 집성제가 청정하니라. 왜 그러한가? 만약 일체지지가 청정하거나, 만약 보시바라밀다가 청정하거나, 만약 집성제가 청정하다면, 무이이고 둘로 나눌 수 없으며 분별이 없고 단절도 없는 까닭이니라. 일체지지가 청정한 까닭으로 정계·안인·정진·정려·반야바라밀다가 청정하고, 정계, 나아가 반야바라밀다가 청정한 까닭으로 집성제가 청정하니라. 왜 그러한가? 만약 일체지지가 청정하거나, 만약 정계, 나아가 반야바라밀다가 청정하거나, 만약 집성제가 청정하다면, 무이이고 둘로 나눌 수 없으며 분별이 없고 단절도 없는 까닭이니라.

선현이여. 일체지지가 청정한 까닭으로 내공이 청정하고, 내공이 청정한 까닭으로 집성제가 청정하니라. 왜 그러한가? 만약 일체지지가 청정하거나, 만약 내공이 청정하거나, 만약 집성제가 청정하다면, 무이이고 둘로 나눌 수 없으며 분별이 없고 단절도 없는 까닭이니라. 일체지지가 청정한 까닭으로 외공·내외공·공공·대공·승의공·유위공·무위공·필경공·무제공·산공·무변이공·본성공·자상공·공상공·일체법공·불가득공·무성공·자성공·무성자성공이 청정하고, 외공, 나아가 무성자성공이 청정한 까닭으로 집성제가 청정하니라. 왜 그러한가? 만약 일체지지가 청정하거나, 만약 외공, 나아가 무성자성공이 청정하거나, 만약 집성제가 청정하다면, 무이이고 둘로 나눌 수 없으며 분별이 없고 단절도 없는 까닭이니라.

선현이여. 일체지지가 청정한 까닭으로 진여가 청정하고, 진여가 청정한 까닭으로 집성제가 청정하니라. 왜 그러한가? 만약 일체지지가 청정하거나, 만약 진여가 청정하거나, 만약 집성제가 청정하다면, 무이이고 둘로 나눌 수 없으며 분별이 없고 단절도 없는 까닭이니라. 일체지지가 청정한 까닭으로 법계·법성·불허망성·불변이성·평등성·이생성·법정·법주·실제·허공계·부사의계가 청정하고 법계, 나아가 부사의계가 청정한 까닭으로 집성제가 청정하니라. 왜 그러한가? 만약 일체지지가 청정하거나, 만약 법계, 나아가 부사의계가 청정하거나, 만약 집성제가 청정하다면, 무이이고 둘로 나눌 수 없으며 분별이 없고 단절도 없는 까닭이니라.

선현이여. 일체지지가 청정한 까닭으로 고성제가 청정하고, 고성제가 청정한 까닭으로 집성제가 청정하니라. 왜 그러한가? 만약 일체지지가 청정하거나, 만약 고성제가 청정하거나, 만약 집성제가 청정하다면, 무이이고 둘로 나눌 수 없으며 분별이 없고 단절도 없는 까닭이니라. 일체지지가 청정한 까닭으로 멸·도성제가 청정하고, 멸·도성제가 청정한 까닭으로 집성제가 청정하니라. 왜 그러한가? 만약 일체지지가 청정하거나, 만약 멸·도성제가 청정하거나, 만약 집성제가 청정하다면, 무이이고 둘로 나눌 수 없으며 분별이 없고 단절도 없는 까닭이니라.

선현이여. 일체지지가 청정한 까닭으로 4정려가 청정하고, 4정려가 청정한 까닭으로 집성제가 청정하니라. 왜 그러한가? 만약 일체지지가 청정하거나, 만약 4정려가 청정하거나, 만약 집성제가 청정하다면, 무이이고 둘로 나눌 수 없으며 분별이 없고 단절도 없는 까닭이니라. 일체지지가 청정한 까닭으로 4무량·4무색정이 청정하고, 4무량·4무색정이 청정한 까닭으로 집성제가 청정하니라. 왜 그러한가? 만약 일체지지가 청정하거나, 만약 4무량·4무색정이 청정하거나, 만약 집성제가 청정하다면, 무이이고 둘로 나눌 수 없으며 분별이 없고 단절도 없는 까닭이니라.

선현이여. 일체지지가 청정한 까닭으로 8해탈이 청정하고, 8해탈이 청정한 까닭으로 집성제가 청정하니라. 왜 그러한가? 만약 일체지지가 청정하거나, 만약 8해탈이 청정하거나, 만약 집성제가 청정하다면, 무이이고 둘로 나눌 수 없으며 분별이 없고 단절도 없는 까닭이니라. 일체지지가 청정한 까닭으로 8승처·9차제정·10변처가 청정하고, 8승처·9차제정·10변처가 청정한 까닭으로 집성제가 청정하니라. 왜 그러한가? 만약 일체지지가 청정하거나, 만약 8승처·9차제정·10변처가 청정하거나, 만약 집성제가 청정하다면, 무이이고 둘로 나눌 수 없으며 분별이 없고 단절도 없는 까닭이니라.

선현이여. 일체지지가 청정한 까닭으로 4념주가 청정하고, 4념주가 청정한 까닭으로 집성제가 청정하니라. 왜 그러한가? 만약 일체지지가 청정하거나, 만약 4념주가 청정하거나, 만약 집성제가 청정하다면, 무이이고 둘로 나눌 수 없으며 분별이 없고 단절도 없는 까닭이니라. 일체지지가 청정한 까닭으로 4정단·4신족·5근·5력·7등각지·8성도지가 청정하고, 4정단, 나아가 8성도지가 청정한 까닭으로 집성제가 청정하니라. 왜 그러한가? 만약 일체지지가 청정하거나, 만약 4정단, 나아가 8성도지가 청정하거나, 만약 집성제가 청정하다면, 무이이고 둘로 나눌 수 없으며 분별이 없고 단절도 없는 까닭이니라.

선현이여. 일체지지가 청정한 까닭으로 공해탈문이 청정하고, 공해탈문이 청정한 까닭으로 집성제가 청정하니라. 왜 그러한가? 만약 일체지지가 청정하거나, 만약 공해탈문이 청정하거나, 만약 집성제가 청정하다면, 무이이고 둘로 나눌 수 없으며 분별이 없고 단절도 없는 까닭이니라. 일체지지가 청정한 까닭으로 무상·무원해탈문이 청정하고, 무상·무원해탈문이 청정한 까닭으로 집성제가 청정하니라. 왜 그러한가? 만약 일체지지가 청정하거나, 만약 무상·무원해탈문이 청정하거나, 만약 집성제가 청정하다면, 무이이고 둘로 나눌 수 없으며 분별이 없고 단절도 없는 까닭이니라.

선현이여. 일체지지가 청정한 까닭으로 보살의 10지가 청정하고, 보살의 10지가 청정한 까닭으로 집성제가 청정하니라. 왜 그러한가? 만약 일체지지가 청정하거나, 만약 보살의 10지가 청정하거나, 만약 집성제가 청정하다면, 무이이고 둘로 나눌 수 없으며 분별이 없고 단절도 없는 까닭이니라."

마하반야바라밀다경 제264권

34. 난신해품(難信解品)(83)

"선현이여. 일체지지가 청정한 까닭으로 5안이 청정하고, 5안이 청정한 까닭으로 집성제가 청정하니라. 왜 그러한가? 만약 일체지지가 청정하거나, 만약 5안이 청정하거나, 만약 집성제가 청정하다면, 무이이고 둘로 나눌 수 없으며 분별이 없고 단절도 없는 까닭이니라. 일체지지가 청정한 까닭으로 6신통이 청정하고, 6신통이 청정한 까닭으로 집성제가 청정하니라. 왜 그러한가? 만약 일체지지가 청정하거나, 만약 6신통이 청정하거나, 만약 집성제가 청정하다면, 무이이고 둘로 나눌 수 없으며 분별이 없고 단절도 없는 까닭이니라.

선현이여. 일체지지가 청정한 까닭으로 여래의 10력이 청정하고, 여래의 10력이 청정한 까닭으로 집성제가 청정하니라. 왜 그러한가? 만약 일체지지가 청정하거나, 만약 여래의 10력이 청정하거나, 만약 집성제가 청정하다면, 무이이고 둘로 나눌 수 없으며 분별이 없고 단절도 없는 까닭이니라. 일체지지가 청정한 까닭으로 4무소외·4무애해·대자·대비·대희·대사·18불불공법이 청정하고, 4무소외, 나아가 18불불공법이 청정한 까닭으로 집성제가 청정하니라. 왜 그러한가? 만약 일체지지가 청정하거나, 만약 4무소외, 나아가 18불불공법이 청정하거나, 만약 집성제가 청정하다면, 무이이고 둘로 나눌 수 없으며 분별이 없고 단절도 없는 까닭이니라.

선현이여. 일체지지가 청정한 까닭으로 무망실법이 청정하고, 무망실

법이 청정한 까닭으로 집성제가 청정하니라. 왜 그러한가? 만약 일체지지가 청정하거나, 만약 무망실법이 청정하거나, 만약 집성제가 청정하다면, 무이이고 둘로 나눌 수 없으며 분별이 없고 단절도 없는 까닭이니라. 선현이여. 일체지지가 청정한 까닭으로 항주사성이 청정하고, 항주사성이 청정한 까닭으로 집성제가 청정하니라. 왜 그러한가? 만약 일체지지가 청정하거나, 만약 항주사성이 청정하거나, 만약 집성제가 청정하다면, 무이이고 둘로 나눌 수 없으며 분별이 없고 단절도 없는 까닭이니라.

선현이여. 일체지지가 청정한 까닭으로 일체지가 청정하고, 일체지가 청정한 까닭으로 집성제가 청정하니라. 왜 그러한가? 만약 일체지지가 청정하거나, 만약 일체지가 청정하거나, 만약 집성제가 청정하다면, 무이이고 둘로 나눌 수 없으며 분별이 없고 단절도 없는 까닭이니라. 일체지지가 청정한 까닭으로 도상지·일체상지가 청정하고, 도상지·일체상지가 청정한 까닭으로 집성제가 청정하니라. 왜 그러한가? 만약 일체지지가 청정하거나, 만약 도상지·일체상지가 청정하거나, 만약 집성제가 청정하다면, 무이이고 둘로 나눌 수 없으며 분별이 없고 단절도 없는 까닭이니라.

선현이여. 일체지지가 청정한 까닭으로 일체의 다라니문이 청정하고, 일체의 다라니문이 청정한 까닭으로 집성제가 청정하니라. 왜 그러한가? 만약 일체지지가 청정하거나, 만약 일체의 다라니문이 청정하거나, 만약 집성제가 청정하다면, 무이이고 둘로 나눌 수 없으며 분별이 없고 단절도 없는 까닭이니라. 선현이여. 일체지지가 청정한 까닭으로 일체의 삼마지문이 청정하고, 일체의 삼마지문이 청정한 까닭으로 집성제가 청정하니라. 왜 그러한가? 만약 일체지지가 청정하거나, 만약 일체의 삼마지문이 청정하거나, 만약 집성제가 청정하다면, 무이이고 둘로 나눌 수 없으며 분별이 없고 단절도 없는 까닭이니라.

선현이여. 일체지지가 청정한 까닭으로 예류과가 청정하고, 예류과가 청정한 까닭으로 집성제가 청정하니라. 왜 그러한가? 만약 일체지지가 청정하거나, 만약 예류과가 청정하거나, 만약 집성제가 청정하다면, 무이이고 둘로 나눌 수 없으며 분별이 없고 단절도 없는 까닭이니라. 일체지지가 청정한 까닭으로 일래·불환·아라한과가 청정하고, 일래·불환·아라한과가 청정한 까닭으로 집성제가 청정하니라. 왜 그러한가? 만약 일체지지가 청정하거나, 만약 일래·불환·아라한과가 청정하거나, 만약 집성제가 청정하다면, 무이이고 둘로 나눌 수 없으며 분별이 없고 단절도 없는 까닭이니라.

선현이여. 일체지지가 청정한 까닭으로 독각의 보리가 청정하고, 독각의 보리가 청정한 까닭으로 집성제가 청정하니라. 왜 그러한가? 만약 일체지지가 청정하거나, 만약 독각의 보리가 청정하거나, 만약 집성제가 청정하다면, 무이이고 둘로 나눌 수 없으며 분별이 없고 단절도 없는 까닭이니라.

선현이여. 일체지지가 청정한 까닭으로 일체의 보살마하살의 행이 청정하고, 일체의 보살마하살의 행이 청정한 까닭으로 집성제가 청정하니라. 왜 그러한가? 만약 일체지지가 청정하거나, 만약 일체의 보살마하살의 행이 청정하거나, 만약 집성제가 청정하다면, 무이이고 둘로 나눌 수 없으며 분별이 없고 단절도 없는 까닭이니라.

선현이여. 일체지지가 청정한 까닭으로 제불의 무상정등보리가 청정하고, 제불의 무상정등보리가 청정한 까닭으로 집성제가 청정하니라. 왜 그러한가? 만약 일체지지가 청정하거나, 만약 제불의 무상정등보리가 청정하거나, 만약 집성제가 청정하다면, 무이이고 둘로 나눌 수 없으며 분별이 없고 단절도 없는 까닭이니라."

"다시 다음으로 선현이여. 일체지지가 청정한 까닭으로 색이 청정하고, 색이 청정한 까닭으로 멸성제(滅聖諦)가 청정하니라. 왜 그러한가? 만약 일체지지가 청정하거나, 만약 색이 청정하거나, 만약 멸성제가 청정하다면, 무이이고 둘로 나눌 수 없으며 분별이 없고 단절도 없는 까닭이니라. 일체지지가 청정한 까닭으로 수·상·행·식이 청정하고, 수·상·행·식이 청정한 까닭으로 멸성제가 청정하니라. 왜 그러한가? 만약 일체지지가 청정하거나, 만약 수·상·행·식이 청정하거나, 만약 멸성제가 청정하다면,

무이이고 둘로 나눌 수 없으며 분별이 없고 단절도 없는 까닭이니라.

선현이여. 일체지지가 청정한 까닭으로 안처가 청정하고, 안처가 청정한 까닭으로 멸성제가 청정하니라. 왜 그러한가? 만약 일체지지가 청정하거나, 만약 안처가 청정하거나, 만약 멸성제가 청정하다면, 무이이고 둘로 나눌 수 없으며 분별이 없고 단절도 없는 까닭이니라. 일체지지가 청정한 까닭으로 이·비·설·신·의처가 청정하고, 이·비·설·신·의처가 청정한 까닭으로 멸성제가 청정하니라. 왜 그러한가? 만약 일체지지가 청정하거나, 만약 이·비·설·신·의처가 청정하거나, 만약 멸성제가 청정하다면, 무이이고 둘로 나눌 수 없으며 분별이 없고 단절도 없는 까닭이니라.

선현이여. 일체지지가 청정한 까닭으로 색처가 청정하고, 색처가 청정한 까닭으로 멸성제가 청정하니라. 왜 그러한가? 만약 일체지지가 청정하거나, 만약 색처가 청정하거나, 만약 멸성제가 청정하다면, 무이이고 둘로 나눌 수 없으며 분별이 없고 단절도 없는 까닭이니라. 일체지지가 청정한 까닭으로 성·향·미·촉·법처가 청정하고, 성·향·미·촉·법처가 청정한 까닭으로 멸성제가 청정하니라. 왜 그러한가? 만약 일체지지가 청정하거나, 만약 성·향·미·촉·법처가 청정하거나, 만약 멸성제가 청정하다면, 무이이고 둘로 나눌 수 없으며 분별이 없고 단절도 없는 까닭이니라.

선현이여. 일체지지가 청정한 까닭으로 안계가 청정하고, 안계가 청정한 까닭으로 멸성제가 청정하니라. 왜 그러한가? 만약 일체지지가 청정하거나, 만약 안계가 청정하거나, 만약 멸성제가 청정하다면, 무이이고 둘로 나눌 수 없으며 분별이 없고 단절도 없는 까닭이니라. 일체지지가 청정한 까닭으로 색계·안식계, 나아가 안촉·안촉을 인연으로 생겨난 여러 수가 청정하고, 색계, 나아가 안촉을 인연으로 생겨난 여러 수가 청정한 까닭으로 멸성제가 청정하니라. 왜 그러한가? 만약 일체지지가 청정하거나, 만약 색계, 나아가 안촉을 인연으로 생겨난 여러 수가 청정하거나, 만약 멸성제가 청정하다면, 무이이고 둘로 나눌 수 없으며 분별이 없고 단절도 없는 까닭이니라.

선현이여. 일체지지가 청정한 까닭으로 이계가 청정하고, 이계가 청정

한 까닭으로 멸성제가 청정하니라. 왜 그러한가? 만약 일체지지가 청정하거나, 만약 이계가 청정하거나, 만약 멸성제가 청정하다면, 무이이고 둘로 나눌 수 없으며 분별이 없고 단절도 없는 까닭이니라. 일체지지가 청정한 까닭으로 성계·이식계, 나아가 이촉·이촉을 인연으로 생겨난 여러 수가 청정하고, 성계, 나아가 이촉을 인연으로 생겨난 여러 수가 청정한 까닭으로 멸성제가 청정하니라. 왜 그러한가? 만약 일체지지가 청정하거나, 만약 성계, 나아가 이촉을 인연으로 생겨난 여러 수가 청정하거나, 만약 멸성제가 청정하다면, 무이이고 둘로 나눌 수 없으며 분별이 없고 단절도 없는 까닭이니라.

선현이여. 일체지지가 청정한 까닭으로 비계가 청정하고, 비계가 청정한 까닭으로 멸성제가 청정하니라. 왜 그러한가? 만약 일체지지가 청정하거나, 만약 비계가 청정하거나, 만약 멸성제가 청정하다면, 무이이고 둘로 나눌 수 없으며 분별이 없고 단절도 없는 까닭이니라. 일체지지가 청정한 까닭으로 향계·비식계, 나아가 비촉·비촉을 인연으로 생겨난 여러 수가 청정하고, 향계, 나아가 비촉을 인연으로 생겨난 여러 수가 청정한 까닭으로 멸성제가 청정하니라. 왜 그러한가? 만약 일체지지가 청정하거나, 만약 향계, 나아가 비촉을 인연으로 생겨난 여러 수가 청정하거나, 만약 멸성제가 청정하다면, 무이이고 둘로 나눌 수 없으며 분별이 없고 단절도 없는 까닭이니라.

선현이여. 일체지지가 청정한 까닭으로 설계가 청정하고, 설계가 청정한 까닭으로 멸성제가 청정하니라. 왜 그러한가? 만약 일체지지가 청정하거나, 만약 설계가 청정하거나, 만약 멸성제가 청정하다면, 무이이고 둘로 나눌 수 없으며 분별이 없고 단절도 없는 까닭이니라. 일체지지가 청정한 까닭으로 미계·설식계, 나아가 설촉·설촉을 인연으로 생겨난 여러 수가 청정하고, 미계, 나아가 설촉을 인연으로 생겨난 여러 수가 청정한 까닭으로 멸성제가 청정하니라. 왜 그러한가? 만약 일체지지가 청정하거나, 만약 미계, 나아가 설촉을 인연으로 생겨난 여러 수가 청정하거나, 만약 멸성제가 청정하다면, 무이이고 둘로 나눌 수 없으며 분별이

없고 단절도 없는 까닭이니라.

선현이여. 일체지지가 청정한 까닭으로 신계가 청정하고, 신계가 청정한 까닭으로 멸성제가 청정하니라. 왜 그러한가? 만약 일체지지가 청정하거나, 만약 신계가 청정하거나, 만약 멸성제가 청정하다면, 무이이고 둘로 나눌 수 없으며 분별이 없고 단절도 없는 까닭이니라. 일체지지가 청정한 까닭으로 촉계·신식계, 나아가 신촉·신촉을 인연으로 생겨난 여러 수가 청정하고, 촉계, 나아가 신촉을 인연으로 생겨난 여러 수가 청정한 까닭으로 멸성제가 청정하니라. 왜 그러한가? 만약 일체지지가 청정하거나, 만약 촉계, 나아가 신촉을 인연으로 생겨난 여러 수가 청정하거나, 만약 멸성제가 청정하다면, 무이이고 둘로 나눌 수 없으며 분별이 없고 단절도 없는 까닭이니라.

선현이여. 일체지지가 청정한 까닭으로 의계가 청정하고, 의계가 청정한 까닭으로 멸성제가 청정하니라. 왜 그러한가? 만약 일체지지가 청정하거나, 만약 의계가 청정하거나, 만약 멸성제가 청정하다면, 무이이고 둘로 나눌 수 없으며 분별이 없고 단절도 없는 까닭이니라. 일체지지가 청정한 까닭으로 법계·의식계, 나아가 의촉·의촉을 인연으로 생겨난 여러 수가 청정하고, 법계, 나아가 의촉을 인연으로 생겨난 여러 수가 청정한 까닭으로 멸성제가 청정하니라. 왜 그러한가? 만약 일체지지가 청정하거나, 만약 법계, 나아가 의촉을 인연으로 생겨난 여러 수가 청정하거나, 만약 멸성제가 청정하다면, 무이이고 둘로 나눌 수 없으며 분별이 없고 단절도 없는 까닭이니라.

선현이여. 일체지지가 청정한 까닭으로 지계가 청정하고, 지계가 청정한 까닭으로 멸성제가 청정하니라. 왜 그러한가? 만약 일체지지가 청정하거나, 만약 지계가 청정하거나, 만약 멸성제가 청정하다면, 무이이고 둘로 나눌 수 없으며 분별이 없고 단절도 없는 까닭이니라. 일체지지가 청정한 까닭으로 수·화·풍·공·식계가 청정하고, 수·화·풍·공·식계가 청정한 까닭으로 멸성제가 청정하니라. 왜 그러한가? 만약 일체지지가 청정하거나, 만약 수·화·풍·공·식계가 청정하거나, 만약 멸성제가 청정하

다면, 무이이고 둘로 나눌 수 없으며 분별이 없고 단절도 없는 까닭이니라.

선현이여. 일체지지가 청정한 까닭으로 무명이 청정하고, 무명이 청정한 까닭으로 멸성제가 청정하니라. 왜 그러한가? 만약 일체지지가 청정하거나, 만약 무명이 청정하거나, 만약 멸성제가 청정하다면, 무이이고 둘로 나눌 수 없으며 분별이 없고 단절도 없는 까닭이니라. 일체지지가 청정한 까닭으로 행·식·명색·육처·촉·수·애·취·유·생·노사의 수탄고우뇌가 청정하고, 행, 나아가 노사의 수탄고우뇌가 청정한 까닭으로 멸성제가 청정하니라. 왜 그러한가? 만약 일체지지가 청정하거나, 만약 행, 나아가 노사의 수탄고우뇌가 청정하거나, 만약 멸성제가 청정하다면, 무이이고 둘로 나눌 수 없으며 분별이 없고 단절도 없는 까닭이니라.

선현이여. 일체지지가 청정한 까닭으로 보시바라밀다가 청정하고, 보시바라밀다가 청정한 까닭으로 멸성제가 청정하니라. 왜 그러한가? 만약 일체지지가 청정하거나, 만약 보시바라밀다가 청정하거나, 만약 멸성제가 청정하다면, 무이이고 둘로 나눌 수 없으며 분별이 없고 단절도 없는 까닭이니라. 일체지지가 청정한 까닭으로 정계·안인·정진·정려·반야바라밀다가 청정하고, 정계, 나아가 반야바라밀다가 청정한 까닭으로 멸성제가 청정하니라. 왜 그러한가? 만약 일체지지가 청정하거나, 만약 정계, 나아가 반야바라밀다가 청정하거나, 만약 멸성제가 청정하다면, 무이이고 둘로 나눌 수 없으며 분별이 없고 단절도 없는 까닭이니라.

선현이여. 일체지지가 청정한 까닭으로 내공이 청정하고, 내공이 청정한 까닭으로 멸성제가 청정하니라. 왜 그러한가? 만약 일체지지가 청정하거나, 만약 내공이 청정하거나, 만약 멸성제가 청정하다면, 무이이고 둘로 나눌 수 없으며 분별이 없고 단절도 없는 까닭이니라. 일체지지가 청정한 까닭으로 외공·내외공·공공·대공·승의공·유위공·무위공·필경공·무제공·산공·무변이공·본성공·자상공·공상공·일체법공·불가득공·무성공·자성공·무성자성공이 청정하고, 외공, 나아가 무성자성공이 청정한 까닭으로 멸성제가 청정하니라. 왜 그러한가? 만약 일체지지가 청정하거나, 만약 외공, 나아가 무성자성공이 청정하거나, 만약 멸성제가 청정하

다면, 무이이고 둘로 나눌 수 없으며 분별이 없고 단절도 없는 까닭이니라.

선현이여. 일체지지가 청정한 까닭으로 진여가 청정하고, 진여가 청정한 까닭으로 멸성제가 청정하니라. 왜 그러한가? 만약 일체지지가 청정하거나, 만약 진여가 청정하거나, 만약 멸성제가 청정하다면, 무이이고 둘로 나눌 수 없으며 분별이 없고 단절도 없는 까닭이니라. 일체지지가 청정한 까닭으로 법계·법성·불허망성·불변이성·평등성·이생성·법정·법주·실제·허공계·부사의계가 청정하고 법계, 나아가 부사의계가 청정한 까닭으로 멸성제가 청정하니라. 왜 그러한가? 만약 일체지지가 청정하거나, 만약 법계, 나아가 부사의계가 청정하거나, 만약 멸성제가 청정하다면, 무이이고 둘로 나눌 수 없으며 분별이 없고 단절도 없는 까닭이니라.

선현이여. 일체지지가 청정한 까닭으로 고성제가 청정하고, 고성제가 청정한 까닭으로 멸성제가 청정하니라. 왜 그러한가? 만약 일체지지가 청정하거나, 만약 고성제가 청정하거나, 만약 멸성제가 청정하다면, 무이이고 둘로 나눌 수 없으며 분별이 없고 단절도 없는 까닭이니라. 일체지지가 청정한 까닭으로 집·도성제가 청정하고, 집·도성제가 청정한 까닭으로 멸성제가 청정하니라. 왜 그러한가? 만약 일체지지가 청정하거나, 만약 집·도성제가 청정하거나, 만약 멸성제가 청정하다면, 무이이고 둘로 나눌 수 없으며 분별이 없고 단절도 없는 까닭이니라.

선현이여. 일체지지가 청정한 까닭으로 4정려가 청정하고, 4정려가 청정한 까닭으로 멸성제가 청정하니라. 왜 그러한가? 만약 일체지지가 청정하거나, 만약 4정려가 청정하거나, 만약 멸성제가 청정하다면, 무이이고 둘로 나눌 수 없으며 분별이 없고 단절도 없는 까닭이니라. 일체지지가 청정한 까닭으로 4무량·4무색정이 청정하고, 4무량·4무색정이 청정한 까닭으로 멸성제가 청정하니라. 왜 그러한가? 만약 일체지지가 청정하거나, 만약 4무량·4무색정이 청정하거나, 만약 멸성제가 청정하다면, 무이이고 둘로 나눌 수 없으며 분별이 없고 단절도 없는 까닭이니라.

선현이여. 일체지지가 청정한 까닭으로 8해탈이 청정하고, 8해탈이 청정한 까닭으로 멸성제가 청정하니라. 왜 그러한가? 만약 일체지지가 청정하거나, 만약 8해탈이 청정하거나, 만약 멸성제가 청정하다면, 무이이고 둘로 나눌 수 없으며 분별이 없고 단절도 없는 까닭이니라. 일체지지가 청정한 까닭으로 8승처·9차제정·10변처가 청정하고, 8승처·9차제정·10변처가 청정한 까닭으로 멸성제가 청정하니라. 왜 그러한가? 만약 일체지지가 청정하거나, 만약 8승처·9차제정·10변처가 청정하거나, 만약 멸성제가 청정하다면, 무이이고 둘로 나눌 수 없으며 분별이 없고 단절도 없는 까닭이니라.

선현이여. 일체지지가 청정한 까닭으로 4념주가 청정하고, 4념주가 청정한 까닭으로 멸성제가 청정하니라. 왜 그러한가? 만약 일체지지가 청정하거나, 만약 4념주가 청정하거나, 만약 멸성제가 청정하다면, 무이이고 둘로 나눌 수 없으며 분별이 없고 단절도 없는 까닭이니라. 일체지지가 청정한 까닭으로 4정단·4신족·5근·5력·7등각지·8성도지가 청정하고, 4정단, 나아가 8성도지가 청정한 까닭으로 멸성제가 청정하니라. 왜 그러한가? 만약 일체지지가 청정하거나, 만약 4정단, 나아가 8성도지가 청정하거나, 만약 멸성제가 청정하다면, 무이이고 둘로 나눌 수 없으며 분별이 없고 단절도 없는 까닭이니라.

선현이여. 일체지지가 청정한 까닭으로 공해탈문이 청정하고, 공해탈문이 청정한 까닭으로 멸성제가 청정하니라. 왜 그러한가? 만약 일체지지가 청정하거나, 만약 공해탈문이 청정하거나, 만약 멸성제가 청정하다면, 무이이고 둘로 나눌 수 없으며 분별이 없고 단절도 없는 까닭이니라. 일체지지가 청정한 까닭으로 무상·무원해탈문이 청정하고, 무상·무원해탈문이 청정한 까닭으로 멸성제가 청정하니라. 왜 그러한가? 만약 일체지지가 청정하거나, 만약 무상·무원해탈문이 청정하거나, 만약 멸성제가 청정하다면, 무이이고 둘로 나눌 수 없으며 분별이 없고 단절도 없는 까닭이니라.

선현이여. 일체지지가 청정한 까닭으로 보살의 10지가 청정하고, 보살의 10지가 청정한 까닭으로 멸성제가 청정하니라. 왜 그러한가? 만약 일체지지가 청정하거나, 만약 보살의 10지가 청정하거나, 만약 멸성제가

청정하다면, 무이이고 둘로 나눌 수 없으며 분별이 없고 단절도 없는 까닭이니라.

선현이여. 일체지지가 청정한 까닭으로 5안이 청정하고, 5안이 청정한 까닭으로 멸성제가 청정하니라. 왜 그러한가? 만약 일체지지가 청정하거나, 만약 5안이 청정하거나, 만약 멸성제가 청정하다면, 무이이고 둘로 나눌 수 없으며 분별이 없고 단절도 없는 까닭이니라. 일체지지가 청정한 까닭으로 6신통이 청정하고, 6신통이 청정한 까닭으로 멸성제가 청정하니라. 왜 그러한가? 만약 일체지지가 청정하거나, 만약 6신통이 청정하거나, 만약 멸성제가 청정하다면, 무이이고 둘로 나눌 수 없으며 분별이 없고 단절도 없는 까닭이니라.

선현이여. 일체지지가 청정한 까닭으로 여래의 10력이 청정하고, 여래의 10력이 청정한 까닭으로 멸성제가 청정하니라. 왜 그러한가? 만약 일체지지가 청정하거나, 만약 여래의 10력이 청정하거나, 만약 멸성제가 청정하다면, 무이이고 둘로 나눌 수 없으며 분별이 없고 단절도 없는 까닭이니라. 일체지지가 청정한 까닭으로 4무소외·4무애해·대자·대비·대희·대사·18불불공법이 청정하고, 4무소외, 나아가 18불불공법이 청정한 까닭으로 멸성제가 청정하니라. 왜 그러한가? 만약 일체지지가 청정하거나, 만약 4무소외, 나아가 18불불공법이 청정하거나, 만약 멸성제가 청정하다면, 무이이고 둘로 나눌 수 없으며 분별이 없고 단절도 없는 까닭이니라.

선현이여. 일체지지가 청정한 까닭으로 무망실법이 청정하고, 무망실법이 청정한 까닭으로 멸성제가 청정하니라. 왜 그러한가? 만약 일체지지가 청정하거나, 만약 무망실법이 청정하거나, 만약 멸성제가 청정하다면, 무이이고 둘로 나눌 수 없으며 분별이 없고 단절도 없는 까닭이니라. 선현이여. 일체지지가 청정한 까닭으로 항주사성이 청정하고, 항주사성이 청정한 까닭으로 멸성제가 청정하니라. 왜 그러한가? 만약 일체지지가 청정하거나, 만약 항주사성이 청정하거나, 만약 멸성제가 청정하다면, 무이이고 둘로 나눌 수 없으며 분별이 없고 단절도 없는 까닭이니라.

선현이여. 일체지지가 청정한 까닭으로 일체지가 청정하고, 일체지가 청정한 까닭으로 멸성제가 청정하니라. 왜 그러한가? 만약 일체지지가 청정하거나, 만약 일체지가 청정하거나, 만약 멸성제가 청정하다면, 무이이고 둘로 나눌 수 없으며 분별이 없고 단절도 없는 까닭이니라. 일체지지가 청정한 까닭으로 도상지·일체상지가 청정하고, 도상지·일체상지가 청정한 까닭으로 멸성제가 청정하니라. 왜 그러한가? 만약 일체지지가 청정하거나, 만약 도상지·일체상지가 청정하거나, 만약 멸성제가 청정하다면, 무이이고 둘로 나눌 수 없으며 분별이 없고 단절도 없는 까닭이니라.

선현이여. 일체지지가 청정한 까닭으로 일체의 다라니문이 청정하고, 일체의 다라니문이 청정한 까닭으로 멸성제가 청정하니라. 왜 그러한가? 만약 일체지지가 청정하거나, 만약 일체의 다라니문이 청정하거나, 만약 멸성제가 청정하다면, 무이이고 둘로 나눌 수 없으며 분별이 없고 단절도 없는 까닭이니라. 선현이여. 일체지지가 청정한 까닭으로 일체의 삼마지문이 청정하고, 일체의 삼마지문이 청정한 까닭으로 멸성제가 청정하니라. 왜 그러한가? 만약 일체지지가 청정하거나, 만약 일체의 삼마지문이 청정하거나, 만약 멸성제가 청정하다면, 무이이고 둘로 나눌 수 없으며 분별이 없고 단절도 없는 까닭이니라.

선현이여. 일체지지가 청정한 까닭으로 예류과가 청정하고, 예류과가 청정한 까닭으로 멸성제가 청정하니라. 왜 그러한가? 만약 일체지지가 청정하거나, 만약 예류과가 청정하거나, 만약 멸성제가 청정하다면, 무이이고 둘로 나눌 수 없으며 분별이 없고 단절도 없는 까닭이니라. 일체지지가 청정한 까닭으로 일래·불환·아라한과가 청정하고, 일래·불환·아라한과가 청정한 까닭으로 멸성제가 청정하니라. 왜 그러한가? 만약 일체지지가 청정하거나, 만약 일래·불환·아라한과가 청정하거나, 만약 멸성제가 청정하다면, 무이이고 둘로 나눌 수 없으며 분별이 없고 단절도 없는 까닭이니라.

선현이여. 일체지지가 청정한 까닭으로 독각의 보리가 청정하고, 독각의 보리가 청정한 까닭으로 멸성제가 청정하니라. 왜 그러한가? 만약 일체지지가 청정하거나, 만약 독각의 보리가 청정하거나, 만약 멸성제가 청정하다면, 무이이고 둘로 나눌 수 없으며 분별이 없고 단절도 없는 까닭이니라.

선현이여. 일체지지가 청정한 까닭으로 일체의 보살마하살의 행이 청정하고, 일체의 보살마하살의 행이 청정한 까닭으로 멸성제가 청정하니라. 왜 그러한가? 만약 일체지지가 청정하거나, 만약 일체의 보살마하살의 행이 청정하거나, 만약 멸성제가 청정하다면, 무이이고 둘로 나눌 수 없으며 분별이 없고 단절도 없는 까닭이니라.

선현이여. 일체지지가 청정한 까닭으로 제불의 무상정등보리가 청정하고, 제불의 무상정등보리가 청정한 까닭으로 멸성제가 청정하니라. 왜 그러한가? 만약 일체지지가 청정하거나, 만약 제불의 무상정등보리가 청정하거나, 만약 멸성제가 청정하다면, 무이이고 둘로 나눌 수 없으며 분별이 없고 단절도 없는 까닭이니라."

"다시 다음으로 선현이여. 일체지지가 청정한 까닭으로 색이 청정하고, 색이 청정한 까닭으로 도성제(道聖諦)가 청정하니라. 왜 그러한가? 만약 일체지지가 청정하거나, 만약 색이 청정하거나, 만약 도성제가 청정하다면, 무이이고 둘로 나눌 수 없으며 분별이 없고 단절도 없는 까닭이니라. 일체지지가 청정한 까닭으로 수·상·행·식이 청정하고, 수·상·행·식이 청정한 까닭으로 도성제가 청정하니라. 왜 그러한가? 만약 일체지지가 청정하거나, 만약 수·상·행·식이 청정하거나, 만약 도성제가 청정하다면, 무이이고 둘로 나눌 수 없으며 분별이 없고 단절도 없는 까닭이니라.

선현이여. 일체지지가 청정한 까닭으로 안처가 청정하고, 안처가 청정한 까닭으로 도성제가 청정하니라. 왜 그러한가? 만약 일체지지가 청정하거나, 만약 안처가 청정하거나, 만약 도성제가 청정하다면, 무이이고 둘로 나눌 수 없으며 분별이 없고 단절도 없는 까닭이니라. 일체지지가 청정한 까닭으로 이·비·설·신·의처가 청정하고, 이·비·설·신·의처가 청정한 까닭으로 도성제가 청정하니라. 왜 그러한가? 만약 일체지지가 청정하거나, 만약 이·비·설·신·의처가 청정하거나, 만약 도성제가 청정하다면, 무이이고 둘로 나눌 수 없으며 분별이 없고 단절도 없는 까닭이니라.

선현이여. 일체지지가 청정한 까닭으로 색처가 청정하고, 색처가 청정한 까닭으로 도성제가 청정하니라. 왜 그러한가? 만약 일체지지가 청정하거나, 만약 색처가 청정하거나, 만약 도성제가 청정하다면, 무이이고 둘로 나눌 수 없으며 분별이 없고 단절도 없는 까닭이니라. 일체지지가 청정한 까닭으로 성·향·미·촉·법처가 청정하고, 성·향·미·촉·법처가 청정한 까닭으로 도성제가 청정하니라. 왜 그러한가? 만약 일체지지가 청정하거나, 만약 성·향·미·촉·법처가 청정하거나, 만약 도성제가 청정하다면, 무이이고 둘로 나눌 수 없으며 분별이 없고 단절도 없는 까닭이니라.

선현이여. 일체지지가 청정한 까닭으로 안계가 청정하고, 안계가 청정한 까닭으로 도성제가 청정하니라. 왜 그러한가? 만약 일체지지가 청정하거나, 만약 안계가 청정하거나, 만약 도성제가 청정하다면, 무이이고 둘로 나눌 수 없으며 분별이 없고 단절도 없는 까닭이니라. 일체지지가 청정한 까닭으로 색계·안식계, 나아가 안촉·안촉을 인연으로 생겨난 여러 수가 청정하고, 색계, 나아가 안촉을 인연으로 생겨난 여러 수가 청정한 까닭으로 도성제가 청정하니라. 왜 그러한가? 만약 일체지지가 청정하거나, 만약 색계, 나아가 안촉을 인연으로 생겨난 여러 수가 청정하거나, 만약 도성제가 청정하다면, 무이이고 둘로 나눌 수 없으며 분별이 없고 단절도 없는 까닭이니라.

선현이여. 일체지지가 청정한 까닭으로 이계가 청정하고, 이계가 청정한 까닭으로 도성제가 청정하니라. 왜 그러한가? 만약 일체지지가 청정하거나, 만약 이계가 청정하거나, 만약 도성제가 청정하다면, 무이이고 둘로 나눌 수 없으며 분별이 없고 단절도 없는 까닭이니라. 일체지지가 청정한 까닭으로 성계·이식계, 나아가 이촉·이촉을 인연으로 생겨난 여러 수가 청정하고, 성계, 나아가 이촉을 인연으로 생겨난 여러 수가 청정한 까닭으로 도성제가 청정하니라. 왜 그러한가? 만약 일체지지가 청정하거나, 만약 성계, 나아가 이촉을 인연으로 생겨난 여러 수가 청정하거나, 만약 도성제가 청정하다면, 무이이고 둘로 나눌 수 없으며 분별이 없고 단절도 없는 까닭이니라.

선현이여. 일체지지가 청정한 까닭으로 비계가 청정하고, 비계가 청정한 까닭으로 도성제가 청정하니라. 왜 그러한가? 만약 일체지지가 청정하거나, 만약 비계가 청정하거나, 만약 도성제가 청정하다면, 무이이고 둘로 나눌 수 없으며 분별이 없고 단절도 없는 까닭이니라. 일체지지가 청정한 까닭으로 향계·비식계, 나아가 비촉·비촉을 인연으로 생겨난 여러 수가 청정하고, 향계, 나아가 비촉을 인연으로 생겨난 여러 수가 청정한 까닭으로 도성제가 청정하니라. 왜 그러한가? 만약 일체지지가 청정하거나, 만약 향계, 나아가 비촉을 인연으로 생겨난 여러 수가 청정하거나, 만약 도성제가 청정하다면, 무이이고 둘로 나눌 수 없으며 분별이 없고 단절도 없는 까닭이니라.

선현이여. 일체지지가 청정한 까닭으로 설계가 청정하고, 설계가 청정한 까닭으로 도성제가 청정하니라. 왜 그러한가? 만약 일체지지가 청정하거나, 만약 설계가 청정하거나, 만약 도성제가 청정하다면, 무이이고 둘로 나눌 수 없으며 분별이 없고 단절도 없는 까닭이니라. 일체지지가 청정한 까닭으로 미계·설식계, 나아가 설촉·설촉을 인연으로 생겨난 여러 수가 청정하고, 미계, 나아가 설촉을 인연으로 생겨난 여러 수가 청정한 까닭으로 도성제가 청정하니라. 왜 그러한가? 만약 일체지지가 청정하거나, 만약 미계, 나아가 설촉을 인연으로 생겨난 여러 수가 청정하거나, 만약 도성제가 청정하다면, 무이이고 둘로 나눌 수 없으며 분별이 없고 단절도 없는 까닭이니라.

선현이여. 일체지지가 청정한 까닭으로 신계가 청정하고, 신계가 청정한 까닭으로 도성제가 청정하니라. 왜 그러한가? 만약 일체지지가 청정하거나, 만약 신계가 청정하거나, 만약 도성제가 청정하다면, 무이이고 둘로 나눌 수 없으며 분별이 없고 단절도 없는 까닭이니라. 일체지지가 청정한 까닭으로 촉계·신식계, 나아가 신촉·신촉을 인연으로 생겨난 여러 수가 청정하고, 촉계, 나아가 신촉을 인연으로 생겨난 여러 수가 청정한 까닭으로 도성제가 청정하니라. 왜 그러한가? 만약 일체지지가 청정하거나, 만약 촉계, 나아가 신촉을 인연으로 생겨난 여러 수가 청정하거나, 만약 도성제가 청정하다면, 무이이고 둘로 나눌 수 없으며 분별이 없고 단절도 없는 까닭이니라.

선현이여. 일체지지가 청정한 까닭으로 의계가 청정하고, 의계가 청정한 까닭으로 도성제가 청정하니라. 왜 그러한가? 만약 일체지지가 청정하거나, 만약 의계가 청정하거나, 만약 도성제가 청정하다면, 무이이고 둘로 나눌 수 없으며 분별이 없고 단절도 없는 까닭이니라. 일체지지가 청정한 까닭으로 법계·의식계, 나아가 의촉·의촉을 인연으로 생겨난 여러 수가 청정하고, 법계, 나아가 의촉을 인연으로 생겨난 여러 수가 청정한 까닭으로 도성제가 청정하니라. 왜 그러한가? 만약 일체지지가 청정하거나, 만약 법계, 나아가 의촉을 인연으로 생겨난 여러 수가 청정하거나, 만약 도성제가 청정하다면, 무이이고 둘로 나눌 수 없으며 분별이 없고 단절도 없는 까닭이니라.

선현이여. 일체지지가 청정한 까닭으로 지계가 청정하고, 지계가 청정한 까닭으로 도성제가 청정하니라. 왜 그러한가? 만약 일체지지가 청정하거나, 만약 지계가 청정하거나, 만약 도성제가 청정하다면, 무이이고 둘로 나눌 수 없으며 분별이 없고 단절도 없는 까닭이니라. 일체지지가 청정한 까닭으로 수·화·풍·공·식계가 청정하고, 수·화·풍·공·식계가 청정한 까닭으로 도성제가 청정하니라. 왜 그러한가? 만약 일체지지가 청정하거나, 만약 수·화·풍·공·식계가 청정하거나, 만약 도성제가 청정하다면, 무이이고 둘로 나눌 수 없으며 분별이 없고 단절도 없는 까닭이니라.

선현이여. 일체지지가 청정한 까닭으로 무명이 청정하고, 무명이 청정한 까닭으로 도성제가 청정하니라. 왜 그러한가? 만약 일체지지가 청정하거나, 만약 무명이 청정하거나, 만약 도성제가 청정하다면, 무이이고 둘로 나눌 수 없으며 분별이 없고 단절도 없는 까닭이니라. 일체지지가 청정한 까닭으로 행·식·명색·육처·촉·수·애·취·유·생·노사의 수탄고우뇌가 청정하고, 행, 나아가 노사의 수탄고우뇌가 청정한 까닭으로 도성제가 청정하니라. 왜 그러한가? 만약 일체지지가 청정하거나, 만약 행, 나아가 노사의 수탄고우뇌가 청정하거나, 만약 도성제가 청정하다면, 무이이고 둘로 나눌 수 없으며 분별이 없고 단절도 없는 까닭이니라.

선현이여. 일체지지가 청정한 까닭으로 보시바라밀다가 청정하고, 보시바라밀다가 청정한 까닭으로 도성제가 청정하니라. 왜 그러한가? 만약 일체지지가 청정하거나, 만약 보시바라밀다가 청정하거나, 만약 도성제가 청정하다면, 무이이고 둘로 나눌 수 없으며 분별이 없고 단절도 없는 까닭이니라. 일체지지가 청정한 까닭으로 정계·안인·정진·정려·반야바라밀다가 청정하고, 정계, 나아가 반야바라밀다가 청정한 까닭으로 도성제가 청정하니라. 왜 그러한가? 만약 일체지지가 청정하거나, 만약 정계, 나아가 반야바라밀다가 청정하거나, 만약 도성제가 청정하다면, 무이이고 둘로 나눌 수 없으며 분별이 없고 단절도 없는 까닭이니라.

선현이여. 일체지지가 청정한 까닭으로 내공이 청정하고, 내공이 청정한 까닭으로 도성제가 청정하니라. 왜 그러한가? 만약 일체지지가 청정하거나, 만약 내공이 청정하거나, 만약 도성제가 청정하다면, 무이이고 둘로 나눌 수 없으며 분별이 없고 단절도 없는 까닭이니라. 일체지지가 청정한 까닭으로 외공·내외공·공공·대공·승의공·유위공·무위공·필경공·무제공·산공·무변이공·본성공·자상공·공상공·일체법공·불가득공·무성공·자성공·무성자성공이 청정하고, 외공, 나아가 무성자성공이 청정한 까닭으로 도성제가 청정하니라. 왜 그러한가? 만약 일체지지가 청정하거나, 만약 외공, 나아가 무성자성공이 청정하거나, 만약 도성제가 청정하다면, 무이이고 둘로 나눌 수 없으며 분별이 없고 단절도 없는 까닭이니라.

선현이여. 일체지지가 청정한 까닭으로 진여가 청정하고, 진여가 청정한 까닭으로 도성제가 청정하니라. 왜 그러한가? 만약 일체지지가 청정하거나, 만약 진여가 청정하거나, 만약 도성제가 청정하다면, 무이이고 둘로 나눌 수 없으며 분별이 없고 단절도 없는 까닭이니라. 일체지지가 청정한 까닭으로 법계·법성·불허망성·불변이성·평등성·이생성·법정·법주·실제·허공계·부사의계가 청정하고 법계, 나아가 부사의계가 청정한 까닭으로 도성제가 청정하니라. 왜 그러한가? 만약 일체지지가 청정하거나, 만약 법계, 나아가 부사의계가 청정하거나, 만약 도성제가 청정하다면, 무이이고 둘로 나눌 수 없으며 분별이 없고 단절도 없는 까닭이니라.

선현이여. 일체지지가 청정한 까닭으로 고성제가 청정하고, 고성제가 청정한 까닭으로 도성제가 청정하니라. 왜 그러한가? 만약 일체지지가 청정하거나, 만약 고성제가 청정하거나, 만약 도성제가 청정하다면, 무이이고 둘로 나눌 수 없으며 분별이 없고 단절도 없는 까닭이니라. 일체지지가 청정한 까닭으로 집·멸성제가 청정하고, 집·멸성제가 청정한 까닭으로 도성제가 청정하니라. 왜 그러한가? 만약 일체지지가 청정하거나, 만약 집·멸성제가 청정하거나, 만약 도성제가 청정하다면, 무이이고 둘로 나눌 수 없으며 분별이 없고 단절도 없는 까닭이니라.

선현이여. 일체지지가 청정한 까닭으로 4정려가 청정하고, 4정려가 청정한 까닭으로 도성제가 청정하니라. 왜 그러한가? 만약 일체지지가 청정하거나, 만약 4정려가 청정하거나, 만약 도성제가 청정하다면, 무이이고 둘로 나눌 수 없으며 분별이 없고 단절도 없는 까닭이니라. 일체지지가 청정한 까닭으로 4무량·4무색정이 청정하고, 4무량·4무색정이 청정한 까닭으로 도성제가 청정하니라. 왜 그러한가? 만약 일체지지가 청정하거나, 만약 4무량·4무색정이 청정하거나, 만약 도성제가 청정하다면, 무이이고 둘로 나눌 수 없으며 분별이 없고 단절도 없는 까닭이니라.

선현이여. 일체지지가 청정한 까닭으로 8해탈이 청정하고, 8해탈이 청정한 까닭으로 도성제가 청정하니라. 왜 그러한가? 만약 일체지지가 청정하거나, 만약 8해탈이 청정하거나, 만약 도성제가 청정하다면, 무이이고 둘로 나눌 수 없으며 분별이 없고 단절도 없는 까닭이니라. 일체지지가 청정한 까닭으로 8승처·9차제정·10변처가 청정하고, 8승처·9차제정·10변처가 청정한 까닭으로 도성제가 청정하니라. 왜 그러한가? 만약 일체지지가 청정하거나, 만약 8승처·9차제정·10변처가 청정하거나, 만약 도성제가 청정하다면, 무이이고 둘로 나눌 수 없으며 분별이 없고 단절도 없는 까닭이니라.

선현이여. 일체지지가 청정한 까닭으로 4념주가 청정하고, 4념주가 청정한 까닭으로 도성제가 청정하니라. 왜 그러한가? 만약 일체지지가 청정하거나, 만약 4념주가 청정하거나, 만약 도성제가 청정하다면, 무이이고 둘로 나눌 수 없으며 분별이 없고 단절도 없는 까닭이니라. 일체지지가 청정한 까닭으로 4정단·4신족·5근·5력·7등각지·8성도지가 청정하고, 4정단, 나아가 8성도지가 청정한 까닭으로 도성제가 청정하니라. 왜 그러한가? 만약 일체지지가 청정하거나, 만약 4정단, 나아가 8성도지가 청정하거나, 만약 도성제가 청정하다면, 무이이고 둘로 나눌 수 없으며 분별이 없고 단절도 없는 까닭이니라.

선현이여. 일체지지가 청정한 까닭으로 공해탈문이 청정하고, 공해탈문이 청정한 까닭으로 도성제가 청정하니라. 왜 그러한가? 만약 일체지지가 청정하거나, 만약 공해탈문이 청정하거나, 만약 도성제가 청정하다면, 무이이고 둘로 나눌 수 없으며 분별이 없고 단절도 없는 까닭이니라. 일체지지가 청정한 까닭으로 무상·무원해탈문이 청정하고, 무상·무원해탈문이 청정한 까닭으로 도성제가 청정하니라. 왜 그러한가? 만약 일체지지가 청정하거나, 만약 무상·무원해탈문이 청정하거나, 만약 도성제가 청정하다면, 무이이고 둘로 나눌 수 없으며 분별이 없고 단절도 없는 까닭이니라.

선현이여. 일체지지가 청정한 까닭으로 보살의 10지가 청정하고, 보살의 10지가 청정한 까닭으로 도성제가 청정하니라. 왜 그러한가? 만약 일체지지가 청정하거나, 만약 보살의 10지가 청정하거나, 만약 도성제가 청정하다면, 무이이고 둘로 나눌 수 없으며 분별이 없고 단절도 없는 까닭이니라.”

마하반야바라밀다경 제265권

34. 난신해품(難信解品)(84)

"선현이여. 일체지지가 청정한 까닭으로 5안이 청정하고, 5안이 청정한 까닭으로 도성제가 청정하니라. 왜 그러한가? 만약 일체지지가 청정하거나, 만약 5안이 청정하거나, 만약 도성제가 청정하다면, 무이이고 둘로 나눌 수 없으며 분별이 없고 단절도 없는 까닭이니라. 일체지지가 청정한 까닭으로 6신통이 청정하고, 6신통이 청정한 까닭으로 도성제가 청정하니라. 왜 그러한가? 만약 일체지지가 청정하거나, 만약 6신통이 청정하거나, 만약 도성제가 청정하다면, 무이이고 둘로 나눌 수 없으며 분별이 없고 단절도 없는 까닭이니라.

선현이여. 일체지지가 청정한 까닭으로 여래의 10력이 청정하고, 여래의 10력이 청정한 까닭으로 도성제가 청정하니라. 왜 그러한가? 만약 일체지지가 청정하거나, 만약 여래의 10력이 청정하거나, 만약 도성제가 청정하다면, 무이이고 둘로 나눌 수 없으며 분별이 없고 단절도 없는 까닭이니라. 일체지지가 청정한 까닭으로 4무소외·4무애해·대자·대비·대희·대사·18불불공법이 청정하고, 4무소외, 나아가 18불불공법이 청정한 까닭으로 도성제가 청정하니라. 왜 그러한가? 만약 일체지지가 청정하거나, 만약 4무소외, 나아가 18불불공법이 청정하거나, 만약 도성제가 청정하다면, 무이이고 둘로 나눌 수 없으며 분별이 없고 단절도 없는 까닭이니라.

선현이여. 일체지지가 청정한 까닭으로 무망실법이 청정하고, 무망실

법이 청정한 까닭으로 도성제가 청정하니라. 왜 그러한가? 만약 일체지지가 청정하거나, 만약 무망실법이 청정하거나, 만약 도성제가 청정하다면, 무이이고 둘로 나눌 수 없으며 분별이 없고 단절도 없는 까닭이니라. 선현이여. 일체지지가 청정한 까닭으로 항주사성이 청정하고, 항주사성이 청정한 까닭으로 도성제가 청정하니라. 왜 그러한가? 만약 일체지지가 청정하거나, 만약 항주사성이 청정하거나, 만약 도성제가 청정하다면, 무이이고 둘로 나눌 수 없으며 분별이 없고 단절도 없는 까닭이니라.

선현이여. 일체지지가 청정한 까닭으로 일체지가 청정하고, 일체지가 청정한 까닭으로 도성제가 청정하니라. 왜 그러한가? 만약 일체지지가 청정하거나, 만약 일체지가 청정하거나, 만약 도성제가 청정하다면, 무이이고 둘로 나눌 수 없으며 분별이 없고 단절도 없는 까닭이니라. 일체지지가 청정한 까닭으로 도상지·일체상지가 청정하고, 도상지·일체상지가 청정한 까닭으로 도성제가 청정하니라. 왜 그러한가? 만약 일체지지가 청정하거나, 만약 도상지·일체상지가 청정하거나, 만약 도성제가 청정하다면, 무이이고 둘로 나눌 수 없으며 분별이 없고 단절도 없는 까닭이니라.

선현이여. 일체지지가 청정한 까닭으로 일체의 다라니문이 청정하고, 일체의 다라니문이 청정한 까닭으로 도성제가 청정하니라. 왜 그러한가? 만약 일체지지가 청정하거나, 만약 일체의 다라니문이 청정하거나, 만약 도성제가 청정하다면, 무이이고 둘로 나눌 수 없으며 분별이 없고 단절도 없는 까닭이니라. 선현이여. 일체지지가 청정한 까닭으로 일체의 삼마지문이 청정하고, 일체의 삼마지문이 청정한 까닭으로 도성제가 청정하니라. 왜 그러한가? 만약 일체지지가 청정하거나, 만약 일체의 삼마지문이 청정하거나, 만약 도성제가 청정하다면, 무이이고 둘로 나눌 수 없으며 분별이 없고 단절도 없는 까닭이니라.

선현이여. 일체지지가 청정한 까닭으로 예류과가 청정하고, 예류과가 청정한 까닭으로 도성제가 청정하니라. 왜 그러한가? 만약 일체지지가 청정하거나, 만약 예류과가 청정하거나, 만약 도성제가 청정하다면, 무이이고 둘로 나눌 수 없으며 분별이 없고 단절도 없는 까닭이니라. 일체지지가 청정한 까닭으로 일래·불환·아라한과가 청정하고, 일래·불환·아라한과가 청정한 까닭으로 도성제가 청정하니라. 왜 그러한가? 만약 일체지지가 청정하거나, 만약 일래·불환·아라한과가 청정하거나, 만약 도성제가 청정하다면, 무이이고 둘로 나눌 수 없으며 분별이 없고 단절도 없는 까닭이니라.

선현이여. 일체지지가 청정한 까닭으로 독각의 보리가 청정하고, 독각의 보리가 청정한 까닭으로 도성제가 청정하니라. 왜 그러한가? 만약 일체지지가 청정하거나, 만약 독각의 보리가 청정하거나, 만약 도성제가 청정하다면, 무이이고 둘로 나눌 수 없으며 분별이 없고 단절도 없는 까닭이니라.

선현이여. 일체지지가 청정한 까닭으로 일체의 보살마하살의 행이 청정하고, 일체의 보살마하살의 행이 청정한 까닭으로 도성제가 청정하니라. 왜 그러한가? 만약 일체지지가 청정하거나, 만약 일체의 보살마하살의 행이 청정하거나, 만약 도성제가 청정하다면, 무이이고 둘로 나눌 수 없으며 분별이 없고 단절도 없는 까닭이니라.

선현이여. 일체지지가 청정한 까닭으로 제불의 무상정등보리가 청정하고, 제불의 무상정등보리가 청정한 까닭으로 도성제가 청정하니라. 왜 그러한가? 만약 일체지지가 청정하거나, 만약 제불의 무상정등보리가 청정하거나, 만약 도성제가 청정하다면, 무이이고 둘로 나눌 수 없으며 분별이 없고 단절도 없는 까닭이니라."

"다시 다음으로 선현이여. 일체지지가 청정한 까닭으로 색이 청정하고, 색이 청정한 까닭으로 4정려(四靜慮)가 청정하니라. 왜 그러한가? 만약 일체지지가 청정하거나, 만약 색이 청정하거나, 만약 4정려가 청정하다면, 무이이고 둘로 나눌 수 없으며 분별이 없고 단절도 없는 까닭이니라. 일체지지가 청정한 까닭으로 수·상·행·식이 청정하고, 수·상·행·식이 청정한 까닭으로 4정려가 청정하니라. 왜 그러한가? 만약 일체지지가 청정하거나, 만약 수·상·행·식이 청정하거나, 만약 4정려가 청정하다면,

무이이고 둘로 나눌 수 없으며 분별이 없고 단절도 없는 까닭이니라.

선현이여. 일체지지가 청정한 까닭으로 안처가 청정하고, 안처가 청정한 까닭으로 4정려가 청정하니라. 왜 그러한가? 만약 일체지지가 청정하거나, 만약 안처가 청정하거나, 만약 4정려가 청정하다면, 무이이고 둘로 나눌 수 없으며 분별이 없고 단절도 없는 까닭이니라. 일체지지가 청정한 까닭으로 이·비·설·신·의처가 청정하고, 이·비·설·신·의처가 청정한 까닭으로 4정려가 청정하니라. 왜 그러한가? 만약 일체지지가 청정하거나, 만약 이·비·설·신·의처가 청정하거나, 만약 4정려가 청정하다면, 무이이고 둘로 나눌 수 없으며 분별이 없고 단절도 없는 까닭이니라.

선현이여. 일체지지가 청정한 까닭으로 색처가 청정하고, 색처가 청정한 까닭으로 4정려가 청정하니라. 왜 그러한가? 만약 일체지지가 청정하거나, 만약 색처가 청정하거나, 만약 4정려가 청정하다면, 무이이고 둘로 나눌 수 없으며 분별이 없고 단절도 없는 까닭이니라. 일체지지가 청정한 까닭으로 성·향·미·촉·법처가 청정하고, 성·향·미·촉·법처가 청정한 까닭으로 4정려가 청정하니라. 왜 그러한가? 만약 일체지지가 청정하거나, 만약 성·향·미·촉·법처가 청정하거나, 만약 4정려가 청정하다면, 무이이고 둘로 나눌 수 없으며 분별이 없고 단절도 없는 까닭이니라.

선현이여. 일체지지가 청정한 까닭으로 안계가 청정하고, 안계가 청정한 까닭으로 4정려가 청정하니라. 왜 그러한가? 만약 일체지지가 청정하거나, 만약 안계가 청정하거나, 만약 4정려가 청정하다면, 무이이고 둘로 나눌 수 없으며 분별이 없고 단절도 없는 까닭이니라. 일체지지가 청정한 까닭으로 색계·안식계, 나아가 안촉·안촉을 인연으로 생겨난 여러 수가 청정하고, 색계, 나아가 안촉을 인연으로 생겨난 여러 수가 청정한 까닭으로 4정려가 청정하니라. 왜 그러한가? 만약 일체지지가 청정하거나, 만약 색계, 나아가 안촉을 인연으로 생겨난 여러 수가 청정하거나, 만약 4정려가 청정하다면, 무이이고 둘로 나눌 수 없으며 분별이 없고 단절도 없는 까닭이니라.

선현이여. 일체지지가 청정한 까닭으로 이계가 청정하고, 이계가 청정

한 까닭으로 4정려가 청정하니라. 왜 그러한가? 만약 일체지지가 청정하거나, 만약 이계가 청정하거나, 만약 4정려가 청정하다면, 무이이고 둘로 나눌 수 없으며 분별이 없고 단절도 없는 까닭이니라. 일체지지가 청정한 까닭으로 성계·이식계, 나아가 이촉·이촉을 인연으로 생겨난 여러 수가 청정하고, 성계, 나아가 이촉을 인연으로 생겨난 여러 수가 청정한 까닭으로 4정려가 청정하니라. 왜 그러한가? 만약 일체지지가 청정하거나, 만약 성계, 나아가 이촉을 인연으로 생겨난 여러 수가 청정하거나, 만약 4정려가 청정하다면, 무이이고 둘로 나눌 수 없으며 분별이 없고 단절도 없는 까닭이니라.

선현이여. 일체지지가 청정한 까닭으로 비계가 청정하고, 비계가 청정한 까닭으로 4정려가 청정하니라. 왜 그러한가? 만약 일체지지가 청정하거나, 만약 비계가 청정하거나, 만약 4정려가 청정하다면, 무이이고 둘로 나눌 수 없으며 분별이 없고 단절도 없는 까닭이니라. 일체지지가 청정한 까닭으로 향계·비식계, 나아가 비촉·비촉을 인연으로 생겨난 여러 수가 청정하고, 향계, 나아가 비촉을 인연으로 생겨난 여러 수가 청정한 까닭으로 4정려가 청정하니라. 왜 그러한가? 만약 일체지지가 청정하거나, 만약 향계, 나아가 비촉을 인연으로 생겨난 여러 수가 청정하거나, 만약 4정려가 청정하다면, 무이이고 둘로 나눌 수 없으며 분별이 없고 단절도 없는 까닭이니라.

선현이여. 일체지지가 청정한 까닭으로 설계가 청정하고, 설계가 청정한 까닭으로 4정려가 청정하니라. 왜 그러한가? 만약 일체지지가 청정하거나, 만약 설계가 청정하거나, 만약 4정려가 청정하다면, 무이이고 둘로 나눌 수 없으며 분별이 없고 단절도 없는 까닭이니라. 일체지지가 청정한 까닭으로 미계·설식계, 나아가 설촉·설촉을 인연으로 생겨난 여러 수가 청정하고, 미계, 나아가 설촉을 인연으로 생겨난 여러 수가 청정한 까닭으로 4정려가 청정하니라. 왜 그러한가? 만약 일체지지가 청정하거나, 만약 미계, 나아가 설촉을 인연으로 생겨난 여러 수가 청정하거나, 만약 4정려가 청정하다면, 무이이고 둘로 나눌 수 없으며 분별이 없고 단절도

없는 까닭이니라.

선현이여. 일체지지가 청정한 까닭으로 신계가 청정하고, 신계가 청정한 까닭으로 4정려가 청정하니라. 왜 그러한가? 만약 일체지지가 청정하거나, 만약 신계가 청정하거나, 만약 4정려가 청정하다면, 무이이고 둘로 나눌 수 없으며 분별이 없고 단절도 없는 까닭이니라. 일체지지가 청정한 까닭으로 촉계·신식계, 나아가 신촉·신촉을 인연으로 생겨난 여러 수가 청정하고, 촉계, 나아가 신촉을 인연으로 생겨난 여러 수가 청정한 까닭으로 4정려가 청정하니라. 왜 그러한가? 만약 일체지지가 청정하거나, 만약 촉계, 나아가 신촉을 인연으로 생겨난 여러 수가 청정하거나, 만약 4정려가 청정하다면, 무이이고 둘로 나눌 수 없으며 분별이 없고 단절도 없는 까닭이니라.

선현이여. 일체지지가 청정한 까닭으로 의계가 청정하고, 의계가 청정한 까닭으로 4정려가 청정하니라. 왜 그러한가? 만약 일체지지가 청정하거나, 만약 의계가 청정하거나, 만약 4정려가 청정하다면, 무이이고 둘로 나눌 수 없으며 분별이 없고 단절도 없는 까닭이니라. 일체지지가 청정한 까닭으로 법계·의식계, 나아가 의촉·의촉을 인연으로 생겨난 여러 수가 청정하고, 법계, 나아가 의촉을 인연으로 생겨난 여러 수가 청정한 까닭으로 4정려가 청정하니라. 왜 그러한가? 만약 일체지지가 청정하거나, 만약 법계, 나아가 의촉을 인연으로 생겨난 여러 수가 청정하거나, 만약 4정려가 청정하다면, 무이이고 둘로 나눌 수 없으며 분별이 없고 단절도 없는 까닭이니라.

선현이여. 일체지지가 청정한 까닭으로 지계가 청정하고, 지계가 청정한 까닭으로 4정려가 청정하니라. 왜 그러한가? 만약 일체지지가 청정하거나, 만약 지계가 청정하거나, 만약 4정려가 청정하다면, 무이이고 둘로 나눌 수 없으며 분별이 없고 단절도 없는 까닭이니라. 일체지지가 청정한 까닭으로 수·화·풍·공·식계가 청정하고, 수·화·풍·공·식계가 청정한 까닭으로 4정려가 청정하니라. 왜 그러한가? 만약 일체지지가 청정하거나, 만약 수·화·풍·공·식계가 청정하거나, 만약 4정려가 청정하다면, 무이이

고 둘로 나눌 수 없으며 분별이 없고 단절도 없는 까닭이니라.

선현이여. 일체지지가 청정한 까닭으로 무명이 청정하고, 무명이 청정한 까닭으로 4정려가 청정하니라. 왜 그러한가? 만약 일체지지가 청정하거나, 만약 무명이 청정하거나, 만약 4정려가 청정하다면, 무이이고 둘로 나눌 수 없으며 분별이 없고 단절도 없는 까닭이니라. 일체지지가 청정한 까닭으로 행·식·명색·육처·촉·수·애·취·유·생·노사의 수탄고우뇌가 청정하고, 행, 나아가 노사의 수탄고우뇌가 청정한 까닭으로 4정려가 청정하니라. 왜 그러한가? 만약 일체지지가 청정하거나, 만약 행, 나아가 노사의 수탄고우뇌가 청정하거나, 만약 4정려가 청정하다면, 무이이고 둘로 나눌 수 없으며 분별이 없고 단절도 없는 까닭이니라.

선현이여. 일체지지가 청정한 까닭으로 보시바라밀다가 청정하고, 보시바라밀다가 청정한 까닭으로 4정려가 청정하니라. 왜 그러한가? 만약 일체지지가 청정하거나, 만약 보시바라밀다가 청정하거나, 만약 4정려가 청정하다면, 무이이고 둘로 나눌 수 없으며 분별이 없고 단절도 없는 까닭이니라. 일체지지가 청정한 까닭으로 정계·안인·정진·정려·반야바라밀다가 청정하고, 정계, 나아가 반야바라밀다가 청정한 까닭으로 4정려가 청정하니라. 왜 그러한가? 만약 일체지지가 청정하거나, 만약 정계, 나아가 반야바라밀다가 청정하거나, 만약 4정려가 청정하다면, 무이이고 둘로 나눌 수 없으며 분별이 없고 단절도 없는 까닭이니라.

선현이여. 일체지지가 청정한 까닭으로 내공이 청정하고, 내공이 청정한 까닭으로 4정려가 청정하니라. 왜 그러한가? 만약 일체지지가 청정하거나, 만약 내공이 청정하거나, 만약 4정려가 청정하다면, 무이이고 둘로 나눌 수 없으며 분별이 없고 단절도 없는 까닭이니라. 일체지지가 청정한 까닭으로 외공·내외공·공공·대공·승의공·유위공·무위공·필경공·무제공·산공·무변이공·본성공·자상공·공상공·일체법공·불가득공·무성공·자성공·무성자성공이 청정하고, 외공, 나아가 무성자성공이 청정한 까닭으로 4정려가 청정하니라. 왜 그러한가? 만약 일체지지가 청정하거나, 만약 외공, 나아가 무성자성공이 청정하거나, 만약 4정려가 청정하다면,

무이이고 둘로 나눌 수 없으며 분별이 없고 단절도 없는 까닭이니라.

선현이여. 일체지지가 청정한 까닭으로 진여가 청정하고, 진여가 청정한 까닭으로 4정려가 청정하니라. 왜 그러한가? 만약 일체지지가 청정하거나, 만약 진여가 청정하거나, 만약 4정려가 청정하다면, 무이이고 둘로 나눌 수 없으며 분별이 없고 단절도 없는 까닭이니라. 일체지지가 청정한 까닭으로 법계·법성·불허망성·불변이성·평등성·이생성·법정·법주·실제·허공계·부사의계가 청정하고 법계, 나아가 부사의계가 청정한 까닭으로 4정려가 청정하니라. 왜 그러한가? 만약 일체지지가 청정하거나, 만약 법계, 나아가 부사의계가 청정하거나, 만약 4정려가 청정하다면, 무이이고 둘로 나눌 수 없으며 분별이 없고 단절도 없는 까닭이니라.

선현이여. 일체지지가 청정한 까닭으로 고성제가 청정하고, 고성제가 청정한 까닭으로 4정려가 청정하니라. 왜 그러한가? 만약 일체지지가 청정하거나, 만약 고성제가 청정하거나, 만약 4정려가 청정하다면, 무이이고 둘로 나눌 수 없으며 분별이 없고 단절도 없는 까닭이니라. 일체지지가 청정한 까닭으로 집·멸·도성제가 청정하고, 집·멸·도성제가 청정한 까닭으로 4정려가 청정하니라. 왜 그러한가? 만약 일체지지가 청정하거나, 만약 집·멸·도성제가 청정하거나, 만약 4정려가 청정하다면, 무이이고 둘로 나눌 수 없으며 분별이 없고 단절도 없는 까닭이니라.

선현이여. 일체지지가 청정한 까닭으로 4무량이 청정하고, 4무량이 청정한 까닭으로 4정려가 청정하니라. 왜 그러한가? 만약 일체지지가 청정하거나, 만약 4무량이 청정하거나, 만약 4정려가 청정하다면, 무이이고 둘로 나눌 수 없으며 분별이 없고 단절도 없는 까닭이니라. 일체지지가 청정한 까닭으로 4무색정이 청정하고, 4무색정이 청정한 까닭으로 4정려가 청정하니라. 왜 그러한가? 만약 일체지지가 청정하거나, 만약 4무색정이 청정하거나, 만약 멸성제가 청정하다면, 무이이고 둘로 나눌 수 없으며 분별이 없고 단절도 없는 까닭이니라.

선현이여. 일체지지가 청정한 까닭으로 8해탈이 청정하고, 8해탈이 청정한 까닭으로 4정려가 청정하니라. 왜 그러한가? 만약 일체지지가 청정하거나, 만약 8해탈이 청정하거나, 만약 4정려가 청정하다면, 무이이고 둘로 나눌 수 없으며 분별이 없고 단절도 없는 까닭이니라. 일체지지가 청정한 까닭으로 8승처·9차제정·10변처가 청정하고, 8승처·9차제정·10변처가 청정한 까닭으로 4정려가 청정하니라. 왜 그러한가? 만약 일체지지가 청정하거나, 만약 8승처·9차제정·10변처가 청정하거나, 만약 4정려가 청정하다면, 무이이고 둘로 나눌 수 없으며 분별이 없고 단절도 없는 까닭이니라.

선현이여. 일체지지가 청정한 까닭으로 4념주가 청정하고, 4념주가 청정한 까닭으로 4정려가 청정하니라. 왜 그러한가? 만약 일체지지가 청정하거나, 만약 4념주가 청정하거나, 만약 4정려가 청정하다면, 무이이고 둘로 나눌 수 없으며 분별이 없고 단절도 없는 까닭이니라. 일체지지가 청정한 까닭으로 4정단·4신족·5근·5력·7등각지·8성도지가 청정하고, 4정단, 나아가 8성도지가 청정한 까닭으로 4정려가 청정하니라. 왜 그러한가? 만약 일체지지가 청정하거나, 만약 4정단, 나아가 8성도지가 청정하거나, 만약 4정려가 청정하다면, 무이이고 둘로 나눌 수 없으며 분별이 없고 단절도 없는 까닭이니라.

선현이여. 일체지지가 청정한 까닭으로 공해탈문이 청정하고, 공해탈문이 청정한 까닭으로 4정려가 청정하니라. 왜 그러한가? 만약 일체지지가 청정하거나, 만약 공해탈문이 청정하거나, 만약 4정려가 청정하다면, 무이이고 둘로 나눌 수 없으며 분별이 없고 단절도 없는 까닭이니라. 일체지지가 청정한 까닭으로 무상·무원해탈문이 청정하고, 무상·무원해탈문이 청정한 까닭으로 4정려가 청정하니라. 왜 그러한가? 만약 일체지지가 청정하거나, 만약 무상·무원해탈문이 청정하거나, 만약 4정려가 청정하다면, 무이이고 둘로 나눌 수 없으며 분별이 없고 단절도 없는 까닭이니라.

선현이여. 일체지지가 청정한 까닭으로 보살의 10지가 청정하고, 보살의 10지가 청정한 까닭으로 4정려가 청정하니라. 왜 그러한가? 만약 일체지지가 청정하거나, 만약 보살의 10지가 청정하거나, 만약 4정려가

청정하다면, 무이이고 둘로 나눌 수 없으며 분별이 없고 단절도 없는 까닭이니라.

선현이여. 일체지지가 청정한 까닭으로 5안이 청정하고, 5안이 청정한 까닭으로 4정려가 청정하니라. 왜 그러한가? 만약 일체지지가 청정하거나, 만약 5안이 청정하거나, 만약 4정려가 청정하다면, 무이이고 둘로 나눌 수 없으며 분별이 없고 단절도 없는 까닭이니라. 일체지지가 청정한 까닭으로 6신통이 청정하고, 6신통이 청정한 까닭으로 4정려가 청정하니라. 왜 그러한가? 만약 일체지지가 청정하거나, 만약 6신통이 청정하거나, 만약 4정려가 청정하다면, 무이이고 둘로 나눌 수 없으며 분별이 없고 단절도 없는 까닭이니라.

선현이여. 일체지지가 청정한 까닭으로 여래의 10력이 청정하고, 여래의 10력이 청정한 까닭으로 4정려가 청정하니라. 왜 그러한가? 만약 일체지지가 청정하거나, 만약 여래의 10력이 청정하거나, 만약 4정려가 청정하다면, 무이이고 둘로 나눌 수 없으며 분별이 없고 단절도 없는 까닭이니라. 일체지지가 청정한 까닭으로 4무소외·4무애해·대자·대비·대희·대사·18불불공법이 청정하고, 4무소외, 나아가 18불불공법이 청정한 까닭으로 4정려가 청정하니라. 왜 그러한가? 만약 일체지지가 청정하거나, 만약 4무소외, 나아가 18불불공법이 청정하거나, 만약 4정려가 청정하다면, 무이이고 둘로 나눌 수 없으며 분별이 없고 단절도 없는 까닭이니라.

선현이여. 일체지지가 청정한 까닭으로 무망실법이 청정하고, 무망실법이 청정한 까닭으로 4정려가 청정하니라. 왜 그러한가? 만약 일체지지가 청정하거나, 만약 무망실법이 청정하거나, 만약 4정려가 청정하다면, 무이이고 둘로 나눌 수 없으며 분별이 없고 단절도 없는 까닭이니라. 선현이여. 일체지지가 청정한 까닭으로 항주사성이 청정하고, 항주사성이 청정한 까닭으로 4정려가 청정하니라. 왜 그러한가? 만약 일체지지가 청정하거나, 만약 항주사성이 청정하거나, 만약 4정려가 청정하다면, 무이이고 둘로 나눌 수 없으며 분별이 없고 단절도 없는 까닭이니라.

선현이여. 일체지지가 청정한 까닭으로 일체지가 청정하고, 일체지가 청정한 까닭으로 4정려가 청정하니라. 왜 그러한가? 만약 일체지지가 청정하거나, 만약 일체지가 청정하거나, 만약 4정려가 청정하다면, 무이이고 둘로 나눌 수 없으며 분별이 없고 단절도 없는 까닭이니라. 일체지지가 청정한 까닭으로 도상지·일체상지가 청정하고, 도상지·일체상지가 청정한 까닭으로 4정려가 청정하니라. 왜 그러한가? 만약 일체지지가 청정하거나, 만약 도상지·일체상지가 청정하거나, 만약 4정려가 청정하다면, 무이이고 둘로 나눌 수 없으며 분별이 없고 단절도 없는 까닭이니라.

선현이여. 일체지지가 청정한 까닭으로 일체의 다라니문이 청정하고, 일체의 다라니문이 청정한 까닭으로 4정려가 청정하니라. 왜 그러한가? 만약 일체지지가 청정하거나, 만약 일체의 다라니문이 청정하거나, 만약 4정려가 청정하다면, 무이이고 둘로 나눌 수 없으며 분별이 없고 단절도 없는 까닭이니라. 선현이여. 일체지지가 청정한 까닭으로 일체의 삼마지문이 청정하고, 일체의 삼마지문이 청정한 까닭으로 4정려가 청정하니라. 왜 그러한가? 만약 일체지지가 청정하거나, 만약 일체의 삼마지문이 청정하거나, 만약 4정려가 청정하다면, 무이이고 둘로 나눌 수 없으며 분별이 없고 단절도 없는 까닭이니라.

선현이여. 일체지지가 청정한 까닭으로 예류과가 청정하고, 예류과가 청정한 까닭으로 4정려가 청정하니라. 왜 그러한가? 만약 일체지지가 청정하거나, 만약 예류과가 청정하거나, 만약 4정려가 청정하다면, 무이이고 둘로 나눌 수 없으며 분별이 없고 단절도 없는 까닭이니라. 일체지지가 청정한 까닭으로 일래·불환·아라한과가 청정하고, 일래·불환·아라한과가 청정한 까닭으로 4정려가 청정하니라. 왜 그러한가? 만약 일체지지가 청정하거나, 만약 일래·불환·아라한과가 청정하거나, 만약 4정려가 청정하다면, 무이이고 둘로 나눌 수 없으며 분별이 없고 단절도 없는 까닭이니라.

선현이여. 일체지지가 청정한 까닭으로 독각의 보리가 청정하고, 독각의 보리가 청정한 까닭으로 4정려가 청정하니라. 왜 그러한가? 만약 일체지지가 청정하거나, 만약 독각의 보리가 청정하거나, 만약 4정려가 청정하다면, 무이이고 둘로 나눌 수 없으며 분별이 없고 단절도 없는 까닭이니라.

선현이여. 일체지지가 청정한 까닭으로 일체의 보살마하살의 행이 청정하고, 일체의 보살마하살의 행이 청정한 까닭으로 4정려가 청정하니라. 왜 그러한가? 만약 일체지지가 청정하거나, 만약 일체의 보살마하살의 행이 청정하거나, 만약 4정려가 청정하다면, 무이이고 둘로 나눌 수 없으며 분별이 없고 단절도 없는 까닭이니라.

선현이여. 일체지지가 청정한 까닭으로 제불의 무상정등보리가 청정하고, 제불의 무상정등보리가 청정한 까닭으로 4정려가 청정하니라. 왜 그러한가? 만약 일체지지가 청정하거나, 만약 제불의 무상정등보리가 청정하거나, 만약 4정려가 청정하다면, 무이이고 둘로 나눌 수 없으며 분별이 없고 단절도 없는 까닭이니라."

"다시 다음으로 선현이여. 일체지지가 청정한 까닭으로 색이 청정하고, 색이 청정한 까닭으로 4무량(四無量)이 청정하니라. 왜 그러한가? 만약 일체지지가 청정하거나, 만약 색이 청정하거나, 만약 4무량이 청정하다면, 무이이고 둘로 나눌 수 없으며 분별이 없고 단절도 없는 까닭이니라. 일체지지가 청정한 까닭으로 수·상·행·식이 청정하고, 수·상·행·식이 청정한 까닭으로 4무량이 청정하니라. 왜 그러한가? 만약 일체지지가 청정하거나, 만약 수·상·행·식이 청정하거나, 만약 4무량이 청정하다면, 무이이고 둘로 나눌 수 없으며 분별이 없고 단절도 없는 까닭이니라.

선현이여. 일체지지가 청정한 까닭으로 안처가 청정하고, 안처가 청정한 까닭으로 4무량이 청정하니라. 왜 그러한가? 만약 일체지지가 청정하거나, 만약 안처가 청정하거나, 만약 4무량이 청정하다면, 무이이고 둘로 나눌 수 없으며 분별이 없고 단절도 없는 까닭이니라. 일체지지가 청정한 까닭으로 이·비·설·신·의처가 청정하고, 이·비·설·신·의처가 청정한 까닭으로 4무량이 청정하니라. 왜 그러한가? 만약 일체지지가 청정하거나,

만약 이·비·설·신·의처가 청정하거나, 만약 4무량이 청정하다면, 무이이고 둘로 나눌 수 없으며 분별이 없고 단절도 없는 까닭이니라.

선현이여. 일체지지가 청정한 까닭으로 색처가 청정하고, 색처가 청정한 까닭으로 4무량이 청정하니라. 왜 그러한가? 만약 일체지지가 청정하거나, 만약 색처가 청정하거나, 만약 4무량이 청정하다면, 무이이고 둘로 나눌 수 없으며 분별이 없고 단절도 없는 까닭이니라. 일체지지가 청정한 까닭으로 성·향·미·촉·법처가 청정하고, 성·향·미·촉·법처가 청정한 까닭으로 4무량이 청정하니라. 왜 그러한가? 만약 일체지지가 청정하거나, 만약 성·향·미·촉·법처가 청정하거나, 만약 4무량이 청정하다면, 무이이고 둘로 나눌 수 없으며 분별이 없고 단절도 없는 까닭이니라.

선현이여. 일체지지가 청정한 까닭으로 안계가 청정하고, 안계가 청정한 까닭으로 4무량이 청정하니라. 왜 그러한가? 만약 일체지지가 청정하거나, 만약 안계가 청정하거나, 만약 4무량이 청정하다면, 무이이고 둘로 나눌 수 없으며 분별이 없고 단절도 없는 까닭이니라. 일체지지가 청정한 까닭으로 색계·안식계, 나아가 안촉·안촉을 인연으로 생겨난 여러 수가 청정하고, 색계, 나아가 안촉을 인연으로 생겨난 여러 수가 청정한 까닭으로 4무량이 청정하니라. 왜 그러한가? 만약 일체지지가 청정하거나, 만약 색계, 나아가 안촉을 인연으로 생겨난 여러 수가 청정하거나, 만약 4무량이 청정하다면, 무이이고 둘로 나눌 수 없으며 분별이 없고 단절도 없는 까닭이니라.

선현이여. 일체지지가 청정한 까닭으로 이계가 청정하고, 이계가 청정한 까닭으로 4무량이 청정하니라. 왜 그러한가? 만약 일체지지가 청정하거나, 만약 이계가 청정하거나, 만약 4무량이 청정하다면, 무이이고 둘로 나눌 수 없으며 분별이 없고 단절도 없는 까닭이니라. 일체지지가 청정한 까닭으로 성계·이식계, 나아가 이촉·이촉을 인연으로 생겨난 여러 수가 청정하고, 성계, 나아가 이촉을 인연으로 생겨난 여러 수가 청정한 까닭으로 4무량이 청정하니라. 왜 그러한가? 만약 일체지지가 청정하거나, 만약 성계, 나아가 이촉을 인연으로 생겨난 여러 수가 청정하거나, 만약

4무량이 청정하다면, 무이이고 둘로 나눌 수 없으며 분별이 없고 단절도 없는 까닭이니라.

선현이여. 일체지지가 청정한 까닭으로 비계가 청정하고, 비계가 청정한 까닭으로 4무량이 청정하니라. 왜 그러한가? 만약 일체지지가 청정하거나, 만약 비계가 청정하거나, 만약 4무량이 청정하다면, 무이이고 둘로 나눌 수 없으며 분별이 없고 단절도 없는 까닭이니라. 일체지지가 청정한 까닭으로 향계·비식계, 나아가 비촉·비촉을 인연으로 생겨난 여러 수가 청정하고, 향계, 나아가 비촉을 인연으로 생겨난 여러 수가 청정한 까닭으로 4무량이 청정하니라. 왜 그러한가? 만약 일체지지가 청정하거나, 만약 향계, 나아가 비촉을 인연으로 생겨난 여러 수가 청정하거나, 만약 4무량이 청정하다면, 무이이고 둘로 나눌 수 없으며 분별이 없고 단절도 없는 까닭이니라.

선현이여. 일체지지가 청정한 까닭으로 설계가 청정하고, 설계가 청정한 까닭으로 4무량이 청정하니라. 왜 그러한가? 만약 일체지지가 청정하거나, 만약 설계가 청정하거나, 만약 4무량이 청정하다면, 무이이고 둘로 나눌 수 없으며 분별이 없고 단절도 없는 까닭이니라. 일체지지가 청정한 까닭으로 미계·설식계, 나아가 설촉·설촉을 인연으로 생겨난 여러 수가 청정하고, 미계, 나아가 설촉을 인연으로 생겨난 여러 수가 청정한 까닭으로 4무량이 청정하니라. 왜 그러한가? 만약 일체지지가 청정하거나, 만약 미계, 나아가 설촉을 인연으로 생겨난 여러 수가 청정하거나, 만약 4무량이 청정하다면, 무이이고 둘로 나눌 수 없으며 분별이 없고 단절도 없는 까닭이니라.

선현이여. 일체지지가 청정한 까닭으로 신계가 청정하고, 신계가 청정한 까닭으로 4무량이 청정하니라. 왜 그러한가? 만약 일체지지가 청정하거나, 만약 신계가 청정하거나, 만약 4무량이 청정하다면, 무이이고 둘로 나눌 수 없으며 분별이 없고 단절도 없는 까닭이니라. 일체지지가 청정한 까닭으로 촉계·신식계, 나아가 신촉·신촉을 인연으로 생겨난 여러 수가 청정하고, 촉계, 나아가 신촉을 인연으로 생겨난 여러 수가 청정한 까닭으로 4무량이 청정하니라. 왜 그러한가? 만약 일체지지가 청정하거나, 만약 촉계, 나아가 신촉을 인연으로 생겨난 여러 수가 청정하거나, 만약 4무량이 청정하다면, 무이이고 둘로 나눌 수 없으며 분별이 없고 단절도 없는 까닭이니라.

선현이여. 일체지지가 청정한 까닭으로 의계가 청정하고, 의계가 청정한 까닭으로 4무량이 청정하니라. 왜 그러한가? 만약 일체지지가 청정하거나, 만약 의계가 청정하거나, 만약 4무량이 청정하다면, 무이이고 둘로 나눌 수 없으며 분별이 없고 단절도 없는 까닭이니라. 일체지지가 청정한 까닭으로 법계·의식계, 나아가 의촉·의촉을 인연으로 생겨난 여러 수가 청정하고, 법계, 나아가 의촉을 인연으로 생겨난 여러 수가 청정한 까닭으로 4무량이 청정하니라. 왜 그러한가? 만약 일체지지가 청정하거나, 만약 법계, 나아가 의촉을 인연으로 생겨난 여러 수가 청정하거나, 만약 4무량이 청정하다면, 무이이고 둘로 나눌 수 없으며 분별이 없고 단절도 없는 까닭이니라.

선현이여. 일체지지가 청정한 까닭으로 지계가 청정하고, 지계가 청정한 까닭으로 4무량이 청정하니라. 왜 그러한가? 만약 일체지지가 청정하거나, 만약 지계가 청정하거나, 만약 4무량이 청정하다면, 무이이고 둘로 나눌 수 없으며 분별이 없고 단절도 없는 까닭이니라. 일체지지가 청정한 까닭으로 수·화·풍·공·식계가 청정하고, 수·화·풍·공·식계가 청정한 까닭으로 4무량이 청정하니라. 왜 그러한가? 만약 일체지지가 청정하거나, 만약 수·화·풍·공·식계가 청정하거나, 만약 4무량이 청정하다면, 무이이고 둘로 나눌 수 없으며 분별이 없고 단절도 없는 까닭이니라.

선현이여. 일체지지가 청정한 까닭으로 무명이 청정하고, 무명이 청정한 까닭으로 4무량이 청정하니라. 왜 그러한가? 만약 일체지지가 청정하거나, 만약 무명이 청정하거나, 만약 4무량이 청정하다면, 무이이고 둘로 나눌 수 없으며 분별이 없고 단절도 없는 까닭이니라. 일체지지가 청정한 까닭으로 행·식·명색·육처·촉·수·애·취·유·생·노사의 수탄고우뇌가 청정하고, 행, 나아가 노사의 수탄고우뇌가 청정한 까닭으로 4무량이 청정하니라. 왜 그러한가? 만약 일체지지가 청정하거나, 만약 행, 나아가 노사의 수탄고우뇌가 청정하거나, 만약 4무량이 청정하다면, 무이이고 둘로 나눌 수 없으며 분별이 없고 단절도 없는 까닭이니라.

선현이여. 일체지지가 청정한 까닭으로 보시바라밀다가 청정하고, 보시바라밀다가 청정한 까닭으로 4무량이 청정하니라. 왜 그러한가? 만약 일체지지가 청정하거나, 만약 보시바라밀다가 청정하거나, 만약 4무량이 청정하다면, 무이이고 둘로 나눌 수 없으며 분별이 없고 단절도 없는 까닭이니라. 일체지지가 청정한 까닭으로 정계·안인·정진·정려·반야바라밀다가 청정하고, 정계, 나아가 반야바라밀다가 청정한 까닭으로 4무량이 청정하니라. 왜 그러한가? 만약 일체지지가 청정하거나, 만약 정계, 나아가 반야바라밀다가 청정하거나, 만약 4무량이 청정하다면, 무이이고 둘로 나눌 수 없으며 분별이 없고 단절도 없는 까닭이니라.

선현이여. 일체지지가 청정한 까닭으로 내공이 청정하고, 내공이 청정한 까닭으로 4무량이 청정하니라. 왜 그러한가? 만약 일체지지가 청정하거나, 만약 내공이 청정하거나, 만약 4무량이 청정하다면, 무이이고 둘로 나눌 수 없으며 분별이 없고 단절도 없는 까닭이니라. 일체지지가 청정한 까닭으로 외공·내외공·공공·대공·승의공·유위공·무위공·필경공·무제공·산공·무변이공·본성공·자상공·공상공·일체법공·불가득공·무성공·자성공·무성자성공이 청정하고, 외공, 나아가 무성자성공이 청정한 까닭으로 4무량이 청정하니라. 왜 그러한가? 만약 일체지지가 청정하거나, 만약 외공, 나아가 무성자성공이 청정하거나, 만약 4무량이 청정하다면, 무이이고 둘로 나눌 수 없으며 분별이 없고 단절도 없는 까닭이니라.

선현이여. 일체지지가 청정한 까닭으로 진여가 청정하고, 진여가 청정한 까닭으로 4무량이 청정하니라. 왜 그러한가? 만약 일체지지가 청정하거나, 만약 진여가 청정하거나, 만약 4무량이 청정하다면, 무이이고 둘로 나눌 수 없으며 분별이 없고 단절도 없는 까닭이니라. 일체지지가 청정한 까닭으로 법계·법성·불허망성·불변이성·평등성·이생성·법정·법주·실제·허공계·부사의계가 청정하고 법계, 나아가 부사의계가 청정한 까닭으로 4무량이 청정하니라. 왜 그러한가? 만약 일체지지가 청정하거나, 만약 법계, 나아가 부사의계가 청정하거나, 만약 4무량이 청정하다면, 무이이고 둘로 나눌 수 없으며 분별이 없고 단절도 없는 까닭이니라.

선현이여. 일체지지가 청정한 까닭으로 고성제가 청정하고, 고성제가 청정한 까닭으로 4무량이 청정하니라. 왜 그러한가? 만약 일체지지가 청정하거나, 만약 고성제가 청정하거나, 만약 4무량이 청정하다면, 무이이고 둘로 나눌 수 없으며 분별이 없고 단절도 없는 까닭이니라. 일체지지가 청정한 까닭으로 집·멸·도성제가 청정하고, 집·멸·도성제가 청정한 까닭으로 4무량이 청정하니라. 왜 그러한가? 만약 일체지지가 청정하거나, 만약 집·멸·도성제가 청정하거나, 만약 4무량이 청정하다면, 무이이고 둘로 나눌 수 없으며 분별이 없고 단절도 없는 까닭이니라.

선현이여. 일체지지가 청정한 까닭으로 4정려가 청정하고, 4정려가 청정한 까닭으로 4무량이 청정하니라. 왜 그러한가? 만약 일체지지가 청정하거나, 만약 4정려가 청정하거나, 만약 4무량이 청정하다면, 무이이고 둘로 나눌 수 없으며 분별이 없고 단절도 없는 까닭이니라. 일체지지가 청정한 까닭으로 4무색정이 청정하고, 4무색정이 청정한 까닭으로 4무량이 청정하니라. 왜 그러한가? 만약 일체지지가 청정하거나, 만약 4무색정이 청정하거나, 만약 4무량이 청정하다면, 무이이고 둘로 나눌 수 없으며 분별이 없고 단절도 없는 까닭이니라.

선현이여. 일체지지가 청정한 까닭으로 8해탈이 청정하고, 8해탈이 청정한 까닭으로 4무량이 청정하니라. 왜 그러한가? 만약 일체지지가 청정하거나, 만약 8해탈이 청정하거나, 만약 4무량이 청정하다면, 무이이고 둘로 나눌 수 없으며 분별이 없고 단절도 없는 까닭이니라. 일체지지가 청정한 까닭으로 8승처·9차제정·10변처가 청정하고, 8승처·9차제정·10변처가 청정한 까닭으로 4무량이 청정하니라. 왜 그러한가? 만약 일체지지가 청정하거나, 만약 8승처·9차제정·10변처가 청정하거나, 만약 4무량이 청정하다면, 무이이고 둘로 나눌 수 없으며 분별이 없고 단절도 없는 까닭이니라.

선현이여. 일체지지가 청정한 까닭으로 4념주가 청정하고, 4념주가 청정한 까닭으로 4무량이 청정하니라. 왜 그러한가? 만약 일체지지가 청정하거나, 만약 4념주가 청정하거나, 만약 4무량이 청정하다면, 무이이고 둘로 나눌 수 없으며 분별이 없고 단절도 없는 까닭이니라. 일체지지가 청정한 까닭으로 4정단·4신족·5근·5력·7등각지·8성도지가 청정하고, 4정단, 나아가 8성도지가 청정한 까닭으로 4무량이 청정하니라. 왜 그러한가? 만약 일체지지가 청정하거나, 만약 4정단, 나아가 8성도지가 청정하거나, 만약 4무량이 청정하다면, 무이이고 둘로 나눌 수 없으며 분별이 없고 단절도 없는 까닭이니라.

선현이여. 일체지지가 청정한 까닭으로 공해탈문이 청정하고, 공해탈문이 청정한 까닭으로 4무량이 청정하니라. 왜 그러한가? 만약 일체지지가 청정하거나, 만약 공해탈문이 청정하거나, 만약 4무량이 청정하다면, 무이이고 둘로 나눌 수 없으며 분별이 없고 단절도 없는 까닭이니라. 일체지지가 청정한 까닭으로 무상·무원해탈문이 청정하고, 무상·무원해탈문이 청정한 까닭으로 4무량이 청정하니라. 왜 그러한가? 만약 일체지지가 청정하거나, 만약 무상·무원해탈문이 청정하거나, 만약 4무량이 청정하다면, 무이이고 둘로 나눌 수 없으며 분별이 없고 단절도 없는 까닭이니라.

선현이여. 일체지지가 청정한 까닭으로 보살의 10지가 청정하고, 보살의 10지가 청정한 까닭으로 4무량이 청정하니라. 왜 그러한가? 만약 일체지지가 청정하거나, 만약 보살의 10지가 청정하거나, 만약 4무량이 청정하다면, 무이이고 둘로 나눌 수 없으며 분별이 없고 단절도 없는 까닭이니라."

마하반야바라밀다경 제266권

34. 난신해품(難信解品)(85)

"선현이여. 일체지지가 청정한 까닭으로 5안이 청정하고, 5안이 청정한 까닭으로 4무량이 청정하니라. 왜 그러한가? 만약 일체지지가 청정하거나, 만약 5안이 청정하거나, 만약 4무량이 청정하다면, 무이이고 둘로 나눌 수 없으며 분별이 없고 단절도 없는 까닭이니라. 일체지지가 청정한 까닭으로 6신통이 청정하고, 6신통이 청정한 까닭으로 4무량이 청정하니라. 왜 그러한가? 만약 일체지지가 청정하거나, 만약 6신통이 청정하거나, 만약 4무량이 청정하다면, 무이이고 둘로 나눌 수 없으며 분별이 없고 단절도 없는 까닭이니라.

선현이여. 일체지지가 청정한 까닭으로 여래의 10력이 청정하고, 여래의 10력이 청정한 까닭으로 4무량이 청정하니라. 왜 그러한가? 만약 일체지지가 청정하거나, 만약 여래의 10력이 청정하거나, 만약 4무량이 청정하다면, 무이이고 둘로 나눌 수 없으며 분별이 없고 단절도 없는 까닭이니라. 일체지지가 청정한 까닭으로 4무소외·4무애해·대자·대비·대희·대사·18불불공법이 청정하고, 4무소외, 나아가 18불불공법이 청정한 까닭으로 4무량이 청정하니라. 왜 그러한가? 만약 일체지지가 청정하거나, 만약 4무소외, 나아가 18불불공법이 청정하거나, 만약 4무량이 청정하다면, 무이이고 둘로 나눌 수 없으며 분별이 없고 단절도 없는 까닭이니라.

선현이여. 일체지지가 청정한 까닭으로 무망실법이 청정하고, 무망실

법이 청정한 까닭으로 4무량이 청정하니라. 왜 그러한가? 만약 일체지지가 청정하거나, 만약 무망실법이 청정하거나, 만약 4무량이 청정하다면, 무이이고 둘로 나눌 수 없으며 분별이 없고 단절도 없는 까닭이니라. 선현이여. 일체지지가 청정한 까닭으로 항주사성이 청정하고, 항주사성이 청정한 까닭으로 4무량이 청정하니라. 왜 그러한가? 만약 일체지지가 청정하거나, 만약 항주사성이 청정하거나, 만약 4무량이 청정하다면, 무이이고 둘로 나눌 수 없으며 분별이 없고 단절도 없는 까닭이니라.

선현이여. 일체지지가 청정한 까닭으로 일체지가 청정하고, 일체지가 청정한 까닭으로 4무량이 청정하니라. 왜 그러한가? 만약 일체지지가 청정하거나, 만약 일체지가 청정하거나, 만약 4무량이 청정하다면, 무이이고 둘로 나눌 수 없으며 분별이 없고 단절도 없는 까닭이니라. 일체지지가 청정한 까닭으로 도상지·일체상지가 청정하고, 도상지·일체상지가 청정한 까닭으로 4무량이 청정하니라. 왜 그러한가? 만약 일체지지가 청정하거나, 만약 도상지·일체상지가 청정하거나, 만약 4무량이 청정하다면, 무이이고 둘로 나눌 수 없으며 분별이 없고 단절도 없는 까닭이니라.

선현이여. 일체지지가 청정한 까닭으로 일체의 다라니문이 청정하고, 일체의 다라니문이 청정한 까닭으로 4무량이 청정하니라. 왜 그러한가? 만약 일체지지가 청정하거나, 만약 일체의 다라니문이 청정하거나, 만약 4무량이 청정하다면, 무이이고 둘로 나눌 수 없으며 분별이 없고 단절도 없는 까닭이니라. 선현이여. 일체지지가 청정한 까닭으로 일체의 삼마지문이 청정하고, 일체의 삼마지문이 청정한 까닭으로 4무량이 청정하니라. 왜 그러한가? 만약 일체지지가 청정하거나, 만약 일체의 삼마지문이 청정하거나, 만약 4무량이 청정하다면, 무이이고 둘로 나눌 수 없으며 분별이 없고 단절도 없는 까닭이니라.

선현이여. 일체지지가 청정한 까닭으로 예류과가 청정하고, 예류과가 청정한 까닭으로 4무량이 청정하니라. 왜 그러한가? 만약 일체지지가 청정하거나, 만약 예류과가 청정하거나, 만약 4무량이 청정하다면, 무이이고 둘로 나눌 수 없으며 분별이 없고 단절도 없는 까닭이니라. 일체지지가 청정한 까닭으로 일래·불환·아라한과가 청정하고, 일래·불환·아라한과가 청정한 까닭으로 4무량이 청정하니라. 왜 그러한가? 만약 일체지지가 청정하거나, 만약 일래·불환·아라한과가 청정하거나, 만약 4무량이 청정하다면, 무이이고 둘로 나눌 수 없으며 분별이 없고 단절도 없는 까닭이니라.

선현이여. 일체지지가 청정한 까닭으로 독각의 보리가 청정하고, 독각의 보리가 청정한 까닭으로 4무량이 청정하니라. 왜 그러한가? 만약 일체지지가 청정하거나, 만약 독각의 보리가 청정하거나, 만약 4무량이 청정하다면, 무이이고 둘로 나눌 수 없으며 분별이 없고 단절도 없는 까닭이니라.

선현이여. 일체지지가 청정한 까닭으로 일체의 보살마하살의 행이 청정하고, 일체의 보살마하살의 행이 청정한 까닭으로 4무량이 청정하니라. 왜 그러한가? 만약 일체지지가 청정하거나, 만약 일체의 보살마하살의 행이 청정하거나, 만약 4무량이 청정하다면, 무이이고 둘로 나눌 수 없으며 분별이 없고 단절도 없는 까닭이니라.

선현이여. 일체지지가 청정한 까닭으로 제불의 무상정등보리가 청정하고, 제불의 무상정등보리가 청정한 까닭으로 4무량이 청정하니라. 왜 그러한가? 만약 일체지지가 청정하거나, 만약 제불의 무상정등보리가 청정하거나, 만약 4무량이 청정하다면, 무이이고 둘로 나눌 수 없으며 분별이 없고 단절도 없는 까닭이니라."

"다시 다음으로 선현이여. 일체지지가 청정한 까닭으로 색이 청정하고, 색이 청정한 까닭으로 4무색정(四無色定)이 청정하니라. 왜 그러한가? 만약 일체지지가 청정하거나, 만약 색이 청정하거나, 만약 4무색정이 청정하다면, 무이이고 둘로 나눌 수 없으며 분별이 없고 단절도 없는 까닭이니라. 일체지지가 청정한 까닭으로 수·상·행·식이 청정하고, 수·상·행·식이 청정한 까닭으로 4무색정이 청정하니라. 왜 그러한가? 만약 일체지지가 청정하거나, 만약 수·상·행·식이 청정하거나, 만약 4무색정이 청정하다면, 무이이고 둘로 나눌 수 없으며 분별이 없고 단절도 없는 까닭이니라.

선현이여. 일체지지가 청정한 까닭으로 안처가 청정하고, 안처가 청정한 까닭으로 4무색정이 청정하니라. 왜 그러한가? 만약 일체지지가 청정하거나, 만약 안처가 청정하거나, 만약 4무색정이 청정하다면, 무이이고 둘로 나눌 수 없으며 분별이 없고 단절도 없는 까닭이니라. 일체지지가 청정한 까닭으로 이·비·설·신·의처가 청정하고, 이·비·설·신·의처가 청정한 까닭으로 4무색정이 청정하니라. 왜 그러한가? 만약 일체지지가 청정하거나, 만약 이·비·설·신·의처가 청정하거나, 만약 4무색정이 청정하다면, 무이이고 둘로 나눌 수 없으며 분별이 없고 단절도 없는 까닭이니라.

선현이여. 일체지지가 청정한 까닭으로 색처가 청정하고, 색처가 청정한 까닭으로 4무색정이 청정하니라. 왜 그러한가? 만약 일체지지가 청정하거나, 만약 색처가 청정하거나, 만약 4무색정이 청정하다면, 무이이고 둘로 나눌 수 없으며 분별이 없고 단절도 없는 까닭이니라. 일체지지가 청정한 까닭으로 성·향·미·촉·법처가 청정하고, 성·향·미·촉·법처가 청정한 까닭으로 4무색정이 청정하니라. 왜 그러한가? 만약 일체지지가 청정하거나, 만약 성·향·미·촉·법처가 청정하거나, 만약 4무색정이 청정하다면, 무이이고 둘로 나눌 수 없으며 분별이 없고 단절도 없는 까닭이니라.

선현이여. 일체지지가 청정한 까닭으로 안계가 청정하고, 안계가 청정한 까닭으로 4무색정이 청정하니라. 왜 그러한가? 만약 일체지지가 청정하거나, 만약 안계가 청정하거나, 만약 4무색정이 청정하다면, 무이이고 둘로 나눌 수 없으며 분별이 없고 단절도 없는 까닭이니라. 일체지지가 청정한 까닭으로 색계·안식계, 나아가 안촉·안촉을 인연으로 생겨난 여러 수가 청정하고, 색계, 나아가 안촉을 인연으로 생겨난 여러 수가 청정한 까닭으로 4무색정이 청정하니라. 왜 그러한가? 만약 일체지지가 청정하거나, 만약 색계, 나아가 안촉을 인연으로 생겨난 여러 수가 청정하거나, 만약 4무색정이 청정하다면, 무이이고 둘로 나눌 수 없으며 분별이 없고 단절도 없는 까닭이니라.

선현이여. 일체지지가 청정한 까닭으로 이계가 청정하고, 이계가 청정한 까닭으로 4무색정이 청정하니라. 왜 그러한가? 만약 일체지지가 청정하거나, 만약 이계가 청정하거나, 만약 4무색정이 청정하다면, 무이이고 둘로 나눌 수 없으며 분별이 없고 단절도 없는 까닭이니라. 일체지지가 청정한 까닭으로 성계·이식계, 나아가 이촉·이촉을 인연으로 생겨난 여러 수가 청정하고, 성계, 나아가 이촉을 인연으로 생겨난 여러 수가 청정한 까닭으로 4무색정이 청정하니라. 왜 그러한가? 만약 일체지지가 청정하거나, 만약 성계, 나아가 이촉을 인연으로 생겨난 여러 수가 청정하거나, 만약 4무색정이 청정하다면, 무이이고 둘로 나눌 수 없으며 분별이 없고 단절도 없는 까닭이니라.

선현이여. 일체지지가 청정한 까닭으로 비계가 청정하고, 비계가 청정한 까닭으로 4무색정이 청정하니라. 왜 그러한가? 만약 일체지지가 청정하거나, 만약 비계가 청정하거나, 만약 4무색정이 청정하다면, 무이이고 둘로 나눌 수 없으며 분별이 없고 단절도 없는 까닭이니라. 일체지지가 청정한 까닭으로 향계·비식계, 나아가 비촉·비촉을 인연으로 생겨난 여러 수가 청정하고, 향계, 나아가 비촉을 인연으로 생겨난 여러 수가 청정한 까닭으로 4무색정이 청정하니라. 왜 그러한가? 만약 일체지지가 청정하거나, 만약 향계, 나아가 비촉을 인연으로 생겨난 여러 수가 청정하거나, 만약 4무색정이 청정하다면, 무이이고 둘로 나눌 수 없으며 분별이 없고 단절도 없는 까닭이니라.

선현이여. 일체지지가 청정한 까닭으로 설계가 청정하고, 설계가 청정한 까닭으로 4무색정이 청정하니라. 왜 그러한가? 만약 일체지지가 청정하거나, 만약 설계가 청정하거나, 만약 4무색정이 청정하다면, 무이이고 둘로 나눌 수 없으며 분별이 없고 단절도 없는 까닭이니라. 일체지지가 청정한 까닭으로 미계·설식계, 나아가 설촉·설촉을 인연으로 생겨난 여러 수가 청정하고, 미계, 나아가 설촉을 인연으로 생겨난 여러 수가 청정한 까닭으로 4무색정이 청정하니라. 왜 그러한가? 만약 일체지지가 청정하거나, 만약 미계, 나아가 설촉을 인연으로 생겨난 여러 수가 청정하거나, 만약 4무색정이 청정하다면, 무이이고 둘로 나눌 수 없으며 분별이 없고 단절도 없는 까닭이니라.

선현이여. 일체지지가 청정한 까닭으로 신계가 청정하고, 신계가 청정한 까닭으로 4무색정이 청정하니라. 왜 그러한가? 만약 일체지지가 청정하거나, 만약 신계가 청정하거나, 만약 4무색정이 청정하다면, 무이이고 둘로 나눌 수 없으며 분별이 없고 단절도 없는 까닭이니라. 일체지지가 청정한 까닭으로 촉계·신식계, 나아가 신촉·신촉을 인연으로 생겨난 여러 수가 청정하고, 촉계, 나아가 신촉을 인연으로 생겨난 여러 수가 청정한 까닭으로 4무색정이 청정하니라. 왜 그러한가? 만약 일체지지가 청정하거나, 만약 촉계, 나아가 신촉을 인연으로 생겨난 여러 수가 청정하거나, 만약 4무색정이 청정하다면, 무이이고 둘로 나눌 수 없으며 분별이 없고 단절도 없는 까닭이니라.

선현이여. 일체지지가 청정한 까닭으로 의계가 청정하고, 의계가 청정한 까닭으로 4무색정이 청정하니라. 왜 그러한가? 만약 일체지지가 청정하거나, 만약 의계가 청정하거나, 만약 4무색정이 청정하다면, 무이이고 둘로 나눌 수 없으며 분별이 없고 단절도 없는 까닭이니라. 일체지지가 청정한 까닭으로 법계·의식계, 나아가 의촉·의촉을 인연으로 생겨난 여러 수가 청정하고, 법계, 나아가 의촉을 인연으로 생겨난 여러 수가 청정한 까닭으로 4무색정이 청정하니라. 왜 그러한가? 만약 일체지지가 청정하거나, 만약 법계, 나아가 의촉을 인연으로 생겨난 여러 수가 청정하거나, 만약 4무색정이 청정하다면, 무이이고 둘로 나눌 수 없으며 분별이 없고 단절도 없는 까닭이니라.

선현이여. 일체지지가 청정한 까닭으로 지계가 청정하고, 지계가 청정한 까닭으로 4무색정이 청정하니라. 왜 그러한가? 만약 일체지지가 청정하거나, 만약 지계가 청정하거나, 만약 4무색정이 청정하다면, 무이이고 둘로 나눌 수 없으며 분별이 없고 단절도 없는 까닭이니라. 일체지지가 청정한 까닭으로 수·화·풍·공·식계가 청정하고, 수·화·풍·공·식계가 청정한 까닭으로 4무색정이 청정하니라. 왜 그러한가? 만약 일체지지가 청정하거나, 만약 수·화·풍·공·식계가 청정하거나, 만약 4무색정이 청정하다면, 무이이고 둘로 나눌 수 없으며 분별이 없고 단절도 없는 까닭이니라.

선현이여. 일체지지가 청정한 까닭으로 무명이 청정하고, 무명이 청정한 까닭으로 4무색정이 청정하니라. 왜 그러한가? 만약 일체지지가 청정하거나, 만약 무명이 청정하거나, 만약 4무색정이 청정하다면, 무이이고 둘로 나눌 수 없으며 분별이 없고 단절도 없는 까닭이니라. 일체지지가 청정한 까닭으로 행·식·명색·육처·촉·수·애·취·유·생·노사의 수탄고우뇌가 청정하고, 행, 나아가 노사의 수탄고우뇌가 청정한 까닭으로 4무색정이 청정하니라. 왜 그러한가? 만약 일체지지가 청정하거나, 만약 행, 나아가 노사의 수탄고우뇌가 청정하거나, 만약 4무색정이 청정하다면, 무이이고 둘로 나눌 수 없으며 분별이 없고 단절도 없는 까닭이니라.

선현이여. 일체지지가 청정한 까닭으로 보시바라밀다가 청정하고, 보시바라밀다가 청정한 까닭으로 4무색정이 청정하니라. 왜 그러한가? 만약 일체지지가 청정하거나, 만약 보시바라밀다가 청정하거나, 만약 4무색정이 청정하다면, 무이이고 둘로 나눌 수 없으며 분별이 없고 단절도 없는 까닭이니라. 일체지지가 청정한 까닭으로 정계·안인·정진·정려·반야바라밀다가 청정하고, 정계, 나아가 반야바라밀다가 청정한 까닭으로 4무색정이 청정하니라. 왜 그러한가? 만약 일체지지가 청정하거나, 만약 정계, 나아가 반야바라밀다가 청정하거나, 만약 4무색정이 청정하다면, 무이이고 둘로 나눌 수 없으며 분별이 없고 단절도 없는 까닭이니라.

선현이여. 일체지지가 청정한 까닭으로 내공이 청정하고, 내공이 청정한 까닭으로 4무색정이 청정하니라. 왜 그러한가? 만약 일체지지가 청정하거나, 만약 내공이 청정하거나, 만약 4무색정이 청정하다면, 무이이고 둘로 나눌 수 없으며 분별이 없고 단절도 없는 까닭이니라. 일체지지가 청정한 까닭으로 외공·내외공·공공·대공·승의공·유위공·무위공·필경공·무제공·산공·무변이공·본성공·자상공·공상공·일체법공·불가득공·무성공·자성공·무성자성공이 청정하고, 외공, 나아가 무성자성공이 청정한 까닭으로 4무색정이 청정하니라. 왜 그러한가? 만약 일체지지가 청정하거나,

만약 외공, 나아가 무성자성공이 청정하거나, 만약 4무색정이 청정하다면, 무이이고 둘로 나눌 수 없으며 분별이 없고 단절도 없는 까닭이니라.

선현이여. 일체지지가 청정한 까닭으로 진여가 청정하고, 진여가 청정한 까닭으로 4무색정이 청정하니라. 왜 그러한가? 만약 일체지지가 청정하거나, 만약 진여가 청정하거나, 만약 4무색정이 청정하다면, 무이이고 둘로 나눌 수 없으며 분별이 없고 단절도 없는 까닭이니라. 일체지지가 청정한 까닭으로 법계·법성·불허망성·불변이성·평등성·이생성·법정·법주·실제·허공계·부사의계가 청정하고 법계, 나아가 부사의계가 청정한 까닭으로 4무색정이 청정하니라. 왜 그러한가? 만약 일체지지가 청정하거나, 만약 법계, 나아가 부사의계가 청정하거나, 만약 4무색정이 청정하다면, 무이이고 둘로 나눌 수 없으며 분별이 없고 단절도 없는 까닭이니라.

선현이여. 일체지지가 청정한 까닭으로 고성제가 청정하고, 고성제가 청정한 까닭으로 4무색정이 청정하니라. 왜 그러한가? 만약 일체지지가 청정하거나, 만약 고성제가 청정하거나, 만약 4무색정이 청정하다면, 무이이고 둘로 나눌 수 없으며 분별이 없고 단절도 없는 까닭이니라. 일체지지가 청정한 까닭으로 집·멸·도성제가 청정하고, 집·멸·도성제가 청정한 까닭으로 4무색정이 청정하니라. 왜 그러한가? 만약 일체지지가 청정하거나, 만약 집·멸·도성제가 청정하거나, 만약 4무색정이 청정하다면, 무이이고 둘로 나눌 수 없으며 분별이 없고 단절도 없는 까닭이니라.

선현이여. 일체지지가 청정한 까닭으로 4정려가 청정하고, 4정려가 청정한 까닭으로 4무량이 청정하니라. 왜 그러한가? 만약 일체지지가 청정하거나, 만약 4정려가 청정하거나, 만약 4무량이 청정하다면, 무이이고 둘로 나눌 수 없으며 분별이 없고 단절도 없는 까닭이니라. 일체지지가 청정한 까닭으로 4무량이 청정하고, 4무량이 청정한 까닭으로 4무색정이 청정하니라. 왜 그러한가? 만약 일체지지가 청정하거나, 만약 4무량이 청정하거나, 만약 4무색정이 청정하다면, 무이이고 둘로 나눌 수 없으며 분별이 없고 단절도 없는 까닭이니라.

선현이여. 일체지지가 청정한 까닭으로 8해탈이 청정하고, 8해탈이 청정한 까닭으로 4무색정이 청정하니라. 왜 그러한가? 만약 일체지지가 청정하거나, 만약 8해탈이 청정하거나, 만약 4무색정이 청정하다면, 무이이고 둘로 나눌 수 없으며 분별이 없고 단절도 없는 까닭이니라. 일체지지가 청정한 까닭으로 8승처·9차제정·10변처가 청정하고, 8승처·9차제정·10변처가 청정한 까닭으로 4무색정이 청정하니라. 왜 그러한가? 만약 일체지지가 청정하거나, 만약 8승처·9차제정·10변처가 청정하거나, 만약 4무색정이 청정하다면, 무이이고 둘로 나눌 수 없으며 분별이 없고 단절도 없는 까닭이니라.

선현이여. 일체지지가 청정한 까닭으로 4념주가 청정하고, 4념주가 청정한 까닭으로 4무색정이 청정하니라. 왜 그러한가? 만약 일체지지가 청정하거나, 만약 4념주가 청정하거나, 만약 4무색정이 청정하다면, 무이이고 둘로 나눌 수 없으며 분별이 없고 단절도 없는 까닭이니라. 일체지지가 청정한 까닭으로 4정단·4신족·5근·5력·7등각지·8성도지가 청정하고, 4정단, 나아가 8성도지가 청정한 까닭으로 4무색정이 청정하니라. 왜 그러한가? 만약 일체지지가 청정하거나, 만약 4정단, 나아가 8성도지가 청정하거나, 만약 4무색정이 청정하다면, 무이이고 둘로 나눌 수 없으며 분별이 없고 단절도 없는 까닭이니라.

선현이여. 일체지지가 청정한 까닭으로 공해탈문이 청정하고, 공해탈문이 청정한 까닭으로 4무색정이 청정하니라. 왜 그러한가? 만약 일체지지가 청정하거나, 만약 공해탈문이 청정하거나, 만약 4무색정이 청정하다면, 무이이고 둘로 나눌 수 없으며 분별이 없고 단절도 없는 까닭이니라. 일체지지가 청정한 까닭으로 무상·무원해탈문이 청정하고, 무상·무원해탈문이 청정한 까닭으로 4무색정이 청정하니라. 왜 그러한가? 만약 일체지지가 청정하거나, 만약 무상·무원해탈문이 청정하거나, 만약 4무색정이 청정하다면, 무이이고 둘로 나눌 수 없으며 분별이 없고 단절도 없는 까닭이니라.

선현이여. 일체지지가 청정한 까닭으로 보살의 10지가 청정하고, 보살의 10지가 청정한 까닭으로 4무색정이 청정하니라. 왜 그러한가? 만약 일체지지가 청정하거나, 만약 보살의 10지가 청정하거나, 만약 4무색정이 청정하다면, 무이이고 둘로 나눌 수 없으며 분별이 없고 단절도 없는 까닭이니라.

선현이여. 일체지지가 청정한 까닭으로 5안이 청정하고, 5안이 청정한 까닭으로 4무색정이 청정하니라. 왜 그러한가? 만약 일체지지가 청정하거나, 만약 5안이 청정하거나, 만약 4무색정이 청정하다면, 무이이고 둘로 나눌 수 없으며 분별이 없고 단절도 없는 까닭이니라. 일체지지가 청정한 까닭으로 6신통이 청정하고, 6신통이 청정한 까닭으로 4무색정이 청정하니라. 왜 그러한가? 만약 일체지지가 청정하거나, 만약 6신통이 청정하거나, 만약 4무색정이 청정하다면, 무이이고 둘로 나눌 수 없으며 분별이 없고 단절도 없는 까닭이니라.

선현이여. 일체지지가 청정한 까닭으로 여래의 10력이 청정하고, 여래의 10력이 청정한 까닭으로 4무색정이 청정하니라. 왜 그러한가? 만약 일체지지가 청정하거나, 만약 여래의 10력이 청정하거나, 만약 4무색정이 청정하다면, 무이이고 둘로 나눌 수 없으며 분별이 없고 단절도 없는 까닭이니라. 일체지지가 청정한 까닭으로 4무소외·4무애해·대자·대비·대희·대사·18불불공법이 청정하고, 4무소외, 나아가 18불불공법이 청정한 까닭으로 4무색정이 청정하니라. 왜 그러한가? 만약 일체지지가 청정하거나, 만약 4무소외, 나아가 18불불공법이 청정하거나, 만약 4무색정이 청정하다면, 무이이고 둘로 나눌 수 없으며 분별이 없고 단절도 없는 까닭이니라.

선현이여. 일체지지가 청정한 까닭으로 무망실법이 청정하고, 무망실법이 청정한 까닭으로 4무색정이 청정하니라. 왜 그러한가? 만약 일체지지가 청정하거나, 만약 무망실법이 청정하거나, 만약 4무색정이 청정하다면, 무이이고 둘로 나눌 수 없으며 분별이 없고 단절도 없는 까닭이니라. 선현이여. 일체지지가 청정한 까닭으로 항주사성이 청정하고, 항주사성이 청정한 까닭으로 4무색정이 청정하니라. 왜 그러한가? 만약 일체지지가 청정하거나, 만약 항주사성이 청정하거나, 만약 4무색정이 청정하다면,

무이이고 둘로 나눌 수 없으며 분별이 없고 단절도 없는 까닭이니라.

선현이여. 일체지지가 청정한 까닭으로 일체지가 청정하고, 일체지가 청정한 까닭으로 4무색정이 청정하니라. 왜 그러한가? 만약 일체지지가 청정하거나, 만약 일체지가 청정하거나, 만약 4무색정이 청정하다면, 무이이고 둘로 나눌 수 없으며 분별이 없고 단절도 없는 까닭이니라. 일체지지가 청정한 까닭으로 도상지·일체상지가 청정하고, 도상지·일체상지가 청정한 까닭으로 4무색정이 청정하니라. 왜 그러한가? 만약 일체지지가 청정하거나, 만약 도상지·일체상지가 청정하거나, 만약 4무색정이 청정하다면, 무이이고 둘로 나눌 수 없으며 분별이 없고 단절도 없는 까닭이니라.

선현이여. 일체지지가 청정한 까닭으로 일체의 다라니문이 청정하고, 일체의 다라니문이 청정한 까닭으로 4무색정이 청정하니라. 왜 그러한가? 만약 일체지지가 청정하거나, 만약 일체의 다라니문이 청정하거나, 만약 4무색정이 청정하다면, 무이이고 둘로 나눌 수 없으며 분별이 없고 단절도 없는 까닭이니라. 선현이여. 일체지지가 청정한 까닭으로 일체의 삼마지문이 청정하고, 일체의 삼마지문이 청정한 까닭으로 4무색정이 청정하니라. 왜 그러한가? 만약 일체지지가 청정하거나, 만약 일체의 삼마지문이 청정하거나, 만약 4무색정이 청정하다면, 무이이고 둘로 나눌 수 없으며 분별이 없고 단절도 없는 까닭이니라.

선현이여. 일체지지가 청정한 까닭으로 예류과가 청정하고, 예류과가 청정한 까닭으로 4무색정이 청정하니라. 왜 그러한가? 만약 일체지지가 청정하거나, 만약 예류과가 청정하거나, 만약 4무색정이 청정하다면, 무이이고 둘로 나눌 수 없으며 분별이 없고 단절도 없는 까닭이니라. 일체지지가 청정한 까닭으로 일래·불환·아라한과가 청정하고, 일래·불환·아라한과가 청정한 까닭으로 4무색정이 청정하니라. 왜 그러한가? 만약 일체지지가 청정하거나, 만약 일래·불환·아라한과가 청정하거나, 만약 4무색정이 청정하다면, 무이이고 둘로 나눌 수 없으며 분별이 없고 단절도 없는 까닭이니라.

선현이여. 일체지지가 청정한 까닭으로 독각의 보리가 청정하고, 독각의 보리가 청정한 까닭으로 4무색정이 청정하니라. 왜 그러한가? 만약 일체지지가 청정하거나, 만약 독각의 보리가 청정하거나, 만약 4무색정이 청정하다면, 무이이고 둘로 나눌 수 없으며 분별이 없고 단절도 없는 까닭이니라.

선현이여. 일체지지가 청정한 까닭으로 일체의 보살마하살의 행이 청정하고, 일체의 보살마하살의 행이 청정한 까닭으로 4무색정이 청정하니라. 왜 그러한가? 만약 일체지지가 청정하거나, 만약 일체의 보살마하살의 행이 청정하거나, 만약 4무색정이 청정하다면, 무이이고 둘로 나눌 수 없으며 분별이 없고 단절도 없는 까닭이니라.

선현이여. 일체지지가 청정한 까닭으로 제불의 무상정등보리가 청정하고, 제불의 무상정등보리가 청정한 까닭으로 4무색정이 청정하니라. 왜 그러한가? 만약 일체지지가 청정하거나, 만약 제불의 무상정등보리가 청정하거나, 만약 4무색정이 청정하다면, 무이이고 둘로 나눌 수 없으며 분별이 없고 단절도 없는 까닭이니라."

"다시 다음으로 선현이여. 일체지지가 청정한 까닭으로 색이 청정하고, 색이 청정한 까닭으로 8해탈(八解脫)이 청정하니라. 왜 그러한가? 만약 일체지지가 청정하거나, 만약 색이 청정하거나, 만약 8해탈이 청정하다면, 무이이고 둘로 나눌 수 없으며 분별이 없고 단절도 없는 까닭이니라. 일체지지가 청정한 까닭으로 수·상·행·식이 청정하고, 수·상·행·식이 청정한 까닭으로 8해탈이 청정하니라. 왜 그러한가? 만약 일체지지가 청정하거나, 만약 수·상·행·식이 청정하거나, 만약 8해탈이 청정하다면, 무이이고 둘로 나눌 수 없으며 분별이 없고 단절도 없는 까닭이니라.

선현이여. 일체지지가 청정한 까닭으로 안처가 청정하고, 안처가 청정한 까닭으로 8해탈이 청정하니라. 왜 그러한가? 만약 일체지지가 청정하거나, 만약 안처가 청정하거나, 만약 8해탈이 청정하다면, 무이이고 둘로 나눌 수 없으며 분별이 없고 단절도 없는 까닭이니라. 일체지지가 청정한 까닭으로 이·비·설·신·의처가 청정하고, 이·비·설·신·의처가 청정한 까닭으로 8해탈이 청정하니라. 왜 그러한가? 만약 일체지지가 청정하거나, 만약 이·비·설·신·의처가 청정하거나, 만약 8해탈이 청정하다면, 무이이고 둘로 나눌 수 없으며 분별이 없고 단절도 없는 까닭이니라.

선현이여. 일체지지가 청정한 까닭으로 색처가 청정하고, 색처가 청정한 까닭으로 8해탈이 청정하니라. 왜 그러한가? 만약 일체지지가 청정하거나, 만약 색처가 청정하거나, 만약 8해탈이 청정하다면, 무이이고 둘로 나눌 수 없으며 분별이 없고 단절도 없는 까닭이니라. 일체지지가 청정한 까닭으로 성·향·미·촉·법처가 청정하고, 성·향·미·촉·법처가 청정한 까닭으로 8해탈이 청정하니라. 왜 그러한가? 만약 일체지지가 청정하거나, 만약 성·향·미·촉·법처가 청정하거나, 만약 8해탈이 청정하다면, 무이이고 둘로 나눌 수 없으며 분별이 없고 단절도 없는 까닭이니라.

선현이여. 일체지지가 청정한 까닭으로 안계가 청정하고, 안계가 청정한 까닭으로 8해탈이 청정하니라. 왜 그러한가? 만약 일체지지가 청정하거나, 만약 안계가 청정하거나, 만약 8해탈이 청정하다면, 무이이고 둘로 나눌 수 없으며 분별이 없고 단절도 없는 까닭이니라. 일체지지가 청정한 까닭으로 색계·안식계, 나아가 안촉·안촉을 인연으로 생겨난 여러 수가 청정하고, 색계, 나아가 안촉을 인연으로 생겨난 여러 수가 청정한 까닭으로 8해탈이 청정하니라. 왜 그러한가? 만약 일체지지가 청정하거나, 만약 색계, 나아가 안촉을 인연으로 생겨난 여러 수가 청정하거나, 만약 8해탈이 청정하다면, 무이이고 둘로 나눌 수 없으며 분별이 없고 단절도 없는 까닭이니라.

선현이여. 일체지지가 청정한 까닭으로 이계가 청정하고, 이계가 청정한 까닭으로 8해탈이 청정하니라. 왜 그러한가? 만약 일체지지가 청정하거나, 만약 이계가 청정하거나, 만약 8해탈이 청정하다면, 무이이고 둘로 나눌 수 없으며 분별이 없고 단절도 없는 까닭이니라. 일체지지가 청정한 까닭으로 성계·이식계, 나아가 이촉·이촉을 인연으로 생겨난 여러 수가 청정하고, 성계, 나아가 이촉을 인연으로 생겨난 여러 수가 청정한 까닭으로 8해탈이 청정하니라. 왜 그러한가? 만약 일체지지가 청정하거나, 만약 성계, 나아가 이촉을 인연으로 생겨난 여러 수가 청정하거나, 만약 8해탈이 청정하다면, 무이이고 둘로 나눌 수 없으며 분별이 없고 단절도 없는 까닭이니라.

선현이여. 일체지지가 청정한 까닭으로 비계가 청정하고, 비계가 청정한 까닭으로 8해탈이 청정하니라. 왜 그러한가? 만약 일체지지가 청정하거나, 만약 비계가 청정하거나, 만약 8해탈이 청정하다면, 무이이고 둘로 나눌 수 없으며 분별이 없고 단절도 없는 까닭이니라. 일체지지가 청정한 까닭으로 향계·비식계, 나아가 비촉·비촉을 인연으로 생겨난 여러 수가 청정하고, 향계, 나아가 비촉을 인연으로 생겨난 여러 수가 청정한 까닭으로 8해탈이 청정하니라. 왜 그러한가? 만약 일체지지가 청정하거나, 만약 향계, 나아가 비촉을 인연으로 생겨난 여러 수가 청정하거나, 만약 8해탈이 청정하다면, 무이이고 둘로 나눌 수 없으며 분별이 없고 단절도 없는 까닭이니라.

선현이여. 일체지지가 청정한 까닭으로 설계가 청정하고, 설계가 청정한 까닭으로 8해탈이 청정하니라. 왜 그러한가? 만약 일체지지가 청정하거나, 만약 설계가 청정하거나, 만약 8해탈이 청정하다면, 무이이고 둘로 나눌 수 없으며 분별이 없고 단절도 없는 까닭이니라. 일체지지가 청정한 까닭으로 미계·설식계, 나아가 설촉·설촉을 인연으로 생겨난 여러 수가 청정하고, 미계, 나아가 설촉을 인연으로 생겨난 여러 수가 청정한 까닭으로 8해탈이 청정하니라. 왜 그러한가? 만약 일체지지가 청정하거나, 만약 미계, 나아가 설촉을 인연으로 생겨난 여러 수가 청정하거나, 만약 8해탈이 청정하다면, 무이이고 둘로 나눌 수 없으며 분별이 없고 단절도 없는 까닭이니라.

선현이여. 일체지지가 청정한 까닭으로 신계가 청정하고, 신계가 청정한 까닭으로 8해탈이 청정하니라. 왜 그러한가? 만약 일체지지가 청정하거나, 만약 신계가 청정하거나, 만약 8해탈이 청정하다면, 무이이고 둘로 나눌 수 없으며 분별이 없고 단절도 없는 까닭이니라. 일체지지가 청정한 까닭으로 촉계·신식계, 나아가 신촉·신촉을 인연으로 생겨난 여러 수가 청정하고, 촉계, 나아가 신촉을 인연으로 생겨난 여러 수가 청정한 까닭으로 8해탈이 청정하니라. 왜 그러한가? 만약 일체지지가 청정하거나, 만약 촉계, 나아가 신촉을 인연으로 생겨난 여러 수가 청정하거나, 만약 8해탈이 청정하다면, 무이이고 둘로 나눌 수 없으며 분별이 없고 단절도 없는 까닭이니라.

선현이여. 일체지지가 청정한 까닭으로 의계가 청정하고, 의계가 청정한 까닭으로 8해탈이 청정하니라. 왜 그러한가? 만약 일체지지가 청정하거나, 만약 의계가 청정하거나, 만약 8해탈이 청정하다면, 무이이고 둘로 나눌 수 없으며 분별이 없고 단절도 없는 까닭이니라. 일체지지가 청정한 까닭으로 법계·의식계, 나아가 의촉·의촉을 인연으로 생겨난 여러 수가 청정하고, 법계, 나아가 의촉을 인연으로 생겨난 여러 수가 청정한 까닭으로 8해탈이 청정하니라. 왜 그러한가? 만약 일체지지가 청정하거나, 만약 법계, 나아가 의촉을 인연으로 생겨난 여러 수가 청정하거나, 만약 8해탈이 청정하다면, 무이이고 둘로 나눌 수 없으며 분별이 없고 단절도 없는 까닭이니라.

선현이여. 일체지지가 청정한 까닭으로 지계가 청정하고, 지계가 청정한 까닭으로 8해탈이 청정하니라. 왜 그러한가? 만약 일체지지가 청정하거나, 만약 지계가 청정하거나, 만약 8해탈이 청정하다면, 무이이고 둘로 나눌 수 없으며 분별이 없고 단절도 없는 까닭이니라. 일체지지가 청정한 까닭으로 수·화·풍·공·식계가 청정하고, 수·화·풍·공·식계가 청정한 까닭으로 8해탈이 청정하니라. 왜 그러한가? 만약 일체지지가 청정하거나, 만약 수·화·풍·공·식계가 청정하거나, 만약 8해탈이 청정하다면, 무이이고 둘로 나눌 수 없으며 분별이 없고 단절도 없는 까닭이니라.

선현이여. 일체지지가 청정한 까닭으로 무명이 청정하고, 무명이 청정한 까닭으로 8해탈이 청정하니라. 왜 그러한가? 만약 일체지지가 청정하거나, 만약 무명이 청정하거나, 만약 8해탈이 청정하다면, 무이이고 둘로 나눌 수 없으며 분별이 없고 단절도 없는 까닭이니라. 일체지지가 청정한 까닭으로 행·식·명색·육처·촉·수·애·취·유·생·노사의 수탄고우뇌가 청정하고, 행, 나아가 노사의 수탄고우뇌가 청정한 까닭으로 8해탈이 청정하니라. 왜 그러한가? 만약 일체지지가 청정하거나, 만약 행, 나아가 노사의 수탄고우뇌가 청정하거나, 만약 8해탈이 청정하다면, 무이이고 둘로 나눌 수 없으며 분별이 없고 단절도 없는 까닭이니라.

선현이여. 일체지지가 청정한 까닭으로 보시바라밀다가 청정하고, 보시바라밀다가 청정한 까닭으로 8해탈이 청정하니라. 왜 그러한가? 만약 일체지지가 청정하거나, 만약 보시바라밀다가 청정하거나, 만약 8해탈이 청정하다면, 무이이고 둘로 나눌 수 없으며 분별이 없고 단절도 없는 까닭이니라. 일체지지가 청정한 까닭으로 정계·안인·정진·정려·반야바라밀다가 청정하고, 정계, 나아가 반야바라밀다가 청정한 까닭으로 8해탈이 청정하니라. 왜 그러한가? 만약 일체지지가 청정하거나, 만약 정계, 나아가 반야바라밀다가 청정하거나, 만약 8해탈이 청정하다면, 무이이고 둘로 나눌 수 없으며 분별이 없고 단절도 없는 까닭이니라.

선현이여. 일체지지가 청정한 까닭으로 내공이 청정하고, 내공이 청정한 까닭으로 8해탈이 청정하니라. 왜 그러한가? 만약 일체지지가 청정하거나, 만약 내공이 청정하거나, 만약 8해탈이 청정하다면, 무이이고 둘로 나눌 수 없으며 분별이 없고 단절도 없는 까닭이니라. 일체지지가 청정한 까닭으로 외공·내외공·공공·대공·승의공·유위공·무위공·필경공·무제공·산공·무변이공·본성공·자상공·공상공·일체법공·불가득공·무성공·자성공·무성자성공이 청정하고, 외공, 나아가 무성자성공이 청정한 까닭으로 8해탈이 청정하니라. 왜 그러한가? 만약 일체지지가 청정하거나, 만약 외공, 나아가 무성자성공이 청정하거나, 만약 8해탈이 청정하다면, 무이이고 둘로 나눌 수 없으며 분별이 없고 단절도 없는 까닭이니라.

선현이여. 일체지지가 청정한 까닭으로 진여가 청정하고, 진여가 청정한 까닭으로 8해탈이 청정하니라. 왜 그러한가? 만약 일체지지가 청정하거나, 만약 진여가 청정하거나, 만약 8해탈이 청정하다면, 무이이고 둘로 나눌 수 없으며 분별이 없고 단절도 없는 까닭이니라. 일체지지가 청정한 까닭으로 법계·법성·불허망성·불변이성·평등성·이생성·법정·법주·실제·허공계·부사의계가 청정하고 법계, 나아가 부사의계가 청정한 까닭으로 8해탈이 청정하니라. 왜 그러한가? 만약 일체지지가 청정하거나, 만약 법계, 나아가 부사의계가 청정하거나, 만약 8해탈이 청정하다면, 무이이고 둘로 나눌 수 없으며 분별이 없고 단절도 없는 까닭이니라.

선현이여. 일체지지가 청정한 까닭으로 고성제가 청정하고, 고성제가 청정한 까닭으로 8해탈이 청정하니라. 왜 그러한가? 만약 일체지지가 청정하거나, 만약 고성제가 청정하거나, 만약 8해탈이 청정하다면, 무이이고 둘로 나눌 수 없으며 분별이 없고 단절도 없는 까닭이니라. 일체지지가 청정한 까닭으로 집·멸·도성제가 청정하고, 집·멸·도성제가 청정한 까닭으로 8해탈이 청정하니라. 왜 그러한가? 만약 일체지지가 청정하거나, 만약 집·멸·도성제가 청정하거나, 만약 8해탈이 청정하다면, 무이이고 둘로 나눌 수 없으며 분별이 없고 단절도 없는 까닭이니라.

선현이여. 일체지지가 청정한 까닭으로 4정려가 청정하고, 4정려가 청정한 까닭으로 8해탈이 청정하니라. 왜 그러한가? 만약 일체지지가 청정하거나, 만약 4정려가 청정하거나, 만약 8해탈이 청정하다면, 무이이고 둘로 나눌 수 없으며 분별이 없고 단절도 없는 까닭이니라. 일체지지가 청정한 까닭으로 4무량·4무색정이 청정하고, 4무량·4무색정이 청정한 까닭으로 8해탈이 청정하니라. 왜 그러한가? 만약 일체지지가 청정하거나, 만약 4무량·4무색정이 청정하거나, 만약 8해탈이 청정하다면, 무이이고 둘로 나눌 수 없으며 분별이 없고 단절도 없는 까닭이니라.

선현이여. 일체지지가 청정한 까닭으로 8승처가 청정하고, 8승처가 청정한 까닭으로 8해탈이 청정하니라. 왜 그러한가? 만약 일체지지가 청정하거나, 만약 8승처가 청정하거나, 만약 8해탈이 청정하다면, 무이이고 둘로 나눌 수 없으며 분별이 없고 단절도 없는 까닭이니라. 일체지지가 청정한 까닭으로 9차제정·10변처가 청정하고, 9차제정·10변처가 청정한 까닭으로 8해탈이 청정하니라. 왜 그러한가? 만약 일체지지가 청정하거나, 만약 9차제정·10변처가 청정하거나, 만약 8해탈이 청정하다면, 무이이고 둘로 나눌 수 없으며 분별이 없고 단절도 없는 까닭이니라.

선현이여. 일체지지가 청정한 까닭으로 4념주가 청정하고, 4념주가 청정한 까닭으로 8해탈이 청정하니라. 왜 그러한가? 만약 일체지지가 청정하거나, 만약 4념주가 청정하거나, 만약 8해탈이 청정하다면, 무이이고 둘로 나눌 수 없으며 분별이 없고 단절도 없는 까닭이니라. 일체지지가 청정한 까닭으로 4정단·4신족·5근·5력·7등각지·8성도지가 청정하고, 4정단, 나아가 8성도지가 청정한 까닭으로 8해탈이 청정하니라. 왜 그러한가? 만약 일체지지가 청정하거나, 만약 4정단, 나아가 8성도지가 청정하거나, 만약 8해탈이 청정하다면, 무이이고 둘로 나눌 수 없으며 분별이 없고 단절도 없는 까닭이니라.

선현이여. 일체지지가 청정한 까닭으로 공해탈문이 청정하고, 공해탈문이 청정한 까닭으로 8해탈이 청정하니라. 왜 그러한가? 만약 일체지지가 청정하거나, 만약 공해탈문이 청정하거나, 만약 8해탈이 청정하다면, 무이이고 둘로 나눌 수 없으며 분별이 없고 단절도 없는 까닭이니라. 일체지지가 청정한 까닭으로 무상·무원해탈문이 청정하고, 무상·무원해탈문이 청정한 까닭으로 8해탈이 청정하니라. 왜 그러한가? 만약 일체지지가 청정하거나, 만약 무상·무원해탈문이 청정하거나, 만약 8해탈이 청정하다면, 무이이고 둘로 나눌 수 없으며 분별이 없고 단절도 없는 까닭이니라.

선현이여. 일체지지가 청정한 까닭으로 보살의 10지가 청정하고, 보살의 10지가 청정한 까닭으로 8해탈이 청정하니라. 왜 그러한가? 만약 일체지지가 청정하거나, 만약 보살의 10지가 청정하거나, 만약 8해탈이 청정하다면, 무이이고 둘로 나눌 수 없으며 분별이 없고 단절도 없는 까닭이니라.

선현이여. 일체지지가 청정한 까닭으로 5안이 청정하고, 5안이 청정한 까닭으로 8해탈이 청정하니라. 왜 그러한가? 만약 일체지지가 청정하거나, 만약 5안이 청정하거나, 만약 8해탈이 청정하다면, 무이이고 둘로 나눌 수 없으며 분별이 없고 단절도 없는 까닭이니라. 일체지지가 청정한 까닭으로 6신통이 청정하고, 6신통이 청정한 까닭으로 8해탈이 청정하니라. 왜 그러한가? 만약 일체지지가 청정하거나, 만약 6신통이 청정하거나, 만약 8해탈이 청정하다면, 무이이고 둘로 나눌 수 없으며 분별이 없고 단절도 없는 까닭이니라.

선현이여. 일체지지가 청정한 까닭으로 여래의 10력이 청정하고, 여래의 10력이 청정한 까닭으로 8해탈이 청정하니라. 왜 그러한가? 만약 일체지지가 청정하거나, 만약 여래의 10력이 청정하거나, 만약 8해탈이 청정하다면, 무이이고 둘로 나눌 수 없으며 분별이 없고 단절도 없는 까닭이니라. 일체지지가 청정한 까닭으로 4무소외·4무애해·대자·대비·대희·대사·18불불공법이 청정하고, 4무소외, 나아가 18불불공법이 청정한 까닭으로 8해탈이 청정하니라. 왜 그러한가? 만약 일체지지가 청정하거나, 만약 4무소외, 나아가 18불불공법이 청정하거나, 만약 8해탈이 청정하다면, 무이이고 둘로 나눌 수 없으며 분별이 없고 단절도 없는 까닭이니라.

선현이여. 일체지지가 청정한 까닭으로 무망실법이 청정하고, 무망실법이 청정한 까닭으로 8해탈이 청정하니라. 왜 그러한가? 만약 일체지지가 청정하거나, 만약 무망실법이 청정하거나, 만약 8해탈이 청정하다면, 무이이고 둘로 나눌 수 없으며 분별이 없고 단절도 없는 까닭이니라. 선현이여. 일체지지가 청정한 까닭으로 항주사성이 청정하고, 항주사성이 청정한 까닭으로 8해탈이 청정하니라. 왜 그러한가? 만약 일체지지가 청정하거나, 만약 항주사성이 청정하거나, 만약 8해탈이 청정하다면, 무이이고 둘로 나눌 수 없으며 분별이 없고 단절도 없는 까닭이니라.

선현이여. 일체지지가 청정한 까닭으로 일체지가 청정하고, 일체지가 청정한 까닭으로 8해탈이 청정하니라. 왜 그러한가? 만약 일체지지가 청정하거나, 만약 일체지가 청정하거나, 만약 8해탈이 청정하다면, 무이이고 둘로 나눌 수 없으며 분별이 없고 단절도 없는 까닭이니라. 일체지지가 청정한 까닭으로 도상지·일체상지가 청정하고, 도상지·일체상지가 청정한 까닭으로 8해탈이 청정하니라. 왜 그러한가? 만약 일체지지가 청정하거나, 만약 도상지·일체상지가 청정하거나, 만약 8해탈이 청정하다면, 무이이고 둘로 나눌 수 없으며 분별이 없고 단절도 없는 까닭이니라.

선현이여. 일체지지가 청정한 까닭으로 일체의 다라니문이 청정하고, 일체의 다라니문이 청정한 까닭으로 8해탈이 청정하니라. 왜 그러한가? 만약 일체지지가 청정하거나, 만약 일체의 다라니문이 청정하거나, 만약 8해탈이 청정하다면, 무이이고 둘로 나눌 수 없으며 분별이 없고 단절도 없는 까닭이니라. 선현이여. 일체지지가 청정한 까닭으로 일체의 삼마지문이 청정하고, 일체의 삼마지문이 청정한 까닭으로 8해탈이 청정하니라. 왜 그러한가? 만약 일체지지가 청정하거나, 만약 일체의 삼마지문이 청정하거나, 만약 8해탈이 청정하다면, 무이이고 둘로 나눌 수 없으며 분별이 없고 단절도 없는 까닭이니라.

선현이여. 일체지지가 청정한 까닭으로 예류과가 청정하고, 예류과가 청정한 까닭으로 8해탈이 청정하니라. 왜 그러한가? 만약 일체지지가 청정하거나, 만약 예류과가 청정하거나, 만약 8해탈이 청정하다면, 무이이고 둘로 나눌 수 없으며 분별이 없고 단절도 없는 까닭이니라. 일체지지가 청정한 까닭으로 일래·불환·아라한과가 청정하고, 일래·불환·아라한과가 청정한 까닭으로 8해탈이 청정하니라. 왜 그러한가? 만약 일체지지가 청정하거나, 만약 일래·불환·아라한과가 청정하거나, 만약 8해탈이 청정하다면, 무이이고 둘로 나눌 수 없으며 분별이 없고 단절도 없는 까닭이니라.

선현이여. 일체지지가 청정한 까닭으로 독각의 보리가 청정하고, 독각의 보리가 청정한 까닭으로 8해탈이 청정하니라. 왜 그러한가? 만약 일체지지가 청정하거나, 만약 독각의 보리가 청정하거나, 만약 8해탈이 청정하다면, 무이이고 둘로 나눌 수 없으며 분별이 없고 단절도 없는 까닭이니라.

선현이여. 일체지지가 청정한 까닭으로 일체의 보살마하살의 행이 청정하고, 일체의 보살마하살의 행이 청정한 까닭으로 8해탈이 청정하니라. 왜 그러한가? 만약 일체지지가 청정하거나, 만약 일체의 보살마하살의 행이 청정하거나, 만약 8해탈이 청정하다면, 무이이고 둘로 나눌 수 없으며 분별이 없고 단절도 없는 까닭이니라.

선현이여. 일체지지가 청정한 까닭으로 제불의 무상정등보리가 청정하고, 제불의 무상정등보리가 청정한 까닭으로 8해탈이 청정하니라. 왜 그러한가? 만약 일체지지가 청정하거나, 만약 제불의 무상정등보리가 청정하거나, 만약 8해탈이 청정하다면, 무이이고 둘로 나눌 수 없으며 분별이 없고 단절도 없는 까닭이니라."

마하반야바라밀다경 제267권

34. 난신해품(難信解品)(86)

"다시 다음으로 선현이여. 일체지지가 청정한 까닭으로 색이 청정하고, 색이 청정한 까닭으로 8승처(八勝處)가 청정하니라. 왜 그러한가? 만약 일체지지가 청정하거나, 만약 색이 청정하거나, 만약 8승처가 청정하다면, 무이이고 둘로 나눌 수 없으며 분별이 없고 단절도 없는 까닭이니라. 일체지지가 청정한 까닭으로 수·상·행·식이 청정하고, 수·상·행·식이 청정한 까닭으로 8승처가 청정하니라. 왜 그러한가? 만약 일체지지가 청정하거나, 만약 수·상·행·식이 청정하거나, 만약 8승처가 청정하다면, 무이이고 둘로 나눌 수 없으며 분별이 없고 단절도 없는 까닭이니라.

선현이여. 일체지지가 청정한 까닭으로 안처가 청정하고, 안처가 청정한 까닭으로 8승처가 청정하니라. 왜 그러한가? 만약 일체지지가 청정하거나, 만약 안처가 청정하거나, 만약 8승처가 청정하다면, 무이이고 둘로 나눌 수 없으며 분별이 없고 단절도 없는 까닭이니라. 일체지지가 청정한 까닭으로 이·비·설·신·의처가 청정하고, 이·비·설·신·의처가 청정한 까닭으로 8승처가 청정하니라. 왜 그러한가? 만약 일체지지가 청정하거나, 만약 이·비·설·신·의처가 청정하거나, 만약 8승처가 청정하다면, 무이이고 둘로 나눌 수 없으며 분별이 없고 단절도 없는 까닭이니라.

선현이여. 일체지지가 청정한 까닭으로 색처가 청정하고, 색처가 청정한 까닭으로 8승처가 청정하니라. 왜 그러한가? 만약 일체지지가 청정하거나, 만약 색처가 청정하거나, 만약 8승처가 청정하다면, 무이이고 둘로 나눌 수 없으며 분별이 없고 단절도 없는 까닭이니라. 일체지지가 청정한 까닭으로 성·향·미·촉·법처가 청정하고, 성·향·미·촉·법처가 청정한 까닭으로 8승처가 청정하니라. 왜 그러한가? 만약 일체지지가 청정하거나, 만약 성·향·미·촉·법처가 청정하거나, 만약 8승처가 청정하다면, 무이이고 둘로 나눌 수 없으며 분별이 없고 단절도 없는 까닭이니라.

선현이여. 일체지지가 청정한 까닭으로 안계가 청정하고, 안계가 청정한 까닭으로 8승처가 청정하니라. 왜 그러한가? 만약 일체지지가 청정하거나, 만약 안계가 청정하거나, 만약 8승처가 청정하다면, 무이이고 둘로 나눌 수 없으며 분별이 없고 단절도 없는 까닭이니라. 일체지지가 청정한 까닭으로 색계·안식계, 나아가 안촉·안촉을 인연으로 생겨난 여러 수가 청정하고, 색계, 나아가 안촉을 인연으로 생겨난 여러 수가 청정한 까닭으로 8승처가 청정하니라. 왜 그러한가? 만약 일체지지가 청정하거나, 만약 색계, 나아가 안촉을 인연으로 생겨난 여러 수가 청정하거나, 만약 8승처가 청정하다면, 무이이고 둘로 나눌 수 없으며 분별이 없고 단절도 없는 까닭이니라.

선현이여. 일체지지가 청정한 까닭으로 이계가 청정하고, 이계가 청정한 까닭으로 8승처가 청정하니라. 왜 그러한가? 만약 일체지지가 청정하거나, 만약 이계가 청정하거나, 만약 8승처가 청정하다면, 무이이고 둘로 나눌 수 없으며 분별이 없고 단절도 없는 까닭이니라. 일체지지가 청정한 까닭으로 성계·이식계, 나아가 이촉·이촉을 인연으로 생겨난 여러 수가 청정하고, 성계, 나아가 이촉을 인연으로 생겨난 여러 수가 청정한 까닭으로 8승처가 청정하니라. 왜 그러한가? 만약 일체지지가 청정하거나, 만약 성계, 나아가 이촉을 인연으로 생겨난 여러 수가 청정하거나, 만약 8승처가 청정하다면, 무이이고 둘로 나눌 수 없으며 분별이 없고 단절도 없는 까닭이니라.

선현이여. 일체지지가 청정한 까닭으로 비계가 청정하고, 비계가 청정한 까닭으로 8승처가 청정하니라. 왜 그러한가? 만약 일체지지가 청정하거나, 만약 비계가 청정하거나, 만약 8승처가 청정하다면, 무이이고 둘로 나눌 수 없으며 분별이 없고 단절도 없는 까닭이니라. 일체지지가 청정한 까닭으로 향계·비식계, 나아가 비촉·비촉을 인연으로 생겨난 여러 수가 청정하고, 향계, 나아가 비촉을 인연으로 생겨난 여러 수가 청정한 까닭으로 8승처가 청정하니라. 왜 그러한가? 만약 일체지지가 청정하거나, 만약 향계, 나아가 비촉을 인연으로 생겨난 여러 수가 청정하거나, 만약 8승처가 청정하다면, 무이이고 둘로 나눌 수 없으며 분별이 없고 단절도 없는 까닭이니라.

선현이여. 일체지지가 청정한 까닭으로 설계가 청정하고, 설계가 청정한 까닭으로 8승처가 청정하니라. 왜 그러한가? 만약 일체지지가 청정하거나, 만약 설계가 청정하거나, 만약 8승처가 청정하다면, 무이이고 둘로 나눌 수 없으며 분별이 없고 단절도 없는 까닭이니라. 일체지지가 청정한 까닭으로 미계·설식계, 나아가 설촉·설촉을 인연으로 생겨난 여러 수가 청정하고, 미계, 나아가 설촉을 인연으로 생겨난 여러 수가 청정한 까닭으로 8승처가 청정하니라. 왜 그러한가? 만약 일체지지가 청정하거나, 만약 미계, 나아가 설촉을 인연으로 생겨난 여러 수가 청정하거나, 만약 8승처가 청정하다면, 무이이고 둘로 나눌 수 없으며 분별이 없고 단절도 없는 까닭이니라.

선현이여. 일체지지가 청정한 까닭으로 신계가 청정하고, 신계가 청정한 까닭으로 8승처가 청정하니라. 왜 그러한가? 만약 일체지지가 청정하거나, 만약 신계가 청정하거나, 만약 8승처가 청정하다면, 무이이고 둘로 나눌 수 없으며 분별이 없고 단절도 없는 까닭이니라. 일체지지가 청정한 까닭으로 촉계·신식계, 나아가 신촉·신촉을 인연으로 생겨난 여러 수가 청정하고, 촉계, 나아가 신촉을 인연으로 생겨난 여러 수가 청정한 까닭으로 8승처가 청정하니라. 왜 그러한가? 만약 일체지지가 청정하거나, 만약 촉계, 나아가 신촉을 인연으로 생겨난 여러 수가 청정하거나, 만약 8승처가 청정하다면, 무이이고 둘로 나눌 수 없으며 분별이 없고 단절도 없는 까닭이니라.

선현이여. 일체지지가 청정한 까닭으로 의계가 청정하고, 의계가 청정

한 까닭으로 8승처가 청정하니라. 왜 그러한가? 만약 일체지지가 청정하거나, 만약 의계가 청정하거나, 만약 8승처가 청정하다면, 무이이고 둘로 나눌 수 없으며 분별이 없고 단절도 없는 까닭이니라. 일체지지가 청정한 까닭으로 법계·의식계, 나아가 의촉·의촉을 인연으로 생겨난 여러 수가 청정하고, 법계, 나아가 의촉을 인연으로 생겨난 여러 수가 청정한 까닭으로 8승처가 청정하니라. 왜 그러한가? 만약 일체지지가 청정하거나, 만약 법계, 나아가 의촉을 인연으로 생겨난 여러 수가 청정하거나, 만약 8승처가 청정하다면, 무이이고 둘로 나눌 수 없으며 분별이 없고 단절도 없는 까닭이니라.

선현이여. 일체지지가 청정한 까닭으로 지계가 청정하고, 지계가 청정한 까닭으로 8승처가 청정하니라. 왜 그러한가? 만약 일체지지가 청정하거나, 만약 지계가 청정하거나, 만약 8승처가 청정하다면, 무이이고 둘로 나눌 수 없으며 분별이 없고 단절도 없는 까닭이니라. 일체지지가 청정한 까닭으로 수·화·풍·공·식계가 청정하고, 수·화·풍·공·식계가 청정한 까닭으로 8승처가 청정하니라. 왜 그러한가? 만약 일체지지가 청정하거나, 만약 수·화·풍·공·식계가 청정하거나, 만약 8승처가 청정하다면, 무이이고 둘로 나눌 수 없으며 분별이 없고 단절도 없는 까닭이니라.

선현이여. 일체지지가 청정한 까닭으로 무명이 청정하고, 무명이 청정한 까닭으로 8승처가 청정하니라. 왜 그러한가? 만약 일체지지가 청정하거나, 만약 무명이 청정하거나, 만약 8승처가 청정하다면, 무이이고 둘로 나눌 수 없으며 분별이 없고 단절도 없는 까닭이니라. 일체지지가 청정한 까닭으로 행·식·명색·육처·촉·수·애·취·유·생·노사의 수탄고우뇌가 청정하고, 행, 나아가 노사의 수탄고우뇌가 청정한 까닭으로 8승처가 청정하니라. 왜 그러한가? 만약 일체지지가 청정하거나, 만약 행, 나아가 노사의 수탄고우뇌가 청정하거나, 만약 8승처가 청정하다면, 무이이고 둘로 나눌 수 없으며 분별이 없고 단절도 없는 까닭이니라.

선현이여. 일체지지가 청정한 까닭으로 보시바라밀다가 청정하고, 보시바라밀다가 청정한 까닭으로 8승처가 청정하니라. 왜 그러한가?

만약 일체지지가 청정하거나, 만약 보시바라밀다가 청정하거나, 만약 8승처가 청정하다면, 무이이고 둘로 나눌 수 없으며 분별이 없고 단절도 없는 까닭이니라. 일체지지가 청정한 까닭으로 정계·안인·정진·정려·반야바라밀다가 청정하고, 정계, 나아가 반야바라밀다가 청정한 까닭으로 8승처가 청정하니라. 왜 그러한가? 만약 일체지지가 청정하거나, 만약 정계, 나아가 반야바라밀다가 청정하거나, 만약 8승처가 청정하다면, 무이이고 둘로 나눌 수 없으며 분별이 없고 단절도 없는 까닭이니라.

선현이여. 일체지지가 청정한 까닭으로 내공이 청정하고, 내공이 청정한 까닭으로 8승처가 청정하니라. 왜 그러한가? 만약 일체지지가 청정하거나, 만약 내공이 청정하거나, 만약 8승처가 청정하다면, 무이이고 둘로 나눌 수 없으며 분별이 없고 단절도 없는 까닭이니라. 일체지지가 청정한 까닭으로 외공·내외공·공공·대공·승의공·유위공·무위공·필경공·무제공·산공·무변이공·본성공·자상공·공상공·일체법공·불가득공·무성공·자성공·무성자성공이 청정하고, 외공, 나아가 무성자성공이 청정한 까닭으로 8승처가 청정하니라. 왜 그러한가? 만약 일체지지가 청정하거나, 만약 외공, 나아가 무성자성공이 청정하거나, 만약 8승처가 청정하다면, 무이이고 둘로 나눌 수 없으며 분별이 없고 단절도 없는 까닭이니라.

선현이여. 일체지지가 청정한 까닭으로 진여가 청정하고, 진여가 청정한 까닭으로 8승처가 청정하니라. 왜 그러한가? 만약 일체지지가 청정하거나, 만약 진여가 청정하거나, 만약 8승처가 청정하다면, 무이이고 둘로 나눌 수 없으며 분별이 없고 단절도 없는 까닭이니라. 일체지지가 청정한 까닭으로 법계·법성·불허망성·불변이성·평등성·이생성·법정·법주·실제·허공계·부사의계가 청정하고 법계, 나아가 부사의계가 청정한 까닭으로 8승처가 청정하니라. 왜 그러한가? 만약 일체지지가 청정하거나, 만약 법계, 나아가 부사의계가 청정하거나, 만약 8승처가 청정하다면, 무이이고 둘로 나눌 수 없으며 분별이 없고 단절도 없는 까닭이니라.

선현이여. 일체지지가 청정한 까닭으로 고성제가 청정하고, 고성제가 청정한 까닭으로 8승처가 청정하니라. 왜 그러한가? 만약 일체지지가 청정하거나, 만약 고성제가 청정하거나, 만약 8승처가 청정하다면, 무이이고 둘로 나눌 수 없으며 분별이 없고 단절도 없는 까닭이니라. 일체지지가 청정한 까닭으로 집·멸·도성제가 청정하고, 집·멸·도성제가 청정한 까닭으로 8승처가 청정하니라. 왜 그러한가? 만약 일체지지가 청정하거나, 만약 집·멸·도성제가 청정하거나, 만약 8승처가 청정하다면, 무이이고 둘로 나눌 수 없으며 분별이 없고 단절도 없는 까닭이니라.

선현이여. 일체지지가 청정한 까닭으로 4정려가 청정하고, 4정려가 청정한 까닭으로 8승처가 청정하니라. 왜 그러한가? 만약 일체지지가 청정하거나, 만약 4정려가 청정하거나, 만약 8승처가 청정하다면, 무이이고 둘로 나눌 수 없으며 분별이 없고 단절도 없는 까닭이니라. 일체지지가 청정한 까닭으로 4무량·4무색정이 청정하고, 4무량·4무색정이 청정한 까닭으로 8승처가 청정하니라. 왜 그러한가? 만약 일체지지가 청정하거나, 만약 4무량·4무색정이 청정하거나, 만약 8승처가 청정하다면, 무이이고 둘로 나눌 수 없으며 분별이 없고 단절도 없는 까닭이니라.

선현이여. 일체지지가 청정한 까닭으로 8해탈이 청정하고, 8해탈이 청정한 까닭으로 8승처가 청정하니라. 왜 그러한가? 만약 일체지지가 청정하거나, 만약 8해탈이 청정하거나, 만약 8승처가 청정하다면, 무이이고 둘로 나눌 수 없으며 분별이 없고 단절도 없는 까닭이니라. 일체지지가 청정한 까닭으로 9차제정·10변처가 청정하고, 9차제정·10변처가 청정한 까닭으로 8승처가 청정하니라. 왜 그러한가? 만약 일체지지가 청정하거나, 만약 9차제정·10변처가 청정하거나, 만약 8승처가 청정하다면, 무이이고 둘로 나눌 수 없으며 분별이 없고 단절도 없는 까닭이니라.

선현이여. 일체지지가 청정한 까닭으로 4념주가 청정하고, 4념주가 청정한 까닭으로 8승처가 청정하니라. 왜 그러한가? 만약 일체지지가 청정하거나, 만약 4념주가 청정하거나, 만약 8승처가 청정하다면, 무이이고 둘로 나눌 수 없으며 분별이 없고 단절도 없는 까닭이니라. 일체지지가 청정한 까닭으로 4정단·4신족·5근·5력·7등각지·8성도지가 청정하고, 4정단, 나아가 8성도지가 청정한 까닭으로 8승처가 청정하니라. 왜 그러한가? 만약 일체지지가 청정하거나, 만약 4정단, 나아가 8성도지가 청정하거나, 만약 8승처가 청정하다면, 무이이고 둘로 나눌 수 없으며 분별이 없고 단절도 없는 까닭이니라.

선현이여. 일체지지가 청정한 까닭으로 공해탈문이 청정하고, 공해탈문이 청정한 까닭으로 8승처가 청정하니라. 왜 그러한가? 만약 일체지지가 청정하거나, 만약 공해탈문이 청정하거나, 만약 8승처가 청정하다면, 무이이고 둘로 나눌 수 없으며 분별이 없고 단절도 없는 까닭이니라. 일체지지가 청정한 까닭으로 무상·무원해탈문이 청정하고, 무상·무원해탈문이 청정한 까닭으로 8승처가 청정하니라. 왜 그러한가? 만약 일체지지가 청정하거나, 만약 무상·무원해탈문이 청정하거나, 만약 8승처가 청정하다면, 무이이고 둘로 나눌 수 없으며 분별이 없고 단절도 없는 까닭이니라.

선현이여. 일체지지가 청정한 까닭으로 보살의 10지가 청정하고, 보살의 10지가 청정한 까닭으로 8승처가 청정하니라. 왜 그러한가? 만약 일체지지가 청정하거나, 만약 보살의 10지가 청정하거나, 만약 8승처가 청정하다면, 무이이고 둘로 나눌 수 없으며 분별이 없고 단절도 없는 까닭이니라.

선현이여. 일체지지가 청정한 까닭으로 5안이 청정하고, 5안이 청정한 까닭으로 8승처가 청정하니라. 왜 그러한가? 만약 일체지지가 청정하거나, 만약 5안이 청정하거나, 만약 8승처가 청정하다면, 무이이고 둘로 나눌 수 없으며 분별이 없고 단절도 없는 까닭이니라. 일체지지가 청정한 까닭으로 6신통이 청정하고, 6신통이 청정한 까닭으로 8승처가 청정하니라. 왜 그러한가? 만약 일체지지가 청정하거나, 만약 6신통이 청정하거나, 만약 8승처가 청정하다면, 무이이고 둘로 나눌 수 없으며 분별이 없고 단절도 없는 까닭이니라.

선현이여. 일체지지가 청정한 까닭으로 여래의 10력이 청정하고, 여래의 10력이 청정한 까닭으로 8승처가 청정하니라. 왜 그러한가? 만약 일체지지가 청정하거나, 만약 여래의 10력이 청정하거나, 만약 8승처가 청정하다면, 무이이고 둘로 나눌 수 없으며 분별이 없고 단절도 없는 까닭이니라. 일체지지가 청정한 까닭으로 4무소외·4무애해·대자·대비·대희·대사·18불불공법이 청정하고, 4무소외, 나아가 18불불공법이 청정한 까닭으로 8승처가 청정하니라. 왜 그러한가? 만약 일체지지가 청정하거나, 만약 4무소외, 나아가 18불불공법이 청정하거나, 만약 8승처가 청정하다면, 무이이고 둘로 나눌 수 없으며 분별이 없고 단절도 없는 까닭이니라.

선현이여. 일체지지가 청정한 까닭으로 무망실법이 청정하고, 무망실법이 청정한 까닭으로 8승처가 청정하니라. 왜 그러한가? 만약 일체지지가 청정하거나, 만약 무망실법이 청정하거나, 만약 8승처가 청정하다면, 무이이고 둘로 나눌 수 없으며 분별이 없고 단절도 없는 까닭이니라. 선현이여. 일체지지가 청정한 까닭으로 항주사성이 청정하고, 항주사성이 청정한 까닭으로 8승처가 청정하니라. 왜 그러한가? 만약 일체지지가 청정하거나, 만약 항주사성이 청정하거나, 만약 8승처가 청정하다면, 무이이고 둘로 나눌 수 없으며 분별이 없고 단절도 없는 까닭이니라.

선현이여. 일체지지가 청정한 까닭으로 일체지가 청정하고, 일체지가 청정한 까닭으로 8승처가 청정하니라. 왜 그러한가? 만약 일체지지가 청정하거나, 만약 일체지가 청정하거나, 만약 8승처가 청정하다면, 무이이고 둘로 나눌 수 없으며 분별이 없고 단절도 없는 까닭이니라. 일체지지가 청정한 까닭으로 도상지·일체상지가 청정하고, 도상지·일체상지가 청정한 까닭으로 8승처가 청정하니라. 왜 그러한가? 만약 일체지지가 청정하거나, 만약 도상지·일체상지가 청정하거나, 만약 8승처가 청정하다면, 무이이고 둘로 나눌 수 없으며 분별이 없고 단절도 없는 까닭이니라.

선현이여. 일체지지가 청정한 까닭으로 일체의 다라니문이 청정하고, 일체의 다라니문이 청정한 까닭으로 8승처가 청정하니라. 왜 그러한가? 만약 일체지지가 청정하거나, 만약 일체의 다라니문이 청정하거나, 만약 8승처가 청정하다면, 무이이고 둘로 나눌 수 없으며 분별이 없고 단절도 없는 까닭이니라. 선현이여. 일체지지가 청정한 까닭으로 일체의 삼마지문이 청정하고, 일체의 삼마지문이 청정한 까닭으로 8승처가 청정하니라. 왜 그러한가? 만약 일체지지가 청정하거나, 만약 일체의 삼마지문이 청정하거나, 만약 8승처가 청정하다면, 무이이고 둘로 나눌 수 없으며 분별이 없고 단절도 없는 까닭이니라.

선현이여. 일체지지가 청정한 까닭으로 예류과가 청정하고, 예류과가 청정한 까닭으로 8승처가 청정하니라. 왜 그러한가? 만약 일체지지가 청정하거나, 만약 예류과가 청정하거나, 만약 8승처가 청정하다면, 무이이고 둘로 나눌 수 없으며 분별이 없고 단절도 없는 까닭이니라. 일체지지가 청정한 까닭으로 일래·불환·아라한과가 청정하고, 일래·불환·아라한과가 청정한 까닭으로 8승처가 청정하니라. 왜 그러한가? 만약 일체지지가 청정하거나, 만약 일래·불환·아라한과가 청정하거나, 만약 8승처가 청정하다면, 무이이고 둘로 나눌 수 없으며 분별이 없고 단절도 없는 까닭이니라.

선현이여. 일체지지가 청정한 까닭으로 독각의 보리가 청정하고, 독각의 보리가 청정한 까닭으로 8승처가 청정하니라. 왜 그러한가? 만약 일체지지가 청정하거나, 만약 독각의 보리가 청정하거나, 만약 8승처가 청정하다면, 무이이고 둘로 나눌 수 없으며 분별이 없고 단절도 없는 까닭이니라.

선현이여. 일체지지가 청정한 까닭으로 일체의 보살마하살의 행이 청정하고, 일체의 보살마하살의 행이 청정한 까닭으로 8승처가 청정하니라. 왜 그러한가? 만약 일체지지가 청정하거나, 만약 일체의 보살마하살의 행이 청정하거나, 만약 8승처가 청정하다면, 무이이고 둘로 나눌 수 없으며 분별이 없고 단절도 없는 까닭이니라.

선현이여. 일체지지가 청정한 까닭으로 제불의 무상정등보리가 청정하고, 제불의 무상정등보리가 청정한 까닭으로 8승처가 청정하니라. 왜 그러한가? 만약 일체지지가 청정하거나, 만약 제불의 무상정등보리가 청정하거나, 만약 8승처가 청정하다면, 무이이고 둘로 나눌 수 없으며 분별이 없고 단절도 없는 까닭이니라.”

"다시 다음으로 선현이여. 일체지지가 청정한 까닭으로 색이 청정하고, 색이 청정한 까닭으로 9차제정(九次第定)이 청정하니라. 왜 그러한가? 만약 일체지지가 청정하거나, 만약 색이 청정하거나, 만약 9차제정이 청정하다면, 무이이고 둘로 나눌 수 없으며 분별이 없고 단절도 없는 까닭이니라. 일체지지가 청정한 까닭으로 수·상·행·식이 청정하고, 수·상·행·식이 청정한 까닭으로 9차제정이 청정하니라. 왜 그러한가? 만약 일체지지가 청정하거나, 만약 수·상·행·식이 청정하거나, 만약 9차제정이 청정하다면, 무이이고 둘로 나눌 수 없으며 분별이 없고 단절도 없는 까닭이니라.

선현이여. 일체지지가 청정한 까닭으로 안처가 청정하고, 안처가 청정한 까닭으로 9차제정이 청정하니라. 왜 그러한가? 만약 일체지지가 청정하거나, 만약 안처가 청정하거나, 만약 9차제정이 청정하다면, 무이이고 둘로 나눌 수 없으며 분별이 없고 단절도 없는 까닭이니라. 일체지지가 청정한 까닭으로 이·비·설·신·의처가 청정하고, 이·비·설·신·의처가 청정한 까닭으로 9차제정이 청정하니라. 왜 그러한가? 만약 일체지지가 청정하거나, 만약 이·비·설·신·의처가 청정하거나, 만약 9차제정이 청정하다면, 무이이고 둘로 나눌 수 없으며 분별이 없고 단절도 없는 까닭이니라.

선현이여. 일체지지가 청정한 까닭으로 색처가 청정하고, 색처가 청정한 까닭으로 9차제정이 청정하니라. 왜 그러한가? 만약 일체지지가 청정하거나, 만약 색처가 청정하거나, 만약 9차제정이 청정하다면, 무이이고 둘로 나눌 수 없으며 분별이 없고 단절도 없는 까닭이니라. 일체지지가 청정한 까닭으로 성·향·미·촉·법처가 청정하고, 성·향·미·촉·법처가 청정한 까닭으로 9차제정이 청정하니라. 왜 그러한가? 만약 일체지지가 청정하거나, 만약 성·향·미·촉·법처가 청정하거나, 만약 9차제정이 청정하다면, 무이이고 둘로 나눌 수 없으며 분별이 없고 단절도 없는 까닭이니라.

선현이여. 일체지지가 청정한 까닭으로 안계가 청정하고, 안계가 청정한 까닭으로 9차제정이 청정하니라. 왜 그러한가? 만약 일체지지가 청정하거나, 만약 안계가 청정하거나, 만약 9차제정이 청정하다면, 무이이고 둘로 나눌 수 없으며 분별이 없고 단절도 없는 까닭이니라. 일체지지가 청정한 까닭으로 색계·안식계, 나아가 안촉·안촉을 인연으로 생겨난 여러 수가 청정하고, 색계, 나아가 안촉을 인연으로 생겨난 여러 수가 청정한 까닭으로 9차제정이 청정하니라. 왜 그러한가? 만약 일체지지가 청정하거나, 만약 색계, 나아가 안촉을 인연으로 생겨난 여러 수가 청정하거나, 만약 9차제정이 청정하다면, 무이이고 둘로 나눌 수 없으며 분별이 없고 단절도 없는 까닭이니라.

선현이여. 일체지지가 청정한 까닭으로 이계가 청정하고, 이계가 청정한 까닭으로 9차제정이 청정하니라. 왜 그러한가? 만약 일체지지가 청정하거나, 만약 이계가 청정하거나, 만약 9차제정이 청정하다면, 무이이고 둘로 나눌 수 없으며 분별이 없고 단절도 없는 까닭이니라. 일체지지가 청정한 까닭으로 성계·이식계, 나아가 이촉·이촉을 인연으로 생겨난 여러 수가 청정하고, 성계, 나아가 이촉을 인연으로 생겨난 여러 수가 청정한 까닭으로 9차제정이 청정하니라. 왜 그러한가? 만약 일체지지가 청정하거나, 만약 성계, 나아가 이촉을 인연으로 생겨난 여러 수가 청정하거나, 만약 9차제정이 청정하다면, 무이이고 둘로 나눌 수 없으며 분별이 없고 단절도 없는 까닭이니라.

선현이여. 일체지지가 청정한 까닭으로 비계가 청정하고, 비계가 청정한 까닭으로 9차제정이 청정하니라. 왜 그러한가? 만약 일체지지가 청정하거나, 만약 비계가 청정하거나, 만약 9차제정이 청정하다면, 무이이고 둘로 나눌 수 없으며 분별이 없고 단절도 없는 까닭이니라. 일체지지가 청정한 까닭으로 향계·비식계, 나아가 비촉·비촉을 인연으로 생겨난 여러 수가 청정하고, 향계, 나아가 비촉을 인연으로 생겨난 여러 수가 청정한 까닭으로 9차제정이 청정하니라. 왜 그러한가? 만약 일체지지가 청정하거나, 만약 향계, 나아가 비촉을 인연으로 생겨난 여러 수가 청정하거나, 만약 9차제정이 청정하다면, 무이이고 둘로 나눌 수 없으며 분별이 없고 단절도 없는 까닭이니라.

선현이여. 일체지지가 청정한 까닭으로 설계가 청정하고, 설계가 청정

한 까닭으로 9차제정이 청정하니라. 왜 그러한가? 만약 일체지지가 청정하거나, 만약 설계가 청정하거나, 만약 9차제정이 청정하다면, 무이이고 둘로 나눌 수 없으며 분별이 없고 단절도 없는 까닭이니라. 일체지지가 청정한 까닭으로 미계·설식계, 나아가 설촉·설촉을 인연으로 생겨난 여러 수가 청정하고, 미계, 나아가 설촉을 인연으로 생겨난 여러 수가 청정한 까닭으로 9차제정이 청정하니라. 왜 그러한가? 만약 일체지지가 청정하거나, 만약 미계, 나아가 설촉을 인연으로 생겨난 여러 수가 청정하거나, 만약 9차제정이 청정하다면, 무이이고 둘로 나눌 수 없으며 분별이 없고 단절도 없는 까닭이니라.

선현이여. 일체지지가 청정한 까닭으로 신계가 청정하고, 신계가 청정한 까닭으로 9차제정이 청정하니라. 왜 그러한가? 만약 일체지지가 청정하거나, 만약 신계가 청정하거나, 만약 9차제정이 청정하다면, 무이이고 둘로 나눌 수 없으며 분별이 없고 단절도 없는 까닭이니라. 일체지지가 청정한 까닭으로 촉계·신식계, 나아가 신촉·신촉을 인연으로 생겨난 여러 수가 청정하고, 촉계, 나아가 신촉을 인연으로 생겨난 여러 수가 청정한 까닭으로 9차제정이 청정하니라. 왜 그러한가? 만약 일체지지가 청정하거나, 만약 촉계, 나아가 신촉을 인연으로 생겨난 여러 수가 청정하거나, 만약 9차제정이 청정하다면, 무이이고 둘로 나눌 수 없으며 분별이 없고 단절도 없는 까닭이니라.

선현이여. 일체지지가 청정한 까닭으로 의계가 청정하고, 의계가 청정한 까닭으로 9차제정이 청정하니라. 왜 그러한가? 만약 일체지지가 청정하거나, 만약 의계가 청정하거나, 만약 9차제정이 청정하다면, 무이이고 둘로 나눌 수 없으며 분별이 없고 단절도 없는 까닭이니라. 일체지지가 청정한 까닭으로 법계·의식계, 나아가 의촉·의촉을 인연으로 생겨난 여러 수가 청정하고, 법계, 나아가 의촉을 인연으로 생겨난 여러 수가 청정한 까닭으로 9차제정이 청정하니라. 왜 그러한가? 만약 일체지지가 청정하거나, 만약 법계, 나아가 의촉을 인연으로 생겨난 여러 수가 청정하거나, 만약 9차제정이 청정하다면, 무이이고 둘로 나눌 수 없으며 분별이

없고 단절도 없는 까닭이니라.

선현이여. 일체지지가 청정한 까닭으로 지계가 청정하고, 지계가 청정한 까닭으로 9차제정이 청정하니라. 왜 그러한가? 만약 일체지지가 청정하거나, 만약 지계가 청정하거나, 만약 9차제정이 청정하다면, 무이이고 둘로 나눌 수 없으며 분별이 없고 단절도 없는 까닭이니라. 일체지지가 청정한 까닭으로 수·화·풍·공·식계가 청정하고, 수·화·풍·공·식계가 청정한 까닭으로 9차제정이 청정하니라. 왜 그러한가? 만약 일체지지가 청정하거나, 만약 수·화·풍·공·식계가 청정하거나, 만약 9차제정이 청정하다면, 무이이고 둘로 나눌 수 없으며 분별이 없고 단절도 없는 까닭이니라.

선현이여. 일체지지가 청정한 까닭으로 무명이 청정하고, 무명이 청정한 까닭으로 9차제정이 청정하니라. 왜 그러한가? 만약 일체지지가 청정하거나, 만약 무명이 청정하거나, 만약 9차제정이 청정하다면, 무이이고 둘로 나눌 수 없으며 분별이 없고 단절도 없는 까닭이니라. 일체지지가 청정한 까닭으로 행·식·명색·육처·촉·수·애·취·유·생·노사의 수탄고우뇌가 청정하고, 행, 나아가 노사의 수탄고우뇌가 청정한 까닭으로 9차제정이 청정하니라. 왜 그러한가? 만약 일체지지가 청정하거나, 만약 행, 나아가 노사의 수탄고우뇌가 청정하거나, 만약 9차제정이 청정하다면, 무이이고 둘로 나눌 수 없으며 분별이 없고 단절도 없는 까닭이니라.

선현이여. 일체지지가 청정한 까닭으로 보시바라밀다가 청정하고, 보시바라밀다가 청정한 까닭으로 9차제정이 청정하니라. 왜 그러한가? 만약 일체지지가 청정하거나, 만약 보시바라밀다가 청정하거나, 만약 9차제정이 청정하다면, 무이이고 둘로 나눌 수 없으며 분별이 없고 단절도 없는 까닭이니라. 일체지지가 청정한 까닭으로 정계·안인·정진·정려·반야바라밀다가 청정하고, 정계, 나아가 반야바라밀다가 청정한 까닭으로 9차제정이 청정하니라. 왜 그러한가? 만약 일체지지가 청정하거나, 만약 정계, 나아가 반야바라밀다가 청정하거나, 만약 9차제정이 청정하다면, 무이이고 둘로 나눌 수 없으며 분별이 없고 단절도 없는 까닭이니라.

선현이여. 일체지지가 청정한 까닭으로 내공이 청정하고, 내공이 청정한 까닭으로 9차제정이 청정하니라. 왜 그러한가? 만약 일체지지가 청정하거나, 만약 내공이 청정하거나, 만약 9차제정이 청정하다면, 무이이고 둘로 나눌 수 없으며 분별이 없고 단절도 없는 까닭이니라. 일체지지가 청정한 까닭으로 외공·내외공·공공·대공·승의공·유위공·무위공·필경공·무제공·산공·무변이공·본성공·자상공·공상공·일체법공·불가득공·무성공·자성공·무성자성공이 청정하고, 외공, 나아가 무성자성공이 청정한 까닭으로 9차제정이 청정하니라. 왜 그러한가? 만약 일체지지가 청정하거나, 만약 외공, 나아가 무성자성공이 청정하거나, 만약 9차제정이 청정하다면, 무이이고 둘로 나눌 수 없으며 분별이 없고 단절도 없는 까닭이니라.

선현이여. 일체지지가 청정한 까닭으로 진여가 청정하고, 진여가 청정한 까닭으로 9차제정이 청정하니라. 왜 그러한가? 만약 일체지지가 청정하거나, 만약 진여가 청정하거나, 만약 9차제정이 청정하다면, 무이이고 둘로 나눌 수 없으며 분별이 없고 단절도 없는 까닭이니라. 일체지지가 청정한 까닭으로 법계·법성·불허망성·불변이성·평등성·이생성·법정·법주·실제·허공계·부사의계가 청정하고 법계, 나아가 부사의계가 청정한 까닭으로 9차제정이 청정하니라. 왜 그러한가? 만약 일체지지가 청정하거나, 만약 법계, 나아가 부사의계가 청정하거나, 만약 9차제정이 청정하다면, 무이이고 둘로 나눌 수 없으며 분별이 없고 단절도 없는 까닭이니라.

선현이여. 일체지지가 청정한 까닭으로 고성제가 청정하고, 고성제가 청정한 까닭으로 9차제정이 청정하니라. 왜 그러한가? 만약 일체지지가 청정하거나, 만약 고성제가 청정하거나, 만약 9차제정이 청정하다면, 무이이고 둘로 나눌 수 없으며 분별이 없고 단절도 없는 까닭이니라. 일체지지가 청정한 까닭으로 집·멸·도성제가 청정하고, 집·멸·도성제가 청정한 까닭으로 9차제정이 청정하니라. 왜 그러한가? 만약 일체지지가 청정하거나, 만약 집·멸·도성제가 청정하거나, 만약 9차제정이 청정하다면, 무이이고 둘로 나눌 수 없으며 분별이 없고 단절도 없는 까닭이니라.

선현이여. 일체지지가 청정한 까닭으로 4정려가 청정하고, 4정려가

청정한 까닭으로 9차제정이 청정하니라. 왜 그러한가? 만약 일체지지가 청정하거나, 만약 4정려가 청정하거나, 만약 9차제정이 청정하다면, 무이이고 둘로 나눌 수 없으며 분별이 없고 단절도 없는 까닭이니라. 일체지지가 청정한 까닭으로 4무량·4무색정이 청정하고, 4무량·4무색정이 청정한 까닭으로 9차제정이 청정하니라. 왜 그러한가? 만약 일체지지가 청정하거나, 만약 4무량·4무색정이 청정하거나, 만약 9차제정이 청정하다면, 무이이고 둘로 나눌 수 없으며 분별이 없고 단절도 없는 까닭이니라.

선현이여. 일체지지가 청정한 까닭으로 8해탈이 청정하고, 8해탈이 청정한 까닭으로 9차제정이 청정하니라. 왜 그러한가? 만약 일체지지가 청정하거나, 만약 8해탈이 청정하거나, 만약 9차제정이 청정하다면, 무이이고 둘로 나눌 수 없으며 분별이 없고 단절도 없는 까닭이니라. 일체지지가 청정한 까닭으로 8승처·10변처가 청정하고, 8승처·10변처가 청정한 까닭으로 9차제정이 청정하니라. 왜 그러한가? 만약 일체지지가 청정하거나, 만약 8승처·10변처가 청정하거나, 만약 9차제정이 청정하다면, 무이이고 둘로 나눌 수 없으며 분별이 없고 단절도 없는 까닭이니라.

선현이여. 일체지지가 청정한 까닭으로 4념주가 청정하고, 4념주가 청정한 까닭으로 9차제정이 청정하니라. 왜 그러한가? 만약 일체지지가 청정하거나, 만약 4념주가 청정하거나, 만약 9차제정이 청정하다면, 무이이고 둘로 나눌 수 없으며 분별이 없고 단절도 없는 까닭이니라. 일체지지가 청정한 까닭으로 4정단·4신족·5근·5력·7등각지·8성도지가 청정하고, 4정단, 나아가 8성도지가 청정한 까닭으로 9차제정이 청정하니라. 왜 그러한가? 만약 일체지지가 청정하거나, 만약 4정단, 나아가 8성도지가 청정하거나, 만약 9차제정이 청정하다면, 무이이고 둘로 나눌 수 없으며 분별이 없고 단절도 없는 까닭이니라.

선현이여. 일체지지가 청정한 까닭으로 공해탈문이 청정하고, 공해탈문이 청정한 까닭으로 9차제정이 청정하니라. 왜 그러한가? 만약 일체지지가 청정하거나, 만약 공해탈문이 청정하거나, 만약 9차제정이 청정하다면, 무이이고 둘로 나눌 수 없으며 분별이 없고 단절도 없는 까닭이니라.

일체지지가 청정한 까닭으로 무상·무원해탈문이 청정하고, 무상·무원해탈문이 청정한 까닭으로 9차제정이 청정하니라. 왜 그러한가? 만약 일체지지가 청정하거나, 만약 무상·무원해탈문이 청정하거나, 만약 9차제정이 청정하다면, 무이이고 둘로 나눌 수 없으며 분별이 없고 단절도 없는 까닭이니라.

선현이여. 일체지지가 청정한 까닭으로 보살의 10지가 청정하고, 보살의 10지가 청정한 까닭으로 9차제정이 청정하니라. 왜 그러한가? 만약 일체지지가 청정하거나, 만약 보살의 10지가 청정하거나, 만약 9차제정이 청정하다면, 무이이고 둘로 나눌 수 없으며 분별이 없고 단절도 없는 까닭이니라.

선현이여. 일체지지가 청정한 까닭으로 5안이 청정하고, 5안이 청정한 까닭으로 9차제정이 청정하니라. 왜 그러한가? 만약 일체지지가 청정하거나, 만약 5안이 청정하거나, 만약 9차제정이 청정하다면, 무이이고 둘로 나눌 수 없으며 분별이 없고 단절도 없는 까닭이니라. 일체지지가 청정한 까닭으로 6신통이 청정하고, 6신통이 청정한 까닭으로 9차제정이 청정하니라. 왜 그러한가? 만약 일체지지가 청정하거나, 만약 6신통이 청정하거나, 만약 9차제정이 청정하다면, 무이이고 둘로 나눌 수 없으며 분별이 없고 단절도 없는 까닭이니라.

선현이여. 일체지지가 청정한 까닭으로 여래의 10력이 청정하고, 여래의 10력이 청정한 까닭으로 9차제정이 청정하니라. 왜 그러한가? 만약 일체지지가 청정하거나, 만약 여래의 10력이 청정하거나, 만약 9차제정이 청정하다면, 무이이고 둘로 나눌 수 없으며 분별이 없고 단절도 없는 까닭이니라. 일체지지가 청정한 까닭으로 4무소외·4무애해·대자·대비·대희·대사·18불불공법이 청정하고, 4무소외, 나아가 18불불공법이 청정한 까닭으로 9차제정이 청정하니라. 왜 그러한가? 만약 일체지지가 청정하거나, 만약 4무소외, 나아가 18불불공법이 청정하거나, 만약 9차제정이 청정하다면, 무이이고 둘로 나눌 수 없으며 분별이 없고 단절도 없는 까닭이니라.

선현이여. 일체지지가 청정한 까닭으로 무망실법이 청정하고, 무망실법이 청정한 까닭으로 9차제정이 청정하니라. 왜 그러한가? 만약 일체지지가 청정하거나, 만약 무망실법이 청정하거나, 만약 9차제정이 청정하다면, 무이이고 둘로 나눌 수 없으며 분별이 없고 단절도 없는 까닭이니라. 선현이여. 일체지지가 청정한 까닭으로 항주사성이 청정하고, 항주사성이 청정한 까닭으로 9차제정이 청정하니라. 왜 그러한가? 만약 일체지지가 청정하거나, 만약 항주사성이 청정하거나, 만약 9차제정이 청정하다면, 무이이고 둘로 나눌 수 없으며 분별이 없고 단절도 없는 까닭이니라.

선현이여. 일체지지가 청정한 까닭으로 일체지가 청정하고, 일체지가 청정한 까닭으로 9차제정이 청정하니라. 왜 그러한가? 만약 일체지지가 청정하거나, 만약 일체지가 청정하거나, 만약 9차제정이 청정하다면, 무이이고 둘로 나눌 수 없으며 분별이 없고 단절도 없는 까닭이니라. 일체지지가 청정한 까닭으로 도상지·일체상지가 청정하고, 도상지·일체상지가 청정한 까닭으로 9차제정이 청정하니라. 왜 그러한가? 만약 일체지지가 청정하거나, 만약 도상지·일체상지가 청정하거나, 만약 9차제정이 청정하다면, 무이이고 둘로 나눌 수 없으며 분별이 없고 단절도 없는 까닭이니라.

선현이여. 일체지지가 청정한 까닭으로 일체의 다라니문이 청정하고, 일체의 다라니문이 청정한 까닭으로 9차제정이 청정하니라. 왜 그러한가? 만약 일체지지가 청정하거나, 만약 일체의 다라니문이 청정하거나, 만약 9차제정이 청정하다면, 무이이고 둘로 나눌 수 없으며 분별이 없고 단절도 없는 까닭이니라. 선현이여. 일체지지가 청정한 까닭으로 일체의 삼마지문이 청정하고, 일체의 삼마지문이 청정한 까닭으로 9차제정이 청정하니라. 왜 그러한가? 만약 일체지지가 청정하거나, 만약 일체의 삼마지문이 청정하거나, 만약 9차제정이 청정하다면, 무이이고 둘로 나눌 수 없으며 분별이 없고 단절도 없는 까닭이니라.

선현이여. 일체지지가 청정한 까닭으로 예류과가 청정하고, 예류과가 청정한 까닭으로 9차제정이 청정하니라. 왜 그러한가? 만약 일체지지가 청정하거나, 만약 예류과가 청정하거나, 만약 9차제정이 청정하다면, 무이이고 둘로 나눌 수 없으며 분별이 없고 단절도 없는 까닭이니라. 일체지지가 청정한 까닭으로 일래·불환·아라한과가 청정하고, 일래·불환·아라한과가 청정한 까닭으로 9차제정이 청정하니라. 왜 그러한가? 만약 일체지지가 청정하거나, 만약 일래·불환·아라한과가 청정하거나, 만약 9차제정이 청정하다면, 무이이고 둘로 나눌 수 없으며 분별이 없고 단절도 없는 까닭이니라.

선현이여. 일체지지가 청정한 까닭으로 독각의 보리가 청정하고, 독각의 보리가 청정한 까닭으로 9차제정이 청정하니라. 왜 그러한가? 만약 일체지지가 청정하거나, 만약 독각의 보리가 청정하거나, 만약 9차제정이 청정하다면, 무이이고 둘로 나눌 수 없으며 분별이 없고 단절도 없는 까닭이니라.

선현이여. 일체지지가 청정한 까닭으로 일체의 보살마하살의 행이 청정하고, 일체의 보살마하살의 행이 청정한 까닭으로 9차제정이 청정하니라. 왜 그러한가? 만약 일체지지가 청정하거나, 만약 일체의 보살마하살의 행이 청정하거나, 만약 9차제정이 청정하다면, 무이이고 둘로 나눌 수 없으며 분별이 없고 단절도 없는 까닭이니라.

선현이여. 일체지지가 청정한 까닭으로 제불의 무상정등보리가 청정하고, 제불의 무상정등보리가 청정한 까닭으로 9차제정이 청정하니라. 왜 그러한가? 만약 일체지지가 청정하거나, 만약 제불의 무상정등보리가 청정하거나, 만약 9차제정이 청정하다면, 무이이고 둘로 나눌 수 없으며 분별이 없고 단절도 없는 까닭이니라."

마하반야바라밀다경 제268권

34. 난신해품(難信解品)(87)

"다시 다음으로 선현이여. 일체지지가 청정한 까닭으로 색이 청정하고, 색이 청정한 까닭으로 10변처(十遍處)가 청정하니라. 왜 그러한가? 만약 일체지지가 청정하거나, 만약 색이 청정하거나, 만약 10변처가 청정하다면, 무이이고 둘로 나눌 수 없으며 분별이 없고 단절도 없는 까닭이니라. 일체지지가 청정한 까닭으로 수·상·행·식이 청정하고, 수·상·행·식이 청정한 까닭으로 10변처가 청정하니라. 왜 그러한가? 만약 일체지지가 청정하거나, 만약 수·상·행·식이 청정하거나, 만약 10변처가 청정하다면, 무이이고 둘로 나눌 수 없으며 분별이 없고 단절도 없는 까닭이니라.

선현이여. 일체지지가 청정한 까닭으로 안처가 청정하고, 안처가 청정한 까닭으로 10변처가 청정하니라. 왜 그러한가? 만약 일체지지가 청정하거나, 만약 안처가 청정하거나, 만약 10변처가 청정하다면, 무이이고 둘로 나눌 수 없으며 분별이 없고 단절도 없는 까닭이니라. 일체지지가 청정한 까닭으로 이·비·설·신·의처가 청정하고, 이·비·설·신·의처가 청정한 까닭으로 10변처가 청정하니라. 왜 그러한가? 만약 일체지지가 청정하거나, 만약 이·비·설·신·의처가 청정하거나, 만약 10변처가 청정하다면, 무이이고 둘로 나눌 수 없으며 분별이 없고 단절도 없는 까닭이니라.

선현이여. 일체지지가 청정한 까닭으로 색처가 청정하고, 색처가 청정한 까닭으로 10변처가 청정하니라. 왜 그러한가? 만약 일체지지가 청정하거나, 만약 색처가 청정하거나, 만약 10변처가 청정하다면, 무이이고 둘로 나눌 수 없으며 분별이 없고 단절도 없는 까닭이니라. 일체지지가 청정한 까닭으로 성·향·미·촉·법처가 청정하고, 성·향·미·촉·법처가 청정한 까닭으로 10변처가 청정하니라. 왜 그러한가? 만약 일체지지가 청정하거나, 만약 성·향·미·촉·법처가 청정하거나, 만약 10변처가 청정하다면, 무이이고 둘로 나눌 수 없으며 분별이 없고 단절도 없는 까닭이니라.

선현이여. 일체지지가 청정한 까닭으로 안계가 청정하고, 안계가 청정한 까닭으로 10변처가 청정하니라. 왜 그러한가? 만약 일체지지가 청정하거나, 만약 안계가 청정하거나, 만약 10변처가 청정하다면, 무이이고 둘로 나눌 수 없으며 분별이 없고 단절도 없는 까닭이니라. 일체지지가 청정한 까닭으로 색계·안식계, 나아가 안촉·안촉을 인연으로 생겨난 여러 수가 청정하고, 색계, 나아가 안촉을 인연으로 생겨난 여러 수가 청정한 까닭으로 10변처가 청정하니라. 왜 그러한가? 만약 일체지지가 청정하거나, 만약 색계, 나아가 안촉을 인연으로 생겨난 여러 수가 청정하거나, 만약 10변처가 청정하다면, 무이이고 둘로 나눌 수 없으며 분별이 없고 단절도 없는 까닭이니라.

선현이여. 일체지지가 청정한 까닭으로 이계가 청정하고, 이계가 청정한 까닭으로 10변처가 청정하니라. 왜 그러한가? 만약 일체지지가 청정하거나, 만약 이계가 청정하거나, 만약 10변처가 청정하다면, 무이이고 둘로 나눌 수 없으며 분별이 없고 단절도 없는 까닭이니라. 일체지지가 청정한 까닭으로 성계·이식계, 나아가 이촉·이촉을 인연으로 생겨난 여러 수가 청정하고, 성계, 나아가 이촉을 인연으로 생겨난 여러 수가 청정한 까닭으로 10변처가 청정하니라. 왜 그러한가? 만약 일체지지가 청정하거나, 만약 성계, 나아가 이촉을 인연으로 생겨난 여러 수가 청정하거나, 만약 10변처가 청정하다면, 무이이고 둘로 나눌 수 없으며 분별이 없고 단절도 없는 까닭이니라.

선현이여. 일체지지가 청정한 까닭으로 비계가 청정하고, 비계가 청정한 까닭으로 10변처가 청정하니라. 왜 그러한가? 만약 일체지지가 청정하거나, 만약 비계가 청정하거나, 만약 10변처가 청정하다면, 무이이고 둘로 나눌 수 없으며 분별이 없고 단절도 없는 까닭이니라. 일체지지가 청정한 까닭으로 향계·비식계, 나아가 비촉·비촉을 인연으로 생겨난 여러 수가 청정하고, 향계, 나아가 비촉을 인연으로 생겨난 여러 수가 청정한 까닭으로 10변처가 청정하니라. 왜 그러한가? 만약 일체지지가 청정하거나, 만약 향계, 나아가 비촉을 인연으로 생겨난 여러 수가 청정하거나, 만약 10변처가 청정하다면, 무이이고 둘로 나눌 수 없으며 분별이 없고 단절도 없는 까닭이니라.

선현이여. 일체지지가 청정한 까닭으로 설계가 청정하고, 설계가 청정한 까닭으로 10변처가 청정하니라. 왜 그러한가? 만약 일체지지가 청정하거나, 만약 설계가 청정하거나, 만약 10변처가 청정하다면, 무이이고 둘로 나눌 수 없으며 분별이 없고 단절도 없는 까닭이니라. 일체지지가 청정한 까닭으로 미계·설식계, 나아가 설촉·설촉을 인연으로 생겨난 여러 수가 청정하고, 미계, 나아가 설촉을 인연으로 생겨난 여러 수가 청정한 까닭으로 10변처가 청정하니라. 왜 그러한가? 만약 일체지지가 청정하거나, 만약 미계, 나아가 설촉을 인연으로 생겨난 여러 수가 청정하거나, 만약 10변처가 청정하다면, 무이이고 둘로 나눌 수 없으며 분별이 없고 단절도 없는 까닭이니라.

선현이여. 일체지지가 청정한 까닭으로 신계가 청정하고, 신계가 청정한 까닭으로 10변처가 청정하니라. 왜 그러한가? 만약 일체지지가 청정하거나, 만약 신계가 청정하거나, 만약 10변처가 청정하다면, 무이이고 둘로 나눌 수 없으며 분별이 없고 단절도 없는 까닭이니라. 일체지지가 청정한 까닭으로 촉계·신식계, 나아가 신촉·신촉을 인연으로 생겨난 여러 수가 청정하고, 촉계, 나아가 신촉을 인연으로 생겨난 여러 수가 청정한 까닭으로 10변처가 청정하니라. 왜 그러한가? 만약 일체지지가 청정하거나, 만약 촉계, 나아가 신촉을 인연으로 생겨난 여러 수가 청정하거나, 만약 10변처가 청정하다면, 무이이고 둘로 나눌 수 없으며 분별이 없고 단절도 없는 까닭이니라.

선현이여. 일체지지가 청정한 까닭으로 의계가 청정하고, 의계가 청정

한 까닭으로 10변처가 청정하니라. 왜 그러한가? 만약 일체지지가 청정하거나, 만약 의계가 청정하거나, 만약 10변처가 청정하다면, 무이이고 둘로 나눌 수 없으며 분별이 없고 단절도 없는 까닭이니라. 일체지지가 청정한 까닭으로 법계·의식계, 나아가 의촉·의촉을 인연으로 생겨난 여러 수가 청정하고, 법계, 나아가 의촉을 인연으로 생겨난 여러 수가 청정한 까닭으로 10변처가 청정하니라. 왜 그러한가? 만약 일체지지가 청정하거나, 만약 법계, 나아가 의촉을 인연으로 생겨난 여러 수가 청정하거나, 만약 10변처가 청정하다면, 무이이고 둘로 나눌 수 없으며 분별이 없고 단절도 없는 까닭이니라.

선현이여. 일체지지가 청정한 까닭으로 지계가 청정하고, 지계가 청정한 까닭으로 10변처가 청정하니라. 왜 그러한가? 만약 일체지지가 청정하거나, 만약 지계가 청정하거나, 만약 10변처가 청정하다면, 무이이고 둘로 나눌 수 없으며 분별이 없고 단절도 없는 까닭이니라. 일체지지가 청정한 까닭으로 수·화·풍·공·식계가 청정하고, 수·화·풍·공·식계가 청정한 까닭으로 10변처가 청정하니라. 왜 그러한가? 만약 일체지지가 청정하거나, 만약 수·화·풍·공·식계가 청정하거나, 만약 10변처가 청정하다면, 무이이고 둘로 나눌 수 없으며 분별이 없고 단절도 없는 까닭이니라.

선현이여. 일체지지가 청정한 까닭으로 무명이 청정하고, 무명이 청정한 까닭으로 10변처가 청정하니라. 왜 그러한가? 만약 일체지지가 청정하거나, 만약 무명이 청정하거나, 만약 10변처가 청정하다면, 무이이고 둘로 나눌 수 없으며 분별이 없고 단절도 없는 까닭이니라. 일체지지가 청정한 까닭으로 행·식·명색·육처·촉·수·애·취·유·생·노사의 수탄고우뇌가 청정하고, 행, 나아가 노사의 수탄고우뇌가 청정한 까닭으로 10변처가 청정하니라. 왜 그러한가? 만약 일체지지가 청정하거나, 만약 행, 나아가 노사의 수탄고우뇌가 청정하거나, 만약 10변처가 청정하다면, 무이이고 둘로 나눌 수 없으며 분별이 없고 단절도 없는 까닭이니라.

선현이여. 일체지지가 청정한 까닭으로 보시바라밀다가 청정하고, 보시바라밀다가 청정한 까닭으로 10변처가 청정하니라. 왜 그러한가?

만약 일체지지가 청정하거나, 만약 보시바라밀다가 청정하거나, 만약 10변처가 청정하다면, 무이이고 둘로 나눌 수 없으며 분별이 없고 단절도 없는 까닭이니라. 일체지지가 청정한 까닭으로 정계·안인·정진·정려·반야바라밀다가 청정하고, 정계, 나아가 반야바라밀다가 청정한 까닭으로 10변처가 청정하니라. 왜 그러한가? 만약 일체지지가 청정하거나, 만약 정계, 나아가 반야바라밀다가 청정하거나, 만약 10변처가 청정하다면, 무이이고 둘로 나눌 수 없으며 분별이 없고 단절도 없는 까닭이니라.

선현이여. 일체지지가 청정한 까닭으로 내공이 청정하고, 내공이 청정한 까닭으로 10변처가 청정하니라. 왜 그러한가? 만약 일체지지가 청정하거나, 만약 내공이 청정하거나, 만약 10변처가 청정하다면, 무이이고 둘로 나눌 수 없으며 분별이 없고 단절도 없는 까닭이니라. 일체지지가 청정한 까닭으로 외공·내외공·공공·대공·승의공·유위공·무위공·필경공·무제공·산공·무변이공·본성공·자상공·공상공·일체법공·불가득공·무성공·자성공·무성자성공이 청정하고, 외공, 나아가 무성자성공이 청정한 까닭으로 10변처가 청정하니라. 왜 그러한가? 만약 일체지지가 청정하거나, 만약 외공, 나아가 무성자성공이 청정하거나, 만약 10변처가 청정하다면, 무이이고 둘로 나눌 수 없으며 분별이 없고 단절도 없는 까닭이니라.

선현이여. 일체지지가 청정한 까닭으로 진여가 청정하고, 진여가 청정한 까닭으로 10변처가 청정하니라. 왜 그러한가? 만약 일체지지가 청정하거나, 만약 진여가 청정하거나, 만약 10변처가 청정하다면, 무이이고 둘로 나눌 수 없으며 분별이 없고 단절도 없는 까닭이니라. 일체지지가 청정한 까닭으로 법계·법성·불허망성·불변이성·평등성·이생성·법정·법주·실제·허공계·부사의계가 청정하고 법계, 나아가 부사의계가 청정한 까닭으로 10변처가 청정하니라. 왜 그러한가? 만약 일체지지가 청정하거나, 만약 법계, 나아가 부사의계가 청정하거나, 만약 10변처가 청정하다면, 무이이고 둘로 나눌 수 없으며 분별이 없고 단절도 없는 까닭이니라.

선현이여. 일체지지가 청정한 까닭으로 고성제가 청정하고, 고성제가 청정한 까닭으로 10변처가 청정하니라. 왜 그러한가? 만약 일체지지가 청정하거나, 만약 고성제가 청정하거나, 만약 10변처가 청정하다면, 무이이고 둘로 나눌 수 없으며 분별이 없고 단절도 없는 까닭이니라. 일체지지가 청정한 까닭으로 집·멸·도성제가 청정하고, 집·멸·도성제가 청정한 까닭으로 10변처가 청정하니라. 왜 그러한가? 만약 일체지지가 청정하거나, 만약 집·멸·도성제가 청정하거나, 만약 10변처가 청정하다면, 무이이고 둘로 나눌 수 없으며 분별이 없고 단절도 없는 까닭이니라.

선현이여. 일체지지가 청정한 까닭으로 4정려가 청정하고, 4정려가 청정한 까닭으로 10변처가 청정하니라. 왜 그러한가? 만약 일체지지가 청정하거나, 만약 4정려가 청정하거나, 만약 10변처가 청정하다면, 무이이고 둘로 나눌 수 없으며 분별이 없고 단절도 없는 까닭이니라. 일체지지가 청정한 까닭으로 4무량·4무색정이 청정하고, 4무량·4무색정이 청정한 까닭으로 10변처가 청정하니라. 왜 그러한가? 만약 일체지지가 청정하거나, 만약 4무량·4무색정이 청정하거나, 만약 10변처가 청정하다면, 무이이고 둘로 나눌 수 없으며 분별이 없고 단절도 없는 까닭이니라.

선현이여. 일체지지가 청정한 까닭으로 8해탈이 청정하고, 8해탈이 청정한 까닭으로 10변처가 청정하니라. 왜 그러한가? 만약 일체지지가 청정하거나, 만약 8해탈이 청정하거나, 만약 10변처가 청정하다면, 무이이고 둘로 나눌 수 없으며 분별이 없고 단절도 없는 까닭이니라. 일체지지가 청정한 까닭으로 8승처·9차제정이 청정하고, 8승처·9차제정이 청정한 까닭으로 10변처가 청정하니라. 왜 그러한가? 만약 일체지지가 청정하거나, 만약 8승처·9차제정이 청정하거나, 만약 10변처가 청정하다면, 무이이고 둘로 나눌 수 없으며 분별이 없고 단절도 없는 까닭이니라.

선현이여. 일체지지가 청정한 까닭으로 4념주가 청정하고, 4념주가 청정한 까닭으로 10변처가 청정하니라. 왜 그러한가? 만약 일체지지가 청정하거나, 만약 4념주가 청정하거나, 만약 10변처가 청정하다면, 무이이고 둘로 나눌 수 없으며 분별이 없고 단절도 없는 까닭이니라. 일체지지가 청정한 까닭으로 4정단·4신족·5근·5력·7등각지·8성도지가 청정하고, 4정단, 나아가 8성도지가 청정한 까닭으로 10변처가 청정하니라. 왜 그러한가? 만약 일체지지가 청정하거나, 만약 4정단, 나아가 8성도지가 청정하거나, 만약 10변처가 청정하다면, 무이이고 둘로 나눌 수 없으며 분별이 없고 단절도 없는 까닭이니라.

선현이여. 일체지지가 청정한 까닭으로 공해탈문이 청정하고, 공해탈문이 청정한 까닭으로 10변처가 청정하니라. 왜 그러한가? 만약 일체지지가 청정하거나, 만약 공해탈문이 청정하거나, 만약 10변처가 청정하다면, 무이이고 둘로 나눌 수 없으며 분별이 없고 단절도 없는 까닭이니라. 일체지지가 청정한 까닭으로 무상·무원해탈문이 청정하고, 무상·무원해탈문이 청정한 까닭으로 10변처가 청정하니라. 왜 그러한가? 만약 일체지지가 청정하거나, 만약 무상·무원해탈문이 청정하거나, 만약 10변처가 청정하다면, 무이이고 둘로 나눌 수 없으며 분별이 없고 단절도 없는 까닭이니라.

선현이여. 일체지지가 청정한 까닭으로 보살의 10지가 청정하고, 보살의 10지가 청정한 까닭으로 10변처가 청정하니라. 왜 그러한가? 만약 일체지지가 청정하거나, 만약 보살의 10지가 청정하거나, 만약 10변처가 청정하다면, 무이이고 둘로 나눌 수 없으며 분별이 없고 단절도 없는 까닭이니라.

선현이여. 일체지지가 청정한 까닭으로 5안이 청정하고, 5안이 청정한 까닭으로 10변처가 청정하니라. 왜 그러한가? 만약 일체지지가 청정하거나, 만약 5안이 청정하거나, 만약 10변처가 청정하다면, 무이이고 둘로 나눌 수 없으며 분별이 없고 단절도 없는 까닭이니라. 일체지지가 청정한 까닭으로 6신통이 청정하고, 6신통이 청정한 까닭으로 10변처가 청정하니라. 왜 그러한가? 만약 일체지지가 청정하거나, 만약 6신통이 청정하거나, 만약 10변처가 청정하다면, 무이이고 둘로 나눌 수 없으며 분별이 없고 단절도 없는 까닭이니라.

선현이여. 일체지지가 청정한 까닭으로 여래의 10력이 청정하고, 여래의 10력이 청정한 까닭으로 10변처가 청정하니라. 왜 그러한가? 만약 일체지지가 청정하거나, 만약 여래의 10력이 청정하거나, 만약 10변처가 청정하다면, 무이이고 둘로 나눌 수 없으며 분별이 없고 단절도 없는 까닭이니라. 일체지지가 청정한 까닭으로 4무소외·4무애해·대자·대비·대희·대사·18불불공법이 청정하고, 4무소외, 나아가 18불불공법이 청정한 까닭으로 10변처가 청정하니라. 왜 그러한가? 만약 일체지지가 청정하거나, 만약 4무소외, 나아가 18불불공법이 청정하거나, 만약 10변처가 청정하다면, 무이이고 둘로 나눌 수 없으며 분별이 없고 단절도 없는 까닭이니라.

선현이여. 일체지지가 청정한 까닭으로 무망실법이 청정하고, 무망실법이 청정한 까닭으로 10변처가 청정하니라. 왜 그러한가? 만약 일체지지가 청정하거나, 만약 무망실법이 청정하거나, 만약 10변처가 청정하다면, 무이이고 둘로 나눌 수 없으며 분별이 없고 단절도 없는 까닭이니라. 선현이여. 일체지지가 청정한 까닭으로 항주사성이 청정하고, 항주사성이 청정한 까닭으로 10변처가 청정하니라. 왜 그러한가? 만약 일체지지가 청정하거나, 만약 항주사성이 청정하거나, 만약 10변처가 청정하다면, 무이이고 둘로 나눌 수 없으며 분별이 없고 단절도 없는 까닭이니라.

선현이여. 일체지지가 청정한 까닭으로 일체지가 청정하고, 일체지가 청정한 까닭으로 10변처가 청정하니라. 왜 그러한가? 만약 일체지지가 청정하거나, 만약 일체지가 청정하거나, 만약 10변처가 청정하다면, 무이이고 둘로 나눌 수 없으며 분별이 없고 단절도 없는 까닭이니라. 일체지지가 청정한 까닭으로 도상지·일체상지가 청정하고, 도상지·일체상지가 청정한 까닭으로 10변처가 청정하니라. 왜 그러한가? 만약 일체지지가 청정하거나, 만약 도상지·일체상지가 청정하거나, 만약 10변처가 청정하다면, 무이이고 둘로 나눌 수 없으며 분별이 없고 단절도 없는 까닭이니라.

선현이여. 일체지지가 청정한 까닭으로 일체의 다라니문이 청정하고, 일체의 다라니문이 청정한 까닭으로 10변처가 청정하니라. 왜 그러한가? 만약 일체지지가 청정하거나, 만약 일체의 다라니문이 청정하거나, 만약 10변처가 청정하다면, 무이이고 둘로 나눌 수 없으며 분별이 없고 단절도 없는 까닭이니라. 선현이여. 일체지지가 청정한 까닭으로 일체의 삼마지문이 청정하고, 일체의 삼마지문이 청정한 까닭으로 10변처가 청정하니라. 왜 그러한가? 만약 일체지지가 청정하거나, 만약 일체의 삼마지문이 청정하거나, 만약 10변처가 청정하다면, 무이이고 둘로 나눌 수 없으며 분별이 없고 단절도 없는 까닭이니라.

선현이여. 일체지지가 청정한 까닭으로 예류과가 청정하고, 예류과가 청정한 까닭으로 10변처가 청정하니라. 왜 그러한가? 만약 일체지지가 청정하거나, 만약 예류과가 청정하거나, 만약 10변처가 청정하다면, 무이이고 둘로 나눌 수 없으며 분별이 없고 단절도 없는 까닭이니라. 일체지지가 청정한 까닭으로 일래·불환·아라한과가 청정하고, 일래·불환·아라한과가 청정한 까닭으로 10변처가 청정하니라. 왜 그러한가? 만약 일체지지가 청정하거나, 만약 일래·불환·아라한과가 청정하거나, 만약 10변처가 청정하다면, 무이이고 둘로 나눌 수 없으며 분별이 없고 단절도 없는 까닭이니라.

선현이여. 일체지지가 청정한 까닭으로 독각의 보리가 청정하고, 독각의 보리가 청정한 까닭으로 10변처가 청정하니라. 왜 그러한가? 만약 일체지지가 청정하거나, 만약 독각의 보리가 청정하거나, 만약 10변처가 청정하다면, 무이이고 둘로 나눌 수 없으며 분별이 없고 단절도 없는 까닭이니라.

선현이여. 일체지지가 청정한 까닭으로 일체의 보살마하살의 행이 청정하고, 일체의 보살마하살의 행이 청정한 까닭으로 10변처가 청정하니라. 왜 그러한가? 만약 일체지지가 청정하거나, 만약 일체의 보살마하살의 행이 청정하거나, 만약 10변처가 청정하다면, 무이이고 둘로 나눌 수 없으며 분별이 없고 단절도 없는 까닭이니라.

선현이여. 일체지지가 청정한 까닭으로 제불의 무상정등보리가 청정하고, 제불의 무상정등보리가 청정한 까닭으로 10변처가 청정하니라. 왜 그러한가? 만약 일체지지가 청정하거나, 만약 제불의 무상정등보리가 청정하거나, 만약 10변처가 청정하다면, 무이이고 둘로 나눌 수 없으며 분별이 없고 단절도 없는 까닭이니라.”

“다시 다음으로 선현이여. 일체지지가 청정한 까닭으로 색이 청정하고, 색이 청정한 까닭으로 4념주(四念住)가 청정하니라. 왜 그러한가? 만약 일체지지가 청정하거나, 만약 색이 청정하거나, 만약 4념주가 청정하다면, 무이이고 둘로 나눌 수 없으며 분별이 없고 단절도 없는 까닭이니라. 일체지지가 청정한 까닭으로 수·상·행·식이 청정하고, 수·상·행·식이 청정한 까닭으로 4념주가 청정하니라. 왜 그러한가? 만약 일체지지가 청정하거나, 만약 수·상·행·식이 청정하거나, 만약 4념주가 청정하다면, 무이이고 둘로 나눌 수 없으며 분별이 없고 단절도 없는 까닭이니라.

선현이여. 일체지지가 청정한 까닭으로 안처가 청정하고, 안처가 청정한 까닭으로 4념주가 청정하니라. 왜 그러한가? 만약 일체지지가 청정하거나, 만약 안처가 청정하거나, 만약 4념주가 청정하다면, 무이이고 둘로 나눌 수 없으며 분별이 없고 단절도 없는 까닭이니라. 일체지지가 청정한 까닭으로 이·비·설·신·의처가 청정하고, 이·비·설·신·의처가 청정한 까닭으로 4념주가 청정하니라. 왜 그러한가? 만약 일체지지가 청정하거나, 만약 이·비·설·신·의처가 청정하거나, 만약 4념주가 청정하다면, 무이이고 둘로 나눌 수 없으며 분별이 없고 단절도 없는 까닭이니라.

선현이여. 일체지지가 청정한 까닭으로 색처가 청정하고, 색처가 청정한 까닭으로 4념주가 청정하니라. 왜 그러한가? 만약 일체지지가 청정하거나, 만약 색처가 청정하거나, 만약 4념주가 청정하다면, 무이이고 둘로 나눌 수 없으며 분별이 없고 단절도 없는 까닭이니라. 일체지지가 청정한 까닭으로 성·향·미·촉·법처가 청정하고, 성·향·미·촉·법처가 청정한 까닭으로 4념주가 청정하니라. 왜 그러한가? 만약 일체지지가 청정하거나, 만약 성·향·미·촉·법처가 청정하거나, 만약 4념주가 청정하다면, 무이이고 둘로 나눌 수 없으며 분별이 없고 단절도 없는 까닭이니라.

선현이여. 일체지지가 청정한 까닭으로 안계가 청정하고, 안계가 청정한 까닭으로 4념주가 청정하니라. 왜 그러한가? 만약 일체지지가 청정하거나, 만약 안계가 청정하거나, 만약 4념주가 청정하다면, 무이이고 둘로 나눌 수 없으며 분별이 없고 단절도 없는 까닭이니라. 일체지지가 청정한 까닭으로 색계·안식계, 나아가 안촉·안촉을 인연으로 생겨난 여러 수가 청정하고, 색계, 나아가 안촉을 인연으로 생겨난 여러 수가 청정한 까닭으로 4념주가 청정하니라. 왜 그러한가? 만약 일체지지가 청정하거나, 만약 색계, 나아가 안촉을 인연으로 생겨난 여러 수가 청정하거나, 만약 4념주가 청정하다면, 무이이고 둘로 나눌 수 없으며 분별이 없고 단절도 없는 까닭이니라.

선현이여. 일체지지가 청정한 까닭으로 이계가 청정하고, 이계가 청정한 까닭으로 4념주가 청정하니라. 왜 그러한가? 만약 일체지지가 청정하거나, 만약 이계가 청정하거나, 만약 4념주가 청정하다면, 무이이고 둘로 나눌 수 없으며 분별이 없고 단절도 없는 까닭이니라. 일체지지가 청정한 까닭으로 성계·이식계, 나아가 이촉·이촉을 인연으로 생겨난 여러 수가 청정하고, 성계, 나아가 이촉을 인연으로 생겨난 여러 수가 청정한 까닭으로 4념주가 청정하니라. 왜 그러한가? 만약 일체지지가 청정하거나, 만약 성계, 나아가 이촉을 인연으로 생겨난 여러 수가 청정하거나, 만약 4념주가 청정하다면, 무이이고 둘로 나눌 수 없으며 분별이 없고 단절도 없는 까닭이니라.

선현이여. 일체지지가 청정한 까닭으로 비계가 청정하고, 비계가 청정한 까닭으로 4념주가 청정하니라. 왜 그러한가? 만약 일체지지가 청정하거나, 만약 비계가 청정하거나, 만약 4념주가 청정하다면, 무이이고 둘로 나눌 수 없으며 분별이 없고 단절도 없는 까닭이니라. 일체지지가 청정한 까닭으로 향계·비식계, 나아가 비촉·비촉을 인연으로 생겨난 여러 수가 청정하고, 향계, 나아가 비촉을 인연으로 생겨난 여러 수가 청정한 까닭으로 4념주가 청정하니라. 왜 그러한가? 만약 일체지지가 청정하거나, 만약 향계, 나아가 비촉을 인연으로 생겨난 여러 수가 청정하거나, 만약 4념주가 청정하다면, 무이이고 둘로 나눌 수 없으며 분별이 없고 단절도 없는 까닭이니라.

선현이여. 일체지지가 청정한 까닭으로 설계가 청정하고, 설계가 청정한 까닭으로 4념주가 청정하니라. 왜 그러한가? 만약 일체지지가 청정하거나, 만약 설계가 청정하거나, 만약 4념주가 청정하다면, 무이이고 둘로 나눌 수 없으며 분별이 없고 단절도 없는 까닭이니라. 일체지지가 청정한 까닭으로 미계·설식계, 나아가 설촉·설촉을 인연으로 생겨난 여러 수가 청정하고, 미계, 나아가 설촉을 인연으로 생겨난 여러 수가 청정한 까닭으로 4념주가 청정하니라. 왜 그러한가? 만약 일체지지가 청정하거나, 만약 미계, 나아가 설촉을 인연으로 생겨난 여러 수가 청정하거나, 만약 4념주가 청정하다면, 무이이고 둘로 나눌 수 없으며 분별이 없고 단절도 없는 까닭이니라.

선현이여. 일체지지가 청정한 까닭으로 신계가 청정하고, 신계가 청정한 까닭으로 4념주가 청정하니라. 왜 그러한가? 만약 일체지지가 청정하거나, 만약 신계가 청정하거나, 만약 4념주가 청정하다면, 무이이고 둘로 나눌 수 없으며 분별이 없고 단절도 없는 까닭이니라. 일체지지가 청정한 까닭으로 촉계·신식계, 나아가 신촉·신촉을 인연으로 생겨난 여러 수가 청정하고, 촉계, 나아가 신촉을 인연으로 생겨난 여러 수가 청정한 까닭으로 4념주가 청정하니라. 왜 그러한가? 만약 일체지지가 청정하거나, 만약 촉계, 나아가 신촉을 인연으로 생겨난 여러 수가 청정하거나, 만약 4념주가 청정하다면, 무이이고 둘로 나눌 수 없으며 분별이 없고 단절도 없는 까닭이니라.

선현이여. 일체지지가 청정한 까닭으로 의계가 청정하고, 의계가 청정한 까닭으로 4념주가 청정하니라. 왜 그러한가? 만약 일체지지가 청정하거나, 만약 의계가 청정하거나, 만약 4념주가 청정하다면, 무이이고 둘로 나눌 수 없으며 분별이 없고 단절도 없는 까닭이니라. 일체지지가 청정한 까닭으로 법계·의식계, 나아가 의촉·의촉을 인연으로 생겨난 여러 수가 청정하고, 법계, 나아가 의촉을 인연으로 생겨난 여러 수가 청정한 까닭으로 4념주가 청정하니라. 왜 그러한가? 만약 일체지지가 청정하거나, 만약 법계, 나아가 의촉을 인연으로 생겨난 여러 수가 청정하거나, 만약 4념주가 청정하다면, 무이이고 둘로 나눌 수 없으며 분별이 없고 단절도 없는 까닭이니라.

선현이여. 일체지지가 청정한 까닭으로 지계가 청정하고, 지계가 청정한 까닭으로 4념주가 청정하니라. 왜 그러한가? 만약 일체지지가 청정하거나, 만약 지계가 청정하거나, 만약 4념주가 청정하다면, 무이이고 둘로 나눌 수 없으며 분별이 없고 단절도 없는 까닭이니라. 일체지지가 청정한 까닭으로 수·화·풍·공·식계가 청정하고, 수·화·풍·공·식계가 청정한 까닭으로 4념주가 청정하니라. 왜 그러한가? 만약 일체지지가 청정하거나, 만약 수·화·풍·공·식계가 청정하거나, 만약 4념주가 청정하다면, 무이이고 둘로 나눌 수 없으며 분별이 없고 단절도 없는 까닭이니라.

선현이여. 일체지지가 청정한 까닭으로 무명이 청정하고, 무명이 청정한 까닭으로 4념주가 청정하니라. 왜 그러한가? 만약 일체지지가 청정하거나, 만약 무명이 청정하거나, 만약 4념주가 청정하다면, 무이이고 둘로 나눌 수 없으며 분별이 없고 단절도 없는 까닭이니라. 일체지지가 청정한 까닭으로 행·식·명색·육처·촉·수·애·취·유·생·노사의 수탄고우뇌가 청정하고, 행, 나아가 노사의 수탄고우뇌가 청정한 까닭으로 4념주가 청정하니라. 왜 그러한가? 만약 일체지지가 청정하거나, 만약 행, 나아가 노사의 수탄고우뇌가 청정하거나, 만약 4념주가 청정하다면, 무이이고 둘로 나눌 수 없으며 분별이 없고 단절도 없는 까닭이니라.

선현이여. 일체지지가 청정한 까닭으로 보시바라밀다가 청정하고, 보시바라밀다가 청정한 까닭으로 4념주가 청정하니라. 왜 그러한가? 만약 일체지지가 청정하거나, 만약 보시바라밀다가 청정하거나, 만약 4념주가 청정하다면, 무이이고 둘로 나눌 수 없으며 분별이 없고 단절도 없는 까닭이니라. 일체지지가 청정한 까닭으로 정계·안인·정진·정려·반야바라밀다가 청정하고, 정계, 나아가 반야바라밀다가 청정한 까닭으로 4념주가 청정하니라. 왜 그러한가? 만약 일체지지가 청정하거나, 만약 정계, 나아가 반야바라밀다가 청정하거나, 만약 4념주가 청정하다면, 무이이고 둘로 나눌 수 없으며 분별이 없고 단절도 없는 까닭이니라.

선현이여. 일체지지가 청정한 까닭으로 내공이 청정하고, 내공이 청정한 까닭으로 4념주가 청정하니라. 왜 그러한가? 만약 일체지지가 청정하거나, 만약 내공이 청정하거나, 만약 4념주가 청정하다면, 무이이고 둘로 나눌 수 없으며 분별이 없고 단절도 없는 까닭이니라. 일체지지가 청정한 까닭으로 외공·내외공·공공·대공·승의공·유위공·무위공·필경공·무제공·산공·무변이공·본성공·자상공·공상공·일체법공·불가득공·무성공·자성공·무성자성공이 청정하고, 외공, 나아가 무성자성공이 청정한 까닭으로 4념주가 청정하니라. 왜 그러한가? 만약 일체지지가 청정하거나, 만약 외공, 나아가 무성자성공이 청정하거나, 만약 4념주가 청정하다면, 무이이고 둘로 나눌 수 없으며 분별이 없고 단절도 없는 까닭이니라.

선현이여. 일체지지가 청정한 까닭으로 진여가 청정하고, 진여가 청정한 까닭으로 4념주가 청정하니라. 왜 그러한가? 만약 일체지지가 청정하거나, 만약 진여가 청정하거나, 만약 4념주가 청정하다면, 무이이고 둘로 나눌 수 없으며 분별이 없고 단절도 없는 까닭이니라. 일체지지가 청정한 까닭으로 법계·법성·불허망성·불변이성·평등성·이생성·법정·법주·실제·허공계·부사의계가 청정하고 법계, 나아가 부사의계가 청정한 까닭으로 4념주가 청정하니라. 왜 그러한가? 만약 일체지지가 청정하거나, 만약 법계, 나아가 부사의계가 청정하거나, 만약 4념주가 청정하다면, 무이이고 둘로 나눌 수 없으며 분별이 없고 단절도 없는 까닭이니라.

선현이여. 일체지지가 청정한 까닭으로 고성제가 청정하고, 고성제가 청정한 까닭으로 4념주가 청정하니라. 왜 그러한가? 만약 일체지지가 청정하거나, 만약 고성제가 청정하거나, 만약 4념주가 청정하다면, 무이이고 둘로 나눌 수 없으며 분별이 없고 단절도 없는 까닭이니라. 일체지지가 청정한 까닭으로 집·멸·도성제가 청정하고, 집·멸·도성제가 청정한 까닭으로 4념주가 청정하니라. 왜 그러한가? 만약 일체지지가 청정하거나, 만약 집·멸·도성제가 청정하거나, 만약 4념주가 청정하다면, 무이이고 둘로 나눌 수 없으며 분별이 없고 단절도 없는 까닭이니라.

선현이여. 일체지지가 청정한 까닭으로 4정려가 청정하고, 4정려가 청정한 까닭으로 4념주가 청정하니라. 왜 그러한가? 만약 일체지지가 청정하거나, 만약 4정려가 청정하거나, 만약 4념주가 청정하다면, 무이이고 둘로 나눌 수 없으며 분별이 없고 단절도 없는 까닭이니라. 일체지지가 청정한 까닭으로 4무량·4무색정이 청정하고, 4무량·4무색정이 청정한 까닭으로 4념주가 청정하니라. 왜 그러한가? 만약 일체지지가 청정하거나, 만약 4무량·4무색정이 청정하거나, 만약 4념주가 청정하다면, 무이이고 둘로 나눌 수 없으며 분별이 없고 단절도 없는 까닭이니라.

선현이여. 일체지지가 청정한 까닭으로 8해탈이 청정하고, 8해탈이 청정한 까닭으로 4념주가 청정하니라. 왜 그러한가? 만약 일체지지가 청정하거나, 만약 8해탈이 청정하거나, 만약 4념주가 청정하다면, 무이이고 둘로 나눌 수 없으며 분별이 없고 단절도 없는 까닭이니라. 일체지지가 청정한 까닭으로 8승처·9차제정·10변처가 청정하고, 8승처·9차제정·10변처가 청정한 까닭으로 4념주가 청정하니라. 왜 그러한가? 만약 일체지지가 청정하거나, 만약 8승처·9차제정·10변처가 청정하거나, 만약 4념주가 청정하다면, 무이이고 둘로 나눌 수 없으며 분별이 없고 단절도 없는 까닭이니라.

선현이여. 일체지지가 청정한 까닭으로 4정단이 청정하고, 4정단이 청정한 까닭으로 4념주가 청정하니라. 왜 그러한가? 만약 일체지지가 청정하거나, 만약 4정단이 청정하거나, 만약 4념주가 청정하다면, 무이이고 둘로 나눌 수 없으며 분별이 없고 단절도 없는 까닭이니라. 일체지지가 청정한 까닭으로 4신족·5근·5력·7등각지·8성도지가 청정하고, 4신족, 나아가 8성도지가 청정한 까닭으로 4념주가 청정하니라. 왜 그러한가? 만약 일체지지가 청정하거나, 만약 4신족, 나아가 8성도지가 청정하거나, 만약 4념주가 청정하다면, 무이이고 둘로 나눌 수 없으며 분별이 없고 단절도 없는 까닭이니라.

선현이여. 일체지지가 청정한 까닭으로 공해탈문이 청정하고, 공해탈문이 청정한 까닭으로 4념주가 청정하니라. 왜 그러한가? 만약 일체지지가 청정하거나, 만약 공해탈문이 청정하거나, 만약 4념주가 청정하다면, 무이이고 둘로 나눌 수 없으며 분별이 없고 단절도 없는 까닭이니라. 일체지지가 청정한 까닭으로 무상·무원해탈문이 청정하고, 무상·무원해탈문이 청정한 까닭으로 4념주가 청정하니라. 왜 그러한가? 만약 일체지지가 청정하거나, 만약 무상·무원해탈문이 청정하거나, 만약 4념주가 청정하다면, 무이이고 둘로 나눌 수 없으며 분별이 없고 단절도 없는 까닭이니라.

선현이여. 일체지지가 청정한 까닭으로 보살의 10지가 청정하고, 보살의 10지가 청정한 까닭으로 4념주가 청정하니라. 왜 그러한가? 만약 일체지지가 청정하거나, 만약 보살의 10지가 청정하거나, 만약 4념주가 청정하다면, 무이이고 둘로 나눌 수 없으며 분별이 없고 단절도 없는 까닭이니라.

선현이여. 일체지지가 청정한 까닭으로 5안이 청정하고, 5안이 청정한 까닭으로 4념주가 청정하니라. 왜 그러한가? 만약 일체지지가 청정하거나, 만약 5안이 청정하거나, 만약 4념주가 청정하다면, 무이이고 둘로 나눌 수 없으며 분별이 없고 단절도 없는 까닭이니라. 일체지지가 청정한 까닭으로 6신통이 청정하고, 6신통이 청정한 까닭으로 4념주가 청정하니라. 왜 그러한가? 만약 일체지지가 청정하거나, 만약 6신통이 청정하거나, 만약 4념주가 청정하다면, 무이이고 둘로 나눌 수 없으며 분별이 없고 단절도 없는 까닭이니라.

선현이여. 일체지지가 청정한 까닭으로 여래의 10력이 청정하고, 여래의 10력이 청정한 까닭으로 4념주가 청정하니라. 왜 그러한가? 만약 일체지지가 청정하거나, 만약 여래의 10력이 청정하거나, 만약 4념주가 청정하다면, 무이이고 둘로 나눌 수 없으며 분별이 없고 단절도 없는 까닭이니라. 일체지지가 청정한 까닭으로 4무소외·4무애해·대자·대비·대희·대사·18불불공법이 청정하고, 4무소외, 나아가 18불불공법이 청정한 까닭으로 4념주가 청정하니라. 왜 그러한가? 만약 일체지지가 청정하거나, 만약 4무소외, 나아가 18불불공법이 청정하거나, 만약 4념주가 청정하다면, 무이이고 둘로 나눌 수 없으며 분별이 없고 단절도 없는 까닭이니라.

선현이여. 일체지지가 청정한 까닭으로 무망실법이 청정하고, 무망실

법이 청정한 까닭으로 4념주가 청정하니라. 왜 그러한가? 만약 일체지지가 청정하거나, 만약 무망실법이 청정하거나, 만약 4념주가 청정하다면, 무이이고 둘로 나눌 수 없으며 분별이 없고 단절도 없는 까닭이니라. 선현이여. 일체지지가 청정한 까닭으로 항주사성이 청정하고, 항주사성이 청정한 까닭으로 4념주가 청정하니라. 왜 그러한가? 만약 일체지지가 청정하거나, 만약 항주사성이 청정하거나, 만약 4념주가 청정하다면, 무이이고 둘로 나눌 수 없으며 분별이 없고 단절도 없는 까닭이니라.

선현이여. 일체지지가 청정한 까닭으로 일체지가 청정하고, 일체지가 청정한 까닭으로 4념주가 청정하니라. 왜 그러한가? 만약 일체지지가 청정하거나, 만약 일체지가 청정하거나, 만약 4념주가 청정하다면, 무이이고 둘로 나눌 수 없으며 분별이 없고 단절도 없는 까닭이니라. 일체지지가 청정한 까닭으로 도상지·일체상지가 청정하고, 도상지·일체상지가 청정한 까닭으로 4념주가 청정하니라. 왜 그러한가? 만약 일체지지가 청정하거나, 만약 도상지·일체상지가 청정하거나, 만약 4념주가 청정하다면, 무이이고 둘로 나눌 수 없으며 분별이 없고 단절도 없는 까닭이니라.

선현이여. 일체지지가 청정한 까닭으로 일체의 다라니문이 청정하고, 일체의 다라니문이 청정한 까닭으로 4념주가 청정하니라. 왜 그러한가? 만약 일체지지가 청정하거나, 만약 일체의 다라니문이 청정하거나, 만약 4념주가 청정하다면, 무이이고 둘로 나눌 수 없으며 분별이 없고 단절도 없는 까닭이니라. 선현이여. 일체지지가 청정한 까닭으로 일체의 삼마지문이 청정하고, 일체의 삼마지문이 청정한 까닭으로 4념주가 청정하니라. 왜 그러한가? 만약 일체지지가 청정하거나, 만약 일체의 삼마지문이 청정하거나, 만약 4념주가 청정하다면, 무이이고 둘로 나눌 수 없으며 분별이 없고 단절도 없는 까닭이니라.

선현이여. 일체지지가 청정한 까닭으로 예류과가 청정하고, 예류과가 청정한 까닭으로 4념주가 청정하니라. 왜 그러한가? 만약 일체지지가 청정하거나, 만약 예류과가 청정하거나, 만약 4념주가 청정하다면, 무이이고 둘로 나눌 수 없으며 분별이 없고 단절도 없는 까닭이니라. 일체지지가 청정한 까닭으로 일래·불환·아라한과가 청정하고, 일래·불환·아라한과가 청정한 까닭으로 4념주가 청정하니라. 왜 그러한가? 만약 일체지지가 청정하거나, 만약 일래·불환·아라한과가 청정하거나, 만약 4념주가 청정하다면, 무이이고 둘로 나눌 수 없으며 분별이 없고 단절도 없는 까닭이니라.

선현이여. 일체지지가 청정한 까닭으로 독각의 보리가 청정하고, 독각의 보리가 청정한 까닭으로 4념주가 청정하니라. 왜 그러한가? 만약 일체지지가 청정하거나, 만약 독각의 보리가 청정하거나, 만약 4념주가 청정하다면, 무이이고 둘로 나눌 수 없으며 분별이 없고 단절도 없는 까닭이니라.

선현이여. 일체지지가 청정한 까닭으로 일체의 보살마하살의 행이 청정하고, 일체의 보살마하살의 행이 청정한 까닭으로 4념주가 청정하니라. 왜 그러한가? 만약 일체지지가 청정하거나, 만약 일체의 보살마하살의 행이 청정하거나, 만약 4념주가 청정하다면, 무이이고 둘로 나눌 수 없으며 분별이 없고 단절도 없는 까닭이니라.

선현이여. 일체지지가 청정한 까닭으로 제불의 무상정등보리가 청정하고, 제불의 무상정등보리가 청정한 까닭으로 4념주가 청정하니라. 왜 그러한가? 만약 일체지지가 청정하거나, 만약 제불의 무상정등보리가 청정하거나, 만약 4념주가 청정하다면, 무이이고 둘로 나눌 수 없으며 분별이 없고 단절도 없는 까닭이니라."

"다시 다음으로 선현이여. 일체지지가 청정한 까닭으로 색이 청정하고, 색이 청정한 까닭으로 4정단(四正斷)이 청정하니라. 왜 그러한가? 만약 일체지지가 청정하거나, 만약 색이 청정하거나, 만약 4정단이 청정하다면, 무이이고 둘로 나눌 수 없으며 분별이 없고 단절도 없는 까닭이니라. 일체지지가 청정한 까닭으로 수·상·행·식이 청정하고, 수·상·행·식이 청정한 까닭으로 4정단이 청정하니라. 왜 그러한가? 만약 일체지지가 청정하거나, 만약 수·상·행·식이 청정하거나, 만약 4정단이 청정하다면,

무이이고 둘로 나눌 수 없으며 분별이 없고 단절도 없는 까닭이니라.

선현이여. 일체지지가 청정한 까닭으로 안처가 청정하고, 안처가 청정한 까닭으로 4정단이 청정하니라. 왜 그러한가? 만약 일체지지가 청정하거나, 만약 안처가 청정하거나, 만약 4정단이 청정하다면, 무이이고 둘로 나눌 수 없으며 분별이 없고 단절도 없는 까닭이니라. 일체지지가 청정한 까닭으로 이·비·설·신·의처가 청정하고, 이·비·설·신·의처가 청정한 까닭으로 4정단이 청정하니라. 왜 그러한가? 만약 일체지지가 청정하거나, 만약 이·비·설·신·의처가 청정하거나, 만약 4정단이 청정하다면, 무이이고 둘로 나눌 수 없으며 분별이 없고 단절도 없는 까닭이니라.

선현이여. 일체지지가 청정한 까닭으로 색처가 청정하고, 색처가 청정한 까닭으로 4정단이 청정하니라. 왜 그러한가? 만약 일체지지가 청정하거나, 만약 색처가 청정하거나, 만약 4정단이 청정하다면, 무이이고 둘로 나눌 수 없으며 분별이 없고 단절도 없는 까닭이니라. 일체지지가 청정한 까닭으로 성·향·미·촉·법처가 청정하고, 성·향·미·촉·법처가 청정한 까닭으로 4정단이 청정하니라. 왜 그러한가? 만약 일체지지가 청정하거나, 만약 성·향·미·촉·법처가 청정하거나, 만약 4정단이 청정하다면, 무이이고 둘로 나눌 수 없으며 분별이 없고 단절도 없는 까닭이니라."

마하반야바라밀다경 제269권

34. 난신해품(難信解品)(88)

"선현이여. 일체지지가 청정한 까닭으로 안계가 청정하고, 안계가 청정한 까닭으로 4정단이 청정하니라. 왜 그러한가? 만약 일체지지가 청정하거나, 만약 안계가 청정하거나, 만약 4정단이 청정하다면, 무이이고 둘로 나눌 수 없으며 분별이 없고 단절도 없는 까닭이니라. 일체지지가 청정한 까닭으로 색계·안식계, 나아가 안촉·안촉을 인연으로 생겨난 여러 수가 청정하고, 색계, 나아가 안촉을 인연으로 생겨난 여러 수가 청정한 까닭으로 4정단이 청정하니라. 왜 그러한가? 만약 일체지지가 청정하거나, 만약 색계, 나아가 안촉을 인연으로 생겨난 여러 수가 청정하거나, 만약 4정단이 청정하다면, 무이이고 둘로 나눌 수 없으며 분별이 없고 단절도 없는 까닭이니라.

선현이여. 일체지지가 청정한 까닭으로 이계가 청정하고, 이계가 청정한 까닭으로 4정단이 청정하니라. 왜 그러한가? 만약 일체지지가 청정하거나, 만약 이계가 청정하거나, 만약 4정단이 청정하다면, 무이이고 둘로 나눌 수 없으며 분별이 없고 단절도 없는 까닭이니라. 일체지지가 청정한 까닭으로 성계·이식계, 나아가 이촉·이촉을 인연으로 생겨난 여러 수가 청정하고, 성계, 나아가 이촉을 인연으로 생겨난 여러 수가 청정한 까닭으로 4정단이 청정하니라. 왜 그러한가? 만약 일체지지가 청정하거나, 만약 성계, 나아가 이촉을 인연으로 생겨난 여러 수가 청정하거나, 만약 4정단이 청정하다면, 무이이고 둘로 나눌 수 없으며 분별이 없고 단절도

없는 까닭이니라.

선현이여. 일체지지가 청정한 까닭으로 비계가 청정하고, 비계가 청정한 까닭으로 4정단이 청정하니라. 왜 그러한가? 만약 일체지지가 청정하거나, 만약 비계가 청정하거나, 만약 4정단이 청정하다면, 무이이고 둘로 나눌 수 없으며 분별이 없고 단절도 없는 까닭이니라. 일체지지가 청정한 까닭으로 향계·비식계, 나아가 비촉·비촉을 인연으로 생겨난 여러 수가 청정하고, 향계, 나아가 비촉을 인연으로 생겨난 여러 수가 청정한 까닭으로 4정단이 청정하니라. 왜 그러한가? 만약 일체지지가 청정하거나, 만약 향계, 나아가 비촉을 인연으로 생겨난 여러 수가 청정하거나, 만약 4정단이 청정하다면, 무이이고 둘로 나눌 수 없으며 분별이 없고 단절도 없는 까닭이니라.

선현이여. 일체지지가 청정한 까닭으로 설계가 청정하고, 설계가 청정한 까닭으로 4정단이 청정하니라. 왜 그러한가? 만약 일체지지가 청정하거나, 만약 설계가 청정하거나, 만약 4정단이 청정하다면, 무이이고 둘로 나눌 수 없으며 분별이 없고 단절도 없는 까닭이니라. 일체지지가 청정한 까닭으로 미계·설식계, 나아가 설촉·설촉을 인연으로 생겨난 여러 수가 청정하고, 미계, 나아가 설촉을 인연으로 생겨난 여러 수가 청정한 까닭으로 4정단이 청정하니라. 왜 그러한가? 만약 일체지지가 청정하거나, 만약 미계, 나아가 설촉을 인연으로 생겨난 여러 수가 청정하거나, 만약 4정단이 청정하다면, 무이이고 둘로 나눌 수 없으며 분별이 없고 단절도 없는 까닭이니라.

선현이여. 일체지지가 청정한 까닭으로 신계가 청정하고, 신계가 청정한 까닭으로 4정단이 청정하니라. 왜 그러한가? 만약 일체지지가 청정하거나, 만약 신계가 청정하거나, 만약 4정단이 청정하다면, 무이이고 둘로 나눌 수 없으며 분별이 없고 단절도 없는 까닭이니라. 일체지지가 청정한 까닭으로 촉계·신식계, 나아가 신촉·신촉을 인연으로 생겨난 여러 수가 청정하고, 촉계, 나아가 신촉을 인연으로 생겨난 여러 수가 청정한 까닭으로 4정단이 청정하니라. 왜 그러한가? 만약 일체지지가 청정하거나,

만약 촉계, 나아가 신촉을 인연으로 생겨난 여러 수가 청정하거나, 만약 4정단이 청정하다면, 무이이고 둘로 나눌 수 없으며 분별이 없고 단절도 없는 까닭이니라.

선현이여. 일체지지가 청정한 까닭으로 의계가 청정하고, 의계가 청정한 까닭으로 4정단이 청정하니라. 왜 그러한가? 만약 일체지지가 청정하거나, 만약 의계가 청정하거나, 만약 4정단이 청정하다면, 무이이고 둘로 나눌 수 없으며 분별이 없고 단절도 없는 까닭이니라. 일체지지가 청정한 까닭으로 법계·의식계, 나아가 의촉·의촉을 인연으로 생겨난 여러 수가 청정하고, 법계, 나아가 의촉을 인연으로 생겨난 여러 수가 청정한 까닭으로 4정단이 청정하니라. 왜 그러한가? 만약 일체지지가 청정하거나, 만약 법계, 나아가 의촉을 인연으로 생겨난 여러 수가 청정하거나, 만약 4정단이 청정하다면, 무이이고 둘로 나눌 수 없으며 분별이 없고 단절도 없는 까닭이니라.

선현이여. 일체지지가 청정한 까닭으로 지계가 청정하고, 지계가 청정한 까닭으로 4정단이 청정하니라. 왜 그러한가? 만약 일체지지가 청정하거나, 만약 지계가 청정하거나, 만약 4정단이 청정하다면, 무이이고 둘로 나눌 수 없으며 분별이 없고 단절도 없는 까닭이니라. 일체지지가 청정한 까닭으로 수·화·풍·공·식계가 청정하고, 수·화·풍·공·식계가 청정한 까닭으로 4정단이 청정하니라. 왜 그러한가? 만약 일체지지가 청정하거나, 만약 수·화·풍·공·식계가 청정하거나, 만약 4정단이 청정하다면, 무이이고 둘로 나눌 수 없으며 분별이 없고 단절도 없는 까닭이니라.

선현이여. 일체지지가 청정한 까닭으로 무명이 청정하고, 무명이 청정한 까닭으로 4정단이 청정하니라. 왜 그러한가? 만약 일체지지가 청정하거나, 만약 무명이 청정하거나, 만약 4정단이 청정하다면, 무이이고 둘로 나눌 수 없으며 분별이 없고 단절도 없는 까닭이니라. 일체지지가 청정한 까닭으로 행·식·명색·육처·촉·수·애·취·유·생·노사의 수탄고우뇌가 청정하고, 행, 나아가 노사의 수탄고우뇌가 청정한 까닭으로 4정단이 청정하니라. 왜 그러한가? 만약 일체지지가 청정하거나, 만약 행, 나아가 노사의 수탄고우뇌가 청정하거나, 만약 4정단이 청정하다면, 무이이고 둘로 나눌 수 없으며 분별이 없고 단절도 없는 까닭이니라.

선현이여. 일체지지가 청정한 까닭으로 보시바라밀다가 청정하고, 보시바라밀다가 청정한 까닭으로 4정단이 청정하니라. 왜 그러한가? 만약 일체지지가 청정하거나, 만약 보시바라밀다가 청정하거나, 만약 4정단이 청정하다면, 무이이고 둘로 나눌 수 없으며 분별이 없고 단절도 없는 까닭이니라. 일체지지가 청정한 까닭으로 정계·안인·정진·정려·반야바라밀다가 청정하고, 정계, 나아가 반야바라밀다가 청정한 까닭으로 4정단이 청정하니라. 왜 그러한가? 만약 일체지지가 청정하거나, 만약 정계, 나아가 반야바라밀다가 청정하거나, 만약 4정단이 청정하다면, 무이이고 둘로 나눌 수 없으며 분별이 없고 단절도 없는 까닭이니라.

선현이여. 일체지지가 청정한 까닭으로 내공이 청정하고, 내공이 청정한 까닭으로 4정단이 청정하니라. 왜 그러한가? 만약 일체지지가 청정하거나, 만약 내공이 청정하거나, 만약 4정단이 청정하다면, 무이이고 둘로 나눌 수 없으며 분별이 없고 단절도 없는 까닭이니라. 일체지지가 청정한 까닭으로 외공·내외공·공공·대공·승의공·유위공·무위공·필경공·무제공·산공·무변이공·본성공·자상공·공상공·일체법공·불가득공·무성공·자성공·무성자성공이 청정하고, 외공, 나아가 무성자성공이 청정한 까닭으로 4정단이 청정하니라. 왜 그러한가? 만약 일체지지가 청정하거나, 만약 외공, 나아가 무성자성공이 청정하거나, 만약 4정단이 청정하다면, 무이이고 둘로 나눌 수 없으며 분별이 없고 단절도 없는 까닭이니라.

선현이여. 일체지지가 청정한 까닭으로 진여가 청정하고, 진여가 청정한 까닭으로 4정단이 청정하니라. 왜 그러한가? 만약 일체지지가 청정하거나, 만약 진여가 청정하거나, 만약 4정단이 청정하다면, 무이이고 둘로 나눌 수 없으며 분별이 없고 단절도 없는 까닭이니라. 일체지지가 청정한 까닭으로 법계·법성·불허망성·불변이성·평등성·이생성·법정·법주·실제·허공계·부사의계가 청정하고 법계, 나아가 부사의계가 청정한 까닭으로 4정단이 청정하니라. 왜 그러한가? 만약 일체지지가 청정하거나,

만약 법계, 나아가 부사의계가 청정하거나, 만약 4정단이 청정하다면, 무이이고 둘로 나눌 수 없으며 분별이 없고 단절도 없는 까닭이니라.

선현이여. 일체지지가 청정한 까닭으로 고성제가 청정하고, 고성제가 청정한 까닭으로 4정단이 청정하니라. 왜 그러한가? 만약 일체지지가 청정하거나, 만약 고성제가 청정하거나, 만약 4정단이 청정하다면, 무이이고 둘로 나눌 수 없으며 분별이 없고 단절도 없는 까닭이니라. 일체지지가 청정한 까닭으로 집·멸·도성제가 청정하고, 집·멸·도성제가 청정한 까닭으로 4정단이 청정하니라. 왜 그러한가? 만약 일체지지가 청정하거나, 만약 집·멸·도성제가 청정하거나, 만약 4정단이 청정하다면, 무이이고 둘로 나눌 수 없으며 분별이 없고 단절도 없는 까닭이니라.

선현이여. 일체지지가 청정한 까닭으로 4정려가 청정하고, 4정려가 청정한 까닭으로 4정단이 청정하니라. 왜 그러한가? 만약 일체지지가 청정하거나, 만약 4정려가 청정하거나, 만약 4정단이 청정하다면, 무이이고 둘로 나눌 수 없으며 분별이 없고 단절도 없는 까닭이니라. 일체지지가 청정한 까닭으로 4무량·4무색정이 청정하고, 4무량·4무색정이 청정한 까닭으로 4정단이 청정하니라. 왜 그러한가? 만약 일체지지가 청정하거나, 만약 4무량·4무색정이 청정하거나, 만약 4정단이 청정하다면, 무이이고 둘로 나눌 수 없으며 분별이 없고 단절도 없는 까닭이니라.

선현이여. 일체지지가 청정한 까닭으로 8해탈이 청정하고, 8해탈이 청정한 까닭으로 4정단이 청정하니라. 왜 그러한가? 만약 일체지지가 청정하거나, 만약 8해탈이 청정하거나, 만약 4정단이 청정하다면, 무이이고 둘로 나눌 수 없으며 분별이 없고 단절도 없는 까닭이니라. 일체지지가 청정한 까닭으로 8승처·9차제정·10변처가 청정하고, 8승처·9차제정·10변처가 청정한 까닭으로 4정단이 청정하니라. 왜 그러한가? 만약 일체지지가 청정하거나, 만약 8승처·9차제정·10변처가 청정하거나, 만약 4정단이 청정하다면, 무이이고 둘로 나눌 수 없으며 분별이 없고 단절도 없는 까닭이니라.

선현이여. 일체지지가 청정한 까닭으로 4념주가 청정하고, 4념주가

청정한 까닭으로 4정단이 청정하니라. 왜 그러한가? 만약 일체지지가 청정하거나, 만약 4념주가 청정하거나, 만약 4정단이 청정하다면, 무이이고 둘로 나눌 수 없으며 분별이 없고 단절도 없는 까닭이니라. 일체지지가 청정한 까닭으로 4신족·5근·5력·7등각지·8성도지가 청정하고, 4신족, 나아가 8성도지가 청정한 까닭으로 4정단이 청정하니라. 왜 그러한가? 만약 일체지지가 청정하거나, 만약 4신족, 나아가 8성도지가 청정하거나, 만약 4정단이 청정하다면, 무이이고 둘로 나눌 수 없으며 분별이 없고 단절도 없는 까닭이니라.

선현이여. 일체지지가 청정한 까닭으로 공해탈문이 청정하고, 공해탈문이 청정한 까닭으로 4정단이 청정하니라. 왜 그러한가? 만약 일체지지가 청정하거나, 만약 공해탈문이 청정하거나, 만약 4정단이 청정하다면, 무이이고 둘로 나눌 수 없으며 분별이 없고 단절도 없는 까닭이니라. 일체지지가 청정한 까닭으로 무상·무원해탈문이 청정하고, 무상·무원해탈문이 청정한 까닭으로 4정단이 청정하니라. 왜 그러한가? 만약 일체지지가 청정하거나, 만약 무상·무원해탈문이 청정하거나, 만약 4정단이 청정하다면, 무이이고 둘로 나눌 수 없으며 분별이 없고 단절도 없는 까닭이니라.

선현이여. 일체지지가 청정한 까닭으로 보살의 10지가 청정하고, 보살의 10지가 청정한 까닭으로 4정단이 청정하니라. 왜 그러한가? 만약 일체지지가 청정하거나, 만약 보살의 10지가 청정하거나, 만약 4정단이 청정하다면, 무이이고 둘로 나눌 수 없으며 분별이 없고 단절도 없는 까닭이니라.

선현이여. 일체지지가 청정한 까닭으로 5안이 청정하고, 5안이 청정한 까닭으로 4정단이 청정하니라. 왜 그러한가? 만약 일체지지가 청정하거나, 만약 5안이 청정하거나, 만약 4정단이 청정하다면, 무이이고 둘로 나눌 수 없으며 분별이 없고 단절도 없는 까닭이니라. 일체지지가 청정한 까닭으로 6신통이 청정하고, 6신통이 청정한 까닭으로 4정단이 청정하니라. 왜 그러한가? 만약 일체지지가 청정하거나, 만약 6신통이 청정하거나,

만약 4정단이 청정하다면, 무이이고 둘로 나눌 수 없으며 분별이 없고 단절도 없는 까닭이니라.

선현이여. 일체지지가 청정한 까닭으로 여래의 10력이 청정하고, 여래의 10력이 청정한 까닭으로 4정단이 청정하니라. 왜 그러한가? 만약 일체지지가 청정하거나, 만약 여래의 10력이 청정하거나, 만약 4정단이 청정하다면, 무이이고 둘로 나눌 수 없으며 분별이 없고 단절도 없는 까닭이니라. 일체지지가 청정한 까닭으로 4무소외·4무애해·대자·대비·대희·대사·18불불공법이 청정하고, 4무소외, 나아가 18불불공법이 청정한 까닭으로 4정단이 청정하니라. 왜 그러한가? 만약 일체지지가 청정하거나, 만약 4무소외, 나아가 18불불공법이 청정하거나, 만약 4정단이 청정하다면, 무이이고 둘로 나눌 수 없으며 분별이 없고 단절도 없는 까닭이니라.

선현이여. 일체지지가 청정한 까닭으로 무망실법이 청정하고, 무망실법이 청정한 까닭으로 4정단이 청정하니라. 왜 그러한가? 만약 일체지지가 청정하거나, 만약 무망실법이 청정하거나, 만약 4정단이 청정하다면, 무이이고 둘로 나눌 수 없으며 분별이 없고 단절도 없는 까닭이니라. 선현이여. 일체지지가 청정한 까닭으로 항주사성이 청정하고, 항주사성이 청정한 까닭으로 4정단이 청정하니라. 왜 그러한가? 만약 일체지지가 청정하거나, 만약 항주사성이 청정하거나, 만약 4정단이 청정하다면, 무이이고 둘로 나눌 수 없으며 분별이 없고 단절도 없는 까닭이니라.

선현이여. 일체지지가 청정한 까닭으로 일체지가 청정하고, 일체지가 청정한 까닭으로 4정단이 청정하니라. 왜 그러한가? 만약 일체지지가 청정하거나, 만약 일체지가 청정하거나, 만약 4정단이 청정하다면, 무이이고 둘로 나눌 수 없으며 분별이 없고 단절도 없는 까닭이니라. 일체지지가 청정한 까닭으로 도상지·일체상지가 청정하고, 도상지·일체상지가 청정한 까닭으로 4정단이 청정하니라. 왜 그러한가? 만약 일체지지가 청정하거나, 만약 도상지·일체상지가 청정하거나, 만약 4정단이 청정하다면, 무이이고 둘로 나눌 수 없으며 분별이 없고 단절도 없는 까닭이니라.

선현이여. 일체지지가 청정한 까닭으로 일체의 다라니문이 청정하고, 일체의 다라니문이 청정한 까닭으로 4정단이 청정하니라. 왜 그러한가? 만약 일체지지가 청정하거나, 만약 일체의 다라니문이 청정하거나, 만약 4정단이 청정하다면, 무이이고 둘로 나눌 수 없으며 분별이 없고 단절도 없는 까닭이니라. 선현이여. 일체지지가 청정한 까닭으로 일체의 삼마지문이 청정하고, 일체의 삼마지문이 청정한 까닭으로 4정단이 청정하니라. 왜 그러한가? 만약 일체지지가 청정하거나, 만약 일체의 삼마지문이 청정하거나, 만약 4정단이 청정하다면, 무이이고 둘로 나눌 수 없으며 분별이 없고 단절도 없는 까닭이니라.

선현이여. 일체지지가 청정한 까닭으로 예류과가 청정하고, 예류과가 청정한 까닭으로 4정단이 청정하니라. 왜 그러한가? 만약 일체지지가 청정하거나, 만약 예류과가 청정하거나, 만약 4정단이 청정하다면, 무이이고 둘로 나눌 수 없으며 분별이 없고 단절도 없는 까닭이니라. 일체지지가 청정한 까닭으로 일래·불환·아라한과가 청정하고, 일래·불환·아라한과가 청정한 까닭으로 4정단이 청정하니라. 왜 그러한가? 만약 일체지지가 청정하거나, 만약 일래·불환·아라한과가 청정하거나, 만약 4정단이 청정하다면, 무이이고 둘로 나눌 수 없으며 분별이 없고 단절도 없는 까닭이니라.

선현이여. 일체지지가 청정한 까닭으로 독각의 보리가 청정하고, 독각의 보리가 청정한 까닭으로 4정단이 청정하니라. 왜 그러한가? 만약 일체지지가 청정하거나, 만약 독각의 보리가 청정하거나, 만약 4정단이 청정하다면, 무이이고 둘로 나눌 수 없으며 분별이 없고 단절도 없는 까닭이니라.

선현이여. 일체지지가 청정한 까닭으로 일체의 보살마하살의 행이 청정하고, 일체의 보살마하살의 행이 청정한 까닭으로 4정단이 청정하니라. 왜 그러한가? 만약 일체지지가 청정하거나, 만약 일체의 보살마하살의 행이 청정하거나, 만약 4정단이 청정하다면, 무이이고 둘로 나눌 수 없으며 분별이 없고 단절도 없는 까닭이니라.

선현이여. 일체지지가 청정한 까닭으로 제불의 무상정등보리가 청정하고, 제불의 무상정등보리가 청정한 까닭으로 4정단이 청정하니라. 왜 그러한가? 만약 일체지지가 청정하거나, 만약 제불의 무상정등보리가 청정하거나, 만약 4정단이 청정하다면, 무이이고 둘로 나눌 수 없으며 분별이 없고 단절도 없는 까닭이니라."

"다시 다음으로 선현이여. 일체지지가 청정한 까닭으로 색이 청정하고, 색이 청정한 까닭으로 4신족(四神足)이 청정하니라. 왜 그러한가? 만약 일체지지가 청정하거나, 만약 색이 청정하거나, 만약 4신족이 청정하다면, 무이이고 둘로 나눌 수 없으며 분별이 없고 단절도 없는 까닭이니라. 일체지지가 청정한 까닭으로 수·상·행·식이 청정하고, 수·상·행·식이 청정한 까닭으로 4신족이 청정하니라. 왜 그러한가? 만약 일체지지가 청정하거나, 만약 수·상·행·식이 청정하거나, 만약 4신족이 청정하다면, 무이이고 둘로 나눌 수 없으며 분별이 없고 단절도 없는 까닭이니라.

선현이여. 일체지지가 청정한 까닭으로 안처가 청정하고, 안처가 청정한 까닭으로 4신족이 청정하니라. 왜 그러한가? 만약 일체지지가 청정하거나, 만약 안처가 청정하거나, 만약 4신족이 청정하다면, 무이이고 둘로 나눌 수 없으며 분별이 없고 단절도 없는 까닭이니라. 일체지지가 청정한 까닭으로 이·비·설·신·의처가 청정하고, 이·비·설·신·의처가 청정한 까닭으로 4신족이 청정하니라. 왜 그러한가? 만약 일체지지가 청정하거나, 만약 이·비·설·신·의처가 청정하거나, 만약 4신족이 청정하다면, 무이이고 둘로 나눌 수 없으며 분별이 없고 단절도 없는 까닭이니라.

선현이여. 일체지지가 청정한 까닭으로 색처가 청정하고, 색처가 청정한 까닭으로 4신족이 청정하니라. 왜 그러한가? 만약 일체지지가 청정하거나, 만약 색처가 청정하거나, 만약 4신족이 청정하다면, 무이이고 둘로 나눌 수 없으며 분별이 없고 단절도 없는 까닭이니라. 일체지지가 청정한 까닭으로 성·향·미·촉·법처가 청정하고, 성·향·미·촉·법처가 청정한 까닭으로 4신족이 청정하니라. 왜 그러한가? 만약 일체지지가 청정하거나,

만약 성·향·미·촉·법처가 청정하거나, 만약 4신족이 청정하다면, 무이이고 둘로 나눌 수 없으며 분별이 없고 단절도 없는 까닭이니라.

선현이여. 일체지지가 청정한 까닭으로 안계가 청정하고, 안계가 청정한 까닭으로 4신족이 청정하니라. 왜 그러한가? 만약 일체지지가 청정하거나, 만약 안계가 청정하거나, 만약 4신족이 청정하다면, 무이이고 둘로 나눌 수 없으며 분별이 없고 단절도 없는 까닭이니라. 일체지지가 청정한 까닭으로 색계·안식계, 나아가 안촉·안촉을 인연으로 생겨난 여러 수가 청정하고, 색계, 나아가 안촉을 인연으로 생겨난 여러 수가 청정한 까닭으로 4신족이 청정하니라. 왜 그러한가? 만약 일체지지가 청정하거나, 만약 색계, 나아가 안촉을 인연으로 생겨난 여러 수가 청정하거나, 만약 4신족이 청정하다면, 무이이고 둘로 나눌 수 없으며 분별이 없고 단절도 없는 까닭이니라.

선현이여. 일체지지가 청정한 까닭으로 이계가 청정하고, 이계가 청정한 까닭으로 4신족이 청정하니라. 왜 그러한가? 만약 일체지지가 청정하거나, 만약 이계가 청정하거나, 만약 4신족이 청정하다면, 무이이고 둘로 나눌 수 없으며 분별이 없고 단절도 없는 까닭이니라. 일체지지가 청정한 까닭으로 성계·이식계, 나아가 이촉·이촉을 인연으로 생겨난 여러 수가 청정하고, 성계, 나아가 이촉을 인연으로 생겨난 여러 수가 청정한 까닭으로 4신족이 청정하니라. 왜 그러한가? 만약 일체지지가 청정하거나, 만약 성계, 나아가 이촉을 인연으로 생겨난 여러 수가 청정하거나, 만약 4신족이 청정하다면, 무이이고 둘로 나눌 수 없으며 분별이 없고 단절도 없는 까닭이니라.

선현이여. 일체지지가 청정한 까닭으로 비계가 청정하고, 비계가 청정한 까닭으로 4신족이 청정하니라. 왜 그러한가? 만약 일체지지가 청정하거나, 만약 비계가 청정하거나, 만약 4신족이 청정하다면, 무이이고 둘로 나눌 수 없으며 분별이 없고 단절도 없는 까닭이니라. 일체지지가 청정한 까닭으로 향계·비식계, 나아가 비촉·비촉을 인연으로 생겨난 여러 수가 청정하고, 향계, 나아가 비촉을 인연으로 생겨난 여러 수가 청정한 까닭으로 4신족이 청정하니라. 왜 그러한가? 만약 일체지지가 청정하거나, 만약 향계, 나아가 비촉을 인연으로 생겨난 여러 수가 청정하거나, 만약 4신족이 청정하다면, 무이이고 둘로 나눌 수 없으며 분별이 없고 단절도 없는 까닭이니라.

선현이여. 일체지지가 청정한 까닭으로 설계가 청정하고, 설계가 청정한 까닭으로 4신족이 청정하니라. 왜 그러한가? 만약 일체지지가 청정하거나, 만약 설계가 청정하거나, 만약 4신족이 청정하다면, 무이이고 둘로 나눌 수 없으며 분별이 없고 단절도 없는 까닭이니라. 일체지지가 청정한 까닭으로 미계·설식계, 나아가 설촉·설촉을 인연으로 생겨난 여러 수가 청정하고, 미계, 나아가 설촉을 인연으로 생겨난 여러 수가 청정한 까닭으로 4신족이 청정하니라. 왜 그러한가? 만약 일체지지가 청정하거나, 만약 미계, 나아가 설촉을 인연으로 생겨난 여러 수가 청정하거나, 만약 4신족이 청정하다면, 무이이고 둘로 나눌 수 없으며 분별이 없고 단절도 없는 까닭이니라.

선현이여. 일체지지가 청정한 까닭으로 신계가 청정하고, 신계가 청정한 까닭으로 4신족이 청정하니라. 왜 그러한가? 만약 일체지지가 청정하거나, 만약 신계가 청정하거나, 만약 4신족이 청정하다면, 무이이고 둘로 나눌 수 없으며 분별이 없고 단절도 없는 까닭이니라. 일체지지가 청정한 까닭으로 촉계·신식계, 나아가 신촉·신촉을 인연으로 생겨난 여러 수가 청정하고, 촉계, 나아가 신촉을 인연으로 생겨난 여러 수가 청정한 까닭으로 4신족이 청정하니라. 왜 그러한가? 만약 일체지지가 청정하거나, 만약 촉계, 나아가 신촉을 인연으로 생겨난 여러 수가 청정하거나, 만약 4신족이 청정하다면, 무이이고 둘로 나눌 수 없으며 분별이 없고 단절도 없는 까닭이니라.

선현이여. 일체지지가 청정한 까닭으로 의계가 청정하고, 의계가 청정한 까닭으로 4신족이 청정하니라. 왜 그러한가? 만약 일체지지가 청정하거나, 만약 의계가 청정하거나, 만약 4신족이 청정하다면, 무이이고 둘로 나눌 수 없으며 분별이 없고 단절도 없는 까닭이니라. 일체지지가 청정한 까닭으로 법계·의식계, 나아가 의촉·의촉을 인연으로 생겨난 여러 수가 청정하고, 법계, 나아가 의촉을 인연으로 생겨난 여러 수가 청정한 까닭으로 4신족이 청정하니라. 왜 그러한가? 만약 일체지지가 청정하거나, 만약 법계, 나아가 의촉을 인연으로 생겨난 여러 수가 청정하거나, 만약 4신족이 청정하다면, 무이이고 둘로 나눌 수 없으며 분별이 없고 단절도 없는 까닭이니라.

선현이여. 일체지지가 청정한 까닭으로 지계가 청정하고, 지계가 청정한 까닭으로 4신족이 청정하니라. 왜 그러한가? 만약 일체지지가 청정하거나, 만약 지계가 청정하거나, 만약 4신족이 청정하다면, 무이이고 둘로 나눌 수 없으며 분별이 없고 단절도 없는 까닭이니라. 일체지지가 청정한 까닭으로 수·화·풍·공·식계가 청정하고, 수·화·풍·공·식계가 청정한 까닭으로 4신족이 청정하니라. 왜 그러한가? 만약 일체지지가 청정하거나, 만약 수·화·풍·공·식계가 청정하거나, 만약 4신족이 청정하다면, 무이이고 둘로 나눌 수 없으며 분별이 없고 단절도 없는 까닭이니라.

선현이여. 일체지지가 청정한 까닭으로 무명이 청정하고, 무명이 청정한 까닭으로 4신족이 청정하니라. 왜 그러한가? 만약 일체지지가 청정하거나, 만약 무명이 청정하거나, 만약 4신족이 청정하다면, 무이이고 둘로 나눌 수 없으며 분별이 없고 단절도 없는 까닭이니라. 일체지지가 청정한 까닭으로 행·식·명색·육처·촉·수·애·취·유·생·노사의 수탄고우뇌가 청정하고, 행, 나아가 노사의 수탄고우뇌가 청정한 까닭으로 4신족이 청정하니라. 왜 그러한가? 만약 일체지지가 청정하거나, 만약 행, 나아가 노사의 수탄고우뇌가 청정하거나, 만약 4신족이 청정하다면, 무이이고 둘로 나눌 수 없으며 분별이 없고 단절도 없는 까닭이니라.

선현이여. 일체지지가 청정한 까닭으로 보시바라밀다가 청정하고, 보시바라밀다가 청정한 까닭으로 4신족이 청정하니라. 왜 그러한가? 만약 일체지지가 청정하거나, 만약 보시바라밀다가 청정하거나, 만약 4신족이 청정하다면, 무이이고 둘로 나눌 수 없으며 분별이 없고 단절도 없는 까닭이니라. 일체지지가 청정한 까닭으로 정계·안인·정진·정려·반야바라밀다가 청정하고, 정계, 나아가 반야바라밀다가 청정한 까닭으로 4신족이 청정하니라. 왜 그러한가? 만약 일체지지가 청정하거나, 만약 정계, 나아가 반야바라밀다가 청정하거나, 만약 4신족이 청정하다면, 무이이고 둘로 나눌 수 없으며 분별이 없고 단절도 없는 까닭이니라.

선현이여. 일체지지가 청정한 까닭으로 내공이 청정하고, 내공이 청정한 까닭으로 4신족이 청정하니라. 왜 그러한가? 만약 일체지지가 청정하거나, 만약 내공이 청정하거나, 만약 4신족이 청정하다면, 무이이고 둘로 나눌 수 없으며 분별이 없고 단절도 없는 까닭이니라. 일체지지가 청정한 까닭으로 외공·내외공·공공·대공·승의공·유위공·무위공·필경공·무제공·산공·무변이공·본성공·자상공·공상공·일체법공·불가득공·무성공·자성공·무성자성공이 청정하고, 외공, 나아가 무성자성공이 청정한 까닭으로 4신족이 청정하니라. 왜 그러한가? 만약 일체지지가 청정하거나, 만약 외공, 나아가 무성자성공이 청정하거나, 만약 4신족이 청정하다면, 무이이고 둘로 나눌 수 없으며 분별이 없고 단절도 없는 까닭이니라.

선현이여. 일체지지가 청정한 까닭으로 진여가 청정하고, 진여가 청정한 까닭으로 4신족이 청정하니라. 왜 그러한가? 만약 일체지지가 청정하거나, 만약 진여가 청정하거나, 만약 4신족이 청정하다면, 무이이고 둘로 나눌 수 없으며 분별이 없고 단절도 없는 까닭이니라. 일체지지가 청정한 까닭으로 법계·법성·불허망성·불변이성·평등성·이생성·법정·법주·실제·허공계·부사의계가 청정하고 법계, 나아가 부사의계가 청정한 까닭으로 4신족이 청정하니라. 왜 그러한가? 만약 일체지지가 청정하거나, 만약 법계, 나아가 부사의계가 청정하거나, 만약 4신족이 청정하다면, 무이이고 둘로 나눌 수 없으며 분별이 없고 단절도 없는 까닭이니라.

선현이여. 일체지지가 청정한 까닭으로 고성제가 청정하고, 고성제가 청정한 까닭으로 4신족이 청정하니라. 왜 그러한가? 만약 일체지지가 청정하거나, 만약 고성제가 청정하거나, 만약 4신족이 청정하다면, 무이이고 둘로 나눌 수 없으며 분별이 없고 단절도 없는 까닭이니라. 일체지지가 청정한 까닭으로 집·멸·도성제가 청정하고, 집·멸·도성제가 청정한 까닭으로 4신족이 청정하니라. 왜 그러한가? 만약 일체지지가 청정하거나, 만약 집·멸·도성제가 청정하거나, 만약 4신족이 청정하다면, 무이이고 둘로 나눌 수 없으며 분별이 없고 단절도 없는 까닭이니라.

선현이여. 일체지지가 청정한 까닭으로 4정려가 청정하고, 4정려가 청정한 까닭으로 4신족이 청정하니라. 왜 그러한가? 만약 일체지지가 청정하거나, 만약 4정려가 청정하거나, 만약 4신족이 청정하다면, 무이이고 둘로 나눌 수 없으며 분별이 없고 단절도 없는 까닭이니라. 일체지지가 청정한 까닭으로 4무량·4무색정이 청정하고, 4무량·4무색정이 청정한 까닭으로 4신족이 청정하니라. 왜 그러한가? 만약 일체지지가 청정하거나, 만약 4무량·4무색정이 청정하거나, 만약 4신족이 청정하다면, 무이이고 둘로 나눌 수 없으며 분별이 없고 단절도 없는 까닭이니라.

선현이여. 일체지지가 청정한 까닭으로 8해탈이 청정하고, 8해탈이 청정한 까닭으로 4신족이 청정하니라. 왜 그러한가? 만약 일체지지가 청정하거나, 만약 8해탈이 청정하거나, 만약 4신족이 청정하다면, 무이이고 둘로 나눌 수 없으며 분별이 없고 단절도 없는 까닭이니라. 일체지지가 청정한 까닭으로 8승처·9차제정·10변처가 청정하고, 8승처·9차제정·10변처가 청정한 까닭으로 4신족이 청정하니라. 왜 그러한가? 만약 일체지지가 청정하거나, 만약 8승처·9차제정·10변처가 청정하거나, 만약 4신족이 청정하다면, 무이이고 둘로 나눌 수 없으며 분별이 없고 단절도 없는 까닭이니라.

선현이여. 일체지지가 청정한 까닭으로 4념주가 청정하고, 4념주가 청정한 까닭으로 4신족이 청정하니라. 왜 그러한가? 만약 일체지지가 청정하거나, 만약 4념주가 청정하거나, 만약 4정단이 청정하다면, 무이이고 둘로 나눌 수 없으며 분별이 없고 단절도 없는 까닭이니라. 일체지지가 청정한 까닭으로 4정단·5근·5력·7등각지·8성도지가 청정하고, 4정단, 나아가 8성도지가 청정한 까닭으로 4신족이 청정하니라. 왜 그러한가? 만약 일체지지가 청정하거나, 만약 4정단, 나아가 8성도지가 청정하거나, 만약 4정단이 청정하다면, 무이이고 둘로 나눌 수 없으며 분별이 없고 단절도 없는 까닭이니라.

선현이여. 일체지지가 청정한 까닭으로 공해탈문이 청정하고, 공해탈문이 청정한 까닭으로 4신족이 청정하니라. 왜 그러한가? 만약 일체지지가 청정하거나, 만약 공해탈문이 청정하거나, 만약 4신족이 청정하다면, 무이이고 둘로 나눌 수 없으며 분별이 없고 단절도 없는 까닭이니라. 일체지지가 청정한 까닭으로 무상·무원해탈문이 청정하고, 무상·무원해탈문이 청정한 까닭으로 4신족이 청정하니라. 왜 그러한가? 만약 일체지지가 청정하거나, 만약 무상·무원해탈문이 청정하거나, 만약 4신족이 청정하다면, 무이이고 둘로 나눌 수 없으며 분별이 없고 단절도 없는 까닭이니라.

선현이여. 일체지지가 청정한 까닭으로 보살의 10지가 청정하고, 보살의 10지가 청정한 까닭으로 4신족이 청정하니라. 왜 그러한가? 만약 일체지지가 청정하거나, 만약 보살의 10지가 청정하거나, 만약 4신족이 청정하다면, 무이이고 둘로 나눌 수 없으며 분별이 없고 단절도 없는 까닭이니라.

선현이여. 일체지지가 청정한 까닭으로 5안이 청정하고, 5안이 청정한 까닭으로 4신족이 청정하니라. 왜 그러한가? 만약 일체지지가 청정하거나, 만약 5안이 청정하거나, 만약 4신족이 청정하다면, 무이이고 둘로 나눌 수 없으며 분별이 없고 단절도 없는 까닭이니라. 일체지지가 청정한 까닭으로 6신통이 청정하고, 6신통이 청정한 까닭으로 4신족이 청정하니라. 왜 그러한가? 만약 일체지지가 청정하거나, 만약 6신통이 청정하거나, 만약 4신족이 청정하다면, 무이이고 둘로 나눌 수 없으며 분별이 없고 단절도 없는 까닭이니라.

선현이여. 일체지지가 청정한 까닭으로 여래의 10력이 청정하고, 여래의 10력이 청정한 까닭으로 4신족이 청정하니라. 왜 그러한가? 만약 일체지지가 청정하거나, 만약 여래의 10력이 청정하거나, 만약 4신족이 청정하다면, 무이이고 둘로 나눌 수 없으며 분별이 없고 단절도 없는 까닭이니라. 일체지지가 청정한 까닭으로 4무소외·4무애해·대자·대비·

대희·대사·18불불공법이 청정하고, 4무소외, 나아가 18불불공법이 청정한 까닭으로 4신족이 청정하니라. 왜 그러한가? 만약 일체지지가 청정하거나, 만약 4무소외, 나아가 18불불공법이 청정하거나, 만약 4신족이 청정하다면, 무이이고 둘로 나눌 수 없으며 분별이 없고 단절도 없는 까닭이니라.

선현이여. 일체지지가 청정한 까닭으로 무망실법이 청정하고, 무망실법이 청정한 까닭으로 4신족이 청정하니라. 왜 그러한가? 만약 일체지지가 청정하거나, 만약 무망실법이 청정하거나, 만약 4신족이 청정하다면, 무이이고 둘로 나눌 수 없으며 분별이 없고 단절도 없는 까닭이니라. 선현이여. 일체지지가 청정한 까닭으로 항주사성이 청정하고, 항주사성이 청정한 까닭으로 4신족이 청정하니라. 왜 그러한가? 만약 일체지지가 청정하거나, 만약 항주사성이 청정하거나, 만약 4신족이 청정하다면, 무이이고 둘로 나눌 수 없으며 분별이 없고 단절도 없는 까닭이니라.

선현이여. 일체지지가 청정한 까닭으로 일체지가 청정하고, 일체지가 청정한 까닭으로 4신족이 청정하니라. 왜 그러한가? 만약 일체지지가 청정하거나, 만약 일체지가 청정하거나, 만약 4신족이 청정하다면, 무이이고 둘로 나눌 수 없으며 분별이 없고 단절도 없는 까닭이니라. 일체지지가 청정한 까닭으로 도상지·일체상지가 청정하고, 도상지·일체상지가 청정한 까닭으로 4신족이 청정하니라. 왜 그러한가? 만약 일체지지가 청정하거나, 만약 도상지·일체상지가 청정하거나, 만약 4신족이 청정하다면, 무이이고 둘로 나눌 수 없으며 분별이 없고 단절도 없는 까닭이니라.

선현이여. 일체지지가 청정한 까닭으로 일체의 다라니문이 청정하고, 일체의 다라니문이 청정한 까닭으로 4신족이 청정하니라. 왜 그러한가? 만약 일체지지가 청정하거나, 만약 일체의 다라니문이 청정하거나, 만약 4신족이 청정하다면, 무이이고 둘로 나눌 수 없으며 분별이 없고 단절도 없는 까닭이니라. 선현이여. 일체지지가 청정한 까닭으로 일체의 삼마지문이 청정하고, 일체의 삼마지문이 청정한 까닭으로 4신족이 청정하니라. 왜 그러한가? 만약 일체지지가 청정하거나, 만약 일체의 삼마지문이 청정하거나, 만약 4신족이 청정하다면, 무이이고 둘로 나눌 수 없으며 분별이 없고 단절도 없는 까닭이니라.

선현이여. 일체지지가 청정한 까닭으로 예류과가 청정하고, 예류과가 청정한 까닭으로 4신족이 청정하니라. 왜 그러한가? 만약 일체지지가 청정하거나, 만약 예류과가 청정하거나, 만약 4신족이 청정하다면, 무이이고 둘로 나눌 수 없으며 분별이 없고 단절도 없는 까닭이니라. 일체지지가 청정한 까닭으로 일래·불환·아라한과가 청정하고, 일래·불환·아라한과가 청정한 까닭으로 4신족이 청정하니라. 왜 그러한가? 만약 일체지지가 청정하거나, 만약 일래·불환·아라한과가 청정하거나, 만약 4신족이 청정하다면, 무이이고 둘로 나눌 수 없으며 분별이 없고 단절도 없는 까닭이니라.

선현이여. 일체지지가 청정한 까닭으로 독각의 보리가 청정하고, 독각의 보리가 청정한 까닭으로 4신족이 청정하니라. 왜 그러한가? 만약 일체지지가 청정하거나, 만약 독각의 보리가 청정하거나, 만약 4신족이 청정하다면, 무이이고 둘로 나눌 수 없으며 분별이 없고 단절도 없는 까닭이니라.

선현이여. 일체지지가 청정한 까닭으로 일체의 보살마하살의 행이 청정하고, 일체의 보살마하살의 행이 청정한 까닭으로 4신족이 청정하니라. 왜 그러한가? 만약 일체지지가 청정하거나, 만약 일체의 보살마하살의 행이 청정하거나, 만약 4신족이 청정하다면, 무이이고 둘로 나눌 수 없으며 분별이 없고 단절도 없는 까닭이니라.

선현이여. 일체지지가 청정한 까닭으로 제불의 무상정등보리가 청정하고, 제불의 무상정등보리가 청정한 까닭으로 4신족이 청정하니라. 왜 그러한가? 만약 일체지지가 청정하거나, 만약 제불의 무상정등보리가 청정하거나, 만약 4신족이 청정하다면, 무이이고 둘로 나눌 수 없으며 분별이 없고 단절도 없는 까닭이니라.”

“다시 다음으로 선현이여. 일체지지가 청정한 까닭으로 색이 청정하고,

색이 청정한 까닭으로 5근(五根)이 청정하니라. 왜 그러한가? 만약 일체지지가 청정하거나, 만약 색이 청정하거나, 만약 5근이 청정하다면, 무이이고 둘로 나눌 수 없으며 분별이 없고 단절도 없는 까닭이니라. 일체지지가 청정한 까닭으로 수·상·행·식이 청정하고, 수·상·행·식이 청정한 까닭으로 5근이 청정하니라. 왜 그러한가? 만약 일체지지가 청정하거나, 만약 수·상·행·식이 청정하거나, 만약 5근이 청정하다면, 무이이고 둘로 나눌 수 없으며 분별이 없고 단절도 없는 까닭이니라.

선현이여. 일체지지가 청정한 까닭으로 안처가 청정하고, 안처가 청정한 까닭으로 5근이 청정하니라. 왜 그러한가? 만약 일체지지가 청정하거나, 만약 안처가 청정하거나, 만약 5근이 청정하다면, 무이이고 둘로 나눌 수 없으며 분별이 없고 단절도 없는 까닭이니라. 일체지지가 청정한 까닭으로 이·비·설·신·의처가 청정하고, 이·비·설·신·의처가 청정한 까닭으로 5근이 청정하니라. 왜 그러한가? 만약 일체지지가 청정하거나, 만약 이·비·설·신·의처가 청정하거나, 만약 5근이 청정하다면, 무이이고 둘로 나눌 수 없으며 분별이 없고 단절도 없는 까닭이니라.

선현이여. 일체지지가 청정한 까닭으로 색처가 청정하고, 색처가 청정한 까닭으로 5근이 청정하니라. 왜 그러한가? 만약 일체지지가 청정하거나, 만약 색처가 청정하거나, 만약 5근이 청정하다면, 무이이고 둘로 나눌 수 없으며 분별이 없고 단절도 없는 까닭이니라. 일체지지가 청정한 까닭으로 성·향·미·촉·법처가 청정하고, 성·향·미·촉·법처가 청정한 까닭으로 5근이 청정하니라. 왜 그러한가? 만약 일체지지가 청정하거나, 만약 성·향·미·촉·법처가 청정하거나, 만약 5근이 청정하다면, 무이이고 둘로 나눌 수 없으며 분별이 없고 단절도 없는 까닭이니라.

선현이여. 일체지지가 청정한 까닭으로 안계가 청정하고, 안계가 청정한 까닭으로 5근이 청정하니라. 왜 그러한가? 만약 일체지지가 청정하거나, 만약 안계가 청정하거나, 만약 5근이 청정하다면, 무이이고 둘로 나눌 수 없으며 분별이 없고 단절도 없는 까닭이니라. 일체지지가 청정한 까닭으로 색계·안식계, 나아가 안촉·안촉을 인연으로 생겨난 여러 수가 청정하고, 색계, 나아가 안촉을 인연으로 생겨난 여러 수가 청정한 까닭으로 5근이 청정하니라. 왜 그러한가? 만약 일체지지가 청정하거나, 만약 색계, 나아가 안촉을 인연으로 생겨난 여러 수가 청정하거나, 만약 5근이 청정하다면, 무이이고 둘로 나눌 수 없으며 분별이 없고 단절도 없는 까닭이니라.

선현이여. 일체지지가 청정한 까닭으로 이계가 청정하고, 이계가 청정한 까닭으로 5근이 청정하니라. 왜 그러한가? 만약 일체지지가 청정하거나, 만약 이계가 청정하거나, 만약 5근이 청정하다면, 무이이고 둘로 나눌 수 없으며 분별이 없고 단절도 없는 까닭이니라. 일체지지가 청정한 까닭으로 성계·이식계, 나아가 이촉·이촉을 인연으로 생겨난 여러 수가 청정하고, 성계, 나아가 이촉을 인연으로 생겨난 여러 수가 청정한 까닭으로 5근이 청정하니라. 왜 그러한가? 만약 일체지지가 청정하거나, 만약 성계, 나아가 이촉을 인연으로 생겨난 여러 수가 청정하거나, 만약 5근이 청정하다면, 무이이고 둘로 나눌 수 없으며 분별이 없고 단절도 없는 까닭이니라.

선현이여. 일체지지가 청정한 까닭으로 비계가 청정하고, 비계가 청정한 까닭으로 5근이 청정하니라. 왜 그러한가? 만약 일체지지가 청정하거나, 만약 비계가 청정하거나, 만약 5근이 청정하다면, 무이이고 둘로 나눌 수 없으며 분별이 없고 단절도 없는 까닭이니라. 일체지지가 청정한 까닭으로 향계·비식계, 나아가 비촉·비촉을 인연으로 생겨난 여러 수가 청정하고, 향계, 나아가 비촉을 인연으로 생겨난 여러 수가 청정한 까닭으로 5근이 청정하니라. 왜 그러한가? 만약 일체지지가 청정하거나, 만약 향계, 나아가 비촉을 인연으로 생겨난 여러 수가 청정하거나, 만약 5근이 청정하다면, 무이이고 둘로 나눌 수 없으며 분별이 없고 단절도 없는 까닭이니라.

선현이여. 일체지지가 청정한 까닭으로 설계가 청정하고, 설계가 청정한 까닭으로 5근이 청정하니라. 왜 그러한가? 만약 일체지지가 청정하거나, 만약 설계가 청정하거나, 만약 5근이 청정하다면, 무이이고 둘로 나눌 수 없으며 분별이 없고 단절도 없는 까닭이니라. 일체지지가 청정한 까닭으로 미계·설식계, 나아가 설촉·설촉을 인연으로 생겨난 여러 수가 청정하고, 미계, 나아가 설촉을 인연으로 생겨난 여러 수가 청정한 까닭으로 5근이 청정하니라. 왜 그러한가? 만약 일체지지가 청정하거나, 만약 미계, 나아가 설촉을 인연으로 생겨난 여러 수가 청정하거나, 만약 5근이 청정하다면, 무이이고 둘로 나눌 수 없으며 분별이 없고 단절도 없는 까닭이니라."

마하반야바라밀다경 제270권

34. 난신해품(難信解品)(89)

"선현이여. 일체지지가 청정한 까닭으로 신계가 청정하고, 신계가 청정한 까닭으로 5근이 청정하니라. 왜 그러한가? 만약 일체지지가 청정하거나, 만약 신계가 청정하거나, 만약 5근이 청정하다면, 무이이고 둘로 나눌 수 없으며 분별이 없고 단절도 없는 까닭이니라. 일체지지가 청정한 까닭으로 촉계·신식계, 나아가 신촉·신촉을 인연으로 생겨난 여러 수가 청정하고, 촉계, 나아가 신촉을 인연으로 생겨난 여러 수가 청정한 까닭으로 5근이 청정하니라. 왜 그러한가? 만약 일체지지가 청정하거나, 만약 촉계, 나아가 신촉을 인연으로 생겨난 여러 수가 청정하거나, 만약 5근이 청정하다면, 무이이고 둘로 나눌 수 없으며 분별이 없고 단절도 없는 까닭이니라.

선현이여. 일체지지가 청정한 까닭으로 의계가 청정하고, 의계가 청정한 까닭으로 5근이 청정하니라. 왜 그러한가? 만약 일체지지가 청정하거나, 만약 의계가 청정하거나, 만약 5근이 청정하다면, 무이이고 둘로 나눌 수 없으며 분별이 없고 단절도 없는 까닭이니라. 일체지지가 청정한 까닭으로 법계·의식계, 나아가 의촉·의촉을 인연으로 생겨난 여러 수가 청정하고, 법계, 나아가 의촉을 인연으로 생겨난 여러 수가 청정한 까닭으로 5근이 청정하니라. 왜 그러한가? 만약 일체지지가 청정하거나, 만약 법계, 나아가 의촉을 인연으로 생겨난 여러 수가 청정하거나, 만약 5근이 청정하다면, 무이이고 둘로 나눌 수 없으며 분별이 없고 단절도 없는

까닭이니라.

선현이여. 일체지지가 청정한 까닭으로 지계가 청정하고, 지계가 청정한 까닭으로 5근이 청정하니라. 왜 그러한가? 만약 일체지지가 청정하거나, 만약 지계가 청정하거나, 만약 5근이 청정하다면, 무이이고 둘로 나눌 수 없으며 분별이 없고 단절도 없는 까닭이니라. 일체지지가 청정한 까닭으로 수·화·풍·공·식계가 청정하고, 수·화·풍·공·식계가 청정한 까닭으로 5근이 청정하니라. 왜 그러한가? 만약 일체지지가 청정하거나, 만약 수·화·풍·공·식계가 청정하거나, 만약 5근이 청정하다면, 무이이고 둘로 나눌 수 없으며 분별이 없고 단절도 없는 까닭이니라.

선현이여. 일체지지가 청정한 까닭으로 무명이 청정하고, 무명이 청정한 까닭으로 5근이 청정하니라. 왜 그러한가? 만약 일체지지가 청정하거나, 만약 무명이 청정하거나, 만약 5근이 청정하다면, 무이이고 둘로 나눌 수 없으며 분별이 없고 단절도 없는 까닭이니라. 일체지지가 청정한 까닭으로 행·식·명색·육처·촉·수·애·취·유·생·노사의 수탄고우뇌가 청정하고, 행, 나아가 노사의 수탄고우뇌가 청정한 까닭으로 5근이 청정하니라. 왜 그러한가? 만약 일체지지가 청정하거나, 만약 행, 나아가 노사의 수탄고우뇌가 청정하거나, 만약 5근이 청정하다면, 무이이고 둘로 나눌 수 없으며 분별이 없고 단절도 없는 까닭이니라.

선현이여. 일체지지가 청정한 까닭으로 보시바라밀다가 청정하고, 보시바라밀다가 청정한 까닭으로 5근이 청정하니라. 왜 그러한가? 만약 일체지지가 청정하거나, 만약 보시바라밀다가 청정하거나, 만약 5근이 청정하다면, 무이이고 둘로 나눌 수 없으며 분별이 없고 단절도 없는 까닭이니라. 일체지지가 청정한 까닭으로 정계·안인·정진·정려·반야바라밀다가 청정하고, 정계, 나아가 반야바라밀다가 청정한 까닭으로 5근이 청정하니라. 왜 그러한가? 만약 일체지지가 청정하거나, 만약 정계, 나아가 반야바라밀다가 청정하거나, 만약 5근이 청정하다면, 무이이고 둘로 나눌 수 없으며 분별이 없고 단절도 없는 까닭이니라.

선현이여. 일체지지가 청정한 까닭으로 내공이 청정하고, 내공이 청정한 까닭으로 5근이 청정하니라. 왜 그러한가? 만약 일체지지가 청정하거나, 만약 내공이 청정하거나, 만약 5근이 청정하다면, 무이이고 둘로 나눌 수 없으며 분별이 없고 단절도 없는 까닭이니라. 일체지지가 청정한 까닭으로 외공·내외공·공공·대공·승의공·유위공·무위공·필경공·무제공·산공·무변이공·본성공·자상공·공상공·일체법공·불가득공·무성공·자성공·무성자성공이 청정하고, 외공, 나아가 무성자성공이 청정한 까닭으로 5근이 청정하니라. 왜 그러한가? 만약 일체지지가 청정하거나, 만약 외공, 나아가 무성자성공이 청정하거나, 만약 5근이 청정하다면, 무이이고 둘로 나눌 수 없으며 분별이 없고 단절도 없는 까닭이니라.

선현이여. 일체지지가 청정한 까닭으로 진여가 청정하고, 진여가 청정한 까닭으로 5근이 청정하니라. 왜 그러한가? 만약 일체지지가 청정하거나, 만약 진여가 청정하거나, 만약 5근이 청정하다면, 무이이고 둘로 나눌 수 없으며 분별이 없고 단절도 없는 까닭이니라. 일체지지가 청정한 까닭으로 법계·법성·불허망성·불변이성·평등성·이생성·법정·법주·실제·허공계·부사의계가 청정하고 법계, 나아가 부사의계가 청정한 까닭으로 5근이 청정하니라. 왜 그러한가? 만약 일체지지가 청정하거나, 만약 법계, 나아가 부사의계가 청정하거나, 만약 5근이 청정하다면, 무이이고 둘로 나눌 수 없으며 분별이 없고 단절도 없는 까닭이니라.

선현이여. 일체지지가 청정한 까닭으로 고성제가 청정하고, 고성제가 청정한 까닭으로 5근이 청정하니라. 왜 그러한가? 만약 일체지지가 청정하거나, 만약 고성제가 청정하거나, 만약 4신족이 청정하다면, 무이이고 둘로 나눌 수 없으며 분별이 없고 단절도 없는 까닭이니라. 일체지지가 청정한 까닭으로 집·멸·도성제가 청정하고, 집·멸·도성제가 청정한 까닭으로 5근이 청정하니라. 왜 그러한가? 만약 일체지지가 청정하거나, 만약 집·멸·도성제가 청정하거나, 만약 5근이 청정하다면, 무이이고 둘로 나눌 수 없으며 분별이 없고 단절도 없는 까닭이니라.

선현이여. 일체지지가 청정한 까닭으로 4정려가 청정하고, 4정려가 청정한 까닭으로 5근이 청정하니라. 왜 그러한가? 만약 일체지지가 청정하거나, 만약 4정려가 청정하거나, 만약 5근이 청정하다면, 무이이고 둘로 나눌 수 없으며 분별이 없고 단절도 없는 까닭이니라. 일체지지가 청정한 까닭으로 4무량·4무색정이 청정하고, 4무량·4무색정이 청정한 까닭으로 5근이 청정하니라. 왜 그러한가? 만약 일체지지가 청정하거나, 만약 4무량·4무색정이 청정하거나, 만약 5근이 청정하다면, 무이이고 둘로 나눌 수 없으며 분별이 없고 단절도 없는 까닭이니라.

선현이여. 일체지지가 청정한 까닭으로 8해탈이 청정하고, 8해탈이 청정한 까닭으로 5근이 청정하니라. 왜 그러한가? 만약 일체지지가 청정하거나, 만약 8해탈이 청정하거나, 만약 5근이 청정하다면, 무이이고 둘로 나눌 수 없으며 분별이 없고 단절도 없는 까닭이니라. 일체지지가 청정한 까닭으로 8승처·9차제정·10변처가 청정하고, 8승처·9차제정·10변처가 청정한 까닭으로 5근이 청정하니라. 왜 그러한가? 만약 일체지지가 청정하거나, 만약 8승처·9차제정·10변처가 청정하거나, 만약 5근이 청정하다면, 무이이고 둘로 나눌 수 없으며 분별이 없고 단절도 없는 까닭이니라.

선현이여. 일체지지가 청정한 까닭으로 4념주가 청정하고, 4념주가 청정한 까닭으로 5근이 청정하니라. 왜 그러한가? 만약 일체지지가 청정하거나, 만약 4념주가 청정하거나, 만약 5근이 청정하다면, 무이이고 둘로 나눌 수 없으며 분별이 없고 단절도 없는 까닭이니라. 일체지지가 청정한 까닭으로 4정단·4신족·5력·7등각지·8성도지가 청정하고, 4정단, 나아가 8성도지가 청정한 까닭으로 5근이 청정하니라. 왜 그러한가? 만약 일체지지가 청정하거나, 만약 4정단, 나아가 8성도지가 청정하거나, 만약 5근이 청정하다면, 무이이고 둘로 나눌 수 없으며 분별이 없고 단절도 없는 까닭이니라.

선현이여. 일체지지가 청정한 까닭으로 공해탈문이 청정하고, 공해탈문이 청정한 까닭으로 5근이 청정하니라. 왜 그러한가? 만약 일체지지가 청정하거나, 만약 공해탈문이 청정하거나, 만약 5근이 청정하다면, 무이이고 둘로 나눌 수 없으며 분별이 없고 단절도 없는 까닭이니라. 일체지지가 청정한 까닭으로 무상·무원해탈문이 청정하고, 무상·무원해탈문이 청정한 까닭으로 5근이 청정하니라. 왜 그러한가? 만약 일체지지가 청정하거나, 만약 무상·무원해탈문이 청정하거나, 만약 5근이 청정하다면, 무이이고 둘로 나눌 수 없으며 분별이 없고 단절도 없는 까닭이니라.

선현이여. 일체지지가 청정한 까닭으로 보살의 10지가 청정하고, 보살의 10지가 청정한 까닭으로 5근이 청정하니라. 왜 그러한가? 만약 일체지지가 청정하거나, 만약 보살의 10지가 청정하거나, 만약 5근이 청정하다면, 무이이고 둘로 나눌 수 없으며 분별이 없고 단절도 없는 까닭이니라.

선현이여. 일체지지가 청정한 까닭으로 5안이 청정하고, 5안이 청정한 까닭으로 5근이 청정하니라. 왜 그러한가? 만약 일체지지가 청정하거나, 만약 5안이 청정하거나, 만약 5근이 청정하다면, 무이이고 둘로 나눌 수 없으며 분별이 없고 단절도 없는 까닭이니라. 일체지지가 청정한 까닭으로 6신통이 청정하고, 6신통이 청정한 까닭으로 5근이 청정하니라. 왜 그러한가? 만약 일체지지가 청정하거나, 만약 6신통이 청정하거나, 만약 5근이 청정하다면, 무이이고 둘로 나눌 수 없으며 분별이 없고 단절도 없는 까닭이니라.

선현이여. 일체지지가 청정한 까닭으로 여래의 10력이 청정하고, 여래의 10력이 청정한 까닭으로 5근이 청정하니라. 왜 그러한가? 만약 일체지지가 청정하거나, 만약 여래의 10력이 청정하거나, 만약 5근이 청정하다면, 무이이고 둘로 나눌 수 없으며 분별이 없고 단절도 없는 까닭이니라. 일체지지가 청정한 까닭으로 4무소외·4무애해·대자·대비·대희·대사·18불불공법이 청정하고, 4무소외, 나아가 18불불공법이 청정한 까닭으로 5근이 청정하니라. 왜 그러한가? 만약 일체지지가 청정하거나, 만약 4무소외, 나아가 18불불공법이 청정하거나, 만약 5근이 청정하다면, 무이이고 둘로 나눌 수 없으며 분별이 없고 단절도 없는 까닭이니라.

선현이여. 일체지지가 청정한 까닭으로 무망실법이 청정하고, 무망실법이 청정한 까닭으로 5근이 청정하니라. 왜 그러한가? 만약 일체지지가 청정하거나, 만약 무망실법이 청정하거나, 만약 5근이 청정하다면, 무이이고 둘로 나눌 수 없으며 분별이 없고 단절도 없는 까닭이니라. 선현이여. 일체지지가 청정한 까닭으로 항주사성이 청정하고, 항주사성이 청정한 까닭으로 5근이 청정하니라. 왜 그러한가? 만약 일체지지가 청정하거나, 만약 항주사성이 청정하거나, 만약 5근이 청정하다면, 무이이고 둘로 나눌 수 없으며 분별이 없고 단절도 없는 까닭이니라.

선현이여. 일체지지가 청정한 까닭으로 일체지가 청정하고, 일체지가 청정한 까닭으로 5근이 청정하니라. 왜 그러한가? 만약 일체지지가 청정하거나, 만약 일체지가 청정하거나, 만약 5근이 청정하다면, 무이이고 둘로 나눌 수 없으며 분별이 없고 단절도 없는 까닭이니라. 일체지지가 청정한 까닭으로 도상지·일체상지가 청정하고, 도상지·일체상지가 청정한 까닭으로 5근이 청정하니라. 왜 그러한가? 만약 일체지지가 청정하거나, 만약 도상지·일체상지가 청정하거나, 만약 5근이 청정하다면, 무이이고 둘로 나눌 수 없으며 분별이 없고 단절도 없는 까닭이니라.

선현이여. 일체지지가 청정한 까닭으로 일체의 다라니문이 청정하고, 일체의 다라니문이 청정한 까닭으로 5근이 청정하니라. 왜 그러한가? 만약 일체지지가 청정하거나, 만약 일체의 다라니문이 청정하거나, 만약 5근이 청정하다면, 무이이고 둘로 나눌 수 없으며 분별이 없고 단절도 없는 까닭이니라. 선현이여. 일체지지가 청정한 까닭으로 일체의 삼마지문이 청정하고, 일체의 삼마지문이 청정한 까닭으로 5근이 청정하니라. 왜 그러한가? 만약 일체지지가 청정하거나, 만약 일체의 삼마지문이 청정하거나, 만약 5근이 청정하다면, 무이이고 둘로 나눌 수 없으며 분별이 없고 단절도 없는 까닭이니라.

선현이여. 일체지지가 청정한 까닭으로 예류과가 청정하고, 예류과가 청정한 까닭으로 5근이 청정하니라. 왜 그러한가? 만약 일체지지가 청정하거나, 만약 예류과가 청정하거나, 만약 5근이 청정하다면, 무이이고 둘로 나눌 수 없으며 분별이 없고 단절도 없는 까닭이니라. 일체지지가 청정한 까닭으로 일래·불환·아라한과가 청정하고, 일래·불환·아라한과가 청정한 까닭으로 5근이 청정하니라. 왜 그러한가? 만약 일체지지가 청정하거나, 만약 일래·불환·아라한과가 청정하거나, 만약 5근이 청정하다면, 무이이고 둘로 나눌 수 없으며 분별이 없고 단절도 없는 까닭이니라.

선현이여. 일체지지가 청정한 까닭으로 독각의 보리가 청정하고, 독각의 보리가 청정한 까닭으로 5근이 청정하니라. 왜 그러한가? 만약 일체지지가 청정하거나, 만약 독각의 보리가 청정하거나, 만약 5근이 청정하다면, 무이이고 둘로 나눌 수 없으며 분별이 없고 단절도 없는 까닭이니라.

선현이여. 일체지지가 청정한 까닭으로 일체의 보살마하살의 행이 청정하고, 일체의 보살마하살의 행이 청정한 까닭으로 5근이 청정하니라. 왜 그러한가? 만약 일체지지가 청정하거나, 만약 일체의 보살마하살의 행이 청정하거나, 만약 5근이 청정하다면, 무이이고 둘로 나눌 수 없으며 분별이 없고 단절도 없는 까닭이니라.

선현이여. 일체지지가 청정한 까닭으로 제불의 무상정등보리가 청정하고, 제불의 무상정등보리가 청정한 까닭으로 5근이 청정하니라. 왜 그러한가? 만약 일체지지가 청정하거나, 만약 제불의 무상정등보리가 청정하거나, 만약 5근이 청정하다면, 무이이고 둘로 나눌 수 없으며 분별이 없고 단절도 없는 까닭이니라."

"다시 다음으로 선현이여. 일체지지가 청정한 까닭으로 색이 청정하고, 색이 청정한 까닭으로 5력(五力)이 청정하니라. 왜 그러한가? 만약 일체지지가 청정하거나, 만약 색이 청정하거나, 만약 5력이 청정하다면, 무이이고 둘로 나눌 수 없으며 분별이 없고 단절도 없는 까닭이니라. 일체지지가 청정한 까닭으로 수·상·행·식이 청정하고, 수·상·행·식이 청정한 까닭으로 5력이 청정하니라. 왜 그러한가? 만약 일체지지가 청정하거나, 만약 수·상·행·식이 청정하거나, 만약 5력이 청정하다면, 무이이고 둘로 나눌 수 없으며 분별이 없고 단절도 없는 까닭이니라.

선현이여. 일체지지가 청정한 까닭으로 안처가 청정하고, 안처가 청정한 까닭으로 5력이 청정하니라. 왜 그러한가? 만약 일체지지가 청정하거나, 만약 안처가 청정하거나, 만약 5력이 청정하다면, 무이이고 둘로 나눌 수 없으며 분별이 없고 단절도 없는 까닭이니라. 일체지지가 청정한 까닭으로 이·비·설·신·의처가 청정하고, 이·비·설·신·의처가 청정한 까닭으로 5력이 청정하니라. 왜 그러한가? 만약 일체지지가 청정하거나, 만약 이·비·설·신·의처가 청정하거나, 만약 5력이 청정하다면, 무이이고 둘로 나눌 수 없으며 분별이 없고 단절도 없는 까닭이니라.

선현이여. 일체지지가 청정한 까닭으로 색처가 청정하고, 색처가 청정한 까닭으로 5력이 청정하니라. 왜 그러한가? 만약 일체지지가 청정하거나, 만약 색처가 청정하거나, 만약 5력이 청정하다면, 무이이고 둘로 나눌 수 없으며 분별이 없고 단절도 없는 까닭이니라. 일체지지가 청정한 까닭으로 성·향·미·촉·법처가 청정하고, 성·향·미·촉·법처가 청정한 까닭으로 5력이 청정하니라. 왜 그러한가? 만약 일체지지가 청정하거나, 만약 성·향·미·촉·법처가 청정하거나, 만약 5력이 청정하다면, 무이이고 둘로 나눌 수 없으며 분별이 없고 단절도 없는 까닭이니라.

선현이여. 일체지지가 청정한 까닭으로 안계가 청정하고, 안계가 청정한 까닭으로 5력이 청정하니라. 왜 그러한가? 만약 일체지지가 청정하거나, 만약 안계가 청정하거나, 만약 5력이 청정하다면, 무이이고 둘로 나눌 수 없으며 분별이 없고 단절도 없는 까닭이니라. 일체지지가 청정한 까닭으로 색계·안식계, 나아가 안촉·안촉을 인연으로 생겨난 여러 수가 청정하고, 색계, 나아가 안촉을 인연으로 생겨난 여러 수가 청정한 까닭으로 5력이 청정하니라. 왜 그러한가? 만약 일체지지가 청정하거나, 만약 색계, 나아가 안촉을 인연으로 생겨난 여러 수가 청정하거나, 만약 5력이 청정하다면, 무이이고 둘로 나눌 수 없으며 분별이 없고 단절도 없는 까닭이니라.

선현이여. 일체지지가 청정한 까닭으로 이계가 청정하고, 이계가 청정한 까닭으로 5력이 청정하니라. 왜 그러한가? 만약 일체지지가 청정하거나, 만약 이계가 청정하거나, 만약 5력이 청정하다면, 무이이고 둘로 나눌 수 없으며 분별이 없고 단절도 없는 까닭이니라. 일체지지가 청정한 까닭으로 성계·이식계, 나아가 이촉·이촉을 인연으로 생겨난 여러 수가 청정하고, 성계, 나아가 이촉을 인연으로 생겨난 여러 수가 청정한 까닭으로 5력이 청정하니라. 왜 그러한가? 만약 일체지지가 청정하거나, 만약 성계, 나아가 이촉을 인연으로 생겨난 여러 수가 청정하거나, 만약 5력이 청정하다면, 무이이고 둘로 나눌 수 없으며 분별이 없고 단절도 없는 까닭이니라.

선현이여. 일체지지가 청정한 까닭으로 비계가 청정하고, 비계가 청정한 까닭으로 5력이 청정하니라. 왜 그러한가? 만약 일체지지가 청정하거나, 만약 비계가 청정하거나, 만약 5력이 청정하다면, 무이이고 둘로 나눌 수 없으며 분별이 없고 단절도 없는 까닭이니라. 일체지지가 청정한 까닭으로 향계·비식계, 나아가 비촉·비촉을 인연으로 생겨난 여러 수가 청정하고, 향계, 나아가 비촉을 인연으로 생겨난 여러 수가 청정한 까닭으로 5력이 청정하니라. 왜 그러한가? 만약 일체지지가 청정하거나, 만약 향계, 나아가 비촉을 인연으로 생겨난 여러 수가 청정하거나, 만약 5력이 청정하다면, 무이이고 둘로 나눌 수 없으며 분별이 없고 단절도 없는 까닭이니라.

선현이여. 일체지지가 청정한 까닭으로 설계가 청정하고, 설계가 청정한 까닭으로 5력이 청정하니라. 왜 그러한가? 만약 일체지지가 청정하거나, 만약 설계가 청정하거나, 만약 5력이 청정하다면, 무이이고 둘로 나눌 수 없으며 분별이 없고 단절도 없는 까닭이니라. 일체지지가 청정한 까닭으로 미계·설식계, 나아가 설촉·설촉을 인연으로 생겨난 여러 수가 청정하고, 미계, 나아가 설촉을 인연으로 생겨난 여러 수가 청정한 까닭으로 5력이 청정하니라. 왜 그러한가? 만약 일체지지가 청정하거나, 만약 미계, 나아가 설촉을 인연으로 생겨난 여러 수가 청정하거나, 만약 5력이 청정하다면, 무이이고 둘로 나눌 수 없으며 분별이 없고 단절도 없는 까닭이니라.

선현이여. 일체지지가 청정한 까닭으로 신계가 청정하고, 신계가 청정한 까닭으로 5력이 청정하니라. 왜 그러한가? 만약 일체지지가 청정하거나, 만약 신계가 청정하거나, 만약 5력이 청정하다면, 무이이고 둘로 나눌 수 없으며 분별이 없고 단절도 없는 까닭이니라. 일체지지가 청정한 까닭으로 촉계·신식계, 나아가 신촉·신촉을 인연으로 생겨난 여러 수가 청정하고, 촉계, 나아가 신촉을 인연으로 생겨난 여러 수가 청정한 까닭으로 5력이 청정하니라. 왜 그러한가? 만약 일체지지가 청정하거나, 만약 촉계, 나아가 신촉을 인연으로 생겨난 여러 수가 청정하거나, 만약 5력이 청정하다면, 무이이고 둘로 나눌 수 없으며 분별이 없고 단절도 없는 까닭이니라.

선현이여. 일체지지가 청정한 까닭으로 의계가 청정하고, 의계가 청정한 까닭으로 5력이 청정하니라. 왜 그러한가? 만약 일체지지가 청정하거나, 만약 의계가 청정하거나, 만약 5력이 청정하다면, 무이이고 둘로 나눌 수 없으며 분별이 없고 단절도 없는 까닭이니라. 일체지지가 청정한 까닭으로 법계·의식계, 나아가 의촉·의촉을 인연으로 생겨난 여러 수가 청정하고, 법계, 나아가 의촉을 인연으로 생겨난 여러 수가 청정한 까닭으로 5력이 청정하니라. 왜 그러한가? 만약 일체지지가 청정하거나, 만약 법계, 나아가 의촉을 인연으로 생겨난 여러 수가 청정하거나, 만약 5력이 청정하다면, 무이이고 둘로 나눌 수 없으며 분별이 없고 단절도 없는 까닭이니라.

선현이여. 일체지지가 청정한 까닭으로 지계가 청정하고, 지계가 청정한 까닭으로 5력이 청정하니라. 왜 그러한가? 만약 일체지지가 청정하거나, 만약 지계가 청정하거나, 만약 5력이 청정하다면, 무이이고 둘로 나눌 수 없으며 분별이 없고 단절도 없는 까닭이니라. 일체지지가 청정한 까닭으로 수·화·풍·공·식계가 청정하고, 수·화·풍·공·식계가 청정한 까닭으로 5력이 청정하니라. 왜 그러한가? 만약 일체지지가 청정하거나, 만약 수·화·풍·공·식계가 청정하거나, 만약 5력이 청정하다면, 무이이고 둘로 나눌 수 없으며 분별이 없고 단절도 없는 까닭이니라.

선현이여. 일체지지가 청정한 까닭으로 무명이 청정하고, 무명이 청정한 까닭으로 5력이 청정하니라. 왜 그러한가? 만약 일체지지가 청정하거나, 만약 무명이 청정하거나, 만약 5력이 청정하다면, 무이이고 둘로 나눌 수 없으며 분별이 없고 단절도 없는 까닭이니라. 일체지지가 청정한 까닭으로 행·식·명색·육처·촉·수·애·취·유·생·노사의 수탄고우뇌가 청정하고, 행, 나아가 노사의 수탄고우뇌가 청정한 까닭으로 5력이 청정하니라. 왜 그러한가? 만약 일체지지가 청정하거나, 만약 행, 나아가 노사의 수탄고우뇌가 청정하거나, 만약 5력이 청정하다면, 무이이고 둘로 나눌 수 없으며 분별이 없고 단절도 없는 까닭이니라.

선현이여. 일체지지가 청정한 까닭으로 보시바라밀다가 청정하고, 보시바라밀다가 청정한 까닭으로 5력이 청정하니라. 왜 그러한가? 만약 일체지지가 청정하거나, 만약 보시바라밀다가 청정하거나, 만약 5력이 청정하다면, 무이이고 둘로 나눌 수 없으며 분별이 없고 단절도 없는 까닭이니라. 일체지지가 청정한 까닭으로 정계·안인·정진·정려·반야바라밀다가 청정하고, 정계, 나아가 반야바라밀다가 청정한 까닭으로 5력이 청정하니라. 왜 그러한가? 만약 일체지지가 청정하거나, 만약 정계, 나아가 반야바라밀다가 청정하거나, 만약 5력이 청정하다면, 무이이고 둘로 나눌 수 없으며 분별이 없고 단절도 없는 까닭이니라.

선현이여. 일체지지가 청정한 까닭으로 내공이 청정하고, 내공이 청정한 까닭으로 5력이 청정하니라. 왜 그러한가? 만약 일체지지가 청정하거나, 만약 내공이 청정하거나, 만약 5력이 청정하다면, 무이이고 둘로 나눌 수 없으며 분별이 없고 단절도 없는 까닭이니라. 일체지지가 청정한 까닭으로 외공·내외공·공공·대공·승의공·유위공·무위공·필경공·무제공·산공·무변이공·본성공·자상공·공상공·일체법공·불가득공·무성공·자성공·무성자성공이 청정하고, 외공, 나아가 무성자성공이 청정한 까닭으로 5력이 청정하니라. 왜 그러한가? 만약 일체지지가 청정하거나, 만약 외공, 나아가 무성자성공이 청정하거나, 만약 5력이 청정하다면, 무이이고 둘로 나눌 수 없으며 분별이 없고 단절도 없는 까닭이니라.

선현이여. 일체지지가 청정한 까닭으로 진여가 청정하고, 진여가 청정한 까닭으로 5력이 청정하니라. 왜 그러한가? 만약 일체지지가 청정하거나, 만약 진여가 청정하거나, 만약 5력이 청정하다면, 무이이고 둘로 나눌 수 없으며 분별이 없고 단절도 없는 까닭이니라. 일체지지가 청정한 까닭으로 법계·법성·불허망성·불변이성·평등성·이생성·법정·법주·실제·허공계·부사의계가 청정하고 법계, 나아가 부사의계가 청정한 까닭으로 5력이 청정하니라. 왜 그러한가? 만약 일체지지가 청정하거나, 만약 법계, 나아가 부사의계가 청정하거나, 만약 5력이 청정하다면, 무이이고 둘로 나눌 수 없으며 분별이 없고 단절도 없는 까닭이니라.

선현이여. 일체지지가 청정한 까닭으로 고성제가 청정하고, 고성제가 청정한 까닭으로 5력이 청정하니라. 왜 그러한가? 만약 일체지지가 청정하거나, 만약 고성제가 청정하거나, 만약 5력이 청정하다면, 무이이고 둘로 나눌 수 없으며 분별이 없고 단절도 없는 까닭이니라. 일체지지가 청정한 까닭으로 집·멸·도성제가 청정하고, 집·멸·도성제가 청정한 까닭으로 5력이 청정하니라. 왜 그러한가? 만약 일체지지가 청정하거나, 만약 집·멸·도성제가 청정하거나, 만약 5력이 청정하다면, 무이이고 둘로 나눌 수 없으며 분별이 없고 단절도 없는 까닭이니라.

선현이여. 일체지지가 청정한 까닭으로 4정려가 청정하고, 4정려가 청정한 까닭으로 5력이 청정하니라. 왜 그러한가? 만약 일체지지가 청정하거나, 만약 4정려가 청정하거나, 만약 5력이 청정하다면, 무이이고 둘로 나눌 수 없으며 분별이 없고 단절도 없는 까닭이니라. 일체지지가 청정한 까닭으로 4무량·4무색정이 청정하고, 4무량·4무색정이 청정한 까닭으로 5력이 청정하니라. 왜 그러한가? 만약 일체지지가 청정하거나, 만약 4무량·4무색정이 청정하거나, 만약 5력이 청정하다면, 무이이고 둘로 나눌 수 없으며 분별이 없고 단절도 없는 까닭이니라.

선현이여. 일체지지가 청정한 까닭으로 8해탈이 청정하고, 8해탈이 청정한 까닭으로 5력이 청정하니라. 왜 그러한가? 만약 일체지지가 청정하거나, 만약 8해탈이 청정하거나, 만약 5력이 청정하다면, 무이이고 둘로 나눌 수 없으며 분별이 없고 단절도 없는 까닭이니라. 일체지지가 청정한 까닭으로 8승처·9차제정·10변처가 청정하고, 8승처·9차제정·10변처가 청정한 까닭으로 5력이 청정하니라. 왜 그러한가? 만약 일체지지가 청정하거나, 만약 8승처·9차제정·10변처가 청정하거나, 만약 5력이 청정하다면, 무이이고 둘로 나눌 수 없으며 분별이 없고 단절도 없는 까닭이니라.

선현이여. 일체지지가 청정한 까닭으로 4념주가 청정하고, 4념주가 청정한 까닭으로 5력이 청정하니라. 왜 그러한가? 만약 일체지지가 청정하거나, 만약 4념주가 청정하거나, 만약 5력이 청정하다면, 무이이고 둘로 나눌 수 없으며 분별이 없고 단절도 없는 까닭이니라. 일체지지가 청정한 까닭으로 4정단·4신족·5근·7등각지·8성도지가 청정하고, 4정단, 나아가 8성도지가 청정한 까닭으로 5력이 청정하니라. 왜 그러한가? 만약 일체지지가 청정하거나, 만약 4정단, 나아가 8성도지가 청정하거나, 만약 5력이 청정하다면, 무이이고 둘로 나눌 수 없으며 분별이 없고 단절도 없는 까닭이니라.

선현이여. 일체지지가 청정한 까닭으로 공해탈문이 청정하고, 공해탈문이 청정한 까닭으로 5력이 청정하니라. 왜 그러한가? 만약 일체지지가 청정하거나, 만약 공해탈문이 청정하거나, 만약 5력이 청정하다면, 무이이고 둘로 나눌 수 없으며 분별이 없고 단절도 없는 까닭이니라. 일체지지가 청정한 까닭으로 무상·무원해탈문이 청정하고, 무상·무원해탈문이 청정한 까닭으로 5력이 청정하니라. 왜 그러한가? 만약 일체지지가 청정하거나, 만약 무상·무원해탈문이 청정하거나, 만약 5력이 청정하다면, 무이이고 둘로 나눌 수 없으며 분별이 없고 단절도 없는 까닭이니라.

선현이여. 일체지지가 청정한 까닭으로 보살의 10지가 청정하고, 보살의 10지가 청정한 까닭으로 5력이 청정하니라. 왜 그러한가? 만약 일체지지가 청정하거나, 만약 보살의 10지가 청정하거나, 만약 5력이 청정하다면, 무이이고 둘로 나눌 수 없으며 분별이 없고 단절도 없는 까닭이니라.

선현이여. 일체지지가 청정한 까닭으로 5안이 청정하고, 5안이 청정한 까닭으로 5력이 청정하니라. 왜 그러한가? 만약 일체지지가 청정하거나, 만약 5안이 청정하거나, 만약 5력이 청정하다면, 무이이고 둘로 나눌 수 없으며 분별이 없고 단절도 없는 까닭이니라. 일체지지가 청정한 까닭으로 6신통이 청정하고, 6신통이 청정한 까닭으로 5력이 청정하니라. 왜 그러한가? 만약 일체지지가 청정하거나, 만약 6신통이 청정하거나, 만약 5력이 청정하다면, 무이이고 둘로 나눌 수 없으며 분별이 없고 단절도 없는 까닭이니라.

선현이여. 일체지지가 청정한 까닭으로 여래의 10력이 청정하고, 여래의 10력이 청정한 까닭으로 5력이 청정하니라. 왜 그러한가? 만약 일체지지가 청정하거나, 만약 여래의 10력이 청정하거나, 만약 5력이 청정하다면, 무이이고 둘로 나눌 수 없으며 분별이 없고 단절도 없는 까닭이니라. 일체지지가 청정한 까닭으로 4무소외·4무애해·대자·대비·대희·대사·18불불공법이 청정하고, 4무소외, 나아가 18불불공법이 청정한 까닭으로 5력이 청정하니라. 왜 그러한가? 만약 일체지지가 청정하거나, 만약 4무소외, 나아가 18불불공법이 청정하거나, 만약 5력이 청정하다면, 무이이고 둘로 나눌 수 없으며 분별이 없고 단절도 없는 까닭이니라.

선현이여. 일체지지가 청정한 까닭으로 무망실법이 청정하고, 무망실법이 청정한 까닭으로 5력이 청정하니라. 왜 그러한가? 만약 일체지지가 청정하거나, 만약 무망실법이 청정하거나, 만약 5력이 청정하다면, 무이이고 둘로 나눌 수 없으며 분별이 없고 단절도 없는 까닭이니라. 선현이여. 일체지지가 청정한 까닭으로 항주사성이 청정하고, 항주사성이 청정한 까닭으로 5력이 청정하니라. 왜 그러한가? 만약 일체지지가 청정하거나, 만약 항주사성이 청정하거나, 만약 5력이 청정하다면, 무이이고 둘로 나눌 수 없으며 분별이 없고 단절도 없는 까닭이니라.

선현이여. 일체지지가 청정한 까닭으로 일체지가 청정하고, 일체지가 청정한 까닭으로 5력이 청정하니라. 왜 그러한가? 만약 일체지지가 청정하거나, 만약 일체지가 청정하거나, 만약 5력이 청정하다면, 무이이고 둘로 나눌 수 없으며 분별이 없고 단절도 없는 까닭이니라. 일체지지가 청정한 까닭으로 도상지·일체상지가 청정하고, 도상지·일체상지가 청정한 까닭으로 5력이 청정하니라. 왜 그러한가? 만약 일체지지가 청정하거나, 만약 도상지·일체상지가 청정하거나, 만약 5력이 청정하다면, 무이이

고 둘로 나눌 수 없으며 분별이 없고 단절도 없는 까닭이니라.

선현이여. 일체지지가 청정한 까닭으로 일체의 다라니문이 청정하고, 일체의 다라니문이 청정한 까닭으로 5력이 청정하니라. 왜 그러한가? 만약 일체지지가 청정하거나, 만약 일체의 다라니문이 청정하거나, 만약 5력이 청정하다면, 무이이고 둘로 나눌 수 없으며 분별이 없고 단절도 없는 까닭이니라. 선현이여. 일체지지가 청정한 까닭으로 일체의 삼마지문이 청정하고, 일체의 삼마지문이 청정한 까닭으로 5력이 청정하니라. 왜 그러한가? 만약 일체지지가 청정하거나, 만약 일체의 삼마지문이 청정하거나, 만약 5력이 청정하다면, 무이이고 둘로 나눌 수 없으며 분별이 없고 단절도 없는 까닭이니라.

선현이여. 일체지지가 청정한 까닭으로 예류과가 청정하고, 예류과가 청정한 까닭으로 5력이 청정하니라. 왜 그러한가? 만약 일체지지가 청정하거나, 만약 예류과가 청정하거나, 만약 5력이 청정하다면, 무이이고 둘로 나눌 수 없으며 분별이 없고 단절도 없는 까닭이니라. 일체지지가 청정한 까닭으로 일래·불환·아라한과가 청정하고, 일래·불환·아라한과가 청정한 까닭으로 5력이 청정하니라. 왜 그러한가? 만약 일체지지가 청정하거나, 만약 일래·불환·아라한과가 청정하거나, 만약 5력이 청정하다면, 무이이고 둘로 나눌 수 없으며 분별이 없고 단절도 없는 까닭이니라.

선현이여. 일체지지가 청정한 까닭으로 독각의 보리가 청정하고, 독각의 보리가 청정한 까닭으로 5력이 청정하니라. 왜 그러한가? 만약 일체지지가 청정하거나, 만약 독각의 보리가 청정하거나, 만약 5력이 청정하다면, 무이이고 둘로 나눌 수 없으며 분별이 없고 단절도 없는 까닭이니라.

선현이여. 일체지지가 청정한 까닭으로 일체의 보살마하살의 행이 청정하고, 일체의 보살마하살의 행이 청정한 까닭으로 5력이 청정하니라. 왜 그러한가? 만약 일체지지가 청정하거나, 만약 일체의 보살마하살의 행이 청정하거나, 만약 5력이 청정하다면, 무이이고 둘로 나눌 수 없으며 분별이 없고 단절도 없는 까닭이니라.

선현이여. 일체지지가 청정한 까닭으로 제불의 무상정등보리가 청정하고, 제불의 무상정등보리가 청정한 까닭으로 5력이 청정하니라. 왜 그러한가? 만약 일체지지가 청정하거나, 만약 제불의 무상정등보리가 청정하거나, 만약 5력이 청정하다면, 무이이고 둘로 나눌 수 없으며 분별이 없고 단절도 없는 까닭이니라."

"다시 다음으로 선현이여. 일체지지가 청정한 까닭으로 색이 청정하고, 색이 청정한 까닭으로 7등각지(七等覺支)가 청정하니라. 왜 그러한가? 만약 일체지지가 청정하거나, 만약 색이 청정하거나, 만약 7등각지가 청정하다면, 무이이고 둘로 나눌 수 없으며 분별이 없고 단절도 없는 까닭이니라. 일체지지가 청정한 까닭으로 수·상·행·식이 청정하고, 수·상·행·식이 청정한 까닭으로 7등각지가 청정하니라. 왜 그러한가? 만약 일체지지가 청정하거나, 만약 수·상·행·식이 청정하거나, 만약 7등각지가 청정하다면, 무이이고 둘로 나눌 수 없으며 분별이 없고 단절도 없는 까닭이니라.

선현이여. 일체지지가 청정한 까닭으로 안처가 청정하고, 안처가 청정한 까닭으로 7등각지가 청정하니라. 왜 그러한가? 만약 일체지지가 청정하거나, 만약 안처가 청정하거나, 만약 7등각지가 청정하다면, 무이이고 둘로 나눌 수 없으며 분별이 없고 단절도 없는 까닭이니라. 일체지지가 청정한 까닭으로 이·비·설·신·의처가 청정하고, 이·비·설·신·의처가 청정한 까닭으로 7등각지가 청정하니라. 왜 그러한가? 만약 일체지지가 청정하거나, 만약 이·비·설·신·의처가 청정하거나, 만약 7등각지가 청정하다면, 무이이고 둘로 나눌 수 없으며 분별이 없고 단절도 없는 까닭이니라.

선현이여. 일체지지가 청정한 까닭으로 색처가 청정하고, 색처가 청정한 까닭으로 7등각지가 청정하니라. 왜 그러한가? 만약 일체지지가 청정하거나, 만약 색처가 청정하거나, 만약 7등각지가 청정하다면, 무이이고 둘로 나눌 수 없으며 분별이 없고 단절도 없는 까닭이니라. 일체지지가 청정한 까닭으로 성·향·미·촉·법처가 청정하고, 성·향·미·촉·법처가 청정한 까닭으로 7등각지가 청정하니라. 왜 그러한가? 만약 일체지지가 청정하거나, 만약 성·향·미·촉·법처가 청정하거나, 만약 7등각지가 청정하다면, 무이이고 둘로 나눌 수 없으며 분별이 없고 단절도 없는 까닭이니라.

선현이여. 일체지지가 청정한 까닭으로 안계가 청정하고, 안계가 청정한 까닭으로 7등각지가 청정하니라. 왜 그러한가? 만약 일체지지가 청정하거나, 만약 안계가 청정하거나, 만약 7등각지가 청정하다면, 무이이고 둘로 나눌 수 없으며 분별이 없고 단절도 없는 까닭이니라. 일체지지가 청정한 까닭으로 색계·안식계, 나아가 안촉·안촉을 인연으로 생겨난 여러 수가 청정하고, 색계, 나아가 안촉을 인연으로 생겨난 여러 수가 청정한 까닭으로 7등각지가 청정하니라. 왜 그러한가? 만약 일체지지가 청정하거나, 만약 색계, 나아가 안촉을 인연으로 생겨난 여러 수가 청정하거나, 만약 7등각지가 청정하다면, 무이이고 둘로 나눌 수 없으며 분별이 없고 단절도 없는 까닭이니라.

선현이여. 일체지지가 청정한 까닭으로 이계가 청정하고, 이계가 청정한 까닭으로 7등각지가 청정하니라. 왜 그러한가? 만약 일체지지가 청정하거나, 만약 이계가 청정하거나, 만약 7등각지가 청정하다면, 무이이고 둘로 나눌 수 없으며 분별이 없고 단절도 없는 까닭이니라. 일체지지가 청정한 까닭으로 성계·이식계, 나아가 이촉·이촉을 인연으로 생겨난 여러 수가 청정하고, 성계, 나아가 이촉을 인연으로 생겨난 여러 수가 청정한 까닭으로 7등각지가 청정하니라. 왜 그러한가? 만약 일체지지가 청정하거나, 만약 성계, 나아가 이촉을 인연으로 생겨난 여러 수가 청정하거나, 만약 7등각지가 청정하다면, 무이이고 둘로 나눌 수 없으며 분별이 없고 단절도 없는 까닭이니라.

선현이여. 일체지지가 청정한 까닭으로 비계가 청정하고, 비계가 청정한 까닭으로 7등각지가 청정하니라. 왜 그러한가? 만약 일체지지가 청정하거나, 만약 비계가 청정하거나, 만약 7등각지가 청정하다면, 무이이고 둘로 나눌 수 없으며 분별이 없고 단절도 없는 까닭이니라. 일체지지가 청정한 까닭으로 향계·비식계, 나아가 비촉·비촉을 인연으로 생겨난 여러 수가 청정하고, 향계, 나아가 비촉을 인연으로 생겨난 여러 수가 청정한 까닭으로 7등각지가 청정하니라. 왜 그러한가? 만약 일체지지가 청정하거나, 만약 향계, 나아가 비촉을 인연으로 생겨난 여러 수가 청정하거나, 만약 7등각지가 청정하다면, 무이이고 둘로 나눌 수 없으며 분별이 없고 단절도 없는 까닭이니라.

선현이여. 일체지지가 청정한 까닭으로 설계가 청정하고, 설계가 청정한 까닭으로 7등각지가 청정하니라. 왜 그러한가? 만약 일체지지가 청정하거나, 만약 설계가 청정하거나, 만약 7등각지가 청정하다면, 무이이고 둘로 나눌 수 없으며 분별이 없고 단절도 없는 까닭이니라. 일체지지가 청정한 까닭으로 미계·설식계, 나아가 설촉·설촉을 인연으로 생겨난 여러 수가 청정하고, 미계, 나아가 설촉을 인연으로 생겨난 여러 수가 청정한 까닭으로 7등각지가 청정하니라. 왜 그러한가? 만약 일체지지가 청정하거나, 만약 미계, 나아가 설촉을 인연으로 생겨난 여러 수가 청정하거나, 만약 7등각지가 청정하다면, 무이이고 둘로 나눌 수 없으며 분별이 없고 단절도 없는 까닭이니라.

선현이여. 일체지지가 청정한 까닭으로 신계가 청정하고, 신계가 청정한 까닭으로 7등각지가 청정하니라. 왜 그러한가? 만약 일체지지가 청정하거나, 만약 신계가 청정하거나, 만약 7등각지가 청정하다면, 무이이고 둘로 나눌 수 없으며 분별이 없고 단절도 없는 까닭이니라. 일체지지가 청정한 까닭으로 촉계·신식계, 나아가 신촉·신촉을 인연으로 생겨난 여러 수가 청정하고, 촉계, 나아가 신촉을 인연으로 생겨난 여러 수가 청정한 까닭으로 7등각지가 청정하니라. 왜 그러한가? 만약 일체지지가 청정하거나, 만약 촉계, 나아가 신촉을 인연으로 생겨난 여러 수가 청정하거나, 만약 7등각지가 청정하다면, 무이이고 둘로 나눌 수 없으며 분별이 없고 단절도 없는 까닭이니라.

선현이여. 일체지지가 청정한 까닭으로 의계가 청정하고, 의계가 청정한 까닭으로 7등각지가 청정하니라. 왜 그러한가? 만약 일체지지가 청정하거나, 만약 의계가 청정하거나, 만약 7등각지가 청정하다면, 무이이고 둘로 나눌 수 없으며 분별이 없고 단절도 없는 까닭이니라. 일체지지가 청정한 까닭으로 법계·의식계, 나아가 의촉·의촉을 인연으로 생겨난 여러 수가 청정하고, 법계, 나아가 의촉을 인연으로 생겨난 여러 수가 청정한 까닭으로 7등각지가 청정하니라. 왜 그러한가? 만약 일체지지가 청정하거나, 만약 법계, 나아가 의촉을 인연으로 생겨난 여러 수가 청정하거나, 만약 7등각지가 청정하다면, 무이이고 둘로 나눌 수 없으며 분별이 없고 단절도 없는 까닭이니라.

선현이여. 일체지지가 청정한 까닭으로 지계가 청정하고, 지계가 청정한 까닭으로 7등각지가 청정하니라. 왜 그러한가? 만약 일체지지가 청정하거나, 만약 지계가 청정하거나, 만약 7등각지가 청정하다면, 무이이고 둘로 나눌 수 없으며 분별이 없고 단절도 없는 까닭이니라. 일체지지가 청정한 까닭으로 수·화·풍·공·식계가 청정하고, 수·화·풍·공·식계가 청정한 까닭으로 7등각지가 청정하니라. 왜 그러한가? 만약 일체지지가 청정하거나, 만약 수·화·풍·공·식계가 청정하거나, 만약 7등각지가 청정하다면, 무이이고 둘로 나눌 수 없으며 분별이 없고 단절도 없는 까닭이니라.

선현이여. 일체지지가 청정한 까닭으로 무명이 청정하고, 무명이 청정한 까닭으로 7등각지가 청정하니라. 왜 그러한가? 만약 일체지지가 청정하거나, 만약 무명이 청정하거나, 만약 7등각지가 청정하다면, 무이이고 둘로 나눌 수 없으며 분별이 없고 단절도 없는 까닭이니라. 일체지지가 청정한 까닭으로 행·식·명색·육처·촉·수·애·취·유·생·노사의 수탄고우뇌가 청정하고, 행, 나아가 노사의 수탄고우뇌가 청정한 까닭으로 7등각지가 청정하니라. 왜 그러한가? 만약 일체지지가 청정하거나, 만약 행, 나아가 노사의 수탄고우뇌가 청정하거나, 만약 7등각지가 청정하다면, 무이이고 둘로 나눌 수 없으며 분별이 없고 단절도 없는 까닭이니라."

漢譯 | 현장(玄奘)

중국 당나라 사문으로 하남성(河南省) 낙양(洛陽) 구씨현(緱氏縣)에서 출생하였고, 속성은 진씨(陳氏), 이름은 위(褘)이다. 10세에 낙양 정토사(淨土寺)에 귀의하였고, 경(經)·율(律)·논(論) 삼장(三藏)에 밝아서 삼장법사라고 불린다. 627년 인도로 구법을 떠나서 나란다사(那爛陀寺)에 들어가 계현(戒賢)에게 수학하였다. 641년 520질 657부(部)에 달하는 불경들을 가지고 귀국길에 올라 645년 정월 장안으로 돌아왔으며, 인도 여행기인 『대당서역기(大唐西域記)』 12권을 저술하였다. 번역한 삼장으로는 경장인 『대반야바라밀다경(大般若波羅蜜多經)』 600권, 율장인 『보살계본(菩薩戒本)』 2권, 논장인 『유가사지론(瑜伽師地論)』 100권, 『아비달마대비바사론(阿毘達磨大毘婆沙論)』 200권 등이 있다. 번역한 경전은 76부 1,347권에 이르는 매우 중요한 대승불교 경전들이 상당수 포함되어 있으며, 문장과 단어에 충실하여 문장의 우아함은 부족하더라도 어휘의 정확도는 매우 진전되었다. 구마라집 등의 구역(舊譯)과 차별을 보여주고 있어 신역(新譯)이라 불리고 있다.

國譯 | 釋 普雲(宋法燁)

대한불교조계종 제2교구본사 용주사에서 출가하였고, 문학박사이다. 현재 대한불교조계종 교육아사리(계율)이고, 죽림불교문화연구원에서 연구와 번역을 병행하고 있다.

논저 | 논문으로 「통합종단 이후 불교의례의 변천과 향후 과제」 등 다수. 저술로 『신편 승가의범』, 『승가의궤』가 있으며, 번역서로 『마하반야바라밀다경』(1~8), 『팔리율』(Ⅰ~Ⅴ), 『마하승기율』(상·중·하), 『십송율』(상·중·하), 『보살계본소』, 『근본설일체유부비나야』(상·하), 『근본설일체유부비나야약사』, 『근본설일체유부비나야파승사』, 『근본설일체유부비나야잡사』(상·하), 『근본설일체유부필추니비나야』, 『근본설일체유부백일갈마 외』, 『안락집』 등이 있다.

마하반야바라밀다경 9 摩訶般若波羅蜜多經 9

三藏法師 玄奘 漢譯 | 釋 普雲 國譯

2024년 11월 30일 초판 1쇄 발행

펴낸이·오일주
펴낸곳·도서출판 혜안
등록번호·제22-471호
등록일자·1993년 7월 30일

주 소·㉾04052 서울시 마포구 와우산로 35길3(서교동) 102호
전 화·3141-3711~2 / 팩시밀리·3141-3710
E-Mail·hyeanpub@daum.net

ISBN 978-89-8494-729-0 03220

값 42,000 원